芙蓉 年鉴（2023）

FURONG YEARBOOK

长沙市芙蓉区年鉴编纂委员会　编

方志出版社
Publishing House of Local Records

图书在版编目（CIP）数据

芙蓉年鉴．2023 / 长沙市芙蓉区年鉴编纂委员会编．
北京：方志出版社，2023.12
ISBN 978-7-5144-6162-6

Ⅰ．①芙… Ⅱ．①长… Ⅲ．①区（城市）—长沙—2023—年鉴 Ⅳ．① Z526.44

中国国家版本馆 CIP 数据核字（2023）第 253016 号

责任编辑：齐　笑
责任校对：张玉霞
责任印制：梅中英
出 版 者：方志出版社
地　　址：北京市朝阳区潘家园东里 9 号（国家方志馆 4 层）
邮　　编：100021
网　　址：http://www.zgfzcb.cn
发　　行：方志出版社图书营销中心（010-67110500）
印　　刷：长沙市雅捷印务有限公司
开　　本：889 毫米 ×1194 毫米　1/16
印　　张：28
字　　数：950 千字
版　　次：2023 年 12 月第 1 版
印　　次：2023 年 12 月第 1 次印刷
定　　价：268.00 元

《芙蓉年鉴（2023）》编纂委员会

顾　　问	周春晖
主　　任	崔　晓
副 主 任	刘洪波　陈亚静　刘克刚　杨光华 赵雪峰
编　　委	何益波　王宏武　段向阳　李　睿 赵紫红　易利平　李启杰　陈洪林

《芙蓉年鉴（2023）》编辑部

主　　编	陈洪林
副 主 编	熊　敏
编　　辑	谭丽霞　谭自然　宾雪丰　苏洁
彩　　页	张　妮

《芙蓉年鉴（2023）》组稿人员

（姓名按编目顺序排列）

苏　洁	肖轩昂	沈宗翰	韩晓宁	曹梦圆	朱雷雷	黎芸芸	王治能
黄　蓝	江　豪	张　琳	陈　桦	黄　琼	李晓茜	彭鑫妮	李文芳
邓蓓莉	谭　颖	文　进	李　玲	戴维怡	李　露	袁　霞	柳　芳
唐金花	胡永清	向　兰	章　余	温小慧	刘　婷	谭丽霞	刘　翀
刘建武	鲁青松	彭远潺	周　文	朱　峰	司晓洁	王英姿	李　勇
王珊珊	沈向昕	李永晟	杨　冲	鲁红英	胡兴龙	文　鑫	陈倩羽
夏　华	刘　婷	王　惠	黄　弋	周　娟	向州辰	刘丽君	徐舒婷
易芳平	姚群峰	符敏捷	龙　艳	陈　媛	邱辉平	刘艳琴	聂绮睿
丁　玲	周　偲	祝　波	万梦诗	袁丹丹	黄　珣	王明华	汤秀平
黄霜辉	艾梦婕	戴吴浩博	王　琼	屈　省	刘文丽	孙红梅	王　慧
彭　艳	易正君	江　涛	许　超	覃官怀	汪　琳	曹袆婧	彭　奕
刘　浩	罗　琳	李清株	伍　威	贺达文	包红丽	庞　听	姜中波
刘钟灵	王　慧	张　涛	高铭阳	谢　琦	郑冠伟	钟静琪	李立刚
郭泽武	周旭鹏	陈佳豪	江　宏	文程遥	孙　雄	杨芳颖	戴　颖
李祖亮	陈夏萍	陈鹏宇	刘丽娟	周　亮	何　宁	葛婉靓	唐忠武
尹翠芬	侯芳芳	周　倩	胡　珍	伍晓芳	谢翠薇	陈　茜	刘　振
贺立军	许勇刚	廖文佳	王艳平	刘昱沣	宁　奕	何明慧	周晓坤
邓雪晴	黄　标	郭　炯	黎　佳	蒋　磊	常　维	韩晓文	左　彪
刘婵丹	陈　红	刘　佳	陈佴依	邹　兰	周　静	尹艺璇	黄　宇
丁一凤	刘　丹	李路遥	唐　蕾	徐　东	赵紫君	蔡　进	刘玉陶
奉先焱	谢梦嘉	莫振东	刘子晶	彭　晖	彭应斌	何　媛	郑仕清
胡敬容	刘　勇	魏菊芳	梁蓉蓉	熊　梦	张　鋆	程铁昂	孔振宇
陈稳中	熊　星	张浩静	陶红军	谭　宇	蔡　巍	陈婕璇	唐　璐
宋湘滇	邵　华	毛　荐	谢淑芳	刘　佳	肖洪祥	夏书婷	李静锋
左少良	易跃峰	樊启佳	王　芸	饶　坤	傅　云	李巧理	李梦婷
伍玲婵	欧阳金慧	李思宇	李　茜	刘思远	李新军	王立成	李诗琴
胡菲菲							

编辑说明

一、《芙蓉年鉴》是由中共长沙市芙蓉区委员会、芙蓉区人民政府主办，长沙市芙蓉区年鉴编纂委员会编纂的年度资料性文献，2014年首部出版，每年出版一卷，2023卷为第10卷。

二、《芙蓉年鉴（2023）》以马克思列宁主义、毛泽东思想、邓小平理论、“三个代表”重要思想、科学发展观、习近平新时代中国特色社会主义思想为指导，坚持辩证唯物主义和历史唯物主义的立场、观点和方法，全面、客观、系统地记载芙蓉区自然、政治、经济、文化、社会和生态建设等方面概貌和发展情况。记述时限为2022年1月1日至12月31日。

三、本年鉴采用分类编辑法，主要分为类目、分目、条目3个层次，部分分目下设次分目，条目为基本记述单位。正文体例以条目为主体。该卷年鉴设特载、大事记、区情概览、中国共产党芙蓉区委员会、芙蓉区人民代表大会、芙蓉区人民政府、中国人民政治协商会议芙蓉区委员会、中国共产党芙蓉区纪律检查委员会 芙蓉区监察委员会、民主党派·工商联、群众团体、法治、军事、经济管理、农业·水利、工业·软件信息产业·园区、商贸服务业、金融、邮政·通信、城市建设、城市管理、生态环境、应急管理、科学技术、教育、文化·旅游、卫生健康、体育、社会生活、街道、人物·荣誉、调研报告、统计资料、附录33个类目。书中图片由各单位提供，部分从区融媒体中心图库中选取。

四、本年鉴所载资料均由区直各部门和各街道专人撰写，领导审核后上报。统计资料由区统计局提供，文稿中有些地区性、部门性数据，由于统计数据的来源、口径、方式、时间的不同，与统计局公布的可能不完全一致，请读者在查阅和引用时注意。

五、数字、标点符号分别执行国家标准《出版物上数字用法》（GB/T 15834—2011）和《标点符号使用》（GB/T 15835—2011）。计量单位采用国务院1984年2月发布的中华人民共和国法定计量单位。

六、本年鉴编委、编审人员和各单位撰稿人在书中设专版记载。各类目责任编辑在类目题图页中注明。撰稿人姓名在条目末尾括注，相邻条目若为同一人撰写，不再重复标注。机构领导人名单均以上年度在职者为准，有任免的分别予以注明。名单最终由芙蓉区委组织部审定。

二十大光耀芙蓉

【“喜迎二十大　魅力新芙蓉”摄影大赛】

2022年9—10月，芙蓉区委宣传部主办以“喜迎二十大　魅力新芙蓉”为主题的摄影大赛。征集到参赛作品1200余件，多视角展示魅力新芙蓉。其中30件摄影作品获奖，分别为一等奖1名；二等奖3名；三等奖6名；优秀奖20名。

☞《浏阳河畔小夜曲》获一等奖　作品展示了夜幕下的人民东路浏阳河大桥（2022年6月6日　彭福宗　拍摄）

【“喜迎二十大　魅力新芙蓉”摄影大赛】

《古浏阳门》获二等奖，湖南省长沙市古浏阳门，位于长沙市建湘路与解放西路处，定王台书市对面。

（2022 年 8 月 21 日　熊浩华　拍摄）

《袁家岭中央文化广场》获二等奖

（2022 年 10 月 12 日　乔育平　拍摄）

☞《“稻”谷飘香》获三等奖，航拍下的隆平水稻博物馆　（2022年10月12日　雷　鸣　拍摄）

☞《米粉街的建设者》获三等奖，2022年，湖南米粉街升级改造，作品展示了改造中的劳动场景

（李怡海　拍摄）

2022年10月16日，中国共产党第二十次全国代表大会在北京开幕。图为芙蓉区委理论学习中心组第十次集体（扩大）学习，组织区委、区人大、区政府、区政协全体班子成员以及相关单位主要负责人集中收听收看开幕直播　（文　进　供图）

二十大光耀芙蓉

2022年11月11日，芙蓉区召开学习宣传贯彻党的二十大精神区委宣讲团动员暨备课会　（李　玲　供图）

二十大召开后芙蓉区组建由中共二十大代表、专家学者、领导干部、“五老”讲师等42名人员组成的区委宣讲团，邀请省委宣讲团成员作为特邀宣讲员。芙蓉区全体副县及以上在职党员领导干部带头前往各街道社区宣讲二十大精神，与基层代表互动交流，宣讲团按照计划，推动党的二十大精神宣讲进机关、进企事业单位、进社区、进校园、进网站、进各类新经济组织和新社会组织，实现对各领域、各群体、各层级的全覆盖。

2022年11月9日，区委书记周春晖（正面右一）深入韭菜园街道蓉园社区，宣讲中共二十大精神并与部分基层党员群众代表互动交流　　　　（文　进　供图）

2022年10月28日，芙蓉区东湖街道邀请芙蓉先锋共同体成员单位，在湖南省农科院开展传达学习中共二十大精神暨东湖街道首期“院士专家大讲堂”活动　　　　（李　玲　供图）

2022年11月18日，芙蓉区教育局召开党的二十大精神集中宣讲会 （文 进 供图）

2022年11月20日，在定王台街道丰泉古井社区白果园20号庭院，中共二十大代表、全国优秀共产党员、全国抗击新冠疫情先进个人、湖南省人民医院急诊三部ICU护士长徐芙蓉与社区群众围坐在一起，利用夜晚时间为社区群众宣讲中共二十大精神 （李 玲 供图）

2022 年 11 月 23 日，中共二十大代表、省委副秘书长、省委政研室主任王晓科走进马坡岭街道锦林社区，向基层党员干部宣讲中共二十大精神　　（李　玲　供图）

2022 年 11 月 24 日，芙蓉区人社局组织全体党员干部职工举行二十大精神宣传系列活动，通过精神宣讲、知识抢答、经验交流、重温誓词等形式让中共二十大精神再次入脑入心

（周晓乐　供图）

2022年5月芙蓉区委、区政府贯彻湖南省委提出“强省会”战略，发布《关于贯彻落实强省会战略的行动方案（2022—2026年）》，提出“6个显著提高”，推进“12个专项行动”，夯实“三大平台”支撑。

2022年4月24日，芙蓉区召开贯彻实施“强省会”战略动员部署会

（文　进　供图）

2022年，芙蓉区人大常委会响应“强省会”号召，深入开展“助力招商引资、服务芙蓉发展”活动，成功引进企业123家，新增全口径税收3705万元，奏响人大服务经济高质量发展，助力强省会进行曲。图为芙蓉区人大组织召开韭菜园地区代表招商引资推进会；芙蓉区人大走访湖南安和寿医疗科技有限公司，了解企业落地芙蓉发展情况等工作

（区融媒体中心　供图）

强省会之产业强市专项行动 ☞
2022 年，芙蓉区单位面积地区生产总值在赛迪全国高质量发展百强区排名第 10，稳居全省第 1 位。楼宇经济作为芙蓉支柱产业，年内新晋 3 家税收过亿元楼宇，湖南第一高楼长沙国金中心实现税收超 10 亿元。图为 2022 年人潮涌动的国金中心
（定王台街道　供图）

强省会之创新引领专项行动 ☞
图为 2022 年 3 月 7 日上午，岳麓山实验室奠基仪式在湖南农业大学举行
（朱丽萍　拍摄）

☞ **强省会之数字赋能专项行动**
2022年4月23日，长沙市实施“强省会”战略重大项目集中开工芙蓉区分会场活动暨湖南5G应用生态产业园开园仪式在三湘南湖大厦举行

（文　进　供图）

☞ **强省会之开放融通专项行动**
总部位于芙蓉区的袁氏种业向尼日利亚出口杂交水稻种子。图为袁氏种业的水稻科研人员教授非洲当地群众进行杂交水稻培育

（文　进　供图）

☞ 2022年6月20日，马拉维—湖南农业大学产学研合作基地、马拉维离岸（中国）产业创新与交流中心在自贸区芙蓉区块揭牌

（文　进　供图）

☞ **强省会之交通枢纽专项行动**
常益长铁路线路全长约157千米，设计速度350千米/小时，益长段开通后，高铁从锦泰广场长沙站城际场始发，旅客可到城际场乘车。2022年6月底开通试运营，结束了芙蓉区无高铁站的历史
（区融媒体中心　供图）

☞ **强省会之能源保障专项行动**
截至2022年12月底，芙蓉区新增投运的公共充电桩1410个，包括公共快充桩841个，公共慢充桩569个。图为位于芙蓉区政府内充电桩
（张　妮　供图）

☞ **强省会之绿色低碳专项行动**
2022年，芙蓉区空气质量优良天数为297天，同比去年减少2天，浏阳河芙蓉区段水质稳定达到地表水Ⅲ类。图为2022年长善垸水质净化厂生物池（好氧段）
（区生态环境局　供图）

强省会之文旅名城专项行动 ☞ 2022年2月，芙蓉区文化旅游体局推出“千年城心 芙蓉等你”芙蓉区4条旅游精品线路。充分整合芙蓉区吃住行游购娱的旅游资源。2022年7月，《中国文化报》刊发“2022年中国辖区旅游研究报告”，芙蓉区位居全国旅游综合实力百强区，排名长沙市9区（县）之首。上图为2022年的长沙隆平水稻文化园。下图为历史文化街区的芙蓉区都正街

（文　进　供图）

强省会之金融保障专项行动 2022年5月7日，由长沙市人民政府金融工作办公室和芙蓉区人民政府主办的“优化金融服务　助力‘强省会’战略——芙蓉助企·一路有‘招’”政银企对接活动在中石油大厦举行

（文　进　供图）

强省会之人才强区专项行动　2022 年，芙蓉区首次开展高层次人才评定工作。图为 2022 年 5 月 21 日，"520 企业服务日"现场为首批获得芙蓉区高层次人才 48 人颁奖　　（文　进　供图）

湖南感恩信息科技有限公司创始人陈丁在全国残疾人职业技能竞赛 IT 网络管理项目获评"全国技术能手"。湖南腾远智能设备有限公司饶磊，在长沙市工业机器人运维技术项目比赛中上榜 2021 年度长沙"百优工匠"名单。左图为陈丁在强电控制机柜里面接线，右图为饶磊正进行摄像头组装设备安装调试　　（文　进　供图）

芙蓉夜话

2022 年，芙蓉区全面升级“东湖夜话”为“芙蓉夜话”，以“夜话”为主要形式，以协商为对话方式，充分听取群众意见，创新推广“晚上话，白天干，面对面交流、点对点化解、实打实解难”的协商议事新模式。全年开展“芙蓉夜话”90 余场专题活动，13 个街道、40 余个职能部门、81 个社区（村）、100 余家企事业单位参与，推动解决问题诉求 600 余个。《光明日报》《长沙晚报》及多家新媒体平台宣传报道“芙蓉夜话”的经验做法。

2022 年 5 月 18 日，“芙融万家”居民代表联系服务群众工作

（东湖街道　供图）

☞ 2022年7月12日晚，白沙湾社区"芙蓉夜话"聚焦老旧小区居民加装电梯之问题
（东屯渡街道　供图）

☞ 2022年7月20日晚，"芙蓉夜话　文艺路篇"："里谈巷议——书记为你来"居民议事活动在文艺路街道骄杨公园召开
（文艺路街道　供图）

☞ 2022年7月21日晚，"芙蓉夜话·朝阳篇"在湖南省花鼓戏保护传承中心开讲，大家就长沙戏剧街建设及片区改造谈感受、提意见
（文　进　供图）

☞ 2022年7月22日，“芙蓉夜话·荷花园篇”主题座谈会现场
（荷花园街道　供图）

☞ 2022年11月17日，省委宣讲团成员赴基层宣讲党的二十大精神暨“芙蓉夜话”袁家岭中央文化区主题活动
（朝阳街道　供图）

☞ 2022年11月17日，东岸街道组织“芙蓉夜话”党的二十大精神大家谈
（东岸街道　供图）

2022 年 11 月 18 日，长沙市芙蓉区韭菜园街道桐荫里社区在亚大时代楼宇党群服务中心开展 “学习二十大 我要怎么干” 主题活动　　（韭菜园街道　供图）

2022 年 11 月 23 日，组织古稻田 37 号户主代表、楼栋长、网格员在社区会议室召开“芙蓉夜话”——马王街社区老旧小区改造大家谈　　（定王台街道　供图）

聚焦民生 幸福芙蓉

芙蓉 2023

2022年芙蓉区突出抓民生项目建设，补短板、强弱项，推进旧城改造和城市更新，抓住民生“五位”，学位、车位、床位、厕位、梯位建设，提升人民幸福感。赛迪顾问发布“赛迪幸福百强区（2022）”，芙蓉区居第18位，湖南排名第二。

长沙火车站西广场公厕提质改造 芙蓉区市容环境卫生维护中心对长沙火车站公厕进行了提质改造。于2021年7月施工，2022年10月1日投入使用。实施改造布局调整，增加厕位配备了智能自动冲水系统和防冻给排水设施以及感应水龙头、高速烘干器等各类人性化设施；显示屏、大件行李寄存箱、休息等待坐凳、充电宝、开水器等

（张 妮 供图）

提质改造后的长沙火车站 （黄志强 供图）

梯位改造　2022年，芙蓉区既有住宅加装电梯204台（备案数），提前2个月完成全年任务。截至2022年12月31日，芙蓉区累计实现老旧小区加装电梯680台，辖区内近135个小区、9800余户、3.08万居民受益。辖区内多个加装电梯小区作为典型示范点在全省推广经验。加装电梯工作获得2022年度省政府"真抓实干"督察激励奖项，连续两年获该项荣誉。图为电信花园加装的电梯

（2022年11月3日刘永祥　拍摄）

文艺路片区城镇老旧小区改造项目　位于长沙市芙蓉区文艺路街道，于2022年开工建设，项目涉及识字里社区、文艺新村社区、南元宫社区和乔庄社区4个社区，包括建筑89栋，3388户，总改造面积27.18万平方米。财政总投资6000余万元，吸引公司、居民及其他多方投资880余万元。图为湘雅二医院外科楼车库出口改造前后

（文艺路街道　供图）

长沙协和颐养院 位于芙蓉区合平路1号，临浏阳河畔、湖南农业大学。2017年6月30日开工建设，2020年11月开始试运营。由上海人寿堂养老服务（集团）有限公司运营管理。该项目占地面积约3.33公顷，建筑面积6.43万平方米，总床位数1850余张，纳入2020年湖南省城企联动普惠养老项目名录。截至2022年底，入住老人500人，是湖南地区单体体量最大的公建民营养老项目

（长沙协和颐养院　供图）

2022年1月，文艺路街道识字里社区银龄餐厅试营业开放，图为老年人排队选餐

（文艺路街道　供图）

2022年2月15日，凌霄社区文明实践站志愿者在凌霄广场为环卫工人、孤寡老人送上汤圆

（火星街道　供图）

2022 年 9 月 7 日，长沙市芙蓉区定王台街道化龙池社区新时代文明实践站、化龙池计生协会、芙蓉区社会禁毒协会定王台街道分会联合化龙池社区、湖南发展养老及长沙市正平社工共同开展“庆中秋 话桑麻”活动

（定王台街道　供图）

2022 年 9 月 26 日，东瑞社区新时代文明实践站在一应驿站开展“健康护齿 情暖重阳”志愿服务活动，辖区内商铺齿钰口腔诊所的医师现场解答居民提出的口腔问题

（东岸街道　供图）

2022 年 10 月，韭菜园辖区业余文艺团队在居家养老服务中心表演

（韭菜园街道　供图）

总　目

<<< 目　录

特　载

大事记

区情概览

中国共产党芙蓉区委员会

中国共产党芙蓉区纪律检查委员会 芙蓉区监察委员会

民主党派·工商联

群众团体

芙蓉区科学技术协会

芙蓉区残疾人联合会

芙蓉区红十字会

法　治

政法委与综治

法治政府建设

公　安

·交通安全管理·

检　察

军 事

经济管理

工业·软件信息产业·园区

商贸服务业

科学技术

教　育

文化·旅游

卫生健康

街　道

人物·荣誉

调研报告

统计资料

附 录

索引

特　载

编辑　苏　洁

在区委六届八次全体会议上的工作报告

区委书记　周春晖

（2022 年 12 月 26 日）

2022 年，区委常委会在市委坚强领导下，始终坚持以习近平新时代中国特色社会主义思想为指导，认真学习宣传贯彻党的二十大精神，深入贯彻落实习近平总书记对湖南重要讲话重要指示批示精神，弘扬伟大建党精神，全面落实“三高四新”战略定位和使命任务，大力实施“强省会”战略，奋力打造现代化新长沙建设标杆区，各项工作取得新进展新成效。今年以来，主要抓了以下工作：

一、深学笃行习近平新时代中国特色社会主义思想，忠诚拥护“两个确立”、坚决做到“两个维护”

区委常委会坚持把习近平新时代中国特色社会主义思想作为指导工作的强大思想武器和科学行动指南，在全面学习、全面把握、全面落实上持续发力。一是学习领会入脑入心。坚持“第一议题”学习制度，召开区委常委会会议 26 次；围绕党的二十大精神、习近平经济思想、生态文明思想、《习近平谈治国理政》第四卷等开展区委理论学习中心组集体学习 12 次；举办区管干部学习贯彻党的二十大精神集中轮训等各类班次 10 余期，引导各级党员干部进一步筑牢思想根基。二是宣传宣讲走深走实。依托“芙蓉课堂”“院士专家大讲堂”“思政大讲堂”等理论宣讲平台，开展宣讲报告会、理论微宣讲等 1000 余场次，党的二十大代表柏连阳、王晓科、徐芙蓉等纷纷到区宣讲。三是贯彻落实见行见效。坚持把学习习近平新时代中国特色社会主义思想与学习党的二十大精神、习近平总书记对湖南重要讲话重要指示批示精神结合贯通、抓好贯彻。起草了提交今天区委全会审议的《关于深入学习宣传贯彻党的二十大精神 为奋力打造现代化新长沙建设标杆区而团结奋斗的决定（草案）》，将党的二十大精神转化为芙蓉具体的发展思路、目标要求和任务举措。

二、贯彻新发展理念，打造高质量发展强劲引擎

区委常委会牢牢把握高质量发展主题，完整、准确、全面贯彻新发展理念，贯彻落实“三高四新”战略定位和使命任务，奋力实施“强省会”战略，赛迪顾问全国高质量发展百强区排名第 70 位、较上年大幅跃升 22 个名次，综合实力稳步提升。一是经济发展平稳运行。预计全年地区生产总值同比增长 4.5%，单位面积 GDP 达 29.6 亿元 / 平方千米，在全国高质量发展百强区中排名第十；固定资产投资同比增长 6.0%；规模工业增加值同比增长 8.0%；社会消费品零售总额同比增长 3%；地方一般公共预算收入同比增长 3%，市区级收入增长 4% 左右，其中市区级税收增长 2% 左右；新增商事主体 1.6 万户、同比增长 14.5%，其中企业新增 1.1 万户、同比增长 22.2%。二是动能转换步伐加快。坚持把科技创新作为引领发展、促进新旧动能转换的第一动力。新认定高新技术企业 150 余家，兵器集团、英氏控股成为上市辅导备案企业，康通电子完成新三板创新层挂牌，3 家企业获评国家级“小巨人”企业、5 家企业获评省级“小巨人”企业。现代种业产业链提质增效，12 个种业创新项目入选湖南省科技创新项目，实现种业产值 52 亿元，同比增长 18%。软件业集聚发展，全省首个 5G 应用生态产业园开园，软件和信息技术服务业企业营收增长 6.0%。预计国金中心实现税收超过 10 亿元。打造科创高地建设岳麓山实验室、用心用情满足人民群众美好出行需要 2 项典型经验做法获省政府通报表扬。三是改革开放成效明显。全面深化改革，“24 小时智慧政务服务驿站”承接全市“放管服”改革“揭榜竞优”工作现场观摩，“一呼即应”改革入选长沙市“12345”政务热线典型案例；芙蓉自贸 4 项制度创新成果具有全国首创性，获批全国首家植物提取物产品技术贸易措施研

究评议基地。开放型经济不断壮大，预计完成外贸进出口120亿元，与利比里亚、马里、马达加斯加、马拉维、加纳5个非洲国家共设离岸（中国）产业创新与交流中心。标准化产业集聚区初具规模，深化与马来西亚国家标准局战略合作，打造检测、认证、清关一站式服务平台。

三、“一河两城”协调发展，推动城区品质大幅提升

区委常委会坚持以“双五”工程为抓手，持续优化“一河两城”发展布局，城区品质不断提升。一是隆平片区加快建设。高起点推进片区整体控规修编，片区项目超额完成年度投资任务。岳麓山实验室初具形象，农大、农科院省属土地盘活取得实质性进展，杂交水稻国家重点实验室挂牌。隆平生物种业产业园一期12栋建筑主体和砌体工程全部完成。东湖公园加快建设。打通“断头路”、畅通“微循环”，东湖路、合平路、河山路顺利完工，远大二路拓改、西龙路等项目加快实施，望龙路跨浏阳河大桥即将通车运行，“十纵十横”路网格局基本形成。二是城市更新高效推进。高标准推进长沙火车站周边环境综合提质，友谊东地块启动建设，黄土塘项目省属用地使用权完成回收，袁家岭新华书店棚改征拆项目全部清零，湘雅二医院片区医技楼主体工程完成验收。韶光、远大路沿线、西龙三大片区城市更新项目强力启动。完成老旧小区改造145个、危旧房屋改造项目45处。三是城市管理精益求精。“百街千巷”环境综合整治提升项目顺利完成，南元宫巷、观音井巷等成为全市示范街巷。深入推进“城市管理进大院”行动，蓉园顶楼“圈地占用”现象整治清理工作获省委主要领导肯定批示。既有住宅加装电梯完成206台。新增停车场21座、停车泊位10058个。建成5G基站670个。智慧电网“630攻坚”有序推进。新建公厕8座、提质改造公厕28座。

四、加强民主法治建设，巩固安定团结良好局面

区委常委会坚持党的领导、人民当家作主、依法治国有机统一，定期听取区人大、政府、政协、法院、检察院党组工作汇报，大力激发各领域、各战线创新实干热情，全力保障人民权益、激发人民创造活力。一是发展全过程人民民主。支持和保障区人大及其常委会依法行使监督权、决定权和任免权，支持区政协更好履行政治协商、民主监督、参政议政职能，办理人大代表建议62件、政协委员提案71件，满意率100%。二是画出统一战线最大同心圆。加强党对统战工作的集中统一领导，建立“蓉易聚”“芙蓉商汇”等工作平台，有效架起企业与政府沟通桥梁。推进民族团结进步创建工作，东沙社区成功创建“湖南省民族团结进步示范社区”。积极做好新的社会阶层人士等工作，不断扩大团结面。三是建设更高水平的法治芙蓉。深入学习贯彻习近平法治思想，切实加强党对法治建设的领导。深入推进法治政府建设，严格执行重大行政决策法定程序，全面清理和规范行政审批事项和中介服务。深化全民普法教育，全面实施“八五”普法规划，汤家岭社区创建“全国民主法治示范社区”。

五、宣传文化守正创新，凝聚团结奋进磅礴力量

区委常委会始终坚持守正创新，把牢正确导向，围绕举旗帜、聚民心、育新人、兴文化、展形象，不断唱响主旋律、凝聚正能量、提振精气神。一是壮大主流思想。组织开展“学习贯彻党的二十大精神”等18个专题宣传，中央主流媒体刊发重点新闻报道180余篇（条），中央电视台25次聚焦芙蓉区，《新闻联播》3次刊播相关报道。严格落实意识形态工作责任制，牢牢把握意识形态工作主动权、领导权，妥善做好舆情引导处置，全年没有发生重大舆情事故。二是促进文化繁荣。完成5个市级标准化社区综合文化服务中心和复兴少年宫建设，新建乡村自助图书馆3个。隆平水稻博物馆、汉桥、白果园历史文化街区等特色景点成为靓丽名片，湖南米粉街完成二次提质，以第32名入选2022年全国市辖区旅游综合实力百强区，位居长沙市各区县之首。做强文化产业，袁家岭中央文化区九大项目和“一广场六街区”建设有序推进，获评长沙十大最受欢迎的文旅打卡地，全区规上文化企业营收同比增长8.0%。承办第二届“健康湖南”全民运动会。三是深化文明创建。杨家山社区获评全国最美志愿服务社区，“蓝的雷锋车队”彭友良获评全国岗位学雷锋标兵，刘朝辉入围第四季度“中国好人”候选人名单，推评湖南好人2人、长沙好人9人、新时代长沙好少年5人。

六、保障和改善民生，提升人民群众幸福指数

区委常委会坚持以人民为中心的发展思想，城镇居民人均可支配收入同比增长5.0%，人民群众的获得感、幸福感、安全感不断增强。一是办好民生实事。民生支

出占公共预算比重达到 78.5%，高质量完成省市重点民生实事项目，零就业家庭动态清零，居民医保参保率稳定在 95% 以上。做好征地补偿和过渡群众住房安置工作，东合新苑、东宜新园等安置房完成建设，惠及群众 4700 余人。“五帮扶”“八大慈善救助”累计发放救助资金约 1100 万元，帮扶困难群众 1.1 万余人次。二是提升公共服务。办好人民满意教育，育英西垅小学、东雅中学扩建全面完工，师大附中芙蓉中学正式落地，课后服务参与学校实现全覆盖，入选教育部“义务教育优质均衡先行创建区”。紧密型医联体建设深入推进，与中南大学湘雅二医院签订战略合作协议，湘雅二医院东院区落子隆平片区，与长沙市中医医院共建城市医疗集团。养老服务供给水平不断提升，新建街道综合养老服务中心 2 家、社区居家养老服务中心 11 家、完成家庭适老化改造 115 户，社区养老服务设施覆盖率 100%。三是建设生态文明。中央、省环保督察反馈问题和督察“回头看”交办问题全部办结销号，省污染防治攻坚战“夏季攻势”项目圆满完成。持续打好蓝天、碧水、净土保卫战，空气质量改善程度领跑全市，浏阳河黑石渡断面水质稳定达到Ⅲ类标准。高标准完成红旗路绿化提质，精心打造街角花园、口袋公园 9 个，新增绿地面积 9.5 万平方米。全力推动生活垃圾分类减量，建成垃圾分类厢房 50 个。

七、统筹发展和安全，构建和谐稳定社会环境

区委常委会坚持全面贯彻落实总体国家安全观，全面落实习近平总书记关于“疫情要防住、经济要稳住、发展要安全”指示要求，时刻做到安全稳定高于一切、重于一切、大于一切、压倒一切。一是常态长效做好疫情防控。坚持人民至上、生命至上，坚决贯彻落实上级要求，加强政策衔接落地，及时回应群众关切，确保防疫措施不变形不走样。妥善应对处置多轮输入疫情，打赢了省委周边、省政府机关二院等重点区域疫情阻击战。二是毫不放松抓牢安全生产。深刻汲取“4·29”“9·16”事故教训，紧盯自建房、高层建筑、燃气、道路交通等重点领域开展大排查大整治，拆除重大安全隐患自建房 47 处、2.4 万平方米。加强食品安全监管，学校食堂“阳光厨房”实现全覆盖，13 个街道民生快检室完成建设。全年安全生产事故起数、死亡人数均大幅下降，未发生较大及以上事故。三是持之以恒推进平安建设。坚持“遇事敏感、断事敏锐、处理敏捷”，铁腕推进扫黑除恶、全民禁毒、反电诈等专项斗争，打掉涉恶集团 4 个，党的二十大特护期圆满完成“五个不发生”和“三零”工作目标。聚焦信访积案、重复信访治理，化解积案 149 件次。智慧矫正中心建设以全国第一的成绩通过司法部验收，获评全省平安建设重点推进区。四是坚持不懈防范化解风险。进一步规范政府性投资项目决策和立项，超额完成隐性债务化解。扎实开展金融领域风险排查，提前化解非法集资隐患 4.66 起（资金清退的 1 件案件算 1 起，无资金清退的 1 件案件算 0.33 起），辖区内 P2P 网贷风险基本出清。坚持“保民生、保交楼、保稳定”，积极调控防范化解房地产项目风险，推动全部 6 个在册风险项目开复工。

八、坚持全面从严治党，营造山清水秀政治生态

区委常委会始终牢记全面从严治党永远在路上，党的自我革命永远在路上，不断强化管党治党政治责任，全面落实新时代党的建设总要求，深入推进新时代党的建设新的伟大工程。一是强化党的政治建设。坚持把政治建设摆在首位，引领广大党员干部忠诚拥护“两个确立”、坚决做到“两个维护”。抓好政治考察，对 78 个班子及 523 名科职干部进行深度系统考察调研、精准画像。深化政治巡察，重点检查党委（党组）落实党的路线方针政策和党中央以及省委、市委、区委重大决策部署情况。严格执行请示报告制度，今年以来向市委报告工作 22 次。二是夯实党的基层基础。深入推进“党建聚合力”工程，开展基层党建现场观摩拉练，推出 11 个基层党建工作示范点。强化党建引领基层治理，“芙蓉夜话”模式在《光明日报》推介。提升两新组织“两个覆盖”质量，新建两新党组织 160 个。加强基层队伍建设，用活“基层党校”“网格党校”，培训党员 3.2 万余人次。三是打造过硬干部队伍。坚持“干就看得见，不干就看不见”用人导向，创新“五类干部”分类管理［县级干部示范引领、科级干部比学赶超、普通干部多向交流、社区干部（书记）动态调整、年轻干部一线锤炼］及日早巡、周值班、月讲评、季拉练、年考核及“揭榜攻坚”等机制，激发干部队伍一池活水。今年以来，提拔重用优秀干部 75 人，交流一般干部 28 人，调整状态不佳的领导干部 6 名，动态交流社区（村）党组织书记 33 人次，推动 30 名青年干部到社区一线实训。广大党员干部主动请缨参与自建房安全整治等重大任务，让党旗始终在基层一线高高飘扬。四是优化人才发展环境。认定首批芙蓉高层次人才 48 人，引育市级以上种业高

精尖人才88名，全区院士达7席。秉承“让人才事好办 把人才事办好”理念，解决高层次人才子女入学、就医绿色通道等关键“小事”70余件，兑现市、区人才政策奖励2100万元。五是持之以恒正风肃纪。坚持常规巡察和专项巡察相结合，共发现问题437个，推动立行立改问题19个。紧扣自建房安全整治、安全生产、疫情防控、项目建设、惠民资金使用等重点工作，开展11次全员监督，严查群众身边腐败和作风问题。全面开展深入治理红包礼金突出问题专项行动，查处违反中央八项规定精神问题14起23人次。今年以来，共处置问题线索192件，立案75件，处理处分190人次，挽回经济损失6000余万元，形成了强大震慑力。

同时，区委常委会坚持不懈加强自身建设，研究出台“一规定一意见”（《关于坚决维护党中央集中统一领导的规定》《中共长沙市芙蓉区委常委会关于进一步贯彻落实中央八项规定及其实施细则精神的实施意见》），带头忠诚拥护“两个确立”、坚决做到“两个维护”。严格执行民主集中制，自觉接受人民群众监督，落实党管武装政治责任，推动国防动员体制改革，双拥优抚、退役军人安置等工作不断加强，促进工青妇、残联、工商联、侨联、红十字会、科协、关工委、老干、外事、台办、史志档案、机关事务等事业加快发展。

在总结成绩的同时，我们也清醒地认识到区委常委会工作还存在一些问题和不足。主要体现在：经济下行压力较大，培育发展新动能需要下更大功夫，浏阳河两岸发展不平衡问题依然突出，民生领域还存在不少短板，安全生产领域面临较大压力，管党治党还需持续加强，形式主义、官僚主义等作风问题还需深化整治，等等。对于以上问题，区委常委会将发挥示范带头作用，以上率下、紧抓不放、持续用力，确保取得实效。

区委常委会各项工作取得的成绩，得益于党中央、省委和市委的坚强领导，得益于全区各级各部门和广大干部群众的团结奋斗、鼎力支持，凝聚着各位委员、候补委员的智慧和汗水。在此，我代表区委常委会，向大家表示衷心的感谢！同时，请同志们对区委常委会的工作多提意见和建议，我们将认真听取、积极改进。

政府工作报告

——在长沙市芙蓉区第六届人民代表大会第三次会议上

区长　崔　晓

（2023年1月5日）

各位代表：

现在，我代表区人民政府向大会报告工作，请予审议，并请各位政协委员和列席人员提出意见。

2022年工作回顾

2022年极不寻常、极不平凡。我们在市委、市政府和区委的坚强领导下，深入贯彻习近平新时代中国特色社会主义思想和党的二十大精神，坚决落实“疫情要防住、经济要稳住、发展要安全”重要要求，全面落实“三高四新”（打造国家重要先进制造业、具有核心竞争力的科技创新、内陆地区改革开放的高地；在推动高质量发展上闯出新路子，在构建新发展格局中展现新作为，在推动中部地区崛起和长江经济带发展中彰显新担当，奋力谱写新时代坚持和发展中国特色社会主义的湖南新篇章）战略定位和使命任务，大力实施“强省会”

战略，奋力打造现代化新长沙建设标杆区，与全区人民共同努力，积极应对超预期因素冲击，交出了殊为不易的答卷。

我们取得了一系列彰显综合实力的可喜成就：上榜赛迪全国高质量发展百强区、投资竞争力百强区、创新百强区、幸福百强区。其中，高质量发展百强区排名较上年度跃升22位；单位面积地区生产总值在赛迪全国高质量发展百强区排名第十，稳居全省第一；以全市第一的成绩上榜全国市辖区旅游综合实力百强区；长沙国金中心跻身税收十亿楼宇行列。我们办成了一系列关乎发展大局的大事要事：全国首个植物提取物产品技术贸易措施研究评议基地落子自贸区芙蓉区块，隆平片区建成全国首个标准化产业集聚区；全国首创城市更新异地平衡模式，蔡锷中路两厢—西龙片区城市更新捆绑实施项目完成立项；全省四大实验室（岳麓山实验室、岳麓山工业创新中心、湘江实验室、芙蓉实验室）之一的岳麓山实验室正式揭牌，杂交水稻全国重点实验室成功落户。我们探索了一系列市域社会治理的有益经验：工会户外劳动者服务站获中华全国总工会主要领导充分肯定；智慧矫正中心建设以全国第一的成绩通过司法部验收，工作经验连续两年获全省推介；获评全省平安建设重点推进区。我们干好了一系列深受群众欢迎的暖心实事：蓉园社区“楼顶圈地”现象集中整治行动获省委主要领导肯定批示，长沙火车站周边环境综合提质项目先后两次获省政府主要领导肯定批示；湘一芙蓉中学改扩建实质性启动，马王堆海鲜水产批发市场安全隐患全面销号，农科家园6栋D级危房完成拆除并启动重建。

过去一年的工作是在宏观形势复杂严峻、改革发展稳定任务艰巨繁重的环境中开展的，风险挑战前所未有，但各项工作卓有成效。

一年来，我们顶住压力迎难而上，稳住了经济发展的基本盘

经济指标稳中有进。地区生产总值同比增长4.5%（预计数，下同）；第三产业增加值同比增长4%；地方一般公共预算收入同比增长3.8%（地方一般公共预算收入剔除政策因素影响，同口径增长12.5%），税收占比达71.1%；固定资产投资同比增长6%；规模工业增加值同比增长8%；社会消费品零售总额同比增长3%；城镇居民人均可支配收入69640元，同比增长5%；第三产业增加值、固定资产投资、规模工业增加值、城镇人均可支配收入增速高于全市平均水平，社会消费品零售总额、建筑业总产值增速与全市持平，经济发展呈现持续恢复、稳中向好、符合预期的发展特点。

产业能级稳中提质。敬天广场东、西塔楼完成封顶，旺德府·万象时代、三湘南湖大厦实现交付，茶常、桂新等7家高速公路开发建设公司入驻高速大楼，旺德府国际大厦税收突破5000万元，世茂环球金融中心、通程国际大酒店跻身税收亿元楼宇行列。金融产业加快发展，大童保险、明亚保险、东海证券等8家金融机构成功引进，扬帆夜市成为数字人民币特色示范区。消费市场有序复苏，12家国际知名品牌中部或湖南首店落户长沙国金中心；新能源汽车实现营业收入43亿元，同比增长超55%；中国黄金街开街首年实现营业收入12亿元。软件产业迈上新台阶，全省首个5G应用生态产业园开园，中移动物联网、中移动系统集成、中移铁通等21家核心企业进驻，数字经济核心领域规上企业增加值增长超15%。商务服务业加快发展，京东方数科、苏宁易购等8个“三类500强”（世界财富500强、中国企业500强和民营企业500强）企业和项目成功引进，中国中铁下属长沙规划设计院有限责任公司、同程旅行全国第二总部、上海锦天城律师事务所长沙分所等重大项目完成落户。袁家岭中央文化区九大项目［湖南文化广场（二期）、惟楚文化广场、佳兆业广场、敬天广场、友谊东、长沙融通长城宾馆、湘邮大厦、同发五一综合楼、曙光集团项目］和“一广场六街区”（文化广场、人民新村戏剧街、古玩艺术街、康养文化街、数字创意街、湖南米粉街、书香文化艺术街）建设有序推进，引进湖南省演艺集团、长沙交响乐团等知名文化品牌，何立伟名家工作室正式进驻，规上文化企业营业收入同比增长8.7%。精神医学、心血管等国家区域医疗中心加快建设，长沙医疗器械科技创新产业园建设有序推进，长沙现代食品创新研究院落户隆平高科技园，单杨院士创新团队工作室落户英氏控股和绝味食品。

营商环境稳中趋优。认真贯彻落实中央、省、市一揽子惠企纾困政策，完成留抵退税24.2亿元，减免工伤、失业保险1.5亿元，为承租国有房屋的小微企业、个体工商户免租2081.8万元，线上融资政务服务平台“蓉e贷”累计放款68.4亿元。聚焦“五链”（产业链、创新链、人才链、资金链、供应链）融合，开展“送政策、解难题、优服务”行动，对1292家重点企业实行服务专员全覆盖，333条问题诉求全部办结。连续四年举办“520企业服务日”活动。全年净增市场主体1.9万户，总量突破15万户，认定高新技术企业156家，兵器集团、英氏控股成为上市辅导备案企业，康通电子成功挂牌新三板创新层，湖南稀土金属材料研究院、凯德技术、康通电子获评国家级专精特新“小巨人”企业，绿叶生物、明园蜂业等5家企业获评省级专精特新“小巨人”企业。

一年来，我们跨河东进力度空前，打开了隆平片区的新局面

片区建设取得新进展。聚焦职住平衡、产城融合，高起点完成隆平片区整体控规修编。全力服务岳麓山实验室建设，农大片区实现封顶，农科院片区主体施工加快推进。自贸大厦完成挂网招标，即将启动建设。地铁6号线建成通车，隆平片区迈入地铁时代。东湖路等瓶颈路断头路成功打通，浏京路、东屯路西段等道路建成通车，西龙路、远大二路拓改、望龙路跨浏阳河大桥等项目加快实施。农大、农科院累计释放1500亩科研用地，隆平片区完成拆违3.4万平方米，湖南农业大学、湖南生物机电职业技术学院等校园周边违章建筑安全隐患全面消除。公共服务配套设施有效完善，湘雅二医院新院区完成调规，育英西垅小学、东雅中学完成扩建，师大附中芙蓉中学正式揭牌。东湖公园亲子乐园等社会投资项目纷至沓来，投资芙蓉、看好隆平成为新的共识。

种业硅谷迈上新台阶。现代种业产业链提质增效，全国最大分子育种企业创世纪种业、全国畜牧育种前三强佳和种业、全省种业龙头企业湖南农业发展投资集团科技创新中心等一批重大项目实现落户，隆平生物种业产业园一期、隆平创新中心等重大项目主体封顶，引进产业链上下游企业65家，实现种业产值52亿元。种业前沿核心领域关键共性技术加快攻关，岳麓山种业创新中心分子育种、生物智能大数据公共技术平台，水产、中药材、油茶、水稻4个专业研究中心完成建设，潇湘科技要素大市场种业工作站实现试运行。华智生物自主研发的多款生物育种液相芯片打破国外生物育种固相芯片垄断，实现国产替代。镉低积累水稻品种培育及应用研究等12个省科技创新项目加速推进。

自贸区块实现新突破。制度创新蹄疾步稳，形成了“种质资源跨区域合作”等8项有影响力的创新成果。深耕“三大产业十大细分领域”（“三大产业”即现代种业及泛农业、生命健康、高端服务业；“十个细分领域”即现代种业、植物提取、生物农药及生物饲料、现代农业智能化设备、器械耗材、医疗设备、第三方院外服务、科技服务、标准化服务、跨境电商），引进“三类500强”项目5个，新增市场主体1000余家，同比增长283.3%。标准化产业集聚区初具规模，打造全国首个“质量诊所”（专门分析产品或服务质量的组织，由跨领域人员组成，开放讨论质量问题，确保及时快速分析解决质量问题）、全省首个标准信息咨询窗口，深化与马来西亚国家标准局标准和工业研究所（SIRIM）战略合作，打造检测、认证、清关一站式服务平台。开放型经济迈出新步伐，利比里亚、马里、马达加斯加、马拉维、加纳等5个离岸（中国）产业创新与交流中心完成建设，自贸区实现外贸进出口额23亿元，同比增长80%。

一年来，我们对标一流精耕细作，擦亮了一河两城的高品质

城市更新加快推进。长沙火车站周边环境提质改造全面完成，城际铁路与地铁2号线实现“零换乘”，更好满足了人民群众对美好出行的需要。袁家岭新华书店棚改征收实现拆迁清零，友谊东地块实现动工。远大路沿线片区、韶光片区城市更新完成摸底调查、房产评估、项目概算等前期工作。湖南米粉街完成二次提质。高效实施老旧小区改造145个、危旧房屋改造45处、既有住宅加装电梯206台。新增停车场23座、停车泊位10333个。建成5G基站670个、变电站及配套路由项目4个。

城市管理更趋精细。148条“百街千巷”环境综合整治提升项目顺利完成，苏家巷、南元宫巷、观音井巷成为全市示范街巷。“城市管理进大院”行动深入推进，细致做好五一商圈、八一路、袁家岭、火车站等重点区域标准化常态化精细化治理。隆平片区雨污分流扎实推进，合平路一期、桃园路雨水管网完成建设。新建和提质公厕36座。建成垃圾分类厢房50个，垃圾分类新时尚蔚然成风。

城市生态持续优化。中央、省环保督察反馈问题和督察“回头看”交办问题办结销号，省污染防治攻坚战“夏季攻势”项目圆满完成。高标准推进红旗路绿化提质，精心打造街角口袋公园9个，新增绿地面积9.5万平方米。持续落实河长制、湖长制，浏阳河黑石渡断面水质稳定达到Ⅲ类标准。深入推进大气污染防治专项行动，空气质量优良天数达 297 天，改善程度领跑全市。

一年来，我们尽力而为兜牢底线，增进了人民生活的幸福感

社会保障托底利民。省市重点民生实事项目高质量完成。完善创业带动就业、多渠道灵活就业保障制度，城镇登记失业率控制在合理区间，零就业家庭动态清零，“在校大学生职业体验专项行动”工作经验获全省推介。完善社会保险和医疗保障措施，率先全省打造社保基金监测平台，居民医保参保率稳定在 95% 以上。养老服务水平不断提升，发放高龄津贴 1928.7 万元，完成家庭适老化改造 115 户，新建街道综合养老服务中心 2 家、社区居家养老服务中心 11 家。做好征地补偿和过渡群众住房安置，东合新苑、东宜新园等安置房完成建设，惠及群众 4724 人。大力帮扶困难群众，累计发放救助金额 1891.8 万元，帮扶困难群众 27911 人次，确保困难群众不漏一户、不落一人。加大乡村振兴对口帮扶力度，支持龙山县靛房镇、麻阳县帮扶地区发展。

社会事业优质惠民。学前教育普及普惠、安全优质发展，公办园在园幼儿占比达 56.9%，普惠性覆盖率达 93.1%。义务教育优质均衡发展，成功入选全国义务教育优质均衡先行创建区，育英学校郭晓芳获评“全国教书育人楷模”荣誉称号。深入落实“双减”政策，义务教育阶段学科类培训机构压减率达 88%，课后服务参与学校实现全覆盖。紧密型医联体建设深入推进，与长沙市中医医院共建城市医疗集团，社区卫生服务中心中医药服务实现全覆盖。文化事业繁荣发展，隆平水稻博物馆获评全国科普教育基地、全国关心下一代党史国史教育基地，袁家岭中央文化区获评长沙市十大最受欢迎文旅打卡点。

社会治理有序安民。构建研判、调度、交办、处理、反馈“五位一体”闭环管理疫情防控机制，多轮输入性疫情均在第一时间处置到位，因时因势优化防控措施，有力守护了群众生命健康安全。持续筑牢食品安全防线，13 个街道民生快检室完成建设，学校食堂“阳光厨房”实现全覆盖。突出抓好信访积案、重复信访治理，一批重大疑难信访事项成功化解，党的二十大特护期圆满完成“五个不发生”（不发生跨地区串联聚访，不发生集体进京上访活动，不发生大规模群体事件，不发生极端恶性事件，不发生负面舆情炒作）、“三零”（零非访、零登记、零事故）目标。铁腕推进扫黑除恶、全民禁毒、反电诈等专项斗争，打掉恶势力犯罪集团 6 个，破获涉毒刑事案件 18 起。坚决落实国务院安委会安全生产“十五条硬措施”，全力推进自建房安全整治“百日攻坚”专项行动，深刻吸取“9·16”电信大楼火灾教训，全面开展高层建筑消防安全隐患大排查大整治，明确电竞酒店、密室逃脱、邮政快递等 19 个新兴行业监管责任，构建全覆盖无缝隙的安全生产和消防责任体系，全年生产安全事故起数、死亡人数均大幅下降，未发生较大及以上事故。

一年来，我们大力推进政府治理体系和治理能力现代化。

“打造科创高地建设岳麓山实验室”“用心用情满足人民群众美好出行需要”两项工作经验获省政府综合大督查通报表扬，“推进城镇棚户区和老旧小区改造、既有住宅加装电梯工作”“质量工作”入围省政府真抓实干督查激励推荐名单。法治政府建设持续加快，严格执行重大行政决策法定程序，行政复议规范化和行政应诉制度建设不断完善。自觉接受人大及其常委会和政协监督，组织办理人大建议、政协提案 133 件，满意率 100%。严格执行“三重一大”决策制度，进一步规范政府性投资项目决策和立项，防范政府债务风险，完善政府工作规则。落实全面从严治党主体责任，强化巡视巡察整改和审计结果运用，干部作风、服务效能明显改善。

同时，国防动员和后备力量建设积极推进，双拥优抚、退役军人安置等工作不断加强，工会、共青团、妇联、工商联、残联、侨联、红十字会、科协、关工委、老干、外事、台办、档案、地方志、机关事务等工作都取得了新进步。

各位代表！成绩来之不易，奋斗饱含艰辛。过去一年成绩的取得是市委、市政府和区委坚强领导的结果，是区人大、政协和社会各界监督支持的结果，是全区干部群众团结奋斗的结果。在此，我谨代表区人民政府，向全区人民、各民主党派、人民团体及所有关心、支持芙蓉发展的社会各界人士表示衷心的感谢和崇高的敬意。

在总结成绩的同时，我们也要清醒地看到，经济社会发展还存在一些问题和不足：发展后劲不强，支撑高质量发展的大项目、好项目不多，“新不补旧”“小不补大”问题依然存在，资源优势、平台优势、战略优势没有充分转化为经济发展的增量；隆平片区产城融合、科教融合步伐还需要进一步加快；就业、教育、医疗、托育、养老、住房等与人民群众新期待还有差距，统筹发展和安全任重道远；形式主义、官僚主义仍不同程度存在。这些问题，我们将采取有力措施，切实加以解决。

2023年工作安排

2023年是全面贯彻落实党的二十大精神的开局之年，实施“十四五”规划的关键之年。今年工作的指导思想是：坚持以习近平新时代中国特色社会主义思想为指导，全面贯彻党的二十大精神、中央经济工作会议精神和省委市委区委经济工作会议精神，深入落实习近平总书记对湖南重要讲话重要指示批示精神，坚持稳中求进工作总基调，完整、准确、全面贯彻新发展理念，服务和融入新发展格局，着力推动高质量发展，全面落实“三高四新”战略定位和使命任务，大力实施“强省会”战略，更好统筹疫情防控和经济社会发展，更好统筹发展和安全，奋力打造现代化新长沙建设标杆区。

全区经济社会发展的主要预期目标是：地区生产总值同比增长5%左右；规模以上工业增加值同比增长5%左右；社会消费品零售总额同比增长5%左右；固定资产投资同比增长5%左右；地方一般公共预算收入同比增长5%左右；居民人均可支配收入增长与经济发展基本同步。

实现上述目标，要重点做好以下四个方面工作：

一、坚持提升产业能级和做强产业链条并举，在构建现代化产业体系中再上新台阶

巩固做强现代金融、高端商贸产业。现代金融产业要加大核心金融业态引进力度，升级“融e贷”平台，持续开展银企对接，加快金融优势向实体经济传导，提高金融机构集聚度、增强金融产品创新力，力争引进银行、保险、基金等金融机构5家，新增上市后备企业3家、报辅企业1家。高端商贸产业要加快打造区域性国际消费中心城市，擦亮五一商圈国际商业消费形象窗口，发挥袁家岭、万家丽等商圈极核带动作用，发展首店经济、街巷经济、夜间经济，集聚一批知名品牌旗舰店、体验店，力争引进国际知名品牌5个、首店品牌12个；聚焦新能源、电商消费等领域，鼓励传统商贸企业积极培育新消费热点、新零售业态，推动生活性服务业精细化品质化发展。

主攻壮大数字经济、商务服务产业。数字经济产业要坚定数字产业化、产业数字化发展方向，聚焦云计算、物联网、5G应用等重点领域，大力支持5G应用生态产业园建设，联合高校院所、数字企业推进关键技术创新发展，支持企业参与智慧城市、智慧社区、智慧商贸等应用场景建设，力争引进规上企业6家，规上企业营业收入增长10%以上。商务服务产业要坚持引进与培育并举，做精做专会计、法律、标准化认证、科学研究和技术服务、人力资源咨询服务等产业门类，支持龙头企业做大做强，力争规上企业营业收入增长10%以上。

融合发展文化创意、生命健康产业。文化创意产业要做好结合文章，以袁家岭中央文化区和浏阳河文旅产业带为依托，引进一批文化产业上下游关联企业，打造一批演绎新空间，力争规上文化企业营业收入增长10%以上。生命健康产业要发挥高水平医疗机构集聚优势，加快长沙医疗器械科技创新产业园等健康制造业发展，吸引和扶持一批具有自主知识产权和国际竞争力的健康医疗产业项目，带动母婴产品、食品保健、中医药、健康养老等上下游及周边产业发展。

创新打造生物育种产业。举全区之力保障岳麓山实验室如期交付。提升院士、专家等高层次人才服务保障水平，在聚集人才、激励人才、服务人才方面下更大功夫，营造近悦远来的良好环境。聚焦现代种业产业链，加快优质企业培育，支持重点企业上市，培育更多科技领军企业和科技型中小企业，力争引进国际领军企业、国内龙头企业区域总部3家、种业产业链企业50家，实现产值增长10%以上。深化科教融合，加强种源关键核心技术攻关，支持有条件的企业建立院士工作站，搭建“产学研用”合作与成果转化机制，实现更多“卡脖子”技术“零的突破”，力争知识产权转化金额增长10%以上。

二、坚持夯实发展平台和畅通内外循环并举，在培育经济发展动能中取得新成效

提升楼宇含金量。对标国际一流水平，加快集聚世界顶尖资源要素，着力提高中央商务区经济外向度、产业集聚度。统筹优质楼宇资源，创新招商引资模式，重点聚焦长沙国金中心、佳兆业广场、世茂环球金融中心等高端楼宇招商，吸引更多“三类500强”、头部企业、

上市公司、外贸实体龙头企业设立区域型总部及功能型总部。紧盯“入驻率、注册率、入库率、纳税率”四大主要指标，力争新培育税收亿元楼宇1栋以上，推动湖南投资大厦跻身税收5亿楼宇行列。落实“楼长制”“部门联楼宇”工作机制，积极推动自助服务终端向楼宇延伸，实现更多政务服务事项自助办理。实施楼宇品质提升行动，推动楼宇与街区、小区、社区融合发展，实现产业与空间精准匹配。

打造园区升级版。对标“五好”（规划定位好、创新平台好、产业项目好、体制机制好、发展形象好）园区标准，加快推动园区高质量发展。探索工业发展新路径，聚焦现代农业、新材料、快速消费品、电子信息等主攻方向，集中力量引进研发、销售、结算型工业企业总部，推动现代服务业同先进制造业深度融合。稳步推进隆平生物种业产业园、隆平创新中心等项目招商，实质性启动湖南农业发展投资集团科技创新中心、浩天财富中心、天人建设等重点项目建设。牢固树立“亩均论英雄”导向，积极探索低效用地盘活新路径，对闲置厂房、存量资源进行整合利用，实现企业集聚、要素集约、技术集成、产业集群、服务集中。

塑造开放新高地。加快自贸大厦建设，确保建成封顶。发挥自贸试验区示范带动和辐射效应，持续深化“种质资源便利化服务”“标准助推出口贸易”等领域改革，推动“中非合作”“植物提取”等领域改革取得新成效，构建试在自贸、用在芙蓉、服务长沙、贡献全省的全域自贸新格局。高质量打造标准化产业集聚区，加大标准化龙头组织招商引资力度，抓好植物提取物产品技术贸易措施研究评议基地建设，集聚壮大植物提取物产业。围绕现代种业及泛农业、生命健康、高端服务业三大目标产业，紧盯产业链上下游关键环节，加强与中部地区、长江经济带、粤港澳大湾区协调联动，力争引进“三类500强”项目3个以上，新增市场主体1000家以上，实现外贸进出口额25亿元以上。

三、坚持加快片区建设和实现全域提质并举，在推动人民城市建设中闯出新路子

大刀阔斧推动隆平片区开发建设。持续优化国土空间布局，推进农大、农科院科研用地挂牌出让，加快220千伏星芙鼎—黎线下地，调优片区发展空间。加快实施城市更新，实质性启动蔡锷中路两厢—西龙片区城市更新（旧城改建）项目，大力推动远大路沿线片区城市更新（旧城改建）项目基础配套设施建设，稳步推进韶光片区城市更新（旧城改建）项目征拆工作。持续完善城市功能，确保科教路一期、长农路东段等道路建成通车，加快湘雅二医院新院区、东湖公园等项目建设，形成空间布局合理、产业集聚发展、公共服务完善的产城融合新格局。

精耕细作推动中心城区焕新出彩。擦亮五一商圈、袁家岭、长沙火车站等城市窗口，打造城市形象样板，提升城市靓丽颜值、现代气质和独特魅力。加快蔡锷中路两厢等项目征拆扫尾，尽快完成黄土塘等项目结算，早日全面实现清零腾地。推进马浏片区、文艺路片区、戏剧街等重点区域建设，推动中国黄金街业态提质升级，加快曙光地块开发建设、马王堆海鲜水产批发市场整体外迁，确保湖南文化广场、湘雅二医院医技楼建成并投入使用。

对标一流推动“一河两城”全域提质。坚持“四精五有”（精准规划、精美建设、精致管理、精明增长；有颜值、有气质、有内涵、有格调、有品位）标准，实现城市品质“东西两岸一个样、大街小巷一个样”。实施“百街千巷”巩固提升工程，推进既有住宅电梯加装，完成危旧房屋改造53处、老旧小区改造106个。实施智慧电网“630攻坚”，提升电力运行保障水平。加快5G基站建设，形成大容量、高带宽、低延时、全覆盖的网络信号。统筹抓好城市绿化、生态建设和景观打造，新增城市绿地10万平方米以上。深化全民生活垃圾分类。持续推进环保督察及“回头看”问题整改，强化$PM_{2.5}$和臭氧污染协同控制，空气质量优良率稳定保持80%以上，基本消除重污染天气。深化浏阳河流域综合治理，确保水质稳定保持Ⅲ类标准。

四、坚持守住民生底线和优化服务供给并举，在顺应美好生活需要中彰显新作为

办好人民满意教育。坚持教育优先发展，持续巩固“双减”成果，深入推进国家义务教育优质均衡区创建。加强学前教育教师队伍建设，完善普惠性学前教育保障机制。提升中学办学质量，加快湘一芙蓉中学改建，推进名师、名校长培育工程，擦亮中学品牌。持续开展校园安全专项整治，维护师生安全和校园稳定。

深化健康芙蓉建设。深入推进爱国卫生运动，积极创建国家卫生城市。深化医保政务服务“容易办”改革。扎实开展新一轮基层医疗卫生服务能力提质增效三年行动计划，持续深化城市医联体建设，推动优质医疗资源扩容下沉和均衡布局，提升社区卫生服务中心中医药服

务水平，提高防病治病和健康管理能力。

繁荣文化体育事业。支持隆平水稻博物馆创建国家AAAA级旅游景区。完善公共文体惠民设施，建设一批市级标准化社区综合文化服务中心和健身场地设施。坚持以文塑旅、以旅彰文，高质量举办首届文化旅游发展大会，打造“一览全城”的都市休闲游、“一步千年”的历史文博游、“一曲悠长”的文化体验游、“一河流淌”的网红打卡游等文旅新名片。

完善社会保障体系。实施就业优先战略，把促进青年特别是高校毕业生就业工作摆在更加突出的位置，支持多渠道灵活就业和新就业形态发展，确保城镇新增就业1.64万人、零就业家庭动态清零。落实企业职工基本养老保险全国统筹和个人养老金先行工作，提高退休人员基本养老保险待遇。深化社会救助综合改革，健全分层分类的社会救助体系。优化“一老一小”服务，完善托育服务体系，建成示范性托育机构2家，健全居家社区机构相协调、医养康养相结合的养老服务体系，打造15分钟养老服务圈，托起“朝夕美好”。统筹保障性住房建设筹集，规范运营公租房，着力解决新市民、青年人等住房问题。坚持“房住不炒”定位，扎实推进“保交楼、保民生、保稳定”工作，确保房地产市场平稳发展，推动房地产业向新发展模式平稳过渡。

提高安全发展水平。精准把握新阶段疫情防控特点，加强分级分层分流救治引导和居家患者健康指导，确保顺利渡过流行期，实现平稳转段。巩固国家食品安全示范城市创建成果，守护群众“舌尖幸福”。严格落实“三管三必须”（管行业必须管安全，管业务必须管安全，管生产经营必须管安全）要求，持续开展重点领域风险隐患排查行动，坚决遏制较大及以上事故发生。加强金融、房地产等重点领域风险监测评估和预警，严厉打击非法集资、网络借贷等非法金融活动，牢牢守住不发生系统性金融风险和大规模群体性事件底线，守护好老百姓的“钱袋子”。

各位代表！政府的首要职责就是抓落实。我们将一以贯之加强自身建设，把规划变计划、计划变项目、项目变现实，一件事情接着一件事情办，以更强执行力提升政府治理能力和服务水平。

加强政治建设。坚持不懈用习近平新时代中国特色社会主义思想凝心铸魂，坚定拥护“两个确立”，坚决做到“两个维护”，自觉在思想上政治上行动上同以习近平同志为核心的党中央保持高度一致。全面落实中央、省、市和区委各项决策部署，推动党内监督与人大监督、民主监督、行政监督、审计监督、群众监督等有机贯通、相互协调。

推进依法行政。持续健全依法行政制度体系，形成尊法学法守法用法良好氛围。持续完善行政决策制度体系，严格执行重大行政决策程序规定，切实提高政府科学决策、民主决策、依法决策水平。持续深化行政执法体制改革，压实执法主体责任，加强执法队伍建设，加大执法监督力度，让人民群众切实感受到公平公正就在身边。

践行服务宗旨。畅通和规范群众诉求表达、利益协调、权益保障通道，着力推动完善调解、仲裁、行政裁决、行政复议工作，理顺社会矛盾纠纷多元预防调处化解综合机制，将矛盾纠纷化解在萌芽状态、化解在基层。开展重复信访治理攻坚行动、信访基础全面提质行动，带着感情、带着责任、带着方法，把“送上门的群众工作”做到群众心坎上。

提升政府效能。深化“放管服”改革，推行“一件事一次办”，打造“无证明城市”升级版，推进就近好办、极简快办、跨域通办、未诉先办，健全免申即享、随申随享、惠企直达等政策机制，构建面向市场主体和群众办事的全生命周期服务链条。大力弘扬新时代企业家精神，平等对待各类市场主体，依法保护民营企业产权和企业家权益，打造“永远可以相信芙蓉”的营商环境品牌。

确保清正廉洁。纵深推进政府系统全面从严治党，严格落实中央八项规定及实施细则精神，严明政治纪律和政治规矩，坚持不懈纠治“四风”，围绕重点领域和关键环节建章立制，一体推进不敢腐、不能腐、不想腐。强化财政资金使用监管，提高财政资金使用效率，严控非刚性支出，用政府过紧日子换百姓过好日子。

各位代表！路虽远，行则将至；事虽难，做则必成。让我们更加紧密地团结在以习近平同志为核心的党中央周围，在市委、市政府和区委的坚强领导下，求真务实、守正创新，勠力同心、勇毅前行，为打造现代化新长沙建设标杆区而努力奋斗！

大事记

编辑　　苏　洁

1月

4日，芙蓉区负责干部大会召开，传达学习贯彻长沙市第十六届人民代表大会第一次会议和政协长沙市第十三届委员会第一次会议精神。芙蓉区委书记周春晖主持会议并讲话，区委副书记、区长崔晓传达市“两会”精神。

5日，“爱长沙@长沙”网络文化节暨长沙市新媒体年度影响力评选公示，区委宣传部、红网长沙站联合推出的《人民路上》新闻专题被评为长沙市2021年度优秀新媒体作品。

7日，马里共和国驻华大使一行到访自由贸易试验区长沙片区芙蓉区块，双方就特色产品贸易往来、经贸交流活动、重点产业项目和投资“入非”“来华”等开展深入洽谈。

同日，芙蓉区党史学习教育总结会议召开。区委书记、区委党史学习教育领导小组组长周春晖在会上强调，要全面总结全区党史学习教育成效和做法，巩固拓展党史学习教育成果，弘扬伟大建党精神，持续从百年党史中汲取砥砺奋进的力量，奋力打造现代化新长沙建设标杆区。

10日，湖南省委常委、长沙市委书记吴桂英率领由市领导和各区县（市）、园区党政主要负责人以及市直部门等负责人组成的长沙市“强省会兴产业”项目建设观摩团，第一站考察隆平高科技园琴海数智产业园。听取区委书记周春晖作的项目建设情况汇报，参观琴海数智项目展厅，了解档案数据应用平台，对公司独有的技术设备特点表示肯定。

13日，芙蓉区委宣传思想工作暨意识形态工作领导小组会议召开。会议听取2021年全区宣传思想文化及意识形态工作情况和2022年有关工作计划，研究部署2022年全区宣传思想文化及意识形态工作任务。

19日，芙蓉区委六届五次全体（扩大）会议在区机关会议室召开，全体区委委员及候补委员41人参加会议。会议由区委书记周春晖主持，讨论确定长沙市出席中共二十大代表候选人推荐人选建议名单。

20日，芙蓉区为长沙韶光铬版有限公司、隆平园企业服务中心（长沙）有限公司2家企业分别颁发工信部第三批专精特新“小巨人”企业和国家中小企业公共服务示范平台牌匾。

同日，芙蓉区与中南大学湘雅二医院签订新一轮战略合作协议，湘雅二医院选址隆平片区，新建中南大学湘雅二医院东院区。该院区位于杉木路与滨河路交叉口西北角，总用地面积约8.2公顷。院区按照“大专科，小综合”的模式办医，以实施住院诊疗为主。

20—21日，政协长沙市芙蓉区第六届委员会第二次会议在区会议中心召开。区政协主席喻志刚代表政协第六届委员会常务委员会作工作报告；听取4名委员作议政发言；会议通过区政协第六届委员会第二次会议提案审查情况报告、区政协第六届委员会第二次会议关于常务委员会工作报告的决议、区政协第六届委员会第二次会议政治决议。

21日，长沙市芙蓉区第六届人民代表大会第二次会议在区会议中心召开。会议听取芙蓉区委副书记、区长崔晓作《政府工作报告》，区人大常委会主任伍艳飞作《芙蓉区人民代表大会常务委员会工作报告》，区人民法院院长李才坤作《芙蓉区人民法院工作报告》，区人民检察院检察长盛智作《芙蓉区人民检察院工作报告》；审查芙蓉区国民经济社会发展计划报告和区财政工作报告。表决通过关于6个报告的决议。周春晖代表区委祝贺大会召开并讲话。

29日，芙蓉区综合指挥中心投入使用，该中心按照“1个总指挥中心+N个分指挥中心”运作模式，是长沙市首批新型智慧城市建设区县（市）建设试点示范项目之一。

30日，湖南省副省长许显辉到芙蓉区公共法律服务中心，了解行政复议体制改革、公共法律服务、社区矫正、人民调解等工作开展情况，并慰问司法行政一线工作人员。

2月

7日，长沙市“新春第一会”发布2022年重点建设的“十个重大城市片区”，芙蓉区隆平片区作为功能片区入选。

同日，聚焦“三高四新”战略定位和使命任务，大力实施“强省会”战略，推动长沙高质量发展重大项目集中开工活动芙蓉区分会场在浏阳河产业带二期项目举行。芙蓉区总投资约25亿元的13个重大项目集中开工，项目涉及产业发展、社会民生、市政道路、住房保障等方面。

11日，中国共产党长沙市芙蓉区第六届纪律检查委员会第二次全体会议召开。会议总结芙蓉区2021年纪检监察工作，部署2022年任务；审议通过纪委书记彭保刚所作《弘扬自我革命精神，推进清廉芙蓉建设，为打造现代化新长沙建设标杆区提供坚强保障》工作报告，与会人员集中观看警示教育专题片《压倒性力量常在》。

同日，湖南省政协主席李微微率省政协主席会议成员到白果园历史文化街区，开展“打造世界知名旅游目的地，助推强省会战略”主题调研。先后视察程潜公馆、《湘江评论》印刷处旧址等历史文化遗址，了解白果园有机更新及历史步道建设的相关情况，感受街区业态提质升级后的创新创意集聚区。

14 日，省政务管理服务局公布 2022 年“放管服”改革“揭榜竞优”优秀成果，芙蓉区“一呼即应”打造优质政务服务总客服入选改革品牌。

14—15 日，芙蓉区定王台街道都正街、黄金街和白果园 3 个街区举办“特色街巷 欢庆元宵”老街欢乐秀活动，吸引数名群众游客参与。

18 日，芙蓉区政府与湖南华夏投资集团达成初步战略合作意向，双方就携手推动浏阳河文旅产业带发展开展会谈。

23 日，国家市场监督管理总局党组成员、副局长蒲淳一行到芙蓉标准化小镇调研，参观标准化专家工作站和质量诊所，询问了解小镇的建设进度和质量基础设施“一站式”服务试点平台支撑情况，对湖南省开展标准化产业探索表示肯定。

25 日，湖南省委书记、省人大常委会主任张庆伟到湖南省农科院、袁隆平农业高科技股份有限公司、华智生物技术有限公司，调研农业科技、种质资源保护等工作。他强调，要给现代农业插上科技的翅膀，守住保障国家粮食安全底线。省委副书记朱国贤参加调研。

28 日，长沙芙蓉区教育局所属合平幼儿园、张公岭幼儿园开园。合平幼儿园位于合平路与人民东路交界处；张公岭幼儿园位于京珠高速西辅道和桐西路交会处。2 所幼儿园均规划 9 个班。

3 月

1 日，长沙市委副书记、市长郑建新一行调研文艺路街道老旧小区燃气改造工作，实地调研乔庄社区物资厅南北院燃气管道改造项目，查看燃气报警装置的安装、使用情况及燃气设施设备的安全状况，对芙蓉区燃气改造及安全工作提出更高要求。

7 日，位于隆平高科技园的岳麓山实验室建设项目开工仪式在湖南农业大学举行。湖南省委副书记朱国贤出席并宣布项目开工。

8 日，芙蓉区庆祝“三八”国际妇女节会议召开，会上为 8 名芙蓉区“三八红旗手”和 5 个“三八红旗集体”颁奖，全区 120 余名优秀女性代表参加会议。

9 日，芙蓉区人民检察院驻区行政执法局检察联络室揭牌成立。该联络室由芙蓉区行政执法局与芙蓉区人民检察院共同设立，进一步健全行政执法与刑事司法工作衔接。

10 日，“自贸芙蓉区块职称初任绿色通道暨人才政策专场解读企业沙龙”在自贸区芙蓉片区举办，是湖南自贸区长沙片区首个职称初任的“绿色通道”，为申报职称初任的专技人员提供一站式服务。

16 日，芙蓉区政府与九龙仓（长沙）置业有限公司《合作备忘录》签署仪式在长沙国金中心举行。配套出台《关于支持长沙国金中心招大引强的若干措施》，共同推进楼宇招商。区委书记周春晖，区委常委、区委办主任陈亚静及九龙仓（长沙）置业有限公司相关负责人见证签约。

18 日，芙蓉区马坡岭街道设立新龙社区居民委员会。该社区四至范围为：东至双杨路，南至远大路，西至浏阳河，北至桐西路（含辉煌国际三期至营盘东路）。辖区面积 0.85 平方千米，管辖楼盘为辉煌国际、恒大江湾、万国城 3 个住宅区。

26 日，区委印发《关于在全区开展党建“六大行动”深入推进“党建聚合力”工程实施方案》，明确“政治领航”“培根铸魂”“强基赋能”“和谐善治”“同心聚力”“清廉芙蓉”6 项行动，逐一明确牵头单位和具体任务，将“党建聚合力”工程“六大行动”纳入党建工作考评、基层党建工作述职考核等重要内容，采取明察暗访、定期调度通报等方式，压实工作责任。

31 日，芙蓉区妇女联合会、长沙市杨陶如家庭成长关爱中心联合开展“利剑护蕾，守护明天——芙蓉区妇联儿童权益保护伞”活动，由爱之初性教育讲师团队老师胡湘静为芙蓉公寓幼儿园的 90 余名孩子送去《我的安全我保护》防性侵讲座。

4 月

6 日，芙蓉区法院在蔡锷南路 98 号新设立“调立审执”一体化金融法庭——定王台人民法庭。该法庭于 2022 年 5 月正式运营，负责办理辖区内所有涉及金融领域的民事、执行案件。

14 日，区委书记周春晖主持召

开2022年芙蓉区生态环境保护委员会会议，传达学习省、市生态环境保护相关工作会议精神，听取全区生态环境保护（蓝天保卫战）工作情况汇报，审议《芙蓉区生态环境保护委员会及下设机构方案》等3份文件。

19日，长沙市奋力实施“强省会”战略重大项目集中签约活动举行。芙蓉区现场签约湖南5G通信数字应用产业园和创世纪种业华中育种创新平台两大重点项目，总投资金额32.5亿元。

20日，教育部办公厅公布全国义务教育优质均衡先行创建县（市、区、旗）名单，长沙市芙蓉区入选。

22日，芙蓉区与怀化市麻阳苗族自治县举行乡村振兴对口帮扶对接交流工作会议，并实地走访袁隆平农业高科技股份有限公司、岳麓山种业创新中心、湖南省茶业集团等企业，双方就产业协同、平台服务、研发转化等方面的对接合作开展深入沟通。

同日，第五届“中国创翼”创业创新大赛芙蓉区选拔赛决赛在区政府会议室举行。有74个初创企业或项目团队报名参赛，16支队伍进入决赛，共决出一等奖2家、二等奖3家、三等奖5家，其中“100+智慧农场”项目进入省赛，获得省级三等奖。

23日，全省首个以5G应用为主导的产业园——湖南5G应用生态产业园开园仪式暨品牌签约推介会在湘湖街道三湘南湖大厦举行。三湘南湖大厦被授予“湖南移动5G应用生态基地”称号；芙蓉区人民政府与中国移动通信集团湖南有限公司现场签订战略合作协议；三湘南湖大市场实业总公司与10家入园企业签约。

同日，长沙市奋力实施“强省会”战略重大项目集中开工活动芙蓉区分会场活动三湘南湖大厦举行。15个重大项目集中开工，总投资79.6亿元，年度投资23.35亿元。

24日，区委、区政府出台《贯彻落实强省会战略的行动方案（2022—2026年）》，明确未来5年芙蓉区奋力实施“强省会”战略的作战表、路线图。方案分1个目标要求、12大重点方面、3项平台支撑。同步出台芙蓉区贯彻落实《关于实施强省会战略支持长沙市高质量发展的若干意见》责任清单、芙蓉区贯彻落实长沙市强省会战略2022年重点事项清单、芙蓉区贯彻落实强省会战略重大项目清单，部署8大类专项行动113个重大项目。

25日，芙蓉区“知识产权锐意创新 助力实施强省会战略”知识产权主题宣传周主场活动在湖南农业大学举行。现场举行高校、企业高价值知识产权转化项目合作协议签约仪式，以及隆平高科技产业园企业知识产权质押融资项目签约。

26日，在长沙市创建全国版权示范城市工作推进会暨版权示范企业授牌仪式上，湖南省湘绣研究所授牌“长沙市版权示范企业”、湖南惠农科技有限公司授牌“长沙市版权示范提名企业”。

27日，区委办印发《奋力实施强省会战略 推动全区干部队伍担当作为创新实干的实施办法（试行）》，涵盖县级领导示范引领、科级干部比学赶超、普通干部多向交流、社区（村）书记动态调整、年轻干部一线锤炼5个方面，旨在建立完善干部合理流动、能进能出、能上能下的常态化机制。

28日，“青春建功强省会，芙蓉英才勇担当”芙蓉区庆祝“五四”青年节主题活动暨青年企业家座谈会在岳麓山种业创新中心举行。100余名青年人才围绕芙蓉区产业发展、文化业态、能级提升等方面提出意见建议。50余名青年企业家加盟全市首个区级青年企业家协会。

29日，长沙市反恐怖工作领导小组会议暨全市反恐怖工作电视电话会议召开。芙蓉分局作为区县公安代表，副区长、分局党委书记、局长章晓波介绍芙蓉区反恐怖工作成效和经验做法。

同月，在2021年出台促进文化产业发展“文九条”的基础上，芙蓉区发布配套实施细则，以补贴、奖励等形式，对“一区一带”（袁家岭中央文化区、浏阳河文旅产业带）重点企业和有突出贡献的个人予以支持。

同月，赛迪顾问城市经济研究中心发布“赛迪创新百强区（2022）”榜单，芙蓉区上榜。

5月

5日，区委、区政府印发《关于贯彻落实强省会战略的行动方案（2022—2026年）》。方案提出综合竞争力、产业支撑力、科技创新力、区域承载力、城市开放度、居民幸福感显著提高6个目标要求，制定制造强市、创新引领、数字赋能、开放融通、交通枢纽等12项专项行动工作举措，明确支持打造岳麓山实验室、隆平高科技园、自由贸易试验区长沙片区芙蓉区块三大平台支撑，为推动强省会战略在芙蓉区落地见效提供工作指南。

7日，“优化金融服务，助力‘强省会’战略——芙蓉助企，一路有‘招’”政银企对接活动在中石油大厦举行。徐记酒店、铭弘体育、惠瑞生物等10家企业与银行现场授信签约，授信总额近5亿元。

9日，区政府办印发关于《芙蓉区全民科学素质行动规划纲要实施方案（2021—2025年）》的通知。通知分4个方面对全民科学素质行动规则纲要的指导思想、原则和目标、提升行动、重点工程、组织实施进行明确，内容涵盖青少年、居民、产业工人、老年人、领导干部和公务员五大人群科学素质提升行动，抓好科技资源科普化、科普信息化提升、科普基础设施、基层科普能力提升、科学素质开放交流合作五项重点工程，提升全民科学素质。

10日，中国（湖南）自由贸易试验区工作领导小组《关于印发中国（湖南）自由贸易试验区第一批制度创新成果的通知》发布，芙蓉区标准化服务产业高质量发展新体系被评为全国首创举措。

同日，芙蓉区“5·10”警示教育大会在区会议中心召开，300余名党员干部集中观看原创廉政话剧《忏悔》。

12日，主题为“减轻灾害风险守护美好家园”的湖南省2022年“5·12”全国防灾减灾日宣传演练活动在马坡岭街道舟桥广场举行。演练采用线上直播与线下演练相结合的形式，模拟芙蓉区遭遇区域性特大暴雨险情应急处置的全过程，以实战练兵检验防汛应急队伍作战能力。

17日，湖南省政协主席李微微率部分省政协委员及专家到岳麓山种业创新中心及基地，调研湘菜产业发展情况。中国工程院院士印遇龙、刘少军分别介绍畜牧水产和种质资源创新成果。李微微强调，要发挥好农业院士的优势和作用，加快推动研究成果转化。

20日，“芙蓉520，我来服务您”2022年“520企业服务日”系列活动在浏阳河婚庆文化园举行。区政府兑现“高新技术企业发展奖、高质量发展奖、发展贡献奖、企业入规奖、发展台阶奖”等奖励，有254家企业获得超4000万元的产业发展扶持奖励，有48名企业家被认定为“芙蓉高层次人才”，区委书记周春晖为其颁发奖杯。

25日，全国公安系统英雄模范立功集体表彰大会在北京举行，长沙市公安局芙蓉分局定王台派出所民警杨曙光被评为“全国优秀人民警察”。

26日，何立伟名家工作室在袁家岭中央文化区揭牌，该工作室是袁家岭中央文化区引进的首个名家工作室。

同日，2022年芙蓉区科技活动周启动仪式暨修业学校西部联盟科技节活动在修业学校举行，现场为西部联盟单位授牌。

27日，湖南省人民检察院召开“湖南民事检察虚假诉讼监督工作”新闻发布会，芙蓉区检察院办理的谭某涉“校园贷”民间借贷纠纷虚假诉讼监督系列案入选全省检察机关虚假诉讼十大典型案例。

同月，中央宣传部、中央文明办、国务院国资委等部门和单位联合发布2021年度全国学雷锋志愿服务“四个100”先进典型名单，芙蓉区荷花园街道杨家山社区被评为“最美志愿服务社区”。

同月，识字里社区通过团中央改革试点区验收，成为团中央城市基层组织改革第一批试点社区；德政园社区和滩头坪社区被评为团中央社区青春行动优秀社区（国家级）。

同月，长沙市委全面深化改革委员会通报2021年度全市“十佳典型改革案例”“十佳特色改革案例”评选结果，芙蓉区建设“标准化产业园”赋能产业发展被评为2021年度全市“十佳特色改革案例”。

同月，芙蓉区在全省率先打造区级社会保险基金监测平台。该平台通过利用大数据、云计算等信息化手段，实现社保基金监测内容全面覆盖。

6月

1日，长沙市新型智慧城市建设区县（市）试点示范项目和统筹协同工作第一次例会在芙蓉区召开，芙蓉区综合指挥中心运行情况和功能演示为全市提供示范经验。

2日，中共芙蓉区委、芙蓉区人民政府和湖南农业大学联合举办“共建清洁美丽世界 共创文明典范芙蓉”2022年“6·5”环境日宣传活动。芙蓉区人民政府和湖南农业大学签订《深入推进污染防治攻坚共同助力乡村振兴校地合作协议》，双方围绕强化技术支撑、推动成果转化、提升能力水平等5个方面展开合作。

6日，2022年芙蓉区建筑工地“安全生产月”启动仪式在芙蓉生态新城三号安置小区（二期）举行。芙蓉区城投集团代表、湖南省沙坪建设有限公司代表分别做管理和施工表态发言。活动还发布《芙蓉区2022年“安全生产月”活动实施方案》。

14日，第十届湖南省政协副主席、省文联原主席谭仲池率队到袁家岭中央文化区考察调研，对袁家岭中央文化区培育文化人才、打造文化精品、塑造文化品牌充满期待。

同日，《中国青年报》头版以《引百万青年沉入社区　践行‘五联’工作机制——湖南走出青年参与社会治理新路子》为题，报道芙蓉区落实团省委“五联”经验和“五位一体”工作模式经验。

15日，省会青年音乐人走进袁家岭中央文化区暨“我为长沙写首歌”新歌试听会在何立伟名家工作室举行。该次活动是何立伟名家工作室揭牌成立之后举办的首场文化沙龙活动。

16日，民兵工作“三落实”60周年民兵活动日暨省级领导“军事日”活动在省军区举行，现场表彰20名湖南省首届新时代“最美民兵”。长沙市芙蓉区民兵网络装备维修排排长丁小星受到表彰。

17日，共建“健康芙蓉——国家科技创新2030居民心身健康示范社区”项目在芙蓉区启动。该项目是芙蓉区政府与湘雅二医院共建的首个国家级项目。

18日，隆平高科技园管委会与长沙县春华镇人民政府签署战略合作协议，构建“种业硅谷”区域协同联动发展机制，并举行种业硅谷重点项目“全球主要粮油作物种质资源引进中转和穿梭育种（长沙）示范基地”开工仪式。

同日，芙蓉区第十四届全民健身运动会青少年组游泳比赛在区教育局中心游泳馆举行。比赛根据参赛选手年龄设置甲、乙、丙组三个组别，有32所学校500余名运动员参加比赛。

20日，马拉维—湖南农业大学产学研合作基地、马拉维离岸（中国）产业创新与交流中心在湖南农业大学挂牌成立，将进一步促进中非双边在科学研究、技术应用、人才培养、国际交流等方面的科技合作。

同日，岳麓山实验室集聚区农科院片区举行开工仪式，副省长陈飞出席并宣布项目开工。该集聚区是岳麓山实验室的重要组成部分，规划总用地面积23.38公顷，总建筑面积23.08万平方米，总投资18.76亿元。

21日，区委办、区政府办印发《稳企业、促增长——企业服务专员联企行动实施方案》，要求在全区1000余家重点企业分别确定1名企业服务专员，明确企业服务专员工作职责为常态走访联系、加强问题解决、宣传解读政策、帮办报批事项、协助争取政策和推进企业发展，为市场主体提供全方位、全过程、全生命周期的支持和服务。

29日，区政府印发关于《长沙市芙蓉区人民政府工作规则》的通知，共10章58条，内容涵盖人员组成及分工职责、加强依法行政、完善科学民主决策程序规则、加快推进政务公开和政务服务、健全各类监督及层级监督制度等具体条款，全面规范政府工作职能职责、工作准则。

同日，东湖街道开展“基层吹哨、委员报到”暨“芙蓉夜话·政协篇”主题活动，就城乡接合部自建房安全整治“百日攻坚”专项行动与委员交流。

30日，隆平园区举行2021年度经济奖励兑现暨隆平讲堂活动，为企业家兑现奖励6500万元，并邀请深圳大学领军学者、央视“百家讲坛”主讲嘉宾姜安以“古代智慧与企业领导力”为题，阐述中国传统文化中的领导艺术与魅力。

同日，区委书记、区委统战工作领导小组组长周春晖主持召开区委统一战线工作领导小组2022年第一次全体会议，印发《中共芙蓉区委统一战线工作领导小组成员单位职责清单（试行）》《关于做好统一战线防范化解风险隐患工作的实施方案》，明晰28个成员单位统战工作职责，分解细化防范化解统战领域风险隐患工作。

同月，地铁6号线开通试运行。该线路为东西走向，全长48.11千米，有迎宾路口、窑岭湘雅二医院、朝阳村、芙蓉区政府、人民东路、隆平水稻博物馆、农科院农大、东湖、韶光9座车站途经芙蓉区，为全线车站的三分之一，为区域居民群众出行提供便利。

7月

1日，《长沙晚报》以《点燃“红色引擎”激发高质量发展新动能》为题，报道芙蓉区大力实施“党建聚合力”工程，建强基层党组织。

8日，长沙市“放管服”改革“揭榜竞优”工作现场观摩活动在世茂环球金融中心举行，芙蓉区在该中心打造的“24小时楼宇政务服务驿站”政务服务便利化工作经验与成效接受全市观摩。

同日，长沙市2022年湖南省模范职工之家、模范职工小家推荐名单发布，英氏控股集团股份有限公司工会被评为湖南省“模范职工之家”。

10日，湖南省圆点美术馆经二次装修后重新开馆，同步推出“圆点·元境”全国名家作品邀请展。

12日，《人民日报》专题报道“创新研发机制 保护开发并重 湖南加快种业产业链协同发展”，关注湖南种业产业链发展。

11—12日，全国人大常委会副委员长、中华全国总工会主席王东明到芙蓉区，点赞芙蓉区工会户外劳动者站点火星站。

13 日，芙蓉区推进全国文明典范城市创建暨文明委全体会议召开。会上播放文明创建暗访片，并就《芙蓉区深化提质新时代文明实践中心建设实施方案（审议稿）》等系列文件作说明。会议总结全区精神文明建设及文明创建工作的成绩和经验，分析当前形势，研究部署下阶段工作。

14 日，京东方数科华中区域总部项目签约仪式在长沙举行。区委副书记、区长崔晓，京东方数字科技财务总监鲁欢分别代表芙蓉区人民政府与京东方数字科技有限公司签署合作协议。该项目将在芙蓉区设立集营销、研发、运营于一体的零售物联网华中区域总部基地。

17 日，《中国市辖区旅游研究报告 2022》暨“2022 年全国市辖区旅游综合实力百强区”名单发布，芙蓉区上榜“2022 年全国市辖区旅游综合实力百强区”，位列第 32 位，居长沙市各区县之首。

18 日，“2022 年度长沙市十佳文旅项目名单”发布，湖南华天大酒店、尼依格罗酒店被评为“十佳旅游饭店”；长沙国金中心（IFS）夜经济集聚区、琴岛演艺夜经济集聚区被评为“十佳夜经济集聚区”。

19 日，区委书记周春晖主持召开芙蓉区委全面依法治区委员会全体会议。会议传达学习中央依法治国办、省委和市委相关会议精神，听取 2021 年度工作情况汇报，审议并通过《2022 年芙蓉区委全面依法治区委员会工作要点》和《长沙市芙蓉区“十四五”法治建设规划》。

同日，隆平水稻博物馆被中国关工委评为“全国关心下一代党史国史教育基地”。市关工委主任董学生、常务副主任刘耀杰为该馆颁发牌匾。

20 日，岳麓山实验室和杂交水稻全国重点实验室揭牌仪式暨建设动员会议在省农科院科技交流活动中心举行。岳麓山实验室项目于 3 月开工建设，瞄准建成国内顶尖、国际一流的种业实验室；杂交水稻全国重点实验室于 5 月获批，是首批获批建设的 20 家全国重点实验室之一。

21 日，芙蓉区人民政府、望城区人民政府、长沙和顺阳光置业有限公司举办合作办学签约仪式，三方就携手共同创办大同银星小学开展会谈。

22 日，芙蓉区人民政府与湖南师范大学附属中学举行委托办学签约仪式。芙蓉区政府将 2016 年建成的原长郡芙蓉实验中学交由湖南师大附属中学托管办学，学校更名为湖南师大附中芙蓉中学，是附中集团与芙蓉区合作的第一所学校。

25 日，湖南省人社厅党组书记、厅长唐白玉一行到芙蓉区联点调研社保基金风险防控工作，与市、区人社局面对面座谈交流，着重了解社保基金重点工作推进情况及市区面临的实际困难和问题，对长沙市和芙蓉区的人社工作给予肯定。

26 日，湖南省“博爱家园”项目培训观摩活动在芙蓉区举行，湘湖街道南湖社区作为项目的执行方，以“红帆耀南湖，博爱树新风”为主题，介绍项目管理经验与成果。

27 日，赛迪顾问城市经济研究中心发布《2022 年中国城区经济高质量发展研究报告暨 2022 赛迪百强区》，芙蓉区排名第 70 位，较 2021 年提升 22 位。

28 日，全省公安派出所工作会议暨第二批“枫桥式公安派出所”命名表彰仪式在长沙召开，长沙市公安局芙蓉分局朝阳街派出所被评为全省公安机关第二批“枫桥式公安派出所”。

29 日，中非农业科技创新合作基地举行签约仪式，加纳离岸（中国）产业创新与交流中心落户自由贸易试验区长沙片区芙蓉区块。马拉维、乌干达等非洲 15 个国家驻华使节到芙蓉区块参观。

同日，以“全国五一劳动奖章”获得者刘桂兰命名的“湘湖社区刘桂兰调解工作室”成立暨“芙蓉区法院湘湖社区刘桂兰特邀调解工作室”授牌仪式在湘湖社区会议室举行。该工作室是芙蓉区法院首家个人名义特邀调解工作室。

8月

1 日晚，“星耀星城”长沙市首届国防之星评选宣传发布会在长沙人民会堂举行。芙蓉区东屯渡街道退役军人服务站李呈龙被评为“退役士兵之星”、芙蓉区浏正街小学校长袁霞被评为“拥军优属之星”。

17 号，芙蓉区政府与中交集团联合体就远大路沿线片区大型城市更新项目举行签约仪式。该项目位于浏阳河以东区域，毗邻汽车东站，总用地面积 92.9 公顷。改造内容包含基础设施建设、公共服务设施建设、城市绿地建设、老旧小区改造等。

18 日，区委办、区政府办印发《芙蓉区打造营商环境升级版加快建设国际国内一流营商环境标杆区 2022 年行动方案》，明确突出公平简约、推进提质加速、立足降本增效、彰显法治温度、强化政策落地和紧扣宜业宜居 6 项重点任务，每项任务明确具体工作举措、牵头单位和完成时限要求，旨在通过一年的持续努力，力争在2022年省营商环境评价中争先进位。

26日，区委印发《关于开展“奋力强省会、喜迎二十大”主题活动的工作方案》，提出“稳经济”“保安全”“护稳定”“提品质”“强作风”5项专项行动，明确牵头领导、牵头单位和责任单位，为中共二十大胜利召开营造平稳健康的经济环境、风清气正的政治环境、国泰民安的社会环境。

28日，长房国际广场写字楼授牌为“新能源产业大楼”，并在长房国际广场营销中心举行以“新能源 新商务”为主题的授牌仪式。

29日，芙蓉区举行“金融赋能文产 激发‘袁’动力”金融赋能文化产业专项行动启动仪式暨签约分享会，现场5家银行代表与28家文化企业授信签约，授信总额近2亿元；有108家文化企业纳入文化金融重点服务企业白名单。活动还发布《2022年芙蓉区金融赋能文化产业专项行动方案》，让辖区内文化企业获得金融支持和优质服务。

30日，“长沙市芙蓉区人民法院驻平安银行股份有限公司长沙分行诉源治理工作站”成立并举行揭牌仪式。该工作站是芙蓉区法院第一家有公证机构全面参与的工作站。

31日，花侯北路浏阳河桥（合丰路—望龙路）建设完成，竣工通车。该路段南起花侯路，北接望龙路，全长1745米。桥面宽30米，道路宽60米，双向六车道，于2020年11月开工建设，总造价3.26亿元。项目建成打通了芙蓉区城区与高铁南站枢纽中心的交通，促进区域联系，带动园区产业发展，方便群众日常出行。

同月，芙蓉区入选2022年度县市夜经济繁荣百佳样本第19位。

同月，芙蓉生态新城三号安置小区（二期）项目建成，可安置居民户931户。该项目是芙蓉区重点民生项目，于2021年2月开工。由芙蓉区城投集团新城置业公司投资开发，湖南省沙坪建设有限公司承建。

同月，长沙市湘一芙蓉第二中学更名为长沙市一中马王堆中学。

9月

2日，桐西路中段竣工通车。该路段西起农园路、东至双杨路，全长780米，路幅宽26米，是隆平高科技园内东西向的一条城市次干道，为育英西垅小学近3000名师生及家长，以及西龙村居民、隆平高科技园职工出行提供便利。

同日，根据财政部、司法部《综合行政执法制式服装和标志管理办法》，长沙市芙蓉区行政执法局举行制式服装换装仪式，行政执法人员换上“晴空蓝”制服。

6日，芙蓉区政府与长沙市产业投资集团就蔡锷中路两厢—西龙片区城市更新项目实施签署合作协议，双方就推进两个片区捆绑实施联合开发开展会谈。

同日，芙蓉区举行第四届“芙蓉杯”中小学教师素养大赛，全区41个团队、205名教师同场竞技，并表彰优秀个人、优秀团队和优秀单位。

同日，中宣部、教育部公布2022年“全国教书育人楷模”名单，长沙市芙蓉区育英学校老师郭晓芳上榜。

8日，玮两优8612百亩示范片经测产验收，平均亩产干谷1158.8千克，继2021年创造湖南省一季稻高产纪录后再创新高。

同日，芙蓉区2022年全民国防教育委员会（扩大）会议暨芙蓉区第22个全民国防教育日任务部署会召开，学习传达《关于加强和改进新时代全民国防教育的意见》和省市相关文件精神，总结2021年以来国防教育工作情况，表彰全民国防教育先进单位及先进个人。

9日，芙蓉区庆祝第38个教师节主题活动在一中双语实验学校举行，设置夫妻双方从教三十年纪念奖、优秀教育科研奖、十佳教书育人标兵等14个表彰项目，现场表彰优秀教师422名、先进集体19个、优秀科研成果5项。

11日，在第十四届湖南省运动会青少年组羽毛球赛上，省羽毛球后备人才基地芙蓉区育才双新小学运动员获得4项团体金牌，是芙蓉区基地校在训运动员在省运会羽毛球赛事中首次摘金。

13日，芙蓉区政协首个界别委员工作室——城建界别工作室在芙蓉中央产业园揭牌，并开展“为打造现代化新长沙建设标杆区贡献芙蓉城建界别力量”主题分享交流会。

14日，长沙市打造内陆地区改革开放高地推进大会召开，隆平高科技园被评为长沙市打造内陆地区改革开放高地先进单位，隆平农业发展股份有限公司被评为长沙市打造内陆地区改革开放高地优秀企业。

同日，第七届湖南省省长质量奖颁奖大会在长沙召开，隆平高科副总裁、水稻首席专家、种业科学院院长杨远柱被授予湖南省省长质量奖，是该届唯一获奖个人。

15—30日，芙蓉区举行“喜迎二十大，科普向未来”2022年全国科普日活动。共开展线上线下全国科普日系列活动20场次，发放科普资料1万余份，参与民众2万余人。

16日15时45分，位于芙蓉区荷花园街道东二环一段1032号的中国电信股份有限公司长沙分公司荷花园大院第二长途电信枢纽楼发生火灾，造成外墙过火面积约3600平方米、室内过火面积约400平方米，无人员伤亡。明火于1小时内全部扑灭。

同日，新华社“中国网事·感动2022”三季度网络感动人物评选结果揭晓，芙蓉区火星街道新合村经济合作社理事长曾治国入选。

18日，省委常委、市委书记吴桂英带队在长沙国金中心、湖南平和堂商贸大厦等重点场所、重点部位检查安全生产工作。详细询问企业、消防、属地相关负责人在安全生产中可能存在的风险点和薄弱环节，对用电、用火、用气以及应急演练、员工培训、巡视检查等提出具体要求。

19日，“喜迎二十大，委员在行动”活动暨定王台楼宇委员工作室揭牌仪式在世茂环球金融中心举行。该工作室为芙蓉区首个“党建＋楼宇”委员工作室。

22日，芙蓉区红十字会第四届理事会第二次会议在区政府会议室召开。会议改选区人民政府党组成员、副区长罗加祥为区红十字会会长，增改选部分理事；审议通过《芙蓉区红十字会2021年度工作报告》《芙蓉区红十字会2021年财务收支情况报告》《芙蓉区红十字会理事会议事工作规则》。

23日，“稻谷下乘凉，金秋迎满仓”——2022年长台两地稻米文化线上交流活动在湖南长沙、台湾省台东市同步举行。两岸专家学者以视频连线的方式，围绕稻作文化、优质水稻品种、稻米产业发展等方面开展交流。

27日，2022年芙蓉区高校毕业生就业见习供需交流会在长沙国金中心举行，20余家见习基地及招聘单位现场参加活动，有200余家企业在线上带来5000余个岗位。活动收到“线下＋线上”简历650余份，达成就业见习协议320余人。

29日，芙蓉区残疾人联合会第五次代表大会召开。会议审议通过芙蓉区残联第四届主席团工作报告，选举产生新一届芙蓉区残联主席团主席、副主席，产生芙蓉区出席市残联第七次代表大会的代表。区人民政府副区长谢孟当选为芙蓉区残联第五届主席团主席。

同日，国家知识产权局发布《关于2022年度国家知识产权优势企业和示范企业评定结果的公示》，袁隆平农业高科技股份有限公司入选2022年度国家知识产权优势企业。

同月，东湖街道东沙社区被湖南省民族宗教事务委员会评为“湖南省民族团结进步示范社区”。

同月，芙蓉区人社局创新推出在校大学生“职业体验岗”，根据企业和基层平台的用人需求，组织对口企业有针对性地招募人才。该项工作被省就业服务中心发文在全省推广经验，新华社作题为《“亲身体验促就业——长沙市芙蓉区创新模式精细化就业服务”》的专题报道。

10月

10日，湖南省科学技术协会公示2022—2027年度湖南省科普教育基地评审结果，岳麓山种业创新中心科普教育基地、湖南省蚕桑科学研究所、湖南省人民医院（湖南师范大学附属第一医院）“现场救护第一目击者行动”科普基地、湖南省茶叶博物馆4家单位入选。

11日，省委常委、市委书记吴桂英一行到区检查调度新冠疫情防控工作和信访工作，了解新冠肺炎疫情防控工作进展和近期群众诉求和来信来访情况，现场开展座谈交流，并对芙蓉区下阶段工作提出具体要求。

15日，《中国机构编制》专刊全篇刊出《芙蓉区探索构建简约高效基层治理体系》一文，首次在全国机构编制系统对芙蓉区开展相对集中行政许可权、处罚权改革的经验做法和成效进行推介。

25日，芙蓉区传达学习中共二十大精神大会召开。会议以视频方式召开，区委副书记、区长崔晓主持会议，传达学习习近平总书记在二十届中共中央政治局常委同中外记者见面时的重要讲话精神。区委副书记、统战部部长、党校校长何溪桥传达中共二十大精神和中共十九届七中全会精神。

26日，市容环境卫生维护中心开展庆祝湖南省第二十七届环卫工人节活动暨芙蓉区第二届“芙蓉杯”环卫技能比武大赛。14个街道（园区）环卫所的25名参赛选手开展技能大比拼，评选出岗位红旗手18名，岗位能手100名，先进集体12个。

27日，隆平园区与湖南农业发展投资集团有限责任公司、湖南天心种业股份有限公司签订合作协议，湖南农业发展集团科技创新基地项目落户隆平高科技园。项目计划总投资4亿元，重点打造国内最大的现代农业总部现代种业创新基地。

同日，根据《长沙市工会户外

劳动者服务站点管理办法（试行）》，工会户外劳动者服务站点芙蓉区火星站、芙蓉区荷花园站点为五星级站点；芙蓉区五里牌社区站、芙蓉区军区社区1站为四星级站点。

28日，芙蓉区与长沙市中医医院（长沙市第八医院）共建城市医疗集团战略合作签约仪式在区政府举行。双方达成9项战略合作，通过专科共建、名医师承、人才培养、联合管理等模式打造利益共同体，为居民提供高效、便捷的医疗服务。

同日，芙蓉区政协经济界别委员工作室在湖南友住集团揭牌成立并召开学习贯彻中共二十大精神座谈会，来自商贸业、金融业等行业的20名委员交流分享中共二十大精神学习体会。

同日，东湖街道与芙蓉先锋共同体成员单位湖南省农科院等共同打造的“院士专家大讲堂”首课开讲。中国工程院院士、湖南省农科院党委书记、副院长柏连阳向与会者解读中共二十大报告中的新思想、新观点、新要求。

29日，长沙市芙蓉区重大项目四季度集中开竣工活动举行。该次集中开工重大项目17个，总投资约40亿元，年度投资约7亿元，涉及产业发展、社会民生、基础设施等领域。集中竣工重大项目27个，总投资约19.43亿元，主要涉及产业发展、基础设施，民生保障等方面。

31日，长沙市未成年人“扣好人生第一粒扣子·传承红色基因”主题教育实践活动在东郡第二小学举行，现场还举行2022年“新时代长沙好少年”颁奖仪式和“红色家书”赠书仪式。

11月

1日，中共长沙市现代种业产业链委员会在岳麓山种业创新中心挂牌成立，中国工程院院士、湖南省农科院党委书记、副院长柏连阳为产业链党委揭牌，并为长沙种业企业代表宣讲中共二十大精神。

2日，袁家岭中央文化区“文化与产业”主题文化沙龙在友阿总部大楼举行。20余名专家学者及省湘剧院等单位负责人就建设推动产业与文化融合、建设好友谊东项目互相交流，为文化赋能城市、助推文化产业高质量发展建言献策。

3日，湖南省农科院与英氏控股合作签约，并为单杨院士创新团队英氏工作室揭牌，双方将在科研创新、应用研究、技术难题攻关、新产品开发、有机原料开发与应用、人才培养等方面深度融合发展。

9日，在第五届进博会“非关税贸易措施高质量发展论坛”举行的签约仪式上，全国首个植物提取物产品技术性贸易措施研究评议基地落地自贸区长沙片区芙蓉区块。

同日，2022年度长沙市“最美退役军人”发布仪式在长沙市群众艺术馆举行。芙蓉区退役军人谢建军被评为2022年度长沙市“最美退役军人”。

同日，第十六届、十七届中共中央政治局常委，第十届、十一届全国政协主席贾庆林一行参观湖南和平解放史事陈列馆（程潜公馆），高度评价湖南和平解放的历史功绩，对程潜的革命精神和爱国情怀给予赞扬。

10日，省委副书记、省长毛伟明调研长沙火车站提质便民工程。他强调要坚持以人民为中心的发展思想，用心用情、高质高效扎实推进“为民办实事”，更好地满足人民群众对美好出行的需要。

11日，芙蓉区学习宣传贯彻中共二十大精神区委宣讲团动员暨备课会召开，现场公布芙蓉区组建的由中共二十大代表、专家学者、领导干部、“五老”讲师等42名人员构成的区委宣讲团名单，同时邀请省委宣讲团成员作为特邀宣讲员，到各单位宣讲中共二十大精神。

同日，芙蓉区政府与长沙市不动产登记中心合作，引进不动产自助查询终端安装至世茂环球金融中心“24小时楼宇政务服务驿站”，实现全省首例不动产查询业务“离厅办”。

17日，芙蓉区搭建基层民生议事平台——“芙蓉夜话”，创新基层社会治理新模式被《光明日报》推介。

同日，全国劳务品牌发展大会召开，总部位于芙蓉区的颐而康健康产业集团股份有限公司被评为“2021年度特色劳务品牌建设单位”，并作为湖南省唯一代表作典型发言。

18日，全省首个楼宇人才服务中心——芙蓉区楼宇人才服务中心在五里牌街道佳兆业广场成立并举行揭牌仪式。该中心以服务人才、服务楼宇、服务企业、服务发展为运营原则，设置一站式服务功能区域，根据不同需求提供相应服务。

29日，“深入学习贯彻中共二十大精神 自贸长沙片区高水平开放高质量发展成果展示暨重大项目签约活动”上，自贸区芙蓉区块7个案例入选自贸区长沙片区第二批制度创新成果，自贸总部办公基地项目、动车供应链华中总部项目签约落户自贸长沙片区芙蓉区块。

同月，中国科技新闻学会在北京召开“2022中国新时代100大建筑”新闻发布会，现场公布“2022中国新时代100大建筑”名单，长沙国际金融中心入选。

12月

1日，“礼赞二十大 奋进新征程”——第八届芙蓉艺术节总决赛评比在区文化馆举行。活动采取线上评比、展演的方式，音乐、舞蹈、综合类节目评选出一等奖4个，二等奖7个，三等奖10个；书法、美术、摄影作品评选出一等奖12个，二等奖18个，三等奖29个。

2日，赛迪顾问城市经济研究中心发布《赛迪投资竞争力百强区（2022）》，芙蓉区排名第58位，较2021年提升5位。

9日，芙蓉区马王堆街道设立火炬新村社区居民委员会。该社区四至范围为：东至浏阳河大道，南至营盘东路，西至王家湖路，北至浏阳河大道，辖区面积1.66平方千米。

10—11日，“芙蓉有戏 韵满三湘”首届袁家岭戏剧节青年戏剧大赛在湖南戏曲演出中心举行，大赛包含京剧、昆剧、湘剧、花鼓戏等艺术类别，从全省12个专业院团报名人员中遴选45位青年演员同台竞技，评选出“金芙蓉奖”10名、提名奖10名、优秀演员12名。

12日，长沙市城市人居环境局、市住房和城乡建设局公布长沙市绿色社区（2020—2022）名单，芙蓉区51个社区入选。

同日，全国总工会发布2022年“最美工会户外劳动者服务站点”名单，芙蓉区工会户外劳动者站点火星站入选（全国2000个）。

19日，长沙市科学技术局发布《关于2022年长沙市专业科普场馆（基地）评价结果的通报》，隆平水稻博物馆获长沙市专业科普场馆运行评估第一名。

22日，湖南省2022年学雷锋志愿服务“五个一批”先进典型名单公示，长沙市朝辉劳模创新工作室刘朝辉评选为“最美志愿者”；文艺路街道办事处“医路相伴”志愿服务项目评选为“最佳志愿服务项目”。

23日，湖南省人民政府办公厅发布《关于对省政府2022年综合大督查发现的典型经验做法给予表扬的通报》，“芙蓉区打造科创高地建设岳麓山实验室”“芙蓉区用心用情满足人民群众美好出行需要”2项典型经验做法受到通报表扬，是全市唯一入选两项典型经验的区县。

26日，芙蓉区委六届八次全体（扩大）会议暨区委经济工作会议召开。全会听取区委常委会工作报告，审议通过《关于深入学习宣传贯彻中共二十大精神 为奋力打造现代化新长沙建设标杆区而团结奋斗的决定》《中国共产党长沙市芙蓉区第六届委员会第八次全体会议决议》，区委书记周春晖作全会工作报告，并就如何做好明年经济工作讲话，区委副书记、区长崔晓部署2023年经济工作。

同日，城际线与地铁2号线换乘提升项目完工并开通试运行。该项目位于城际线长沙火车站东广场，锦泰广场西南侧，为地下1层建筑，由芙蓉区公建中心负责实施，于4月启动建设，总投资5454.37万元，主要建设内容为地下出入口通道，连通城际线长沙火车站出站厅和地铁2号线锦泰广场站站厅层，实现城际站与地铁站客流的疏导和无缝换乘，是全省“为民办实事”重点项目。

27日，赛迪顾问发布《赛迪幸福百强区（2022）》，芙蓉区排名第18位，为湖南省排名第二的区县。

28日，司法部、民政部印发《关于命名第九批“全国民主法治示范村（社区）”的决定》，芙蓉区韭菜园街道汤家岭社区入选。

同月，区委办、政府办印发《关于切实加强社会保险基金监管工作的实施意见》，从落实工作责任、明确工作措施和提供组织保障3个方面对社会保险基金监管工作提出明确要求。文件的出台完善了监管制度体系，提升了监管能力水平。

同月，文艺路街道识字里社区积极探索离退休干部党员“520”管理新模式，被省委离退休干部工委评为全省离退休干部党建工作创新案例二等奖。

同月，桃园北路完成建设，通车运行。该路段南起远大路，北至桐西路，全长660米，路幅宽26米，总投资3500万元，于2021年8月开工，为恒大江湾小区等周边居民出行提供便利。（苏　洁）

区情概览

年鉴编辑部

自然地理

【位置】 芙蓉区位于湖南省长沙市中东部，周边与长沙县、雨花区、天心区、开福区接壤。其位置为北纬 27°51'~ 28°40'、东经 110°53'~ 114°05'。东西最长约 12.8 千米，南北最宽约 4.8 千米，面积 42.8 平方千米。

【地貌】 芙蓉区地貌为湘江长年冲积形成的平原，地势平缓，平均海拔约为 40 米。东部原有小片丘陵山地，已因开发建设推平。浏阳河由东而西向北、再向西贯穿区而过，将区境分为东西两部分。东部有东湖、红旗水库，水面积约 2.5 平方千米。浏阳河以西为城市中心区。京广铁路由北向南穿境而过，长沙火车站位居其中。

【气候】 芙蓉区属亚热带季风气候区，雨水集中，春湿秋爽，暑热期长，严寒期短，四季分明，春季约 70 天，夏季约 120 天，秋季约 70 天，冬季约 100 天。日极端最低与最高气温为 -10℃和 40℃左右。年平均降雨量约 1500 毫米，年平均日照 1200 ~ 1600 小时。

【水文】 芙蓉区属湘江水系，流经河流有两条，即浏阳河和圭塘河。浏阳河出自大围山北麓和南坡，从芙蓉区蜿蜒而过，流经长沙县，至开福区马厂以南入湘江。浏阳河为湘江右岸一级支流，全年平均流量 103 米^3/ 秒。圭塘河为浏阳河左岸一级支流，湘江二级支流。浏阳河每年 4 月 1 日至 9 月 30 日为汛期。由于气温高、流速快，流经芙蓉区河流无结冰期。

【土地】 芙蓉区主要地类有耕地 99.42 公顷，园地 17.05 公顷，林地 24.16 公顷，草地 13.57 公顷，湿地 7.3 公顷，城镇村及工矿用地 3787.5 公顷，交通运输用地 108.69 公顷，水域及水利设施用地 216.94 公顷（第三次全国国土调查数据）。芙蓉区土壤以红壤为主，另有部分水稻土，其土层深厚，地质好，呈酸性、微酸性和中性，水、气、热比较协调，肥力较高，适合水稻生长。

【植被】 芙蓉区植被属于亚热带针阔混交林区，境内留有古樟、白果树等名木。森林覆盖率 4.4%（2022 年计算口径发生变化），活立木蓄积量 2.56 万立方米，湿地保护率 80%。区域为建成区，同时面积小，无自然灾害、野生动植物。

建置区划

【建置沿革】 1933 年长沙设市，全市 4 个区，按东南西北顺序命名为一、二、三、四区。次年，区公所成立，为市政府派出机构。1945 年，长沙设 8 个区，一区更名为城东区，面积 1.06 平方千米，区治设落星田。1949 年 10 月 1 日，成立城东区人民区公所。1951 年 9 月撤销区公所，设立区人民政府，升为一级政权。下辖浏正街、犁头街、解放路、东站路、府后街 5 个居委会，居委会下设居民小组。1951 年 5 月，新增织机街、衡湘里、韭菜园 3 个居委会。1951 年东区改制更名为东区人民委员会。1955 年 12 月居委会更名为街道办事处，数量 8 个。1956 年，经撤并调整，下辖解放路、东站路、府后街、织机街、衡湘里、韭菜园 6 个街道办事处。1960 年 4 月，东区改制为天心阁人民公社管理委员会，区治迁至韭菜园 66 号。下辖解放路、长治路、中心点、东大路、五里牌 5 个分社。1961 年 9 月恢复东区人民委员会，辖东站路、长治路、东茅街、都正街、东大路、中心点 6 个办事处。1964 年 7 月，东大路、中心点更名为文艺路、韭菜园办事处。据 1964 年第二次全国人口普查，全区有居住人口 14 万余人。1976 年，新火车站建成，城区东扩，郊区两菜农大队划入东区，设朝阳新村街道办事处。1996 年 4 月，韭菜园、朝阳街道部分划出，设立五里牌街道办事处。区域面积 7.28 平方千米。

1996 年 7 月，长沙市实行区划调整，撤销东区，置芙蓉区，所辖范围包括原东区解放路、府后街、浏正街、都正街、韭菜园、文艺路、朝阳街、五里牌 8 个街道，新增东岸乡、火星镇、东屯渡农场和马王堆乡（只含原马王堆乡的新桥村、农科村、火炬村、新合村、东屯渡居委会）。至此，全区辖 98 个居委会、13 个村委会、4 个分场，面积 40.8 平方千米。其中，城区面积 10.8 平方千米、耕地面积 830 公顷。至 1996 年底常住人口 29.29 万人，其中农业人口 4.93 万人。

1997 年，撤销火星镇、马王堆乡，设火星、马王堆街道办事处，原东屯渡农场改为东屯渡街道办事处。1999 年，长沙市将湘湖管理局行政管辖权移交芙蓉区，年底湘湖街道办事处设立，同时保留湘湖管理局牌子，行政人员为“一套人马，两个班子”。至此，芙蓉区辖 12 个街道和 1 个乡。据 2000 年第五次全国人口普查数据，芙蓉区常住人口 31.4 万人。2003 年 10 月，芙蓉区政府驻地由韭菜园迁至人民东路。据 2020 年第七次全国人口普查数据，芙蓉区常住人口64.2万人。

【区划调整】 辖区内东岸乡马坡岭一带，1997年4月国家科委批准设立长沙高新区马坡岭农业高科技园（国家级，面积3平方千米）；2000年10月更名为“长沙高新技术产业开发区隆平农业高科技园”。1997年6月，芙蓉区政府在东岸乡张公岭蒋家塘一带设立芙蓉区工业园，面积3.1平方千米；2002年3月，更名为“芙蓉科技工业区”。2003年12月，经湖南省政府批准，两园区合并，全称“长沙高新区隆平高科技园”。新园区位于马坡岭、张公岭等13个村范围，规划面积18平方千米，副县级，省市区共建、以区为主，行政上受区委区政府领导。园区党工委、管委会两个班子相继成立。2006年5月升为正县级。至2012年，入园单位包括省农科院、湖南省农业大学等13个单位。是年，隆平高科技园区成为芙蓉区人大选举的独立选区。2021年12月30日，印发《中共隆平高科技园工作委员会 隆平高科技园管理委员会职能配置、内设机构和人员编制规定》，明确隆平高科技园党工委、管委会分别为长沙市委、市政府派出的正处级机构，委托芙蓉区委、区政府管理，实行合署办公，一套机构，对隆平高科技园实行统一管理。

2001年，芙蓉区实施社区居委会整合，将原来123个居民委员会整合成52个社区。2008年，湖南省民政厅批准（湘民行发〔2008〕8号），将长沙县榔梨镇韶光社区居委会划归芙蓉区东岸乡管辖。2011年12月，芙蓉区实施街道办事处行政区划调整，原解放路、府后街、都正街、浏正街街道办事处合并为定王台街道办事处；原马王堆街道办事处析置为马王堆、荷花园街道办事处；原东岸乡撤乡设街并析置为东岸、马坡岭、东湖3个街道办事处。同时，对湘湖、韭菜园、五里牌、火星、东屯渡5个街道范围予以调整。整合后，芙蓉区下辖62个社区，及马王堆、马坡岭、东湖、东岸、东屯渡5个街道中12个村。随着城市化进程的推进，城郊行政村逐步减少，新社区相继设立。截至2022年，芙蓉区下辖湘湖、定王台、韭菜园、文艺路、朝阳、五里牌、马王堆、荷花园、东屯渡、火星、东岸、马坡岭、东湖13个街道和隆平高科技园1个正县级单位，其中湘湖地区既设街道办事处又设管理局（副县级）。全区各街道辖82个社区（村），其中76个社区、1个社区筹备处、5个行政村。芙蓉区政府驻人民东路189号。

历史人文

【传统文化】 芙蓉区自古以来就是长沙历史文化名城的中心，长沙的府治、县治均设其中，王都藩府遗迹随处可寻。上溯两千年，有西汉长沙王刘发所筑“定王台”，后至明清时代，王府多建于此，商业老街故巷沿袭至今。区域内名街古巷众多，“官街”有马王街、府后街、藩后街、都正街等，“商街”有宝南街、织机街、鱼塘街、登隆街等，“文街”有文运街、白果园、苏家巷、化龙池等。还有德园、杨裕兴、甘长顺、吴大茂、九如斋、玉楼东、又一村、杨明远等诸多百年老字号。

【历史遗迹】 长沙历史悠久，古墓葬众多。1972—1974年，原东区马王堆汉墓的挖掘，出土珍贵文物3000余件及保存完好的西汉女尸，是20世纪震惊世界的重大考古发现，被誉为“世界第八大奇迹”。2021年10月，马王堆汉墓入选全国“百年百大考古发现”。1996年芙蓉区辖域平和堂建设工地走马楼22号井，出土三国孙吴纪年简牍10万余片、200万余字，超过全国历年出土简牍的总和，被评为当年全国十大考古发现之一。1971年小吴门、浏阳门向东延伸至五里牌、杨家山一带发掘的浏城桥楚墓群浏城桥一号墓，是已发现长沙楚墓中规模最大、随葬物最丰富且保存完好的一座。芙蓉区还是黄兴、毛泽东、徐特立等早年从事革命活动的地方。毛泽东曾在辖域内修业学校创办《湘江评论》周刊，撰写了著名的《湖南农民运动考察报告》。2019年6月，修业学校建成《湘江评论》陈列馆和修业学校校史馆。辖域内有北伐军总司令部旧址、《湘江评论》印刷处旧址、八路军驻湘通讯处旧址、识字岭杨开慧烈士就义地、程潜公馆等湖南省文物保护遗址。2016年后程潜公馆先后被授牌为湖南省和平解放史事陈列馆、民革党史教育基地，2019年10月被国务院公布为第八批全国重点文物保护单位。2021年9月，湖南和平解放史事陈列馆作为湖南唯一收录入“全国解放战争主题革命纪念馆名录”的场馆，被录入国家文物局主编的《中国革命纪念馆概览》一书。截至2022年年底，芙蓉区有不可移动文物保护单位28处，其中全国重点文物保护单位2处，省级文物保护单位2处，市级文物保护单位10处，一般不可移动文物14处。

【风景名胜】 截至2022年年底，芙蓉区有国家AAA级景区2家，国有博物馆（陈列馆）3家，民办博物馆1家。

芙蓉区辖域内有全省第一高楼——452米的长沙国金中心、全省第二高楼——343米的世贸环球中心。华天、通程、芙蓉国豪廷3家五星级酒店，以及化龙池酒吧一条街、湖南米粉一条街、沁园夜市一条街、扬帆夜市经济一条街等新兴经济业态。芙蓉区辖境东部的浏阳河风光带全长9.5千米，2017—2019年连续三年的“中华龙舟大赛（长沙·芙蓉站）”决赛在浏阳河芙蓉区段举行。位于古汉路与浏阳河路交会处的马王堆汉文化广场，矗立高14米的辛追夫人（马王堆一号墓墓主）复原雕像，广场建有汉文化数字化展示厅，通过4D技术还原长沙国丞相利苍及夫人辛追的“生活场景”。

位于荷花路与浏阳河大道的交会处的浏阳河风光带婚庆文化园，是国家AAA级旅游景区，占地约8公顷，2012年9月建成开园，设“婚庆文化产业园”“时尚娱乐街区”“餐饮美食文化街区”和“亲子体验创意乐园”四大主题区，是集婚庆、旅游、休闲、娱乐等特色为一体的湖南首家一站式休闲娱乐综合体，举办过多次美食、文化艺术、商贸等活动。

浏阳河东岸建成隆平中央公园，由滨河休闲区、儿童活动区、稻作文化区、田园生活区组成。公园中隆平水稻博物馆是世界首个大型水稻博物馆，总面积1.8万平方米，包括中国水稻历史与文化、水稻科技、袁隆平与杂交水稻3个基本展厅和3个功能区，2016年5月试运行，2019年9月全面建成开馆，先后被授牌为“海峡两岸交流基地”“中国对外援助培训实训基地”“中国华侨国际文化交流基地”“全国科普教育基地”。2020年12月，该馆获批国家二级博物馆。

位于长沙火车站附近的晓园公园，是一个小型园林式公园，占地面积3.77公顷，1986年建成开放，2018年7月由市园林局移交至芙蓉区。

位于滨河路333号湖南省圆点美术馆，2021年9月开馆，是由省文化和旅游厅主管，面向大众开放的非营利性的美术馆。2022年7月提质改造后重新开馆。

位于老城区内的白果园化龙池历史文化街区，有900余年历史，名列长沙市人民政府公布的11条历史古街巷、长沙市仅存的4条古麻石街之中。2018年启动有机更新改造，2020年年底建成开放。2021年12月，白果园历史文化旅游街区获批国家AAA级旅游景区。域内还有都正街等多条传统老街经有机改造后焕发新颜。

区域发展回顾

【区位特点】 芙蓉区（东区）位于长沙市中心区域，中华人民共和国成立后，部分省市领导机关和部门驻于区内。至20世纪末，湖南省委、省政府、省军区，长沙市委、市政府驻于区内，省高级人民法院、省人民检察院、省公安厅等政法机构设于区内。进入21世纪，市委市政府、省政府相继迁至岳麓区（2001年）和天心区（2004年）。

【区域经济发展】 1949年中华人民共和国成立后，原东区逐步由消费型城区建设成为生产型城区，曙光电子管厂、湖南橡胶厂、长沙衡器厂、长沙钢厂、长沙汽车发动机厂等国有省市骨干企业相继建成。1958年，区委、区政府提出发展民办工业，区街工业就此起步。至1978年区街工业有150家，产值5700万余元，创历史最高。1979年，部分企业上缴市归口主管局管理。改革开放后，区街工业形成部分拳头产品，创出部优、省优品牌。区街商业、个体经济逐步得到发展。1991年，区委区政府提出发展委（居委会）办经济，1992年，区委区政府提出发展以市场开发和网点建设为重点的第三产业。至1996年，全区经济第一、第二、第三产业增加值实现三、二、一排列。

芙蓉区设立后，为区域经济社会发展提供新的发展空间。芙蓉区委适时提出建设都市文明典范区、商贸市场核心区、工业农业精品区、浏阳河风光带“三区一带”的区域布局。1997年，芙蓉区鼓励发展都市商业，三湘南湖建材市场、马王堆陶瓷建材市场相继建成。同年，原形成于20世纪80年代的全国四大书市之一的黄泥街书市，整体搬迁至定王台文化广场，形成定王台书市。2001年朝阳电子科技街由湖南省科技厅、长沙市人民政府批准挂牌成立，以解放路为主轴，车站路、人民路、韶山路、五一路范围内电子数码商品贸易发展迅速，成为当时湖南最大电子产品集散地、全国十大IT市场之一。2002年，芙蓉区把发展楼宇经济作为新的经济增长点，通过招商引资、发展总部经济等，一批地标性高层建筑拔地而起。2006年8月，芙蓉中央商务区（CBD）经市政府批准挂牌成立，以五一大道和芙蓉路为轴线形成商务区的“金十字”地带，是长沙市经济中心和地理中心。核心区面积约2.7平方千米，并以此辐射周边，形成约9平方千米的协调区。2018

年，由香港九龙仓投资建设的湖南第一高楼长沙国金中心（IFS）建成运营。至2019年，楼宇经济税收贡献率超六成。2020年，全区形成了五一广场商圈、袁家岭商圈、火车站商圈、万家丽商圈，为全省的消费中心。2021年，五一商圈入选第一批国家级夜间文化和旅游消费集聚区。辖域内有五星级酒店3家、四星级酒店7家，聚集了湘女服饰街、定王书香街、朝阳科技街、化龙池酒吧街、韭菜园古玩街等特色街市，形成了万家丽建材、三湘南湖、马王堆建材陶瓷、朝阳电子等一大批专业市场群。中国工商银行、农业银行、建设银行的湖南总部驻于区内。2022年，全省首个5G应用生态产业园落成开园，长沙国金中心实现税收10亿元，世茂环球金融中心、通程国际大酒店进入税收亿元楼宇行列。扬帆夜市成为数字人民币特色示范区，中国黄金街开街首年实现营业收入12亿元。袁家岭中央文化区建设有序推进，被评为"长沙市十大最受欢迎文旅打卡点"。芙蓉区上榜赛迪全国高质量发展百强区、投资竞争力百强区、创新百强区、幸福百强区。

隆平高科技园的设立，为发展高新技术、以工业化带动农业产业化带来机遇。2020年，园区创建的国家现代农业产业园获批，湖南省发改委授牌"湖南省服务业示范集聚区"。至2021年，园区企业总数4285家，院士7人，完成规模工业总产值41.78亿元，"四上"服务业总营业收入173.8亿元。2020年，中国（湖南）自贸试验区获批，其中长沙片区芙蓉区块占地面积1.86平方千米。2021年，芙蓉区在全省率先开设自贸试验区"专窗"和"一站式"企业服务中心，实现"跨省通办"政务服务合作；打造国内首家以标准化为主题的标准化产业集聚区，全国首个中非标准化研究中心、智慧农业创新中心、中国国际可可产业创新平台先后落户。2022年，全国首个植物提取物产品技术贸易措施研究评议基地落地，隆平片区建成全国首个标准化产业集聚区。岳麓山实验室揭牌，杂交水稻全国重点实验室落户。芙蓉自贸区块引进"三类500强"项目5个，新增市场主体1000余家；打造全国首个"质量诊所"、全省首个标准信息咨询窗口；5个离岸（中国）产业创新与交流中心完成建设，自贸区实现外贸进出口额23亿元。

【区域卫生医疗事业】 芙蓉区（东区）医疗卫生事业起步于20世纪50年代。1953年设卫生所（后更名卫生防疫站）和区中心妇幼保健站，负责卫生防疫和妇幼保健。1974年东区在浏正街建成4层楼房，区妇幼保健所和区卫生防疫站合用办公。1952年起，设街道保健站，1960年更名为街道卫生院，负责街道医疗预防保健工作。1986年，区属综合性医院——东区人民医院在曙光路建5层医疗楼，技术上与湖南医科大学附属第二医院联合，接受附属第二医院指导。在区街两级卫生机构相继组建的同时，省市在东区域内相继建立湖南医科大学附属第二医院（后更名为中南大学湘雅二医院）、省人民医院、长沙市传染病院等。省、市机关和大型企业设有内部职工医疗机构。2001年年底，全区实行社会基本医疗保险制度，公费医疗转变为社会基本医疗保险。2003年，区疾病预防控制中心成立，承担全区卫生防疫监督和监测工作。为适应城市居民对卫生服务的需求，街道卫生院逐步向街道社区卫生中心转变，政府加大对街道医疗卫生事业的投入力度，进行改建、扩建、新建，各街道还设有卫生服务站。2022年，芙蓉区推进紧密型医联体建设，与长沙市中医医院共建城市医疗集团，社区卫生服务中心中医药服务实现全覆盖。

【区域教育事业】 1949年以前，区域内有知名修业学校、楚怡学校、大同学校等私立学校和公办学校12所。中华人民共和国成立后，新建省委干部子弟学校（即育才学校）和湖南省军区干部子弟学校（即育英学校），人民政府先后对公立学校进行合并改造，对私立学校予以接管、调整，至1956年调整合并完成，全区有完全小学23所。1958年兴起厂办、队办学校，东区有民办小学18所，1970年民办学校并入公办。随着城市扩建和老城区人口外迁，部分城区学校撤并，同时新学校设立。至1987年，有区属小学17所、中学1所、工厂子弟学校5所、市实验小学1所，在校生14180人。1992年，全区实现"两基"（基本普及九年义务教育，基本扫除青壮年文盲）。1996年区划调整，湖南农业大学、湖南生物机电职业技术学院两所高等院校进入区域内。

2002年，市政府对教育管理体制实行重大改革，将原市属第十二中、第十六中、第二十九中管理权限下放芙蓉区，区教育以义务教育为主。2007年，芙蓉区率先在全省实行免费义务教育。至2009年，区域内有区属普通中学3所（其中两所初级中学）、职业高中1所。为提高中学教育质量，发挥优质教育资源作用，自2010年起芙蓉区政府与长沙市名校长郡中学、市一中联合办学，区属中学逐步全部实行名校托管。2010年起，对所有进城务工人员子女实行义务教育阶段“零收费”政策，2017年，对区属公办普高学生（湘一芙蓉中学）实行免费入学。自2012年来，芙蓉区累计投入21亿元，新建、改扩建一批中小学，新增学位2.3万个。2019年秋季开学前，芙蓉区在全省率先全面消除大班额。2022年，育英西垅小学、东雅中学完成扩建，师大附中芙蓉中学揭牌，“双减”、特殊教育、教育督导、智慧教育、校园安全等工作经验获国家、省、市推介，课后服务参与学校实现全覆盖，芙蓉区入选全国义务教育优质均衡先行创建区。

2022年经济社会建设

【经济建设】 2022年，芙蓉区地区生产总值（GDP）1327.16亿元，比2021年增长4.1%。其中，第一产业实现增加值0.003亿元，下降50.2%；第二产业实现增加值170.12亿元，增长5.8%；第三产业实现增加值1157.04亿元，增长3.8%。第一、二、三产业对经济增长的贡献率分别为0%，16.8%和83.2%。第一、二、三产业的比例为0.0 ∶ 12.8 ∶ 87.2。全年实现规模以上工业增加值比2021年增长6.7%，规模以上工业企业实现利润总额7495万元。

2022年，芙蓉区完成地方一般公共预算收入38.33亿元，比2021年增长3.8%。其中，税收收入27.36亿元，下降0.74%；非税收入10.97亿元，增长17.15%。全年固定资产投资比2021年增长9.3%。

2022年，芙蓉区完成外贸进出口总额117.2亿元，比2021年下降16.46%。全年利用外资项目24个，外商直接投资1.02亿美元，比2021年下降63.65%；实际使用内资264.5亿元，比2021年增长10.14%。

2022年，芙蓉区实现社会消费品零售总额669.9亿元，比2021年增长1.7%。其中，批发业零售额140.1亿元，增长0.1%；零售业零售额452.3亿元，增长2.7%；住宿业零售额9.2亿元，下降3.7%；餐饮业零售额68.2亿元，下降0.4%。

【人口与民族】 截至2022年年底，全区常住人口65.11万人，比2021年增长1.0%。户籍人口42.52万人，人口出生率6‰，死亡率7.6‰，人口自然下降率1.1‰。芙蓉区有49个少数民族，呈散居分布，少数民族常住人口约1.98万人，占比3.1%，其中城镇少数民族户籍人口1.98万人，占比3.1%。（根据第七次全国人口普查数据）截至2022年年底，辖区内少数民族群众约2.8万人，以土家族、苗族、回族为主，主要集中在马坡岭街道、马王堆街道、东屯渡街道、东湖街道。

【文化建设】 2022年，芙蓉区认定高新技术企业158家，有效高新技术企业达403家。高新技术产业实现增加值163.1亿元。2021年全社会研究与发展（R&D）经费19亿元；完成技术合同成交额36.48亿元；专利授权2592件，其中发明专利授权535件。截至年底，全区拥有区属中学5所、小学36所、公办幼儿园18所。中学在校学生9965人，教职工759人；小学在校学生46226人，教职工2473人。

2022年，芙蓉区有区级文化馆1个、区级图书馆1个、街道文化站13个、备案博物馆4个。新建标准化社区（村）综合文化服务中心5个、文旅融合示范点2个、公共图书分馆4个、室外运动场15个。至年底全区有全民健身设施497处。全年接待国内外游客2099.70万人次，实现旅游总收入235.83亿元。

2022年，芙蓉区拥有各类医疗卫生机构345个，其中社区卫生服务中心13个、社区卫生服务站43个。各类卫生机构编制床位数8520张，实有床位数10064张。卫生技术人员13820人，其中注册执业（助理）医师4763人，护士7463人。

【社会建设】 2022年，芙蓉区城镇居民人均可支配收入为69574元，比2021年增长4.9%；城镇居民人均消费支出为47874元，比2021年增长4.0%。有综合性服务中心76个，城市低保对象1625户、2171人，全年发放城市低保金1610.78万元；特困供养对象80户，发放供养金84.44万元。全区拥有敬老院1家，床位300张，敬老院供养人数23人。截至2022年年底，芙蓉区本级城镇职工基本医疗保险参保缴费人数28.19万人，增加2.14万人；城乡居民基本医疗保险区本级参保缴费人数17.35万人，增加8.11万人。2022年，新增城镇就业人数1.65万人。

【生态文明建设】 2022年，芙蓉区空气质量优良率81.6%，城市污水集中处理率100%，环境影响评价和“三同时”执行率均100%，城市生活垃圾无害化处理率100%。重点工业企业工业废水、二氧化硫、烟尘、粉尘排放达标率均100%，工业固体废物综合利用率96%。全区未发生较大及以上级别生产安全事故，亿元GDP生产安全事故死亡率0.53%。

（本栏由年鉴编辑部综合整理）

中国共产党芙蓉区委员会

编辑　　谭丽霞

综　述

【政治建设】　2022年，芙蓉区坚持以政治建设为统领，深入学习宣传贯彻中共二十大精神，以高质量党建引领高质量发展。突出党性教育，在全区组织开展“落实二十大我要怎么干”大学习大调研主题活动，依托基层党校推进“万名党员进党校”，开办党性教育轮训班，开展集中培训90余场，培训党员3.2万余人次，推进党史学习教育走深走实。依托“芙蓉课堂”“院士专家大讲堂”“思政大讲堂”等理论宣讲平台，开展宣讲报告会、理论微宣讲等1000余场次，邀请中共二十大代表柏连阳、王晓科、徐芙蓉到区宣讲。开展“学习贯彻党的二十大精神”等18个专题宣传，中央主流媒体刊发重点新闻报道180余篇（条），中央电视台25次聚焦芙蓉区，《新闻联播》3次刊播相关报道。做深做实“芙蓉先锋共同体”，打造300平方米“党建聚合力”展厅，集中展示优秀共建项目、红色教育基地等。全面开展“芙蓉夜话”，创新“晚上话，白天干，面对面交流，需求问题讲出来，部门表态干起来”基层民主议事新模式。各街道结合实际，开展经济发展、楼宇商圈、基层治理等专场夜话活动35期，职能部门联动解决自建房整治、老旧小区停车等问题146个。完善党建网格平台，优化区级平台模块管理，建立418个网格党支部，配强网格力量，强化党建引领网格治理。推进基层党组织整建提质，落实“敲门行动”，建立突出问题清单217条，召开集中学习会议800余场次，6个社区电诈、涉毒发案情况呈明显下降趋势。落实意识形态工作责任制，妥善做好舆情引导处置，全年未发生重大舆情事故。

（肖轩昂）

【经济建设】　2022年，芙蓉区地区生产总值1327.16亿元，比2021年增长4.1%，第三产业增加值同比增长3.8%，规模工业增加值同比增长9.4%，固定资产投资同比增长9.3%，社会消费品零售总额同比增长1.7%，城镇居民人均可支配收入69574元，同比增长4.9%；经济指标整体呈现持续恢复、稳中向好的发展特点。贯彻落实国家、省、市一揽子惠企纾困政策，连续4年举办“520企业服务日”活动，累计完成留抵退税25亿元。线上融资政务服务平台“蓉e贷”累计放款68.4亿元。全年净增市场主体1.9万户，市场主体总量突破15万户，同比增长13%。新认定高新技术企业156家，有效高企400家，3家企业被认定为国家级“小巨人”企业、5家企业被认定为省级“小巨人”企业。软件业集聚发展，全省首个5G应用生态产业园开园。消费市场有序复苏，中国黄金街营收超10亿元，新能源汽车实现销售额45亿元，长沙国金中心实现税收超10亿元。现代种业产业链提质增效，12个种业创新项目入选湖南省科技创新项目。全国最大分子育种企业创世纪种业等一批重大项目实现落户。岳麓山种业创新中心分子育种和生物智能大数据两个公共技术平台完成建设，水产、中药材、油茶、水稻4个专业研究中心完成组建。引进产业链上下游企业60家，产业链企业总数353家，实现种业产值52亿元。自贸区块4项制度创新成果具有全国首创性，与5个非洲国家共设离岸（中国）产业创新与交流中心。标准化产业集聚区初具规模，深化与马来西亚国家标准局战略合作，打造检测、认证、清关一站式服务平台。

（肖轩昂）

【文化建设】　2022年，芙蓉区完成5个市级标准化社区综合文化服务中心和复兴少年宫建设，新建乡村自助图书馆3个。湖南米粉街完成二次提质，以第32名入选2022年全国市辖区旅游综合实力百强区，位居长沙市各区县之首。袁家岭中央文化区九大项目和“一广场六街区”建设有序推进，入选“长沙十大最受欢迎的文旅打卡地”，全区规模以上文化企业营收同比增长8.0%。深化文明创建，杨家山社区获评全国最美志愿服务社区，“蓝的雷锋车队”彭友良获评全国岗位学雷锋标兵，刘朝辉入围第四季度“中国好人”候选人名单，推选“湖南好人”2人、“长沙好人”9人、“新时代长沙好少年”5人。

（肖轩昂）

【社会建设】　2022年，芙蓉区推进城市更新，长沙火车站周边环境综合提质，友谊东地块启动建设，韶光、远大路沿线、西龙三大片区城市更新项目持续推进。完成老旧小区改造145个，危旧房屋改造45处，既有住宅加装电梯204台。新增停车场21处，停车泊位1万余个。建成5G基站670个。完成148条“百街千巷”环境综合整治提升项目，南元宫巷、观音井巷等成为全市示范街巷。蓉园顶楼“圈地占用”现象整治清理工作获省委主要领导肯定批示。办好民生实事，民生支出占公共预算比重78.5%，零就业家庭动态清零，居民医保参保率稳定在95%以上。东合新苑、东宜新园等安置房完成建设，惠及群众4700余人。慈善帮扶发放救助资金近1100万元，帮扶困难群众1.1万余人次。办好人民满意教育，育英西垅小学、东雅中学扩建全面完工，芙蓉区入选教育部“义务教育优质均衡先行创建区”。湘雅二医院东院区落地隆平片区，与长沙市中医医院共建城市医疗集团。新建街道综合养老服务中心2家、社区居家养老服务中心11家、完成家庭适老化改造115户，社区养老服务设施覆盖率100%。推进扫黑除恶、全民禁毒、反电诈等专项斗争，打掉恶势力犯罪集团6个，破获涉毒刑事案件18起。全年安全生产事故起数、死亡人数均下降42%，未发生较大及以上事故。（肖轩昂）

【生态文明建设】 2022年，芙蓉区落实中央、省环保督察反馈问题和督察“回头看”交办问题整改，全部办结销号，省污染防治攻坚战“夏季攻势”项目完成。持续打好蓝天、碧水、净土保卫战，从严落实“保卫蓝天碧水”禁控要求，空气质量改善程度领跑全市，浏阳河黑石渡断面水质稳定达到Ⅲ类标准。高标准完成红旗路绿化提质，打造街角花园、口袋公园9个，新增绿地面积9.5万平方米。推动生活垃圾分类减量，建成垃圾分类厢房50个。（肖轩昂）

重要会议

【区委六届八次全体（扩大）会议暨区委经济工作会议】 2022年12月26日，芙蓉区委六届八次全体（扩大）会议暨区委经济工作会议在区会议中心召开，区委委员、候补委员、县级领导、区纪委委员、相关部门主要负责人、垂直单位、湘湖管理局、各街道党政主要负责人142人参加会议，其中区委委员34人。区委书记周春晖作全会工作报告，并就如何做好下一年经济工作讲话，区委副书记、区长崔晓部署2023年经济工作。会议审议通过《关于深入学习宣传贯彻党的二十大精神为奋力打造现代化新长沙建设标杆区而团结奋斗的决定》《中国共产党长沙市芙蓉区第六届委员会第八次全体会议决议》。全会肯定2022年区委常委会的工作，认为芙蓉区落实“三高四新”战略定位和使命任务，实施“强省会”战略，综合实力稳步提升。会议强调，做好2023年工作，重点把握好安全发展、创新发展、融合发展、协调发展、平衡发展、统筹发展“六个发展”。（肖轩昂）

【芙蓉区委常委会议】 2022年，芙蓉区委召开常委会26次，主要传达学习习近平相关重要讲话精神和中共二十大报告、党章（修正案）、中央经济工作会议和中共中央政治局会议精神，研究新型冠状病毒肺炎疫情防控工作、研究部署推进全区安全生产大检查“百日攻坚”工作、研究区管干部学习贯彻中共二十大精神集中轮训等相关工作，审议并通过《奋力实施强省会战略 推动全区干部队伍担当作为创新实干的实施办法（试行）》《中共长沙市芙蓉区委长沙市芙蓉区人民政府关于贯彻落实强省会战略的实施方案（2022—2026年）》《中共长沙市芙蓉区委关于奋力实施强省会战略

·表1· 2022年中共芙蓉区委全体会议一览表

序号	时　间	全会届次	主要研究议题
1	2022年1月19日	区委六届五次全体（扩大）会议	讨论确定长沙市出席中共二十大代表候选人推荐人选建议名单
2	2022年3月2日	区委六届六次全体（扩大）会议	研究干部人事任免
3	2022年4月14日	区委六届七次全体（扩大）会议	研究干部人事任免
4	2022年12月26日	区委六届八次全体（扩大）会议暨区委经济工作会议	听取和讨论区委常委会工作报告；审议《关于深入学习宣传贯彻党的二十大精神为奋力打造现代化新长沙建设标杆区而团结奋斗的决定》《中国共产党长沙市芙蓉区第六届委员会第八次全体会议决议》

（资料来源：区委办）

全面推进高质量发展的决定》《芙蓉区学习宣传党的二十大精神实施方案》等，对相关人事工作安排作出决定。（沈宗翰）

重要文件

【“党建聚合力”工程“六大行动”出台】 2022年3月26日，为深入贯彻落实省、市区党代会精神，全面落实“三高四新”战略定位和使命任务，大力实施“强省会”战略，中共长沙市芙蓉区委印发《关于在全区开展党建“六大行动”深入推进“党建聚合力”工程实施方案》(以下简称《实施方案》）的通知。《实施方案》明确“政治领航”行动、“培根铸魂”行动、“强基赋能”行动、“和谐善治”行动、“同心聚力”行动、“清廉芙蓉”行动六大行动，逐一明确牵头单位和具体任务。《实施方案》将“党建聚合力”工程“六大行动”纳入党建工作考评、基层党建工作述职考核等重要内容，压实工作责任。（韩晓宁）

【贯彻落实强省会战略的行动方案（2022—2026年）出台】 2022年5月5日，中共长沙市芙蓉区委、芙蓉区人民政府印发《关于贯彻落实强省会战略的行动方案（2022—2026年）》的通知（以下简称《行动方案》）。《行动方案》提出综合竞争力显著提高、产业支撑力显著提高、科技创新力显著提高、区域承载力显著提高、城市开放度显著提高、居民幸福感显著提高六大目标，制定制造强市、创新引领、数字赋能、开放融通、交通枢纽等十二项专项行动工作举措，明确支持打造岳麓山实验室、隆平高科技园、自由贸易试验区长沙片区芙蓉区块三大平台支撑。《行动方案》为推动强省会战略在芙蓉区落地见效提供工作指南。（韩晓宁）

【推动全区干部创新实干的实施办法(试行)印发】 2022年4月27日，为营造“有为者有位、吃苦者吃香、实干者实惠”的良好政治生态，中共芙蓉区委办公室印发《奋力实施强省会战略 推动全区干部队伍担当作为创新实干的实施办法（试行）》（以下简称《实施办法》）的通知。《实施办法》包括县级领导示范引领、科级干部比学赶超、普通干部多向交流、社区（村）书记动态调整、年轻干部一线锤炼五个方面，旨在建立完善干部合理流动、能进能出、能上能下的常态化机制。（韩晓宁）

【企业服务专员联企行动实施方案印发】 2022年6月21日，中共长沙市芙蓉区委办、芙蓉区政府办印发《稳企业、促增长——企业服务专员联企行动实施方案》（以下简称《实施方案》）的通知。《实施方案》要求在全区1000余家重点企业分别确定1名企业服务专员，明确企业服务专员工作职责为常态走访联系、加强问题解决、宣传解读政策、帮办报批事项、协助争取政策和推进企业发展。《实施方案》提出以企业需求为导向，以完善企业服务体系为核心，围绕做大产业、做强企业、做优生态，切实解决企业生产经营中遇到的实际困难，构

·表2· 2022年芙蓉区委重要文件目录一览表

文 号	文件名称	发文日期
芙蓉发〔2022〕7号	关于印发《关于在全区开展党建“六大行动”深入推进“党建聚合力”工程实施方案》的通知	3月26日
芙蓉发〔2022〕9号	关于印发《关于贯彻落实强省会战略的行动方案（2022—2026年）》的通知	5月5日
芙蓉发〔2022〕12号	印发《关于开展“奋力强省会、喜迎二十大”主题活动的工作方案》的通知	8月26日
芙办发〔2022〕4号	关于印发《奋力实施强省会战略 推动全区干部队伍担当作为创新实干的实施办法（试行）》的通知	4月27日
芙办发〔2022〕9号	印发《稳企业、促增长——企业服务专员联企行动实施方案》的通知	6月21日
芙办发〔2022〕16号	关于印发《芙蓉区打造营商环境升级版加快建设国际国内一流营商环境标杆区2022年行动方案》的通知	8月18日

（资料来源：区委办）

建“亲”“清”政商关系，为市场主体提供全方位、全过程、全生命周期的支持和服务，打造国际一流营商环境。（韩晓宁）

【打造营商环境标杆区2022年行动方案印发】 2022年8月18日，中共长沙市芙蓉区委办、芙蓉区政府办印发《芙蓉区打造营商环境升级版加快建设国际国内一流营商环境标杆区2022年行动方案》（以下简称《行动方案》）的通知。《行动方案》明确突出公平简约、推进提质加速、立足降本增效、彰显法治温度、强化政策落地和紧扣宜业宜居六大重点任务，每项任务的具体工作举措、牵头单位和完成时限要求。《行动方案》旨在通过一年的持续努力，力争在2022年省营商环境评价中争先进位，打造国际国内一流营商环境标杆区。（韩晓宁）

改革创新

【概况】 2022年，芙蓉区以打造现代化新长沙建设标杆区为目标，对标重要领域和关键环节实施改革，各项改革任务有序推进，成效明显。全年铺排35项改革任务，其中承接市级改革任务19项，区级自主改革事项16项。建立“区领导领衔、牵头单位抓总、参与单位协同”推进机制，制定下发《中共长沙市芙蓉区委全面深化改革委员会2022年工作要点及责任分工》，明确2大类35项改革任务。制定出台《芙蓉区2022年全面深化改革工作任务倒排表》等近20个改革相关文件，明确改革的目标、路径和时间表。截至年底，全区35项改革任务全部完成。自贸区4项改革案例获评全省首批“具有全国首创性”制度创新成果，其中“标准化服务产业高质量发展新体系”及“应对东盟技贸措施综合服务”改革经验获得中央电视台新闻频道报道；“打造中非农业全产业链合作新模式”获省自贸办工作简报专题推介，并印送商务部及省、市四大家领导；“加强民营经济代表人士队伍建设”改革经验获《中国工商时报》报道；“干部担当作为激励机制”改革经验获省委《改革简报》《湘组研究》及《长沙通讯》推介；“健全学区警务机制 守护一方校园平安”改革经验获省委《改革简报》推介；“芙蓉夜话”改革经验获《长沙晚报》专版推介；“24小时智慧政务服务驿站”承接全市“放管服”改革“揭榜竞优”工作现场观摩。“一呼即应”改革入选长沙市“12345”政务热线典型案例，并获《长沙晚报》推介。区人大发动驻区人大代表招商引资新闻，“助力招商引资 人大代表在行动”在多家新媒体报道。（曹梦圆）

【构建种业硅谷区域协同联动发展机制】 2022年，隆平高科技园针对芙蓉区现有土地有限问题，在市政府统筹支持下，以“长沙·中国隆平种业硅谷”一园六镇规划构架为基础，突破区域壁垒，推动区县合作发展，实现“总部+基地”“核心+配套”的全产业链条发展。已有湖南农业大学、湖南农科院、国家杂交水稻工程中心、中国种子协会、湖南省种子协会等16家科研机构，隆平高科、隆平发展、希望种业、华智生物等数十家重点企业在长沙县布局科研示范基地，形成了以春华镇和路口镇为代表的种业硅谷示范镇。2021年园区实现种业规模以上产值（营收）47.19亿元，增长17.33%，聚集产业链企业310家，占全市62%。（曹梦圆）

【深入推进“网格化治理”】 2022年，芙蓉区建立健全以网格化、信息化和综治中心、网格管理中心、应急指挥中心相互结合、互为补充的基层社会治理体系，探索推动“党建引领、平台支撑、三位一体、四级联动”的社会治理智能化综合平台建设，建立“党的建设、社会治理、公共服务”三大板块，涉及党建、综治、教育、医疗、养老、城管、应急、环保、便民服务、志愿服务、问题交办等方面，延伸社会治理触角，为群众提供“全要素”网格服务，提升基层治理效能。全区划分447个单元网格，按照“一格一长六员”配备网格力量，全区网格员队伍7286人。建立健全全区“人、地、事、物、组织”基础数据库，汇集多个部门数据源，对接20余个部门40余个系统的数据，将65万余常住人口、13类重点帮扶人员、10余类重点场所、4436路视频摄像头、992路云广播等支撑性要素信息全部采集上图，实现“一屏”统揽，“一网”汇聚，多维度、多层次呈现芙蓉基层社会治理特色。

（曹梦圆）

【“芙蓉夜话”开启基层民主议事新模式】 2022年，芙蓉区以“党建聚合力”工程为统揽，全面升级“东湖夜话”为“芙蓉夜话”，以“夜话”为主要形式，以协商为对话方式，从主题制定、活动执行到成效检验，充分尊重群众主体地位，全面听取群众意见，在基于民主平等和相互尊重基础之上，进行协同治理，激发治理效能，创新推广“晚上话，白天干，‘面对面’交流、

‘点对点’化解、实打实解难”的协商议事新模式，切实提高基层群众参与基层治理、党群协商议事成效。全年开展“芙蓉夜话”90余场专题活动，13个街道、40余个职能部门、81个社区（村）、100余家企事业单位参与，推动解决问题诉求600余个。《光明日报》《长沙晚报》及多家新媒体平台宣传报道“芙蓉夜话”的经验做法。

（曹梦圆）

【创新推出“五类干部”分类管理机制】 2022年，为营造“有为者有位、吃苦者吃香、实干者实惠”的良好政治生态，激励广大干部竭力奋斗、竭情付出、竭诚奉献，4月，芙蓉区出台《奋力实施强省会战略推动全区干部队伍担当作为创新实干的实施办法（试行）》，内容涵盖县级领导示范引领、科级干部比学赶超、普通干部多向交流、社区（村）书记动态调整、年轻干部一线锤炼5个方面，建立三级联动机制，通过树标杆、重实绩、明路径，激励广大干部永葆“闯”的精神、“创”的劲头、“干”的作风。实施办法出台以来，通过干部大调研、量化考核、揭榜攻坚等方式方法，提拔重用75名优秀干部、调整使用6名状态不理想的领导干部、交流锻炼28名普通干部，形成了“关键少数”作示范、“中坚基数”争先进、“绝大多数”显作为的良好干事创业氛围。省委全面深化改革委员会办公室在2022年第35期《改革简报》上以《长沙市芙蓉区：大力创新工作机制 激励干部担当作为》为题推介。12月，《中国组织人事报》以《长沙市芙蓉区建立三级联动机制 层层提振干部“闯创干”精气神》为题予以报道。

（曹梦圆）

组织工作

【概况】 2022年芙蓉区有基层党组织1284个，其中党委74个，党总支47个，党支部1163个。党员25774名，其中35岁及以下占18.00%，61岁及以上占42.46%；大专及以上学历占61.22%，其中研究生1248人，占比4.84%，大学本科8505人，占比33%。2022年，芙蓉区委组织系统全面践行新时代党的建设总要求和新时代党的组织路线，聚焦实施“强省会”战略，推进“党建聚合力”工程，选干部、配班子、抓基层、打基础、强队伍、聚人才，为打造现代化新长沙建设标杆区提供坚强组织保证和人才支撑。调研成果《党建引领楼宇经济高质量发展的实践与思考》获全市组织系统2022年度专题调研优秀成果二等奖；“五类干部”分类管理机制获评2022年度芙蓉区“十大创新案例”。

（朱雷雷）

【干部任用】 2022年，芙蓉区创新推出“五类干部”分类管理机制。制定并印发《奋力实施强省会战略推动全区干部队伍担当作为创新实干的实施办法（试行）》，激发干部动力，相关工作获《中国组织人事报》、省委改革办、《湘组研究》、红星网、红星云、《长沙组工通讯》推介。创新开展干部大调研，成立5个调研组，采用民主测评和个别谈话方式，对77个班子及523名科职干部进行深度系统考察调研，形成“一班子一报告、一干部一画像”，重点识别表现最为突出的、相对较落后的“两头”干部，动态掌握单位表现优秀的中层干部，区委常委会专题听取调研情况。对调研发现的优秀干部提拔重用75人，交流一般干部28人，晋升晋级24人，调整6名状态不理想的领导干部。规范街道聘用人员的管理，出台《关于进一步规范街道编外聘用人员管理的实施意见（试行）》文件，按“以费控人、控制规模、规范行为、畅通出口”原则，建立街道、相关部门协同配合的管理监督机制。构建平时考核体系。建立“日早巡、周值班、月讲评、季拉练、年考核”制度，实行“揭榜攻坚”，考人考事一体推进。探索新提拔重用干部中期评估，走访17个单位，对22名提拔重用半年左右的科职干部履职状态进行调研。完成事业单位管理岗位职员等级首次晋升审批工作，晋升六级职员3人，七级职员18人，八级职员278名。全年调整干部8批涉及228人，提拔57名实干突出、群众认可的干部，一批优秀年轻干部得到提拔重用，其中“85后”26人、占比45.6%，“90后”11人、占比19.3%。

（黎芸芸）

【基层党建】 2022年，全区基层党建工作持续推进“党建聚合力”工程，提高基层党建工作质量和水平。组织辖区中共二十大代表柏连阳、徐芙蓉以及省、市、区党代表结合亲身经历、学习体会进行中共二十大精神宣讲。举办二十大精神轮训、党员冬春训、发展对象培训班等15个班次，聘请优秀专家学者担任讲习员，开展“万名党员进党校”“送党课进基层”活动。建立省湘绣研究所“体验式党员教育基地”等主题党建文化基地12个，建成基层党校22个，打造党性教育路线5条。用好“声动乐龄”平台，推送34期各类主题有声期刊。通过“红色CEO”智享汇品牌，培训两新机构党员350人次。组织全区社区（村）党组织书记赴韶山干部学院开展培训，举办党组织书记座谈会，调动“领头雁”干事创业热情。制定出台《社区（村）党组织书记动态调整的实施办法（试行）》，加强部门联审、综合考察，2022年交流岗位、动态调整社区（村）党组织书记33人次。持续加强基层队伍建设，牵头民政局、人社局，按程序竞争性增补62名员额人员分配到社区，夯实基层基础。加强社区（村）党组织干部队伍建设专题调研，对基层书记队伍现状问题、对策建议等形成专题调研报告。推进基层党组织整建提质，整理社区（村）换届“回头看”综合分析报告13份，建立突出问题清单217条，召开集中学习会议800余场次，6个社区电诈、涉毒发案情况呈明显下降趋势。开展基层党建现场观摩拉练活动，选树11个基层党建示范点。持续扩大芙蓉先锋“帮代办”党建品牌效应，开展在职党员“进楼栋、亮身份、争先锋”行动，11309名在职党员参加社区文明创建等活动。在一线建立临时党支部18个，组建党员突击队158个，设立党员先锋岗、示范岗436个，党员先锋模范作用得到彰显。召开“芙蓉先锋共同体”片区联席会议，打造300平方米的“党建聚合力展厅”，集中展示“芙蓉先锋共同体”优秀共建成果，接待各级观摩学习20余场次。推广“芙蓉夜话”基层民主协商议事新模式，累计开展专题活动330期，推动解决群众诉求1700余个。推进基层党组织党务工作有关问题清查整治，立行立改党务委托事项不规范情形42条，调整终止合同（协议）28项，清理非党员从事党务工作31人，培训党务工作者452人次。在全市率先探索党员档案区级统管新模式，出台相关工作指南及制度，完成全区2.4万余份党员档案的清理、归档等工作。（王治能）

【两新党建】 2022年，芙蓉区委两新工委实施“党建聚合力”工程，以学习二十大精神为主线，落实新时代党的建设总要求。“红色CEO”智享汇相关案例在省级刊物发表，中组部调研世茂环球楼宇党建工作，并给予高度肯定。组织开展学习二十大两新党员教育区级示范培训班3期，4100余名两新组织负责人、党建指导员、新任党组织书记参与学习。发动8000余名两新直管党员和流动党员参加“学习二十大 奋进新征程 奋力强省会”知识竞赛线上线下共答题系列活动。成立街道两新综合党委13个，统筹管理辖区两新党组织。集中开展两新党组织组建攻坚行动，10人以上从业人员的企业党组织覆盖率79%，超额完成全年目标。湖南惠农科技有限公司党委获评湖南省两新领域标杆党组织。指导成立互联网行业党委，打造互联网行业党建文化阵地，配合隆平高科技园将企业党委建在产业链、支部建在直播间。统筹社区党群服务中心、楼宇商圈等阵地资源，组建快递外卖骑手“红色之家”阵地11个，引导新业态群体成为服务群众、参与社会治理的新生力量，工作经验在《人民日报》、“新湖南”、“红网”宣传报道。加强两新党员教育资源建设，拍摄制作党员教育视频资源片。组织两新党员常态开展“CBD先锋港”“米粉街先锋行”等活动，“志愿红”点亮网红打卡点。搭建“一中心多站点”的党建载体，依托阵地设置党员学习室、红色会客厅、楼宇党校等区域，全年开展“红色沙龙”等学习活动160余场次。开展“党建引领 助力千企”行动，对接14家市级服务企业，收集解决用工指导、人才政策等19个问题。深化“红色CEO”智享汇第四季，开展“走访服务到一线”活动，搭建“红色CEO”学员企业互惠互助

2022年4月，“红色CEO”班委会成员走访浩天建工集团

（区委组织部　供图）

平台，收集解决问题30余个。在全区32个楼宇党群服务中心（站）推进党建服务、企业服务、社会服务“三位一体”服务，整合、下沉职能部门资源深入楼宇经济一线，精准对接企业需求，先后为280家企业解决困难问题。（黄　蓝）

【人才工作】　2022年，芙蓉区坚持党管人才原则，树立“一盘棋”理念，落实书记抓人才工作第一责任人责任。年内，区委书记周春晖作为市五区唯一代表，在市委人才工作会议上作典型发言。发挥区域化党建“芙蓉先锋共同体”平台，开设“院士专家大讲堂”，推进院士工作室进企业，与市中医医院共建城市医疗集团战略合作培养医务人才。打造种业人才高地，引育种业产业市级以上高精尖人才88人，其中国家顶尖重点人才计划4名，占全市1/2，省“百人计划”14名，约占全市1/5；拥有全省唯一省“百人团队”。对48名扎根芙蓉、守正创新的优秀人才认定为首批区级高层次人才，组织好全程“一对一”体检服务，走访人才企业160余家，解决子女入学、就医绿色通道、经营场地选址、外籍人士申请永久居留等具体事项70余件。成立全省首个楼宇人才服务中心，对重点企业实行一对一政策申报辅助服务，开通长沙自贸区首条职称初任绿色直通车。突出青年人才工作，实施“青创合伙人”项目，开展“青春建功、智汇芙蓉”双青交流活动。率先全市成立区级青年企业家协会，选树推介一批“长沙市最美青年企业家”“乡村振兴青年先锋”“湖湘青年英才”。（江　豪）

【干部监督】　2022年，芙蓉区继续推进干部监督工作，完成县处级领导干部个人有关事项填报事宜。开展领导干部因私出国（境）管理监督工作普查，登记备案干部1303人，集中保管清理有效证件798本。完成省委第九巡视组选人用人专项检查全部问题的整改销号。

（张　琳）

【干部培训】　2022年，芙蓉区围绕学习贯彻中共二十大精神、中共十九届六中全会精神和省、市、区党代会精神，全年开展16期干部部培训，培训干部2100余人次。举办10期主体班培训，常态化举办新任科职领导干部培训班、青年干部实训营活动。（陈　桦）

【干部档案】　2022年，芙蓉区组织部开展干部人事档案专项审核2批，完成事业编制及新进人员干部人事档案专项审核191卷。接收档案39卷、转出档案13卷，制作任前审核表132份，接待查借阅人员766人次，收集归入档案散材料10327份，移送市管干部档案散材料335份。（黄　琼）

【党员电教】　2022年，芙蓉区委拍摄《万名党员进党校——芙蓉区党员教育培训纪实》等2部党员教育资源片，资源片在《先锋潮》党建视频专栏展播。为94个基层电教站点拨付经费，强化经费保障。提升党员电教工作精准度和覆盖面，累计教育覆盖党员达到2.1万人。

（李晓茜）

【公务员管理】　至2022年年底，芙蓉区公务员队伍总人数1308人，男912人，女396人；其中公务员997人，参公群团28人，参公事业283人。2022年，芙蓉区委组织部办理公务员转任、登记、转正等手续31人次。坚持实绩和资历并重、新老政策衔接的原则，在一贯表现优秀、作用发挥好的干部中，晋升一级主任科员13人、二级主任科员

·表3·　2022年芙蓉区党的基层组织和党员基本情况统计表

党的基层组织	个数（个）	党支部分类	个数（个）	党员	人数（人）
总数	1284	机关	140	总数	25774
其中：党委	74	事业单位	118	2022年发展	168
党总支	47	企业	511	死亡	238
党支部	1163	其他	338		

（资料来源：区委组织部）

2人，三级主任科员2人，呈报市委组织部晋升三级调研员4人。

（陈　桦）

【二十大精神大学习大调研活动】

2022年，芙蓉区委组织部把学习贯彻中共二十大精神和实施“强省会”战略、打造标杆区，推动实际问题解决结合起来，提前谋划在全区组织人事系统开展“落实二十大　我要怎么干”大学习大调研大讨论大落实活动。收集心得体会124篇、调研报告31篇，征集组织工作意见建议142条，评选出尹卫东等5名“报告精神大学习”先进个人、文艺路街道等5个“组织工作大调研”先进单位（科室）、刘晓凤等5名“促推发展大研讨”先进个人、苏莲等10名“高质高效大落实”先进个人。

（朱雷雷）

【首批芙蓉高层次人才评定】

2022年，芙蓉区委人才工作领导小组办公室牵头，园区和财政、发改、商务、工信等相关部门共同参与，根据长沙市“人才新政45条”，综合考虑技术创新、行业领军、发展潜力等因素出台区级人才政策，在便利就医、子女就学、配偶就业、健康关怀、政务代办、便捷养老等方面提供服务。首批认定48名芙蓉高层次人才，分布金融业、建筑业、农业种业、高端商贸业、餐饮服务业等行业，平均年龄50.3岁，后期根据情况适时补充。2022年5月20日，在“5·20”企业服务日上，区委书记周春晖为英氏控股集团股份有限公司董事长马文斌、长沙芙蓉金饰珠宝有限公司董事长何利斌等48名芙蓉高层次人才颁发奖杯，表彰他们扎根芙蓉、守正创新的突出贡献。

（江　豪）

【“红色CEO”搭桥为企解难题】

2022年，芙蓉区委两新工委启动“‘红色CEO’智享汇走访服务到一线”活动，搭建“红色CEO”学员企业互惠互助平台，推动“红色CEO”相互协作。活动中，区委两新工委组织“红色CEO”智享汇班委会成员成立帮企“服务团”，实行“随时沟通，每周走访，半月汇总”模式，分小组上门走访了解企业疫情防控、生产发展难题。在走访湖南唯有生物科技有限公司过程中，了解到因疫情影响，公司生产的蓝莓果饮销售情况不乐观，经过“服务团”联系对接，拓宽销售渠道，解决公司半个月的蓝莓果饮销售量，缓解了销售压力。年内帮企“服务团”走访服务“红色CEO”学员企业20家，累计收集问题30余个，促进政企沟通。

（黄　蓝）

【全省首家楼宇人才服务中心成立】

2022年11月18日，全省首个楼宇人才服务中心在芙蓉区五里牌佳兆业广场成立，市委组织部副部长、人才工作局局长易敏华和区委常委、组织部部长刘克刚共同为中心揭牌。该中心为全省首个楼宇人才服务中心，由区委组织部人才办牵头，与区人力资源和社会保障局、区行政审批服务局、区金融事务中心、区现代服务业发展中心、团区委、五里牌街道等单位联合打造，地处中心城区，辐射全区重点楼宇和企业、各类精英人才及青年学子。中心设置一站式服务窗口、多功能室、共享会议室、共享活动室、沙龙活动区等功能区域，并根据人才、企业和楼宇需求，提供精准化、专业化、定制化服务。

（江　豪）

【城市基层党建现场观摩拉练活动】

2022年，为展示各地基层党建工作成果和形象，提升城市基层党建工作科学化、规范化水平，区委组织部组织开展城市基层党建现场观摩拉练活动。6月初，各街道党工委上报42个党组织，涵盖社区（村）、

2022年5月20日，在区机关会议中心，区委书记周春晖（前排左一）为首批认定的芙蓉区高层次人才颁发奖杯　　（区委组织部　供图）

2022 年 6 月 27 日，考察组在朝阳街道人民新村社区观摩人民新村戏剧文化红色研学点项目　（区委组织部　供图）

两新党组织、离退休等基层单位。6 月 27—28 日，由区委组织部相关领导，各街道党工委书记、副书记、组织委员、社区（村）党组织书记代表，以及区委组织部党建条线相关工作人员组成考察组，通过现场讲解、观摩评分等，推出 11 个全区基层党建工作示范点。如东岸街道“东瑞 e 家亲社区物业融合服务中心”，深化社区与物业融合，打造首个 24 小时不打烊社区，“云视联”系统实现小区全面智能化智慧化管理。火星街道党建引领乡村振兴，打造“农产品 + 基地 + 合作社 + 社群合作”模式，为省内怀化麻阳、永州道县、江永、江华等困难地区农产品进入城市居民家中提供可持续销售平台，年销售额 200 余万元。（彭鑫妮）

宣传工作

【理论武装】 2022 年，芙蓉区宣传思想战线以中共二十大为主题主线，持续推动党的创新理论深入人心。制定《2022 年全区党委（党组）理论学习中心组专题学习重点内容安排》《芙蓉区 2022 年理论学习中心组学习巡听旁听方案》等，规范开展区委理论学习中心组暨“芙蓉课堂”集体学习 12 次。理论学习经验作为全市唯一区县在《湖南宣传》推介。组织《习近平谈治国理政》第四卷学习座谈会，来自全区部门、街道社区、高校、企业等 10 余名代表结合自身学习情况和工作实际展开交流研讨。完成《百年大党面对面》《习近平谈治国理政》第四卷等理论书籍征订工作。组建区委宣讲团，通过领导干部带头讲、宣讲成员示范讲、参会代表应邀讲、先进典型身边讲，推动中共二十大精神宣讲自上而下、全面覆盖、落地走实。举办学习贯彻中共二十大精神专题学习班、培训班、辅导班，引导党员干部读原著、学原文、悟原理、知原义。依托“芙蓉课堂”“芙蓉夜话”“院士专家大讲堂”等理论宣讲平台，开展宣讲报告会、理论微宣讲等 1000 余场次。结合“文化创新”“强省会”等重大主题，开展理论研究，在《长沙晚报》等媒体刊发理论文章 10 余篇。推出《我是接班人 学习新思想——〈习近平新时代中国特色社会主义思想学生读本〉专题课》在湖南省“互联网 + 教育”大平台等频道同步上线播出。（李文芳）

【意识形态工作】 2022 年，芙蓉区委常委会会议专题研究意识形态工作 1 次，召开全区意识形态分析研判会议 1 次。印发《区委加强和改进新时代思想政治工作责任清单》，开展巡察整改“回头看”、常规巡察、专项督察、常态排查、专项整治 18 次，组织革命文物和爱国主义教育基地核查 58 家（次），压实意识形态责任。组织对 6 个区直部门开展巡察整改“回头看”，对 20 个单位开展区委巡察意识形态工作专项检查。区委宣传部联合区委督查室、区委网信办，对全区 25 家单位开展落实意识形态工作责任制专项督察。健全领导下沉督导、全区常态研判、基层民情快递工作机制，强化省委周边、火车站周边等重点区域的风险隐患排查处置，发现并消除风险隐患 100 余个。（李文芳）

【舆论宣传】 2022 年，“芙蓉发布”微信公众号粉丝数量升至 9 万 +，微信公众号单篇内容最高阅读量 113.5 万人次。“芙蓉发布”视频号开通运营一年，总浏览量破千万人次。“袁家岭 很长沙”系列新媒体短视频阅读量破 200 万人次，“浪漫七夕节 相约黄金街”新浪微博话题阅读量超 2200 万。围绕省党代会、中共二十大召开等，开展集中社会宣传 100 余次。组织开展“4・29”房屋倒塌、“荷花园电信大厦起火”等重大事件舆论宣传，组织网络辟谣 10 余次。打好网络安全保卫战，

·表 4· 2022 年芙蓉区党委理论学习中心组学习情况一览表

序号	时　间	学习主题	主 讲	学习形式	参加人员
1	1 月 14 日	中央经济工作会议精神	中共湖南省委党校湖南行政学院经济学教研部原主任、教授、硕士生导师戴军	专题辅导报告集体学习讨论	区委理论学习中心组成员，有关区领导，隆平高科技园、区直各部门、各街道主要负责人
2	1 月 19 日	学习习近平总书记在中共中央政治局民主生活会上的重要讲话精神		集体学习讨论	区委理论学习中心组成员，有关区领导
3	2 月 18 日	习近平法治思想	中南大学法学院副院长、教授、博士生导师彭中礼	专题辅导报告集体学习讨论	区委理论学习中心组成员，有关区领导，隆平高科技园、区直各部门主要负责人，区直政法各单位班子成员及中层负责人，各街道党政主要负责人、政法委员、司法所长
4	4 月 22 日	从金融供给侧视角看后疫情时代的企业融资途径与策略	招商银行长沙分行公司金融事业部总经理助理廖旭熙	专题辅导报告集体学习讨论	区委理论学习中心组成员，有关区领导，隆平高科技园、区直各部门主要负责人，各街道党政主要负责人、分管经济工作的班子成员、宣传委员
5	5 月 25 日	请有关专家作“强省会战略精神”辅导报告	湖南省发改委地区经济处处长彭涛	专题辅导报告、观看《不可逾越的红线》安全生产警示视频	区委理论学习中心组成员，有关区领导，隆平高科技园、区直各部门主要负责人，各街道党政主要负责人
6	6 月 20 日	学习贯彻习近平总书记关于安全生产的重要论述和对长沙居民自建房倒塌事故重要指示精神；请有关专家作辅导报告	湖南省应急管理厅副厅长罗德龙	专题辅导报告集体学习讨论	区委理论学习中心组成员，有关区领导，隆平高科技园、区直部门和安委会成员单位主要负责人，各街道党政主要负责人
7	7 月 29 日	学好用好资本市场助推经济高质量发展	湖南证监局党委委员、副局长戚力	专题辅导报告集体学习讨论	区委理论学习中心组成员，有关区领导，隆平高科技园、区直各部门主要负责人，各街道党政主要负责人、分管经济、宣传工作班子成员，上市后备企业负责人
8	8 月 25 日	学习习近平总书记在省部级主要领导干部专题研讨班上的重要讲话精神	湖南省委党校（湖南行政学院）常务副校（院）长曹健华	专题辅导报告集体学习讨论	区委理论学习中心组成员，有关区领导，隆平高科技园、区直各部门主要负责人，各街道党政主要负责人
9	9 月 15 日	学习贯彻习近平总书记在中央政治局第四十次集体学习时的重要讲话精神	长沙市纪委副书记、长沙市监察委员会副主任朱远红	专题辅导报告集体学习讨论	区委理论学习中心组成员，有关区领导，隆平高科技园主要负责人，区法、检两长，区直各部门主要负责人，各街道班子成员

·续表 4·

序号	时　间	学习主题	主 讲	学习形式	参加人员
10		“国际形势分析”辅导报告	原国防科技大学教授、研究生导师、国防大学同行特聘专家杨成平	专题辅导报告集体学习讨论	区委理论学习中心组成员，有关区领导，隆平高科技园主要负责人，区法、检两长，区直各部门主要负责人，各街道班子成员
11	11 月 3 日	学习贯彻中共二十大精神中央宣讲团报告会	中央宣讲团	专题辅导报告（报告会）	区委理论学习中心组成员，有关区领导，隆平高科技园、区直各部门主要负责人，垂管单位主要负责人，各街道党政主要负责人
12	11 月 4 日	深入学习中共二十大精神		集中自学集体学习讨论	区委理论学习中心组成员，有关区领导，隆平高科技园主要负责人、区法检两长
13	11 月 7 日	学习贯彻中共二十大精神省委宣讲团报告会	省委宣讲团	专题辅导报告（报告会）	区委理论学习中心组成员，有关区领导，
14	11 月 28 日	学习《中国共产党章程（修正案）》	湖南省委党校党建教研部主任李美玲	专题辅导报告	区委理论学习中心组成员，有关区领导，隆平高科技园班子成员，区法、检两长，区直各部门主要负责人，各街道党政正职
15	11 月 29 日	学习中共二十大精神辅导报告	长沙市委党校副校长刘国杰	专题辅导报告（报告会）	区委理论学习中心组成员，有关区领导，隆平高科技园班子成员，区法、检两长，区直各部门主要负责人，各街道党政正职

（资料来源：区委宣传部）

开展全区重点网站和信息系统网络安全检查，组织网络安全技能大比武活动，下发区级网络安全通报 53 期，排查、处置修复高中危风险漏洞 109 个。开展“清朗”等系列专项行动 16 次，依法处置属地网络平台 60 家，举报违法和不良信息 1.69 万余条。（邓蓓莉）

【新闻宣传】 2022 年，芙蓉区宣传战线建立定期收集线索、每周策划选题、常态联络媒体工作机制，在各级媒体平台刊发重点新闻报道 9700 余篇（条），中央主流媒体刊发重点新闻报道 180 余篇（条）。中央电视台 25 次聚焦芙蓉，《新闻联播》3 次播出芙蓉新闻，基层群众自治经验、“种业硅谷”建设等工作 3 次登上《人民日报》《光明日报》头版。全年推出《奋进新时代 建功新芙蓉》《强省会·芙蓉在行动》《安全整治 芙蓉行动》《稳经济·促发展》等 18 个融媒专题。H5 作品《人民路上为人民》获湖南省新闻奖融合创新类一等奖。新闻专题《强省会的芙蓉担当》获长沙新闻奖网络新媒体类二等奖。市委宣传部《新闻阅评简报》5 次点赞芙蓉区新闻宣传工作有力度、有亮点、有特色。“学习强国”学习平台供稿数量居市五区前列，总平台上稿 5 篇，入选“学习强国”长沙学习平台优秀供稿单位。（邓蓓莉）

【文化产业】 2022 年，芙蓉区以“一区一带”（袁家岭中央文化区和浏阳河文旅产业带）建设为依托，以文创产业竞赛为抓手，创新推动文化产业发展，全年规模以上文化企业营业收入同比增长 8.7%。全区文化产业营业收入 150.8 亿元，同比增长 9.2%。袁家岭中央文化区建设指挥部设立工作机构，专人负责，专班推进。建立健全联席会议机制、信息共享机制、招商引资机制、考核激励机制，制订《芙蓉区促进文化产业集聚区高质量发展的若干措施实施细则（暂行）》，年内兑现第一批奖补，采取“一事一议”引进年度全口径税收千万元网红主播个人独资企业集群。建立“部门、街道、楼宇业主”多方联动的全员招商机制，引进文化产业重点企业项目26个，在谈项目8个，湖南省演艺集团、长沙交响乐团等知名文化品牌签约入驻。推进“一区一带”19个重点项目，长沙戏剧街进场建设，湖南文化广场二期商业部分计划2023年7月交付，惟楚文化广场征拆清零，敬天广场东塔封顶，龙湖芙蓉天街主体封顶，浏阳河文化旅游产业带水上旅游建成2个码头，长沙融通长城宾馆等项目进展顺利。持续开展“发展服务日”，走访重点文化企业50余批次，解决各类问题71个。启动金融赋能文化产业专项行动，为28家文化企业授信2亿元。为36家文化旅游企事业单位争取申报文旅消费扶持资金360.5万元，协助180家旅行社申请暂退旅游服务质保金5486万元。指导9家企业申报长沙市文化产业“四雁引领”白名单，争取奖补资金192万元。（谭　颖）

【芙蓉区社会科学界联合会】2022年，芙蓉区社科联完成换届选举。落实社科理论类论坛管理备案（审批）制度，对371家登记在册的社会组织进行年检。全区开展理论研讨会、学习分享会等100余次。推出专题专栏，刊登专家学者、党员干部、各界代表学习心得和研究成果60余篇。组织“百名专家千场宣讲”、理论学习达人竞赛等活动1000余场次。加强对辖区社科普及基地意识形态工作的检查和督导，区社科联与辖区社科普及基地负责人签订责任书。围绕高质量发展建设现代化新长沙等重点热点难点问题建言献策8条，纳入全市哲学社会科学规划课题7项。《长沙绿色完整社区建设的策略研究》等理论成果获省、市哲学社会科学优秀成果奖项。《引入“沉浸式”体验，解锁博物馆开放新模式》入选“学用新思想 奋进新征程”优秀案例。探索社科普及新模式，开展“芙蓉夜话·二十大精神大家谈”20余场。组织茶博实践、研学体验、文化交流等系列活动900余场次。年内，区社科联被评为先进基层社科联。隆平水稻博物馆获评优秀社科普及基地，湖南和平解放史事陈列馆、湖南省湘绣博物馆非遗科普基地新认定为社科普及基地。（李文芳）

【名家送春联活动】2022年1月11日，袁家岭中央文化区建设指挥部在湖南文化广场（二期）开展“祖国新春好 幸福进万家 相约袁家岭名家送春联”活动。中国书协副主席、省文联主席、省书协主席鄢福初，省书协副主席、长沙市书协主席孔小平，长沙市书协学术顾问何立伟等10名省、市文艺名家现场写春联、写福字、送祝福，市委宣传部常务副部长杨长江，省文联副主席、市文联党组书记、副主席王俏等出席，区领导蒋红波、杨光华参加。鄢福初宣布活动启动并带头开笔，文艺名家们用行书、楷书、隶书等多种字体书写春联及福字200余幅，赠送辖区居民，为百姓送去春节的祝福。（谭　颖）

【《人民路上》获长沙市2021年度优秀新媒体作品】2022年1月5日，“爱长沙@长沙”网络文化节暨长沙市新媒体年度影响力评选公示，《人民路上》被评为长沙市2021年度优秀新媒体作品。2021年11月至12月，芙蓉区委宣传部、“红网”长沙站联合推出《人民路上》新闻专题，以一条路和“为人民服务”贯穿百年党史的红线，记录新时代、书写新篇章。《人民路上》新闻专

2022年1月11日，袁家岭中央文化区建设指挥部在湖南文化广场（二期）举行名家送春联活动　（区委宣传部　供图）

题，选取人民路上红色地标、重要节点、典型人物，通过图文、视频、H5以及线下打卡等形式，解码人民路上底蕴深厚的历史符号，定格现代发展图景。线下，来自长沙、上海、重庆、广州、贵阳、南宁、昆明、海口、成都、苏州、泉州石狮市11座城市的市民涌上人民路打卡。线上，《人民路上为人民》媒体融合作品分为“一路追寻”“一路初心”“一路深情”“一路生长”“一路丰收”“一路繁华” “一路幸福” 七个篇章，采用“手绘长图+视频+音频+文字+互动游戏”的融媒体表达形式，展开跨时空影像对话，诉说经典故事、定格信仰坐标。专题阅读量破100万人次。（文　进）

【“喜迎二十大 魅力新芙蓉”摄影大赛】　2022年9—10月，芙蓉区委宣传部主办“喜迎二十大 魅力新芙蓉”为主题的摄影大赛，征集参赛作品1200余件，其中30件摄影作品获奖。彭福宗作品《浏阳河畔小夜曲》获一等奖，乔育平作品《袁家岭中央文化区》、熊浩华《古浏阳门》、刘永祥《新装电梯 老宅提质》、雷鸣《“稻”谷飘香》等作品获评二、三等奖。20件作品获评优秀奖。（文　进）

【何立伟名家工作室揭牌】　2022年5月26日，何立伟名家工作室在袁家岭中央文化区揭牌。何立伟是中国作家协会全国委员、湖南省作家协会名誉主席、长沙市文联名誉主席、湖南省文史馆馆员、一级作家。2021年，他创作的《文化高铁下一站：袁家岭》一文，以名家视角，为袁家岭中央文化区进行一次有影响力的宣传。文章在“新湖南”客户端7月12日刊发，掌上长沙、星辰在线、红网、今日头条、凤凰新闻等多家新媒体刊发转载，点击量破100万人次。何立伟工作室是袁家岭中央文化区引进的首个名家工作室。（李　玲）

【省会青年音乐人走进袁家岭中央文化区】　2022年6月15日，省会青年音乐人走进袁家岭中央文化区暨“我为长沙写首歌”新歌试听会在敬天广场何立伟名家工作室举行。该次活动是何立伟名家工作室揭牌成立之后举办的首场文化沙龙活动，来自中央、省、市音协等的30余名青年音乐人先后前往长沙国金中心、袁家岭中央文化区、白果园等进行采风，激发创作灵感，谱写优秀音乐作品。中国音协会员、长沙市音协副主席廖建中，中国音协会员、职业作曲家郑铮铮，湖南省音协会员、职业作曲家王利瑶等20余位省会知名青年音乐人一起聆听新歌，分享独到见解和感悟。活动由长沙市文旅广电局党组成员、副局长李小军主持，芙蓉区领导杨光华参加。（李　玲）

【袁家岭中央文化区“发展服务日”办公会】　2022年7月21日，在袁家岭中央文化区“发展服务日”办公会上，九大项目的相关街道、部门的负责人，展开交流。企业围绕项目建设过程中的痛点、堵点、难点提出诉求，街道、部门就企业提出的问题当场作出回应，进行表态。区委副书记、统战部部长、党校校长何溪桥，区委常委、宣传部部长杨光华，区委二级调研员贺岱权出席。袁家岭中央文化区通过持续开展“发展服务日”活动，先后对接走访重点文化企业50余批次，了解企业经营情况，全年为文化区企业解决难题71个。（李　玲）

【区委宣讲团宣传二十大精神】　2022年11月11日，芙蓉区召开学习宣传贯彻中共二十大精神区委宣讲团动员暨备课会，现场公布芙蓉区组建的由中共二十大代表、专家学者、领导干部、“五老”讲师等42名人员构成的区委宣讲团名单，同时邀请省委宣讲团成员作为特邀宣讲员。芙蓉区全体副县级以上在

2022年5月26日，何立伟名家工作室揭牌　（区委宣传部　供图）

职党员领导干部带头前往各街道社区宣讲二十大精神，与基层代表互动交流，并对相关工作进行调研指导，推动二十大精神走进基层，走进群众。11月间，区委书记周春晖先后到韭菜园街道蓉园社区、长沙市东雅中学宣讲中共二十大精神。宣讲团按照计划，推动中共二十大精神宣讲进机关、进企事业单位、进社区、进校园、进网站、进各类新经济组织和新社会组织，实现对各领域、各群体、各层级的全覆盖。

（李　玲）

【“文化与产业”主题文化沙龙活动】 2022年11月2日，袁家岭中央文化区“文化与产业”主题文化沙龙在友阿总部大楼举行。活动由袁家岭中央文化区建设指挥部主办，中共长沙市芙蓉区委宣传部承办，湖南友阿商业投资有限责任公司协办。长沙市文化旅游广电局党组成员、副局长李小军，芙蓉区委二级调研员贺岱权等领导出席。芙蓉区委常委、宣传部部长杨光华主持会议，何立伟、孔小平、邬建美等文艺名家，郑自立、吴海浪等专家学者，以及来自省湘剧院、省花鼓戏剧院、省京剧团、湖南大剧院、长沙交响乐团等单位的负责人等20余位领导嘉宾就如何建设推动产业与文化融合、建设好友谊东项目互相交流，为文化赋能城市、助推文化产业高质量发展建言献策。（李　玲）

【首届袁家岭戏剧节青年戏剧大赛】 2022年12月10—11日，由湖南省文旅厅、省文联、省演艺集团，中共长沙市委宣传部指导，市文旅广电局、市文联、芙蓉区委、区政府共同主办的首届袁家岭戏剧节“金芙蓉奖”青年戏剧大赛在湖南戏曲演出中心举行。大赛秉承“推出戏剧表演新人，繁荣湖南演艺事业”的宗旨，邀请曾荣获过中国文化艺术政府奖“文华奖”、中国戏剧“梅花奖”等奖项的权威专家组成竞演评审团。来自省内12个专业院团的45名青年演员，涵盖京剧、昆剧、湘剧、花鼓戏、话剧、歌剧等多种艺术类别，赛期2天。活动评选出“金芙蓉奖”10名、提名奖10名、优秀演员12名。（谭　颖）

【袁家岭中央文化区采风活动】 2022年12月8—9日，芙蓉区举办“知名作家看芙蓉”之袁家岭中央文化区采风活动。王跃文、陈新文、谢宗玉、沈念、唐樱、龚盛辉、纪红建、刘羊等知名作家走进袁家岭中央文化区。作家们参观浏览国金中心、湖南米粉街、长沙临时大学旧址、古玩街、敬天广场、湘绣博物馆、隆平水稻博物馆、茶叶博物馆、圆点美术馆、自贸区块麓山种业创新中心、英氏控股集团11处芙蓉区网红地标、文化历史遗迹、重点项目现场、文博艺术场馆，了解和感受芙蓉的历史与发展。采风活动过后，作家创作了《“城心”的神采》《一所不能忘却的大学》《字里行间｜在长沙看芙蓉花开》等名篇美文20余篇，在“学习强国”学习平台、《人民日报》、《湖南日报》等国家、省级媒体平台刊发，芙蓉区知名度、美誉度、影响力不断提升。

（戴维怡）

【芙蓉区促进文化产业措施实施细则出台】 自2021年11月，芙蓉区政府出台《芙蓉区促进文化产业集聚区高质量发展的若干措施（暂行）》之后，2022年4月20日，配套《芙蓉区促进文化产业集聚区高质量发展的若干措施实施细则（暂行）》出台，进一步明确组织机构、工作职责、奖励实施对象、认定条件和申报资料等内容，并通过“芙蓉发布”微信公众号发布政策解读视频。10月，针对辖区文化企业，兑现第一批奖补资金26.49万元。

（戴维怡）

统一战线工作

【概况】 2022年，芙蓉区委统战部贯彻二十大精神为主线，贯彻落实中央、省委、市委关于统战工作的决策部署，强化思想政治引领，广泛凝心汇智聚力，推动统战工作高质量发展。

思想政治引领　学习宣传贯彻中共二十大精神，开展“同心耀芙蓉　喜迎二十大”学习调研、季度学习日、谈心周等活动，深入各领域统战群体中开展中共二十大精神和统一战线政策学习宣讲活动，夯实共同思想政治基础，促进团结和谐。大力支持民主党派加强自身建设，为民主党派履行职能、发挥作用创造良好条件。2022年，芙蓉区民主党派成员获区优秀政协委员22人，优秀人大代表3人；增补6名优秀党外人士担任市、区人大代表和政协委员。

服务中心大局　依托“芙蓉商汇”品牌，畅通政府部门与民营企业联系沟通机制，开展“送政策、解难题、优服务”企业专员行动，做好民营经济统战工作。《长沙要情》以《芙蓉区搭建“芙蓉商汇”平台做优营商环境》为题专题报道，《中华工商时报》、中华工商网以《“芙蓉商汇”促营商环境优化升级》为题报道。

同心创建工作　发挥统一战线独特的资源优势，形成党建引领、统战聚力的基层共治工作格局。加强对基层同心创建工作的指导，引导统战资源力量结合基层实际、贴近群众需求搭建法律援助、矛盾化解、协商议事等平台，提升基层社会治理效能。打造“桐心向党”“跃悦同心工作站”“同心汇智工作站”等社区同心服务品牌，推荐韭菜园街道桐荫里社区申报省级“同心社区”。2022年，东湖街道东沙社区创建为市级同心建设示范点，湘湖街道跃进湖社区创建为市级“同心社区”。（李　露）

【侨联侨务工作】　2022年，芙蓉区落实归侨侨眷“重大节日必访、生病住院必访、发生困难必访、家庭遇突发事件必访”工作制度，关心侨胞侨眷的工作生活情况，协调纾困解难。春节、中秋期间走访慰问侨界人士179人次，发放慰问金4.66万元。搭建为侨服务平台“银侨之家”，以政府购买服务的形式，为辖区内31名老归侨开展家庭护理、医疗保健、精神陪伴等一系列关心关爱服务，提升改善老归侨晚年生活品质。搭建基层侨建工作平台，依托东沙社区、西湖社区“侨胞之家”，开展侨法宣传活动和为侨服务活动，形成“社区为侨服务好、侨为社区做贡献”的良性互动。多次与区商务局、自贸区长沙片区芙蓉事务中心对接关于引进柬埔寨维康国际医疗管理有限公司的跨境电商业务落户芙蓉区事宜，助力区域招商和经济建设。（袁　霞）

【非公有制经济人士统战】　2022年，芙蓉区加强民营经济代表人士理想信念教育和政策宣讲培训，开办芙商大讲堂、党性修养提升班、非公有制经济代表人士培训班。实施《县级领导干部联系民营企业、商协会工作制度》，开展“送政策、解难题、优服务”企业专员行动，全年走访32个省、市级商会、20个基层商会、8个辖区内异地商会、145家会员企业，收集问题和建议24个，解决建设、经营、工程改造问题21个，为企业挽回经济损失近3000万元。推动落实县级领导干部联系民营企业、商协会工作制度，建立31位县级领导走访情况台账，推动服务专员贯彻省委、省政府促进民营经济发展的有关要求，促进亲清政商关系。（袁　霞）

【新的社会阶层人士统战工作】　芙蓉区新的阶层社会代表人士联谊会成立于2019年12月，至2022年有成员44人，涉及民营和外资企业的高管和技术人员、中介及其新媒体从业人员、自由职业者等其他社会组织人员。芙蓉区加大政治安排力度，将政治素质强、经营管理好、有影响力、有号召力和有发展潜力的新的阶层代表人士作为重点联系对象，引导其参与经济和社会事务的管理，组织会员之间互访互学、走近本土企业、撰写社情民意、提案建议等社会活动，为他们提供社会活动平台。至2022年底，芙蓉区新阶联有“两代表一委员”25人，其中区级层面第六次党代表1人，第六届人大代表4人，第六届区政协委员20人，参政议政人员比例56.8%。所提出的建议、提案，被采纳3条，其中1篇被评为区政协优秀提案，2篇社情民意被市政协采纳。芙蓉区发挥新的社会阶层人士的专业优势和引领作用，履行社会责任，开展爱心助学、扶贫助困、法律援助等公益活动。（柳　芳）

【构建“蓉易聚”大统战工作格局】　2022年，为加强区委对统战工作的全面领导，6月30日，芙蓉区召开区委统一战线工作领导小组2022年第一次全体会议，印发《中共芙蓉区委统一战线工作领导小组成员单位职责清单（试行）》和《关于做好统一战线防范化解风险隐患工作的实施方案》2个文件，明晰区委办、区政府办、区人大办、区政协办、区委组织部、区委宣传部、区委统战部、区政法委、区网信办、区发改局、区教育局、区民政局等28个成员单位统战工作职责，分解细化防范化解统战领域风险隐患工作，强化“统战工作是全党的事，要大家共同来做”的意识。在11月召开的区委贯彻落实中央、省委、市委统战工作有关会议精神推进会上，出台《中共长沙市芙蓉区委关于加强新时代统一战线工作的实施意见》，全面部署和落实芙蓉区新时代统战工作新任务新要求。建立“蓉易聚”工作平台，实行“有事速报告、一周一云商、一月一排查、一季一交流、半年一评议、一年一总结”的工作制度，加强领导小组办公室与各成员单位及防范化解风险隐患相关责任单位之间的日常沟通联系。（李　露）

【2022海外侨界青年湖南行活动一行到区参观学习】　2022年11月24日，2022海外侨界青年湖南行活动一行到区参观学习，来自全省的侨界青年代表40余人参观隆平高科技园区侨企华智生物技术有限公司。湖南省侨联党组成员、副主席李祖元，湖南省侨联宣传联络处处长、省侨青委秘书长向行军，长沙

市侨联党组成员、副主席刘斌出席，芙蓉区委副书记、统战部部长何溪桥，区委统战部常务副部长邓春兰，区侨联主席周芸陪同参观。一行人先后参观了岳麓山种业创新中心展厅、华智生物国家级分子育种创新服务平台实验室，详细了解华智生物的深度融合生物技术和数据技术（BT+DT）、分子检测与生信分析平台以及国际化人才专业团队。在参观过程中，李祖元详细了解种业科技人才情况，强调要进一步重视和做好海外人才的引进、交流工作，为企业和区域经济的发展提供智力支持，贡献侨界力量。 （袁　霞）

网信管理

【概况】 2022年，芙蓉区围绕迎接服务保障和学习宣传贯彻中共二十大精神主题主线，坚持信息安全与运行安全并重齐驱，保证网上安全、网络安靖，为稳经济、保安全做出贡献。年内召开区委网络安全和信息化委员会第四次（扩大）会议，审议通过《芙蓉区突发事件和重大舆情信息应急处置操作办法》，研究推进全区网络安全和信息化发展工作。召开网络综合治理体系建设工作调度会，听取全区网络综合治理体系建设工作情况汇报，通报全区网络综合治理体系建设督查情况，研究分析问题。实施“党建聚合力、星城e线红”互联网行业党建提质工程，成立互联网企业党委，召开互联网企业党建培训会议。区委网信办再次（连续四年）被评为全省网络舆情信息工作成绩突出单位，全省网民留言办理组织工作成绩突出单位。区人社局获评全省网民留言办理工作成绩突出单位；区委网信办副主任周旻获评全省网民留言办理工作成绩突出个人。芙蓉区包揽湖南省网民留言办理工作全部奖项（全省唯一区县）。在全市率先高标准建设区网络安全应急指挥中心，中心规范化建设和违法不良信息举报受理处置一体化机制建设在全市试点，全区网络综合治理体系基本建成。与国内头部网络安全企业定向研发的互联网资产测绘和漏洞通报处置平台上线，年内全区未发生网络意识形态责任事件和网络安全责任事故。（唐金花）

【网络舆论宣传】 2022年，引导芙蓉区组织开展主题网络舆论426次，“芙蓉发布”头条号、澎湃号政务指数月度排名常态位处全省、全市前列，聚焦民心大事，夯实网络问政，走深走实网上群众路线，开展习近平新时代中国特色社会主义思想、中共二十大精神网上宣传阐释，在各政务新媒体平台及时推送各级权威重点稿件2500余篇，组织到街道、进企业开展中共二十大精神、习近平关于网络强国的重要思想等专题宣讲12场次，组织开展正能量网络评论368次。聚焦强省会战略，加强话题策划主题推广，“爱在袁家岭”交响乐快闪话题全网总曝光量超1亿人次，“强省会，芙蓉run”微博话题阅读量3706.4万人次，“乐游长沙白果园”阅读量1455.2万人次。芙蓉树立新型政商关系，袁家岭中央文化区建设、自建房专项整治、种业硅谷建设等话题专题多次登上头条本地榜、微博同城热搜榜前十，湖南米粉街、长沙国金中心、白果园历史文化街区成为展现“网红芙蓉”引流网红点。推出“网红芙蓉 榜样力量之《创新渔场》”短剧系列作品，记录长郡芙蓉中学教师陈水章带领学生善于发现身边的小问题，展现一种“渔场”式教育的创新理念。 （唐金花）

【互联网行业党建工作】 2022年，芙蓉区网信工作发挥党建引领作用，成立区互联网行业党委，实施互联网行业“党建聚合力”工程，指导88家互联网企业成立党组织。建立常态联系服务企业工作机制，扶持打造1个市级示范性党建文化阵地，为3家互联网企业提供人才招聘服务，为32家企业提供舆情应急支持、网络安全指导和企业形象维护，组织推荐火星街道新合村经济合作社理事长曾治国获评“中国网事·感动2022”三季度网络感动人物。组织辖区互联网行业企业代表集中收看收听中共二十大开幕会，举办二十大精神宣讲报告会，区互联网行业党委书记作“弘扬伟大建党精神 为全面建设社会主义现代化国家团结奋斗”主题宣讲。召开互联网企业党建双引领双提升工作推进会暨全区互联网企业党建培训会议，把党建活力转化为发展活力。

（唐金花）

【网络生态治理】 2022年，芙蓉区网信办聚焦安全大考，组织开展“清朗”专项整治行动17次，依法查处违规网站驻地机构工作获省委网信办通报肯定。统筹处置市、区两级网络安全事件89起，排查、处置网络风险漏洞130余个。与国内头部网络安全企业定向研发的互联网资产测绘和漏洞通报处置平台上线。 （唐金花）

【网络安全保障】 2022年，芙蓉区网信办压紧压实各级党委(党组)主体责任，会同区有关单位动态开展网络安全工作检查、网络舆情风险排查、网络安全漏洞巡查和信息系统安全审查，督促整改相关问题110余个，会同区纪委监委等单位查处党员干部违规网络行为2起。践行安全发展理念，紧扣“网络安全为人民，网络安全靠人民”，常态开展网络安全法律宣传知识普及，组织国家网络安全宣传周芙蓉专场系列活动。年内组织42家重点企业开展网络安全技能大比武暨网络安全应急攻防演练，排查修补企业重要信息系统安全漏洞79个，指导13家企业加固网络安防系统，避免可能遭受的网络攻击、系统破坏和经济损失。（唐金花）

【互联网企业党建双引领双提升工作推进会】 为深入实施“党建聚合力、星城e线红”互联网行业党建提质工程，2022年6月24日，芙蓉区召开互联网企业党建双引领双提升工作推进会暨全区互联网企业党建培训会议。各街道分管领导、网信专干以及属地80余家重点互联网企业负责人参会，会议由区互联网行业党委书记、网信办主任李向华主持。会议解读区委组织部和区委网信办联合发文的《芙蓉区互联网企业党建工作双引领双提升三年行动实施方案（2022—2024年）》，铺排部署2022年全区互联网企业党建20项重点工作，邀请长沙市委两新工委办公室副主任任学谦做互联网企业党建工作培训。同日，芙蓉区互联网行业党委成立大会暨第一次党委会议召开，传达学习中央、省委、长沙市委推进互联网企业党建相关文件和会议精神，审议通过《中共长沙市芙蓉区互联网行业委员会工作规则》等文件，明确了下阶段全区互联网企业党建工作重点任务。（唐金花）

【网络安全技能大比武暨网络安全应急攻防演练】 为做好迎接中共二十大的网络安全保障工作，2022年8月，芙蓉区委网信办、芙蓉区总工会联合组织开展为期数日的网络安全技能大比武暨网络安全应急攻防演练，组织全区党政机关、教育、医疗、媒体、互联网企业等重点行业领域的40家单位的120余个重要信息系统进行实战演练，邀请经验丰富的网络安全技术人员担任攻击队伍，参演单位的互联网平台及网络信息系统作为攻击对象，通过对防守方在“监测发现、分析研判、应急处置、通报预警、协同联动、追踪溯源”6个方面进行打分，湖南冰火楼酒店管理有限公司获一等奖，区财政局等3家单位（企业）获二等奖，长沙二三三网络科技有限公司等6家公司获三等奖。（唐金花）

2022年8月，芙蓉区委网信办和区总工会联合举办网络安全技能大比武暨网络安全应急攻防演练。图为在区网络安全应急指挥中心的攻方参赛选手（区委网信办 供图）

【2022年国家网络安全宣传周活动】 2022年9月5—11日，以“网络安全为人民，网络安全靠人民”为主题的第九届国家网络安全宣传周期间，芙蓉区组织开展网络安全宣传周启动仪式、网安主题日活动、公众号宣传专栏、网上有奖答题、网络安全进基层、网安知识联播联展等一系列宣传活动，开展网络安全进机关、进学校、进社区、进企业等主题活动130余场次，发放网络安全宣传海报1000余份、宣传手册1万余册、网络安全宣传主题创意口罩万余个。通过“线上+线下”多渠道宣传普及网络安全知识，提高市民群众的网络安全防范意识。（唐金花）

【取缔违规网站驻地机构】 2022年9月，芙蓉区网信办接群众举报，芙蓉区马王堆街道王家湖路有一家名为“廉政法制网·湖南联络处”的疑似违规机构。在上级网信部门的指导下，区网信办联合公安、市场监督、行政执法部门和相关街道调查核实。现场该驻地机构挂牌“廉政法制网·湖南联络处”。经查属未经批准、擅自设立的机构。执法人员依据《互联网新闻信息服务管理规定》《新闻单位驻地方机构管理办法（试行）》等相关规定，对该网站驻地机构予以取缔。此举获省委网信办肯定并推介。（唐金花）

【区互联网行业党委中共二十大精神宣讲报告会】 2022年11月24日，芙蓉区互联网行业党委举办学习宣传贯彻中共二十大精神宣讲报告会，市互联网行业学习宣传贯彻中共二十大精神“e线宣讲团”成员、学习贯彻中共二十大精神芙蓉区委宣讲团成员、芙蓉区委网信办主任、芙蓉区互联网行业党委书记李向华作“弘扬伟大建党精神 为全面建设社会主义现代化国家团结奋斗”主题宣讲，区委网信办全体党员干部、区互联网行业党委委员、全区重点互联网企业党组织书记和新就业群体代表60余人参加。（唐金花）

【“强省会 芙蓉run”主题宣传推广】 2022年，芙蓉区委网信办围绕网络文化节，制作“强省会 芙蓉run”系列作品及话题宣传推广，其中“强省会 芙蓉run”微博话题阅读量3706.4万人次；“芙蓉以店小二理念树立新型政商关系”阅读量405.9万人次，“芙蓉520·我来服务您”阅读量315.9万人次，话题登上微博同城热搜榜；“何立伟名家工作室揭牌”总阅读量189.5万人次，“乐游长沙白果园”阅读量1455.2万人次，“首届袁家岭戏剧节”阅读量160.4万人次。相关作品获得网民广泛关注。

（唐金花）

区直机关党建

【概况】 截至2022年年底，区直机关工委管辖党组织97个，其中党委2个，党总支11个，党支部84个。党员1867名，其中在职党员1336名，离退休党员531名。区委办主任陈亚静兼任工委书记。

思想政治建设 加强机关党员干部理论武装，先后举办党组织书记培训班、党务工作者培训班、党员骨干培训班、党建专干业务培训班等6期，举办新时代网络意识形态专题讲座。巡听旁听区直属机关党委（组）理论中心组学习12次；发放《习近平谈治国理政》第四卷、《党的二十大辅导读本》等政治理论读本1500余本。加强党性教育，分2批组织区直机关党建专干到雨花区金桂社区“心中的梁家河”党教基地、芙蓉区“党建聚合力”展厅等地参观学习。区直机关组织1300余名党员赴长沙党史馆、雷锋纪念馆等地开展红色教育60余场次。在市、区（县、市）两级机关“喜迎二十大 建功新芙蓉”理论研讨和论文征集活动中有4篇稿件获奖，区直机关工委获优秀组织奖。

基层基础建设 年内新成立区水旱灾害防御中心、区法院第八党支部2个党组织，成立临时党支部3个。27个党组织实行换届和补选，基层党组织改、补选班子成员144人。在职党组织由主要负责人兼任支部书记的占比93%。落实“三会一课”、组织生活会、双述双评，优化完善《区直机关党员分类管理办法》。全年发展新党员6人，预备党员转正21人，确定入党积极分子19人。运用“和包支付”收取党员党费49万余元。27名老党员获得“光荣在党50年”纪念章。走访慰问困难老党员51人，发放慰问金4.42万元。

服务中心大局 坚持把机关党建与项目建设、疫情防控、招商引资等工作相结合，以党建引领促进中心工作。牵头做好省直机关工委下派干部参与芙蓉区疫情防控的服务保障，争取省直机关工委给予芙蓉区75万元的党费支持。组织区公共工程建设中心、城市建设投资集团工公司到暮坪湘江特大桥工程现场学习项目党建工作，引导成立项目临时党支部、党员先锋队，亮明党员身份，发挥先锋模范作用。公建中心火车站换乘项目获得省政府督察表彰，城投旭日东城项目无安全事故、无拖欠民工工资现象。区人大、政协机关、区财政局通过“党建+招商引资”，服务楼宇经济，引进税收大户，助力全区经济高质量发展。（胡永清）

【党员档案建立】 2022年，芙蓉区直机关工委根据《湖南省党员档案管理工作办法（试行）》精神，对党员建立党员纸质和电子档案。在区委组织部的指导下，2022年11—12月，工委组织区直机关各党组织全面清理摸底党员档案，结合党员不同身份情况分类建立档案，按照“一人一档”的原则整理扫描立卷。党员档案主要包括发展党员材料、奖励材料、处分（处置）材料、党员民主评议等其他需要存入党员档案的相关材料。至年底，区直机关1867名党员档案完成整理扫描工作。（胡永清）

【区直机关党组织书记述职评议】 2022年2月23日，区直机关党组织书记2021年度履行基层党建工作责任述职评议会议在区机关会议室举行。直属区直机关工委的57个党组织书记参加述职测评。区委办、区人大办、区政府办、区发改局、区统计局5个党组织书记作现场述职，其他党组织书记作书面述职。区委常委、区委办主任、区直机关工委书记（兼）陈亚静出席会议并讲话。陈亚静对区直机关各党组织2021年度工作给予肯定，指出存在的主要问题，部署下阶段工作。会上对57名党组织书记进行履职测评。（胡永清）

【区直机关党务工作者培训】 2022年5月27—28日，区直机关党务工作者培训暨“万名党员进党校”培训班在区机关会议室举行，区直机关基层党组织（含下属在职人员党支部）书记、党建专干141人参加。区直机关工委常务副书记胡永清主持，区委常委、区委办主任、区直机关工委书记（兼）陈亚静出席开班式并讲话。培训班邀请省直机关工委相关领导、市委网信办领导、区委组织部相关科室负责人讲授中共十九届六中全会精神、机关党建、网络意识形态专题，区直机关工委负责人部署党员理论学习工作。培训期间，组织学员参观雨花区党教基地“心中的梁家河”、芙蓉区“党建聚合力”展厅，举行重温入党誓词等活动。（胡永清）

【“喜迎二十大 建功新芙蓉”论文征集】 2022年5—9月，区直机关工委组织开展以“喜迎二十大·建功新芙蓉”为主题的理论研讨和论文征集活动。活动收到稿件10余篇。经专家评审，评出一等奖2篇，二等奖4篇，三等奖10篇。其中，一、二等奖作品选送参加全市“喜迎二十大 建功新长沙”理论研讨和论文征集，4篇稿件获全市三等奖和优胜奖。（胡永清）

机构编制工作

【概况】 2022年，芙蓉区委编办对标中央和省市关于机构编制工作的相关要求，立足全区中心大局，加强机构编制管理，完善机构职能体系，优化编制资源配置，取得良好工作成效。芙蓉区相对集中行政许可权、处罚权改革影响力持续扩大，相关经验在《中国机构编制》专刊、《湖南机构编制》内刊等媒体推介，作为芙蓉区改革案例入选第二届全省机构编制系统“十大创新案例”，事业登记管理、信息宣传等多项工作亦获省、市委编办通报表扬。以党风廉政建设特色品牌，打造机构编制队伍“精兵”，服务全区工作大局，长沙机构编制网发文《“科学治编 作风强办”——芙蓉区委编办积极推进清廉机关建设》，对该项品牌建设进行推介。

机构编制保障 全年召开编委会3次，室务会18次，审议机构编制事项45件，向区委编委报送决策建议39件，均予采纳。开展调查研究，当好领导参谋助手。先后到行政执法局、自贸试验区芙蓉事务中心、水管单位、火车站地区综合事务中心等多部门进行“沉浸式”调研，了解机构编制管理中存在的困难和问题，衔接上级机构编制部门，争取政策支持。针对应急部门提出对19个新兴行业安全监管责任界定问题，从“三定”角度进行研究分析，为区领导在完善应急领域体制机制方面决策提供有价值的参考意见。为帮助区融媒体中心落实关于办理互联网新闻信息服务许可证的工作要求，为其容缺办理事业单位法人证书，推动后续各项工作开展。坚持“瘦身”与“健身”相结合，解决严控总量与满足刚需之间的矛盾，在推进机构编制科学规范管理的同时提升机构编制资源使用效益。优化教育系统编制资源配置，向上争取220名中小学教师编制，解决全区公办中小学教职员工结构性缺编情况。强化事业单位人才编制保障，给予区图书馆、区直属机关党员教育服务中心、区群众工作服务中心、区优化营商环境协调事务中心等部门编制支持，重点保障执法、应急等领域编制需求。

持续深化改革 实施重点领域、民生领域改革，提高社会综合治理水平。率先全市完成水管单位体制改革，对区属3个水管单位在机构设置、隶属关系、职能职责、编制核定等方面实行力度较大调整，将3个小散弱的事业单位整合成1个机构，增强火车站地区综合管理领导力量，向上级争取核增长沙火车站地区综合事务中心纪委书记（正科职）职数1名。争取上级对自贸区芙蓉区块管理建设的关注支持，加快优化理顺自贸区芙蓉区块管理体制机制。做好隆平高科技园管理机构清理规范后续工作，将隆平高科技园企业服务中心（隆平高科技园创新创业服务中心）升格为正科级机构，争取1个正科2个副科的领导职数。推进应急执法体制改革相关工作，设立区应急管理综合行政执法中队，为区行政执法大队所属副科级公益一类全额拨款事业单位，核定中队长（副科职）职数1名，配齐配强专职应急管理执法人员。提升网格化综合服务水平，成立区网格化综合服务中心，作为区委政法委所属副科级公益一类事业单位，核定主任（副科职）职数1名，强化对网格队伍的统筹指导。开展卫健疾控领域改革，在区卫健局核增副科领导职数1名，增设疾病预防与卫生应急科，加强卫健部门工作力量。（向　兰）

【机构编制管理】 2022年，芙蓉区委编办提升全区机构编制管理的科学化规范化水平。加大对机构编制制度法规的学习普及力度，在区委常委会、区委编委会上组织《中国共产党机构编制工作条例》《机构编制违规违纪违法行为处理和问责规则（试行）》《机构编制监督检查工作办法》等文件的学习，将机构编制制度法规纳入各级党委（党组）理论学习中心组及党校（行政学院）主体班次学习培训内容。区委编办牵头，联合区纪委监委、区委组织部等部门，针对六大类机构编制违规违纪违法行为开展清理整治工作，建立问题整改台账。加大对省委机构编制专项巡视反馈问题的整改工作力度，截至年底，反馈芙蓉区35个机构编制问题中，31个完成整改销号，4个需长期整改的问题完成阶段性销号。（向　兰）

【机关群团赋码及事业单位登记】 2022年，芙蓉区编办完成机关信息变更15例、群团信息变更1例。办理事业单位变更登记79例，设立登记3例（其中1例为利用国有资产举办的新型幼儿园），注销登记2例，证书补领2例，完成全区133家事业单位2021年年度报告公示。优化事业单位登记、变更、注销等业务办理流程，梳理汇总机关群团赋码及事业单位登记工作中的常见问题，落实事业单位法人简易注销登记工作，设立业务咨询热线，对非关键材料实行"容缺受理"，提升业务办理效率和体验。（向　兰）

【中文域名及网站挂标工作】 2022年，芙蓉区委编办对标上级域名工作新政策新要求，梳理规范全区中文域名，建立网上名称管理台账，截至2022年12月，芙蓉区政务和公益域名注册域名数191个。开展全区机关事业单位网站标识清理规范工作，注销已关停网站标识38家，规范后确认开办网站机构数量3家，网站数量3家，全部为自建网站，网站挂标率100%。（向　兰）

【芙蓉区相对集中行政许可权、处罚权改革经验在全国推介】 2022年，作为湖南省唯一同时推行相对集中行政许可权和相对集中行政处罚权改革的区县，区委编办认真整理近年芙蓉区开展相对集中行政许可权、处罚权改革的经验，形成以《服务发展 释放活力 构建"集中审批+综合执法"基层治理新格局》为题的创新案例，被长沙市委编办收录至《创新与实践——全市机构编制系统创新案例汇编》，并推荐至湖南省委编办，在全省14个市（州）、122个区（县）编办报送的优秀案例中脱颖而出，入选第二届全省机构编制系统"十大创新案例"，是全市唯一入选的区（县）创新案例。10月，中央编办的《中国机构编制》专刊发文《芙蓉区探索构建简约高效基层治理体系》，首次在全国机构编制系统对芙蓉区开展相对集中行政许可权、处罚权改革的经验做法和成效予以推介。（向　兰）

【率先全市完成水管单位体制改革】 芙蓉区原有东屯渡机电排灌站、东岸垸堤委会和长善垸堤委会3家水管单位，随着城市开发建设进程加快以及水管单位经费调整，水管单位原有管理体制已不适应形势，运行日益困难。为加快推进水管单位体制改革，2022年，区委编办加强同区农业农村局及水管单位的沟通衔接，到他区调研，征求意见、研讨谋划，率先全市完成水管单位体制改革。改革后，原有3家单位合并组建为区水旱灾害防御中心，明确为区农业农村局所属公益一类差额拨款事业单位，采取经费包干、独立核算，统一规范管理。核定差额拨款事业编制60名，编制控制数42名。新组建的区水旱灾害防御中心在承担原水利工程（含泵站、涵闸、排渍渠）运行维护、堤防巡查、河长制截污等工作的基础上，整合水旱灾害防御、水资源管理、在建涉水工程监管、水土保持核查等相关事务性工作，同时承接浏阳河东西两岸保洁、安保、设施、绿化、打捞等具体维护工作，提升全区水旱灾害防御能力水平，适应和服务经济社会可持续发展。（向　兰）

【机构编制违规违纪违法行为清理整治】 2022年，根据上级有关精神，由区委编办联合区纪委监委、区委组织部、区财政局、区人社局等部门，采取自查自纠和实地督查相结合的方式，于7月至10月在全区开展针对"违规设置机构""超职数配备干部""超编制限额进人和违反规定程序乱进人""违规长期借调人员和人员在编不在岗""条条干预""违规设置岗位"六大类机构编制违规违纪违法行为的清理整治工作。经查，芙蓉区存在行政

编制超编和超职数配备领导干部2类问题，待通过干部调整、动态调整、人员退休等方式持续推进整改，逐步实现消超。（向　兰）

党校工作

【概况】 2022年，区委党校以习近平新时代中国特色社会主义思想为统领，学习贯彻中共十九届六中全会和二十大精神，以《中国共产党党校（行政学院）工作条例》为遵循，发挥干部教育培训和理论学习宣传主渠道、主阵地作用，完成各项工作任务。全年举办各类培训班次16期，培训1800余人次，实现了“新时代基层干部主题培训”有序推进。年内接受市委对区委党校5年来办学质量评估检查工作，对区委党校教学水平、科研能力、管理体系等方面作全面体检，查找短板不足，整改评估反馈问题，推动党校高质量发展。迎接区委巡察二组对区委党校开展巡察，做好巡察期间的即巡即改和巡察后的整改落实。

教学管理　贯彻中组部《关于在干部教育培训中进一步加强学员管理的规定》，保证学员在学习期间的政治组织纪律。按照《芙蓉区科级领导干部德才绩量化考核实施办法》有关规定，管理和考核参训学员。推行积分制量化考核，对学员培训期间的出勤情况、培训情况进行综合评价和实时公示，并进行考核登记，推进学风建设；开展“一课一评”和“一班一统”，跟踪评价培训效果，及时反馈参训情况，总结工作经验。

服务中心工作　坚定党办党校、为党办校的立场和方向，强调教职工队伍的党校意识、党员意识、党性意识。抓好联点东宜社区志愿服务活动，爱心助学捐款1500元。党校全体教职工参与疫情防控工作，先后在省政府、省司法厅、火车站、区防疫指挥部和街道助力一线防控。利用并推广区内有影响力的典型案例，《让城市留住记忆、让人们记住乡愁——长沙市芙蓉区白果园片区有机更新探索与实践》获得市委党校案例教学竞赛二等奖。选派教师参加湖南省委、长沙市委党校有关中共二十大精神课程师资培训班。组织教学骨干集中收看中央党校“网上党校”“学习贯彻党的二十大精神师资培训班”专题师资班直播教学。（章　余）

【干部教育培训】 2022年，芙蓉区党校按照“缺什么补什么、干什么学什么”的要求，根据不同班次制定教学计划。举办为期2天的“学习贯彻党的十九届六中全会精神专题轮训班”1期，全区县处级领导干部、区直部门主要负责人、街道党政正职、社区书记400余人参加培训。举办为期3天的“经济条线干部专业能力提升培训班”，隆平园部门主要负责人、区直部门主要负责人及所有经济条线干部450余人参加培训，为芙蓉区打造现代化新长沙建设标杆区、建设高素质专业化干部队伍提供理论支撑。举办科级干部“学习贯彻党的十九届六中全会精神暨‘强省会’战略理论研讨班”4期，每期5天，邀请省、市委党校教授讲授“学习领会党的十九届六中全会精神”“《习近平谈治国理政》第四卷导读”“奋力实施‘强省会’战略全面推进高质量发展”“习近平总书记关于全面从严治党重要论述”等课程，组织学员到肖劲光故居、郭亮纪念园、湖南党史陈列馆等开展现场教学。举办为期3天的社区（村）党组织书记培训班2期，培训人数80人，首次和韶山干部学院合作开展异地培训，采取全脱产学习，专题授课和现场教学、案例教学、互动教学、座谈相结合，提升社区党组织书记政治理论水平。举办为期3天人数165人的入党发展对象培训班，学习新修订的《中国共产党章程》，邀请市、区党校教员开展党的基本知识和党的优良传统、作风教育。组织区直机关部门和街道机关30人参加青年干部实训营，为期一个半月，采取全封闭式集中授课。以主题班会、互动研讨、微论坛、跟班实践等多种形式，提升学习兴趣和学习效果。（章　余）

【教育教学研究】 2022年，芙蓉荣区委党校围绕“强省会”战略开展调研，聚焦区委区政府中心工作，为区委区政府的决策出观点、提思路、当参谋。2022年申请全省党校系统社科规划课题立项1项，省社科院课题1项。承接长沙市哲学社会科学规划课题《长沙绿色完整居住社区建设的战略研究》并形成成果，获得有关领导肯定性批示，并获得长沙市第二十二届哲学社会科学优秀成果二等奖。在主体班教学上引入结构化研讨模式，让学员成为课堂的主角，培养全方位认识问题，多角度分析问题，多层次解决问题的能力。选聘一批政治素质过硬、理论功底深厚、实践经验丰富的党政领导干部和优秀基层干部担任兼职教师，丰富师资库。参加省、市级理论征文活动，撰写理论文章12余篇。其中1篇获得省委党校征文二等奖，2篇获得市委党校三等

奖，8篇获得优胜奖。参加各类培训的学员学习上交理论文章85篇。（章　余）

【2022年芙蓉区青年干部实训营】2022年芙蓉区青年干部实训营9月14日至10月28日举行。该实训营由区委组织部和区委党校共同制定方案并组织实施，培训对象为芙蓉区优秀青年干部30人。采取全封闭培训模式，培训分理论授课、现场教学、岗位实训、微论坛、集中调研、特色活动等板块。课堂学习由省、市委党校教授讲授《习近平谈治国理政》第四卷导读、习近平关于新时代中国特色社会主义建设论述、中共党史等课程。邀请区领导介绍区情、与学员座谈交流。邀请区直部门、街道"一把手"解读芙蓉区"十四五"规划，讲解群众工作等。聚焦青年干部能力短板，按照"供需匹配、人岗相宜"原则，将青训营30名学员分派至30个社区（村）担任社区书记（主任）助理，进行实训锻炼。组织学员到市委党校开设情景模拟课，模拟新闻发布会、访谈、会见情景。培训结束后，每位学员撰写1篇党性分析材料，分组撰写调研报告。培训班评选优秀学员7人、优秀班干部7人、优秀调研报告2篇。（章　余）

党史研究

【概况】2022年，芙蓉区委党史研究室、党史联络组坚持"围绕中心、服务大局"，深化党史研究，挖掘红色资源，各项工作有序推进。完成《湖南脱贫攻坚口述史》芙蓉区组稿工作。芙蓉区委党史研究室、党史联络组历时8个月，用电话、走访、微信等联络方式，联系到14名脱贫攻坚史的战者亲历见证，通过口述采集，以文字和照片记录其参与脱贫攻坚的所见所闻，组稿文章14篇。参与由上海党史学会、复旦大学、中共一大纪念馆等单位举办的"伟大建党精神与中国共产党的百年历程"学术研讨征文活动，撰写《伟大建党精神与中共长沙早期组织研究》（张定浙）论文，刊登在《长沙党史》2022第3期《研究探讨》栏目，撰稿人获邀参加上海中共一大纪念馆线上线下召开的主题大会。参与纪念徐特立诞辰145周年暨长沙师范学院创办110周年学术研讨会，撰写《深刻的教育与启迪——回忆亲聆徐特立的讲话》（张定浙）论文。配合省、市委党史研究室开展"毛泽东湖南足迹"史实史料专题征集编研工作，完成《毛泽东在长沙城东首提民兵工作"三落实"》《青年毛泽东在长沙城东的足迹》征稿2篇。全年完成党史研究文章17篇。（温小慧）

【红色资源管理】2022年，区委党史研究室完成长沙市党史教育基地和革命遗址竖标立识申报工作，芙蓉区申报长沙市党史教育基地4处，分别是"湖南和平解放史事陈列馆""识字里社区骄杨公园""《湘江评论》旧址""湖南新文化运动楚怡纪念地"，其中修业学校《湘江评论》旧址获市委党史研究室发布的首批"长沙市党史教育基地"称号。申报长沙市革命遗址竖标立识遗址5处，分别是"白果园程潜公馆""八路军驻湘通讯旧址""《湘江评论》旧址""新古潭坪党支部""湖南新文化运动楚怡纪念地"。完善芙蓉区革命遗址简介，完成"湖南圣经学校——中共长沙近郊区委暨红八军军部驻地旧址""小吴门——长沙和平解放解放军入城处""东屯渡——长沙和平解放解放军过河处旧址"等5处革命遗址简介内容。（温小慧）

对台事务

【涉台教育基地活动】2022年，芙蓉区依托省级涉台教育基地大同小学，市级涉台教育基地育才学校和湘湖街道西湖社区，开展各类涉台教育，举办台海形势报告会，扩大涉台宣传的覆盖面和影响力。

5月，大同小学举行"两岸一家亲 共筑中国梦"涉台教育月，征集科学、美术、音乐、信息4方面涉台教育主题作品，700余名学生报名参与、提交作品。秋季学期，评选出特等奖作品128幅，一等奖作品282幅，二等奖作品288幅。年内，学校思政课邀请中共湖南省委台办康衡为学生讲《我爱祖国的宝岛——台湾》教育专题课，学校党总支开展涉台教育主题党日活动，邀请省委台办有关人员做台海形势的专题讲座。庆"六一"活动中，学生表演盼望祖国统一的诗朗诵《归来》和独舞《两岸情》。芙蓉区育才学校和湘湖街道西湖社区分别举办台海形势报告会，育才学校孩子们提交涉台手抄报、书法、书信作品展示。（刘　婷　谭丽霞）

【2022年长台两地稻作文化线上交流活动】2022年9月23日，"稻谷下乘凉，金秋迎满仓"——2022年长台两地稻米文化线上交流活动在湖南长沙、台湾台东同步举行。两岸专家学者以视频连线的方式，围绕稻作文化、优质水稻品种、稻

米产业发展等方面开展交流。活动由隆平水稻博物馆、台湾台东县中磊商务交流有限公司、台东县池上乡农会联合举办。两地分别播放视频，展示稻作文物故事和地方特色稻作文化。台湾稻米专家江瑞拱与湖南省农科院水稻研究所所长赵正洪就两地水稻生产、优质稻品种、水稻市场需求等方面进行交流。长沙会场介绍小钵子甜酒的制作过程，展现中华优秀传统酿酒工艺的魅力。随后，两地嘉宾分别介绍具有地方特色的米制食品，重温童年时光中的美食记忆。活动最后，两地分别表演了精彩的农耕文化节目，长沙市群众艺术馆展示稻作文化特色的舞蹈《春芽》，台东县展演传统手艺《土砻碾米》的乐趣。该次活动共同传承和弘扬同根同源的中华优秀传统稻作文化，是第二次长台稻作文化线上交流。（刘　翀）

老干部工作

【概况】　截至2022年12月31日，芙蓉区离退休干部3747人，其中区管离休干部58人（含省属国有企业离休干部43人，教育系统7人，区直机关7人，街道及其他部门1人）。副县以上退休干部128人（含正县实职退休干部11人，副县实职退休干部27人，调研员9人，享受副县待遇退休干部80人，享受特殊慰问退休干部1人）。全区离退休干部党支部196个，离退休干部党员11792名（含离休干部党员49人、中华人民共和国成立前入党老党员11人）。2022年，全区老干部工作以学习宣传贯彻中共二十大精神为主线，在助力强省会战略、推动高质量发展中取得新进展，举办离退休支部书记培训，建言二十大、“一支部一故事”主题讲演比赛、“喜迎二十大，真情暖桑榆”主题座谈会等活动。依托线上学习平台“声动乐龄”，开设“共学二十大”专栏。年内获评全省老干部工作先进个人1名、全省离退休党建创新案例1个、全省“五十佳老党员老干部志愿服务项目”1个，创建1个省级、4个市级示范离退休党支部，离退休党员分类管理创新模式、老党员之家经验向全省推广。（刘建武）

【老干部待遇落实】　2022年，芙蓉区推行离休干部“一人一策”精准服务，建立离休干部服务台账。足额发放离休干部生活补助等经费832万余元，报销离休干部医药费335万余元，走访慰问离休干部及困难遗孀340人次，接待处理离退休人员及家属来电来访200余次，协调办理离休干部信访件9起。落实干部荣誉退休制度，举行干部荣誉退休仪式，提高干部退休荣誉感归属感仪式感。举行“光荣在党50年”纪念章发放仪式，邀请老同志参加区情通报会、市内考察等活动，为老干部征订《老年人》杂志和《长沙晚报》。围绕学习宣传贯彻中共十九届六中全会和二十大精神，丰富“云党建”内容，全年编发“声动乐龄”34期，浏览量6.3万人次、访客2.68万人次。（刘建武）

【老年教育】　2022年，芙蓉区创建市级老年教育基层教学点7个，打造市级老年教育网络课堂示范站点5个，培育区级示范站点39个。老干部（老年）大学加强校园文化建设，全年开设学科17类、课程22门，编班148个，学员近8000人次，持续编发《晚霞》校报，举办“喜迎二十大暨纪念三线建设58周年”音乐会，线上线下2700余人观看。（刘建武）

【发挥“五老”作用】　2022年，芙蓉区开展“建功强省会 银发勇担当”志愿服务活动，引导123支“五老红”志愿服务队、近7000名“五老”参加疫情防控、政策宣讲、文明创建、社会治理和关心下一代等志愿服务活动1200余场次。申报获得市级最佳“五老红”志愿服务组织3个、最美“五老”志愿者10人、“五老”参与基层社会治理最佳（优秀）案例2个。（刘建武）

【全区离退休党支部书记培训班】2022年3月4日，芙蓉区在区文化馆举办2022年第一期全区离退休党支部书记培训班，138名离退休党支部书记参加。培训邀请长沙市委老干部局副局长、市委离退休干部工委专职副书记邓国强和市委党校党史党建教研部副教授全建业分别以《如何加强新时期离退休党建工作》《实现中华民族伟大复兴的行动指南——党的十九届六中全会精神解读》授课，培训组织参训人员赴雨花区冯家冲社区、金科园社区观摩“美在金秋”老党员之家建设。11月，邀请市“五老”金牌讲师团讲师吴传桂宣讲中共二十大精神，从继往开来守正创新、牢记初心不辱使命、知行合一实干兴邦三个方面，解读二十大精神。（刘建武）

【老干部工作会议】　2022年4月22日，芙蓉区在政府会议室召开2022年老干部工作、关心下一代工作会议。相关单位分管负责人及“五老”代表150余人参加会议。

区委老干部局专职副局长鲁素爽组织学习了老干部政治待遇、生活待遇等相关政策，《长沙市干部荣誉退休制度（试行）》等制度，部署“喜迎二十大”系列活动。区关工委主任罗树林传达全国、省、市关工委工作会议精神，组织学习《关于加强新时代关心下一代工作委员会工作的意见》，并就2022年重点工作进行安排部署。会议专题学习了中共十九届六中全会精神。

（刘建武）

2022年11月24日，区委组织部在区文化馆举办离退休支部书记学习贯彻二十大精神培训班　（区委老干部局　供图）

【离退休干部党组织“一支部一故事”讲演比赛】　2022年6月10日，芙蓉区离退休党工委在区文化馆教室举办离退休干部党组织“喜迎二十大 奋进新征程——一支部一故事”讲演比赛。来自全区退休支部的24名参赛老党员讲述所在支部带领党员开展党建活动、关爱帮扶困难人员的故事，身边老党员参加疫情防控、小区治理、关心下一代、互帮互助的事迹。朝阳街道向韶社区离退休第三党支部彭佩珍获得一等奖，文艺路湘府社区东区党支部彭桦、湘雅二医院第十一党总支第一党支部王湘莲、火星街道银力家园小区党支部张德才3人获二等奖，文艺路陈家巷党支部刘珍等4人获三等奖，活动评出优胜奖8人。

（刘建武）

【隆平水稻博物馆获授全国关工委荣誉称号】　2022年，芙蓉区隆平水稻博物馆被中国关工委授予“全国关心下一代党史国史教育基地”称号。7月19日，长沙市关工委主任董学生、常务副主任刘耀杰到该馆代颁发牌匾。隆平水稻博物馆是中国首家以水稻文化为主题的大型专题博物馆，常年向社会免费开放。自2019年开馆以来，开展特色主题科普教育活动50余次，开展日常科普教育活动1万余次，培训红领巾小小讲解员15批次，参与青少年30万余人次，先后获“全国科普教育基地”“湖南省百万青少年学雷锋志愿服务教育基地”荣誉。

（刘建武）

【离退休党员管理模式被评为全省创新案例】　2022年12月12日，湖南省委离退休干部工委通报全省离退休干部党建工作创新案例评审结果，芙蓉区《探索离退休党员“520”管理新模式 多措并举打造党员管理基层堡垒》获得二等奖。为发挥党组织的战斗堡垒和党员的先锋模范作用，芙蓉区文艺路街道识字里社区党委探索离退休党员管理教育的有效办法，结合社区实际，把离退休党员划分为5类，每类设置2种管理方式，确保党员教育“0漏洞”、管理全覆盖，即为“520”分类管理新模式。五类：带头先锋党员、人户分离党员、家务繁忙党员、党性弱化党员、年老体弱党员。每类党员相应地定制两种管理方法，带头先锋党员实行设岗定责＋志愿积分的管理方法，人户分离党员实行弹性管理＋网上互动的管理方法，家务繁忙党员实行个性定制＋自主学习的管理方法，党性弱化党员实行教育警示＋帮扶结对的管理方法，年老体弱党员实行送学上门＋暖心慰问，以达到管理更加精准、服务更接地气、作用更加到位、成效更加突出的效果。该创新模式，得到市委组织部、市委老干部局的认可。

（刘建武）

芙蓉区人民代表大会

编辑　谭丽霞

综　述

【概况】　2022年，芙蓉区人大常委会依法履职，召开人民代表大会1次、常委会会议7次、主任会议14次，审议工作报告19项，作出决定决议8项，组织视察调研14次、执法检查5次、工作（履职）评议3次，任免国家机关工作人员127人次，补选市代表2名、区代表18名，各项工作取得新进步。至2022年底，实有区六届人大代表226人，人大常委会组成人员30人实行全员化常态化的政治理论集中学习制度，全年组织党组理论中心组（扩大）集中学习12次、常委会会议集中学习6次、机关干部集中学习30次，全系统成系列深入开展中央人大工作会议、十九届六中全会、中共二十大精神的宣传宣讲。坚持人大重要事项、重点工作、重大活动向区委请示报告的制度，全年请示报告40余次。出台《芙蓉区贯彻落实中央人大工作会议和省委推进会议精神具体实施方案》，完善制订《常委会组成人员守则》《常委会组成人员联系区人大代表的意见》《优秀人大代表评选的基本条件及程序》《代表建议、批评和意见的提出与办理工作规定》等工作制度29项，提质改造92个人大代表联络站（点），其中火星街道人大代表联络站示范点获得市委督查组肯定与好评，韭菜园街道、湘湖街道人大代表联络站工作经验在全区推介。3次获评区“季度绩效考核一等奖”，并获“真抓实干奖”。

升级自办微信公众号和网站，与主流媒体合作开展“中央人大工作会议精神大家谈”“一线抗疫，代表在行动”“助力强省会、代表新作为”“助力百日攻坚，代表在行动”“助力招商引资，代表在行动”“人大代表谈二十大报告”6次主题系列宣传活动，其中“一线抗疫，代表在行动”被市人大常委会在全市推介。（鲁青松）

【助力区域发展】　2022年，芙蓉区人大常委会响应区委“全员招商”号召，创新开展“助力招商引资、服务芙蓉发展”活动，实行“一月一调度、一季一通报、一年一考评”工作机制，一手抓招商，一手抓服务，一手抓监督，引进远大路沿线片区城市更新项目和中化石油、湖南农业发展等企业123家，新增全口径税收3705万元，工作经验被市委督察专报通报表扬，人民网、《长沙要情》、《人民之友》等媒体宣传报道。班子成员撰写的调研报告《关于我区财税工作的微观思考》，得到区委肯定并成为全区招商引资工作的重要决策参考，“助力招商引资、服务芙蓉发展”获评芙蓉区2022年度十大创新案例。（鲁青松）

【对口帮扶爱心捐赠活动】　2022年5月26—27日，芙蓉区人大常委会党组书记、主任伍艳飞率领区人大常委会副主任李明权、区人大及其常委会相关委室负责人和部分区人大代表，到湖南湘西土家族苗族自治州龙山县靛房镇开展对口帮扶爱心捐赠活动。一行人实地走访靛房镇芙蓉文化广场、九年制义务学校和比寨村千亩白茶示范基地，向靛房镇政府送上区代表筹集的15万元爱心款。龙山县人大常委会主任黄勇，龙山县委常委、副县长、长沙市对口帮扶龙山县工作组组长赵雪峰等参加相关活动。（鲁青松）

重要会议

【区六届人大二次会议】　2022年1月21日，芙蓉区第六届人民代表大会第二次会议在区会议中心召开，212名区人大代表出席。区委书记周春晖，区委副书记、区人民政府区长崔晓，区人大常委会主任伍艳飞，区政协主席喻志刚，区委常委、人大历届主任，人武部部长，政府副区长，政协副主席，法院院长，检察院检察长等在主席台就座。区委、区政府、区法院和检察院其他领导，区政协全体委员，区直机关各部门、各街道、市垂直管理单位负责人等列席会议。崔晓作《芙蓉区人民政府工作报告》，伍艳飞作《芙蓉区人民代表大会常务委员会工作报告》，区人民法院院长李才坤作《芙蓉区人民法院工作报告》，区人民检察院检察长盛智作《芙蓉区人民检察院工作报告》。会议期间，代表们分13个团小组审议讨论，列席人员参加分组讨论。代表们听取和审议区人民政府、区人大常委会、区人民法院、区人民检察院的工作报告，审查区国民经济社会发展计划报告和区财政工作报告。会议表决通过关于6个报告的决议。周春晖代表区委祝贺大会成功并讲话。

（鲁青松）

【区人大常委会会议】　2022年，芙蓉区召开区六届人大常委会会议7次。

2月25日，区六届人大常委会召开第三次会议，集中学习省委贯彻落实中央人大工作会议精神推进会主要精神，审议通过《芙蓉区人大常委会2022年工作要点》《关于开展“双联双述双评”活动的实施方案》及有关人事议案，新任命干部 1 名。

4 月 25 日，区六届人大常委会召开第四次会议，集中学习十三届全国人大五次会议主要精神，听取和审议区人民政府关于城市管理工作的报告和关于贯彻落实《中华人民共和国残疾人保障法》情况的报告，对 4 名员额法官和 4 名员额检察官开展了述职测评，审议通过了有关人事议案，新任命干部 11 名。

6 月 16 日，区六届人大常委会召开第五次会议,集中学习习近平、李克强对望城区自建房倒塌事故的重要指示批示精神和省人大常委会办公厅《关于充分发挥人大代表作用助力提升湖南安全发展法治化水平的通知》精神，听取和审议了区人民政府关于交通行政执法综合改革工作情况的报告和关于义务教育“双减”政策落实情况的报告，审议通过有关人事议案，新任命干部 7 名。

8 月 30 日，区六届人大常委会举行第六次会议，听取和审议区人民政府关于 2022 年上半年发展计划执行情况、2021 年财政决算及 2022 年上半年财政预算执行情况、财政审计结果等报告，表决通过了《长沙市芙蓉区人大常委会关于批准 2021 年区财政决算的决议》，对区政府住房和城乡建设、税务工作进行评议，审议通过有关人事议案，新任命干部 9 名。

9 月 29 日，区六届人大常委会举行第七次会议，审议通过有关人事议案，补选芙蓉区出席长沙市第十六届人民代表大会代表 1 名。

10 月 28 日，区六届人大常委会举行第八次会议，集体学习党的二十大精神，听取和审议区监察委关于整治群众反映强烈的问题专项工作情况报告，听取和审议区 2022 年预算调整方案（草案）的报告，区科技局、区教育局、区民政局、区文旅体局和区卫健局 2020 年度审计整改情况的报告，关于区六届人大一、二次会议代表建议批评意见办理情况的报告和有关人事议案，任免干部 5 名，接受 1 名市代表、1 名区代表辞职，依法报告自动终止 1 名区代表资格，补选 1 名市代表。

12 月 26 日，区六届人大常委会举行第九次会议，听取和审议区人民政府关于 2022 年区人大常委会相关审议意见和主任会议相关工作建议办理情况的报告、关于 2022 年国民经济和社会发展计划执行情况与 2023 年国民经济和社会发展计划（草案）的报告、关于 2022 年财政预算执行情况与 2023 年财政预算（草案）的报告及 2021 年度国有资产管理情况的报告、关于 2021 年度区级预算执行和其他财政收支审计查出问题整改情况的报告、关于 2022 年全区环境状况和环境保护目标完成情况的报告，听取和审议评议区政府住房和城乡建设、税务工作整改情况的报告并对整改情况进行了满意度测评，2022 年度优秀代表评选情况的报告，听取和审议 2022 年度优秀代表评选情况的报告，确认 18 名区六届人大代表资格有效，听取和审议《区人大常委会关于召开区六届人大三次会议的筹备工作方案（草案）》和《2022 年区人大常委会工作报告(审议稿)》，表决通过《关于召开长沙市芙蓉区第六届人民代表大会第三次会议的决定》，审议通过了有关人事议案，任命文继光为区人民法院副院长，并决定其为代理院长，书面听取区人大法制委员会关于规范性文件备案审查工作情况汇报，举行了向宪法集体宣誓仪式。（鲁青松）

依法履职

【概况】 2022 年，芙蓉区人大常委会召开党组会议 18 次。依法行使重大事项决定权，召开人民代表大会 1 次，常委会会议 7 次，主任会议 14 次，听取和审议新冠疫情常态化防控、义务教育“双减”政策落实等专项工作报告 19 项，对 8 名员额法官、员额检察官开展履职评议，对区住建、税务工作开展工作评议，对教育局、民政局等 5 个部门审计整改情况开展满意度测评，对 13 个人大街道工委组织集中述职测评，首次听取监委专项工作报告。依法行使人事任免权，全年任免国家机关工作人员 127 人次。（鲁青松）

【人事任免】 2022 年，芙蓉区人大常委会依照法律行使人事任免权。区人大常委会任免国家机关工作人员 66 人次，其中任免人大系统 21 人次、政府系统 7 人次、监委系统 4 人、法院检察院系统 34 人次。

（彭远潺）

【员额法官、检察官履职评议】 2022 年 4 月 25 日，芙蓉区六届人大常委会第四次会议，开展员额法官、员额检察官履职评议，听取区法院副院长宋月清、执行局副局长史作雷、民一庭副庭长于敏、民二庭法官刘易高 4 名员额法官和区检察院副检察长谢丽梅、第五检察部主任刘珺、第一检察部副主任王艳、第一检察部检察官历玉换 4 名员额检察官的述职报告，两个评议调查小组作专项调查报告，区人大常委

会组成人员对上述8人的述职作点评发言并以投票方式进行了满意度测评，测评结果均为“满意”。（鲁青松）

【对住建、税务工作开展评议】2022年7月，芙蓉区人大常委会启动对区政府住房和城乡建设、税务两项专项工作的评议，重点对区住房和城乡建设局、区税务局2021年1月以来履行工作职责、依法行政、接受区人大及其常委会监督和办理区人大代表建议等情况进行评议，分评议动员、意见收集、集中评议、落实整改分四个阶段进行，为期6个月。共征求意见800余份（住建300余份，税务500余份），收集整理形成有效意见建议142条（住建60条，税务82条）。8月30日，区六届人大常委会第6次会议对两个被评议单位进行评议，并进行了满意度测评，结果分别为90%、93.3%。12月26日，区六届人大常委会第9次会议听取两个部门的整改情况汇报，并再次进行满意度测评，结果均为100%。（鲁青松）

【听取监委专项工作报告】2022年10月28日，芙蓉区第六届人大常委会第八次会议召开，首次听取和审议区监委专项工作报告，伍艳飞、刘文立、刘孟乾、李明权、唐益人、张璎等29名常委会组成人员参加。会上，区监委主任彭保刚从立场、方法、作风、反腐、系统施治五个方面作了关于整治群众反映强烈的问题专项工作情况报告，常委会组成人员发表审议意见。认为区监委能认真履行法定职责，紧盯发生在群众身边、侵害群众利益的人和事开展整治，较好维护了人民合法权益，工作值得肯定。同时提出保持政治定力、压紧压实责任，恪守法治原则、有力有效推进，健全工作机制、汇聚监督合力的工作建议。（鲁青松）

调研考察

【概况】2022年，芙蓉区人大常委会组织隆平片区城市建设推进、农业产业发展、隆平高科技园、自贸区块、营造法治化营商环境、现代金融产业发展、农村集体土地村民安置、刑事审判、人居环境改造、文旅融合发展、信访、税收征管、高质量就业、禁毒等专题视察调研14次，形成调研报告14篇。实地考察调研了长善垸污水处理厂、东雅中学、望龙路跨浏阳河大桥、隆平生物种业创新中心、长银担保有限公司等，对《中华人民共和国残疾人保障法》《中华人民共和国就业促进法》等法律法规落实情况组织执法检查。（鲁青松）

【隆平片区城市建设推进工作调研】2022年4月13日，芙蓉区人大常委会党组书记、主任伍艳飞率主任会议成员、办公室和人大环境与资源保护委员会相关工作人员11人，调研隆平片区城市建设推进工作，实地察看长善垸污水处理厂隆平片区排污处理、东雅中学办学与续建、望龙路跨浏阳河大桥建设等情况，举行专题座谈会，听取区人民政府有关工作情况汇报和区人大环境与资源保护委员会的专题调研报告。隆平片区辖东岸、马坡岭、东湖3个街道，隆平高科技园、自贸试验区长沙片区芙蓉区块位于其中。规划通过5年持续努力，把隆平片区建设成为“现代种业的一流标杆区、高端服务业的先行示范区、科技创新的重要引领区、产城融合的都市精美区”。调研认为，隆平片区城市建设定位准确、思路清晰、规划合理、推进有力，各项工作取得新成绩、新进步，值得充分肯定。建议坚持科学规划，做优功能布局；坚持产城融合，做强发展实力；坚持依法治理，做精城市服务。区委常委、区人民政府副区长刘宪等参加。（鲁青松）

【高质量就业工作调研】2022年10月12日，芙蓉区人大常委会党组书记、主任伍艳飞率主任会议成员视察调研促进全区高质量就业工作，实地察看湖南才智管理咨询有限公司和建农新经济创业孵化基地，举行专题座谈会，听取区人民政府关于高质量就业工作情况汇报及区人大社会建设委员会的专题调研报告。芙蓉区在落实就业政策、稳定重点群体就业、强化就业服务等方面采取有力措施，推进创业带动就业，全区就业局势保持总体稳定。区人民政府及相关职能部门一手抓市场配置资源促就业，一手抓宏观政策调控稳就业，工作值得肯定。会议建议以高质量就业助推经济高质量发展和人民群众稳定增收。区委常委、区政府常务副区长刘洪波等参加。（鲁青松）

【隆平高科技园和自贸区块工作调研】2022年5月25日，芙蓉区人大常委会党组书记、主任伍艳飞率主任会议成员、办公室和人大财经委员会相关工作人员11人，调研隆平高科技园和自贸区块工作，实地察看湖南医疗应急物资储备库、隆平生物种业创新中心项目和自贸区芙蓉事务中心企业服务大厅，举

2022 年 5 月 25 日，芙蓉区人大常委会主任会议成员考察调研隆平高科技园和自贸区块工作 （区人大办 供图）

行专题座谈会，听取隆平高科技园和自贸芙蓉区块工作情况汇报以及区人大财政经济委员会的专题调研报告。会议指出，隆平高科技园突出项目招引和项目建设，工作平稳有序。自贸芙蓉区块加快制度创新，做优营商环境，推动高质量发展。认为隆平高科技园和自贸芙蓉区块的发展路径明晰，质效提升，地位凸显，值得肯定。隆平高科技园党工委书记谭雄伟，区人民政府副区长蒋苒，隆平高科技园班子成员刘熙宇、罗辉、尹卫东、袁芳等参加。

（鲁青松）

代表工作

【概况】 长沙市芙蓉区第六届人民代表大会法定代表名额为 226 名。2021 年 7 名出缺代表未补选，2022 年 9 名代表因工作岗位变动、2 名因调离本行政区域，请求辞去代表职务，区人大常委会已接受并终止其代表职务，代表共出缺 18 名。根据区人大常委会主任会议的意见，并依照《中华人民共和国全国人民代表大会和地方各级人民代表大会选举法》和省有关选举细则，2022 年 11 月区人大常委会依法按程序在相应出缺选区补选了 18 名区六届人大代表，截至 2022 年 12 月 31 日，长沙市芙蓉区第六届人民代表大会代表实有 226 名。区六届人大常委会组成人员名额为 33 名，2022 年出缺 3 人，2022 年区六届人大常委会组成人员实有 30 人。

（彭远瀑）

【代表履职活动】 2022 年，芙蓉区人大常委会制定《关于开展“双联双述双评”活动的实施方案》《长沙市十六届人大芙蓉区联组代表联系选举单位和人民群众实施方案》《关于开展 2022 年度区人大代表向选民述职工作的实施方案》，提质建设 92 个街道人大代表联络站（点），各级代表进站（点）741 次，走访群众 3158 次。完善代表接待选民日、调研走访制度，组织各级代表参与“聚力强省会，代表新作为”“联系群众办实事”活动，通过调查研究、会前视察等各种方式，回应群众关切，为群众办实事 492 件。发挥人大代表的主体作用，强化“我是芙蓉人，我为芙蓉好”的意识，推动实施强省会战略，展现新时代人大代表新风采。年内，40 名人大代表向选民述职。

（彭远瀑）

议案建议

【代表建议办理】 2022 年，芙蓉区人大六届二次会议期间，收集涉及城建城管、民政社区、政府综合、教科文卫、公安交警、财政经济等各方面代表建议 27 件，见面率、办复率、满意（基本满意）率 100%。在 27 件建议中，已经解决或基本得到解决（A 类）的 22 件，占建议总数的 81%；正在解决或者已经列入计划解决（B 类）的 4 件，占建议总数的 15%；受目前条件限制暂时不能解决、留作参考（C 类）的 1 件，占建议总数的 4%。定王台代表提出成立金融法庭的建议，促进芙蓉区法院在商业繁华区定王台成立金融法庭，推进芙蓉区法治建设稳步向前发展。 （彭远瀑）

【代表建议选编】 在芙蓉区六届人大二次会议上，马坡岭代表团的葛海提交《关于发展芙蓉城区“智慧养老”的建议》。指出芙蓉区 60 岁及以上的老年人口占比超过 18%，65 岁及以上的老年人口占比超过 14%。城区老龄化程度较高，养老服务建设压力日渐加重，形势严峻而紧迫，养老事业的变革与发展至关重要。城区的智慧养老产业尚未出现大型的试点社区，未形成规模。智慧养老模式缺乏统一的评价标准，智慧养老行业人才匮乏。建议，1. 完善芙蓉城区养老服务数据，实现智慧养老产品多元化。要形成完整的、成熟的产业链，引入智能家居护理服务技术，扩大使用智能家居和医疗服务领域相关产品的范围，使智能养老服务主要包括安防监控系统、智能家居系统、医疗健康管理系统等平台，让该行业逐步趋于有效协作与统一标准，并实现可持续发展。2. 养老服务政策具体化，制定更加详细、具有指标性、提供一定标准的政策文件，从而对智慧养老服务起到实际指导作用。智能养老模式所涉及的各个行业需形成相对完整的体系，使得该行业具有统一的行业标准和有效的市场监督。3. 出台有关激励服务老年人行业职业的政策，建立服务人员从业资格证书考取以及进行相关的培训，加强对专业人员的规范化指导，除了照顾护理与心理咨询、老年人常发病的应急急救等专业知识外，还需培训对信息吸收与处理相应反馈的能力以及对智能系统的操作能力。

在区六届人大二次会议上，定王台代表团肖潇提出《关于成立金融法庭的建议》。指出作为湖南省省会，长沙市金融机构相对集中，其中芙蓉区人民法院涉金融案件较多。据统计，案由为与公司、证券、保险、票据等有关的民事纠纷类、银行卡纠纷类、融资租赁合同纠纷等金融类案件近五年累计47348件，占比超过31%（数据来自裁判文书网，最近5年芙蓉区人民法院案件总量为152490件），且自2017年呈现爆发式的增长。《长沙市“十四五”金融发展规划》的第三条重点任务第六点中提出：完善金融法治基础。首先是推进金融法治环境建设，根据国家相关政策变化及长沙实际情况，对金融政策法规进行系统性修订。其次，提高金融案件处置效率。建立金融案件处置绿色通道，推广简易诉讼程序，降低金融案件的诉讼成本。金融案件批量化、类型化特点明显，设立金融法庭，实行集中审理，通过规模化、专业化审判提高审执质效，统一裁判标准和尺度，可实现金融案件快立案、快保全、快送达、快审理、快执行，有利于营造良好的金融环境。建议芙蓉区人民政府参考其他城市的成功案例及操作经验，尽快成立金融法庭，提高金融案件处置效率，促进金融和经济良性循环、健康发展。（彭远潺）

人大专委会工作

【民族华侨外事委员会】 2022年，芙蓉区人大民族华侨外事委联合区民宗局开展《宗教事务条例》的学习宣传，督促排查民间信仰场所，避免出现敏感事件。监督检查民间信仰场所祭祀活动，减少人员聚集，维护正常秩序。联合区人大财经委，组织委员7人对自贸区长沙片区芙蓉事务中心进行调研。扩大了委员间的交流。协同区台办参与由隆平水稻博物馆、台湾中磊商务交流有限公司、台东县池上乡农会联合举办的“长台两地稻米文化线上交流活动”。（周　文）

【监察和司法（法制）委员会】 2022年，芙蓉区人大监察和司法（法制）委员会依据人大关于监督的有关法律规定，组织开展员额法官、员额检察官履职评议，各有4名法官、4名检察官参与评议。年内，组织主任会议成员调研视察检察院、法院、公安分局、信访局工作；听取了区监察委关于整治群众反映强烈问题的专项报告。配合上级部门做好涉及计划生育内容规范性文件专项清理后续工作。年内共接收规范性文件备案6件，全部为区人民政府报送。区人大法制委与其他专工委对报备文件进行初步审查，6件予以登记备案。（朱　峰）

【财政经济委员会】 2022年，芙蓉区人大财政经济委员会履行宪法和法律赋予的各项职责，对隆平高科技园和自贸区块工作、金融产业工作开展调查研究，撰写调研报告向主任会议报告。持续推进区人大预算联网监督工作。对全区税务工作进行评议监督并落实评议整改工作。加强审计工作监督，开展部分单位审计整改满意度测评。提请常委会议听取和审议国民经济发展计划、财政预算草案及执行情况、财政预算执行情况及其他财政收支的审计结果报告。（司晓洁）

【教育科技文化卫生委员会】 2022年，芙蓉区人大教育科学文化卫生委员会围绕群众关注的教科文卫领域热点问题，依法履行监督职责。完成常委会听取和审议区公共卫生体系建设情况、区义务教育“双减”政策落实情况的汇报，参与主任会议成员关于区文旅融合发展情况等专题考察调研的相关工作，撰写调研报告供审议时参考。配合上级人大开展《中华人民共和国非物质文化遗产法》《湖南省实施〈中华人民共和国公共图书馆法〉办法》的执法检查和立法调研，督办涉及

教育、文体、医疗等方面的代表建议意见 13 件。（王英姿）

【环境与资源保护委员会】 2022 年，芙蓉区人大环境与资源保护委员会，参与组织区人大常委会主任会议成员关于隆平片区城市建设推进工作调研并听取汇报，关于全区人居环境改造工作开展情况的调研并听取情况汇报。撰写《关于隆平片区城市建设推进工作情况的调研报告》和《关于我区城市人居环境改造工作情况的调研报告》，提请区人大常委会听取和审议区人民政府关于城市管理工作情况的报告，听取审议区政府“蓝天保卫战”三年行动计划的落实情况报告，听取和审议区政府关于全区环境状况和环境保护年度目标完成情况的报告，撰写《关于我区城市管理工作情况的调研报告》《关于区政府 2022 年全区环境状况、环境保护目标完成情况的调研报告》。提请区人大常委会议听取和审议区住房和城乡建设局 2021 年 1 月以来履行工作职责情况工作汇报，对其进行评议及满意度测评，撰写《关于对我区住房和城乡建设局工作情况的评议报告》。配合上级部门做好贯彻落实《长沙市湘江流域水污染防治条例》、对红旗水库和浏阳河芙蓉区段水污染情况进行专题执法检查。（李　勇）

2022 年 4 月 13 日，芙蓉区人大常委会主任会议成员和环境与资源保护委员会相关工作人员调研隆平片区城市建设推进工作（区人大办　供图）

【农业与农村委员会】 2022 年，芙蓉区人大农业与农村委员会对芙蓉区农业产业发展开展调研，提请主任会议听取区政府相关情况汇报，向区政府及有关主管部门提出将农业产业纳入全区总体经济发展战略、明确归口管理部门、扩大并提升农业产业对全区经济构成及增长的贡献度等意见和建议。提请区人大常委会议听取和审议区人民政府关于交通行政执法综合改革工作情况的报告，对建设和完善交通行政执法设施和手段等提出意见和建议。再次调研芙蓉区农村集体土地征拆后村民安置情况，监督该项重大民生实事落实。继续助力乡村振兴，到湖南龙山县靛房镇开展对口帮扶爱心捐赠活动和实地调研，将部分代表筹措的 15 万元爱心款捐赠给龙山县靛房镇政府。年内对接省、市人大农业与农村委，协助完成省人大常委会对岳麓山种业创新中心运营情况和芙蓉区种业产业发展情况的调研考察。（王珊珊）

【社会建设委员会】 2022 年，芙蓉区人大社会建设委员会提请主任会议成员开展高质量就业等调研视察，撰写调研报告，提出深化高质量就业的思想理念、营造高质量就业的良好政策环境、以优质服务保障高质量就业工作的深入推进三个方面的意见和建议。提请区人大常委会听取审议区政府贯彻执行《中华人民共和国残疾人保障法》情况的报告，配合市人大常委会开展了关于残疾人保障一法一条例的执法检查。接待雨花区人大常委会开展关于行政执法体制改革的调研。（沈向昕）

芙蓉区人民政府

编辑　谭自然

综 述

【概况】 2022年，芙蓉区全面落实“三高四新”战略定位和使命任务，大力实施“强省会”战略，奋力打造现代化新长沙建设标杆区，上榜赛迪全国高质量发展百强区、投资竞争力百强区、创新百强区、幸福百强区，其中，高质量发展百强区排名较2021年度跃升22位；单位面积地区生产总值在赛迪全国高质量发展百强区排名第10位，稳居全省第一位；长沙国金中心跻身年税收10亿元楼宇行列。全国首个植物提取物产品技术贸易措施研究评议基地落子自贸区芙蓉区块，隆平片区建成全国首个标准化产业集聚区；全省四大实验室之一的岳麓山实验室揭牌，杂交水稻全国重点实验室成功落户。工会户外劳动者服务站获中华全国总工会主要领导肯定；智慧矫正中心建设以全国第一的成绩通过司法部验收，工作经验连续两年获全省推介。（李永晟）

【经济发展】 2022年，芙蓉区经济指标稳中有进。芙蓉区地区生产总值（GDP）1327.16亿元，比2021年增长4.1%。其中，第一产业增加值0.003亿元，下降50.2%；第二产业增加值170.12亿元，增长5.8%；第三产业增加值1157.04亿元，增长3.8%。第一、二、三产业对经济增长的贡献率分别为0%，16.8%和83.2%。第一、二、三产业的比例为0.0 ：12.8 ：87.2。地方一般公共预算收入38.33亿元，比2021年增长3.8%，其中税收收入27.36亿元，下降0.74%；非税收入10.97亿元，增长17.15%。固定资产投资比2021年增长9.3%。社会消费品零售总额669.9亿元，比2021年增长1.7%。城镇居民人均可支配收入69574元，比2021年增长4.9%。经济发展呈现持续恢复、稳中向好、符合预期的发展特点。产业能级稳中提质。旺德府国际大厦税收突破5000万元，世茂环球金融中心、通程国际大酒店跻身税收亿元楼宇行列。大童保险、明亚保险、东海证券等8家金融机构成功引进。12家国际知名品牌落户长沙国金中心，京东方数科、苏宁易购等8个“三类500强”企业和项目成功引进。全省首个5G应用生态产业园开园。袁家岭中央文化区九大项目和“一广场六街区”建设有序推进。（李永晟）

【发展活力】 2022年，芙蓉区有施工项目305个，建成投产203个。全区重点项目完成投资274亿元，投资完成率132.1%。其中，6个省重点项目完成年度投资62亿元，完成率196.8%；93个市重大项目完成年度投资138.8亿元，完成率129.3%；全年规模以上工业增加值比2021年增长6.7%，规模以上工业企业实现利润总额7495万元；全年净增市场主体1.9万户，总量突破15万户，认定高新技术企业156家；年内区政府开展“送政策、解难题、优服务”行动，对1292家重点企业实行服务专员全覆盖，333条问题诉求全部办结。连续四年举办“520企业服务日”活动。完成留抵退税24.2亿元，减免工伤、失业保险1.5亿元。全区营商环境日益优化，企业发展充满活力。（李永晟）

【片区建设】 2022年，芙蓉区片区建设取得新进展。全力服务岳麓山实验室建设，农大片区实现封顶，农科院片区主体施工加快推进。自贸大厦完成挂网招标，即将启动建设。东湖路等瓶颈路断头路成功打通，浏京路、东屯路西段等道路建成通车，西龙路、远大二路拓改、望龙路跨浏阳河大桥等项目加快实施。湘雅二医院新院区完成调整规划，育英西垅小学、东雅中学完成扩建，师大附中芙蓉中学正式揭牌。隆平生物种业产业园一期、隆平创新中心等重大项目主体封顶，引进产业链上下游企业65家，实现种业产值52亿元。岳麓山种业创新中心2个公共技术平台、4个专业研究中心完成建设，潇湘科技要素大市场种业工作站实现试运行。引进“三类500强”项目5个，新增市场主体1000余家，比2021年增长283.3%。标准化产业集聚区初具规模，打造全国首个“质量诊所”、全省首个标准信息咨询窗口。自贸区实现外贸进出口额23亿元，比2021年增长80%。（李永晟）

【城市品质】 2022年，芙蓉区城市更新加快推进。长沙火车站周边环境提质改造全面完成，城际铁路与地铁2号线实现“零换乘”。高效实施老旧小区改造145个、危旧房屋改造45处、既有住宅加装电梯206台。新增停车场23座、停车泊位10333个。建成5G基站670个、变电站及配套路由项目4个。148条“百街千巷”环境综合整治提升项目顺利完成，苏家巷、南元宫巷、观音井巷成为全市示范街巷。合平路一期、桃园路雨水管网完成建设。新建和提质公厕36座。建成垃圾分类厢房50个。精心打造街角口袋公园9个，新增绿地面积9.5万平方米。深入推进大气污染防治专项行动，空气质量优良天数297天。空气质量优良率81.6%，城市污水集中处理率100%，城市生活垃圾无害化处理率100%。建成环境噪声达标区11个，建成面积31.53平方千米。重点工业企业工业废水、二氧化硫、烟尘、粉尘排放达标率均100%，工业固体废物综合利用率96%。

（李永晟）

【民生保障】 2022年，芙蓉区民生事业全面发展。全面完成省、市重点民生实事工程。城镇登记失业率控制在合理区间，零就业家庭动态清零，“在校大学生职业体验专项行动”工作经验获全省推介。养老服务水平不断提升，年发放高龄津贴1928.7万元，完成家庭适老化改造115户，完成困难残疾人家庭无障碍攻克20户，新建街道综合养老服务中心2家、社区居家养老服务中心11家。全年城镇居民人均可支配收入69574元，比2021年增长4.9%。城市低保对象应保尽保，新增城镇就业人数1.65万人。公办园在园幼儿占比56.9%，普惠性覆盖率93.1%。入选全国义务教育优质均衡先行创建区。紧密型医联体建设深入推进，与长沙市中医医院共建城市医疗集团，社区卫生服务中心中医药服务实现全覆盖。新建标准化社区（村）综合文化服务中心5个、文旅融合示范点2个、公共图书分馆4个、室外运动场15个。13个街道民生快检室完成建设，学校食堂“阳光厨房”实现全覆盖。开展扫黑除恶、全民禁毒、反电诈等专项斗争，打掉恶势力犯罪集团6个，破获涉毒刑事案件18起。推进自建房安全整治“百日攻坚”专项行动，深刻吸取“9·16”电信大楼火灾教训，构建全覆盖无缝隙的安全生产和消防责任体系。芙蓉区年内被评为全省平安建设重点推进区。

（李永晟）

重要会议

【概况】 2022年，芙蓉区人民政府召开政府常务会议16次，召开区长办公会议18次，对需要由人民政府决策和实施的全区重大问题进行研究，作出相应决议。

（杨　冲）

【区政府常务会议】 2022年1月6日至12月5日，芙蓉区政府共召开政府常务会议18次。

1月6日，传达学习中央、省委、市委经济工作会议精神；传达上级有关批示精神，听取新时代县域警务工作情况汇报；研究湘雅二医院新院选址地块有关工作。

1月12日，审议《政府工作报告（审议稿）》。

2月21日，学习《关于更加有效发挥统计监督职能作用的意见》；审议《芙蓉区土地征收成片开发方案（审议稿）》。

3月14日，学习上级食品安全相关文件和食安委会议精神，研究全区食品安全工作，审议《长沙市芙蓉区创建省级食品安全示范区目标任务责任分解表（送审稿）》《长沙市芙蓉区食品安全暨创建省级食品安全示范区工作考核实施方案(送审稿）》；研究温州商会大厦项目规划指标调整有关工作；研究至雅公寓项目规划指标调整有关工作。

5月11日，传达学习习近平总书记关于安全生产、应急管理、防灾减灾救灾等工作重要讲话、重要指示批示精神，习近平总书记对长沙居民自建房倒塌事故的重要指示精神、李克强总理等中央领导的批示要求，以及省委、省政府、市委、市政府领导的批示要求；听取芙蓉区居民自建房大排查大整治工作汇报，研究芙蓉区自建房安全整治百日攻坚专项行动相关工作；研究京东方数科华中区域公司入驻扶持政策；研究2021年度促进经济发展奖励评审相关工作。

5月23日，学习习近平法治思想；深刻汲取望城“4·29”居民自建房倒塌事故教训，传达学习上级关于安全生产重要指示批示、重要会议精神，研究部署芙蓉区安全生产和防汛抗旱工作；研究河湖长制、林长制、乡村振兴工作，审议《芙蓉区2022年河湖长制工作要点（审议稿）》《关于调整林长制网格及区级林长的通知（审议稿）》《芙蓉区林长制目标任务考核评分细则分解表（审议稿）》；研究曙光集团环保搬迁项目申报市土委会相关工作；研究马王堆、人民东路北单元控规G02—B04—2地块（恒业大厦项目用地）控规高度修改相关工作。

6月6日，研究全区生态环境保护工作，审议《2022年长沙市芙蓉区生态环境保护工作要点（审议稿）》《长沙市芙蓉区贯彻落实第二轮中央生态环境保护督察报告整改问题清单（审议稿）》《2022年长沙市芙蓉区污染防治实施方案（审议稿）》；传达学习国家统计局2021年第4次统计督察组向湖南反馈统计督察意见和省委、省政府办公厅《关于加强新时代统计工作的意见》精神，研究全区统计工作；研究全区校园安全工作。

6月21日，研究全区稳经济大盘工作，审议《芙蓉区对接国家稳住经济发展政策落地见效责任表（审议稿）》；研究全区干部联企工作，审议《稳企业 促增长——企业服务专员联企行动实施方案（审议稿）》《芙蓉区干部联企“送政策、解难题、优服务”行动方案（审议稿）》；审议《关于推进开展芙蓉区内部审计工作的意见（审议稿）》；研究蔡锷中路与西龙片区城市更新捆绑实施联合开发相关工作；研究马坡岭街道新安村60号令“两安”用地规划调整相关工作；研究经阁铝材马王堆地块规划调整相关工作；审议政府投资项目；审议《芙蓉区人民政府工作规则（审议稿）》。

7月4日，学习信访工作重要文件、会议和领导讲话精神，研究全区信访工作；研究黄土塘棚改安置房二期项目建设有关工作；审议政府投资项目。

7月25日，传达学习《长沙市人民政府重大决策行政程序实施办法》；审议政府投资项目；传达学习习近平总书记关于中医药工作的重要讲话精神、《中华人民共和国中医药法》《中共中央 国务院关于促进中医药传承创新发展的意见》，听取芙蓉区创建全国基层中医药工作示范（区）县工作情况汇报；审议《芙蓉区燃气安全隐患举报奖励实施办法（送审稿）》，研究全区城镇燃气安全排查整治工作；传达学习全国、全省、全市安全生产电视电话会议精神，审议《长沙市芙蓉区安全生产领域有奖举报实施办法（送审稿）》，研究全区安全生产工作；审议《长沙市芙蓉区突发环境事件应急预案（送审稿）》《长沙市芙蓉区重污染天气应急预案（送审稿）》，研究全区生态环境保护工作。

8月22日，研究全区法治建设工作；传达学习省统计局统计造假不收手不收敛问题专项纠治会议精神、岳阳和长沙统计违法情况的通报、《统计违纪违法责任人处分处理建议办法》《统计严重失信企业信用管理办法》；审议《长沙市芙蓉区2022年1—6月国民经济和社会发展计划执行情况的报告（送审稿）》；审议《长沙市芙蓉区食品安全委员会工作规则（送审稿）》《长沙市芙蓉区食品安全委员会成员单位食品安全工作主要职责（送审稿）》《长沙市芙蓉区食品安全事故应急预案（送审稿）》；传达学习习近平总书记关于知识产权保护的重要讲话精神、上级知识产权文件精神，研究全区知识产权有关工作；审议政府投资项目；审议《长沙市芙蓉区2021年财政决算（草案）和2022年1—6月预算执行情况报告（送审稿）》。

8月29日，研究芙蓉区政府与长沙市产业投资集团合作协议及相关工作。

9月22日，传达学习习近平总书记重要批示精神和省、市会议精神，研究全区安全生产工作，审议《长沙市芙蓉区深入排查重点行业领域潜在风险隐患坚决防范遏制重特大事故行动方案（送审稿）》；研究全区消防工作；研究芙蓉区2020年科技奖励兑现工作；审议政府投资项目；传达学习《最高人民法院关于审理行政协议案件若干问题的规定》。

10月19日，传达学习《最高人民法院关于审理行政赔偿案件若干问题的规定》；传达学习国务院、省食安委落实食品安全“两个责任”机制的有关文件精神，听取食品安全相关工作汇报；研究远大路沿线片区城市更新有关工作；审议政府投资项目。

11月7日，审议《关于成立芙蓉区创建国家卫生城市领导小组及其专项工作组的通知（送审稿）》《芙蓉区创建国家卫生城市工作实施方案（送审稿）》，研究国家卫生城市创建工作；研究全区疫情防控工作；传达全国、省市文件和会议精神，研究全区生态环境保护工作（与三季度蓝天保卫战工作讲评会议套开）；审议《长沙市芙蓉区人民政府重大行政决策事项目录（送审稿）》《长沙市芙蓉区人民政府2022年度重大行政决策事项目录（送审稿）》；审议政府投资项目。

12月5日，传达学习《中华人民共和国反有组织犯罪法》；传达学习习近平总书记对河南安阳市凯信达商贸有限公司火灾事故所作重要指示精神，研究全区安全生产和消防救援工作（与全区安全生产委员会全体会议套开）；审议《长沙市芙蓉区关于切实加强社会保险基金监管工作的实施意见（送审稿）》，研究全区社会保险基金监管工作；审议政府投资项目。（杨　冲）

【区长办公会议】 2022年，芙蓉区政府召开区长办公会议18次。传达贯彻上级党委、政府和区委的重要会议精神、重要批示和决定，对全区日常性工作进行部署；研究经济运行工作、入驻企业扶持政策、城市安全隐患排查、土地出让挂牌、年度工作考核奖励、违规建筑管控清零操作办法、财税及服务业增加值指标、教育工作、水利工程管理体制改革、湖南省吉荣创新特色产业园搬迁、软件产业文化产业扶持资金兑现、红旗渠水系排水改造项目、公务交通补贴、住建房安全整治工作、老旧小区改造项目、征拆工作、基层市场监督管理所标准化建设工作、“两安”用地调规、岳麓山实验室集聚区农大片区经营性用地土地出让等有关工作，审议通过《关于长沙市芙蓉区2022年预算调整方案（草案）的报告》等文件；讨论确定全区重大建设项目、重要资金使用安排的事项。（杨　冲）

重要文件

【《长沙市芙蓉区人民政府工作规则》】　2022年6月29日，长沙市芙蓉区人民政府印发《关于〈长沙市芙蓉区人民政府工作规则〉的通知》（以下简称《通知》）。《通知》包括总则、组成人员职责、坚持依法行政、实行科学民主依法决策、推行政务公开、健全监督制度、会议制度、公文审批、工作纪律、附则共10章58条。内容涵盖区人民政府人员组成及分工职责、加强依法行政、完善科学民主决策程序规则、加快推进政务公开和政务服务、健全各类监督及层级监督制度、明确政府常务会议和区长办公会议的召开时间、形式及内容、政府公文处理流程、政府工作纪律等具体条款。《通知》全面规范制定了区人民政府在严格遵守宪法和法律，全面正确履行政府职能，努力建设职能科学、结构优化、廉洁高效、人民满意的服务型政府等方面的政府工作职能职责、工作准则。

（区政府办）

【《芙蓉区全民科学素质行动规划纲要实施方案（2021—2025年）》】2022年5月9日，长沙市芙蓉区人民政府办公室印发《关于〈芙蓉区全民科学素质行动规划纲要实施方案（2021—2025年）〉的通知》（以下简称《通知》）。《通知》分四个方面对全民科学素质行动规则纲要的指导思想、原则和目标、提升行动、重点工程、组织实施进行了明确，内容涵盖青少年、居民、产业工人、老年人、领导干部和公务员五大人群科学素质提升行动，科技资源科普化工程、科普信息化提升工程、科普基础设施工程、基层科普能力提升工程、科学素质开放交流合作工程五大重点工程，以及组织实施的经费保障、进度安排等。《通知》施行以提高全民科学素质服务高质量发展为目标，以践行社会主义核心价值观、弘扬科学精神为主线，着力打造社会化协同、智慧化传播、规范化建设和区域化合作的科学素质建设生态，营造热爱科学、崇尚创新的社会氛围，提升社会文明程度。（区政府办）

·表5·　2022年芙蓉区政府重要文件目录一览表

文　号	文件名称	发文日期
芙政发〔2022〕001号	关于对市、区2022年《政府工作报告》目标任务实行责任管理的通知	1月21日
芙政发〔2022〕002号	关于下达芙蓉区2022年重点项目投资计划的通知	4月15日
芙政发〔2022〕003号	关于印发《长沙市芙蓉区人民政府工作规则》的通知	6月29日
芙政办发〔2022〕001号	关于做好2022年春运工作及加强春运疫情防控工作的通知	1月17日
芙政办发〔2022〕002号	关于做好2022年春节期间支持企业稳工稳产有关工作的通知	1月30日
芙政办发〔2022〕003号	关于印发《芙蓉区2022年“十个重大城市片区”隆平片区建设工作方案》的通知	3月8日
芙政办发〔2022〕005号	关于同意设立新龙社区居民委员会的批复	3月18日
芙政办发〔2022〕006号	关于印发《2022年芙蓉区重点民生实事项目实施意见》的通知	4月15日
芙政办发〔2022〕007号	关于开展全区既有建筑违章加层情况调查摸底工作的通知	4月29日
芙政办发〔2022〕008号	关于印发《芙蓉区全民科学素质行动规划纲要实施方案（2021—2025年）》的通知	5月9日

·续表5·

文　号	文件名称	发文日期
芙政办发〔2022〕009号	关于印发《芙蓉区关于开展“走流程、解难题、优服务”行动的实施方案》的通知	5月13日
芙政办发〔2022〕012号	关于印发《长沙市芙蓉区清查处置闲置国有资产资源专项行动实施方案》的通知	6月1日
芙政办发〔2022〕015号	关于印发《芙蓉区“百街千巷”环境综合整治提升工作方案》的通知	6月22日
芙政办发〔2022〕016号	关于印发《长沙市芙蓉区突发环境事件应急预案》《长沙市芙蓉区重污染天气应急预案》的通知	8月16日
芙政办发〔2022〕018号	关于印发《芙蓉区第二轮中央环保督察排水问题整改工作实施方案》的通知	9月20日
芙政办发〔2022〕019号	关于印发《长沙市芙蓉区质量基础设施“一站式”试点服务工作实施方案》的通知	10月31日
芙政办发〔2022〕022号	关于印发《应对极端气候对全区经济社会发展影响工作方案》的通知	12月5日
芙政办发〔2022〕023号	关于印发《长沙市芙蓉区自然灾害救助应急预案》的通知	12月6日
芙政办发〔2022〕024号	关于印发《长沙市芙蓉区地震应急预案》的通知	12月6日
芙政办发〔2022〕025号	关于同意设立火炬新村社区居民委员会的批复	12月9日
芙政办发〔2022〕026号	关于印发《芙蓉区既有建筑外立面整治三年行动工作方案》的通知	12月14日

（资料来源：区政府办）

重要活动

【企业服务专员联企行动】 2022年，芙蓉区根据市委、市政府《全市千名干部联千企“送政策、解难题、优服务”行动方案》，启动干部联企“送政策、解难题、优服务”暨企业专员联企行动。成立以区委书记周春晖，区委副书记、区长崔晓为组长的专员联企行动领导小组，制定《稳企业、促增长——企业服务专员联企行动实施方案》。设置企业服务专员联企办公室，组建14个片区专员联企行动工作小组，全区选派近1000名领导干部作为企业服务专员，采取点对点、面对面的方式，为辖区重点企业提供全方位支持和服务。6月22日，芙蓉区召开干部联企“送政策、解难题、优服务”暨企业专员联企行动推进部署会议。6月30日，区委副书记、区长崔晓带队政府办、财政局、商务局、金融事务中心、现代服务业发展中心、税务局、优化营商环境协调事务中心、定王台街道等主要负责人走访世茂环球金融中心，现场走访调研联点企业长沙世茂投资有限公司，听取房地产开发板块和招商运营板块负责人介绍上半年项目销售和整体招商运营的基本情况，以及招商运营过程中遇到的问题和困难。与会各部门和街道负责人针对企业提出的问题和困难，逐条发言解答回应，并结合部门实际工作情况提出针对性建议和意见。截至2022年年底，全区1292家重点企业服务专员实现全覆盖，333条问题诉求全部办结。

（苏　洁）

【“芙蓉520，我来服务您”2022年“520企业服务日”活动】 2022年5月20日，“芙蓉520，我来服务您”2022年“520企业服务日”活动在浏阳河婚庆文化园小天鹅公馆举行。省市领导及芙蓉区委、区人大、区政府、区政协领导，区直相关职能部门领导，区属13个街道重要负责人以及辖区内相关企业代表近360人参加活动。活动现场，

2022年5月20日，"芙蓉520，我来服务您"2022年"520企业服务日"系列活动启动仪式现场　（区融媒体中心　供图）

区政府兑现"高新技术企业发展奖、高质量发展奖、发展贡献奖、企业入规奖、发展台阶奖"等奖励，有254家企业获得超4000万元的产业发展扶持奖励，48名企业家被评为"芙蓉高层次人才"；现场还发布"双倍增"计划；区政府为企业量身打造"企业专员助企"行动、"企业接待日"活动、芙蓉"优秀企业家"激励活动、"银企政对接"活动等企业服务活动。有100余家企业参与，共同见证芙蓉区释放出尊重企业和企业家、全力优化营商环境、助推区域高质量发展的强烈信号。

（苏　洁）

【湘雅二医院东院区建设合作签约】 2022年1月20日，芙蓉区人民政府与中南大学湘雅二医院东院区建设合作签约仪式在芙蓉区举行。区委书记周春晖会见中南大学湘雅二医院党委书记罗爱静一行并见证签约。区委副书记、区长崔晓，中南大学副校长、湘雅二医院院长黎志宏分别代表双方签约。中南大学湘雅二医院东院区选址隆平片区，位于杉木路与滨河路交叉口西北角，总用地面积8.2公顷，净用地面积6.53公顷。院区按照"大专科，小综合"的模式办医，设置内、外、妇、儿、急等相关临床科室和相应的医技科室、临床功能检查室，并配备开展诊疗科目相应的设备。以实施住院诊疗为主，设有相应的门诊部。湘雅二医院东院区计划在"十四五"期间建成开业，项目建成后能填补芙蓉区东片区大型医疗机构的空白，满足隆平片区群众就医需求。

（苏　洁）

【金融赋能文化产业专项行动启动仪式暨签约分享会】 2022年8月29日，由中共芙蓉区委员会、芙蓉区人民政府、中国建设银行铁银分行主办，袁家岭中央文化区建设指挥部、浏阳河文化旅游产业带规划建设指挥部承办的芙蓉区"金融赋能文产　激发'袁'动力"金融赋能文化产业专项行动启动仪式暨签约分享会在区政府会议室举行。中国建设银行铁银支行、长沙农村商业银行芙蓉支行等5家银行与享梦游科技股份有限公司、湖南小拾壹文化创意有限公司、湖南省湘绣研究所有限公司等28家文化企业进行授信签约，授信总额近2亿元，搭建起"政银企"沟通的桥梁、畅通融资渠道，为文化企业解决资金难题。活动发布了《2022年芙蓉区金融赋能文化产业专项行动方案》，

2022年8月29日，芙蓉区"金融赋能文产　激发'袁'动力"金融赋能文化产业专项行动启动仪式暨签约分享会举行　（区融媒体中心　供图）

涵盖“举办金融赋能文产行动启动仪式、发布文化企业‘白名单’、启动‘文化企业大走访’‘线上融资创新’‘银企对接交流’‘文化产业项目＋融资’‘助推文化企业上市’‘文化企业金融素质提升’”等行动，让辖区内优质文化企业全面获得金融支持和服务，激发文化产业创新创业活力。活动还公布了芙蓉区文化金融重点服务企业“白名单”，有108家文化企业纳入该名单。“白名单”企业可得到融资支持、基金扶持、指导上市、政府引导、免费培训、中介服务、全面宣传、绿色通道、持续追踪9个方面的精细服务。该次活动还邀请了会计师事务所专家、银行机构负责人，面向文化企业讲解专业的财务知识，介绍个性化的金融产品及服务方案。市区领导胡述斌、李春燕、崔晓、何溪桥、杨光华等出席活动。

（苏　洁）

对口帮扶

·对口帮扶麻阳苗族自治县·

【概况】 2022年，芙蓉区委、区政府贯彻落实省市乡村振兴对口帮扶工作的决策部署，持续深化与麻阳苗族自治县的对口帮扶工作，年内，区、县主要领导召开2次对口帮扶联席会议，区委书记周春晖带队到麻阳苗族自治县调研、对接乡村振兴对口帮扶工作，签订《2022年乡村振兴对口帮扶协议（芙蓉区—麻阳苗族自治县）》。3月18日区委常委会会议、5月23日区政府常务会会议专题研究乡村振兴对口帮扶工作。制定《芙蓉区2022年度乡村振兴对口帮扶麻阳县工作计划》，支持麻阳苗族自治县各项事业的长足发展。　（鲁红英）

【人才协作】 2022年，芙蓉区继续选派干部团队进驻麻阳苗族自治县对口帮扶，与麻阳苗族自治县31所中小学及兰里镇、高村镇2所卫生院建立结对帮扶关系，选派袁霞、皮向宇等20名优秀教师、12名医技人员到麻阳开展支教支医服务，助推麻阳苗族自治县教育、医疗卫生事业高质量发展。接收麻阳苗族自治县刘小小、龙巧玲等8名优秀干部，张叶、滕树连等20名优秀教师到芙蓉区组织部、商务局、行政审批局等区直部门及各中小学跟班学习。　（鲁红英）

【资金帮扶】 2022年，芙蓉区向麻阳苗族自治县拨付援助资金1100万元，投入资金占2021年度财政收入比例2.98%。援助资金主要用于产业项目、民生项目、人才协作项目、巩固脱贫攻坚成果项目等10个项目建设。其中，龙升小学于2022年9月投入使用，岩门镇冰糖橙示范园区10月竣工，霞飞云果园亲子民宿项目12月中旬投入运营，江口墟镇芙蓉连心桥年底建成通车。年内，芙蓉区开展爱心助学、爱心资助等社会帮扶活动筹集援助资金48.57万元。　（鲁红英）

【产业合作】 2022年，芙蓉区隆平高科技园与麻阳产业开发区深度合作，合力共建隆平高科技园（麻阳）飞地工业园。隆平高科技园派驻干部主动参与园区规划设计、项目建设、招商引资、企业服务管理等工作。结合麻阳产业开发区“一主一特”定位，协调、引导入驻企业2家，实际到位投资472万元。湖南鸿信电子科技有限公司落户麻阳产业园区三期标准厂房4#楼，以打造家庭绿色照明、LED节能产品、LED智能镜等LED点光源控制及全套系列产品的研发、生产和销售，已注册在园区并投产运营，吸纳就业人数118人；湖南锦江珠穆电子科技有限公司，主营农业机械系列产品组装与经营，年内已办理营业注册，并采购部分设备进场。

（鲁红英）

【劳务协作】 2022年，芙蓉区与麻阳苗族自治县建立“点对点”劳务协作长效机制，促进就业供需精准对接，共同搭建“绿色通道”，既帮助麻阳劳动力解决就业，又纾解芙蓉区辖区企业用工招工难，实现共赢。芙蓉区坚持“三个同步”工作法，组织“芙蓉区春风行动援企招工小分队”到麻阳苗族自治县开展2022年“春风行动”暨“就业援助月”现场招聘会，打通芙蓉区“春风行动”援企招工工作的“最后一公里”，帮助麻阳有就业意愿的脱贫劳动力实现就业。开展2022年“就业点亮万家灯火”就业帮扶专场招聘会。举办1期电子商务培训班，50名麻阳农村劳动力参加，学员全部结业。年内，帮助麻阳苗族自治县农村劳动力转移就业339人，其中脱贫劳动力110人，在芙蓉区转移就业104人。（鲁红英）

【消费协作】 2022年，芙蓉区组织全区582家工会、近2.4万名会员参与消费帮扶活动，采购麻阳冰糖橙、小籽花生、福寿红糖、苗乡腊肉等农产品，金额477万元。

（鲁红英）

【专家指导】 2022年，芙蓉区利用省农科院、农业大学人才优势，邀请国家柑橘改良中心长沙分中心主任、享受国务院政府特殊津贴专家、湖南农业大学邓子牛教授团队，多次到麻阳对柑橘、黄桃等主导产业提供全方位科技指导。为麻阳苗乡果树种植、植保、病虫害防治与标准化建园、创建示范园等进行技术帮扶。通过省专家团队的技术指导，为麻阳培养雷定水、张湘云、龚开业等一批农业种植技术领头人，提升了麻阳本土果农的种植与管理水平。省专家团队为麻阳培训技术带头人100余人次，指导果园866.67公顷。（鲁红英）

·对口帮扶湘西州龙山县靛房镇·

【概况】 湘西州龙山县靛房镇下辖20个村（社区），总人口2.23万人。2022年，芙蓉区按照《长沙市对口帮扶龙山县巩固脱贫攻坚成果助力乡村振兴工作方案》，继续对口帮扶龙山县靛房镇巩固拓展脱贫攻坚成果，全面推进乡村振兴。（胡兴龙）

【帮扶工作调研考察】 2022年1月7日，芙蓉区政协主席喻志刚率区政协副主席、工商联主席赵小午，区政协、统战部、工商联有关部门负责人，区内爱心企业家24人到龙山县靛房镇产业示范基地实地调研；5月26—27日，芙蓉区人大常委会党组书记、主任伍艳飞率区人大常委会副主任李明权、区人大常委会相关委室负责人和部分区人大代表14人，到龙山县靛房镇产业示范基地实地调研；5月17日，龙山县委常委、副县长、长沙市对口帮扶龙山县工作组组长赵雪峰率县政府副县长田光治、尚晓琴及县直有关部门负责人12人，到芙蓉区考察岳麓山种业创新中心、湖南省茶业集团和英氏集团三家隆平高科技园内企业，就产业协同、平台服务、研发转化等方面的内容与企业进行沟通交流。（胡兴龙）

【基础设施建设】 2022年，芙蓉区拨付对口帮扶龙山县靛房镇项目资金850万元，于9月底前拨付到位，完成市级要求拨付资金的100%，资金部分由县里统筹使用，主要用于镇区道路黑化亮化工程，年内已完成下水管道铺设；向联星社区、燎原社区烤烟种植注入50万元资金，新修烤烟房40栋。（胡兴龙）

【农业产业发展】 2022年，龙山县靛房镇白茶产业通过“公司+村集体+农户”的模式辐射发展，已带动周边13个村（含其他乡镇）种植733.33公顷，冉家寨、比寨、齐心、半南等早期种植的村，均进入白茶丰产期，该产业为群众实现家门口就业，增加务工收入50余万元；羊肚菌种植规模不断扩大，实现高质高产，已辐射发展至周边5个村8个种植大户，向飞、彭英龙、彭英和等农户通过该产业脱贫致富，成为远近有名的本土技术专家；引进泰系朝天椒，由信地村集体带头示范种植10.67公顷，辣椒采收后又种植时令蔬菜，日常用工人数平均30人，用工天数100余天；实现烤烟种植面积240公顷，实现总产值1300万元，为400余人提供长期就业岗位。（胡兴龙）

【人才支援与交流】 2022年，芙蓉区继续选派2名帮扶工作队队员（队长：刘化祥，队员：胡兴龙）到龙山县靛房镇开展对口帮扶工作，配合靛房镇整体工作安排。长郡芙蓉中学选派1名教师（李娜）到靛房镇九年制学校支教。芙蓉区育才第二小学邀请湘西土家族苗族自治州龙山县第四小学开展线上教研活动，通过直播的方式，架起两校共话“双减”的桥梁，实现两校优质教育资源共建共享。（胡兴龙）

【社会帮扶】 2022年，芙蓉区人大、政协、区委统战部、工商联、财政局等集体和个人捐赠帮扶资金、爱心助学金及物资折合人民币92万余元。其中，区人大组织代表捐赠15万元，为靛房镇政府改善办公条件；区政协、区委统战部组织企业捐赠15万余元，为靛房学校添置直饮水设备等；区人大、区政协、财政局、民进芙蓉工委等集体和个人结对帮扶靛房镇贫困学生60余名，捐赠爱心助学金17万余元，并签订帮扶卡直至大学毕业；区政协组织辖区企业向靛房敬老院、九年制学校捐赠床、床上用品471套，价值55万余元。（胡兴龙）

【销售帮扶】 2022年，芙蓉区帮助销售靛房镇羊肚菌、蜂蜜、茶油、菜籽油、腊肉、朝天椒等农特产品185万余元，辖区内南景饭店、达曼平台及有关机关事业单位和干部个人在靛房镇购买羊肚菌腊肉、蜂蜜、菜油、茶油等农特产品43.5万元；长沙大河西农产品物流中心、长沙红星农贸市场帮助靛房镇信地村销售泰系朝天椒47.5万元。（胡兴龙）

行政审批服务

【概况】 2022年，芙蓉区行政审批工作以“强服务”“优保障”“稳大盘”为本职，把稳增长放在更突出位置，着力保市场主体，推进“放管服”改革，创新做优政务服务，以“软环境”夯实“硬支撑”，助力芙蓉经济社会高质量发展。年内，政务公开、政务服务、行政审批等多项工作获省市政务管理部门通报推广，接待中组部、国家税务总局、省政府、省司法厅、省市场监管局、省政务管理服务局等观摩和调研。2022年，芙蓉区获长沙市深化“放管服”改革和优化营商环境真抓实干督查激励奖项。（文　鑫）

【“放管服”改革】 2022年，芙蓉区行政审批工作将更多事项、权力向街道社区和园区集中，实现基层公共服务“一门式”全覆盖，高频政务服务事项在街道社区可“就近办”。年内，区行政审批服务局推进基层政务服务体系建设，构建街道社区“培训＋指导＋监督”闭环管理模式，确保权力“放得下”，基层“接得住”。加强对街道社区的行政审批窗口业务指导，安排局机关审批人员、专业法律顾问到街道社区指导业务办理，分条线建立工作微信群实时解答街道社区在审批办理当中的问题。开展效能监督，每半年集中对街道社区开展抽查，抽查案卷、规范流程，以督查促优化，构建区级—街道—社区三级规范化、标准化、便利化的政务服务体系。（文　鑫）

【“一件事一次办”改革】 2022年，区行政审批服务局围绕企业从开办到注销、个人从出生到身后的重要阶段的高频事项流程再造，减流程、优服务，简材料、推行“无证明”办事，对市场主体，实现企业开办、企业准营、员工录用、涉企不动产登记、企业简易注销5项政务服务一次办，降低制度性交易成本，培育壮大市场主体。对个人，实现新生儿出生、灵活就业、公民婚育、扶残助困、军人退役、二手房转移登记及水电气联动过户、企业职工退休、公民身后8项政务服务一次办，更好满足群众期盼、为群众提供便利。打造特殊群体服务“一件事一次办”。聚焦解决老年人、残疾人、孤儿、特困人员、特殊病患者、外来务工人员等特殊群体在办事过程中遇到的各种困难，打造特殊群体服务“一件事一次办”，帮助其享受更加方便、快捷的政务服务。已打造出“我要申请‘残疾人证新办’”“我要申请‘无房无户’类新生入学”“我要申请残疾人‘两项补贴’”“我要申请‘高考身份证加急’”等特殊群体服务“一件事一次办”。（文　鑫）

【“12345”政务热线】 2022年，芙蓉区持续打造“未诉先办”政务热线品牌，提前科学研判，发布舆情预警，化被动接单为主动服务。构建“一二三四五”运转模式，每月一份热线分析报告，普通工单1小时回复，复杂工单1天内甄别受理，把好派单关、办结关、申诉关三个关口，重点督办未及时办结等四类工单，实现市交办，区受理，部门、街道、社区落实的五级统筹联动。年内，推进“12345”政务热线“一呼即应”改革，出台《长沙市芙蓉区“12345”政务服务便民热线“一呼即应”改革实施方案》，通过压缩转办层级，直接派单基层责任单位，实现分类分级快速响应，建立起“一呼即应”体系。针对影响公众健康和生命安全等41类事项建立“即诉即办”机制，承办部门接到诉求后第一时间赶到现场核实处理。2022年，签收“一呼即应”工单3037条，办结2792条，回访工单2735条，问题解决率87%，回访满意度99%以上。芙蓉区《“一呼即应”解决学生托管难》被评选为长沙市“12345”政务热线典型案例。“一呼即应”打造优质政务服务“总客服”被评为全省“放管服”改革“揭榜竞优”优秀成果。（文　鑫）

【政府信息公开】 2022年，芙蓉区政府门户网站发布各类信息5614条，包括政务动态2764条，领导信息82条，信息公开年报63条，通知公告470条，预算决算460条，回应关切114条，便民便企136条，专题专栏448条等。区政府门户网站总访问量586.97万次。受理政府信息公开申请101件，办理上年结转政府信息公开申请3件，已按规定办结98件，结转下年度办理6件。在政府信息依申请公开工作中，采用法律顾问审核模式，通过专业人员的严格审核，确保政府信息公开的质量和实效。2022年度在社会对芙蓉区政府信息公开评议中，对于“芙蓉区政府信息主动公开是否全面、及时、查询便捷的评议，芙蓉区重要政策法规解读工作是否及时、规范的评议，芙蓉区回应社会关切工作是否及时、规范的评议，芙蓉区政府网站发布的政府信息公开年度报告内容是否全面、规范的评议，芙蓉区政府网站依申请公开渠道是否便捷、畅通的评议，芙蓉区依申请公开办理是否依法、便民的评议”满意率均100%。

（文　鑫）

【“走流程、解难题、优服务”行动】 2022年，芙蓉区行政审批服务局联合区发改、教育、公安、人社、民政、城管、住建、卫健、医保等多个部门构建“走流程、解难题、优服务”工作服务体系，聚焦办事群众急难愁盼问题，发现堵点痛点问题，立行立改。4月29日，区委副书记、区长崔晓以普通办事员身份到区政务大厅“走流程”现场调度解决群众办事问题。年内，全区100余名领导干部以普通办事群众和窗口工作人员双重身份参与线上线下“走流程”，查摆解决各类高频事项问题24个。 （文　鑫）

【“清廉大厅政风监督员”聘任仪式】 2022年5月10日，芙蓉区行政审批服务局在区政务大厅举行“清廉大厅政风监督员”聘任仪式，为卜菲等10名选聘的政风监督员颁发聘书。政风监督员由企业代表、市民代表、人大代表、政协委员和党员代表组成，其中企业负责人占7成。政风监督员通过开展多种形式的监督检查，让监督触角直抵区政务大厅各个办事窗口的“神经末梢”，有效提升区政务大厅服务质效。

（文　鑫）

【承办全市“放管服”改革“揭榜竞优”工作现场观摩】 2022年7月8日，芙蓉区承办长沙市“放管服”改革“揭榜竞优”工作现场观摩活动，观摩团一行现场体验、参观世茂环球金融中心“24小时楼宇政务服务驿站”。活动由市行政审批服务局牵头组织，省政务管理服务局相关处室负责人、市局班子成员和处室（中心负责人），各区（县、市）行政审批服务局、相关园区行政审批服务机构、湖南湘江新区和自贸区行政审批服务机构负责人40余人参加。 （文　鑫）

【湖南省首例不动产查询业务“离厅办”】 2022年11月，芙蓉区行政审批服务局引进不动产自助查询终端并安装至世茂环球金融中心“24小时楼宇政务服务驿站”。该终端可查询不动产信息和不动产业务办理进度、打印不动产证明等，实现全省首个不动产查询业务“离厅办”、全天候“就近办”。

（文　鑫）

行政执法

【概况】 2022年，芙蓉行政执法局以打造精简高效执法体系为目标，聚集执法力量，突出综合行政执法工作统筹协调指挥职能，构建涵盖执法工作各项程序、各个细节的全方位、全覆盖制度体系。按照“社会治理重心向基层下移”总体思路，形成“综合执法+行业监管+基层治理”的“三位一体”区域执法新格局。2022年，办理行政处罚案件3.08万起，罚没款570余万元。年内，加大重大案件法制审查力度，将361件案件进行审核并提交局案审会集体讨论决议。 （陈倩羽）

【综合执法】 2022年，芙蓉区行政执法局将22个部门、24个领域、1493项行政处罚权以及与之相关的行政强制权（仅限行政强制措施）、执法检查权整合，形成大部门制执法体系，执法模式从条状“线性执法”向束状“综合执法”转变。年内，组织各行政执法中队开展教育类专项攻坚行动，全面严查、整治辖区内“无证无照”培训机构，办理教育类案件14起。联合茅台、五粮液、国窖、小糊涂仙酒厂对辖区内20余家超市、烟酒经营门店进行专项检查，办理知识产权类案件31起。

2022年7月8日，芙蓉区承办长沙市“放管服”改革“揭榜竞优”工作现场观摩活动 （区行政审批服务局　供图）

组织、协调辖区13个执法中队开展芙蓉区烟草市场“百日整治”无证户清理专项行动，严厉惩处卷烟无证经营问题，办理烟草类案件10起。开展安全生产大排查大整治专项行动，办理安全生产类行政处罚347起，罚款金额176.62万元。配合芙蓉区市场监督管理局对全区医疗美容机构、卫生服务中心、药店开展专项检查，查处办理药械化案件53件，完成食品类案件256起，完成1起涉刑案件的移送。

（陈倩羽）

【重点整治】 2022年，芙蓉区行政执法局开展市容环境卫生整治。联合街道、社区等部门推进市容环境卫生责任制，办理未履行“门前三包”责任行政处罚案件487起，规范整治相关违法违规行为9000余起。芙蓉区行政执法局联合街道和城管、市政、环卫、园林、住建、文明办等相关部门开展“门前三包”示范路建设工作，与门店签订《芙蓉区市容环境卫生责任告知书》1万余份，先后完成2批次27条示范路段创建及市容环境卫生责任制验收工作。同时，开展户外广告专项治理，加强户外广告门店招牌规范管理，年内拆除各类违规户外广告招牌202处，面积7044平方米。持续开展扬尘污染专项整治，实行24小时不间断巡查，要求渣土运输车辆出入工地要覆盖或密封，按照渣土准运证规定路线行驶，保证工地周边干净整洁。对违规运输、倾倒渣土行为依法从重处罚，办理渣土运输及工地扬尘类案件180起，处罚74.69万元。开展餐饮油烟专项整治，对餐饮单位是否安装油烟净化设备及油烟排放是否达标进行执法检查，对不符合排放要求的餐饮单位提出现场整改，年度办理餐饮油烟案件3起，罚款金额1.5万元。

（陈倩羽）

【专项执法】 2022年4月29日，长沙市望城区发生重大自建房倒塌事故后，芙蓉区行政执法局迅速开展违法建设安全隐患排查整治专项执法，配合街道及相关职能部门对违法建设进行摸底排查和拆除。行动开展以来，清理蓉园小区内楼顶违章搭建及“圈地占用”面积1.7万平方米；拆除农大红旗市场、滨湖商场、生物机电学院生机酒店楼顶违规加层、马王堆海鲜市场历史违建、火星新合村新合四组村民集体自建房等违法建设，采取“市区两级”联动方式拆除马坡岭生物机电职业技术学院周边违法建设及东岸东大门皮革市场楼顶加层、湘湖一村、东湖新寓小区楼顶加层。年内，全区专项行动共拆除全区各类违法建设806处，面积9.14万平方米。

（陈倩羽）

【为民执法】 2022年，芙蓉区行政执法局妥善处置民生诉求。整理汇编《热线工作办理指南》《申诉文档模板》等，全年接警13055件，其中区“12345”平台派遣8500件，市“12345”应急派遣2972件，市民电话举报1583件，按时办结率100%，平均回访满意率98.78%。受理涉改部门移送案源线索793件，受理群众来信来访67件，案源线索较2021年增长25%。组织开展市场价格专项执法检查，密切关注重要民生商品市场和药品价格变动情况，打击药品领域哄抬物价、擅自加价、囤积居奇等违法经营行为。

（陈倩羽）

【燃气专项执法整治行动】 2022年5月23日至6月6日，芙蓉区行政执法局开展燃气专项执法整治行动。湘湖行政执法中队执法人员对辖区内经营、使用瓶装液化气单位进行执法检查。执法人员先后对精彩生活超市食堂及周边燕食尚、真味优良、老长沙手工粉、德园包点等餐饮门店进行安全隐患排查，重点查看是否存在使用过期、报废或来源不明气瓶等行为，行动共排查餐饮经营户25家，下达责令改正通知书2份，要求经营业主立即整改到位，暂扣违规使用的液化气瓶7个。全区各行政执法中队均依法有序开展燃气整治行动，检查燃气经营、使用单位300余家，暂扣不符合规定的燃气钢瓶20余个。

（陈倩羽）

【酒类销售专项检查】 2022年9月1日，芙蓉区行政执法局联合区市场监管局对辖区酒类销售重点区域开展节前专项检查。检查以辖区商场、超市、酒类批发行、名酒专卖店为重点检查区域，查处不符合国家质量标准、不符合标识规定、以次充好、以假充真等违法行为。执法人员采取定点检查和随机抽查相结合的方式，特邀剑南春、国窖、五粮液、酒鬼等厂家鉴定人员参与。行动检查门店15家，查获涉嫌侵权的酒鬼内参酒24瓶、五粮液13瓶、剑南春6瓶、国窖4瓶。

（陈倩羽）

【马王堆海鲜市场联合整治行动】 2022年7月23—25日，芙蓉区行政执法局联合区交通运输局、市场监管局、交通执法芙蓉大队、交警大队、火星派出所及火星街道、东屯渡街道，开展“马路市场”联合

2022 年 7 月 23 日晚，芙蓉区开展“马路市场”联合整治行动

（区行政执法局　供图）

整治行动。联合整治行动从晚上 10 点开始，次日凌晨 3 点结束，包含马王堆海鲜市场周边 6 个路段及合围区域。行政执法局主要负责对占用人行道、天桥、公共广场区域设摊经营、店外经营等行为开展执法，并对经营设施设备和相关货物予以暂扣。行动出动执法干部 50 人次，开具整改通知单 24 份，劝导店外经营 53 起，劝离流动摊贩 26 起，暂扣电子秤 5 把，手推车 8 台。

（陈倩羽）

【行政执法综合素质提升培训】　2022 年 11 月 21 日，芙蓉区行政执法局分两期举行 2022 年行政执法人员综合素质培训班，培训参与人员包含局、大队机关及全区 14 个执法中队全体执法干部 290 余人。培训为全封闭式集中脱产学习，课程包括中共二十大精神，司法、城市管理、应急管理、执法业务实论及党课、廉政警示教育等课程。全体学员从“执法理论与实务”的学习中加强了对综合执法的认识和理解；从“文明执法、规范执法”的学习中提升了综合执法的业务水平。（陈倩羽）

【餐饮油烟专项整治行动】　2022 年 11 月 2—3 日，芙蓉区行政执法局对辖区重点区域餐饮单位油烟排放进行专项整治。执法人员集中在中午、傍晚用餐时段进行现场检查，查看餐饮单位油烟净化设施规范安装及运行情况，检查油烟净化器及风机是否正常开启使用、是否定期维护清洗、有无清洗台账等，确保餐饮单位规范经营、达标排放。执法检查出动执法人员 80 余人次，检查餐饮单位 34 家，对在检查中发现的 3 家存在运维、清洗台账记录不全和油烟排气筒设置不规范等问题的餐饮单位，责令其按要求立即整改。

（陈倩羽）

【交泰生活 App 涉嫌诈骗案】　2022 年 4 月，芙蓉区行政执法局根据相关法律法规，经过半年时间的调查取证及电子数据的司法鉴定，基本查实湖南交泰生活 App 涉嫌违法经营（犯罪）事实。5 月 10 日，区行政执法局将此案移送至长沙市公安局芙蓉分局。5 月 11 日，区行政执法局将“涉嫌犯罪案件移送书”抄送长沙市芙蓉区人民检察院。

（陈倩羽）

人力资源管理

【概况】　2022 年，芙蓉区人力资源和社会保障局以服务全区发展大局为中心，全力优化服务全区各单位及企业的人力资源管理，做好人才引进与人才服务工作，为全区各项事业发展储备人才力量。全区人才引进、人事管理、职称评定等工作有序推进。（夏　华）

【加快人才引进步伐】　2022 年，区人社局组织芙蓉区 2022 年事业单位公开招聘工作，完成招聘方案公示及组织笔试、面试、体检工作，全年共招聘工作人员 48 人。为进一步优化教师队伍结构，区人社局指导协助教育部门面向社会公开招聘教师 131 人。全年为 21383 人次的高校毕业生、1779 人次的留学生、1276 人次青年人才发放租房和生活补贴 1950.12 万元。为 259 名职工发放职业技能晋级奖励 65.6 万元。高层次人才申报 20 人，认定 16 人。

（夏　华）

【事业单位建立管理岗位职员等级晋升】　2022 年，芙蓉区根据《中共中央办公厅 国务院办公厅印发〈关于县以下事业单位建立管理岗位职员等级晋升制度的意见〉的通知》精神以及中央关于职员等级晋升制度有关工作的部署要求，在全区 184 家事业单位实施管理岗位职

员等级晋升制度，并完成首次晋升工作，全区 278 人晋升八级职员，18 人晋升七级职员，3 人晋升六级职员。（夏　华）

【企业专技人才队伍服务】 2022 年，芙蓉区职称工作技术等级认定工作有序开展，经过严格认真的材料评审区人社局初级初任认定 381 人，职称中级认定 5251 人，高级评审初审 166 人。（夏　华）

【自贸区芙蓉板块职称认定绿色通道】 2022 年 3 月 10 日，芙蓉区人社局在自贸区芙蓉片区举办“自贸芙蓉区块职称初任绿色通道暨人才政策专场解读企业沙龙”，为自贸区长沙片区芙蓉区块申报职称初任的专技人员开辟“绿色通道”，实现“政策找人、服务上门”的一站式服务,对符合初任条件的人才，现场接受申报材料，第一时间签发资格文件，并现场办证发证。华智生物、华智检测和光大牧业 3 家企业的 2 名民营企业专业技术人员获得初级职称，7 名民营企业专业技术人才获得中级职称。（夏　华）

【人力资源公共服务】 2022 年，芙蓉区人社局依法依规做好人才档案的接转和政策解释工作。全年开具调档函 1642 份，接转人事档案 1332 本，接待电话和现场咨询 4256 人次，现场办理事项 2200 余件，档案资料收集 1800 余份，开具各类证明 82 份，完成事业编人员档案零散材料的整理及装订共 852 本，均已全部归档。（夏　华）

外　事

【概况】 2022 年，芙蓉区外事工作依托自由贸易试验区长沙片区芙蓉区块，加强人文交流，扩大经济合作。协助海外中国公民解决困难，提供外籍人员服务保障，支持助力外企持续健康发展。全年外贸进出口总额 117.2 亿元，比 2021 年下降 16.46%。全年利用外资项目 24 个，外商直接投资 10182 万美元，比 2021 年下降 63.65%。区域外资企业 224 家，其中年内新增 21 家。（刘　婷　王　惠）

2022 年 1 月 7 日，马里共和国驻华大使迪迪埃·达科（S.E.M General Didier Dacko）（右三）一行到访中国（湖南）自由贸易试验区长沙片区芙蓉区块　（区融媒体中心　供图）

【马拉维离岸（中国）产业创新与交流中心成立】 2022 年 6 月 20 日，马拉维——湖南农业大学产学研合作基地、马拉维离岸（中国）产业创新与交流中心在湖南自贸试验区长沙片区芙蓉区块揭牌成立。马拉维共和国，位于非洲东南部，国土面积 11.8 万平方千米，人口 1960 万人。经济以农业为主，主要经济作物包括烟草、咖啡、茶叶、棉花、甘蔗。其中烟草是其最重要的经济作物。该基地的建立有利于中马双方在农业、渔业、产业、教育、人才等方面的合作，提升双方在消除贫困、消除饥饿、改善人居环境、提升就业、降低碳排放等合作水平和治理效能，促进马拉维转变经济增长方式。6 月 29 日，马拉维驻长沙总领事馆开馆，是非洲国家在湖南设立的首家领事机构。2022 年 12 月 1 日起，中国对原产于马拉维的 98% 税目产品实施零关税。（苏　洁）

【对非经贸合作交流】 2022 年 5 月初，芙蓉区推出“关于贯彻落实强省会战略的行动方案（2022—2026 年）”，在开放融通专项行动中提到，要持续推动与非洲国家共设交流中心，打通中非交流渠道，依托“中非农业发展与合作基地”，探索地方对非农业合作新模式。年内，先后有马里、马拉维、乌干达、加纳等非洲 15 个国家驻华使节到区考察，依托国际产业创新与交流中心，增强互信互通，推动湘非经贸合作走向深入。6月，马拉维离岸（中国）产业创新与交流中心在湖南农业大学挂牌成立。截至年底，芙蓉区块与5个非洲国家共设离岸（中国）产业创新与交流中心。

（刘　婷）

数据资源管理

【概况】 2022年，芙蓉区数据资源中心加强政府投资信息化项目的开发利用，夯实政府网站和政务新媒体管理，推进智慧城市和数字政府建设。年内，由中心和区行政审批服务局共同负责的“放管服”改革事项，在长沙市2022年深化“放管服”改革真抓实干督查激励事项评估中被评为全市4个表扬激励区县之一；区政府门户网站在长沙市政府网站年度绩效评估中排名第二位，被评为全市优秀政府网站，中心被评为政府网站管理工作优秀单位；芙蓉区综合指挥中心信息化建设项目，入选长沙市首批新型智慧城市区（县、市）建设试点示范项目名单，迎接市数据资源管理局、全市各区（县、市）数据资源部门调研观摩，获得典型经验宣传推介；在由中国电子信息产业发展研究院指导、中国软件评测中心主办的“2022年数字政府服务能力评估暨第二十一届政府网站绩效评估”中，区综合指挥中心入选全国2022年数字政府“三十佳”优秀创新案例，区政府门户网站在全国区县政府网站绩效评估中排名第43位；在由中国信息化研究与促进网联合国内多家权威机构开展的中国优秀政务平台推荐及综合影响力评估中，区综合指挥中心入选2022年度中国数字政府典型案例（十佳），区政府门户网站被评为2022年度中国优秀政务网站。

（黄　弋）

【政府门户网站与政务新媒体运维】 2022年，区政府门户网站发布信息1.4万余条。其中包括芙蓉要闻178条，区直各部门、群团组织、园区街道动态2585条，通知公告545条，政务文件7份，规范性文件16份，政策解读33篇，财政信息340条，人事信息137条，政务信息公开5700余条；微信公众号“芙蓉区人民政府网”推送信息111条。年内，区政府门户网站围绕为民办实事、优化营商环境等重点工作，优化长者专区、规范性文件库、便民便企、数据开放等栏目，建设年度政务公开工作要点、芙蓉区2022政务公开主题日、2022年“强省会”专栏、“六稳”“六保”工作专栏、优化营商环境、生态文明建设、乡村振兴、疫情防控政策措施等8个特色专题专栏。区数据资源中心持续抓好政府门户网站和政务新媒体常态化监测检查和督促整改工作，及时发现纠正错误，定期通报监测情况，年内定期组织全区各单位开展自评自查，保障政府门户网站和政务新媒体信息内容准确、表述规范、更新及时。

（黄　弋）

【政务网络安全保障运维】 2022年，区数据资源中心完成芙蓉区云计算中心网络优化升级工作，提升政务网络安全保障能力。7月参加“湖湘杯”应急演练，8月参加湖南省公安厅网络安全应急演练，在演练中，芙蓉区政务网络未被攻破，演练未被扣分。持续做好网络日常巡检和安全通报，出具安全监控报告12期；开展季度巡检4次，专项巡检2次；及时处置各类安全隐患和事件50余起，将网络安全风险降至最低。组织开展安全测评，对全区政务网络和云计算中心进行全面检查；对“芙蓉区应急指挥信息平台”“芙蓉区网格化管理系统”“融合通信系统”“长沙市芙蓉区行政执法综合管理平台”等业务系统进行上线前安全测试。年内保障区级视频会议150余次。

（黄　弋）

【信息化项目管理】 2022年，区数据资源中心编制出台《芙蓉区新型智慧城市建设“十四五”专项规划》，确定“一中心、一平台、N应用”基础技术框架，依托区综合指挥中心平台，赋能大数据运营、城市规划、基层社会治理、应急协同指挥。年内，对区市场监督管理局质量基础设施“一站式”服务平台、区财政局工程项目综合管理系统、区公安分局省委维稳平台等信息化建设项目实施技术指标评估、组织专家评审，对区人大预算联网系统运维组织项目验收，实现政府投资信息化建设项目的统筹集约、规范高效管理。配合区委政法委开展区域社会治理现代化试点工作，打造网格化社会治理平台，建立“党的建设”“公共服务”“社会治理”的“三位一体”管理模式，实现基层治理管理对象精细化、管理责任网格化、管理流程闭环化、管理手段智能化。配合区公安局“雪亮工程”项目建设，完成视频线路1860路的年度建设任务，将社会治理触角延伸至最基层、最前线。协助区行政执法局，按照“一网三体系”的总体架构，建立可视化、实时化、流程化的行政执法综合管理平台，实现执法办案全记录、执法事项明

2022 年 6 月 1 日，长沙市新型智慧城市建设区县（市）试点示范项目和统筹协同工作第一次例会在芙蓉区综合指挥中心召开

（区数据资源中心　供图）

确化、法律法规编码化、执法报文电子化、执法过程规范化。

（黄　弋）

【数字“智慧防线”】　2022 年，区数据资源中心在新冠疫情防控工作中负责大数据处理、提供信息化技术支持，年内处理“长沙市防疫通”系统数据 12 万余条，做到“日清日结、销号清零”；每日将场所码扫码情况推送街道，为基层精准研判疫情形势提供依据；对接三大运营商，发送检测提示短信，为街道、社区提供电子门磁服务，通过门磁感应和短信通知，助力基层更便捷高效地管理，构建芙蓉区的数字“智慧防线”。（黄　弋）

【芙蓉区综合指挥中心启用】　2022 年 1 月 29 日，芙蓉区综合指挥中心正式投入使用。中心按照“1 个总指挥中心 +N 个分指挥中心”模式，集城市大数据运营、城市综合管理、应急指挥协同等功能于一体，形成全区统一管理、总体调度、分级响应的城市综合管理体系，实现全区统一的日常综合管理和应急指挥协同。区综合指挥中心建设主要包括综合指挥系统、融合通信系统、行政执法综合管理系统、网格化管理平台以及指挥大厅智能化系统和基础设施建设 5 大部分，依托智慧芙蓉云和长沙市政务云的能力，建立“区—街—社区”三级联动的指挥架构。其中，融合通信系统整合全区公安天网、雪亮、交警、交通、应急、水利等视频资源，可向指挥系统、行政执法系统和网格化管理平台提供视频资源和通信能力，并可接入其他移动终端及数据集群，为城市综合管理、应急指挥、行政执法、治安防控、维稳与保卫提供支撑。年内，指挥中心已接入了天网、雪亮、教育等渠道的监控视频 1.4 万余路，应急云广播 992 路，基本实现全区域覆盖。

（黄　弋）

【长沙市新型智慧城市建设区（县、市）试点示范项目和统筹协同工作例会在芙蓉区召开】　2022 年 6 月 1 日，长沙市全市新型智慧城市建设区（县、市）试点示范项目和统筹协同工作第一次例会在芙蓉区召开。市数据资源管理局班子成员、各处室负责人和全市各区（县、市）数据资源部门负责人参加会议。会议集中观摩芙蓉区综合指挥中心运行情况和功能演示。在各区（县、市）汇报前段工作后，市数据资源管理局党组书记、局长张武表示，芙蓉区为全市提供了示范经验，全市要强化“云、脑、网、安、端”智慧城市基础设施建设，全面提升全市新型智慧城市建设统筹水平，打造全市“一盘棋”新型智慧城市示范城市。（黄　弋）

信访工作

【概况】　2022 年，芙蓉信访按照《信访工作条例》新要求，落实工作责任，优化工作举措，夯实工作基础，全力维护群众合法权益和全区社会大局和谐稳定。3 月 15 日至 5 月 25 日区委第四巡察组对区信访局党组开展巡察，并向区信访局党组反馈巡察意见 11 个方面 23 个问题，均按要求完成整改。年内全区化解信访积案 158 件次，芙蓉区被评为长沙市 2022 年度“信访积案化解工作考核优秀单位”，芙蓉区信访局被区政府评为 2022 年三季度“攻坚克难先进集体”。10 月 11 日，芙蓉区信访工作接待省委常委、市委书记吴桂英的督访，并得到肯定。12 月 9 日，《法治日报》第 6 版对芙蓉区切实化解信访积案经验进行宣传推介。（周　娟）

【信访组织调度】 2022年，区委常委会会议6次、区政府常务会2次、区信访联席会议20余次专题调度研究全区信访工作。区委主要领导7次专题调度信访重点工作，听取信访工作汇报，分析访情态势，部署信访工作。区委、区政府主要领导带头包案重点信访积案，5次现场接谈来访群众20批30人，全区县级党政领导17人包案疑难重点信访事项39件。区政府将信访工作纳入对街道和部门的绩效考核，每季度在考核大会上进行通报。年内全区各级信访4237人（件）次，与2021年持平。其中来信350件次、复查43件次、网信1928件次，来访795批次1916人次。（周 娟）

【信访接待】 2022年，芙蓉信访落实县级领导接访、下访、包案制度和街道（局）班子成员坐班公开接访制度。区政府在《长沙晚报》上公示县级领导干部公开接访安排，在区信访局接访大厅的公示牌和电子显示屏上公示当天接访领导的姓名和职务，进一步压实县级领导作为“关键少数”的“关键之责”。信访局班子成员轮流陪同县级领导接访，做好相关协调保障工作。全年县级领导公开接访289天，接待来访群众185批370人次，全部落实首接首办责任。省、市信访局通过视频系统抽查县级领导坐班接访情况10次，市信访局到区暗访县级领导坐班接访情况2次，接访领导均在岗履职。（周 娟）

【信访法制宣传】 2022年，芙蓉区组织开展国务院2022年颁发的《信访工作条例》（以下简称“条例”）学习宣传，将《条例》纳入区委理论中心组（扩大）学习、区委常委会、区人大常委会党组会、区政府常务会会议学习内容。5月30日，区信访局邀请授课专家对全区信访干部、公安干警进行专题学习辅导，学习内容有：《条例》出台的背景意义、亮点条文解读以及贯彻落实信访工作的建议等。培训结合实际，对《条例》进行深入浅出、言简意赅、通俗易懂的解读，为全区依法依规做好新时代信访工作提供了有力的指导。（周 娟）

2022年5月30日，芙蓉区召开《信访工作条例》宣讲培训会

（区信访局 供图）

【三无街道、社区创建】 2022年，芙蓉区信访“三无街道、社区”创建活动以“人民信访为人民”为工作理念，坚持标本兼治，综合治理，推动做好信访矛盾源头治理工作。年内，在长沙市“三无街道”创建工作中，韭菜园街道等11个街道被评为“2022年度长沙市信访工作‘三无街道’”，定王台街道、湘湖街道被评为“2022年度长沙市信访工作‘三无街道’先进单位”，创建“三无村（社区）”80个，实现年初创建率不低于80%的既定目标，比2021年增加5个街道。

（周 娟）

机关事务管理

【概况】 2022年，芙蓉区机关事务中心围绕服务区政工作大局，全面做好物业管理、安全保卫、餐饮服务、公车管理等方面工作，确保机关大院的高效运转，为机关干部职工提供安全、舒适、规范、有序的办公环境。2022年，机关事务中心获评区政府第三季度“真抓实干”单项奖。（向州辰）

【安全保卫】 2022年，区机关事务中心坚持疫情防控常态化举措，规范做好走廊、楼梯、电梯、卫生间和公务用车消毒，坚持健康码、行程码查验制度及食堂分食制度；制定机关大院安全工作计划及维稳工作方案，班子成员带队开展春节、国庆等节假日及各大活动期间安全隐患排查治理，制定并落实重点区域打卡检查、领导干部带班24小时值班值守等专项制度，注重强化安保队伍技能培训，提高机关大院安保队伍应急处置能力；优化服务意识，做好大院停车引导、信访维稳等工作，确保大院整体秩序良好。年内，区机关事务中心被芙蓉区公安分局评为“2022年度安全保卫工作先进单位”。（向州辰）

【物业管理】 2022年，区机关事务中心通过会务服务、硬件软件双促进模式，确保会务服务的高质量。全年办会2452场，没有出现失误；定期对物业配套工作进行全面检查，落实痕迹化管理，发现问题及时上报和整改，确保配电间、空调主机房、强弱电井、监控室及各类消防设施设备运转良好，保障干部职工的生命财产安全；绿化、保洁坚持常态化管理，定期、定人、定责清洗打扫办公区域，对大院绿化园林定期修剪，定期施肥，定期除草治虫。（向州辰）

【公车管理】 2022年，区公车平台实现从市级平台到区级平台再返回市级平台平稳过渡，保障全区各项政务工作用车，全年派车4553台次，无重大交通事故发生。全力配合卫健部门工作，在疫情防控前线担当起“摆渡人”角色；向各托管单位传达省纪委“互联网+监督”精神，为规避公务用车的不合规行为注入了一针“预防针”；持续优化司勤人员考核方案，通过评先评优，以点带面提升平台的服务质量。（向州辰）

2022年，芙蓉区政府机关大院整体环境　（区机关事务中心　供图）

【餐饮服务】 2022年，区机关事务中心从食堂环境卫生、用餐现场管理、员工作业管理、食材质量管理、饭菜及餐具卫生洁净状况等方面加大现场管理。推出小龙虾、卤蟹、关东煮等一系列特色美食；优化线上购物，打造“智慧食堂”，优化“和包食堂”线上购物程序，每周四向公卫大楼线上预订的干部职工送货上门；通过设置意见簿、微信工作交流群和面对面沟通交流的方式，广泛征求干部对食堂餐饮服务的意见，积极落实整改，确保问题及时清零。（向州辰）

中国人民政治协商会议芙蓉区委员会

编辑　　谭丽霞

综 述

【概况】 2022年，芙蓉区政协坚持以习近平新时代中国特色社会主义思想为指导，学习贯彻中共二十大精神，聚焦新时代人民政协工作，以“政协之能”服务“芙蓉之为”。重点履职工作在《人民日报》《人民政协报》等中央级主流媒体报道7次，在《湘声报》、“红星云”、“红网”等省级主流媒体报道14次，在《长沙晚报》等市级主流媒体报道7次。2022年芙蓉区政协完善专委会建设，设置委员兼职委办副主任，发挥专委会作用。年内，因工作变动等原因辞去委员身份11人，新增补委员12人，补选政协常委2人。截至年底，政协委员总数206人。

政治引领 把学习贯彻习近平系列重要讲话和区委政府决策部署同政协各项重点履职工作相结合，发挥政协党组把方向、管大局、保落实作用。全年开展党组理论中心组学习、党组会议、主席会议、常委会议、专家授课、现场观摩等形式集中学习25次。迎接中共二十大召开、宣传贯彻二十大精神与委员履职能力提升相结合，开展基层宣讲、专题研讨、专家授课、委员履职能力提升培训等15场次。发挥政协统战组织功能，组织“芙蓉区政情通报会”“大走访唱正气歌、大调研出金点子、大帮扶画同心圆”等活动。持续推进“书香政协”建设，常态化举行线上线下读书分享活动。严格请示报告制度，重大事项、重要工作、重要情况经党组集体研究后第一时间向区委请示。

服务大局 区政协领导班子成员联点开展项目推进、楼宇经济、安全生产、疫情防控、“百日暖企”等重点工作，凝聚稳定改革发展力量。探索创新区政协委员履职活动中心、界别委员工作室、街道委员工作室“一中心两室”履职阵地建设，城建界别委员工作室、“党建+楼宇”委员工作室、经济界别委员工作室相继挂牌成立。“党建+楼宇”委员工作室，获得“全省第二批示范委员工作室”称号。13个地区委员组委员工作室建设提标提质，委员工作室线上线下接待（受）群众访问2.75万人次，收集意见建议1399条，转化形成微建议、社情民意信息367条，解决具体问题222个。全年向市政协报送社情民意信息175篇，被全国政协采用3篇，被省政协采用5篇，被市政协采用15篇，其中《关系中小学生健康成长的课桌椅问题亟待重视》《加快中外合作大学落户长沙的建议》获副市长肖正波批示，社情民意信息工作获全市政协系统二等奖。全年在省政协云平台提交微建议192条，其中《关于早日推行政协委员电子证照的建议》引起省政协关注，促成开通电子委员证；《关于严查长沙中学校区电子烟售卖行为的建议》受到市教育局重视，启动校园专项整治工作；《关于芙蓉区政务大厅增设工商联络备案登记窗口的建议》被政务中心采纳，增设工商联络员备案窗口提上议程。依托“芙蓉夜话”品牌，持续开展“群众吹哨、委员报到”系列基层协商活动，构建共商、共建、共治、共享的“芙蓉模式”，获得《人民日报》、“湘声网”等媒体专题报道，受到市政协主席陈刚肯定和好评。参与省、市政协联合调研，围绕“历史文化街区串联整合”“种业硅谷建设”“打造浏阳河百里画廊”等课题开展视察调研。在“传递一条信息、招引一家企业、服务一个项目、提出一条建议”的“四个一”活动中，引进企业41家（含重点纳税企业5家）。委员热心公益事业，开展结对扶贫、爱心助学等公益活动，累计为疫情防控捐款捐物50余万元。

队伍建设 制定《芙蓉区政协委员履职考评办法》《芙蓉区政协街道地区委员组履职考评办法》，颁布《政协长沙市芙蓉区委员会关于建设界别委员工作室的实施方案》《政协长沙市芙蓉区委员会主席会议成员联系街道政协联络处和界别实施办法》，强化委员履职管理。政协委员彭奕韬作为长沙地区唯一代表在共青团湖南省委成立100周年座谈会上作典型发言，委员屈芳被评为“湖南省消费维权优秀公益律师”，委员彭士平创建的项目获“第九届‘创青春’湖南省青年创新创业大赛”社会企业专项奖，委员袁异被评为“长沙市优秀共产党员”。

（刘丽君）

【创新委员履职基层协商模式】 2022年，芙蓉区政协拓展延伸“芙蓉夜话”，创新履职品牌，开展“基层吹哨、委员报到”暨“芙蓉夜话·政协篇”主题活动，推动政协协商与基层协商有效衔接、推进政协委员参与基层治理，探索出一条具有芙蓉特点的政协委员参与基层协商之路，其经验做法，分别在《人民日报》、《湖南日报》、《湘声报》头条、《湘声报》专版、红网、长沙电视台新闻频道等媒体报道。年内，举办3场“基层吹哨、委员报到”暨“芙蓉夜话·政协篇”主题活动。在东湖街道，开展城乡接合部自建房安全整治“百日攻坚”专项行动委员谈活动。荷花园街道开展“芙蓉夜话”之“党建引领促融合 坚守

2022年6月29日，东湖街道开展芙蓉夜话之“芙蓉夜话·东湖篇”主题活动，就城乡接合部自建房安全整治“百日攻坚”专项行动与委员交流

（区政协办　供图）

底线促安全”主题活动，协商解决街道在消防、燃气、建筑等领域安全问题。湘湖街道开展“基层吹哨、委员报到”暨“芙蓉夜话·政协篇”主题活动，协商解决南湖菜市场改造问题。地区委员组对接跟进相关职能部门，现场答复民众关切，宣传有关政策，把协商成果转化为履职成效。（刘丽君）

重要会议

【区政协六届二次全会】　2022年1月20—21日，政协长沙市芙蓉区第六届委员会第二次会议召开。开幕式20日在芙蓉区会议中心举行，大会应出席委员205名，实到186名。区委、区人大、区政府、区人武部、隆平高科技园、区法院、区检察院全体副县级以上领导出席，区政协老领导应邀出席会议。区委、区人大、区政府、隆平高科技园现任领导，区政协老领导在主席台就座，各街道党政主要负责人、区直部门、市垂直管理部门、驻区单位主要负责人等400余人参加会议。区政协主席喻志刚代表政协长沙市芙蓉区第六届委员会常务委员会向大会报告工作。黄小利、廖明辉、张勤繁、杨鲲4位委员作议政发言。会议期间，全体委员列席芙蓉区人大第六届二次全会。会议通过区政协第六届委员会第二次会议关于提案审查情况报告、区政协第六届委员会第二次会议关于常务委员会工作报告的决议、区政协第六届委员会第二次会议政治决议，通过《关于同意何益波同志辞免政协长沙市芙蓉区第六届委员会秘书长职务的决定》，采取等额选举方式补选政协长沙市芙蓉区第六届委员会秘书长、常务委员。（徐舒婷）

【区政协常委会会议】　2022年，芙蓉区政协常务委员会会议召开5次。

1月14日，芙蓉区政协第六届委员会常务委员会第一次会议，审议通过《政协长沙市芙蓉区第六届委员会第二次会议筹备工作方案》《政协长沙市芙蓉区第六届委员会常务委员会工作报告（草案）》及大会其他发言材料，审议通过届中政协委员调整人选、政协第六届委员会秘书长及常务委员补选候选人选，研究其他补选相关事项。

1月21日，芙蓉区政协第六届委员会常务委员会第二次会议，听取六届二次会议分组讨论综合情况汇报，审议通过《政协长沙市芙蓉区第六届委员会第二次会议提案审查情况的报告（草案）》，审议通过区政协六届二次会议各项决议（草案）。

4月18日，芙蓉区政协第六届委员会常务委员会第三次会议，宣读《助力芙蓉招商，促推产业转型——致全区政协委员的倡议书》，号召全体常委带头围绕“揭榜攻坚”和“一年一件事”两项区委中心工作，投入全区经济建设和项目招商工作中，传达学习《政协长沙市芙蓉区委员会2022年工作要点》《芙蓉区政协2022年协商与监督工作计划》《主席会议成员联系街道和界别实施办法》《芙蓉区政协街道地区委员组履职考评办法》相关文件。就重点提案的相关情况、委员界别调整和委员工作室的相关情况予以说明。邀请长沙市政协政研室副主任车昭益，就如何高质量撰写社情民意信息作专题培训。

7月13日，芙蓉区政协第六届委员会常务委员会第四次会议，邀请湖南大学湖南发展研究院研究员兼培训中心顾问赖建明以《新时代政协委员履职与担当》为主题为全体常委授课，传达学习习近平相关重要讲话精神和省政协主席李微微

《在全省市县政协主席研修班上的辅导报告（节选）》主要精神，汤炳煌、彭士平、戴泉三位委员围绕委员履职能力提升进行履职交流发言。会议通报二季度各地区委员组工作情况。

12 月 30 日，芙蓉区政协第六届委员会常务委员会第五次会议，传达学习中共二十大精神，审议通过《政协长沙市芙蓉区第六届委员会第三次会议筹备工作方案（审议稿）》《政协长沙市芙蓉区第六届委员会常务委员会工作报告（审议稿）》及大会其他发言材料，审议通过《政协长沙市芙蓉区第六届委员会第三次会议提案工作报告（草案）》，研究届中政协委员调整情况、政协常务委员补选候选人选及补选《选举办法》及其他补选相关事项。

（徐舒婷）

协商议政

【概况】 2022 年，芙蓉区政协丰富协商方式，增加协商频次。以常委会专题议政为重点，形成专题协商、界别协商、对口协商和提案办理协商为常态化的协商议政新格局，推动政协协商民主多层制度化发展。全年开展全会协商 1 次，常委会专题协商、界别协商、对口协商 8 次，提案交办协商 4 次、提案调研协商 5 次。区政协主席团会议成员针对“隆平片区规划建设”“全面加强诉源治理工作，推进芙蓉区基层社会治理现代化”开展 2 次专题协商。召开协商座谈会，区政府有关负责人、芙蓉区相关职能部门负责人、部分政协委员参加。2 次协商分别形成《坚定不移跨河东进 加快推进隆平新区高质量发展》《全面加强诉源治理工作，打造基层社会治理“芙蓉标杆”》调研报告。依托“芙蓉夜话”品牌，持续开展“群众吹哨、委员报到”系列基层协商活动，助力构建共商、共建、共治、共享的“芙蓉模式”。

（易芳平）

【推进基层社会治理现代化专题协商】 2022 年 5 月 31 日，芙蓉区政协召开“全面加强诉源治理工作，推进芙蓉区基层社会治理现代化”协商座谈会。区政协主席团会议成员、部分政协委员，区法院、区委政法委、区政府办、区司法局、定王台街道相关职能部门负责人参加。会上，区法院副院长贾长俐汇报芙蓉区法院开展诉源治理相关工作，区政协社会法制和民族宗教委主任陈卓汇报了诉源治理调研协商工作方案，区政协委员杨鲲作诉源治理调研协商相关工作发言，区委政法委、区政府办、区司法局、定王台街道相关负责人发言。区法院院长李才坤表示以调研协商为契机，全面加强诉源工作，推动打造共建、共治、共享格局。区政协主席喻志刚讲话，对芙蓉区诉源治理工作成效给予高度评价。

（徐舒婷）

【隆平片区规划建设专题协商】 2022 年 12 月 2 日，芙蓉区政协召开“隆平片区规划建设”专题协商会，区政协主席团会议成员、城建界别政协委员在，隆平片区开发建设指挥部、隆平园、城建投、资规分局、教育局、自贸办等部门，东岸、马坡岭、东湖街道负责人参加，区委常委、副区长刘宪，区政府三级调研员王勇应邀出席。会上，设计单位汇报隆平片区控规修编相关情况，与会城建界别委员们就如何更好推进隆平片区规划建设建言献策，职能部门及街道主要负责人交流发言。

（刘丽君）

调研考察

【概况】 2022 年，区政协以“大调研出金点子”开展深层次调研，

2022 年 11 月 3 日，芙蓉区湘湖街道“基层吹哨、委员报到”暨“芙蓉夜话·政协篇”主题活动在湘湖社区服务大厅举行　（区政协办　供图）

针对诉源治理、教育双减、袁家岭中央文化区建设、白果园历史文化街区、界别委员工作室建设等主题开展调研考察。形成《坚定不移跨河东进 加快推进隆平新区高质量发展》《精准落实“双减”政策 办好芙蓉幸福教育》《全面加强诉源治理工作，打造基层社会治理“芙蓉标杆”》《“文化＋商业”融合发展，打造省会超级文化 IP》等调研报告。《全面加强诉源治理工作，打造基层社会治理“芙蓉标杆”》《“微”“云”现民主》获 2022 年度全省政协系统调研报告二等奖，《浅谈强化政协委员责任担当》获 2022 年度全省政协系统调研报告三等奖。参与配合省、市政协联合调研，围绕“历史文化街区串联整合”“种业硅谷建设”“打造浏阳河百里画廊”等课题，在白果园、隆平园、浏阳河等地开展调研。（刘丽君）

【袁家岭中央文化区建设调研】

2022 年 4 月 12 日，芙蓉区政协副主席、区工商联主席赵小午带队经济科技界别组委员到朝阳街道调研袁家岭中央文化区建设工作。区委宣传部常务副部长易利平、朝阳街道党工委书记尹亮陪同调研。考察团一行参观湖南文化广场（二期）、长沙戏剧街项目现场，深入了解实际情况，随后在湖南省京剧保护传承中心会议室召开座谈会，听取袁家岭中央文化区建设工作相关情况汇报。袁家岭中央文化区以袁家岭为中心，面积 3.16 平方千米，2021 年 4 月启动建设。经过一年多探索实践，袁家岭中央文化区向以文焕新、以文促市、以文强产的目标迈进。湖南省京剧保护传承中心、湖南省湘剧院、湖南省花鼓保护传承中心、湖南文化广场相关负责人与委员进行交流。委员们提出引进专业化商业运营管理机构，进行分类招商、加强精准管理，关注群众需求、加强群众协调沟通，做好借力、借智、引资工作等建议。最终形成专题调研报告。（徐舒婷）

【隆平片区高质量发展专题调研】

2022 年 9 月 29 日，芙蓉区政协副主席陈庆带领部分政协常委和委员就“坚定不移跨河东进，加快推进隆平片区高质量发展”开展专题调研，区政府调研员王勇，隆平片区开发建设指挥部、区直相关部门、街道负责人参加。区直相关部门和街道就片区重点项目的铺排、控规修编、城市更新项目的进展、自贸区的开发建设、基础设施的组织实施、国有、集体土地的征收拆迁等方面的情况进行汇报。调研座谈会上，区政协与区职能部门和有关街道就如何加快推进隆平片区高质量发展进行深入交流。政协委员提出“加大宣传力度、提升片区品质和区域价值，加快腾笼换鸟、提升园区企业的产值和承载力，抓住城市更新的契机，大力引入社会资本”等建议。陈庆强调要提前谋划布局，科学铺排 2023 年重点项目建设计划，强化进度管理，抓好项目成效，加快推进隆平片区高质量发展。（刘丽君）

【区检察院公益诉讼专题调研】

2022 年 11 月 24 日，芙蓉区政协主席喻志刚带领区政协主席会议全体人员、法制界别组委员调研区检察院公益诉讼检察工作。区检察院党组书记、检察长盛智、副检察长谢丽梅陪同，区委政法委、区教育局、区住房和城乡建设局、区市场监督管理局等部门相关负责人参加。考察团一行视察了检察服务中心及“芙蓉花蕾”未成年人检察工作室相关工作机制，并召开座谈会。会上，盛智汇报 2022 年检察工作基本情况，并从公益诉讼办案、公益保护成效、公益诉讼效果、推进协同联动等方面介绍公益诉讼工作开展情况，就公益诉讼存在的问题和下一

2022 年 11 月 24 日，区政协主席会议成员视察检察服务中心及“芙蓉花蕾”未成年人检察工作室（区政协办 供图）

步打算作说明。区政协委员代表、相关职能部门负责人围绕公益诉讼的新作为、重点领域的公益维权、公益诉讼协同联动等方面展开交流。喻志刚对区人民检察院公益诉讼工作取得的成效表示肯定。他提出，区人民检察院要进一步完善公益诉讼实施细则和工作流程、与相关部门的外部衔接、政府职能部门协作配合机制，构建公益诉讼工作的长效机制。（刘丽君）

提案工作

【概况】 2022年，征集新一届政协委员提案102件，经审查立案70件。委员们建言经济建设，围绕优化营商环境、精准扶持优质企业、推动民营企业高质量发展等问题，提出立案提案18件；共议城市管理，围绕城市更新、小区管理、交通出行等问题，提出立案提案20件；协商文教发展，围绕文旅发展、基础教育、公共卫生等问题，提出立案提案19件；献策民主法治，围绕基层法务、志愿服务、应急安全等问题，提出立案提案13件。所有提案均在规定时间内办理完毕，沟通率100%，办复率100%，满意率和基本满意率100%。已经解决或基本解决的（A类）38件，占提案总数的54.3%；正在解决或列入计划逐步解决的（B类）30件，占提案总数的42.9%；暂不能解决的（C类）2件，占提案总数的2.8%。各承办单位采纳提案建议，提案成果得到有效运用。

2022年，区政协继续开展提案集中调研撰写月活动，围绕区委、区政府确定的产业发展、社会治理等事关全局的重点工作，确定重点提案6件，实行重点协商，重点督办。《关于高质量建设东部片区，为芙蓉经济发展增强新引擎的建议》和《关于锚定目标，精准招商，着力培育芙蓉区优质税源的建议》2件重点提案分别由书记、区长领衔办理。其余4件重点提案分别由政府条线分管领导领衔办理。所有提案在10月底办结。（易芳平）

【政协委员优秀提案】 2022年1月，区政协委员黄小利在六届二次全会提出《关于高质量建设东部片区为芙蓉经济发展增强新引擎的建议》的提案，提案主要内容为：1. 统筹策划、科学规划，为高质量建设东部片区绘“蓝图”。按照市委经济工作会议有关精神，依托2021—2035长沙市国土空间总体规划，从基础设施建设、配套服务、产业布局、区块功能定位等方面，全方位做好芙蓉东片地区总体设计。利用芙蓉东片区西临开福区马栏山视频文创产业园、北邻长沙市经开区区块链聚集区的地理优势，立足当前，着眼长远，牢牢把握“产业数字化、数字产业化”趋势，打造数字经济创新高地。2. 做好发展定位，谋好项目布局，为高质量推动东部片区产业升级定“方向”。打造以滨河路为轴心的浏阳河特色文旅产业带。加快东湖湿地公园、大红陶瓷文旅体验基地、隆平公园等文旅项目建设。依托隆平水稻博物馆、隆平生物种业创新中心等有影响力的品牌项目，整合该区域的稻文化、马汉文化、茶文化、军事文化，拓展沿河集商贸、娱乐、休闲、体验、实践教育于一体的特色文旅产业带。突出隆平高科技园的核心辐射功能。构建隆平片区与主城区、高铁会展新城、星沙片区、自贸试验区联动融合发展新格局。通过置换盘活周边用地，引入高端企业入驻，形成研发+孵化+市场的产业特色聚集辐射效应。3. 强基础、优配套，为高质量发展东部片区产业集群打“基础”。优化交通网络，为人流物流提供便捷。加快打通断头路，协调迁移驾考线路，形成畅通的路网。对接市相关部门优化该区域的公交线路，加强地铁6、7号线公交接驳点建设，争取地铁7号线沿营盘路东延，以汽车东站为中心打造长沙城东综合交通枢纽。完善关联配套工程建设，加快推进浏阳河东片高端商住综合体、商业中心、教育、医疗、政务服务等相关配套工程建设。抓住契机，紧抓长沙市获批全国首批城市更新试点城市契机，推动马坡岭、东岸、东湖三个街道和隆平园区的老旧小区改造，使城市更新和片区、园区高质量发展相契合。

在同一次会议上，委员廖明辉提出《关于加快推进城市更新为打造现代化新长沙建设标杆区贡献力量的建议》的提案。其主要内容为：1. 推动城市更新规模化、连片化、示范化。完善城市空间结构，实施城市生态修复和功能完善工程，强化历史文化保护、塑造城市风貌，注重居住社区建设，加强城镇老旧小区改造。2. 制定城市更新项目的经济核算模式。建立城市更新规划、建设、管理、运营全生命周期管理制度，改变经济核算方式，将城市更新所带来的增量部分税收，作为更新项目实施主体在项目运营期间收益来源。以时间换空间，以长期的增量税收实现项目资金平衡。3. 探索金融创新方式。设立区级城市更新产业基金，定位为政府引导性基金，资金来源是区级平台公司，同时吸纳社会资本。根据工作推进的不同阶段，城市更新可以分为“投资—建设—运营”三个环节，投融资也可能会出现投资基金化、建设信贷化、运营证券化的特点。4. 强化对城市更新项目的策划包装。向市政府争取开展区级城市更新的试点工作。在蔡锷中路两厢及西龙片区开展异地平衡模式的试点；在火车站西北片区开展城市轨道站点建设和TOD模式结合试点；在韶光片区开展既有建筑的“拆、改、留”研究试点。对于有历史意义和保留价值的老旧厂房和办公楼进行修缮、提升使用功能，没有保留价值的既有建筑，在尊重居民意愿的基础上予以拆除。（姚群峰）

政协专委会工作

【经济科技和外事委】 2022年，芙蓉区政协经济科技和外事委成立芙蓉区政协经济界别委员工作室，10月28日，委员工作室揭牌，经济界别委员们在会上交流分享中共二十大精神学习体会。界别委员参加“大走访唱正气歌、大调研出金点子、大帮扶画同心圆”活动，开展以“文化+商业”融合发展、打造全国超级文化IP专题调研，对袁家岭中央文化区项目进行实地调研和项目观摩，形成调研报告。

（易芳平）

【文教卫体和文史委】 2022年，芙蓉区政协文教卫体和文史委组织开展建设国家级义务教育均衡发展区的课题调研，形成《精准落实‘双减’政策，办好芙蓉幸福教育》调研报告。配合省、市政协视察调研，迎接市政协浏阳河百里画廊芙蓉区段调研，市政协组织的有市相关部门及各区县参与的“促进文体旅融合发展，助推建设世界知名旅游目的地”重点调研，“历史文化街区串联整合”专题调研。省市政协主席会议成员围绕“打造世界知名旅游目的地，助推强省会战略”主题开展联动调研，其间，调研组一行深入芙蓉区历史文化街区白果园，调研考察程潜公馆等历史文化遗迹和老城区的网红餐饮新业态。

（易芳平）

【社会法制和民族宗教委】 2022年，芙蓉区政协社会法制和民族宗教委组织召开区政协“全面加强诉源治理工作，推进芙蓉区基层社会治理现代化”调研协商工作动员会，组成调研组对区委政法委、区法院、区司法局等10余个区直部门以及部分街道、社区实地调研走访，并到天心区、岳麓区、望城区以及长沙市中级人民法院等地和部门现场调研，形成优质的调研报告。组织区政协对区法院金融法庭进行专题调研并助力工作推进。组织区政协主席会议和政协委员代表、部分区直部门民主监督及调研区检察院公益诉讼工作。（易芳平）

【农业农村和人口资源环境委】 2022年，芙蓉区政协农业农村和人口资源环境委成立芙蓉区政协首个界别委员工作室——城建界别委员工作室。9月13日工作室揭牌仪式当日，开展“为打造现代化新长沙建设标杆区贡献芙蓉城建界别力量”主题分享交流会。湖南中卓弈城市更新运营管理有限公司执行总经理廖明辉及界别委员就城市更新定义和背景、城市更新的思考、长沙市城市更新现状、城市更新操作思路分析4个方面进行授课分享。年内，开展“坚定不移跨河东进，加快推进隆平片区高质量发展”调研协商，对浏阳河以东及隆平片区项目进行实地调研和项目观摩，形成专题调研报告。（易芳平）

【委员学习联络委】 2022年，芙蓉区政协委员学习联络委组织在省政协韶山培训基地开展芙蓉区政协“学习贯彻二十大精神暨委员履职能力提升培训班”，40余名委员参加。策划走进蔚来汽车开展“贯彻落实强省会战略，聚焦助力新能源新基建发展”及“委员开放日”活动。组织委员工作室召集人及联络处负责人到开福区沙坪社区及雨花区守护绿心委员工作室参观学习，促进委员工作室全面提标、提质、提效。牵头组织成立芙蓉区首个“党建+楼宇”委员工作室，并在委员工作室揭牌当日，开展“蓝光善行，乐动芙蓉”活动。组织开展“情暖龙山、爱在芙蓉”爱心暖冬物资捐赠活动。

（易芳平）

中国共产党芙蓉区纪律检查委员会
芙蓉区监察委员会

编辑　　谭丽霞

综　述

【政治监督】　2022年，芙蓉区纪委监委以习近平新时代中国特色社会主义思想为指导，学习贯彻落实中共二十大精神，提升政治站位，将各级党组织学习宣贯彻中共二十大精神情况，纳入政治监督和政治巡察重点。紧盯重大决策部署，紧扣“强省会”战略实施、安全生产、疫情防控、重点投资项目、惠民资金使用等中心工作，紧盯自建房安全整治、违规举债和虚假化债、“洞庭清波”专项行动等重大决策部署，开展12次“一月一主题”全员监督，发现问题419个，督促整改414个，移送线索5条，下发监督提醒函33份。从严从实加强“一把手”和领导班子监督，查处陈某峰等一批乡科级领导干部。对存在履行安全生产责任不到位、提质改造项目监管不力、工作作风不实等问题的区直部门和街道，采取下发监督提醒函、直接约谈和集体谈话等方式，督促履职尽责。落实有关政策，对20余名受处分干部展开回访，帮助卸下包袱、轻装上阵。为受到不实举报的法院干警李某等3人澄清正名，提振干事创业精气神。严明政治纪律和政治规矩，从严监督党章和党内法规制度执行情况，压实各级“一把手”管党治党政治责任，推动全区政治风气向上向好。（符敏捷）

【推动民生实事落地】　2022年，芙蓉区纪委结合“我为群众办实事”活动，继续推进医保、社保、养老等民生领域专项整治，追回相关民生资金50余万元，发现并督促解决车位、厕位问题11个，对12家养老机构予以清退或调整等级。全程监督重点民生资金支出，全年累计监督发放低保帮扶、特困救助资金补贴2254.37万元。做好办信处访，全年接收信访举报197件次，涉及纪委监委业务内信访举报55件次，办结47件次，办结率85.45%，处理处分14人次。（符敏捷）

【推进作风建设】　2022年，芙蓉区纪委监察委查处违反中央八项规定精神问题14起23人次。推进基层减负工作，以社区出具证明过多为切入口，梳理摸排出39类开具频率较高的证明事项，推动取消无关证明24项，3项证明由社区据实自行决定是否出具。督促职能部门全力推进社区治理创新，明确社区工作责任清单、负面清单，清理取消社区（村）工作牌子640块。该工作得到市纪委监委主要领导肯定，获评区2022年度十大创新案例。构建亲清政商关系，主要负责人带头开展暖企走访活动，全委37名副科职以上干部走访企业56家，为企业答疑解惑、出谋划策。（符敏捷）

【案件质量评查】　2022年，芙蓉区纪委监委实行“一季一评查、一案一评分、一案一反馈、一季一点评”，推动完善案件质量保障和内控机制，提升全区纪检监察干部办案能力。先后制定《芙蓉区纪委监委案件质量评查实施办法（试行）》《案件质量评查标准及评分细则》。2022全年，对全委办理各类违纪违法案中的32件实行案件评查，其中优秀案件13件，良好案件16件，合格案件3件，分别占案件评查数的40.6%、50%、9.4%；无不合格案件。通过四次季度评查，发布共性问题清单4份，对参评的32个案件“一案一反馈”，发放32份评查报告，对参评案件逐一梳理并提出整改建议。（符敏捷）

重要会议

【区第六届纪委第二次全会】
2022年2月11日，中国共产党长沙市芙蓉区第六届纪律检查委员会第二次全体会议在区会议中心召开。出席全会的区纪委委员17人，区委、区人大、区政府、区政协负责人，区人民法院、检察院主要负责人，区直机关各单位主要负责人225人出席会议。全会总结芙蓉区2021年纪检监察工作，部署2022年任务，审议通过彭保刚代表区纪委常委会所作的《弘扬自我革命精神，推进清廉芙蓉建设，为打造现代化新长沙建设标杆区提供坚强保障》工作报告，周春晖发表讲话，与会人员集中观看市纪委监委制作的警示教育专题片《压倒性力量常在》。
（符敏捷）

【区纪委常委会会议】　2022年，芙蓉区纪委召开常委会15次，传达学习习近平重要讲话和指示批示精神以及中央、省、市、区重要会议精神，部署全局性工作，专题研究全区党风廉政建设和反腐败工作，提请审议重大决策、重要干部人事推荐、任免和奖惩、大额度资金使用等重大事项，审议相关违纪违法案件等。（符敏捷）

党风政风建设

【概况】　2022年，芙蓉区纪委监察委持续深入推进党风廉政建设和反腐败斗争，全年开展作风建设专项督查5次，发现问题63个，逐一反馈督促整改。坚持抓早抓小，斩断由风及腐链条，全年查处违反中共中央八项规定精神问题14起23人次，追缴违纪资金103.34万元。紧盯违规公款吃喝、红包礼金等重点，深入治理红包礼金突出问题，督促全区219家单位召开专题会议及自查自纠，签订承诺书3002份。查办违规收受红包礼金问题，累计追缴58万元。持续开展“5·10”警示教育活动，推进警示教育制度化常态化，以身边人身边事为故事原型制作廉政话剧《忏悔》，获得“学习强国”学习平台、“三湘风纪”、“清廉长沙”等新媒体专题推介。（符敏捷）

【清廉芙蓉建设】 2022年，区纪委监委结合芙蓉区域特点，构建清廉政务、清廉监督、清廉载体三位一体的实施体系。通过组建清廉政务联盟，制定清廉政务服务清单，开办亲清工作室、亲清课堂，在国金中心、世茂环球金融中心等重点楼宇打造清廉楼宇样板，助力营商环境进一步优化。创建“清廉监督员”队伍，塑造乔庄社区“清廉智慧管理平台”、恒达社区“清廉议事会”等特色品牌。绘制“一街一品、一行业一特色”清廉文化地图，整合全区31个清廉单元、13个阵地，打造初心映廉红色之旅、千年城心寻廉之旅等5条清廉线路，推出凤凰台廉洁文化小巷、九如巷廉政文化园、扬帆夜市清廉市场等一批示范点，授牌大同瑞致小学、育才第二小学、大同第三小学等10家“清廉学校”。在省委周边、长沙火车站等重点位置和城区主干道公交站台制作展播廉洁公益广告100余块；制作“清风主任”系列、“纪检人的十二时辰”、“选择”等微视频投稿“清廉长沙”公众号，拍摄全息影片《清风徐来廉润芙蓉》，在“芙蓉发布”公众号、清廉楼宇“亲清工作室”等平台播放，宣传清廉芙蓉建设成果。（符敏捷）

【为基层减负专题督导】 2022年2月至7月，区纪委监委以社区出具证明过多为切入口，由主要领导带队深入基层与社区书记面对面座谈交流，班子成员到社区实地走访，对全区81个社区（村）出具证明事项进行清理，梳理摸排出涉及7个部门（单位）和3个非区管单位的39类开具频率较高的证明事项。推动取消“家庭困难证明”“居住证明”“户口注销证明”“失业证明”等无关证明24项，明确“分居证明”“困难证明”“居住证明”3项证明由社区据实自行决定是否出具。同时督促职能部门全力推进社区治理创新，明确社区工作责任清单、负面清单，清理取消社区（村）工作牌子480块，进一步为基层减负增效。该项工作获长沙市纪委监委主要领导肯定，《湖南日报》、长沙电视台专题推介。（符敏捷）

【芙蓉区“5·10”警示教育大会】 2022年5月10日，芙蓉区“5·10”警示教育大会在区文化馆召开，全区300余名党员干部参加会议，省、市纪委相关领导到场指导；市纪委副书记、市监委副主任朱远红，区委书记周春晖出席并讲话。在芙蓉区“5·10”警示教育活动现场，与会人员观看区纪委监委原创廉政话剧《忏悔》。话剧《忏悔》根据多个“身边人”真实案例改编，以情景再现的形式，还原涉案人员从意气风发的党员领导干部蜕化走上违纪违法道路的心路历程，现场参会党员干部深受触动。（符敏捷）

【清廉建设观摩活动】 2022年度全区各区直单位、街道以区委清廉建设方针为引导，结合实际打造了一批各具特色的清廉单元和清廉载体。7月，芙蓉区纪委监委组织开

2022年5月10日，芙蓉区召开警示教育大会。图为现场表演的廉政话剧《忏悔》（区纪委监委　供图）

展清廉单元建设观摩活动。区纪委监委领导班子成员、各派驻纪检监察组组长、各街道纪工委书记等30余人，分批到区行政审批服务局的“清廉大厅”、区检察院的廉政文化长廊、火星街道的“清廉合作社”、定王台街道凤凰台巷、国金中心的五一商圈党群服务中心等20个特色清廉单元创建点实地观摩，推动全区清廉建设持续深入。（符敏捷）

2022年7月，芙蓉区纪委监委组织开展清廉建设观摩活动，图为21日区纪委监委领导班子在国金中心观摩清廉楼宇建设（区纪委监委　供图）

监督执纪问责

【概况】　2022年，区纪委监委继续保持高压反腐态势，处置问题线索192件，立案75件，结案62件，处理处分190人次，留置14人，移送司法5人，挽回经济损失6072.96万元，运用“四种形态”批评教育帮助200人次。果断对涉嫌严重违纪违法的区管干部余某某采取留置措施。加强“一把手”和领导班子监督，对存在履职不力、作风不实等问题的党员领导干部，通过发函提醒、个别约谈和集体谈话，点对点下发监督提醒函32份，移交相关职能部门各类问题120个，督促履职尽责。先后开展自建房安全专项整治、安全生产隐患排查等主题监督3次。通过实地走访查看，发现并指出部分街道存在未按要求采取停业整顿措施、少数存在安全隐患房屋封条被破坏等问题31处，推动问题整改。（符敏捷）

【信访事项办理】　2022年接收信访举报197件次，其中涉及纪委监委业务内信访举报55件次，办结47件次，办结率85.45%，信访转立案3件次，处理处分14人次，其他非业务类信访举报件移交相关职能单位办理。2022年全区接收信访举报总量较2021年下降57%，受理的纪检监察信访举报较2021年总量下降32.2%，信访工作排名全市前列。班子成员带头领办包案、上门走访、带件下访，主动化解一批复杂疑难信访积案，2022年区纪委班子接访213批次235人次，督促办结积案4件，化解重复信访3件，祖某、邓某梅等多名信访人专程赠送锦旗致谢。（符敏捷）

【农村集体“三资”管理突出问题专项治理】　2022年，为落实习近平对农村集体资产、资源、资金（以下简称“三资”）管理中突出问题的重要批示精神，按照省、市纪委监委工作部署，芙蓉区纪委监委立足监督职责，督促有行政村的相关街道党工委和相关职能部门，履行好专项治理工作的主体责任。着力查处在专项治理工作中履职不力、作风漂浮以及贪占、截留、私分农村集体“三资”腐败案件。根据7个集体经济组织自查情况统计，共查摆问题181件，至2022年年底全部整改。区纪委信访室和案件管理室对2020年底以来受理的农村集体“三资”管理突出问题信访举报和重点问题线索全面清理，梳理出农村集体“三资”有关信访举报5条，问题线索3条，均按程序办理完结。（龙　艳）

【群众反映突出问题专项整治】　2022年3—5月，芙蓉区纪委监察委围绕百日暖企、营商环境优化、安全生产等领域中群众反映强烈问题纳入监督主题，通过实地走访调研收集一手资料和问题，发现乱堆乱贴、乱停乱占等顽瘴痼疾问题54个、街道社区政务服务需进一步便民利民的问题33个。对于乱堆乱贴、乱停乱占的问题移交相关责任部门立行立改，针对其中停车场管理不到位情况，对相关2名责任领导提醒谈话，督促限期整改到位。有关便民利民的问题分别反馈给街道、区行政执法局、区市场监督管理局等部门单位，帮助解决私人霸占停

车位、公共停车区私装地锁等问题12个、城市公厕设施损毁、设计不合理、指示标识不清等问题11个。（符敏捷）

【深化“洞庭清波”专项监督】2022年4月，为落实湖南省纪委监委始于2021年的解决突出生态环境问题专项监督工作，区纪委监委制定下发《芙蓉区2022年巩固深化“洞庭清波”专项监督工作方案》。针对市纪委监委2022年巩固深化“洞庭清波”专项监督第一轮集中督察和专项检查反馈问题清单，组织对马王堆街道等6个相关街道开展“一月一主题”专项监督，发现学习习近平生态文明思想不及时、河长制工作落实不细等问题5个。通过下发监督提醒函，督促相关单位强化学习习近平生态文明思想及重要讲话指示精神，做实做细日常巡查巡护工作。5月，全区各级纪检监察组织对标有关严查要求，注重发现全区生态环境治理工作背后的形式主义、官僚主义及背后的腐败问题，发现并督促整改问题8个，批评教育1人。（龙　艳）

【违规收送红包礼金问题专项整治】2022年5—6月，芙蓉区纪委监委在全区深化整治违规收送红包礼金问题工作，以问题为导向，分类监督检查。在“一月一主题”监督中，对违规收送红包礼金问题开展专项督查，对婚丧喜庆事宜报告情况和各街道一年来的财务凭证进行抽查。自2018年以来领导干部报告操办婚丧喜庆事宜的副科级班子成员次数65名，其他人员次数108名。通过信访渠道受理违规收送红包礼金问题线索举报2起，在办案件涉及违规收送红包礼金问题人数3人，其中科级班子成员1人、其他干部2人，均按照要求处理处分。（龙　艳）

【重点工作专项督查】2022年10月，芙蓉区纪委监委贯彻区委实施强省会战略推进高质量发展部署，派出9个督查组对全区13个街道和相关区直单位，围绕辖区内安全生产、2020—2021年审结工程款结算核减额度超过20%项目建设情况实施专项督察。通过检查、走访发现未制定具体工作方案、建立相关工作机制等问题6个，隐患排查台账不规范、个别领导干部安全责任落实不到位等问题14个，施工合同价款约定不明确、竣工结算核减率超过有关规定等问题15个。针对所发现问题区纪委监委对街道下发监督提醒函1份，督促街道党工委压实安全生产主体责任，严格执行楼长负责制。月底区纪委监委召开常委会专题会议，按照“谁带队检查、谁负责监督、谁整改验收”的原则落实整改情况，确保督察发现问题整改到位。（符敏捷）

巡　察

【概况】2022年，区委巡察机构按照《六届芙蓉区委巡察工作规划》《六届芙蓉区委社区（村）党组织巡察工作规划》要求，开展三轮巡察，组建12个巡察组，对17个区直部门、3个街道及所辖18个社区（村）开展常规巡察，对全区开展基层减负专项巡察。强化政治巡察定位，将学习宣传贯彻中共二十大精神情况纳入巡察监督重点范围，三轮巡察发现各类问题547个，推动立行立改问题18个，督促上缴及退缴资金9.19万元，向区纪委监委移交问题线索6条。年内配合市委第一提级交叉巡察组开展对西龙村、东湖村的巡察，派出1个提级交叉巡察组，对长沙县福临镇古华山村、泉塘街道泉星社区开展巡察。

队伍建设　组织巡察干部专题学习《新时代巡视巡察干部培训系列教材》，开展3次巡察干部培训。创新人员抽调方式，从区直单位轮动抽调干部，推荐5名改为非领导职务干部纳入市委巡察工作人才库，区委三轮巡察抽调5名改为非领导职务干部任巡察组组长。优先从中青年干部、五年内新进人才、绩效考核优秀等次人员、巡察人才库中抽调巡察干部。通过巡察岗位发现、培养、锻炼干部，2名巡察抽调干部得到提拔。（陈　媛）

【常规巡察】2022年，区委巡察机构对区委编办等17家单位党组织开展常规巡察。突出政治巡察，强化政治体检，开展问卷调查341人次、民主测评329人次，个别谈话402人次，走访调查25次，发现贯彻落实上级决策部署存在不足、职责履行不到位、意识形态工作责任制落实不力等“三个聚焦”方面的问题290个，推动超比例发放工会积极分子奖金、党务信息公开不及时等立行立改问题18个，向区纪委监委移交问题线索5条，督促上缴及退缴资金9.19万元。对东岸等3个街道党工委及所辖社区（村）党组织开展常规巡察，开展问卷调查590人次、民主测评612人次，个别谈话379人次，接待信访241人次。发现“以人民为中心”的理念树得不牢、违规发放津补贴、项目建设违规等“三个聚焦”方面的问题257个，向区纪委监委移交问题

2022 年 8 月 25 日，区委基层减负工作专项巡察组走访文艺路街道政务大厅　（区委巡察办　供图）

线索 1 条。组建巡察整改督察组，对整改期满的一轮巡察整改情况实施督察。五届区委第十二轮巡察暨巡察“回头看”反馈问题 118 个，督察发现未整改到位的问题 7 个，整改完成率 94.07%。六届区委第一轮巡察暨优化营商环境专项巡察反馈问题 61 个，已完成整改问题 59 个，基本完成整改的问题 2 个。六届区委第二轮巡察反馈问题 195 个，已完成整改 188 个，长期整改的有 3 个，未整改 4 个。整改工作取得了阶段性成效。扬帆夜市扰民问题突出，东屯渡街道和杨帆社区以巡察整改为契机，改变管理模式，整改成效显著，从“脏乱差”到“网红地标”，其变化在《湖南日报》、湖南电视台《湖南新闻》、“三湘风纪”微信公众号等多家媒体报道。

（陈　媛）

【基层减负工作专项巡察】　2022 年，基层减负工作专项巡察组深入 13 个街道 81 个社区（村）开展调研走访，召开基层干部职工座谈会 21 次，参会人员共计 192 人，到相关街道、职能部门核实了解情况并查阅相关资料 427 份。对收集的问题进行梳理汇总，列出报表多头重复报送、系统录入流程烦琐、职责不清导致互相推诿等 7 个方面的问题。向区委区政府提出关于强化专业技能培训、加快能力水平提升，完善政务数据共享、建设高效服务体系，厘清部门职能职责、破解基层治理难题，强化激励关怀机制、加强基层队伍建设的意见建议。

（陈　媛）

·表 6·　2022 年芙蓉区委巡察情况一览表

序号	轮次	巡察时间	所巡区属单位	组　长
1	第二轮	2022 年 3 月 15 日至 5 月 25 日	城管局	陈　新
2		2022 年 3 月 15 日至 5 月 25 日	市政设施维护中心	陈　新
3		2022 年 3 月 15 日至 5 月 25 日	交通局	朱卫东
4		2022 年 3 月 15 日至 5 月 25 日	公共工程建设中心	朱卫东
5		2022 年 3 月 15 日至 5 月 25 日	园林绿化维护中心	吴彩炼
6		2022 年 3 月 15 日至 5 月 25 日	市晓园管理处	吴彩炼
7		2022 年 3 月 15 日至 5 月 25 日	信访局	胡再平
8		2022 年 3 月 15 日至 5 月 25 日	市容环境卫生维护中心	胡再平
9		2022 年 3 月 15 日至 5 月 25 日	五届区委第十二轮巡察暨巡察“回头看”单位整改督查	唐宇平

·续表 6·

序号	轮次	巡察时间	所巡区属单位	组　长
10	第三轮	2022 年 7 月 6 日至 9 月 16 日	东岸街道及所辖社区	朱卫东
11		2022 年 7 月 6 日至 9 月 16 日	东湖街道及所辖社区（除东湖村）	张　涛
12		2022 年 7 月 6 日至 9 月 16 日	马坡岭街道及所辖社区（除西龙村）	胡再平
13		2022 年 7 月 6 日至 9 月 16 日	基层减负专项巡察	陈　新
14		2022 年 7 月 6 日至 9 月 16 日	六届区委第一轮巡察暨优化营商环境责任单位整改督查	高国宏
15	市委提级交叉巡察	2022 年 7 月 28 日至 8 月 18 日	东湖村、西龙村	唐宇航
16	第四轮	2022 年 10 月 27 日至 2023 年 1 月 19 日	商务局	贺岱权
17		2022 年 10 月 27 日至 2023 年 1 月 19 日	火车站地区综合事务中心	贺岱权
18		2022 年 10 月 27 日至 2023 年 1 月 19 日	网信办	张　涛
19		2022 年 10 月 27 日至 2023 年 1 月 19 日	编办	张　涛
20		2022 年 10 月 27 日至 2023 年 1 月 19 日	党校	张　涛
21		2022 年 10 月 27 日至 2023 年 1 月 19 日	发改局	朱卫东
22		2022 年 10 月 27 日至 2023 年 1 月 19 日	金融事务中心	朱卫东
23		2022 年 10 月 27 日至 2023 年 1 月 19 日	统计局	陈　新
24		2022 年 10 月 27 日至 2023 年 1 月 19 日	现代服务业发展中心	陈　新
25		2022 年 10 月 27 日至 2023 年 1 月 19 日	六届区委第二轮巡察单位整改督查	唐宇平

（资料来源：区委巡察办）

【扬帆夜市巡察整改见成效】2019 年 5 月，长沙市委第二提级交叉巡察组向东屯渡街道反馈了扬帆夜市扰民的问题，并指出市场管理松散、责任不明晰的症结。东屯渡街道和扬帆社区根据反馈意见开展整改，指导扬帆夜市重新制定管理制度，成立芙蓉区夜市企业管理服务有限公司，对夜市进行市场化运作与管理，重新与物业签订租赁合同，租金收益归扬帆小区共有，用于小区的公共设施维护和公益事业。针对一些商户经营不规范问题，部分餐饮店油烟直排、占道经营、噪声扰民等现象，2022 年 3 月，东屯渡街道集中力量开展扬帆夜市专项整治行动，规范夜市经营秩序。按照巡察组反馈的意见建议整改后，扬帆市场人流量激增，总长 1140 米的扬帆夜市成为长沙市规模最大的夜市，容纳 500 余个摊位，提供就业岗位 1300 余个，日均人流量为 4 万人次，高峰期日人流量 10 万人次。扬帆夜市成为“网红”以后，街道和社区推出爱心商家工作室、清廉市场建设、建立食品安全管理台账等举措，推动夜市从“网红”奔“长红”。相关事迹于 2022 年 10 月以《从“乌烟瘴气”到“抚慰人心”》为题在《湖南日报》等多家媒体报道。

（陈　媛）

民主党派 · 工商联

编辑　　谭丽霞

芙蓉区民主党派

【概况】 2022年，芙蓉区民革工委、民盟工委、民建工委、民进工委、农工党工委、致公党工委、九三学社工委7个民主党派的基层组织，下设支部（支社）49个，有成员1231人。其中任省人大代表2人，市人大代表、市政协委员30人，区人大代表14人、区政协委员64人。民主党派在区政协常委中任职23人，担任市、区行业特约监督员24人。民进芙蓉区工委主委张璎继续担任芙蓉区人大常委会副主任，民盟芙蓉区工委主委赵小午任芙蓉区政协副主席，新增致公党芙蓉区工委主委谢孟任芙蓉区政府副区长。2022年，芙蓉区民主党派成员被评为区优秀政协委员22人，优秀人大代表3人。 （邱辉平）

【参政议政】 2022年4月，芙蓉区各民主党派在区委统战部组织的“同心耀芙蓉 喜迎二十大”大调研活动中，参与政治协商，履职尽责更加有为。全年收集各民主党派参政议政、社情民意信息210余条，获市政协优秀提案（社情民意）9件（条）、区优秀提案2件。其中，民革芙蓉区工委彭昭的社情民意《关于加快推进快递隐私面单全覆盖的建议》被民革中央采用，廖月鹏《关于对新修订〈中华人民共和国行政处罚法〉听证相关规定出台省级配套文件的建议》社情民意被民革省委采用。民盟芙蓉区工委杨鲲撰写的社情民意《学校专职心理健康教师亟待更多关注》《建议进一步完善法院诉讼费管理制度》《建议在我省尽快推行新能源汽车家用充电桩峰谷分时电价》《关于加快我省文博产业数字化发展的建议》被省政协采纳，《全面加强诉源治理工作，打造基层社会治理芙蓉标杆》被省政协评为2022年度全省政协系统优秀调研报告二等奖，胡美娜撰写的社情民意《关于加强社区员额人员管理的建议》被市政协采纳，《关于加强诉源治理 打造新时代“枫桥经验”芙蓉模式的建议》获评芙蓉区优秀提案。民建芙蓉区工委黄小利提案《关于高质量建设东部片区 为芙蓉经济发展增强新引擎的建议》获评芙蓉区优秀提案，潘月圆的社情民意《民建湖南长沙市委走访会员企业和芙蓉区工委》被民建中央采用，屈芳提交的社情民意《民营企业商业秘密泄露影响国家经济安全应予重视》《化解互联网时代重大舆情和风险处置的建议》被省政协采用，李坤的《关于引导社会组织中的先进成员有序参与民主政治建设的提案》

·表7· **2022年芙蓉区民主党派基本情况统计表**

党派名称	副主委人数（人）	下属支部（个）	成员人数（人）	省人大代表数（人）	市代表委员数（人）	区人大代表数（人）	区政协委员数（人）	主要分布领域	特约监督员人数（人）	党外干部人数（人）		
											正科职	副科职
民革工委	2	7	140		1	1	10	同民革历史、同台湾各界有联系的人士，法律界人士	2	0	0	1
民盟工委	4	11	302	1	0	2	10	教育、文化	3	1	0	1
民建工委	2	5	179	1	3	0	8	经济、法律				
民进工委	3	9	145		5	4	11	教育、新闻出版	3	1	0	2
农工工委	6	8	232		3	1	8	医疗卫生	1	0	1	0
致公工委	4	4	123		3	3	9	侨胞、海外人士	7	1	0	1
九三学社工委	3	5	110		1	3	8	科技界	6	0	1	4
合计	24	49	1231	2	16	14	64		22	3	2	9

（资料来源：区委统战部）

《关于尽快出台措施留住本市重点高校人才的提案》《关于建设长沙数字化人才管理库的建议》被市政协采用，孔俊的社情民意《关于建设长沙数字化人才管理库的建议》被市政协采用。民进芙蓉区工委会员朱其奕的提案《关于常态化疫情防控背景下，不断加强民生物资保供的思考和建议》被民进中央采纳，贾晶的社情民意《关于抓好学雷锋活动常态化的建议》、张早平和朱世超的建议《建设省级金融创新示范区、打造湘江两岸“比翼齐飞”的省会金融高质量发展新格局》被省政协采纳。农工党区工委主委邓龙在《中华人民共和国反电信诈骗法（草案）》征集工作中，将草案中第十四条第二款中的原“风险共享”修改为“风险信息共享”的建议被国家立法机关采纳。致公党区工委陈谦的提案《关于打造全国感染诊断基因测序高地 推动长沙精准医疗高质量发展》获评市政协优秀提案，李荣的社情民意《关于长沙高铁南站出站口检查健康码、行程码及报告的问题》省政协转交省长信箱处理。九三学社区工委沈向昕的提案《积极扶持实体小店的发展，让城市经济的毛细血管更加畅通》、张西军等人的《关于巩固交通安全、建立桥梁智能监测的提案》获评市政协2022年度优秀提案。

（邱辉平）

【服务社会】 2022年，民革芙蓉区工委全年各类捐资帮扶累计近10万元，三支部主委孙湘晖向怀化麻阳采购2.5万元扶贫物资，所在企业三次累计采购6万余元扶贫物资，并通过区工商联和人大先后向困难群众和湘西扶贫办捐款1万元。民盟区工委先后在湘湖街道东湖社区、合平新村社区开展慰问活动，生物机电支部在微信平台募捐爱心款项3100元。民进区工委连续10年开展“雅韵三湘·送戏进社区”惠民演出活动。九三学社区工委开展“金种子”传统文化传播活动每周4次，免费发放弟子规书籍2000余册。

（邱辉平）

【支持民主党派加强自身建设座谈会在区召开】 2022年8月3日，芙蓉区支持民主党派加强自身建设发挥参政党作用座谈会在长沙现代产业服务园召开。区委副书记、统战部部长何溪桥，区政协副主席、工商联主席赵小午，芙蓉区各民主党派区工委主委，湖南民建理论研究（广发隆平）基地主任尹娴婷等人参加座谈。会议学习了《中国共产党政治协商工作条例》，传达市委统战部有关联席会议精神。各民主党派区工委主委分别就本党派如何加强自身建设发挥参政党作用的主要做法、下阶段工作打算及建议发言。湖南民建理论研究（广发隆平）基地主任尹娴婷介绍和分享了基地建设的经验做法。统战部部长何溪桥讲话，围绕“稳”“合”“新”三个关键词交流和分享了自己的体会。座谈会后，与会人员前往长沙现代产业服务园参观湖南民建理论研究（广发隆平）基地。该基地是湖南民建理论研究、人才培养及学术交流高地，召开一系列理论研讨会，围绕“民建在新时代如何更好地发挥作用”等重点课题，形成13个研究成果，分别获得全国民主党派工作调研报告一等奖、二等奖，中央统战部一局民主党派工作调研报告二等奖、三等奖。

（邱辉平）

芙蓉区工商业联合会（商会）

【概况】 2022年，芙蓉区工商联下辖13个街道商会，4个行业及其他商会。年内，朝阳街道商会、马坡岭街道商会2个商会完成换届。区工商联主席（会长）会议召开，就优化营商环境，促进企业间沟通交流。2022年芙蓉区工商联构建亲清政商关系，注重做好年轻一代民营经济人士教育培养工作，为长沙高质量发展储备后劲、贡献力量。在全省营商环境评价中，位列长沙市中心城区第一名，获市政府真抓实干表彰。东岸商会被评为2021—2022年度湖南省“四好”商会。

优化营商环境 年内，开展调研走访活动，领导班子带队走访13个街道商会，2个行业商会，4个辖区内异地商会，125家会员企业。重点到辖区内湖南广发隆平创业园、长沙三九楚云大酒店等企业，长沙邵阳商会、湖南省山东商会等异地商会调研走访。参与“芙蓉520，我来服务您”企业服务日、银企对接会、招商推介会、万名干部联万企走访调研等系列活动。组织民营经济人士就营商环境进行座谈，开展万家民营企业评营商环境工作，举行2022年芙蓉区非公有制经济代表人士培训班培训。推动友好商会麻阳县工商联到区学习交流。

精准服务 创搭“芙蓉商汇”平台，构建政企沟通新格局，《中华工商时报》、中华工商网、《长沙要情》做专题报道。向各企业发放宣传《芙蓉区惠企政策申报指南汇编》。开展“送政策、解难题、优服务”企业专员行动，通过走访、调研、座谈等方式，为企业送关怀、送服务。联合区法院聘请律师调解员5人，在法院设立芙蓉区工商联（商会）调解工作站，受理会员企业的各类民商事纠纷、劳动争议纠纷等，为企业提供法律咨询和服务。年内办结2789件，争议金额近4000万元。各街道商会搭上“芙蓉夜话”，话经济、谋发展。区委书记周春晖、区长崔晓带领相关职能部门到“芙蓉夜话”现场，共商“网红商圈”高质量发展新路径。韭菜园街道推出“9·27”企业服务日为企业建立经常、高效沟通渠道。

（刘艳琴）

【推进光彩事业】 2022年，芙蓉区商协会和会员企业投身扶危济困、捐资助学等光彩事业，鼓励有实力、有情怀的商协会和民营经济人士参与“万企兴万村”行动，助力乡村振兴。争取在外知名人士回乡投资，造福桑梓。年内，区政协联合区工商联组织爱心企业家赴龙山县靛房镇九年制学校开展爱心助学活动；文化广场商会向麻阳第一锦江小学、浏阳岩前小学捐赠现金4万元，捐书及文具约36万元。开展“帮扶千村破零倍增”重点帮扶集体经济薄弱村专项行动，全区商会、企业与麻阳县20个薄弱村结对帮扶，至年底实现全部对接。万企兴万村“芙蓉一百”行动中，142家民营企业参加。

（刘艳琴）

【工商联助学扶困行动】 2022年1月7日，区工商联组织爱心企业家，赴湘西土家族苗族自治州龙山县靛房镇九年制学校开展爱心助学活动。芙蓉区政协主席喻志刚，区政协副主席、工商联主席赵小午，龙山县政协主席杨波参加捐赠仪式。活动中，长沙市芙蓉区代表团向靛房镇九年制学校7名困难学生每人发放1000元助学金，并向部分学生发放书包、文具等学习用品，同时向该学校捐赠现金15.345万元。

（刘艳琴）

【“万企兴万村”专题调研】 2022年3月15日，芙蓉区政协副主席、区工商联主席赵小午，区农业农村局局长周宏彬，东湖街道党工委副书记林灿等一行到东湖街道东湖村、湖南大汉美家云服务有限公司长沙分公司进行专题调研。此次调研通过座谈、实地走访，听取东湖村的产业发展现状及实际需求，了解大汉美家云的经营状况、用工需求、生产能力、基地建设、发展思路和存在的困难，街道商会开展“万企兴万村”及巩固脱贫成果与乡村振兴行动过程中的经验做法等情况。调研组与街道就下一步结对帮扶的内容和形式，推进乡村振兴和“万企兴万村”工作深入交流。

（刘艳琴）

2022年1月7日，芙蓉区政协、区工商联到湘西土家族苗族自治州龙山县靛房镇九年制学校开展爱心助学活动 （区工商联 供图）

【芙蓉·麻阳两地工商联共话乡村振兴】 2022年6月10日，芙蓉区工商联、麻阳县工商联乡村振兴对口帮扶联席会在芙蓉区政府召开，芙蓉区政协副主席、区工商联主席赵小午，芙蓉区委统战部副部长、区工商联党组书记刘瑜，麻阳县委统战部副部长、工商联党组书记张义臣，麻阳县工商联主席胡晓等9人参加。会上，双方就进一步加强两地沟通、深化合作共商良策。会后，张义臣一行参观湖南惠农科技有限公司，了解“互联网+农业”技术帮扶。

（刘艳琴）

【“万企兴万村”工作会议】 2022年10月27日，芙蓉区工商联召开“万企兴万村”工作会议，芙蓉区政协副主席、区工商联主席赵小午出席，芙蓉区委统战部副部长、区工商联党组书记刘瑜主持会议，各街道（园、局）分管负责人和台账填报专干参加。会议通报了当前各街道（园、局）“万企兴万村”行动推进情况，各基层商会开展交流。会议对“万企兴万村”行动台账系统填报进行了培训。根据台账，年内有101家区内民营企业参与“万企兴万村”系统填报，累计105个“兴村”兴村项目。（刘艳琴）

【优化营商环境培训】 2022年11月16日，芙蓉区工商联联合区委统战部、区委党校，在中国气象局党校开展优化营商环境、助推高质量发展——2022年芙蓉区非公有制经济代表人士培训班培训。芙蓉区政协副主席、工商联主席赵小午，芙蓉区委统战部副部长、区工商联党组书记刘瑜，区委党校常务副校长贾茜出席开班培训动员，工商联会员企业、政协委员企业负责人60余人参加培训。培训邀请长沙市人民检察院第九检察部副主任胡勇超、党校马列教研部副主任全建业、区人民法院二庭法官助理胡啸、湖南芙蓉律师事务所副主任钟文科4名专家围绕涉企有关案件，分析企业常见法律风险及如何防控等内容授课。（刘艳琴）

·表8· 2022年芙蓉区工商联下属商会一览表

序号	商会名称	负责人	企业名称及职务
1	马王堆街道商会	李立强	湖南马王堆建筑工程有限公司总经理
2	东湖街道商会	何隆跃	湖南百悦商业管理股份有限公司长沙分公司总经理
3	文艺路街道商会	雷武生（代）	湖南湘军教育科技展有限公司法人代表
4	韭菜园街道商会	邱灿国	长沙尚辰投资管理有限公司董事长
5	朝阳街道商会	曾　微	长沙聚正鑫业计算机科技有限公司总经理
6	湘湖管理局街道商会	柳胜（代）	湖南省三湘南湖大市场汽配城党支部书记
7	五里牌街道商会	彭雄杰	长沙都达投资管理有限公司总经理
8	火星街道商会	陈双华	长沙福和汽车服务有限公司董事长
9	东屯渡街道商会	易　伟	长沙景天大酒店有限公司董事长
10	东岸街道商会	陈建新	湖南标驰工程建设有限公司总经理
11	定王台街道商会	刘艳辉	长沙市泉昇酒店管理有限公司总经理兼党支部书记
12	马坡岭街道商会	张健鸣	翔天酒店管理有限公司董事长
13	荷花园街道商会	郭佩琼	长沙合杰世家建材连锁机构总裁
14	服装商会	柳义军	会长
15	布艺商会	杨新志	裕兴布艺
16	女企业家商会	佘继红	长沙市捷西实业有限公司董事长
17	文化广场商会	李斯奇	长沙市文汇图书有限公司董事长

（资料来源：区工商联）

群众团体

编辑　　谭丽霞

芙蓉区总工会

【概况】 芙蓉区总工会有14个街道（园、局）工会联合会。2022年新建芙蓉区职工服务中心，全区新建工会510家，新增工会会员4380名，现有基层工会1813家，会员13.58万人。2022年，区总工会强化职工思想政治引领，实施“党性教育+形势政策+基层治理+创新创业+知识技能”行动。省级劳模刘焕林当选为第十四届湖南省人大代表，朝辉劳模创新工作室被评为“全国示范性劳模创新工作室”。2022年，181名优秀产业工人和工会干部成为中共入党积极分子。针对芙蓉区小微企业建会难、职工入会难的实际，区总工会出台《关于推动党群服务中心建设加强楼宇商圈工会工作的指导意见》，按照重点企业示范建、楼宇商圈覆盖建、社区街道兜底建的原则，发挥楼宇党群服务中心阵地、人员优势，全区已建楼宇（商圈）工会联合会16家，覆盖职工近3万人。通过对标竞进，树立典型，区总工会选树“司机之家”“快递小哥之家”“模范职工之家”30个，“小三级”[由街道（社工委）、区域性和行业性联合工会及其辖内各法人单位工会所构成的基层工会组织体系]工会规范化建设典型30个。中石油大厦工会联合会获评长沙市“小三级”工会示范点，英氏控股有限公司工会委员会获评湖南省“职工之家”，袁家岭西南商圈工会联合会获评“长沙市楼宇商圈工会工作示范典型”，荷花园街道工会联合会荣获湖南省“百佳乡镇、街道工会”。加大资源配备力度，组建一支27人的工会社会工作专业人才队伍。（聂绮睿）

【职工思想政治引领】 2022年，芙蓉区总工会按照中共中央要求，坚持正确的政治立场，以“党建带工建”，弘扬劳模精神、劳动精神、工匠精神，加强工会系统工作人员理论学习，在工会系统全体党员职工中组织各类学习教育。年内先后开展工人阶级宣传月和“中国梦·劳动美”主题教育1场，近百名职工参与。开展“职工群众心向党——党史、工运史知识竞赛”活动1场，近百名职工参与。开展“党的二十大精神理论知识暨宪法知识竞赛”线上活动1场，线上活动持续5天，总阅读量2200人次，近1000名职工参与，50名职工获得奖品。组织区总工会工会系统人员集中学习中共二十大精神培训2场，各街道（园、局）工会联合会开展中共二十大精神微宣讲近20场，近2000名职工参与。（聂绮睿）

【职工群众文化建设】 2022年，芙蓉区总工会承办芙蓉区第十四届全民健身运动会职工乒乓球团体赛，球赛规模远超过往年，55支球队近500人参赛。省公安厅代表队获驻区单位组冠军，火星街道代表队获街道组冠军，长沙市公安局芙蓉分局获机关组冠军。各街道（园、局）工会联合会组织开展趣味运动会，辖区内1400余名职工参与。年内，区总工会为27家基层企业工会提供文体设施提质改造专项经费158万元。（聂绮睿）

【劳动技能竞赛】 2022年，芙蓉区总工会参与市级劳动技能竞赛7场，包含中央空调清洗清洁行业、汽车驾驶、汽修行业、物业行业等领域竞赛。本级工会组织开展职工劳动技能竞赛2场，包含网络安全和汽修行业，参与职工200余人。联合区委网信办在全区范围内开展以单位真实网络目标为对象的网络安全攻防技能大比武，全区党政机关、教育、医疗、媒体、互联网企业等重点行业领域40家单位的120余个重要信息系统参与实战演练比武，涌现出一批系统安全防护和应急处置能力优秀的单位和企业。几年来，芙蓉区总工会在全区范围内开展中央空调清洗清洁、网络安全等领域技能大比武，参赛队伍近100支，参与人数1000人次。（聂绮睿）

【工会基层组织建设】 2022年新建楼宇商圈5家，涵盖企业超过200家，吸纳会员近3000人。成立五一商圈工会联合会新就业形态分会，吸纳新就业形态劳动者近400人入会。在14个街道（园、局）成立新就业群体分会，重点打造非菜园街道“保安员之家”。2022年百人以上企业建会11家，发展会员2699人，实现全区百人以上企业建会动态清零。根据《湖南省总工会关于加强“小三级”工会规范化建设的意见》要求，按照企业要实、村（社区）要活、乡镇（街道）要强的思路，建立健全“小三级”工会组织体系，在全区打造30个“小三级”工会联合会示范点，申报市级示范单位1家，推荐1家“湖南省百佳乡镇街道工会”。按照《湖南省模范职工之家管理办法》要求，培育省级模范职工之（小）家2家，重点培育英氏控股集团申报省级模范职工之家。推动企业建立健全职工代表大会制度，抓好典型示范。在全区培育和选树了职代会和工资集体协商工作典型2家（湖南同力交通、国泰君安保安服务有限公司），含一家新就业形态群体。推荐2个“优秀职工代表提案”。举办工资集体协商指导员和社会化工会工作者的业务培训班；组织区域内所有工会社会工作专业人才参加长沙市总工会的岗位等级评定，推荐“长沙市职工最可信赖娘家人”2个。经费保障向基层倾斜，区总工会按照各街道工会年度目标管理考核结果，采取“以奖代拨”的形式给予5万～8万元不等的考核奖金作为工作经费。在企业工会层面，制定下发《基层工会规范化建设竞赛方案》，鼓励基层工会积极参与，为全区基层工会向上级工会争取专项工作经费85万。全年向基层工会下拨工作经费501.6万元。

（聂绮睿）

【产业工人队伍建设】 2022年，芙蓉区总工会持续开展“一户一产业工人”培养工程，使新增劳动力、下岗失业者、困难职工及广大农民工掌握就业技能和致富本领，近三年为4500余人提升职业技能。推动产业工人队伍建设改革，联合多单位开展县级产业工人队伍建设改革工作推进会，把行动统一到区委的各项决策部署上来。组织产业工人思想政治教育培训，邀请中共长沙市委党校副教授全建民以《从抗美援朝中吸取奋进的力量》为题，讲述伟大抗美援朝精神，近100名企业职工参加。 （聂绮睿）

【关爱职工服务】 2022年，芙蓉区总工会开展的“春风送岗”活动，50余家企业参加，提供的岗位类型有120余种。开展“夏送清凉”活动，发放慰问资金35万元，物资4200余份。“金秋助学”活动，为14名困难职工家庭子女发放助学金，发放助学款项共计8.5万元。依托“两节”送温暖活动、“新就业形态劳动者服务季”活动，向辖区内困难职工和企业发放了600张粮油提货券、向非湖南籍留长过年企业工会会员发放468张消费券、1000个新就业形态工作者爱心礼包，向困难职工和企业送上共计24.84万元的爱心慰问金和慰问物资，惠及职工3000余人。2022年，为2545人申请医疗互助补助金，发放补助金182.1万元，为女职工发放生育补助258人，补助金14万余元。全区新建母婴关爱室10家，儿童友好型企业3家。开展“爱在芙蓉”相亲活动100余场，参与职工6000余人。

（聂绮睿）

【职工合法权益维护】 2022年，芙蓉区抓实劳动领域政治安全，排查化解职工队伍稳定风险，参与劳资纠纷调查处理，推行厂务公开、民主管理、工资集体协商。联合区人社局、区法院成立劳动争议调解工作室，安排专业人员处理劳动争议案件。录制职工普法微视频4期，提供法律咨询和援助150例。组织开展工会法、宪法知识抢答竞赛，开展“尊法守法，携手筑梦”法律大讲堂10次，参与人数上千人。组织各级工会接待职工来信来电来访2万余人次，帮扶2万余名下岗失业职工实现再就业，协调劳动争议660余起。 （聂绮睿）

【户外劳动者服务站点建设】 2022年，在省、市总工会的支持下，芙蓉区总工会打造“三全一站”（服务内容全方位、服务对象全覆盖、服务时间全天候）式职工服务中心和“会—站—家”一体化“工会户外劳动者服务站点”，其中区职工服务中心和荷花园工会户外劳动者服务站占地面积280平方米，于2022年5月底完工，由芙蓉区政府免费提供场地，每月可服务劳动者600余人次。户外劳动者服务站点按照“配置十有”（有电视、空调、冰箱、桌椅、饮水机、微波炉、卫生间、报刊、工具箱、充电设施等），“解决四难”（吃饭难、休息难、饮水难、如厕难），

2022年6月10日，芙蓉区职工服务中心和工会户外劳动者服务站点（火星站、荷花园站）举行揭牌仪式 （区总工会 供图）

（“实现三合”（资源整合、条块结合、工作融合）的要求进行打造，2022年芙蓉区户外劳动者服务站点总计21家，包括荷花园街道4家，韭菜园街道3家，东屯渡街道、马王堆街道、文艺路街道、五里牌街道各2家，火星街道、东湖街道、朝阳街道、马坡岭街道、湘湖管理局、隆平高科技园各1家。已建成的21家户外劳动者服务站点遍布芙蓉区的主要街区，站点每天服务1000人次。社会各界力量为户外劳动者服务站点捐赠书籍5000余本，米面油等生活物品450箱。经基层单位自评申报、市总工会组织交叉考核评定并报市总工会党组会研究审议，芙蓉区火星站、芙蓉区荷花园站点被评定为五星级站点，芙蓉区五里牌社区站、芙蓉区军区社区站为四星级站点。其中火星站点受到全国人大常委会副委员长、中华全国总工会主席王东明到湖南调研期间考察。12月，全国总工会发布2022年“最美工会户外劳动者服务站点”名单，芙蓉区工会户外劳动者站点火星站上榜（全国2000个）。（聂绮睿）

【对口帮扶消费扶贫】 芙蓉区对口麻阳苗族自治县帮扶，与各部门联动，助推乡村振兴。2022年，区总工会筹措资金50余万元，采购麻阳消费扶贫物资，送给1400名区环卫工人。号召全区“百家工会、万名职工”参与消费帮扶，发动辖区内机关工会、街道工会、社区工会及企业工会购买麻阳消费扶贫物资，完成销售额518.2万元。四年累计帮扶销售冰糖橙、富硒大米、土鸡蛋、花生、红糖等农产品超过1500万元。（聂绮睿）

【英氏控股工会获湖南省“模范职工之家”】 英氏控股集团股份有限公司工会于2016年成立，至2022年底有会员493人，2018年被评为市优秀“职工之家”，2022年被评为省级“模范职工之家”。该公司工会不断规范工会帮扶体系的建设，开展一系列的困难职工帮扶工作。近年来，采取调查摸底，个人申报、工会核实的方法，建立、健全困难职工档案8人次，工会慰问困难住院职工20余人次，职工医疗互助住院补贴5人。资助被高校录取的困难职工子女、因病因灾致困职工。奖励职工技能提升30人次。自成立之日起，工会牵头坚持和长沙市第一福利院合作，开展多种方式救助帮扶孤残儿童，累计捐款捐物总价值200余万元。和搜狐合作，开展全国范围内的帮扶儿童成长活动，累计捐款捐物总价值2000余万元。（聂绮睿）

共青团芙蓉区委员会

【概况】 2022年，共青团芙蓉区委下辖组织733个，团员6133人。其中团委11个，团工委15个，团总支2个，团支部636个，学校领域团支部80个。2022年，芙蓉共青团把提供发展服务与鼓励成才建功紧密结合，倡导青年优先发展，激发青年担当作为，获得“社区青春行动优秀社区”（国家级）等荣誉，被《中国青年报》、“团建头条”等媒体推介。（丁 玲）

【思想引领团员青年】 2022年芙蓉区组织全区团员、青年、学生、少先队组织开展各类主题学习，依托“智慧团建”平台实现全区各级团组织专题学习全覆盖，“建团100周年大会精神”“党的二十大精神”等专题学习率100%。在“五四”青年节等时间节点开展“分批入队”“离队”“集体入团”等主题团日、队课活动，芙蓉“青年讲师团”开展党的重要会议精神学习宣讲十余场。开展2022年“喜迎二十大，筑梦新时代”系列活动，征集青少年美术作品350件，征文作品220篇。实施“雷锋家乡学雷锋”青少年志愿服务实践育人行动，发动青年志愿者以社区为阵地，结合“双减”，发挥社区青春行动实践育人作用。“芙蓉青年”微信公众号开辟“青年大学习”网上专栏，打造“青企建功强省会”“我的青春在基层”“团团科普小课堂”等专题板块，全年累计阅读22万余人次。（丁 玲）

【青年先进典型选树培育】 2022年，芙蓉区成立全市首家区级青年企业家协会，直接联系服务50名青年企业家，开展“青企建功强省会”系列活动，4名协会成员获“湖湘青年英才”“湖南省优秀共青团员”等省级荣誉，2名协会成员获“最美青年企业家”等市级荣誉，两个项目获第九届“创青春”湖南省青年创新创业大赛奖项，两家协会成员单位签署战略合作协议。打造“青”字号品牌，开展青年突击队建功活动，成立26支青年突击队，在应急处突、项目建设、疫情防控等急难险重任务中发挥生力军作用。加强“青年文明号”创建，落实“青年岗位能手”评选，强化“青字号”品牌宣传推介。做优志愿服务项目。发挥区青年志愿者协会作用，成立“河小青”行动中心，开展“暖冬行动”“长沙蓝”等志愿服务活动。

实施“青”护芙蓉志愿服务项目，凝聚青年志愿者力量，募集近30万元防疫物资，组织近万名青年雷锋志愿者活跃在疫情防控一线，协助服务隔离酒店、疫情防控宣传等志愿服务。（丁　玲）

【服务青年成长成才】 2022年，芙蓉区承接省“共青团与人大代表、政协委员面对面”调研，增强共青团“代言”工作的政治功能和社会功能。召开青年发展型城区建设工作部署推进会暨2022年青年工作联席会议，落实《湖南省青年发展规划（2021—2025年）》。建设线上线下“青年之家”青年综合服务平台，打造省、市、区级“青年之家”28家，开展各类活动500余场，实现全区各街道“青年之家”的全覆盖。促进青年创业就业，推出“青创合伙人”计划，选派区内90后青年干部与青年企业家结对共成长。联合区人社局开展“职业体验岗”计划，提供实习岗位近100个。落实“城市合伙人”计划，吸收超级实习生38名，1名实习生获评“长沙市优秀实习生”，1家企业被确定为“长沙市大学生就业实习基地”。（丁　玲）

【关爱帮扶青少年行动】 2022年，共青团芙蓉区委开展“我为青年做件事”暨基层团建调研活动，实施“希望工程一元捐”等希望工程品牌项目，援建龙山“希望小屋”10家，帮扶困难青少年家庭近30家，募集扶持资金近20万元。强化“12355”青少年服务台和青少年维权岗专业支持及品牌宣传，开展“中高考减压”“青春自护”等项目。委托长沙雏鹰、零点智能、星城学雷锋等团属青年社会组织开展“青年汇”“阳光剧场”“雷锋少年”等项目，1个项目获评省学雷锋志愿服务“五个一批”先进典型。开展“青春芙蓉·潮动七夕遇见你”等联谊交友活动、公考培训活动。（丁　玲）

【共青团基层基础建设】 2022年，共青团芙蓉区委推进国家级县域共青团基层组织改革试点工作，开展国家级社区青春行动试点工作，接受团中央、团省委的调研观摩，5月通过团中央改革试点验收，识字里社区成为团中央城市基层组织改革第一批试点社区，德政园社区和滩头坪社区获评团中央“社区青春行动”优秀社区（国家级），6月获《中国青年报》头版推介。充实团的骨干队伍，选任配齐挂兼职干部，举办2022年基层团干部培训班、“红领巾学院”第四期培训班及辅导员风采大赛。2个集体、2名个人获评省级荣誉；“团建协理员”行动计划获“团建头条”报道推介。扩大团组织覆盖，筹备区青联，完善以共青团为核心、青联为枢纽、青联组织社团为紧密层的青联组织体系。发挥“创益蜂巢”孵化基地平台优势，助推青年社会组织向专业化和规范化方向发展，两新组织中团的影响力逐渐扩大。（丁　玲）

【芙蓉区少先队社会化工作】 2022年，芙蓉区推进区域少先队社会化工作，构建覆盖面广泛、动员便捷、校内外有机衔接的少先队组织体系，41所中小学成立学校少工委，13个社区成立社区少工委，建立10余个少先队校外实践基地，先后有5万余名少先队员、800余名大中队辅导员以及20余名校外辅导员参与其中，少先队实践育人功能得以凸显。11月，团省委副书记、省少工委主任刘静一行到芙蓉区调研少先队社会化工作，先后到芙蓉区大同小学、隆平水稻博物馆，了解少先队社会化工作馆校合作模式情况。（丁　玲）

【长沙火车站春运“暖冬行动”志愿者行动】 在团省委、团市委统一部署下，2022年1月17日起，共青团芙蓉区委、区青年志愿者协会日均组织20余名青年志愿者参与长沙火车站“暖冬行动”春运志愿服务，为旅客提供秩序引导、路线指引、行李搬运、重点帮扶等贴心服务。青年志愿者来自长沙民政职业技术学院、湖南女子学院、长沙理工大学等驻长高校，还有来自华中师范大学、中国地质大学等高校返乡学子的参与。该项春运暖心服务自2017始，持续开展6年。（丁　玲）

【青少年学雷锋志愿服务行动】 2022年3月5日，共青团芙蓉区委联合区委宣传部（文明办）、隆平水稻博物馆、民建芙蓉区工委和长沙童话芙蓉校区等单位在隆平水稻博物馆举行“喜迎二十大，永远跟党走，奋进新征程”芙蓉区青少年学雷锋志愿服务行动，活动邀请数十名行动不便的困境青少年们与青年志愿者们一起参观展厅，合作绘画，共同度过学雷锋纪念日。区青年志愿者协会与隆平水稻博物馆联合成立区青协隆平水稻博物馆志愿服务分队，推动辖区青年志愿服务和青少年社会实践有机整合，团芙蓉区委书记钟泽平为志愿服务队代表、隆平水稻博物馆副馆长王伊伊授牌。（丁　玲）

【庆祝“五四”青年节主题活动】 2022年4月28日，由芙蓉区委组织部、团芙蓉区委、芙蓉自贸事务中心主办的庆祝五四青年节主题活动暨青年企业家座谈会在岳麓山种业创新中心举行，主题为“青春建功强省会，芙蓉英才勇担当”，团长沙市委副书记刘飞米，芙蓉区委常委、组织部部长何溪桥出席活动，来自芙蓉区各界的百余名青年人才汇聚一堂，共话未来。活动现场，“青创合伙人”计划上线开启；刘飞米、何溪桥为首届“全国乡村振兴青年先锋”“湖湘青年英才”获得者莫博程、农业农村部第四批“全国农村创业创新优秀带头人”申斌、带领青年企业家投身芙蓉建设的郑志刚、创业以来为芙蓉经济做出卓越贡献的彭杰颁发“芙蓉英才青年企业家金卡”。成立全市首个区级青年企业家协会，50余名青年企业家加盟。青年人才交流发言，分享创新创业故事，围绕区域产业发展、文化业态、能级提升提出意见建议。刘飞米、何溪桥在座谈会上讲话。（丁　玲）

【芙蓉区青年联谊交友系列活动】 2022年5月20日，芙蓉区总工会、团芙蓉区委、妇联在佳兆业商业广场联合举办“520潮趣乐享交友会”，与会嘉宾100余人，包括“免费观影＋浪漫约会＋甜蜜互动＋爱情招聘会＋超市大抢购+520双人餐”等多项活动，帮助年轻人增进感情，扩展社交圈。中国传统“七夕”节前夕，由区工、青、妇联合主办“青春芙蓉·潮动七夕遇见你”芙蓉区国潮主题单身青年交友活动，吸引120名单身青年参加。活动设置古风与潮流相结合的多种游戏互动环节，促成12对新人牵手。（丁　玲）

2022年4月28日，芙蓉区“五四”青年节主题活动暨青年企业家座谈会在岳麓山种业创新中心举行　　（团芙蓉区委　供图）

【“阳光剧场”走进湘西州龙山县】 2022年7月11日，共青团芙蓉区委联合湖南省体育科学研究所、湖南省体育科学以及长沙市零点智能青少年成长服务中心到湘西州龙山县华塘芙蓉学校，开展“雷锋家乡学雷锋”公益行志愿服务，为华塘芙蓉学校的学生带来“阳光剧场·运动促进心理健康”运动讲座、团队拓展活动、骨龄检测。从2021年始，团芙蓉区委联合零点智能以及芙蓉区各大社区开展“龙山乡村振兴行，共建华塘芙蓉学校”的活动，助力城乡青少年结对成长。活动开展以来，联系多方资源，为华塘芙蓉学校引进“阳光剧场·心理健康体验剧场”项目，构建科技实践和体育锻炼为特色的“一体两翼”成长格局。该次龙山行为30名品学兼优且爱好艺术的同学带来艺术用品九件套。（丁　玲）

【青少年书信绘画展示活动】 2022年9月20日，芙蓉区“喜迎二十大，青春跟党走”青少年书信绘画展示活动暨颁奖仪式在区政府机关会议室进行。区委副书记、区委教育工作领导小组组长何溪桥出席并致辞，区教育局党委书记、局长曾志伟，团芙蓉区委书记谢况翟参加。书信绘画征集活动历时两个月，全区中小学生参加，征集美术作品350件，征文作品220篇。其中获绘画美术作品一等奖2人，二等奖4人，三等奖6人，最佳组织奖5个。获征文作品一等奖2人，二等奖4人，三等奖6人，教师优秀奖12人。现场，来自马王堆小学和长郡芙蓉中学的获奖学生代表朗诵获奖征文作品，70幅优秀作品在芙蓉区政府大厅展陈。何溪桥代表区委向各位获奖同学表示祝贺并向全体教师表示感谢。（丁　玲）

【城市基层团组织改革试点工作启动】 2022年9月，城市基层团组织改革试点工作启动。该项工作由团中央直接推动，省级、地市级团委配套力量，区（市）团组织具体抓落实。11月，湖南共青团基层建设工作领导小组办公室制订《关于共青团城市基层组织改革试点的推进计划》，在长沙确定2个经济社会发展水平领先、青年城市化特征突出的社区作为试点单位，文艺路街道识字里社区被选为芙蓉区试点单位。当月，团省委基层组织建设部部长赵翔一行到识字里社区调研考察，召开湖南省共青团城市社区改革试点工作推进会。

（丁　玲）

【青年发展型城区建设工作部署推进会】　2022年12月15日，芙蓉区召开青年发展型城区建设工作部署推进会暨2022年青年联席会议，区委副书记、统战部部长、党校校长何溪桥，副区长谢孟出席会议。团芙蓉区委书记谢况翟传达青年发展型城市建设全国试点工作有关会议及市青年工作联席会议精神，宣读《芙蓉区推进青年发展型城区建设实施方案》。方案提出芙蓉区将以建设青年发展型城区为统领，深入实施青春规划工程、青春铸魂工程、青春建功工程、青春友好工程、青春安居工程、青春活力工程“六大”工程，全方位优化青年发展环境，组织部、人社局、文艺路街道3家成员单位围绕服务青年人才、青年就业创业、青年城市融入等情况作交流发言。方案经联席会议通过后，以区委名义发文。　（丁　玲）

芙蓉区妇女联合会

【概况】　2022年，芙蓉区妇联探索和创新妇女工作方式方法，把工作重心融入服务大局、服务妇女、服务基层上来，推动妇女儿童事业和经济社会协调发展，被评为长沙市“巾帼先进集体”。2022年，在常态化疫情防控中发挥巾帼作用，全区巾帼志愿服务者3600余人，入户宣传2.2万余人次，发放资料3万余份，心理咨询服务45人，慰问防疫一线女性干部1200余人。年内，芙蓉区隆平水稻博物馆被评为2022度“湖南省巾帼文明岗”。朱建军家庭被评为2022年“湖南省最美家庭”，吴国雄、黄山家庭被评为第十三届“湖南省五好家庭”。2户家庭获得市级“绿色家庭”荣誉，4户家庭获得市级“五好家庭”荣誉，6户家庭获市级“最美家庭”荣誉。刘晓凤等4人被评为2022年“长沙市三八红旗手”，文艺路街道办事处等2家单位被评为2022年“长沙市三八红旗集体”，芙蓉区检察院获2022年长沙市“巾帼文明岗”称号，邓金花获长沙市“巾帼建功标兵”称号。在2022年长沙市“女童权益保护公益教育金牌讲师”“女童权益保护精品课程”评选活动中，芙蓉区妇联推荐参评的胡湘静入选长沙市“女童权益保护公益教育金牌讲师”。荷花园街道恒达社区等4个社区入选长沙市示范“妇女儿童之家”。在芙蓉区“三八”国际妇女节庆祝会上，芙蓉区“三八红旗手”8人和“三八红旗集体”5个单位受到表彰。　（周　偲）

【妇联组织建设】　2022年，芙蓉区妇联贯彻落实全国妇联《“十四五”时期深化妇联改革方案》要求，完善基层组织体系，推进妇联组织建设改革“破难行动”落地见效。在两新组织中建立妇联50家，妇女小组、妇女微家20个，全区80个社区（村）实现“妇女儿童之家”全覆盖。坚持“服务大局、按需施教，分类分级、全员培训、注重实效”的培训原则，党建带妇建，确保区、街道（园、局）、社区（村）每年至少组织一次培训。6月29日，芙蓉区妇联召开第三届五次执委（扩大）暨芙蓉区妇联执委履职能力提升培训班，全区各级执委159人参会。街道（园、局）、社区（村）以政治理论辅导、业务

2022年3月8日，芙蓉区召开庆祝“三八”国际妇女节会议，为“三八红旗手”“三八红旗集体”颁奖　（区妇联　供图）

指导、讲党课等多种形式开展基层妇联干部和妇联执委培训100余场次。将基层宗教治理工作纳入家庭教育、家风建设、评优评先、巾帼建功等工作中，促进基层宗教治理工作。（周　偲）

【巾帼建功】　2022年，芙蓉区妇联采用线上及线下相结合的方式，开展"春风送岗位"活动，组织专场招聘会及各类招聘活动20余场次，参加招聘活动人员5万余人，成功介绍女性就业（含就业意向）2312人。组织参加职业技能培训女性人数（线上、线下）1068人，参加创业培训女性人数（线上、线下）890人。开展13场"春风行动芙蓉区专场招聘会"，提供育婴师、花艺师、茶艺师等适合女性的技能培训，为芙蓉区多名贫困单亲母亲实现家门口就业。联合中国人寿长沙分公司共同开展"关爱妇女健康 助力脱贫攻坚"项目，推广"长沙女性关爱保"健康保险。实施城镇低保和农村适龄妇女"两癌"免费检查重点民生实事项目工作，目标任务全面完成。联合芙蓉区总工会、团区委于"5·20"、七夕等节点开展5场单身联谊活动，区域内300余名单身青年参加。（周　偲）

【妇女儿童工作】　2022年，芙蓉区举办"男女平等国策""全国十二次妇代会宣讲""妇女权益保护""家风家教宣传"等活动200余场次，参加人员24500余人次。召开2022年芙蓉区政府妇儿工委全会及反家庭暴力工作联席会议，印发《芙蓉区妇女儿童发展规划（2021—2025年）目标责任分解书》。创建儿童友好型城市，围绕"政策友好、空间友好、服务友好"三个维度，做好芙蓉区儿童友好型社区试点工作。定王台街道丰泉古井社区将儿童友好社区建设与城市有机更新、"十五分钟生活圈"建设紧密结合，在湖南大学儿童友好城市研究室团队的指导下，探索以关爱城市流动儿童为重点的"儿童友好社区"建设。（周　偲）

【妇女儿童权益保障】　2022年，芙蓉区妇联在"三八"维权周期间开展活动10余次，发放宣传资料1000余份，提供咨询服务200人次。"4·15"安全教育日活动期间，开展线上线下宣传20余次。开展各项禁毒防艾宣传活动100余场次，制作展板、宣传橱窗200余块。反家暴宣传活动50余场次，活动参与2800余人次。宪法宣传活动50余场次，活动参与3500余人次。其他法律宣传活动60余场次，活动参与4000余人次。联合杨陶如家庭成长关爱中心在全区中小学开展性教育课程80余场，帮助少儿远离性侵犯。与公、检、法、司、共青团强化联动，为失独家庭妇女盛某某争取三年半减刑。年内，排查出婚姻家庭矛盾纠纷8起、重点儿童27人、重点家庭29个、困难妇女29人，做好后续"一站式"服务。区检察院批准逮捕性侵未成年人案件犯罪嫌疑人29人，区法院审结性侵未成年人案件7件。6月，成立芙蓉区妇联婚姻家庭调适服务——李玲工作室，为芙蓉区婚姻调解服务一体化建设提供更好的服务资源。年内，该工作室接待准离婚夫妻350对，调和106对，其中重点调解282对。（周　偲）

【关爱儿童项目】　2022年，芙蓉区投入5万元市级资金经费用于开展芙蓉区4个儿童早期发展（ECD）项目点的运营，新增恒达社区项目点，利用芙蓉区妇联副主席刘朝辉劳模工作室的名人效应，借助"妇儿之家"等阵地，做好辖区幼儿家庭服务，扩大普惠性早教范围。全年开展主题活动16场，家庭育儿咨询13个小时，服务230组家庭。开展"芙蓉花开"失母儿童关怀计划项目，截至年底，项目基金有上级资金20万元，连接全区50名失母儿童，提供爱心助学金、陪伴服务、户外活动等关心服务，实施情况作为优秀案例被选入省妇联维权手册。寒暑假期间，区妇联联合检察院、社会组织等单位开展家庭教育普法活动14场、防溺水等儿童关爱服务活动200余场，为全区6000余名儿童及家长提供关爱服务。（周　偲）

【家风家教指导】　2022年，芙蓉区启动家庭教育指导服务中心的试点创建工作，自4月起开展家风家教、家庭教育指导活动20余场，辖区内近1100名家长儿童参与活动。10月，下发《关于建议加快家长学校建设的通知》文件，加快社区（村）一级的家庭教育指导服务站点建设。2022年，芙蓉区实现城镇社区100%建立家长学校或家庭教育指导服务站点的目标。"5·15"国际家庭日前后，各级妇联组织集中开展了一系列家风家教主题活动。区妇联联合东岸街道妇联、芙蓉区妇儿维权中心、芙蓉区"星城家事"示范站点在壹普逻普法广场举办"以爱润家·温情共建"亲子沟通主题沙龙活动，20余组家庭参加；联合火星街道举办"弘扬家庭美德　共创文明新风"家庭教育主题活动，长沙市五好家庭、文明家庭代表以及火星街道辖区家庭90余人参加。“4·23”世界读书日前后开展组织亲子阅读活动24场。2022年在全区范围内评选出4户芙蓉区“绿色家庭”、8户芙蓉区“五好家庭”、12户芙蓉区“最美家庭”。

（周　偲）

【妇联工作舆论宣传】 2022年，妇联系统在各大媒体发稿500余篇。采取主题宣讲、线上直播宣讲等形式，组织3场芙蓉区妇联“百千万巾帼大宣讲”活动，2场“三八红旗手进基层”宣讲活动，1场“最美巾帼奋斗者进校园”宣讲活动。充实网评员、网宣员队伍，全区百余名网评、网宣员做好线上宣传，传播正能量。引领、指导全区各街道、社区和单位妇女开展垃圾分类工作，建立线上线下交流群，分发垃圾分类环保袋300余份。把垃圾分类作为评选社会和社区公益类先进家庭和优秀人物的主要条件之一，调动全民参与生活垃圾分类积极性、主动性。

（周　偲）

【“利剑护蕾”专项行动】 2022年，芙蓉区妇联根据省、市妇联“利剑护蕾”专项行动工作方案要求，联动公检司法研究讨论未成年人权益保护工作。组织召开芙蓉区维护妇女儿童权益暨妇联组织参与“利剑护蕾”专项行动调度会议，部署“利剑护蕾”专项行动摸排工作，行动共摸排重点儿童220个，重点妇女666个，重点家庭521个。市巡察组、省妇联评估组“守护花开”女童保护伞项目及未成年人保护工作调研对此予以肯定。联合长沙市杨陶如家庭成长关爱中心，在全区中小学及社区开展性教育课程83场，培养性教育讲师25名。联动区教育局在全区各中小学播放性教育视频200余小时，以学校学生及社区家长为主的9200余人直接受益，通过受益人的影响和宣传，间接受益人1.4万人次。

（周　偲）

2022年3月31日，芙蓉区妇联与长沙市杨陶如家庭成长关爱中心联合开展“守护明天——芙蓉区妇联儿童权益保护伞”活动。图为专业老师为幼儿园孩子做防性侵讲座

（区妇联　供图）

芙蓉区科学技术协会

【概况】 2022年，芙蓉区科协下辖1个园区科协，13个街道科协，81个社区（村）科普小组。芙蓉区科协学习贯彻中共二十大精神，贯彻落实关于科学技术的法律法规，为科技工作者服务、为提高全民科学素质服务。年内起草制定《芙蓉区全民科学素质行动规划纲要实施方案（2021—2025年）》，以芙蓉区政府办名义发文。召开《纲要》实施工作部署会，确定各成员单位工作任务。2022年湖南省全国科普日活动，区科协获得“优秀组织单位”荣誉。

团结引领科技工作者　落实区科协联系科技工作者制度，组织科技工作者参加各级科协组织的各类活动，听取科技工作者意见建议，与科技工作者开展谈心交友活动。2022年“全国科技工作者日”期间，组织召开座谈会，看望、走访慰问科技工作者。评选全区“最美科技工作者”“最美基层科协工作者”等先进典型，授予戴力等5人为芙蓉区“最美科技工作者”、黄星荣等5人为“最美基层科协工作者”称号，在9月17日的全国科普日芙蓉区主场活动上进行表彰奖励。

科学普及与传播　持续在全区开展科普“进万家”专项活动，组织科普专业人士、科技志愿者等深入社区、校园、企业、家庭等场所，开展科普惠民活动40余次。持续开展科普信息员注册及科普信息传播竞赛活动，发挥“科普中国”App作为全国疫情防控应急科普的权威平台作用。指导督促相关社区做好全区6个社区科普e站的日常管理维护，为居民提供便捷精准的科普服务。2022年“科普中国”App注册新增科普信息员5000余人，科普信息传播量新增270余万次。

院士专家工作站服务　服务院士专家工作站建设，宣传院士专家工作站申报认定考核等相关政策，支持区内企业申报院士（专家）工作站，定期到企业院士专家工作站走访调研，做好工作站经费下拨。2022年，协调上级拨付隆平高科公司院士工作站工作经费12万元。经市院士专家工作站建设协调领导小组批准，年内新增绝味食品股份有限公司长沙市院士工作站、华智生物技术有限公司专家工作站，协调上级拨付建站经费28万元。

（祝　波）

2022年9月17日，芙蓉区科协在浏阳河婚庆园广场举行全国科普日芙蓉区主场活动。图为区科协主席（左四）为2022年芙蓉区“最美科技工作者”颁奖

（区科协　供图）

【制定芙蓉区全民科学素质行动规划纲要实施方案】　《长沙市全民科学素质行动规划纲要实施方案（2021—2025年）》出台后，区科协结合芙蓉区实际情况，起草编写《芙蓉区全民科学素质行动规划纲要实施方案（2021—2025年）》（征求意见稿）（以下简称《方案》），向隆平高科园、湘湖管理局、各街道、区直相关部门等33个部门（单位）发出书面征求意见。经吸收相关单位的意见建议和区司法局合法性审查，于2022年5月9日以区政府办公室名义向全区印发，并在区政府网站上公布。全文分4大部分。《方案》提出，到2025年，芙蓉区公民具备科学素质的比例超过18%；在“十四五”时期实施包含青少年科学素质、居民科学素质、产业工人科学素质、老年人科学素质、领导干部和公务员科学素质5方面的提升行动；深化科普供给侧改革，实施5项重点工程；明确组织、机制、条件保障和进度安排。区政府召开《方案》实施工作部署会，要求各相关单位将《方案》的实施工作纳入年度工作计划。

（祝　波）

【全国科普日活动】　芙蓉区2022年全国科普日活动9月15日至30日举行，主题为“喜迎二十大，科普向未来”。主场活动在浏阳河婚庆园广场举行，设置4个主题展区7个体验区，2022年芙蓉区“最美科技工作者”“最美基层科协工作者”在会上受到表彰。区科协联合相关部门、单位走进辖区内的街道、社区、学校、企业，依托基层新时代文明实践站、党群服务中心等阵地，动员科技志愿者200余人，开展线上线下全国科普日系列活动20场次，发放科普资料1万余份，参与民众2万余人。芙蓉区活动在全国科普日网站湖南地区推优排名第四位，全国排名第13位，红网、中国网、“新湖南”网站、“华声在线”网站、“科普湖南”公众号等多家新闻媒体予以报道，区科协被湖南省科协评为2022年全国科普日活动优秀组织单位。

（祝　波）

芙蓉区残疾人联合会

【概况】　2022年，至年底芙蓉区持证残疾人4754人，其中重残2301人，多重残疾156人。年内新增办证190人，注销残疾人证158本。年内，区残联落实省、市民生实事中关于助残康复项目计划，完成各项任务。全区13个街道先后召开本级残联代表大会，9月29日，区残联第五次代表大会召开，大会审议通过区残联第四届主席团工作报告，选举产生新一届芙蓉区残联主席团主席、副主席。区街两级残联换届工作完成。

（万梦诗）

【落实民生实事项目】　2022年，芙蓉区“0～14岁残疾人儿童康复”项目和“残疾人家庭无障碍改造”

项目被纳入省、市重点民生实事项目，区残联细化项目目标、标准、流程，部署社区、街道摸底项目对象，力争项目服务应助尽助，残疾人权益应享尽享。儿童康复项目救助数150人，实际救助244人。30余家专业儿童康复机构实施针对性康复，残疾人家长根据需求自由选择，项目投入经费400余万元，预防残疾的发生。无障碍家庭改造任务数26户，按照残疾人需求实行“一户一方案”改造设计，投入经费10万余元，便利残疾人生活起居。

（万梦诗）

【康复救助】 2022年，芙蓉区残联为区域有需求的残疾人对象集中采购发放义肢、助听器、轮椅、拐杖、盲杖等辅助器具357件。开展“情暖芙蓉共享光明”项目，依托医疗资源，开展“防盲治盲”干预抢救工程，手术治疗白内障对象18人。区残联摸底80名残疾人对象实施居家托养服务，与第三方评估机构定期抽查回访残疾人，对象的需求和建议及时反馈给家政公司和社工机构，保证服务质量。（万梦诗）

【助残宣传与活动】 2022年，区残联在春节、第三十二次“全国助残日”及第三十一次“国际残疾人日”等残疾人重大节日期间，对辖区730户困难残疾人对象走访慰问，发放慰问金49万元，发放米油物资200份。选派芙蓉区三位残疾人专职委员代表参加全市“残疾人专职委员动态更新知识竞赛”，获团体三等奖。开展“全国残疾预防日”公益宣传活动，1个集体、3名个人受到市残联“善行四十佳”表彰。在“新湖南”、红网、芙蓉区人民政府门户网站，“芙蓉发布”等媒体宣传报道工作情况30余篇。

（万梦诗）

【扶持残疾人就业创业】 2022年，芙蓉区残联发掘残疾人自主创业代表，为5名残疾人对象申请6.4万元的省级残疾人创业扶持，为2名残疾人对象申请0.72万元的市级残疾人创业扶持。动员33名就业年龄段残疾人对象，通过自主培训、残联和人社组织培训，参与盲人按摩、计算机操作、中西面点师、电子商务等的技能提升。对7名残疾人个体工商户给予灵活就业养老保险缴费补贴，补贴2.5万元。为113名残疾人学生和贫困残疾人家庭学生，发放扶残助学补助金37万元。联系20家企业提供上百个适合残疾人的岗位，联合人社局开展线下招聘会2场，近100名残疾人对象参与，15人现场达成意向。（万梦诗）

2022年2月24日，芙蓉区残联在韭菜园街道米粉街长沙银行前坪举行助残招聘会

（区残联 供图）

芙蓉区红十字会

【概况】 2022年芙蓉区红十字会围绕中心服务大局，强基础、抓重点，推进红十字事业健康发展。年内召开红会第四届理事会第二次会议，改选区政府副区长为红会会长。推进湖南省红会的“红十字博爱家园”项目建设，2个执行社区通过项目验收。（袁丹丹）

【慈善救助】 2022年，芙蓉区开展“红十字博爱送万家”活动，筹集款物价值56.4万元，主要包括红十字友阿公益基金6.7万元，省人道救助金3.5万元，小天使基金18万元，湖南周宇幕墙公益救助金10万元。区级自筹暖冬棉被200床，一次性医用口罩2万只，一次性防护手套1万双，暖手宝200个。市红十字会下发棉被90床，米、油70份，博爱温暖箱20个，盐津铺子大礼包5件，澳优乳业奶粉300罐。从捐赠账户中为34名低保人员和贫困人员购买城乡居民医疗保险1.09万元。年内接受省红十字会监事会对芙蓉区2021年度博爱家园项

目和2021年度人道救助金项目的专项督查。（袁丹丹）

【“三献”工作】 2022年，芙蓉区加强为捐献者服务工作，区政府副区长、红十字会会长走访慰问器官捐献者家属代表，年内走访慰问无偿献血志愿者、器官和遗体捐献者家属10户，送去慰问金。做好遗体和人体器官捐献宣传、登记，2022年在中国人体器官捐献志愿登记系统中登记967人。组织区直机关夏季无偿献血219人，芙蓉区被长沙市献血促进委员会评为2022年度“无偿献血组织工作先进单位”。王军获捐献造血干细胞奖。（袁丹丹）

【救护培训】 2022年，芙蓉区持续开展“救在身边+生命教育”行动，推进应急救护进社区、进机关、进学校、进企业。年内开展CPR+AED（心肺复苏+自动体外除颤仪）培训14场，448人取得证书。开展救护员培训2场，94人取得救护员证。区红十字会采购2台自动体外除颤仪（AED），投放到长沙汽车东站和芙蓉区文化馆2处公共场所，同时对设置点的管理人员进行心肺复苏和自动体外除颤仪使用培训。开展暑期青少年防溺水等急救知识普及培训、生命教育进校园活动，芙蓉区育才二小、八一路小学将红十字应急救护教育纳入课后服务。

（袁丹丹）

【红十字博爱家园项目建设】 2022年，芙蓉区持续推进以“防灾减灾，健康促进，生计发展，人道传播”为主要内容的人道公益项目“红十字博爱家园”建设。年内，文艺路街道南元宫社区、湘湖街道南湖社区2个博爱家园项目通过验收。项目执行社区以党建引领，群众参与为创建思路，把红十字工作融入社区建设。修建红十字博爱长廊，宣传红十字基本知识和防灾减灾、应急救护、生命健康等知识，成立红十字志愿服务队伍。南元宫社区联合湘雅二医院开展义诊、导诊、健康知识普及、心理辅导等志愿服务，南湖社区结对帮扶社区老、幼、残、孤等困难群体等各种志愿服务100余次，受益群众3400人。2个社区均配置应急救援器材自动体外除颤仪1台，开展应急培训演练28次，其中300人取得救护员证书。项目资金收入28万元，支出28.93万元。年内，湖南省红十字会有关领导到两社区调研群众性救护培训及红十字志愿者队伍建设及服务工作相关情况。7月，湖南省红十字会组织召开的“博爱家园”项目培训观摩会，在南湖社区举行。该社区作为2021年湖南省“博爱家园”项目的执行方，社区书记介绍项目管理经验与成果。（袁丹丹）

【“5·8”世界红十字日活动】 2022年5月7日，芙蓉区红十字会在东湖街道韶光社区举行第75个世界红十字日宣传活动，主题为“生命教育 人道伴行”。长沙市红十字会党组成员、秘书长姜新任，芙蓉区政府二级调研员汤孝泽，区委组织部副部长、老干局局长杨幸子，东湖街道党工委、人大工委负责，部分芙蓉区红十字会理事单位、社区红十字志愿者、居民群众等80余人参加。活动中，区红十字会向长沙汽车东站、芙蓉区文化馆分别捐赠自动体外除颤仪（AED）各1台。开展遗体和人体器官捐献宣传，慰问捐献者家庭。活动表演诗歌朗诵，讴歌红十字志愿者在新冠疫情期间与社区同心抗疫的无私奉献的精神。启动人道伴行、生命教育五大行动，开展救护演练、心理救援讲座等。

（袁丹丹）

【红十字会第四届理事会第二次会议】 2022年9月22日，芙蓉区红十字会第四届理事会第二次会议在区政府会议室召开，芙蓉区委副书记、统战部部长何溪桥，区人民政府党组成员、副区长罗加祥出席会议并讲话，会议由区政府二级调研员汤孝泽主持。会上，区委组织部常务副部长赵紫红作有关人事安排的说明，会议选举罗加祥为区红十字会会长，并增改选部分理事。会议审议通过《芙蓉区红十字会2021年度工作报告》《芙蓉区红十字会2021年财务收支情况报告》《芙蓉区红十字会理事会议事工作规则》。（袁丹丹）

法　治

编辑　谭丽霞

政法委与综治

【概况】 2022年，芙蓉区政法战线以为中共二十大召开创造安全稳定的政治社会环境为主线，担当作为，推进新时代政法工作高质量发展，建设更高水平的平安芙蓉、法治芙蓉，获“湖南省2017—2020平安建设重点推进县（市、区）”称号，继续保持“湖南省平安县市区”称号。完成中共二十大特护期间维稳安保各项工作任务。

维护社会大局稳定 护航中共二十大，建立全区特护期安保工作专班情报研判会商机制，每日碰头调度，研判情报信息，落实联勤值守，调度预警信息。开展重复访治理、积案化解攻坚专项行动，集中攻坚信访积案，化解信访积案149件，其中五年以上的积案43件，十年以上的积案47件，全区信访形势持续好转。

法治思想宣传 举办“百名法学家百场报告会”之习近平法治思想专场暨区委理论中心组第三次集体（扩大）学习活动，邀请中南大学法学院副院长、教授彭中礼授课，全体在职县级领导、区直部门主要负责人、区直政法各单位有关人员、各街道（局）党政主要负责人及政法委员、司法所长等400余人参加。清明节期间，以街道、社区工作人员和志愿者、社会公益组织成员为骨干力量，5万余人次通过微信群、朋友圈宣传推广，开展网上祭奠见义勇为英烈活动。采取书画展览、新媒体报道、社区宣传栏等多种方式宣传时代新风尚。 （黄 珣）

【市域社会治理现代化试点】 2022年，根据《全国市域社会治理现代化试点省级验收长沙市迎检工作方案》，芙蓉区成立区市域社会治理现代化试点工作领导小组，区委书记任组长，区长任常务副组长，20位县级领导任副组长，44个区直部门和13个街道为成员单位。区委常委会议定期专题研究试点工作，统筹解决困难问题。领导小组召开推进会议，统一部署全区市域社会治理现代化试点工作，对成员单位自查评估、迎检备查等工作进行动员培训，规范业务流程。落实长沙市平安建设领导小组印发的《长沙市做好市域社会治理现代化试点评估验收工作的实施方案》工作要求，就列明的11个试点板块、63项具体要求，开展自查自评，查漏补缺，同步向市委政法委上报66本、214项印证台账资料。 （黄 珣）

【政法领域改革】 2022年，芙蓉区由区委政法委牵头联合区法院、区检察院、区公安分局，制定下发《关于建立防范和查处虚假诉讼联动机制的实施意见》，在立案、审理、执行等阶段防止杜绝虚假诉讼。区检察院排查近两年虚假诉讼线索1200余件，向法院发出再审检察建议112件，提请抗诉1件。区法院全面建立民事案件虚假诉讼告知警示制度，发放《风险提示书》、签署《诚信诉讼承诺书》，加大对证据的审查力度，严审虚假诉讼可能性较大的民间借贷案件。贯彻中央、省、市关于行政复议体制改革的部署，芙蓉区2021年6月启动行政复议体制改革。截至2022年11月9日，全区接收行政复议申请240件，新收行政复议案件数同比增长96.72%，办结216件。其中直接纠错52件，纠错率24%，调解、和解63件，调撤率29.2%，复议后起诉26件，实质争议化解率87.96%，发出行政复议建议书2份。新收案件信息及审结情况录入全国行政复议工作平台。 （黄 珣）

【平安创建行动】 2022年，芙蓉区贯彻落实区平安建设领导小组有关要求，将行业单位平安建设作为重要内容进行部署。以“平安校园”创建为抓手，聚集部门、行业力量，统筹推进“平安校园”创建活动。经申报学校自查自评，区平安办联合组织相关成员单位现场评估验收，市学校安全专业委员会办公室抽查，全区36所学校确定为“平安校园”。按照“谁主管、谁负责”原则，动员区直各行业主管单位组织未纳入省、市年度综治考评的长沙驻区机关、团体、企业、事业单位及其他组织，对标六项创建标准，开展市级行业平安先进单位创建活动。经市平安办考核验收，获评红旗等次行业平安创建单位4家，优秀等次行业平安创建单位1家。 （黄 珣）

【多元解纷网络建设】 2022年，芙蓉区整合部门工作职能，进行多元解纷网格化管理，打通数据壁垒，实现法院调解平台、司法局系统平台、公安交警平台、街道社区调解信息互通共享，提高矛盾纠纷调处成功率。芙蓉区人民法院与街道、社区共同成立“法院驻社区诉源治理工作站暨民事权益自助平台”，通过举办法律讲座、安排资深员额法官进社区等方式，为社区群众提供法律咨询服务。全区多年形成的三级调解网络，包括区联合人民调解委员会（含驻交警队调解室）、区物业纠纷调解中心、区医疗纠纷调解中心、区婚姻家庭纠纷人民调解委员会、区校园纠纷人民调解委员会、湖南省湘联不动产商会人民调解委员会、湖南省眼镜商会人民调解委员会7个行业性专业性调解组织和13个街道人民调解委员会、77个社区人民调解委员会及5个村人民调解委员会，拥有专职人民调解员35人，兼职人民调解员380人，助力矛盾纠纷多元调处和就地化解。2022年，全区各政法及调解机构调解纠纷72394起，调解成功48919起，调解成功率67.57%。（黄　珣）

【执法监督工作】 2022年，区委政法委制定《2022年度芙蓉区重点案件评查工作实施方案》，政法各单位结合自身实际开展评查。区法院评查案件32件，其中基本合格案件1件，合格案件31件。区检察院评查案件64件，合格案件64件。区公安分局评查案件36件，其中基本合格案件2件，合格案件34件。区司法局评查社区矫正执法案卷331件，合格案件331件。以涉法涉诉信访为执法监督的切入点，通过案件摸排、评查、督办，推动涉法涉诉矛盾化解。市委政法委交办的31件涉法涉诉重点案件得到全部化解。全省开展涉法涉诉信访“百日会战”专项行动期间，以极端访、群体访、多次重复信访等存在风险隐患的信访案件为重点，摸排出重点案件并建台账56件，化解56件。（黄　珣）

【司法救助】 2022年，芙蓉区政法各单位根据本区有关司法救助资金使用管理的规定，对符合司法救助的对象逐一摸排，提出重点救助对象。区司法救助工作领导小组会议集体研究，确定救助对象及救助资金。2022年开展司法救助50案51人，发放司法救助金92.6万元，比2021增加153.7%。其中区法院21案21人，救助金额35万元；区检察院28案28人，救助金额17.6万元；公安1案2人，救助金额40万元。（黄　珣）

【强化基层治理】 2022年7月起至9月底，芙蓉区在全域范围加强夜间巡逻防控。以“护航二十大，忠诚保平安”为主线，强化“显性用警”，织密织牢芙蓉区巡逻防控网络。成立芙蓉区社会面夜间巡逻防控领导小组，由区委政法委牵头，公安分局负责组织实施。动员街道、社区综治人员、治安“红袖章”“红帽子”“志愿者”、宾馆酒店和小区物业保安齐抓共管。突出重点部位，加强对党政首脑机关以及治安复杂、案件高发、防范薄弱区域等部位及周边的夜间巡逻防控。发挥村规民约在基层社会治理中的作用，辖区内81个社区（村）居民公约、村规民约全部修订完善，街道实现居民公约、村规民约审核、备案公布和督促落实机制全覆盖。（黄　珣）

【社会治安综合防控】 2022年，芙蓉区升级老旧摄像头为具备人像、车辆抓拍功能的高清智能摄像头。持续开展“见警察、见警灯、见警车、见红袖章”行动，组织以公安警民带队，由街道（社区）综治力量、平安建设志愿者组成的夜间巡逻队伍，对重点部位、场所、路段、通道和水域巡查巡防，快速精准打击打架斗殴等违法犯罪行为。对酒店、休闲按摩、酒吧等娱乐服务场所采取“突击式、地毯式、拉网式”清查，打击“黄赌毒”违法犯罪活动，消除社会治安隐患。全区日均出动巡防力量300余人、警车30余辆，全年集中清查重点场所180余个，排查整改各类安全隐患40余处。全年查处涉黄刑事案件56起，刑事拘留162人；查处涉黄行政案件126起，行政处罚495人。查处涉赌刑事案件17起，刑事拘留38人；查处涉赌行政案件129起，行政处罚710人。查处部督涉黄专案1起，省督涉黄涉赌专案7起，社会风气明显好转，年度刑事案件同比下降23.7%。（黄　珣）

【常态化扫黑除恶】 2022年，芙蓉区在总结三年扫黑除恶专项斗争经验的基础上，强化系统治理、依法治理、综合治理、源头治理，推进常态化扫黑除恶斗争有序开展。年内收到各类线索11条全部核查完毕，办结线索归档整理。2022年，全区打掉涉恶集团4个，破获涉恶案件15起，刑事拘留37人，其中打掉涉及未成年人犯罪集团3个，刑事拘留31人。查封、冻结、扣押涉案资产90余万元，其中查封车辆2台，扣押冻结现金及存款3万余元。（黄　珣）

【重点地区社会治安整治】 2022年，芙蓉区落实长沙市平安建设领导小组《关于对芙蓉区扬帆小区等20个社会治安重点地区进行预警整治的通知》工作要求，成立领导小组和工作专班，制定工作方案，对汽车东站周边（马坡岭街道）、扬帆市场（东屯渡街道）、火车站周边（朝阳街道）开展社会治安重点地区整治工作。专项行动坚持“打防结合、以打为主”，加大打击力度，查处一批违法犯罪行为。重点地区整治抓获涉黄赌嫌疑人359人，其中刑事拘留94人，行政拘留246人，破获“3·11”专案及5起省督黄赌案件。全区重点地区涉黄赌警情同比下降71.43%，预警整治工作通过市级验收。（黄 珣）

【铁路护路护线联防】 2022年，芙蓉区落实铁路护路联防责任制，强化京广线沿线湘湖、荷花园、五里牌各街道护路联防工作，构建“路地共管、共治、共建”的立体化治安防控体系。健全完善护路护线联防领导小组工作制度，全年区、街道护路组织召开专项工作会议6次，加强11名铁路联防义务护路队员日常管理工作。组建铁路护路专项工作微信群，及时上报护路巡防信息。组织开展爱路护路宣传教育活动，在铁路沿线社区、单位、居民小区开展护路宣传教育，发放宣传资料3000余份。深入铁路沿线学校开展“知路·爱路·护路”宣传教育。2022年，全区铁路沿线未发生涉铁重大刑事案件，未发生重大路外伤亡事故、因人员翻越围栏影响行车的事故，铁路沿线治安秩序的持续稳定。（黄 珣）

【未成年人保护行动】 2022年，芙蓉区成立未成年人保护工作领导小组，探索建立新时代未成年人保护制度体系。截至2022年年底，全区设立区级儿童救助保护站1个，设有街道未成年人救助保护站13个，为困境儿童提供临时庇护。建成81个社区儿童之家，配备专职社区儿童主任。创建儿童友好型城区，依托社区儿童之家为失母儿童提供关爱服务。完善检察、法院、公安“快受理、快立案、快侦办、快破案”快速反应工作机制，区检察院、区公安分局联合出台《关于性侵害未成年人案件检察引导侦查工作制度的意见》《性侵害未成年人刑事案件办理机制》等文件。“2022利剑护蕾”行动（1月29日至12月31日），受理审查逮捕性侵未成年人案件20件46人，其中，批捕44人，无羁押必要性不捕2人。受理审查起诉性侵未成年人案件17件41人，起诉16件40人。立案监督3人，追捕追诉11人，提起抗诉1人，发出检察建议2份。6名未成年被害人在区“一站式办案中心”得到“一站式”办案和综合救助。委托湖南省人民医院马王堆院区、湖南省脑科医院对4名未成年被害人实施身体和心理治疗、医疗救助，4人累计接受心理干预治疗55次。最终，4名被害人全部返校就读。（黄 珣）

【隐患排查纠纷化解专项行动】 2022年6月、8月，区平安建设领导小组先后制定《芙蓉区矛盾纠纷风险隐患大排查大化解专项行动实施方案》和《芙蓉区婚恋家庭纠纷排查化解专项行动实施方案》，成立专项行动办公室，由区委常委、政法委书记任主任，公安分局局长任常务副主任，区直29个单位为成员。各街道成立相应的领导机构和工作专班，负责本地矛盾纠纷和风险隐患排查化解工作。专项行动自6月15日启动，在全区范围梳理经济纠纷、劳资纠纷、房屋拆迁、土地征收、医患纠纷，排查群众身边的家庭婚姻矛盾、邻里纠纷、债务纠纷，掌握长期上访、积怨许久人员情况。整合部门工作职能，打通数据壁垒，实现法院调解平台、司法局系统平台、公安交警平台、街道社区调解信息互通共享。至年底，全区摸排矛盾纠纷风险隐患10497件，化解（排除）矛盾纠纷风险隐患9938件，总体化解率94.67%。（黄 珣）

【法学会工作】 芙蓉区法学会2015年经区民政局登记许可成立，为全区性人民团体。2022年，区委政法委制定相关方案，启动芙蓉区小微课题研究活动。年内，区法学会完成2个小微课题研究项目。联合区法院、区司法局、区政协社会法制委开展“全面加强诉源治理工作、推动芙蓉区基层社会治理现代化”课题研究，联合区直政法各单位开展“打击虚假诉讼，建立防范机制”课题研究。3月，区法学会联合政法各单位参加市法学会2022年法学课题研究，申报课题5个。区法学会会员参加第十五届“中部崛起法治论坛”和第十七届“泛珠三角合作与发展法治论坛”的论文征集活动，提交论文5篇。（黄 珣）

法治政府建设

【概况】 2022年，芙蓉区委、区政府履行法治建设主体职责，落实《长沙市芙蓉区“十四五”法治建设规划》。年内，召开依法治区委员会会议、协调小组会议、年度述法报告会，部署全面依法治区领域的规划方案。落实党政主要负责人年度学法、考法、述法等相关工作，提升在法治轨道上提振区域经济、管理社会事务、破解发展难题的能力水平。全区56个单位和79名党政主要负责人通过不同形式向区委全面依法治区委员会述法。区政府常务会议会前学法、听取法治工作汇报成为常态。分析认领依法治国办督察湖南时提出的法治政府建设“问题清单”、道路交通安全和运输执法领域“线索清单”，加强司法、执法等部门的协同衔接，实地督察区行政执法局等9个行政执法相关单位，书面督察（责令）区交通运输局等3个相关部门对标对表完成整改。将基层依法治理与经济提质增效、社会平安创建一同部署，纳入对党政主要负责人的年度绩效考核目标，韭菜园街道汤家岭社区被评为“全国民主法治示范社区”，文艺路街道东广济桥社区被评为“全省民主法治示范社区”。2022年区政府作为复议机关受理复议案件179件，审结150件，审结率为83.7%。复议后被诉案件15件，实质性化解行政争议率为90%。已审结案件中，直接纠错27件，纠错率18%；调（和）解58件，调（和）解率38.7%。（王明华）

【芙蓉区全面依法治区委员会会议】2022年7月19日，芙蓉区委书记周春晖主持召开芙蓉区委全面依法治区委员会全体会议。区委全面依法治区委员会主任、副主任和全体委员，司法协调小组、执法协调小组、守法普法协调小组联络员，区委、区政府工作部门党组（委）书记，各街道党（工）书记等58人参会。会议传达学习了中央依法治国办、省委和市委相关会议精神，听取2021年度工作情况汇报，审议并通过《2022年芙蓉区委全面依法治区委员会工作要点》和《长沙市芙蓉区“十四五”法治建设规划》。会议认为，2021年，区委全面依法治区委员会及其办公室贯彻落实党中央全面依法治国决策部署，较好地发挥了法治固根本、稳预期、利长远的保障作用。以创建“全国法治政府建设示范市”为契机，厘清综合行政执法体制改革后的责权边界，建立协调衔接机制，完成行政复议体制改革任务。服务区域经济发展，打造市场化、法治化、国际化营商环境成效凸显。会议要求持续推动学习贯彻习近平法治思想走深走实，推进新时代全面依法治区取得新成效，以督导考核为抓手，推动党政负责人在法治领域履职尽责。（王明华）

【行政执法监督】 2022年，芙蓉区司法局履行行政执法监督职责，通过案卷评查、个案指导、以案释法等方式，规范执法程序和流程，促进行政执法机关依法行政。组织开展全区行政执法案卷集中评查工作，抽取行政处罚和行政许可案件150宗，以评促改，规范行政执法程序，提高案卷质量，促进全区依法行政水平整体提升。组织对全区460名符合条件的行政执法人员换发全国首次统一行政执法证，实行“亮证执法”。开展行政执法人员培训1次，区直部分行政执法单位的中层骨干参加培训。持续推动行政执法“三项制度”（行政执法公示制度、执法全过程记录制度、重大执法决定法制审核制度）落地见效，在对相关执法单位开展法治政府建设督察过程中，将“三项制度”作为督察重点内容之一。全区各行政执法部门和街道在长沙市行政执法监督平台上公示年度行政执法情况报告、执法事项、音像记录清单、重大执法决定法制审核目录清单、行政执法人员、执法裁量权基准、服务指南等事项，录入行政处罚和行政许可案件。全年累计录入行政处罚案件2810件，行政许可案件41918件。各行政执法机关做到执法行为过程信息全程记载、执法全过程可回溯管理、重大执法决定法制审核全覆盖，实现执法信息公开透明、执法全过程留痕、执法决定合法有效。（汤秀平）

【合法性审查】 2022年，芙蓉区落实国务院《重大行政决策程序暂行条例》，制定芙蓉区重大行政决

2022年7月19日，芙蓉区委全面依法治区委员会全体会议在区政府会议室召开（区司法局　供图）

策事项目录以及年度重大行政决策事项目录，并予以公布。对纳入重大行政决策目录的事项，要求各承办单位按照重大行政决策程序相关要求，起草决策草案并征求意见，落实公众参与、专家论证、风险评估、合法性审查和集体讨论决定等法定程序。提交区政府常务会议和区长办公会议审议的议题，均先实行合法性审查，审查不通过不上会讨论。司法行政机关负责人全程参与区政府常务会议，防控法律风险。区政府及各部门的重要文件、合同实行法制审查，全年审查各类文件、合同400余份。（汤秀平）

【自建房安全整治专项行政执法监督】 2022年，芙蓉区在自建房安全整治“百日攻坚”专项执法行动中，为提高查处违法建设的处置效率，探索区政府统一责成模式，对既有违法建设的强制拆除，通过区政府统一授权的形式，统一责成区行政执法局会同相关部门实施强制拆除，不再一案一责成，尽量缩短查处时间。专项行动期间，全区未发生违法拆除事件。区司法局把关居民自建房整治工作行政执法的合法性，对重点领域、重点街道实行“点对点”“一对一”的指导。对“百日攻坚”专项行动制定的各类政策、文件、制度全部进行合法性审查，审查各类文件制度60余份，规避法律风险。先后对区自然资源和规划分局、区住房和城乡建设局、区市场监管局、区消防救援大队、区应急管理局、区行政执法局、区行政审批服务局、区农业农村局等行政执法部门开展自建房领域行政执法专项检查。通过查阅资料、现场座谈、调取数据、随机抽卷相结合的方式，对各部门规范行政执法行为、落实行政执法“三项制度”、规范处罚行政自由裁量权的行使等工作情况实施监督，针对督察中发现的问题形成专项总结报告，报区委区政府审批后印发给相关单位，进一步落实整改。（汤秀平）

【行政应诉工作】 2022年，根据法律法规规定以及上级文件要求，芙蓉区制定《长沙市芙蓉区行政应诉工作办法》，明确行政应诉工作流程、行政机关负责人范围、出庭应诉相关规定，梳理全区各单位行政应诉工作职责，规范行政应诉的工作流程。建立行政机关负责人出庭应诉监督机制，将行政机关负责人出庭应诉工作情况，纳入区级绩效考核及党政主要负责人年度述法重要工作内容，定期发布通报。2022年，全区已开庭行政应诉案件数为71件，行政机关负责人出庭案件数为60件，总出庭率为84.51%。收到人民法院制发《行政机关负责人出庭应诉通知书》案件数为31件，收到通知且实际出庭案件数为28件，经通知出庭率为95.24%。（黄霜辉）

【网上行政应诉庭审观摩】 2022年11月3日，芙蓉区司法局组织区直部分单位法制工作人员14人参与网上庭审观摩活动。此次观摩的案件为长沙市中级人民法院公开审理的原告胡某不服芙蓉区人民政府行政复议决定两案，芙蓉区人民政府二级调研员易学义作为行政机关负责人出庭应诉。两起案件的缘由相同，原告胡某不服芙蓉区公安分局收到其控告和举报后未予答复的行为，经芙蓉区人民政府行政复议后，向法院提起诉讼。易学义全程参与庭审，在法庭调查及法庭辩论阶段对原告胡某提出的诉求及问题作出回应与解释，围绕争议焦点发表辩论意见。庭审后，芙蓉区司法局组织开展评议交流，观摩人员表示通过“应诉课程”，提升了关心群众利益、以法治促进纠纷化解的认识。2022年11月底，长沙市中级人民法院判决驳回原告胡某的诉讼请求，原告胡某未提出上诉。（艾梦婕）

公 安

【概况】 2022年，芙蓉公安坚持总体国家安全观，稳中求进，围绕中共二十大安保维稳，聚焦打赢风险防控攻坚战、推进公安工作现代化“两条主线”，确保全区政治社会大局持续安全稳定。年内，定王台派出所民警杨曙光被公安部授予“全国优秀民警”称号、分局被湖南省文明委评为“省级文明单位”，刑侦二队获得省公安厅“一事一奖”二等功，朝阳派出所被省公安厅评为全省第二批“枫桥式派出所”，荷花园所被评为“全省执法示范单位”。2022年芙蓉公安分局系统获得省级荣誉10个、市级荣誉29个。（戴吴浩博）

【智慧警务】 2022年，芙蓉分局贯彻“数智公安”理念，运用视频智能化技术和大数据支撑，不断升级“芙蓉智慧警务平台”，更新“省委维稳指挥平台”数据库和功能，改造“智慧禁毒”系统。引进“云捕”“云镜”“天迹”等产品，为侦查作战提供强大的数据支撑。加大刑事科学技术软硬件投入力度，在完成电子物证实验室升级改造的基础上，新建三个刑事技术分室，对全区信息采集点进行指纹人像采集设备的更换升级，采购LED生物检材发现仪等新型现勘设备，提高指纹、DNA比对效率。2022年，利用指纹系统比中85案、81人，抓获32人；送检现场DNA检材243案，比中35案、35人，抓获28人。

（戴吴浩博）

【警务基层基础建设】 2022年，芙蓉分局加大对派出所基础建设等方面的精细投入力度，14个派出所全面完成小食堂、小浴室、小洗衣房、小健身房、小阅览室“五小工程”建设。分局健康管理中心、东湖派出所建设有序推进。完成蓉园派出所提质改造、荷花园派出所警营文化建设、定王台派出所执法办案区改造等20余项基础工程，以及480个群防群治快速反应支援平台点位建设。警务装备和车辆换代节奏逐步加快，发放警车2批次22辆，为基层所队新配备30个品种2886件单警装备，派出所“一人一床”全面落实。派出所社区民警占派出所警力42.9%，在社区（村）两委班子任职的社区民警占比89%，两项数据均超过省厅标准，“一区一警两辅”和“一村一辅警”全部配备到位。嘉雨警务室、朝阳街派出所分别被评定为市级“枫桥式警务室”和省级“枫桥式公安派出所”。

（戴吴浩博）

【平安校园建设】 2022年，芙蓉分局平安校园建设被省委改革办列为典型经验在全省推广，年内教育系统未发生责任事故和较大及以上安全事故。推动校园“星级评定”及风险隐患“三色预警”（公安机关对中小学幼儿园治安和交通方面风险隐患，分别实行黄、橙、红色预警的管理制度）工作，组织常态化护校活动300余次，累计投入警力1.5万余人次。成立“法治讲师团”，开展“法治教育进校园”活动26次，参与师生5万余人次，不断完善智慧安校平台，化解涉校矛盾纠纷53起，受理涉校报警求助42起。

（戴吴浩博）

【打击违法犯罪】 2022年，芙蓉分局牢固树立“科技赋能”理念，坚持“日办一案”工作机制，打击效能日益提升。全年共接刑事警情6673起，同比下降7.07%，治安警情14247起，同比下降9.93%。立案2214起，同比下降30.03%；破案1201起，破案率54.25%，同比上升6.7个百分点。移送起诉2390人，同比上升26.52%。八类恶性案件立案30起，破案率100%。“百日行动”和年终绩效考核成绩在全市公安机关名列前茅。持续推进扫黑除恶斗争，打掉恶势力犯罪团伙4个，破获涉恶案件15起。发起全国首起GOIP（虚拟拨号设备，一种新型诈骗工具）集群战役，受到公安部发函表扬。破获“2·28”减肥药案件、涉案金额1.79亿的虚开发票案、交泰科技网络传销案等一系列案件。推动“净边”“清源断流”等专项行动，侦破部督涉毒案件1起、省督涉毒案件1起，打掉涉毒团伙15个，刑拘涉毒人员102人，查处吸毒人员258人，强制隔离戒毒179人，社区戒毒19人，社区康复147人，康复执行率99%以上。芙蓉区2022年度省级污水验毒监测指数为4.8毫克/（千人·天），同比下降89.32%。对“盗抢骗”“黄赌毒”等多发性违法犯罪发起攻势，打处盗抢骗违法犯罪嫌疑人533人，入室盗窃发案数从前两年的692起、289起下降至134起。打处黄赌违法犯罪嫌疑人1458人，破获部督黄赌专案2起，省督黄赌专案10起。全区电信诈骗立案667起，同比下降46.64%，抓获电诈嫌疑人996人。破获涉案金额百万以上电诈案件13起，侦办“5·19”黑灰产等一系列专案。电诈发案绝对数从前两年的1741起、1271起下降至818起，电诈立案占比从42.06%、40.17%下降至36.93%，电诈高发态势得到扭转。

（戴吴浩博）

【危爆物品管理】 2022年，芙蓉分局采取“线上线下”相结合方式，定期巡查全区107家涉危涉爆单位，督促从业单位严格落实安全防范主体责任，杜绝各类管控风险。全年办理涉危涉爆案件56起，处罚危爆单位3个，处理涉危人员92人，收缴各类枪支12支，管制刀具76把，各类子弹近2000发。（戴吴浩博）

【户籍和出入境管理】 2022年，芙蓉分局在全市率先完成窗口改革试点工作，推行户政业务网上全流程办理。截至12月31日，全局线上办理户口出生登记214人，死亡注销11人，户口迁入3100人，户口迁出和注销413人。线下办理户口出生登记413人，死亡注销3249人，户口迁入8214，户口迁出和注销3800人。全年办理户口业务37689笔，居民身份证40608人次，临时身份证480人次，军人身份证68人，港澳台居民居住证48人。办理护照784本，港澳通行证2554本，台湾通行证25本，出国（境）证照3363人次。截至年底，芙蓉区实际户籍人口42.51万人，实有人口77.48万人。

（戴吴浩博）

【公安宣传】 2022年，芙蓉公安把学习宣传贯彻中共二十大精神作为首要政治任务，实施开辟专栏、开设专刊、组织专讲、形成专报、推动专项五专举措。办好“芙蓉大课堂”，组织培训14期657人，“五小五随”（挤出小时间，利用小场地、培养小教官、制作小课程、训练小作战单元，随时随地随岗随事随案）实战大练兵工作经验被省厅采纳并向全省公安机关推介。“芙蓉公安”微博入选湖南十大政务机构微博，《人民日报》以《守护万家灯火，温暖一方百姓》为题刊发芙蓉分局的经验报道。结合“百万警进千万家”活动与“我为群众办实事”实践活动，走访群众5.7万余人次。开展“向人民报告”主题活动和述职报告会120余场次，收集群众意见建议3500余条，解决群众困难400余起。组织开展集中反诈宣传1050余场，受众超过20万人。发放反诈宣传单70万份，制作横幅1000余条。推广安装注册国家反诈中心App 33.92万余人，注册率占全区人口43.78%。 （戴吴浩博）

【中世天合减肥药系列专案】 2022年1月14日，芙蓉分局接市局食药环支队移交的线索，芙蓉区中世天合健康科技集团有限公司涉嫌套路消费者，利用减肥产品实施诈骗。分局经初查发现，中世天合集团健康有限公司通过化整为零、清除公司数据、更换公司名称、搬迁经营地点等方式逃避公安机关打击，在株洲、常德、怀化等地设分公司。公司股东、高管田某国、周某等人，利用微信、抖音等平台发布减肥类资讯吸引消费者，聘请无相关专业资质、学历、从业经历的人员冒充“体脂规划师”“健康管理师”“营养师”等，虚假宣传产品减肥功效，预定诱导话术对受害人实施诈骗，金额巨大，受害群体众多，遍布全国各省市，导致网上投诉、政府“12315”投诉量巨大，严重影响长沙形象。在副局长陈定佳的指挥下，分局1月16日成立专案组。2022年3月10日，专案组在长沙市芙蓉区、开福区、天心区及怀化市、常德市、株洲市六地同时收网，抓获涉案人员318人，采取刑事强制措施197人，扣押涉案电脑和手机500余台，涉案金额8000余万元。 （戴吴浩博）

【“4·11”虚开增值税专用发票案】 2022年4月11日，芙蓉分局接长沙市税务局稽查局案件线索移送函，发现芙蓉区有多户企业存在虚开增值税专用发票行为。分局经侦大队对线索涉案公司进行调单研判，对涉案公司、涉案人员进行了深度分析，初步掌握嫌疑人的身份信息及涉嫌虚开发票公司（购买发票方）名单。经调查分析、深挖线索，发现该案件横跨福建、甘肃、北京、上海、深圳等16个省、直辖市。2022年5月10日，分局以虚开发票罪立案调查，抓获犯罪嫌疑人谢某、袁某红，对其窝点进行查处，现场查扣各类空壳公司印章、发票及作案工具电脑、税控盘、营业执照等。经查，2022年1月至7月期间，犯罪嫌疑人谢某、袁某红在长沙市大量注册空壳公司，并利用空壳公司虚开增值税专用发票，共计虚开增值税专用发票1656张，金额1.58亿元，税额2.06千万元，价税合计1.79亿元。 （戴吴浩博）

【交泰公司网络传销案】 2022年1月起，芙蓉分局刑侦大队打击传销工作联席会议办公室、区市场监督管理局陆续接到群众对湖南交泰科技有限公司（以下简称交泰公司）名下网络平台“唐古拉商城”涉嫌网络传销的相关举报。经2单位落地核查，区行政执法局立案调查。1月27日，该案移交芙蓉公安分局侦查办理。分局抽调经侦、刑侦、法制、网安等部门警种及各派出所警力，成立“交泰公司传销案”专案组，集成情报、视频、网技等多侦手段同步上案。通过6个月之余的缜密侦查，专案组全面掌握了“交泰公司”涉嫌网络传销的犯罪事实及相关证据。8月22日，分局140余名警力分赴长沙、衡阳、娄底、郴州四地市开展同步收网行动。该案抓获交泰公司法人代表李某某、公司高管吴某某等48名主要犯罪嫌疑人并对其采取刑事强制措施，扣缴赃款300余万元，均采取财产保全措施。 （戴吴浩博）

【朝阳派出所被评为省“枫桥式派出所”】 2022年7月28日，朝阳派出所获省公安厅颁发的“枫桥式派出所”奖牌。朝阳街地处长沙火车站周边繁华地带，辖区面积2.2平方千米，实有人口8万余人，辖区有企事业单位和公司近4000家，大型电脑电子卖场5家，是全市人流、物流、IT信息流最集中的地方。朝阳派出所1978年5月成立，现有民辅警20余人，派出所创新实行矛盾大调解“1+X”新模式，率先建立“区法院驻所诉源治理工作站”和“网上矛调室”，打造“老沈工作室”品牌，两年来调解矛盾纠纷1370余起，成功率95%以上，无一起民转刑事案件的发生。通过“三级联动”化解矛盾，做到一般矛盾不出单位，焦点矛盾不出社区，复杂矛盾不出街道。建成全省首个集反电诈宣传、禁毒防范、校园反欺凌教育、火灾逃生等8位一体的“智能安防体验馆”。截至获奖时，接待体验活动160余次、接待中小学生3000余人。派出所在辖区建设32个智慧小区，将智慧小区管理平台与公安数据充分融合，解决小区人员、车辆管控难的问题。引导300余名辖区群众参加“朝阳义警”，开展反诈宣传、禁毒宣传和巡逻防控工作，增强群防群治合力。

（戴吴浩博）

·交通安全管理·

【概况】 芙蓉区交警大队是长沙市交警支队下属的勤务大队，下辖路面勤务14个中队，122事故处理、停车场管理、机动、铁骑等中队，负责维护芙蓉区东起长棚路、西至黄兴路、南始人民路，北达八一路、车站路、浏阳河大道沿线的交通安全与交通秩序管理。辖区内现有视频监控112个、电警设备覆盖87个路口367个卡口摄像头，实现全辖区全时段、无死角的网格化视频巡逻。2022年，大队以中共二十大交通安保工作为主线，创新勤务机制改革，深化健康警队建设，保障全区道路交通有序运转、交通安全总体平稳，全年辖区未发现一起较大以上交通事故，事故数、亡人数分别同比下降13.1%、10%。

存在的困难和问题 大队民警平均年龄42.5岁，常处于满负荷超负荷运转状态，辅警、协警、劝导员队伍流动性较大。辖区机动车和驾驶员数量增加远大于道路里程增速，交通供需矛盾突出。地铁围挡施工对主次干道影响大，城市交通管理处在交通建设“阵痛期”，末端交通管理任重道远。

（王琼屈省）

【交通安全日常管理】 2022年，芙蓉区交警大队通过推动交通组织优化、大数据精准治堵、停车需求管理、交通违法整治等一系列综合措施落地，确保交通运行态势稳定。依托路面交通勤务，完成10个样板路口提质提档改造升级，2个堵点治理，完善修复167处交通信号设施、400余处交通标志、2万余平方米交通标线。加强校园周边道路乱源治理、加大路中央的违停管控和抄牌力度，提高通行效率。针对解放路育才小学、八一路信访局、大同小学、东屯路育英三小、望龙路大同瑞致小学、东雅中学、泉坝路大同三小等路段的交通拥堵，以及群众反映强烈的重要交通节点实施“一点一策”、专项优化，解决痛点、难点问题。2022年，芙蓉区工作日早晚高峰高德拥堵指数1.85，同比下降6.57%。（王琼屈省）

【交通违法整治】 2022年，芙蓉区交警大队聚焦“减量控大”总目标，开展结合交通问题顽瘴痼疾集中整治、夏季交通安全整治“百日行动”“戴帽工程”等专项整治行动，对交通违法行为常态高压管控。以路面为整治重点，以城市主干道为核心，合理设置检查卡点，机动灵活安排勤务，采取“常态+错时”“固定+流动”的工作机制，严管客车、危险化学品运输车等重点车辆，严查各种交通违法行为。全年共出动警力5万余人次，开展交通整治1万余场，查处各类违法行为62.63万起，其中，查扣各类违法车辆6916台，查处酒驾、醉驾违法行为2822起、电动车重点违法27.27万起、机动车违停抄牌11.34万起、处置其他各类违法行为20余万起。全年立案995起，其中交通肇事刑事立案15起、危险驾驶立案980起，采取强制措施648起，移送起诉635起。

（王琼屈省）

【交通事故预防】 2022年，芙蓉区交警大队在全区所有桥梁、匝道口全部增设有警示和缓冲作用的防撞桶，在东二环、红旗路浏阳河桥等路段增设警示作用的LED显示屏及爆闪灯。122中队及14个路面中队全面开展道路安全隐患排查工作，辖区全年排查出71处交通安全隐患，全部整改到位。完成事故深度调查5起，追责处理公职人员2人，处罚涉事企业5家，推动行业主管部门强化监管职能。实行夜巡夜查，加大夜间巡查频次和密度。将辖区划分为四个巡区，每巡区一个值班中队晚10时至次日7时开展亮灯巡逻，各街道每晚安排一台亮灯巡逻车配合交警开展夜巡，在重点路口、路段显眼位置摆放一台报废摩托车亮灯警示，提高见警率，加强夜间交通管理薄弱时间段管控力度。开展夜巡夜查机制以来，夜巡警力共处警5362趟，劝离违停大货车2652余起，帮扶救助故障车辆153起，夜间道路交通事故发生率同比下降21.3%。利用企业风险隐患排查系统，检查辖区13家客旅运单位、3家涉危爆品运输单位、39家货运单位。查询辖区客旅运、危化品运输1138台车和920名驾驶人交通违法信息，督促企业落实交通违法“清零”和车管工作。全年完成“清零”违法四类重点车辆500台，下达整改通知书40份，清理未年检、未报废重点车辆1018台，消除AB驾驶证逾期未审验、未换证463个，注销57座大客车26台，消除遗留隐患车辆39台。组织“易受伤害、易肇事”群体面对面精准宣教1.5万余人次，电动车驾驶人参加在线学习考试20.59万人次。

（王 琼 屈 省）

【为民服务提升】 2022年，芙蓉区交警大队服务窗口办理业务10万余起，交通安全知识进企业、进学校、进社区活动开展106场。邀请中央、省、市新闻媒体随警作战，全年开展电视媒体报道183场，其中中央级媒体报道5场、省级媒体报道98场、市级媒体报道80场，“双微”上稿120余篇。常态化管理好五一商圈、万家丽商圈、火车站片区、扬帆夜市等重要区域的交通，落实“铁网勤务”，优化交通组织，提供便民服务系列措施。全年完成各类警卫任务和活动安保1118批次2347趟次，其中一级警卫任务4批次27趟次，为芙蓉区各类活动、会议的举办提供良好的交通环境。办理“12345”市民服务热线3000余起、信访事项办理156件、网络问政40余起、市长信箱27起，群众满意度有效回访17787起，满意率98.9%。 （王 琼 屈 省）

【桥上勇救轻生男子】 2022年5月28日15时30分许，芙蓉交警大队分控中心接到报警信息——人民路浏阳河大桥上有人欲轻生跳桥。在监控网络引导下，附近的民辅警迅速赶往现场，芙蓉交警大队十一中队辅警李其4分钟后到达指定位置。一名30岁左右的男子蹲在大桥栏杆边，表情痛苦且低声哭泣。见李其慢慢靠近，男子情绪激动，拒绝交流。男子情绪失控快速站起，借势翻上栏杆向桥下跳去。早有警觉的李其猛扑上去，将男子从栏杆上抓住，与2名路过市民共同努力控制住男子。经过开导劝解，男子情绪逐渐缓和，赶到现场的派出所民警和巡逻特警合力将男子接走。李其的先进事迹先后被红网、华声在线、澎湃新闻、《潇湘晨报》、《长沙晚报》等媒体报道，李其被评为长沙市公安局交警支队2022年度先进辅警。 （王 琼 屈 省）

【摩托车驾考上牌工作】 2022年，芙蓉交警大队按照上级有关部署，推进公安交管“放管服”改革，启动摩托车驾考上牌便民惠警工程。为满足驾考者需求，为申领人员提供便利，通过对辖区内有需求的市民提前摸排，精准宣教，5月23日，芙蓉交警大队在隆平高科科技园集中开展摩托车驾驶证考试上牌工作。考前为报考者宣传安全驾驶知识，讲解应考理论及流程。活动以来有近2300名市民报考，270余人办理摩托车电动自行车上牌，“送考下乡”活动有效解决辖区群众有车无证、考证路途远、考证成本高等实际问题。大队计划将该工作常态化，每达到50人报名预约，即可集中开展上牌考证业务，区内考点暂设隆平高科技产业园，带齐材料，考试合格，当日即可拿证。

（王 琼 屈 省）

【芙蓉区文明交通主题宣传志愿服务活动】 2022年7月12日，芙蓉交警大队联合辖区内新时代文明实践中心及区文明办等单位，在文艺路街道新时代文明实践所在识字里社区骄杨公园，举行“百日零违法，礼让我先行”芙蓉区文明交通主题宣传暨“文明实践365”志愿服务活动。市委宣传部副部长、市文明办主任彭娟等有关领导，芙蓉区委宣传部部长杨光华，区委宣传部副部长及文明办主任刘彦等出席。同心艺术团、芙蓉区交警大队、学生团队，表演《祖国颂》、现场作画

2022年7月12日，芙蓉交警大队联合辖区内新时代文明实践中心，在识字里社区骄杨公园举行文明交通主题宣传。图为辖区各单位代表进行文明出行宣誓

（区融媒体中心 供图）

《童心绘交通》、诗朗诵《交通安全》《交通手势操》等节目。民警周文星进行“守法规知礼让、安全文明出行”以案说法微宣讲，分析交通案例。现场开展交通安全知识互动问答，交警带领小学生们到交通路口，进行场景现场教学。除主会场外，活动设置了分会场，开展禁酒驾、毒驾的安全交通宣传。设置“一盔一带”、交通违法案例、老年代步车违法典型案例等展架、宣传栏及宣传手册。活动由长沙市委宣传部（市文明办）、芙蓉区新时代文明实践中心主办，芙蓉区委宣传部（文明办）、文艺路街道新时代文明实践所承办，识字里社区新时代文明实践站、芙蓉区交警大队、育华小学协办。辖区长沙银行、省直公积金管理中心、湖南一建等单位代表，志愿者、居民群众、快递员、网约车司机等100余人参与活动。

（王　琼　屈　省）

检　察

【概况】　2022年，长沙市芙蓉区检察院贯彻习近平法治思想，围绕中共二十大安保维稳工作主线，推进“四大检察”（刑事检察、民事检察、行政检察、公益诉讼检察）、“十大业务”（普通刑事犯罪检察业务、重大刑事犯罪检察业务、职务犯罪检察业务、经济金融犯罪检察业务、刑事执行和司法人员职务犯罪检察业务、民事检察业务、行政检察业务、公益诉讼检察业务、未成年人检察业务、控告申诉检察业务），为全区经济社会高质量发展提供法治保障。区检察院被评为“全国检察宣传先进单位”，“芙蓉花蕾”工作室获全省检察机关十佳文化品牌，2件案件被评为全省检察机关十佳典型案件，4个集体（个人）获得省级荣誉表彰，6名干警在全市检察机关各类业务竞赛、岗位练兵活动中获佳绩。

2022年，区检察院专题向区人大主任会议汇报优化法治化营商环境工作情况，办理人大代表意见、建议及来信来访事项，员额检察官4人接受人大述职评议。定期邀请人民监督员监督检察工作，组织参与案件听证、案件评查、见证法律文书宣告等计171次。听取政协委员意见建议，向区政协专题通报公益诉讼开展情况。参加区政协组织的履职活动，走访隆平园区种业企业宣讲知识产权法律规定。向区政协提出的关于保障种业知识产权促进种业振兴的建议，得到市政协肯定。年内举办“检察开放日”2次，发布案件信息公开程序性信息、法律文书、重要案件信息2.16万条。组织对332件案件公开听证，促进矛盾化解，增强司法公信。

贯彻执行《中国共产党政法工作条例》，向区委和市检察院汇报重要工作和请示报告重大事项。检察长到区委党校宣讲《中共中央关于加强新时代检察机关法律监督工作的意见》，凝聚对法律监督工作的共识和支持。开展党建引领聚合力工程，制定班子成员责任清单。邀请区纪委监委派驻纪检监察机构做廉政教育专题辅导报告，整治违规收送红包礼金问题。推进防止干预司法相关规定落地落实，全院报告过问或干预、插手检察办案等重大事项124件。（刘文丽）

【案件管理】　2022年，芙蓉区检察院受理审查逮捕案件802件1320人，受理审查起诉案件1400件2661人，移送法院1226案1996人。接待律师阅卷622件次，律师查询2032件次。“12309”中国检察网律师线上阅卷申请14次。组织召开检委会15次，专题研讨23个议题。检察长列席审判委员会案件4起。督察整改疑似问题1369个，纠正案卡填录、数据质量问题196处。发出流程监控通知书331份，口头监控通知书1份，发出书面流程监控通知书330份。扫描录入判决书1386份、出庭通知书1155份、执行回执类26份。案件信息公开程序性信息21314条，法律文书201条，发布重要案件信息104条。扣押涉案财物赃款786.31万元，处理上缴248.32万元。12309检察服务中心律师接待窗口实行线上阅卷办理案件3件，推进互联网阅卷工作开展。

（刘文丽）

【刑事检察】　2022年，芙蓉区检察院受理审查逮捕刑事犯罪嫌疑人1326人，受理审查起诉3322人；审查批准、决定逮捕838人，起诉2085人（含上年度受理未审结案件）。贯彻落实少捕慎诉慎押刑事司法政策，对不构成犯罪、犯罪情节轻微或证据不足的案件，依法决定不捕488人，不诉1074人，不捕率36.80%，不诉率32.33%。监督立案26件，纠正漏捕9人，纠正漏诉194人，追诉遗漏同案犯23人，追诉遗漏犯罪事实3人。受理监委移送案件3件3人，审结5件5人。发出纠正违法通知书179份，发出社会治理类检察建议13份，书面纠正侦查活动违法248件，书面纠正审判活动违法108件。发出检察建议17份。惩治电信诈骗、网络投资诈骗等电信网络犯罪，批准逮捕53人，提起公诉416人。重点惩治非法吸收公众存款、集资诈骗、传销案件67件166人。对侵犯知识产权、生产销售伪劣商品等犯罪批准逮捕16人，提起公诉21人。办理涉黑涉恶案件5件36人，坚持认罪认罚从宽制度适用，认罪认罚适用率80.48%。提出确定刑量刑建议495人，确定刑量刑建议率86.2%，确定刑量刑建议采纳率95.88%。出庭407件，判决414件510人，有罪生效判决率100%。1名干警在长沙检察机关优秀公诉人业务竞赛中获“十佳公诉人”称号，1名干警在2022全市公诉人团体辩论赛暨优秀公诉人业务竞赛中获全市公诉人业务竞赛优秀辩手。（刘文丽）

【刑事执行检察】 2022年，芙蓉区检察院办理财产刑执行违法监督案件125件，发出纠正违法通知书125份。办理暂予监外执行违法案件138件，发出纠正违法通知书138份。办理脱管漏管案件55件，发现脱管30人，漏管25人。办理暂予监外执行审查案件16件，不同意暂予监外执行案件2件。办理看守所违法监督案件1件，发出纠正违法通知书1份。办理指定居所监视居住监督案件8件，发出纠正违法通知书8份，办理强制医疗案件1件，发出纠正违法通知书1份。发出暂予监外执行加强监督检察建议1份，加强指定居所监视居住对象监督检察建议1份，加强社区矫正对象监督检察建议1份，加强财产刑执行监督检察建议1份。办理中央督导组重点交办、省检察院直接立案侦查的娄底监狱原监狱长季某某以及原娄底住房公积金中心副主任廖某某涉嫌滥用职权案。全年追赃挽损3096万元。（刘文丽）

【民事行政检察】 2022年，芙蓉区检察院受理各类民事案件1000件，办结954件，其中对生效裁判提请抗诉和提出再审检察建议64件，对审判活动及执行行为开展监督并向法院发出检察建议868件。对审查认为正确的民事裁判，依法不支持监督申请16件。办理的江某等16人与湖南经阁集团劳动合同纠纷执行监督案，涉案金额160余万元，区检察院向法院发出检察建议，建议法院加大执行力度、采取有效执行措施的同时，促成双方当事人达成和解协议，资金兑付到位。受理并办结行政监督案件284件，其中非诉执行活动监督案件201件，提出检察建议195件，实质性化解行政争议47件。办理的杨某某与富通公司执行异议之诉再审案、任某等205人与工商银行长沙分行金融委托理财合同纠纷支持起诉案被认定为“全省民事检察典型案件”，办理的谭某涉“校园贷”民间借贷纠纷虚假诉讼监督系列案在省院召开的“湖南民事检察虚假诉讼监督工作”新闻发布会上作为“十大典型案例”发布。坚持共治、共建、共享理念，与环保、市场监管、行政执法、住建、渔业等部门建立案件线索移送、案件信息共享机制。（刘文丽）

【公益诉讼检察】 2022年，芙蓉区检察院守护“舌尖上的安全”，办理食品药品安全领域16件，均起诉至法院，就销售有毒、有害食品的鲁某等16人提出十倍惩罚性赔偿金430余万元。对扬帆夜市、大型商超以及网络外卖“轻食”、预制菜、现制现售饮用水等开展专项整治。守护“脚底下”的安全，推动对公共区域10处不符合安全规范的窨井盖进行修缮。守护“头顶上”的安全，促进对10处老城区建筑物外墙瓷砖脱落问题整改。守护“生产中”的安全，督促对10处违章建筑、7家液化气站点、10台超期未年检的电梯存在的安全隐患进行整改。2022年，区检察院办理公益诉讼案件232件，社会治理类检察建议12件，公益诉讼案件总数上比2021年增长51.63%。其中民事公益诉讼案件49件，同比增长32.43%（生态环境保护领域11件，食品药品安全领域16件，环保部门支持磋商案件2件，个人信息保护领域19件，未立案1件）。行政公益诉讼案件183件，同比增长57.75%（食品药品安全领域60件，安全生产领域47件，环境保护领域11件，其他65件）。落实国有财产保护专项监督行动，对区民政局违规发放养老补贴案进行“回头看”，督促其追缴违规发放的养老补贴328万余元。办理非法捕捞公益诉讼案件11件，支持湖南省生态保护志愿服务联合会对非法捕捞水产品、收购珍贵濒危野生动物的11名当事人提起民事公益诉讼，在湘江领域增殖放流鱼苗7000尾。开展“建筑垃圾山”清理专项行动，针对建筑垃圾违规堆放监管不到位问题督促相关行政部门清理违规堆放垃圾10处。参与“利剑护蕾”行动，落实实名入住，从源头治理未成年人入住酒店、公寓等问题。给卫健委制发检察建议要求对文身机构加强监管，禁止文身机构给未成年人文身。（刘文丽）

【控告申诉检察】 2022年，芙蓉区检察院收到各类来信94件，来访90件；大厅接待215件335人次；检察长接待9次15人。受理国家司法救助案件30件，其中未成年人案件7件，办结30件。受理刑事申诉案件4件，民事行政诉讼监督案件41件，立案监督案件5件，侦查活动违法案件1件，分别移送相关检察部门。明确固定日接访和预约接访相结合的制度，通过12309检察服务大厅电子大屏及官方网站公开院领导接访时间、地点，接待群众335人次，对94件群众来信7日内程序性回复。对因案致贫、因案返贫的实行“应救尽救”，发放司法救助金19.1万元。组织人民监督员活动22次，邀请人民监督员34人。邀请人民监督员对案件听证159次、案件评查5次、见证法律文书宣告1次，实施检察工作监督1次，司法规范化检查1次，检察官支持出庭公诉1次，检察建议的研究提出、督促落实1次，其他相关司法办案工作1次，通过其他方式对检察办案活动提出意见建议1次，共171次。举行简易听证164件。对涉及公益、百姓切身利益、未成年人保护的77起案件，依法组织检察听证。

（刘文丽）

【未成年人检察】 2022年，芙蓉区检察院惩治侵害未成年人犯罪，批准逮捕119人，提起公诉133人。对涉嫌犯罪的未成年人依法批准逮捕75人，提起公诉74人。对犯罪情节轻微且认罪悔罪的未成年人，加强对罪错未成年人的挽救和保护，依法不批准逮捕44人，不起诉43人，附条件不起诉19人。开展“利剑护蕾”专项行动，坚持对性侵害未成年人犯罪“零容忍”，批准逮捕涉未成年人性侵案件27件69人，起诉22件58人。严厉打击针对未成年人的涉黑恶犯罪行为，提起公诉涉及侵害未成年人涉恶案件2件31人。对两起利用网络“隔空猥亵”未成年人的案件提起公诉。依托“芙蓉花蕾”未成年人检察工作室，对7名未成年被害人实行“一站式”救助服务。督促行政机关对涉案酒店旅馆、娱乐场所非法容留未成年人及未成年人文身问题进行整治。开展防范性侵、毒品犯罪等“进校园”宣教活动，加强未成年人犯罪预防。区检察院“芙蓉花蕾”工作室被评为全省检察机关“十佳文化品牌”，1名干警在长沙市检察机关未成年人检察业务能手竞赛中获“业务能手”称号，《“芙蓉花蕾”护成长》获长沙市文明委颁发的2022年度长沙市未成年人思想道德建设优秀案例。

（刘文丽）

【企业合规化建设】 2022年，芙蓉区检察院推进企业合规化建设工作，年内走访隆平农业发展股份有限公司、佳和农牧股份有限公司、湖南省绿林建设集团有限公司等多家企业，了解不同行业与领域的企业合规化建设的情况。根据实地调研和交流，截至年底，针对企业存在的问题和不足，提出7条具体建议。以湖南省绿林建设集团有限公司、李某、周某福串通投标案为例，区检察院坚持以法律为准绳，注重合规价值，强化监督保障，制定《涉案企业合规第三方监督评估组织工作经费办法（试行）》，健全完善第三方机制各项配套制度，探索试行“延长考察期”制度，为企业合规化建设保驾护航。芙蓉区检察院合规化建设工作获得最高检推荐。

（刘文丽）

【企业合规建设青年志愿服务活动】 2022年3月15日，芙蓉区检察院团总支、青工委聚焦引导企业合规管理、防范金融诈骗、守护消费者权益等方面，开展志愿服务活动，主题为“检察蓝 青春色 喜迎二十大 奋进新征程”。志愿者们走访长沙自贸试验区芙蓉区块内的隆平农业发展股份有限公司、佳和农牧股份有限公司。针对企业合规建设问题进行了“一对一”宣讲，向企业介

2022年3月15日，区检察院团总支、青工委到驻区企业开展“喜迎二十大”企业合规性建设志愿服务活动 （区检察院 供图）

绍企业合规政策的含义及检察机关在企业合规方面的具体工作流程。结合已有案例直指企业管理中可能面临的“吃回扣”“乱串通”等合规风险点，提升企业规范经营意识和风险管控意识。企业代表们围绕企业合规程序是否可以前置作为风险防范，以及企业合规带来的成本增加问题进行交流和提问。

（刘文丽）

【涉未成年人犯罪治理专项行动】为预防侵害未成年人案件的发生，2022年4月11日，芙蓉区检察院“芙蓉花蕾”工作室与第五检察部，联合长沙市公安局芙蓉分局对辖区内30余家民宿、私人影院开展“旅馆业、娱乐场所涉未成年人犯罪治理专项活动”。通过比对前台信息系统、查看登记台账、电话核实入住登记信息，现场询问、核查在落实“四实”登记制、入住登记及上传信息等方面是否存在违规接待未成年人等行为。查验相关证照，核验部分顾客和工作人员身份信息，未成年人禁入、限入标志设置，有无违规接纳、招用未成年人、有偿陪侍等情况。检查中发现的个别民宿和私人影院存在标识张贴不显著、入住登记手续不规范、核实监护人信息不到位、从业人员对政策不了解等问题，制发检察建议10份。为做好未成年人权益保护和犯罪源头预防工作，联合公安、市场监督管理局出台《关于未成年人入住旅馆业登记管理的意见》，加强旅馆违规接待、接纳未成年人的联动监管，扩大整治成效。（刘文丽）

【异地协作合规建设】 2022年4月27日，杭州市滨江区检察院向长沙市芙蓉区检察院发出“商请函”，商请长沙市芙蓉区检察院对两家犯罪地在杭州、实际经营地在长沙的涉案企业协助开展合规工作。区检察院经考察2家企业在当地经济发展、税收保障、稳定就业等方面的价值，突出社会调查的价值导向，确保第三方组织规范履职，全程监督引导涉案企业“因案明规”合身管用，协助完成2家涉案企业合规整改落实，杭州市滨江区检察院对涉案企业作出不起诉决定。芙蓉区检察院与杭州市江滨区检察院关于涉案企业合规改革工作异地协作试点办法，被湖南省人民检察院推广。

（刘文丽）

2022年5月27日，芙蓉区检察院开展“携手落实‘两法’，共护祖国未来”检察开放日活动。图为检察长盛智（右一）向东郡小学师生宣传法律知识

（区检察院 供图）

【检察开放日活动】 2022年5月27日，芙蓉区检察院开展“携手落实‘两法’，共护祖国未来”检察开放日活动。活动邀请东郡小学老师、学生、家长等60余名代表走进区检察院，“零距离”感受未成年人检察工作。在检察干警的引导下，受邀代表参观检察服务大厅、“芙蓉花蕾”未成年人检察工作室和“一站式”办案关爱中心。区检察院党组书记、检察长盛智以“做遵纪守法的新时代好少年”为题，通过现场互动、解答、播放图文演示等方式宣传中国司法机关的法律定位及职责职能、未成年人犯罪的典型案例，帮助同学增强法治意识，提高守法自觉性和自护能力。

（刘文丽）

【涉“校园贷”虚假诉讼监督系列案】 2022年5月27日，湖南省人民检察院召开“湖南民事检察虚假诉讼监督工作”新闻发布会，芙蓉区检察院办理的谭某涉“校园贷”民间借贷纠纷虚假诉讼监督系列案入选全省检察机关虚假诉讼十大典型案例。该案涉案人员超100人，区检察院以“谭某是否为实际出借人”为突破口，结合当事人谭某、李某某的陈述，证人卢某某、黄某某的证言，“借款协议”，以及自行调取的涉案公司的说明，发现芙蓉区法院判决认定的“谭某是实际出借人，谭与各借款人签订的《借款协议》依法成立并生效”与实际情形不符。针对上述情况依法向芙蓉区人民法院提出再审检察建议111份，采纳率100%。（刘文丽）

【“芙蓉花蕾”获省检察十佳文化品牌】 2022年6月，湖南省第二届检察机关文化品牌选树活动公布，芙蓉区检察院“芙蓉花蕾”未成年人检察工作室被评选为湖南省检察机关十佳文化品牌。“芙蓉花蕾”诞生于2018年5月7日，设立初衷旨在加强对未成年人的司法保护。2022年全年未成年人保护工作持续深化，批准逮捕涉未成年人性侵案件27件69人，起诉22件58人，提起公诉涉及侵害未成年人涉恶案件2件31人。着重处理了两起利用网络“隔空猥亵”11岁和14岁未成年人的案件，打击利用网络对未成年人实施不法侵害的行为。“利剑护蕾”行动实施以来，区检察院牵头成立的“一站式办案中心”对6名未成年受害人开展取证，心理咨询师对该6名被害人开展每周一次的心理救助，其中4名被害人返回学校继续学业。（刘文丽）

【检察官为公安干警作专题讲座】 2022年7月7日，芙蓉区检察院检委会委员、第一检察部主任贺秋华受邀在长沙市公安局芙蓉分局第九期“芙蓉大讲堂”暨法治业务培训活动中作专题讲座。贺秋华以《帮信案等案件办理中的若干问题》为题，讲授了帮助信息网络犯罪所得罪、诈骗罪、掩饰、隐瞒犯罪所得、犯罪所得收益罪在实践中如何认定的若干问题，并就三个罪名的区分阐述了精准的见解。在互动环节，贺秋华就案件管辖、定性等问题回答民警的提问。分局政委刘志平、分管刑侦工作副局长赵晋全程聆听，各派出所刑侦副所长、刑侦民警，法制大队、刑侦大队民警100余人参加讲座。（刘文丽）

法 院

【概况】 芙蓉区人民法院有大、中、小审判法庭21个，装配先进的电子监控、办公智能化、审判流程管理等系统，员额法官58人，下设定王台人民法庭、司法警察大队等11个机构。2022年，受理各类案件38320件，审执结35894件，员额法官平均结案619件，新收案件、已结案件数居长沙市基层法院第二。

服务大局 2022年，区法院出台优化营商环境工作方案，为民营企业和民营企业家创新创业营造良好的法治环境。组织召开金融审判工作座谈会7次，建立健全涉金融案件联动机制，为金融业提供司法服务。对接重点项目建设，护航“保交楼”工作，支持征收拆迁，加快城市建设发展。执行干警上门做工作900余人次，推动蔡锷中路两厢棚户区改造项目的实施。沟通协调化解涉区重点企业矛盾纠纷，力达法律效果与社会效果的统一。

改革创新 经中共湖南省委机构编制委员会办公室、湖南省高级人民法院同意，芙蓉区法院在长沙市繁华地段五一商圈，新设调立审执一体化的金融法庭——定王台人民法庭。2022年5月运营，负责办理辖区内所有涉及金融领域（当事人主体包括银行以及非银行金融机构）的民事、执行案件。截至年底，审执结金融案件11258件。出台《关于实行离婚案件财产申报制度的工作指引（试行）》，厘定夫妻共同财产范围，解决司法实践中常见的隐藏、转移、变卖、毁损、挥霍夫妻共同财产问题，维护当事人及利害关系人的合法权益。

业务提升 组织干警参加各类培训活动54场，开展法官沙龙、专家学术讨论、学者专题讲座等活动，培养学术型法官。参加“第五届全省法院优秀裁判文书、优秀庭审”“34届全国法院学术论文”等参赛评选活动，1篇论文在第十五届中部崛起法治论坛论文评奖活动中获三等奖，14篇论文在省级学术讨论会上获奖。（孙红梅）

【刑事审判】 2022年，芙蓉区法院受理刑事案件1375件，审结1271件1887人。严惩严重暴力犯罪、多发性侵财犯罪案件356件，涉黄赌毒犯罪案件135件。审结涉电信网络诈骗犯罪关联案件362件，集资诈骗和非法吸收公众存款案件22件58人。开展“利剑护蕾”专项行动及整治工作，从严惩治性侵未成年人案件20件。为加强各职能部门之间的联动，汇聚合力护航青少年健康成长，向相关部门发出《司法建议函》2份。以强奸罪、组织、强迫卖淫罪等判处陈某有期徒刑二十年，剥夺政治权利三年，并处罚金人民币10万元。保持对腐败犯罪高压态势，以受贿罪（866.31万元）依法判处常德市临澧县委原常委、政法委原书记毕某有期徒刑十一年，并处罚金人民币120万元；以受贿罪（580.7万元）判处株洲市人民检察院原党组成员、副检察长陈某有期徒刑十年六个月，并处罚金人民币50万元。（孙红梅）

【民商事审判】 2022年，芙蓉区法院受理各类民商事案件21788件，审结19403件。依法保护各类市场主体的合法权益，审理涉出租车系列案，组织当事人召开协调会12次，维护社会和谐稳定。快速审结劳动争议案件1021件，注重劳动者与企业的权益均衡保护。依法判决“杭州娃哈哈公司”劳动争议案，娃哈哈董事长宗庆后到庭应诉，并为区法院司法公正点赞。深化家事审判改革，探索实行离婚案件财产申报制度，化解部分当事人对财产控制方的诚信疑虑，为法院准确、高效处理婚姻家事案件奠定基础。与社区共建诉源治理工作站，截至2022年12月底，法院驻社区诉源治理工作站13个，社区调解点81个，借助“芙蓉区民事权益自助平台”，提高婚姻家事纠纷诉前调解成效，推动婚姻家庭及社会的和谐稳定。

（孙红梅）

【执行工作】 2022年，芙蓉区法院受理执行案件15730件，执行结案14990件，执行到位金额36.95亿元。重拳打击有履行能力而规避执行的被执行人，采取拘留、罚款等强制措施，惩治躲避、阻碍执行的行为，实施夜间、节假日执行行动80余次，移送拒执罪23件，推动解决执行难。实行信用惩戒，纳入失信名单643人次，采取限制高消费措施1.33万人次，各类媒体报道200余次，构建“一处失信、处处受限”的信用大格局。坚持善意文明执行理念，以温情执行护航企业生存和发展。对常德沅利鑫建材贸易有限公司、湖南天龙建材有限公司雨花分公司诉浩天建工集团有限公司2案，通过多方协调，依法解除冻结浩天建工集团有限公司银行存款3600万元，助力企业渡过难关。运用司法救助机制，援助民生案件特困申请46案67.18万元。

（孙红梅）

【司法监督】 2022年，芙蓉区法院落实人大决定决议，支持人大常委会开展专题调研和执法视察，组织4名员额法官述职评议。接受人大监督和政协民主监督，办理代表建议及委员提案1件。持续开展“千名代表委员走进法院零距离监督”活动，邀请人大代表视察法院、旁听庭审15次23人，走访结对联络代表11次，增进代表对法院工作的监督支持。加强与民主党派、司法监督员、律师代表的联络，听取意见，改进工作。拓展公开监督渠道，通过“两微一网”（微信、微博及官方网站）等发布诉讼服务和普法信息1790条，公开裁判文书23974份，网络直播庭审9975场，2022年继续入选中国法院网“全国优秀直播法院”，立案庭员额法官周明累计直播案件2382场，获“优秀直播法官”称号。

（孙红梅）

【司法宣传】 2022年，芙蓉区法院发布诉讼服务和“以案释法”普法信息，官方网站发布稿件192篇，微信公众号发布71期、抖音作品28个、微博发布1610条，国家级、省市级媒体宣传报道芙蓉法院工作106次。开展“6·5”环境日宣传，组织“宪法宣传周”普法。中学生和机关干部走进法院旁听庭审，实现“审理一案、教育一片”效果。10月10日，人民法院新闻传媒总社“非凡十年看法院”系列直播第七场——“矛盾纠纷如何化解 湖南法院一站式多元解纷这么做”在区法院开播。直播活动直播通过“场景＋纠纷”的形式，结合主持人解说，展示中共十八大以来湖南法院一站式多元纠纷解决和诉讼服务体系建设成果。最高人民法院微博，《人民法院报》微博、视频号，中国法院网抖音号、快手号，天平阳光App、B站号，湖南高院抖音、风芒App等多个平台同步直播，当天

2022年8月30日，区法院成立“驻平安银行长沙分行诉源治理工作站”

（区法院 供图）

吸引2800余万网友在线点击观看。（孙红梅）

【多元解决纠纷】 2022年，芙蓉区法院继续推进诉源治理，完善“一站式”多元解纷机制。在定王台街道挂牌“国金中心诉源治理工作站”，与公安派出所、街道司法所无缝对接服务国金中心大楼内企业。在湘湖街道推动成立以“全国五一劳动奖章”获得者刘桂兰命名的调解工作室，支持社区自治预防化解纠纷。在2021年成立2家驻银行诉源治理工作站的基础上，新增驻“中国建设银行湖南省分行信用卡中心”等3家银行诉源治理工作站。借力“人民法院调解平台”和“闪信+”信息技术，诉前调解金融借款、信用卡等金融纠纷58471件，涉及金额约17.5亿元，协助金融机构回款7000余万元。化解定王台街道八旬老妪交通事故损害赔偿案、韭菜园街道“湖南米粉街”某粉店被诉吃出肉虫消费欺诈索赔案等案件纠纷，减轻了当事人的诉累，避免辖区行业负面舆情。诉源治理工作经验被最高人民法院肯定推介，《人民法院报》（10月11日）头条刊载，《人民日报》（5月29日）等近30家主流媒体予以报道。2022年，区法院的新收案件数量首次出现拐点，同比下降3.77%，民事一审案件新收同比下降14.58%，在全市基层法院降幅最大。（孙红梅）

【定王台人民法庭（金融法庭）设立】 2022年5月，芙蓉区人民法院设立审执一体化的金融法庭——定王台人民法庭组建并运行。芙蓉区作为长沙市的金融、商业核心区域，辖区金融机构众多。随着社会经济中新业态、新模式不断出现，大量金融纠纷影响区域经济和营商环境安全。芙蓉区法院党组依据现实需要，并在人大代表建议的推动、区委及上级有关组织的支持下，在长沙市核心商圈定王台设立金融法庭。主要负责办理芙蓉区所有涉及金融领域（当事人主体包括银行以及非银行金融机构）的民事、执行案件。定王台法庭位于国金中心附近（蔡锷南路98号），6层楼办公面积1200平方米。人员38人，其中员额法官4人，法官助理4人。组建四个审判团队、四个执行团队和一个诉前调解团队。截至12月底，该法庭共计结案5682件，涉案标的额34.2亿元；执结5576件，执行到位标的额达5.71亿元。（孙红梅）

【蔡某贪污受贿案】 原芙蓉区民政局副局长（正科级干部）蔡某，2020年10月16日因涉嫌违法犯罪被留置，2021年4月15日被刑事拘留，2021年4月28日被逮捕，同年8月，芙蓉区人民检察院以贪污罪、受贿罪、滥用职权罪、巨额财产来源不明罪，向芙蓉区法院提起公诉。2022年6月21日，区法院审理终结。经审理查明，2016年至2020年期间，被告人蔡某利用职务上的便利，套取国家财政资金153.87万元，其行为构成贪污罪，且数额巨大；向他人索贿或收取他人贿赂金额87.34万元，为他人谋取利益，构成受贿罪，数额巨大；滥用职权，造成损失453.69万元，构成滥用职权罪，且情节特别严重；玩忽职守造成损失59.07万元，构成玩忽职守罪；其财产、支出明显超过合法收入，有623万余元差额不能说明来源，构成巨额财产来源不明罪。对被告人蔡某数罪并罚判处有期徒刑十年八个月，并处罚金人民币70万元。该案在2021年以《贪欲之祸》被拍成教育警示片，在全区大会播放，给芙蓉区党员干部敲响警钟。（孙红梅）

【友阿公司合同纠纷系列案解纷】 2022年6月2日，芙蓉区法院立案受理武汉雅原贸易有限公司诉湖南

2022年5月，芙蓉区定王台人民法庭（金融法庭）设立并投入运行

（区法院 供图）

友谊阿波罗商业股份有限公司（简称友阿公司）合同纠纷案。友阿公司系湖南省商业龙头企业，年创利税超亿元，中国企业500强。经审理查明，武汉雅原公司系友阿公司的合作伙伴，在其下的百货广场设定专柜销售商品。友阿公司扣除相应费用后支付武汉雅原公司销售款，因经营出现困难，拖欠武汉雅原公司等多家公司的货款未付，由此产生合同纠纷案件22件，涉案标的额7800余万元。区法院运用庭前调解、暂缓保全等工作方法，用时25天，以调解或调解后撤诉的方式化解22起纠纷，为各方当事人减少受理费、保全费及其他诉讼费用30余万元。该案的办结取得良好法律效果和社会效果。（孙红梅）

【诉中调解房屋租赁纠纷案】 长沙三九楚云大酒店毗邻长沙火车站，周边数家商场医院银行。近年来，因诸多原因导致酒店房屋产权人和酒店承租经营人之间租赁合同纠纷时有发生。2021年11月1日鸿程公司向区法院提起诉讼，要求与三九楚云酒店解除租赁合同，返还租金押金、给付违约金并赔偿装修损失，诉讼请求金额超过3000万元。出租方提起反诉，要求鸿程公司支付租金、违约金并赔偿损失，金额350余万元。为避免刚性的审判执行措施给诉讼双方带来不利影响，陷入诉讼泥潭，区法院诉讼服务中心衔接审判庭主审法官和朝阳街道联合人民调解委员会“老沈工作室”，诉中对外委托人民调解，力争庭外调解成功。2021年12月17日，“老沈工作室”负责人员沈振武主持调解，区法院诉讼服务中心派人到场以案释法指导调解。经过1个月余反复调解沟通，2022年1月24日，双方达成调解协议。近4000万元大案，以诉中委托人民调解方式，化解矛盾纠纷。（孙红梅）

【学校社会实践活动进法院】 2022年1月13日，长郡双语实验中学2017班40余名初二学生在班主任老师带领下，开展以“旁听法院庭审，争做守法公民”为主题的寒假“学法守法”社会实践进法院活动。学生们参观法院审判法庭，观摩一起刑事案件庭审，与法官互动交流。活动提升了未成年人的法律意识和自我保护意识。2022年，区法院开展送法进校园4次，组织“公众开放日”活动2次，300余名师生受邀旁听庭审。（孙红梅）

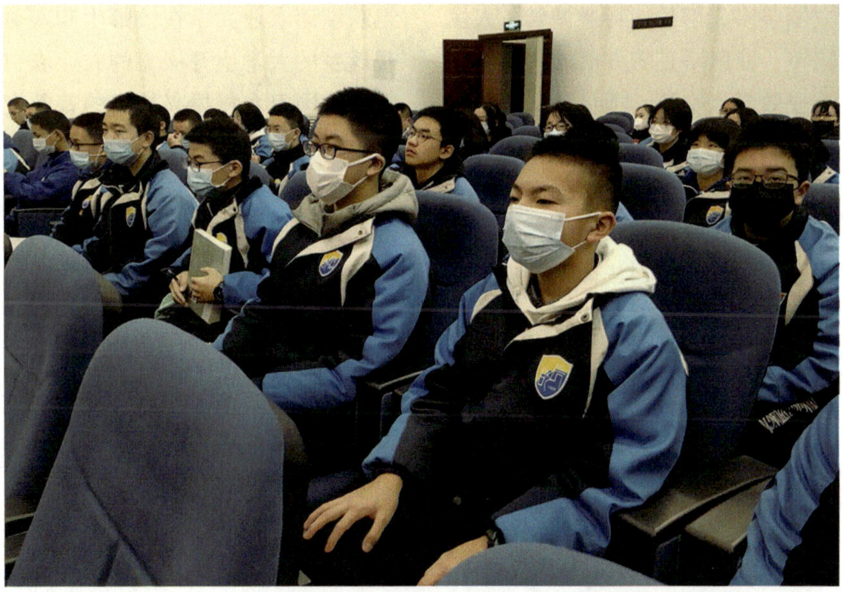

2022年1月13日，长郡双语实验中学40余名初二学生到芙蓉区法院，开展“学法守法”主题寒假社会实践活动。上图为学生们参加旁听庭审，下图为学生们与法官互动交流（区法院 供图）

【湘潭大学法学院课题组到区法院调研】 2022年4月21日，湘潭大学党委副书记、教授廖永安一行5人到区法院进行“智慧司法科学理论与司法改革技术支撑技术”项目的调研。区法院党组书记、院长李才坤，副院长贾长俐及相关部门负责人参加调研座谈。湘潭大学调研组介绍了“多元化纠纷解决机制改革的实践与成效”相关情况。双方围绕多元解纷、特邀调解、人民陪审、社区矫正等方面的改革举措与成效深入交流。项目负责人廖永安对区法院的支持表示感谢，认为芙蓉区法院的多元解纷工作经验极具特色和参考价值，为早日建成公正、透明的智慧司法体系，提供扎实的理论支撑。 （孙红梅）

司法行政

【概况】 2022年，芙蓉区司法局以护航中共二十大胜利召开为主线，把学习中共二十大精神与法治宣传相结合，推进基层治理。指导推荐韭菜园街道汤家岭社区和文艺路街道东广济桥社区为“全国民主法治示范村（社区）”和“湖南省民主法治示范村（社区）”并获命名表彰。司法局因社区矫正和安置帮教工作连续两年荣获全省社区矫正和安置帮教工作成效突出单位，“智慧矫正”中心建设典型经验在全省社区矫正、安置帮教业务培训中予以推广；社区矫正案卷在全市案卷评查活动中排名第一。区司法局报送的行政复议案例和法律援助案例分获2022长沙市十大典型行政复议案例和十大典型服务案例。 （王 慧）

【法治宣传】 2022年，芙蓉区修订《芙蓉区“谁执法谁普法”责任制实施办法》，发挥区委全面依法治区委员会守法普法协调小组的职能职责，区直部门、街道、市场、学校和驻区单位利用“国家宪法日”等时间节点，把学习《中华人民共和国宪法》《中华人民共和国民法典》与中共二十大精神融合，以提升社会法治理念和全民守法意识。组织湖南农业大学在校师生和寒暑假返乡的大学生开展党的农业农村政策、国家乡村振兴战略的普及宣传，培训乡村“法律明白人”和居民“法律带头人”。联合教育系统把宣传贯彻《中华人民共和国家庭教育促进法》融入对青少年的法治教育。“6·26”国际禁毒日到来之际，定王台司法所集中社区矫正对象在家乐福前坪开展禁毒宣传。运用“芙蓉夜话”“小马哥说法”平台，扩大基层民主管理和村（居）民自治空间。配合开展自建房安全、道路交通安全和运输执法领域的法治宣传和督察检查工作。全区各级各部门单位开展集中法律宣传活动1071场次，接待法律咨询13万余人次，购发、编印与疫情防控、自建房整治“百日攻坚”、道路交通运输安全领域督办整改等相关法律宣传手册、折页、画报110万余份。 （王明华）

【公共法律服务】 2022年，芙蓉区域公共法律服务实体平台，涵盖1个区级公共法律服务中心、13个街道公共法律服务工作站、81个社区（村）公共法律服务工作点。年内芙蓉区受理法律援助案件数334件，值班律师接待咨询量为1376人次，农民工、残疾人、妇女、未成年人、老人、低保户为重点法律援助对象人群。通过扩大法律援助受案范围、提供上门受理法律援助申请、开通农民工欠薪求助绿色通道等措施，实现“应援尽援、应援优援”。开展“乡村振兴 法治同行”活动，优化乡村公共法律服务网络，保障困难群众获得优质法律援助。肖娅获2022年度长沙市法律援助工作优秀个人，法律援助中心推荐的“虚开发票、出售非法制造的发票案”获2022年度长沙市法律援助工作优秀案例。 （彭 艳）

【人民调解】 2022年，芙蓉区人民调解系统形成含区联合人民调解委员会驻交警队调解室、区婚姻家庭纠纷人民调解委员会、区物业纠纷调解中心、区医疗纠纷调解中心、区校园纠纷人民调解委员会5个区属行业性专业性调解组织和13个街道人民调解委员会、81个社区（村）人民调解委员会的三级人民调解网络，拥有专职人民调解员38人，兼职人民调解员348人。坚持“调防结合，以防为主”原则，集中时间、集中力量排查化解矛盾纠纷，结合“调解促稳定 喜迎二十大”专项活动压实专项调解责任、落实调解属地原则，把矛盾纠纷化解在基层。2022年全区各级人民调解组织调处矛盾纠纷2724起，涉及金额3428.62万元，其中重大疑难纠纷67起。全区未发生因调解不及时或调处不当而引发“民转刑”、非正常死亡、群体性械斗和群体性上访事件。 （彭 艳）

【律所律师管理】 自2021年起，根据长沙市司法局关于对律师事务所和律师实行属地管理的规定，芙蓉区分两批次接受律所及其律师下放管理工作。截至2022年12月31

日，区域100家律师事务所及1402名律师移交芙蓉区司法局日常监督管理。区司法局开展律师行业“制度落实年”活动，要求各律所主要负责人和党组织书记切实履行主体责任，各律所认领责任清单，逐条抓落实。5月中旬启动律师事务所年度检查考核，通过查验台账记录、核查报表数据及制度建立执行情况等方式对律师事务所采取计分制初审，实地检查得分70分以下的律师事务所，92家律师事务所均通过年度检查考核。（彭 艳）

【社区矫正与安置帮教】 2022年，芙蓉区新接收社区矫正对象263人、解除矫正251人，至12月31日在册社区矫正对象300人，刑满释放1014人。区社区矫正中心受法院、检察院、监狱委托办理社会调查评估263例，累计开展各类教育2019人次、社区服务1932人次。依托湖南省电子监管系统，信息化核查551人，累计开展信息化核查13万余人次；社区矫正对象定位监管率和日常报到率100%。对违反规定的社区矫正对象给予训诫处罚21人次，警告处罚7人次。衔接刑满释放安置帮教人员238人，其中重点安帮对象23人。重点刑释解教人员全部“必接必送”，全国刑释系统核实率、回执率、衔接率、刑释解矫人员帮教率均100%，重新犯罪率控制在2.8%以下。区司法局联合区公安分局、卫健局等30家单位，持续实施对刑释人员、社区矫正对象、吸毒人员等人员建档归案。

（易正君）

【组织寒假返乡大学生“送法下乡”活动】 2022年2月14日，芙蓉区委依法治区办、区司法局联合东湖街道组织辖区大学生志愿者开展“送法下乡”系列法治宣传活动，以返芙过节在籍大学生为主体，邀请湖南司法警官职业学院、湖南农业大学、长沙理工大学等院校的104名大学生志愿者参加。活动当日，志愿者在人流密集的农大公交站设点宣传，分发普法资料，入户走访社区商户和居民，解答群众的法律咨询。并与东湖村“两委”成员、村民代表交流基层依法治理、社会管理创新的法治构想。大学生寒假“送法下乡”系列活动在全区同步开展，深入区内十余个村（社区），发放宣传资料1600余份，赠送《中华人民共和国宪法》《中华人民共和国民法典》等法律手册500余本，走访各个村（社区）的商户及住宅350余户，解答群众法律咨询600余人次。（江 涛）

2022年2月14日，芙蓉区组织寒假返乡大学生开展“送法下乡”活动

（区司法局 供图）

【人民调解化解职工非正常死亡纠纷】 2022年3月23日，芙蓉区东屯渡街道某小区保安宿舍内，一名保安杨某被发现死亡，经公安侦查，排除刑事案件，死者家属对此无异议，但死者家属要求物业公司支付非因工死亡赔偿金，引发纠纷。东屯渡司法所获悉后及时介入，释法说理，引导当事双方通过人民调解化解矛盾纠纷。司法所工作人员白天参加辖区志愿者工作，晚上组织纠纷双方调解。双方当事人3月25日达成调解协议，死者家属一方获得6.8万元补偿金额。本案获2022年长沙市“以案释法”典型案例征集评选活动结果的表扬通报。

（彭 艳）

【为帮教对象帮扶解困】 2021年8月，因开设赌场罪服刑的文某刑满释放。芙蓉区司法局马王堆司法所将其纳入安置帮教对象，建档立册。了解到其家庭困难，文某回归后不久被诊断患有乳腺恶性肿瘤，家庭无力负担医院手术化疗费用。司法所联合新桥新村社区对文某实施救助帮扶，为文某申报市妇女儿童发展基金会关爱困境母亲活动项目，争取到了数千元慰问金。11月，马王堆司法所和新桥新村社区工作人员走访文某，询问其身体康复、家庭及经济情况。文某对司法所、社区对其救助帮扶表示感谢，表明配合治疗，绝不再出现违法犯罪情况。（易正君）

【安全法规宣传进企业】 2022年9月27日，芙蓉区司法局定王台司法所联合定王台派出所、走马楼社区、国金中心等单位在国金中心23楼组织辖区楼宇企业集中开展安全生产普法教育活动。活动邀请湖南楚知律师事务所律师严亮就高层建筑安全生产主题授课，五一商圈企业代表90余人参加。严亮以“9·16”长沙市内电信大楼火灾事故为例，针对企业生产经营过程中无处不在的风险和隐患，解读新修订的《中华人民共和国安全生产法》以及《湖南省安全生产条例》中的重点和新增条款，讲解安全生产的重要性以及基本工作方针，阐述管行业必须管安全、管业务必须管安全、管生产经营必须管安全的“三管三必须”原则，生产经营单位及主要负责人的法定职责、义务，宣传单位、个人违反安全义务可能需要承担的行政、民事以及刑事责任。为增强企业履行主体责任意识、吸取火灾事故教训敲响警钟。

（江　涛）

劳动仲裁

【概况】 2022年，芙蓉区劳动人事争议仲裁院收到劳动争议案件2917件，其中立案受理2454件、不予受理376件、立案前调解87件，劳动者申请仲裁的总金额1.3亿元，按期结案率100%。较2021年立案数增加715件。全国劳动人事争议在线调解管理平台网上处理的劳动争议案件483件。所立案件均录入劳动争议仲裁办案系统。通过短信平台发送调解建议和送达告知等短信10183条。2022年4月开始，在壹普罗普法广场开设巡回仲裁庭，常态化开展公开庭审活动170余场。

（许　超）

【劳动仲裁社会监督员制度】 2022年9月，芙蓉区劳动人事争议仲裁院建立劳动仲裁社会监督员制度，首次聘任8名人员作为劳动仲裁社会监督员。社会监督员通过随机旁听庭审、评查案卷、听取劳动人事争议仲裁院工作汇报等多种形式，加强对仲裁工作的外部监督。8名劳动仲裁社会监督员分别来自区统战部、区总工会、区人大、区司法局的领导及区人大、政协的代表、委员，社会监督员全部为志愿者。

（许　超）

【处理恶意拖欠工资案件】 2022年10月8日，黄得意、邓娟等29名劳动者到芙蓉区劳动人事争议仲裁院，反映湖南唯吾知足保健按摩有限公司恶意拖欠工资、老板跑路的情况。来仲裁院之前，该批劳动者通过拉横幅、聚集、信访等多种途径反映过相关情况，情绪较为激动。仲裁院在了解到相关情况后，由仲裁院负责人许超第一时间接待来访当事人，向其宣讲劳动仲裁的相关流程、预估时间、法律规定，积极安抚当事人情绪，并第一时间向局领导汇报情况后开通集体案件绿色通道。经多次与用人单位联系沟通事宜无果后，于2022年10月28日开庭审理此案，及时出具裁决文书，支持申请人全部的工资诉求，裁决湖南唯吾知足保健按摩有限公司须向29名劳动者支付工资35.6万元。及时将情绪激动的当事人拉回理性、合法维权的正规途径，未酿成群体性事件。（许　超）

·表9· 2014—2022年芙蓉区受理劳动人事争议案件数和标的额汇总统计表

年份	2014	2015	2016	2017	2018	2019	2020	2021	2022
受理案件数（件）	433	318	328	350	754	1166	1607	2322	2454
标的额（万元）	500	600	800	1968	2498	4000	9528	189828	13000

（资料来源：区仲裁院）

军　事

编辑　谭丽霞

芙蓉区人武部

【概况】 2022年，芙蓉区人武部以新时代强军目标为统领，瞄准建设一流人武部目标，发挥民兵工作“三落实”首倡地优势，把握战备训练、民兵调整改革、安全工作特点规律，持续推进各项工作落地落实。加强思想政治教育，组织全员学习军委主席习近平系列讲话精神，集中收看中共二十大召开实况，开展“忠诚维护核心、矢志奋斗强军”主题教育。召开党管武装述职大会，全区13名街道（局）党（工）委书记，2个职能局（区教育局、区卫健局）党委书记就履行党管武装职责情况述职。年内，区网络装备维修排排长丁小星被授予湖南省首届新时代“最美民兵”称号。（章官怀）

【民兵训练】 2022年，芙蓉区人武部完成年度基干民兵的训练任务，应急处突和支援保障能力得到进一步提升。组织20名防汛抗洪专业基干民兵参加省“5·12”防灾减灾冲锋舟抵近救援课目演练，无人机侦察分队参加省民兵工作“三落实”60周年民兵活动日暨省级领导参加“军事日”活动，开展无人机分队侦察攻击与反制课目演示。（章官怀）

【国防动员】 2022年出台《芙蓉区民兵组织整顿工作规范》和《民兵组织整顿工作考评细则》，压紧压实各深化民兵调整改革领导小组和国防动员委员会成员单位工作责任。全年完成兵役登记和义务兵征集任务，连续5年无退兵。推进民兵工作“三落实”陈列室建设，持续开展基层武装部星级达标活动，其中五里牌武装部、马王堆武装部是继东湖、韭菜园、东岸武装部之后的第4、第5个五星级武装部，占全区38.5%，在全市名列前茅。（章官怀）

【军民共建】 2022年，芙蓉区委、区政府、区人武部联合下发《关于加强新时代民兵队伍建设的意见》。区委区政府投入资金，推进民兵训练基地和营区正规化建设。在凌霄路、紫薇路和火车站广场，打造国防之星宣传一条街。区委书记、区人武部党委第一书记周春晖署名文章《努力抓好新时代民兵工作“三落实”》和《把准民兵工作“三落实”的着力点》分别在《中国民兵》《湖南国防教育》等主流媒体和省军区《综合要讯专刊》刊发推广。区人武部开设国防大讲堂，邀请原国防科技大学教授、研究生导师，湖南省国防教育特聘教授杨成平深度解读俄乌战争。组织区街两级民兵应急分队1000余人次积极完成警戒执勤、文明创建等任务。组织辖区东湖街道部分民兵和部分预定新兵到芙蓉区社会福利中心开展“老兵带新兵，敬老学雷锋”志愿服务活动，为福利院清扫、帮厨等。3月，中国军网、中央电视台军事频道相继报道火星街道民兵在社区街道服务为民的事迹。（章官怀）

【为二等功臣送喜报】 2022年2月17日，长沙市芙蓉区火星街道新桥小区，芙蓉区人武部部长、武警甘肃总队甘南支队负责人、芙蓉区退役军人事务局局长以及街道负责人一行到二等功臣肖超平家中，为立功受奖军人送上喜报和慰问金。肖超平，2000年入伍，中校警衔，服役于武警甘南支队。入伍20余年来，他牢记职责使命，把自己的心血和才智全部用在单位建设发展上，坚守任务一线。2021年，因成绩突出，立二等功一次。军地领导为军人家属戴上“功臣之家”绶带，家中挂上“二等功臣之家”牌匾。相关活动在中央电视台军事频道予以报道。（章官怀）

【防灾减灾演练】 2022年5月12日，由湖南省减灾委员会主办，省市区三级应急和芙蓉区人民武装部军地等单位协办的以“减轻灾害风险，守护美好家园”为主题的防灾减灾应急演练现场在芙蓉区舟桥广场举行，蓝天救援队以及应急通信保障等队伍，总人数约450人参与演练活动，以实战化状态检验防灾减灾应急能力。活动前夕，芙蓉区人民武装部集结民兵召开演练部署会，开展为期13天的抵岸救援课目训练，组织防汛抗洪基干民兵进行安全教育管理和灾害防御相关技术培训，提升民兵队伍的防灾减灾意识和遂行任务能力。活动先后被中央电视台报道，省应急管理厅通报嘉奖。（章官怀）

【组织辖区师生参加军营开放日】 2022年6月17日，芙蓉区全民国防教育委员会办公室、区人武部，以“感受强军成就，汇聚强国力量”为主题，组织辖区内湖南农业大学、大同小学、育英小学、八一路小学和马坡岭小学等700余名师生，走进驻长某部，参加军营开放日活动。师生们观看了警棍盾牌术表演，轻武器射击、反恐维稳、固定翼飞机低空侦察、无人机的侦察与反侦察演示，民兵舟桥部队抢险救灾视频。军事动态课目演示完毕后，师生们前往武器静态展示区，听部队官兵详细介绍手枪、自动步枪、狙击步枪以及各种无人驾驶车辆、应急救援设施等武器装备，参观了内务设置。

（章官怀）

2022 年 6 月 7 日，芙蓉区人武部邀请辖区大学和小学师生，举行军营开放日活动

（区人武部 供图）

【芙蓉民兵参与“9·16”电信大楼火情处置】 2022年9月16日16时，位于芙蓉区荷花园街道的中国电信大楼突发大火。在电信大楼安保执勤的芙蓉区民兵应急连出动民兵60余人，分为4组，执行在外围安保、卡口值守、防止市民围观任务，同时疏散楼内滞留人员50余人，配合总体扑救任务的展开。19时30分明火基本扑灭。

（章官怀）

人民防空

【人防工程日常管理】 2022年，芙蓉区人防办组织街道对辖区内的人防工程普查，重点检查早期人防工程的安全状况，检修防汛设备，确保人防工程安全度汛。排查人防工程安全隐患，抓好人防工程平战结合开发利用中的安全生产，保证每一处人防工程处于良好的运行状态。通过购买第三方服务，全面排查区域人防工程安全隐患。人防科下达隐患整改通知，督促使用管理单位做好整改，加强日常维护，完善工程档案资料。吸取“4·29”长沙居民自建房倒塌事故教训，重点查看人防工程内消防设备、用电安全及危险物品堆放等问题。

（汪 琳）

【人防通信管理】 2022年，芙蓉区新增警报器1台，开展日常巡检维修工作，举行防空警报器管理人员业务培训，全区警报系统运行正常，“11·1”全省警报试鸣日鸣响率100%。完成日常指挥通信训练，包括短波、超短波、3G、车载短波等联通训练，参加省带区县的通信联调。定时开启空调机组除湿，巡查集水井溢水情况。委托专业物业公司检查配电、空调、消防系统，更新过期的灭火器和水龙带，更换老化配件，对发现的故障进行维修。

（汪 琳）

【人防宣传教育】 2022年的全国防灾减灾日，芙蓉区人防办以“自救互救普意识，防灾减灾筑平安”为主题在芙蓉区育英二小举行人防宣传活动。通过地震避险知识讲座、应急疏散演练、知识抢答等形式，普及防灾减灾知识，增强自救互助能力，现场发放100册人防宣传读本。9月全民国防教育日，芙蓉区住房和城乡建设局、芙蓉区人民防空办公室联合湘湖街道办事处、西湖社区于湘湖街道西湖广场，开展“新时代爱国强军谱新篇”暨芙蓉区全民国防教育日宣传活动。全省防空警报试鸣日期间，区住建局、人防办联合湘湖街道办事处、西湖社区、湖南少年儿童出版社开展“居安思危 备战人防”防空警报试鸣日活动。

（汪 琳）

经济管理

编辑　谭自然

宏观经济管理

【概况】 2022年，芙蓉区严格执行第十四个国民经济和社会发展规划纲要，区发展和改革局完成2022年半年度、年度国民经济和社会发展计划执行情况与2023年国民经济和社会发展计划方案。全区完成地区生产总值（GDP）1327.16亿元，比2021年增长4.1%；全年实现城镇居民人均可支配收入69574元，增长4.9%；全年铺排各类重点项目234个，完成投资207.6亿元。

（曹祎婧）

【宏观经济规划】 2022年，芙蓉区优化区域产业扶持政策，通过组织召开多次调度会，征求3轮部门意见，从优化奖项设置、招商留商目的、创先争优目的3个方面，对经济发展奖励政策进行优化调整，形成2022年《芙蓉区促进区域经济高质量发展奖励办法》。按照新的经济发展奖励政策，兑现2021年度经济发展扶持奖励4025.84万元，比2021年增加292.15万元，惠及企业254家。开展总部经济课题研究，分析、研究总部经济发展态势，明晰总部经济发展方向和路径，形成研究成果《着力打造全国高质量的特色总部经济集聚区——芙蓉区“总部经济双倍增”对策研究》，指导全区总部经济发展的实践运用。

（彭　奕）

【规范项目管理】 2022年，芙蓉区科学制订重点项目投资计划，全区铺排各类重点建设项目234个，投资207.6亿元。加强项目审批，严格落实《进一步规范政府性投资项目决策和立项防范政府债务风险的管理办法》，严把项目审批关，年内芙蓉区发展和改革局下达政府投资项目立项批复73份、可研批复12个、概算审查16个。推动项目建设，对项目建设进行月调度，季讲评，促进项目高质量、快速度建设。年内岳麓山实验室、隆平生物种业产业园、隆平生物种业创新中心项目超额完成年度目标；新建项目在6月份全部实现开工；隆平片区新建项目全部实现开工。

（刘　浩）

【推进长株潭一体化建设】 2022年，芙蓉区根据《长沙市推进长株潭一体化发展2022年重点工作清单和重点项目清单》，科学部署和推进长株潭一体化发展5个重点工作和9个重点项目。9个重点项目全年投资完成额24.53亿元、投资完成率697.87%。

（罗　琳）

【“两型”社会建设】 2022年，芙蓉区加强“两型”社会建设工作，年内，区发展和改革局对3个街道60家企业开展塑料污染治理现场核查，以检查核查为抓手，促进全社会禁限塑治理。区发展和改革局每季度组织街道开展燃煤污染整治行动，巩固全域内燃煤清零成果。根据《长沙市推进碳达峰、碳中和工作方案》，区发展和改革局指导南元宫社区创建为长沙市“绿色低碳试点社区”，指导区残联、区侨联、区行政执法大队等12家公共机构创建为2022年长沙市“节约型机关”。

（罗　琳）

【价格管理】 2022年，芙蓉区为教育、房地产开发项目、新建商品房小区前期物业、停车场等提供收费和价格备案服务，办理备案80余起；处理价格投诉咨询件100余起，群众满意率99%以上；开展价格认定，办理各类涉案物和行政执法价格认定248起，标的金额367万余元；开展价格监测，新冠疫情期间，重点加强粮油、蔬菜、水果等居民生活必需品市场供应和价格的监测，实行“一日一报”制。及时上报价格监测数据，确保市场价格稳定。

（李清株）

【公共机构生活垃圾分类】 2022年，芙蓉区发展和改革局加强对公共机构生活垃圾分类的指导，落实垃圾分类日检查、月报表和四分类处置等台账管理要求，指导全区公共机构完善各类垃圾处置对接台账，汇总上报全区公共机构生活垃圾分类数据。年内，组织对全区公共机构垃圾分类督导检查48家次，开出督导反馈书48份；开展公共机构生活垃圾分类示范单位创建活动，荷花园街道创建为省级生活垃圾分类“示范单位”，文艺路街道、韭菜园街道创建为市级生活垃圾分类“示范单位”。

（伍　威）

【信用芙蓉建设】 2022年，芙蓉区通过采取绩效考核和市对区信用月度评价双轮驱动，深化信用体系建设，全年双公示4.16万条，七天公示率99.89%。“信易贷”入驻企业数4.84万家，授信额度31.77亿元。全年开展信用核查10万余次，核查承诺数据15.72万条，落实信用修复相关政策，全年信用修复52条。

（贺达文）

·表 10· 2022 年芙蓉区重点建设项目情况一览表

序号	项目单位	项目名称	建设性质	建设内容	项目总投资（万元）	2022 年预估投资（万元）	2022 年度完成投资（万元）	项目进展情况
第一部分：政府投资项目								
1	芙蓉区公建中心	城际线与地铁 2 号线换乘提升项目	新建	建设连接城际线长沙站出口与地铁 2 号线锦泰广场站地下人行通道，长 162 米，同步建设相关附属工程	5600	2000	2450	已基本完成建设
2	芙蓉区公建中心	科教路（北段）	新建	远大路—解放东路，长 1100 米，宽 26 米	7000	3500	4270	红园路至泉坝路段完成路灯管道施工、红园路至农科院门楼处第三层水稳摊铺
3	芙蓉城市建设投资集团有限公司	庄家岭路	新建	人民路—滨河路，长 1359 米，宽 20 米	11500	6000	7350	完成道路土方外运工程和碎石桩施工，正在进行雨污水管施工
4	芙蓉城市建设投资集团有限公司	红湖路（南段）	新建	对山路—滨河路，长约 300 米，宽 20 米	5050	2500	3100	正在进行雨污水管施工，碎石桩施工全部完成
5	芙蓉城市建设投资集团有限公司	长农路（区界段）	新建	东湖路—区界，长 627 米，宽 30 米	6480	3000	3720	完成道路土方外运工程和碎石桩施工，正在进行雨污水管施工
6	隆平高科技园管委会	对山路（西段）	新建	合平路—东湖路，长 560 米，宽 26 米	7488	2500	8970	雨污水管安装已完成，完成部分路基及排水工程
7	芙蓉区公建中心、区棚改公司	韭菜园高层安置房配套设施项目	新建	主要建设高层安置房外围配套公共绿地及市政道路	5000	2200	5120	已完成建设
8	芙蓉新城置业有限公司	旭日东城安置小区（三号点三期）	新建	总建筑面积约 12 万平方米，拟建设高层安置房及相关配套设施	69774	26640	34100	6# 栋 C 地下室底板砼浇筑完成；7# 栋地下室底板混凝土浇筑完成
9	芙蓉区人居环境局、区教育局、区城管局	精美城区建设工程	新建	包括老旧小区提质改造、学校提质改造、道路空间品质提升等，进一步提升城区公共配套品质，建设精美宜居城区	30000	23000	27500	已完成部分老旧小区改造施工
10	芙蓉区公建中心、区武装部	武装部民兵训练基地	新建	主要建设训练基地相关配套设施，总建筑面积约 7300 平方米	5600	3000	3750	已完成屋面工程，正在进行水电消防门窗等安装工程

·续表 10·

序号	项目单位	项目名称	建设性质	建设内容	项目总投资（万元）	2022 年预估投资（万元）	2022 年度完成投资（万元）	项目进展情况
11	芙蓉区公建中心、区消防大队	五里牌消防站	新建	对五里牌消防站拆除重建，包括土建及相关消防器材及车辆购置	5100	1900	2780	主体、内外抹灰已完成，外墙保温一体板完成，水电消防同步安装，内装饰施工完成
12	芙蓉城市建设投资集团有限公司	东湖公园一期	新建	包含东湖公园截污管道建设，水体治理，景观绿化等	20000	15000	20700	完成清淤约 12.3 万立方米，苗木移栽约 150 棵，土方回填约 10 万立方米，截污干管 400 米，完成部分撇洪渠改渠及驳岸建设
13	芙蓉区公建中心、瑞星置业	桃园路（南段）	新建	远大路—解放东路，长 700 米，宽 26 米	5530	2000	2510	已完成道路工程建设
14	芙蓉新城置业有限公司	东方云都安置小区（三号点四期）	续建	总建筑面积约 6.4 万平方米，拟建设高层安置房及相关配套设施	34928	12000	16700	2# 栋 6 层梁板混凝土浇筑完成，7 层梁板砼预计 18 号浇筑；4# 栋 5 层梁板砼浇筑完成；5# 栋 8 层梁板砼浇筑完成
15	芙蓉新城置业有限公司	隆平新区城中村改造项目	续建	张公岭村 18.58 公顷，西龙村 57.55 公顷，东屯村 15.67 公顷，杉木村 52.37 公顷，东湖村 73.93 公顷，东湖渔场村 32 公顷	393100	100000	114000	东岸村、杉木村、张公岭村一期、合平村基本完成，已完成部分房屋征收拆迁工作
16	芙蓉新城置业有限公司	东宜新园（二号点二期 F 地块）	续建	总建筑面积约 2.53 万平方米，拟建设高层安置房及相关配套设施	13780	5320	6750	主楼 12 层梁板混凝土浇筑，地下室主体结构全部完成
17	芙蓉新城置业有限公司	芙蓉生态新城三号点（二期）	续建	总建筑面积约 16.9 万平方米，拟建设高层安置房及相关配套设施	65014	34567	44200	完成装修和安装工程施工，室内电梯安装完成。室外深层管网完成 90%，水电气进场施工，室外道路硬化完成 70%
18	滩头坪旧城改造有限公司	火炬村地块四安置房建设	续建	总建筑面积约 7.1 万平方米，拟建设高层安置房及相关配套设施	31567	12000	17600	正在进行工程扫尾
19	芙蓉新城置业有限公司	解放东路东段（原白竹坡路）	续建	红农路—合平路，长 390 米，宽 26 米	5125	1500	1800	已完成道路工程建设
20	芙蓉区公建中心、当代置业、鑫芙置业	桃园路（北段）	续建	远大路—桐西路，长 600 米，宽 26 米	10000	3500	4000	已完成道路工程建设

· 续表 10 ·

序号	项目单位	项目名称	建设性质	建设内容	项目总投资（万元）	2022 年预估投资（万元）	2022 年度完成投资（万元）	项目进展情况
21	芙蓉城市建设投资集团有限公司	合平村 22# 地块杆迁电气工程	续建	新建电力接头井 2 座、电缆终端杆 6 基、终端铁塔 1 基、新设下地电缆 5.71 千米、架空线 0.56 千米	5000	2500	2700	已完成建设
22	芙蓉城市建设投资集团有限公司	东屯路（西段）	续建	桃园路—双杨路，长 360 米，宽 26 米	5125	500	550	已完成道路建设
23	芙蓉区文艺路街道办事处	湘雅附二医院周边环境综合整治工程	续建	对附二周边环境进行整合整治，包括立面改造、违章拆除，道路提质等	5200	3000	3700	已完成项目建设
24	芙蓉区公建中心、国网长沙供电公司	马王堆 220 千伏变电站输变电工程	续建	主要建设 220 千伏变电站，包括土建及相关设备采购与安装	6835	3570	4520	已完成变电站工程建设
25	芙蓉区公建中心、国网长沙供电公司	城东 110 千伏变电站建设项目	续建	主要建设 110 千伏变电站，包括土建及相关设备采购与安装	6100	3000	3400	已完成变电站主体工程建设
26	芙蓉区公建中心、国网长沙供电公司	市场 110 千伏变电站建设项目	续建	主要建设 110 千伏变电站，包括土建及相关设备采购与安装	6105	3200	3600	已完成变电站工程建设
27	芙蓉区公建中心、国网长沙供电公司	韶光 110 千伏变电站输变电工程	续建	主要建设 110 千伏变电站，包括土建及相关设备采购与安装	6113	500	600	已完成变电站工程建设
28	芙蓉区公建中心、国网长沙供电公司	窑岭 220 千伏变电站建设项目	续建	主要建设 220 千伏变电站，包括土建及相关设备采购与安装	6142	3500	3800	已完成变电站工程建设
29	芙蓉区公建中心、国网长沙供电公司	农大 220 千伏变电站输变电工程	续建	主要建设 220 千伏变电站，包括土建及相关设备采购与安装	6550	3600	4200	已完成变电站工程建设
第二部分：社会投资项目								
1	中国移动通信集团湖南有限公司	湖南移动 2022 年建设项目	新建	数据交换机房设备升级及基站建设，主要包括相关设备的采购与安装等	20000	15000	26000	已完成部分设备采购与安装
2	湖南广发隆平高科技园创业服务有限公司	广发隆平医疗器械产业园	新建	总建筑面积 9.38 万平方米，拟打造专业医疗器械科技创新产业园，包括 1 栋高品质科技孵化楼，2 栋大跨度工业厂房	68000	24000	29700	已完成主体 1 层

·续表 10·

序号	项目单位	项目名称	建设性质	建设内容	项目总投资（万元）	2022 年预估投资（万元）	2022 年度完成投资（万元）	项目进展情况
3	长沙大红陶瓷发展有限公司责任公司	坯体仓库工程	新建	主要建设坯体仓库及相关辅助配套设施，建筑面积约 7000 平方米	5100	3500	3700	已完成建设
4	中国铁塔股份有限公司湖南省分公司	湖南铁塔 2022 年建设项目	新建	主要新建铁塔、微站及相关配套设施等	200000	68000	95000	已完成部分设备采购与安装
5	湖南省机关事务局	德才苑	新建	包含 1 栋 2 单元周转性住房及配套设施，总建筑面积 2.79 万平方米	5300	4000	4700	已完成基础工程，正在进行主体建设
6	长沙长房明宸置业有限公司	长房国际广场	新建	主要建设商住综合体，总建筑面积 13.1 万平方米	250000	50000	72000	正在进行主体 20 层建设
7	湖南地轩置业有限公司	101 公馆	新建	总建筑面积 7077 平方米，包括地下 1 层、地上 7 层，主要建设商务写字楼	7755	2000	2800	已基本完成建设
8	长沙艾迪康医学检验实验室有限公司	艾迪康医学湖南总部项目	新建	公司总部新址改造，包括装饰装修及相关设施设备采购与安装	5200	5200	5800	已完成装饰装修改造工程，企业已入驻
9	长沙市星辰医疗美容医院有限责任公司	星辰医疗美容医院建设项目	新建	将鹏程世家裙楼整体建设为美容医院，包括装修改造及相关设施设备采购与安装	6300	6300	6800	已完成建设
10	湖南“一带一路”科贸有限公司	定向限价保障房建设项目	新建	总建筑面积 4.2 万平方米，主要建设定向限价保障房及配套设施	45000	15000	21500	正在进行主体 17 层建设
11	湖南园康九道湾置业有限公司	园康新天地	新建	总建筑面积 5.56 万平方米，主要包含公寓式办公、配套商业及地下室等	42655	10000	12500	正在进行主体 12 层建设
12	湖南高腾置业有限公司	高腾大楼	新建	建筑面积约 4200 平方米，主要建设办公楼	6000	3500	4200	已基本完成建设
13	长沙韶光铬版有限公司	生产线扩展项目	续建	主要包括研发设计、生产测试设备购置、电力及厂房改造、材料燃料购买等	5200	1000	1500	已完成项目建设
14	中国平安人寿保险股份有限公司湖南分公司	平安人寿湖南总部项目	续建	包括室内装饰装修及消防改造，相关设施设备的采购与安装等	5125	650	700	已完成装饰装修改造工程，企业已入驻

·续表 10·

序号	项目单位	项目名称	建设性质	建设内容	项目总投资（万元）	2022 年预估投资（万元）	2022 年度完成投资（万元）	项目进展情况
15	中化石油湖南分公司	中化石油湖南总部项目	续建	包括室内装饰装修及消防改造，相关设施设备的采购与安装等	5075	615	800	已完成装饰装修改造工程，企业已入驻
16	湖南辉煌嘉城房地产开发有限公司	辉煌城三期	续建	总建筑面积约 27 万平方米，含高层、商业及幼儿园，以及地下室和相关附属设施	190000	10000	12800	正在进行主体工程建设
17	湖南平商联创实业发展有限公司	平商联创长沙总部大楼	续建	总建筑面积约 4 万平方米，将建设集总部办公中心、研发中心、商务中心、销售展示中心于一体的总部基地	52000	10000	14500	正在进行附属设施建设
18	长沙湘茂置业有限公司	龙湖芙蓉天街	续建	总建筑面积约 4.6 万平方米，主要建设商业街区及相关配套设施	75000	10000	16200	已完成主体工程，正在进行装饰工程
19	湖南小宇地产开发有限公司	金铂大厦	续建	包括 1 栋高层及 1 个地下室组成（含地下车库），主要建设商务楼宇	26000	4300	5200	已完成项目建设
20	湖南旺德府投资开发有限公司	旺德府总部大楼（二期）	续建	主要建设写字楼、公寓及配套设施，建筑面积约 10 万平方米	130000	20000	28500	已完成主体工程，正在进行装饰工程
21	湖南园康富力置业有限公司	富力园康新天地（西二地块）	续建	总建筑面积 9.5 万平方米，含公寓式办公楼及配套商业等	50000	3000	4200	正在进行主体工程建设
22	湖南东湖豪庭置业有限公司	大王岭教师新村商住房建设项目	续建	对教师新村老旧区域进行整体改造，拆除重建，总建筑面积约 21.2 万平方米，其中包括安置房、公寓及沿街商业及相关配套设施	135000	13000	18500	正在进行主体工程建设
23	湖南旺旺医院投资管理有限公司	旺旺医院地下空间开发项目	续建	建筑面积为 4.3 万平方米，其中地下一、二层为商业，地下三层为停车场	40000	15000	18600	正在进行地下主体工程建设
24	长沙市规划设计院有限责任公司	总部办公区建设项目	续建	总建筑面积约 2.6 万平方米，主要对总部办公区进行装修改造	32000	12000	15700	已完成项目建设

·续表 10·

序号	项目单位	项目名称	建设性质	建设内容	项目总投资（万元）	2022 年预估投资（万元）	2022 年度完成投资（万元）	项目进展情况
25	长沙星眸网络科技有限公司	企业总部建设	续建	包括室内装饰装修及消防改造，相关设施设备的采购与安装等	5100	600	700	已完成装饰装修改造工程，企业已入驻
26	湖南湘永房地产开发有限公司	佳兆业广场幕墙加固工程	续建	对原大楼外立面玻璃幕墙进行拆除，重新制作安装，并同步进行结构加固	5752	1800	1950	已完成项目建设
27	瑞星置业发展有限公司	名士豪庭（二期）	续建	总建筑面积约 15 万平方米，包括住宅、商业及配套幼儿园等	155000	21000	28480	正在进行主体工程建设
28	湖南信瑞升商业管理有限公司	五一里品质提升项目	续建	对内部布局进行调整，将商业区与休闲区、办公区进行重新规划，墙面、顶部进行修缮及加固，统一苏式风格	5200	2000	2100	已完成项目建设
29	百联亿万豪购物广场（长沙）有限公司	乐和城改造项目	续建	对乐和城局部区域进行提质改造，同步实施高压增容配套工程及防火分区改扩建	5890	1200	1560	已完成装饰装修改造工程
30	湖南文辉影院管理有限公司	华夏电影院	续建	影院总建筑面积约 3600 平方米，主要包括装饰装修工程及相关设施设备的采购与安装等	5055	560	650	已完成装饰装修改造工程
31	湖南省成长空间商业管理有限公司	成长空间众创基地建设项目	续建	将亚大时代 3F、5F、14F、22F、23F、24F、25F、27F 打造成为众创基地	5010	2000	2540	已完成装饰装修改造工程
32	芙蓉区湘湖街道营盘路社区卫生服务中心	和谐养老服务中心医养结合项目	续建	根据养老服务中心功能需求进行装修改造，同步增设相关设施设备，满足医养结合使用要求	5100	500	600	已完成装饰装修改造工程
33	湖南农业大学	农大教师公租房建设项目	续建	致远路东侧教师员工公租房（英才公寓），建筑面积约 2.4 万平方米	7600	1200	1450	已完成项目建设
34	中南大学湘雅二医院	门急诊医技楼项目	续建	主要建设门急诊医技楼，总建筑面积 9.9 万平方米	77000	18000	21800	正在进行主体工程建设
35	湖南旺旺医院投资管理有限公司	旺旺医院二期医疗大楼建设工程	续建	总建筑面积 18.8 万平方米，地上 20 层，地下 7 层，主要建设医疗业务用房及相关配套设施	89999	6000	7500	正在进行主体工程建设

·续表10·

序号	项目单位	项目名称	建设性质	建设内容	项目总投资（万元）	2022年预估投资（万元）	2022年度完成投资（万元）	项目进展情况
36	希而思(长沙)科技研究院有限公司	芙蓉标准化产业园	续建	依托湖南自贸试验区的政策优势，引进国内外标准化组织和知识产权、认证认可、检验检测、管理咨询等上下游技术服务机构，致力于打造以标准化文化为主题元素的国际标准化产业园	5300	1650	2000	已完成装饰装修改造工程，企业已入驻
37	中国黄金湖南公司	中国黄金湖南总部办公楼改造及电商平台开发建设项目	续建	对中国黄金湖南总部办公楼进行提质改造，包含外立面、顶部及安防系统改造，电商平台的开发建设	5200	3000	3500	已完成项目建设
38	湖南鲸鱼跨境电子商务有限公司	跨境电商企业联合运营中心项目	续建	紧密聚合全球主流电商平台、高等院校、物流商、金融机构、服务商等各大群体，构建长沙综试区跨境电商全产业生态链	5500	1500	1750	已完成装饰装修改造工程，企业已入驻
39	友阿股份、湖南电信	友阿5G物联网购物平台	续建	主要建设配套5G基站、5G购物商城以及物流配送体系、大数据体系。打造5G物联网时代全国首个具备物联网概念的购物平台	150000	30000	32500	购物平台已上线运营，系统优化和新功能开发持续进行，完成部分基站建设和物流配送体系建设
40	长沙仁孚汽车销售服务有限公司	仁孚汽车长沙服务中心项目	续建	主要建设数字化汽车展示中心、车联网体验中心、金融服务中心、维修车间及相关配套功能设施	30000	12000	15200	已完成主体工程，正在进行装饰工程
41	湖南新楚擎天广场项目开发有限公司	新楚·敬天广场	续建	建设AAAAA甲级写字楼、商业综合体，总建筑面积33.4万平方米	650000	50000	68500	项目西塔主体封顶，东塔建设至54层
42	长沙世茂瑞盈置业有限公司等公司	芙蓉商业中心	续建	总建筑面积约177万平方米，包括世茂天誉、雅居乐潇湘首府、美的正荣滨河苑、湘语洺悦园、杉木地块、张公岭地块等商业项目，主要建设公寓、商业广场、写字楼等	1300000	235000	292000	正在进行主体工程

· 续表 10 ·

序号	项目单位	项目名称	建设性质	建设内容	项目总投资（万元）	2022 年预估投资（万元）	2022 年度完成投资（万元）	项目进展情况
43	湖南保芙置业有限公司	保利中环广场	续建	总建筑面积 40.66 万平方米，含 12 栋高层住宅、配套商业、体育设施及地下室	390000	10000	12500	正在进行主体工程
44	长沙芙蓉城建开发有限公司	惠泽园二期 F 区安置房项目	续建	由 1 栋高层和 3 栋多层建筑组成，总面积 16846 平方米	5000	2000	2600	正在进行主体工程
45	湖南文化广场投资有限公司	湖南文化广场	续建	总建筑面积约 7 万平方米，拟建高 180 米高档写字楼 1 栋，规划为专业文化产业大厦	155000	5000	7400	已完成主体工程，正在进行玻璃幕墙安装
46	湖南农业大学	动物实验实训中心建设项目	续建	主要建设动物实验实训中心及相关配套设施，总建筑面积约 6000 平方米	5000	1500	1800	已完成项目建设
47	湖南佳和农牧控股有限公司	佳和农牧总部基地项目	续建	公司总部新址改造，包括装饰装修及相关设施设备采购与安装	5150	500	750	已完成装饰装修改造工程，企业已入驻
48	隆平创业投资集团有限公司、湖南信东开发建设有限公司、湖南东湖信城科技发展有限公司、岳麓山种业创新中心有限公司	种业硅谷核心支撑项目	续建	隆平生物种业创新中心项目：总建筑面积 9.2 万平方米，包括 4 栋生物育种研发标准厂房和 1 栋配套服务用房；隆平生物种业产业园：总建筑面积约 89 万平方米，打造一个以生物科技产业为主导、现代服务和总部经济共同发展的产城融合发展示范园区；岳麓山种业创新中心建设：聚焦关键共性技术和优势物种领域攻关，建设共性技术研究中心和专业研究中心，以及其他物种领域关键技术研究	613000	74000	97000	隆平生物种业产业园产业部分：产业部分：完成主体工程，幕墙安装，市政道路硬化和园林绿化；隆平生物种业创新中心项目：主体已完成，正在进行砌体工程；岳麓山种业创新中心：已组建水产、中药材、油茶 3 个专业研究中心，基因测序中心实验室已更新全套设备投入使用
49	湖南湘猪科技股份有限公司	湘猪科技总部基地项目	续建	公司总部新址改造，包括装饰装修及相关设施设备采购与安装	5230	500	550	已完成装饰装修改造工程，企业已入驻

（资料来源：区发改局）

国有资产监管

【概况】 2022年，芙蓉区国有资产事务中心围绕区委区政府工作任务和战略部署，为实现国有资产保值增值总体目标，立足经济发展新常态，探索国资监管有效途径，深化国有企业改革发展，增强全区国有经济活力、影响力和控制力。

（包红丽）

【行政事业资产管理】 2022年，芙蓉区国有资产事务中心聚焦盘活全区各行政事业单位存量资产，按照“高位协调、重点突破”的原则，明确牵头领导和责任部门，厘清遗留问题存在的难点和堵点，定期调度研究会商重点资产情况和盘活进展，年内通过理顺产权、交易处置、统筹调配等方式，盘活存量资产3.81亿元；严格控制新增资产，全区行政事业单位统一实行“先预算后购买”“先报废后更新”的资产购置原则，优化新增资产配置预算编报审核机制，将资产配置管理职能嵌入到预算管理流程中，以存量制约增量，以增量调控存量，为预算编制提供准确、细化、动态的资产信息，2022年度区直行政事业单位核减资产购置预算2200万元；根据区政府相关方案和会议要求，2022年11月移交2处经营性资产经营权（租赁权）至区城投，累计移交175处，进一步提高经营性资产集中管理效益，实现国有资产保值增值；2022年，国有资产事务中心落实上级有关房屋租金减免政策，帮助企业渡过难关，助力全区民营经济发展，全年全区减免房租2000万元，惠及中小微企业和个体工商户320户。

（包红丽）

【经营性国有资产监督】 2022年，芙蓉区国有资产事务中心规范资产管理，发挥国资监管职能，组织开展行政事业单位办公资产专项核查，探索搭建“公物仓”，推进资产共享共用。结合审计、巡视巡察及各类检查中发现的问题，督促单位进一步规范管理、使用国有资产。2022年，督促有关单位将74处房屋类资产按在建工程、固定资产、无形资产、公共基础设施等科目分类登记入账，确保“一卡一物”，账实相符，账表相符。同时，要求相关单位对公共基础设施、政府储备物资、文物文化资产等会计科目规范入账。

（包红丽）

【国企改革创新】 2022年，芙蓉区国有资产事务中心深入贯彻落实国企改革三年行动的工作部署，完成三年改革行动任务，总体进度完成率100%，市国资委考核结果为A级。在改革过程中，区国有资产事务中心持续移交2处优质经营性资产至区城投，充实区城投公司资产规模，引导区城投大力拓展对外投资、城市更新、新能源等新业务板块并加快实体化运营，逐步从单一业务向同心多元化产业集团转变。聚焦区属国有企业组织架构、集团战略管理能力、市场化薪酬分配机制、全员绩效考核等核心管理内容，推动国有企业劳动、人事、分配制度改革，推行员工能进能出、管理人员能上能下、收入能增能减机制。在合规管理和风险内控方面，纪检审计贯穿联动，建立财务、投融资、项目建设、资产运营、招标采购等重点领域关键环节跟进督办机制，严格责任追究，形成监督工作闭环。

（包红丽）

自然资源和规划管理

【概况】 2022年，芙蓉区自然资源和规划管理工作坚持新发展理念，围绕促进区域经济发展的目标，主动担当作为，严格执法监察，持续推进过期临建清理、自然资源保护及土地管理工作。出台《芙蓉区全面推行田长制严格耕地保护的工作实施方案》，建立全区田长及网格田长体系，将自然资源保护工作落实到基层。做好来访信件办理和来访群众接待工作。全年登记并回复来信来访案件17件，其中当面接访答复7件，办理市、区转办8件，办结信访系统案件2件；办理依政府信息公开29件；办理“12345”市民热线回复129件；办理区政府行政复议案件2件；办理征地拆迁和行政管理等各类行政诉讼案件22宗，行政复议案件3宗。全年未发生较大群体性事件、网络安全及舆情事件。

（庞　听）

【土地管理】 2022年，芙蓉区自然资源和规划分局处置2009—2018年批而未供土地任务清单21宗，任务基数面积141公顷。截至2022年年底，处置面积55.8公顷，处置率41.27%，已完成市局下达的全年处置任务。辖区内增存挂钩闲置土地1宗，为长沙京湘康融置业有限公司，面积0.41公顷。该公司因债权问题，已申请破产清算并进入司法查封状态，根据司法优先的原则为处置完成。在违法用地处置工作上，芙蓉区落实耕地保护的决策部署，打击违法行为，严守“零违法”阵地。增量违法用地处置方面，芙蓉区保持着2022年度违法用地、违法占用耕地“零新增”。存量违法土地方面，辖区内存量违法用地7宗（重复2宗，实际5宗），面积6.98公顷，其中占耕地面积0.18公顷。截至2022年底已销号3宗，2宗阶段性整改到位（已出具违法用地处置证明，完善审批手续已进窗）。

（庞　听）

【规划编制】　2022年，芙蓉区自然资源和规划分局参与隆平片区控规修编工作，主动与长沙市自然资源和规划局"十大片区"规划专班沟通协调，先后10余次协调区政府进行专题调度，听取各方意见、收集梳理诉求，按照摸清片区底数、合理划分分区、提高土地利用率的原则开展工作。已完成起步区的划定工作，控规修编评估报告已通过专家评审。（庞　听）

【行政审批】　2022年，芙蓉区核发建设工程规划许可证24项，其中临时建设许可6项，审批面积7172.64平方米；公房及私房翻建许可18项，审批面积25047.8平方米。完成既有多层住宅增设电梯备案218台，完成市级目标任务。

（庞　听）

【地质灾害防治】　2022年，芙蓉区自然资源和规划分局落实24小时值班制度，制定地质灾害防汛值班表，印发《芙蓉区2022年度地质灾害防治方案》，按要求开展地质灾害巡查工作，及时对山体滑坡隐患点周边厂房、企业及街道办事处和社区送达地灾防灾工作明白卡及地灾防灾避险明白卡。全年开展动态巡查1105次，地质灾害巡查96次。全年全区未发生地质灾害事件。

（庞　听）

【征地拆迁】　2022年，芙蓉区自然资源和规划分局协助实施拆迁项目7个，其中远大路三期项目9户实现全面清零，腾地1.95公顷；其他6个扫尾项目腾地0.84公顷，拆除合法房屋3栋，合法房屋面积520平方米，动迁人口17人。开展拆迁项目财务资金结转清零工作，截至2022年年底，完成49个项目的结转清零工作，结转资金3.6亿元。（庞　听）

【自建房摸排】　自2022年4月29日长沙市望城区居民自建房倒塌事故发生后，芙蓉区自然资源和规划局分局对辖区内建筑安全风险隐患迅速开展拉网式、地毯式实地排查，确保不漏一户一房，保护人民群众生命财产安全。年内摸排自建房8157处，其中经营性自建房5797处，非经营性自建房2360处，发放不动产权登记证书34514本。经核实，涉及违法占地经营性自建房7处，非经营性自建房6处；涉及违反规划的经营性自建房2011处，非经营性自建房898处。全部按相关要求制定了处置方案。（庞　听）

【过期临建清理】　2022年，芙蓉区自然资源和规划局开展过期临时建筑清理工作，清理1997年以来审批临时建设285宗，其中过期临时建设未处置到位151宗。经逐一实地勘查，分析研判，制定处置方案。已处置到位44宗（拆除38宗，转正式建筑6宗）。待处置107宗，其中已立案查处102宗，依法下达责令限期拆除决定书42份。

（庞　听）

【耕地恢复】　2022年，市局下达芙蓉区自然资源和规划分局"恢复类"耕地恢复任务2公顷，变更调查净减少耕地恢复任务5.93公顷，共计7.93公顷。分局协调相关街道及地块业主单位，克服芙蓉区耕地后备资源严重不足的实际困难，截至2022年底恢复耕地7.3公顷，均已上传至省自然资源厅进出平衡系统，并全部通过省级验收入库，完成了耕地恢复任务。（庞　听）

财　政

【概况】　2022年，芙蓉区完成地方一般公共预算收入38.33亿元，比2021年增长3.80%。其中，税收收入27.36亿元（含省级下放税收9.29亿元），比2021年下降0.74%；非税收入10.97亿元，比2021年增长17.15%。全年完成一般公共预算支出55.58亿元，比2021年下降10.09%。2022年，芙蓉区财政局以抓收入、保重点、防风险、强监管为工作重点，获得全省市县财政日常工作整体水平高质量评价AA级认定、全省市县财政暂付款管理工作A档、长沙市真抓实干加强财政管理督查激励奖且全市排名第二位、长沙市2022年上半年财源建设高质量发展二等奖等荣誉。

（包红丽）

【收入管理】　2022年，芙蓉区财政局持续实施财源建设工程，落实《关于进一步加强芙蓉区财源建设的工作方案》，重点开展骨干企业培育、收入组织效能提升工作。助推区域企业发展，落实重点楼宇"楼长制"，走访企业60余次，从提高企业用工保障、降低企业经营成本、加强企业服务等方面支持企业发展。提高税收征管质效，定期召开财税

·表 11· 2022 年芙蓉区地方财政收入和支出情况统计表

指标名称	2022 年（万元）	2022 年比 2021 年增长（%）
一、地方一般公共预算收入	383287	3.8
二、公共财政支出	555753	-10.1
其中：一般公共服务	79021	0.2
教育	116621	7.4
科学技术	9917	-6.5
文化旅游体育与传媒	3252	43.5
社会保障和就业	82448	20.8
卫生健康支出	45426	33.5
城乡社区事务	159593	-17.5

（资料来源：区统计局）

工作联席会议，实施税源分级分类管理改革，紧盯“重点企业、重点项目、重点行业”，强化风险评估，提速土地增值税预缴清算，加大欠税清缴力度，年内新增税收1.5亿元。（包红丽）

【预算执行】 2022 年，芙蓉区财政局支持民生事业，全年民生支出占比 80.57%，其中教育支出 11.66 亿元、社会保障和就业支出 8.24 亿元、卫生健康支出 4.54 亿元。支持乡村振兴战略，投入资金 2000 万元，巩固脱贫攻坚成果。支持区域建设发展，完成城乡社区支出 15.96亿元，用于城乡基础设施建设、老旧小区改造、城市更新等项目。（包红丽）

【债务管理】 2022 年，芙蓉区财政局贯彻落实中央、省、市、区防范化解政府债务风险有关工作决策部署，坚决防风险、控增量、化存量、促发展、强管理，全区政府债务管理工作稳步推进。持续规范政府投资项目决策和立项，做好政府投资项目资金来源评估论证，坚决遏制新增隐性债务。将政府债券还本付息和隐性债务化解资金纳入财政预算予以保障，按时间节点支付还本付息资金，确保不出现逾期风险。动态掌握全区债务真实变动情况，运用综合债务率、法定债务率等指标，分析政府性债务总体风险变化情况，对政府性债务的规模、结构和安全性进行实时监控。（包红丽）

【国库集中支付】 2022 年，芙蓉区国库集中支付中心承担全区 146 家预算单位的支付业务，比 2021 年增加 1 家（含一级单位和二级机构 133 家，街道 13 个）。全年通过国库集中支付 10.32 万笔，支付资金 79.71 亿元，比 2021 年增加 20.19%，增长较快的原因主要是 2021 年 12 月全省实施预算一体化改革后，部分财政实拨资金纳入集中支付范围。其中直接支付 6635 笔，支付金额 31.78 亿元，占总支出 39.87%；授权支付 9.65 万笔，支付金额 47.93 亿元。（包红丽）

【非税收入管理】 2022 年，芙蓉区完成非税收入 10.97 亿元，其中专项收入 1349 万元，行政事业性收费收入 4412 万元，罚没收入 1.75 亿元，国有资产（资源）有偿使用收入 2.23 亿元，其他收入 6.41 亿元。稳步推进非税电子化改革，完善“以票控收、以票促缴”的管理机制，强化非税收入票据日常管理。持续开展行政收费项目清理工作，实行收费项目清单动态管理、收费项目“系统”控管。加强财政票据管理，坚持“专人凭证、限量供票、缴旧领新、收入稽核”原则，规范领票，全年向全区用票单位发放财政票据 107.04 万份，完成全区 141

家用票单位2022年度的财政票据年检工作，年检合格率100%。规范统计结算，接收审核银行数据1026批次，划解、审核、拨付资金1490笔，手工确认待查收入3048条，金额11.75亿元。（包红丽）

【财政评审管理】 2022年，芙蓉区财政局完成评审项目294个，送审金额49.82亿元，审定金额42.41亿元，核减金额7.41亿元，核减率14.87%，区财政评审中心被评为“长沙市2022年度工程造价管理先进单位”。参与《长沙市财政投资评审中心2022年第一期材料价格手册》编制，规范大部分工程项目的材料价格。参与市级统筹棚改项目成本决算推进工作，推动棚改土地的挂牌出让。（包红丽）

【财政事务】 2022年，芙蓉区财政局强化收入征管，全年增值税留抵退税24.2亿元，个税追缴入库税收2.4亿元，文化产业税收占比提升2.8个百分点；强化支出统筹，落实过紧日子要求，合理调减支出2.76亿元，全年争取资金6.1亿元，到位政府债券资金10.98亿元，收缴结转结余资金1.47亿元，盘活资产2.45亿元；强化风险研判，兜牢“三保”（保基本民生、保工资、保运转支出）底线；强化理财监管，全年直达资金分配进度100%，支出进度98.8%，涉及惠民惠农补贴对象18.25万人次，发放补贴金额1.51亿元，惠及中小微企业和个体工商户320余户；加强资产采购管理，节约资产购置资金700万余元。（包红丽）

【财政统发工资】 2022年，芙蓉区统发工资中心围绕年度绩效考核工作目标，按照组织部、人社局、编办审核后的编制及工资数据及时做好工资数据的调整和补发，保证全区统发单位各项工资福利足额及时发放到位。年内，芙蓉区财政统发工资中心有统发工资单位（包括单位二级机构）146家，其中区直属单位80家、教育部门66家；工资统发月均人数为5468人（在职5450人，离休18人），其中区直机关总人数2642人（在职2632人，离休10人），教育系统总人数2826人（在职2818人，离休8人）；全年发放工资奖金4.14亿元。全年代扣代缴住房公积金1.95亿元。（包红丽）

【政府采购监督管理】 2022年，芙蓉区财政局完成挂网政府采购项目134项，比2021年增加14项。其中，公开招标60次、竞争性谈判19次、单一来源1次、竞争性磋商54次。梳理政府采购实施全流程，印发《芙蓉区政府采购实施全流程讲解》《关于加强采购人政府采购管理工作的通知》等规范性文件，从政府采购预算、采购意向公开、采购方式选择、采购活动实施、履约验收整个政府采购环节做出规范要求。对采购金额大、涉及面广的采购项目进行绩效评价，对政府采购项目进行事后评估，确保采购项目的成效，实现政府采购资源合理配置、行为规范，降低采购成本、提高财政性资金的使用效率和效益。组织学习《关于政府采购促进中小企业发展若干措施的通知》，推进政府采购制度改革，促进政府采购提速增效，降低供应商交易成本，释放市场活力，优化政府采购环境。运用政府采购政策支持乡村振兴工作，“832平台”（扶贫采购平台）全年完成农副产品采购150.69万元，完成率105%，乡村振兴馆全年完成农副产品采购281.34万元，完成率201%。（包红丽）

【预决算公开线上检查】 2022年9月2—7日，芙蓉区财政局组织开展预决算公开检查，对全区77个一级预算单位和67个二级预算单位实施预决算公开线上检查，检查内容有预算公开完整性、公开细化程度、公开及时性、公开方式、公开真实性等。检查时发现个别单位存在公开内容不完整、不够细化等问题，已督促预算单位按要求及时整改到位。（包红丽）

税　收

【概况】 2022年，芙蓉区税务局围绕长沙市税务局和中共芙蓉区委、区政府工作部署，立足区域经济发展，聚焦税收主业，主动参与区域财源建设，为区域经济发展提供税务支撑。（姜中波）

【税收收入】 2022年，芙蓉区税务局抓实税收收入科学化、精细化和动态化管理，全年实现入库收入72.82亿元。其中，市区两级税收49.58亿元，比2021年增加1.07亿，增长2.2%。区级税收18.06亿元，税收占地方一般公共预算收入71.1%，成为全市系统11个征收单位中，仅有的实现正增长目标的2家基层单位之一，而且全口径增长率排名全市第一位，得到市局和区委区政府领导的肯定。年内，区税务局被评为2022年度芙蓉区政府绩效考核一类单位。（姜中波）

【减税降费】 2022年，芙蓉区税务局落实组合式税费政策，支持区域经济发展，全年减、免、缓税费14.23亿元，其中税收减免缓9.05亿元。出口退税5.7亿元，为4182户企业办理留抵退税24.2亿元。

（姜中波）

【优化税收营商环境】 2022年，芙蓉区税务局坚持以提升纳税人缴费人满意度为目标，推进“非接触式”办税模式，整合服务资源，扩大发票领用和发票代开“网上办、自助办、邮寄送、线上签”覆盖面。大力推进5G办税智能厅和智能终端进楼宇，实现“办税不出厅”“办税不出楼”“办税不出园”，切实让纳税人缴费人多跑“网路”，少跑马路。推行实地核查“容缺办理”，精简报送资料，简化办理流程等方式，提高办税质效。开展“一送、二问、三解”的走访活动，走进重点行业、重点企业进行“点对点”精准推送政策，问需问计，纾困解难，开启“税务主导、社会参与”的协同服务新局面，推动构建良好营商环境和现代化税费服务体系。

（姜中波）

【税源管理】 2022年，芙蓉区税务局推动建立以团队化、专业化管理为核心的税源管理新模式，全面推行“管户”向“管事”转变。落实税源分级分类管理要求，在各税源管理单位之间先后进行两次调整，4000余户企业、近70亿税收得到优化管理，切实做到重点企业精细管，重点行业专业管，特定事项集中管，属地税源规范管。

（姜中波）

【税收政策宣传】 2022年，芙蓉区税务局围绕疫情下“惠企利民，纾困解难”的重点工作，为纳税人缴费人送达最新的组合式税费支持政策，运用“蓝税在线 时时相见”自创直播品牌，录制5期《蓝税课堂》，从增值税、企业所得税、社保费、印花税等内容多渠道、多平台向纳税人进行推送和宣传，深受纳税人缴费人欢迎；以腾讯直播、纳税人学堂的方式先后2次开展企业所得税最新政策培训，在线观看人数2万人次。租用户外广告屏、楼宇、移动电视等平台启动“税收公益广告千屏同播”。加大与传统媒体和新媒体联合，制作《服务业加计抵减政策延续2022年底》动漫视频在新湖南、红网等主流媒体进行播放。针对纳税人咨询的高频问题制作《国家税务总局关于小规模纳税人免征增值税等征收管理事项的公告》《国家税务关于支持居民换购住房个人所得税政策有关征管事项的公告》《特困行业阶段性缓缴企业社会保险费政策》等政策解读视频，以案例方式有针对性为纳税人缴费人答疑解惑。（姜中波）

2022年8月28日，芙蓉区税务局青年党员向湘湖五金大市场内经营户推行组合式税费政策 （区税务局 供图）

【推行“2022组合式税费支持政策一码通”】 2022年，芙蓉区税务局突出党建引领，向市场经营户宣传“2022组合式税费支持政策一码通”，推广5G智慧办税厅业务。全年实名认证用户36000户，使用“一码通”向用户推送“增值税留抵退税”“六税两费减免”等新的组合式税费支持政策20余次，将政策及时送到辖区经营户手上，提升税惠温暖和服务精度，助力优化营商环境。 （姜中波）

【“芙蓉大课堂”专题税课】 2022年2月27日，芙蓉区税务局积极开展“以税辅政”工作，局长陈学坚以“共建 共治 共享”为主题，走进首期“芙蓉大课堂”，为芙蓉区经济干部讲授专题税课。芙蓉区区直部门领导、各街道主要领导近300人参加“芙蓉大课堂”专题税课的学习。 （姜中波）

【税法宣传进校园】 2022年3月3日，国家税务总局长沙市芙蓉区税务局组建青年干部学雷锋税法宣传志愿服务队，走进长沙市大同第二小学开展“青春志愿行 税宣进校园”活动。课堂上，税务干部借助生动有趣的多媒体课件，以“税”字引入，用通俗易懂的语言，将税收的来源、作用等知识和同学们的生活实例巧妙结合，进行深入浅出的讲解，引导同学们初步认识税收，普及依法诚信纳税的意义。活动现场还设置了税收知识有奖问答、税收宣传书籍赠送、写税字绘税画等同学们喜闻乐见的趣味小游戏，寓教于乐，让孩子们在互动中进一步感知税收的社会贡献。

（姜中波）

【“网络大V”体验智能纳税】 2022年8月29日，芙蓉区税务局参与及组织“万屏联动 多媒展播”税收公益广告活动，迎接由中央网信办发起的“喜迎党的二十大 退减缓税费促发展”网评品牌活动。来自全国各地的11名网络名人代表走进湖南税务，芙蓉区世茂环球金融中心的24小时楼宇政务服务驿站，作为湖南省2个现场观摩点之一，接待全国11位网络名人的现场观摩。楼宇政务服务站高效、便捷、智能的税务服务，获得“网络大V”的一致肯定。在之后的网评活动中，对芙蓉区的智能纳税进行了高频地网络宣传。（姜中波）

2022年8月29日，芙蓉区税务局开展“万屏联动 多媒展播”税收公益广告活动

（区税务局 供图）

审 计

【概况】 2022年，芙蓉区审计工作围绕区委、区政府中心工作，发挥审计监督在维护财经秩序，提高资金效益、推动反腐倡廉、服务经济社会发展等方面的作用。年内，区审计局组织实施审计项目19个，完成调查事项11项，查出管理不规范金额7.8亿元，违规金额4726.1万元，上缴财政270.04万元，减少财政拨款1444.96万元，归还原渠道资金1360.17万元。区审计局被省审计厅评为2022年度审计宣传通联工作先进单位，继续保持“省级文明单位”称号。（刘钟灵）

【财政财务收支审计】 2022年，区审计局深化预算执行和财政收支审计，通过大数据分析，结合资料审查和现场调查，在全区各预算单位中发现存在采购支出超标准、企业补助资金发放不合规、预算编制不科学、结转结余和往来资金管理不规范等问题，通过预算执行和收支审计，年内共收缴企业多支付结算资金和多拨付补助资金51.13万元、核减2022年年初预算2550万元，统筹使用和盘活“三供一业”专项资金998.23万元，实体账户资金2945.6万元，提高和促进了财政资金配置效率和使用效益。

（刘钟灵）

【经济责任审计】 2022年，芙蓉区落实《党政主要领导干部和国有企事业单位主要领导人员经济责任审计规定》，开展领导干部经济责任审计。全年完成对5名领导干部经济责任审计项目，查出管理不规范金额2.26亿元，违规金额111.97万元，提出审计意见及建议18条。强化了对权力运行的制约和监督，促进领导干部履职尽责。（刘钟灵）

【政府投资审计】 2022年，区审计局加强对政府重大项目建设和管理情况的审计监督，严格执行审计流程及相关制度，确保审计质量，防范审计风险，促进被审计单位及时整改并追回投资建设工程款219.68万元，追回多支付的劳保基金16.10万元；加强了财政资金在项目建设中的使用效益，规范项目管理。（刘钟灵）

【审计管理与成效】 2022年，区审计局聚焦重大资金使用，对安置房源的情况进行清理，促进追回应收房款1360.47万元，为区政府推进闲置房源处置、盘活国有资产提供决策依据；对网络安全和信息化建设、全区编外聘用人员管理情况等进行专项审计，发现存在合同履行监管缺失、聘用人员岗位津贴发放不规范，政府购买环卫清扫服务的资金效益不佳等问题，得到区政府高度重视，并召开相关专题会议研究整改措施。组织安排智慧审计平台运用培训，调取使用平台业务数据，利用平台编写审计数据分析模型24个，助力财政预算执行全覆盖。组织对芙蓉区所有一级预算单位的内审人员及本局业务人员90余人开展内部审计业务培训，提高内审人员的履职能力和业务水平；新进2名会计专业人员，充实审计力量；进一步加大对审计查出问题的整改监督力度，由区审计局牵头，组成由区人大、区纪委、区政府督查室等相关部门参加的联合检查组开展整改落实情况专项检查，2021年审计工作报告反映的19个问题，已整改14个，占比73.68%。向区委、区政府报送6篇审计专报。

（刘钟灵）

【审计业务培训班】 2022年6月23日，芙蓉区审计局组织开展内部审计业务培训会，芙蓉区71个一级预算单位的内审人员及本局业务人员90余人参加培训。培训邀请长沙市审计局农业农村审计处处长袁茂胜，湘潭大学硕士生导师、高级审计师刘朝晖，分别以“如何撰写优秀内部审计论文”“如何打造优秀内部审计项目”为主题进行授课，提高了内审人员的实际操作能力、审计报告及论文写作水平，夯实了内审业务基础。 （刘钟灵）

统 计

【概况】 2022年，芙蓉区完成地区生产总值1327.16亿元，比2021年增长4.1%。其中实现第一产业增加值0.003亿元，第二产业增加值170.1亿元，第三产业增加值1157.0亿元；实现规模以上工业增加值比2021年增长9.4%；固定资产投资比2021年增长9.3%；社会消费品零售总额669.9亿元；完成外商直接投资1.0亿美元；城镇居民可支配收入69574元，比2021年增长4.9%。全年新增规模以上企业181家，“四上”新增企业内五区排名第一位。年内，区统计局被评为2021届“长沙市文明标兵单位”、芙蓉区2021年度绩效考核“一等单位”，长沙市采购经理指数调查、新设立小微企业和个体经营户跟踪调查、城乡住户调查等工作分别获得国家统计局长沙调查队多项特等奖、一等奖。 （王 慧）

【基层基础建设】 2022年，中共芙蓉区委常委会、区政府常务会先后4次研究部署全区统计工作，对统计服务、基层基础、人才队伍建设等方面提出明确要求。为确保芙蓉统计高质量发展，年内，芙蓉区加强统计基层基础建设，区统计局组织指导文艺路街道统计站创建为市级五星级统计站，韭菜园、东屯渡街道统计站创建为市级四星级统计站，马王堆统计站创建为市级三星级统计站；火星街道被评为全市乡镇街道目标管理综合考评一类单位，荷花园、东湖、五里牌街道被评为市级二类单位；朝阳、定王台、荷花园、东岸4个街道统计站创建为街道统计规范化建设单位。芙蓉区作为第五次全国经济普查清查试点区，选定五里牌街道先行试点，为正式普查探索新的工作方式、工作程序。全区13个街道、隆平高科技园，配备专（兼）职统计人员共174人，区统计局利用年报培训会议、业务培训会等机会，组织街道分管领导、统计骨干和重点企业统计员开展普法教育和业务培训，共培训21余场，培训2000余人次。局内利用周五下午设置统计业务课堂，统计局各条线轮流组织业务授课和学习交流，全区统计人员综合素质得到有效提升。 （王 慧）

【数据质量控制】 2022年，芙蓉区完成541家出入库单位（项目）自查、35家规上企业“双随机”执法检查，对10家“四上”单位和固定资产投资项目入库退库进行专项检查，严格控制统计数据质量，确保源头数据的真实性和准确性。组织全区统计人员开展统计违法违纪案例警示教育4次。局主要负责人和分管负责人分别在区委党校“青年干部实训营”和新任科级干部综合素质培训班开展统计专题讲课，让各级领导干部在走上领导岗位前就能掌握统计质量控制的重要性。

（王 慧）

【统计研究与服务】 2022年，芙蓉区统计局撰写统计专业分析、统计监测35篇，其中领导批示19篇，完成2021年度“四上”企业调研问卷，对收集的900余家“四上”企业问卷进行调研分析并形成分析报告，为区委政府掌握全区经济形势提供参考；在政府网站发布经济运行快报10期及编印《芙蓉区2021年国民经济和社会发展统计公报》《长沙市芙蓉区2021年统计提要》，服务各部门及社会的统计需求；开展“外资企业经营情况及困难”课题调研、“支持汽车消费经验成效、困难问题和意见建议”调查问卷、“地方国有企业经济效益及资产运营状况”调查问卷工作、“互联网与社区治理服务融合发展”情况调研、“快递服务企业用工情况”等调研，探索统计服务经济发展课题研究，牵头组织开展芙蓉区经济高质量发展路径课题研究，完成《落实强省会战略，打造现代化新长沙建设标杆区策略和路径研究》初稿。

（王　慧）

【统计宣传】　2022年，芙蓉区统计局在芙蓉之窗发布信息127篇，在市统计局内网发布信息54篇。制作统计宣传视频在14个街道（园、局）的电子屏以及地铁2号线上循环播放。协调组织区委常委会和区政府常务会分别专题学习传达国家统计局的相关工作规定、意见精神，利用年报会向企业传达学习相关文件精神并宣传统计法律法规。9月23日，芙蓉区统计局在区政府二楼大厅和政务服务中心办事大厅，举办以“数说新时代 奋进新征程”为主题的第十三届“中国统计开放日”活动，通过电子屏播放视频、展板宣传等方式，向办事群众宣传统计法律法规知识。同时，在地铁二号线，轮番3天播放区统计局自制的宣传小视频和海报，进一步扩大统计宣传面。创新统计法治宣传模式，在12月的统计法治宣传月活动中，区统计局利用微信平台发布的统计法治宣传片点击量超过20万条并在区官方媒体发布。年内，党组书记、局长黎书花在红网刊发统计法治宣传署名文章，取得了较好的宣传效果和社会效应。

（王　慧）

市场监督管理

【概况】　2022年，芙蓉区市场监管工作准确把握区域发展阶段性特征和新时代市场监管任务要求，以巩固提升省级质量强区、创建省级食品安全示范区两项重点工作为抓手，坚持服务发展主线，守牢安全生产底线，维护市场秩序阵线，用高质量监管促高质量发展。年内，芙蓉区新增市场主体18697户，全区市场主体保有量突破15万户，完成“个转企”176户，为年度目标的160%。芙蓉区市场监管局质量工作获评省级“真抓实干督察激励”，食品安全工作获评市级“真抓实干督察激励”，芙蓉区市场监管局被评为芙蓉区2022年度“绩效考核优秀单位”。刘楚生被评为“湖南省市场监管（知识产权）系统先进个人”，王中全被评为“湖南省十大维权先进个人”。

（张　涛）

【交易管理】　2022年，芙蓉区市场监管局落实加强市场领域监管举措，完善以“双随机、一公开”为基本手段、重点监管为补充、信用监管为基础的新型监管机制，全方位监管各类市场主体157465户。加强市场主体信用监管，落实“双随机、一公开”监管。做好辖区市场主体2021年度年报工作，综合年报率88.9%；牵头全区23个部门开展本级“双随机、一公开”工作，落实检查计划28批次，检查企业2075家。积极培育市场主体。全区新增市场主体18697户，增速14.53%，其中企业增速21.44%，全市内城区排名第一位。开展打击传销、打击走私、电信诈骗、非法集资、网络交易等专项行动39次。强化服务职能，推进科学、包容、审慎监管举措，更多推行行政约谈、责令改正等监管执法方式，营造宽容的发展环境。妥善办结调处各类消费纠纷46384起，为群众挽回经济损失1700万余元。

（张　涛）

【广告业监管】　2022年，芙蓉区市场监管局积极开展虚假违法广告综合整治，严查虚假宣传，努力维护良好市场秩序。年内，累计开展儿童青少年近视防控产品违法违规商业营销宣传专项整治、校外培训广告清查等专项行动7次。处理意识形态舆情宣传案件2起，处置地图不完整案件3起，处置涉嫌冬奥违规广告案件1起。通过移动互联网监测平台处理涉嫌违法广告线索83条，通过全国互联网广告监测平台处理涉嫌违法广告线索21条，收到来自上级单位以及其他地市移送广告案件35起，移送芙蓉区行政执法局25起，约谈广告经营单位48家次。开展养老领域突出问题专项检查，对59家登记养老字样和涉及养老的企业进行实地排查，重点检查是否利用养老名义进行投资理财宣传，是否涉嫌非法集资风险隐患，联合依法查处了发现问题的8家企业。

（张　涛）

【消费维权】　2022年，芙蓉区市场监管局积极推动“12315”“12345”“12365”等多条热线合一，实现一个端口受理，一条热线处诉。全年受理平台投诉举报46384件，全部依法办结，按时办结率99.5%，群众满意度98.47%。落实举措，从监

2022 年 9 月 7 日，芙蓉区市场监管局执法人员对辖区烟酒门店进行专项检查 （区市场监管局 供图）

新时期市场监管工作需要，推进辖区 13 个市场监督管理所标准化建设。各街道结合实际进行选址布局，高效推进管理所标准化施工与改造，全区改造翻新基层市场监管所办公面积 1500 余平方米，添置移动执法终端、快速检测设施、执勤电动自行车等执法装备价值 170 万余元。截至年底，定王台、文艺路、湘湖、荷花园、火星、东屯渡、东湖、马坡岭街道 8 个市场监管所完成标准化建设与改造并通过长沙市市场监管局验收初评。 （张 涛）

管源头压实主体责任，健全热线工单通报机制，提高消费纠纷一线调处率。对于疑难工单和涉及多单位、多部门的热点难点问题，采取多部门会商机制，确保群众合理诉求得到及时有效解决。推广绿色消费理念，强化投诉大数据汇总和分析，提前干预、重点化解，防范消费群体事件发生，全年对投诉集中的重点单位开展行政约谈 78 次。积极发展 ODR（在线消费纠纷解决）单位 14 家。 （张 涛）

【信用监管】 2022 年，芙蓉区市场监管局持续加强信用监管，积极做好涉企信息归集公示和联合惩戒，失信主体一处违法、处处受限局面逐步形成。年内归集公示涉企信息 1.74 万条，预警和列入经营异常名录市场主体 2894 户、纳入严重失信名单 231 户，信用修复 19 件，协助办理司法冻结及解冻 41 起，办理企业联络员备案登记 1131 条，开展企业被冒名登记调查 43 件，协助芙蓉区政府及相关部门查询市场主体信用信息 4665 条次，开具无违规证明 171 份。落实智能监管，强化数字化监管支撑，建立健全违法线索线上发现、流转、核查处置机制。强化网络平台领域严重违法失信名单管理，推动信用评价互通互认，提升平台经济治理效果。 （张 涛）

【打击假酒专项行动】 2022 年 9 月，芙蓉区市场监管局、芙蓉区行政执法局会同品牌白酒厂家代表和鉴定人员，对辖区烟酒门店进行专项检查。重点检查门店证照、查验进货记录，酒类产品的标签、包装、标识以及是否存在虚假宣传、欺诈消费者违法行为。执法及鉴定人员通过查验标签、包装、瓶盖、激光防伪图案进行真假甄别。专项行动共出动检查人员 145 人次、检查车辆 52 台次，检查烟酒门店 61 家，查扣“问题酒”164 瓶，立案查处问题门店 7 家。 （张 涛）

【基层市场监管所标准化建设】 2022 年，芙蓉区市场监管局为适应

质量技术监管

【概况】 2022 年，芙蓉区市场监管局推进质量强区、品质兴区，围绕质量重点工作部署，强化监督检查，坚守产品质量底线，健全质量技术监管手段，建立闭合式、动态化监管机制，实施建筑施工质量管理标准化考评，开展质量安全隐患大排查大整治，强化涉疫物资、民生物资质量安全监管，年内查办各类质量违法案件 171 件，不合格后处理率 100%。强化特种设备安全检查，排查特种设备使用单位 1390 家次，下达指令书 192 份，行政约谈电梯维保单位 187 家，移送执法部门特种设备违法线索 31 起。年内，芙蓉区市场监管局高标准建成全市首个（区县）质量基础设施“一站式”服务中心，芙蓉区质量工作被评为 2022 年度省级“真抓实干激励”，芙蓉区特种设备安全监管工作被评为全省“特种设备安全监察工作优秀单位”。辖区隆平高科获第四届中国质量奖提名奖，颐而康（公司）分获第六届湖南省省长质量奖和提名奖，杨远柱获第七届湖南省省长

质量奖。（张　涛）

【计量服务】 2022年，芙蓉区市场监管局落实标准计量、诚信经营系列举措，对集贸市场、加油站等场所使用的计量器具开展专项整治。全年出动执法人员500余人次，检查眼镜制配场所18家、各大商超农贸市场65家、海鲜经营户100余家，加油站16家，查验电子计价秤2050台（件）、加油机64台、加油枪246支，签订诚信计量承诺书226份。为辖区115家单位备案计量器具1349台（件），立案查处计量违法行为17起。（张　涛）

【产品质量监管】 2022年，芙蓉区市场监管局围绕品质提升年活动，加大重点民生商品质量监管。年内开展电取暖器、消防产品、电动自行车等重点工业产品专项整治11次，检查取暖器门店45家，抽检电取暖器20批次；检查燃气器具及相关产品销售门店26家，抽检11批次；检查消防产品门店37家；组织对辖区16家加油站的成品油质量情况开展专项检查；抽查学生文具用品7批次，督促970家校园周边经营门店合法经营；检查电线电缆销售门店30余家，发现1起违法行为，依职能移送案源线索23起；移送质量不合格案源线索23件，罚没入库3.18万元，完成商品抽查不合格报告后处理工作120余件。（张　涛）

【标准化管理】 2022年，芙蓉区市场监督管理局突出标准化管理成效，组织辖区37家企业在全国信息服务平台开展对标达标发布，发布产品39起。督导4家企业整改落实企业标准，为辖区稀土研究院、琴海数码、锦华国旅等6家单位转移拨付2022年省级标准化专项资金64万元。指导食品生产企业、月饼加工生产企业抵制、限制商品过度包装，协助做好在芙蓉标准化小镇举行的第53届世界标准日主题宣传暨标准化进园区活动。年内，国家技术标准创新基地（长株潭）国际标准化服务创新中心落户芙蓉，长沙香他她餐饮管理有限公司承担的“湖南长沙香他她中式快餐连锁服务标准化试点”项目获评2022年度国家级服务业标准化试点项目。（张　涛）

【“5·20”世界计量日宣传活动】 2022年5月20日，芙蓉区市场监管局围绕第23个“世界计量日”主题，联合省计量检测研究院在定王台街道中国黄金街开展“诚信计量 放心消费 金彩未来”主题宣传活动。活动现场，黄金城36家商户代表宣读《诚信计量自我公开承诺书》，在承诺公示牌上郑重签名，公开向社会承诺严格遵守《中华人民共和国计量法》《零售商品称重计量监督管理办法》《商业服务业诚信计量行为规范》等法律法规要求，加强对电子天平等计量器具和商品质量的管理，明码标价，足秤足量，确保广大市民朋友放心消费。省计量检测研究院当场为黄金城商户开展电子天平免费检定。（张　涛）

【杨远柱获第七届湖南省省长质量奖】 2022年9月14日，第七届湖南省省长质量奖颁奖大会在长沙召开，隆平高科副总裁、水稻首席专家、种业科学院院长杨远柱被授予湖南省省长质量奖，是本届唯一获此殊荣的个人。湖南省省长质量奖于2010年设立，设“组织”和“个人”两类奖项，是湖南省在质量领域授予各类组织和个人的最高荣誉。杨远柱从事杂交水稻育种41年来，始终以“培育优良品种，造福亿万农民，振兴民族种业，保障粮食安全”为使命，牢固树立“产品零缺陷、服务零遗憾”的质量理念，在国内率先创立杂交水稻商业化育种体系和“工厂化、分段式”育种模式，

2022年9月14日，第七届湖南省省长质量奖颁奖大会现场，杨远柱（右一）被授予省长质量奖　　（区市场监管局　供图）

把“绿色安全、优质高效、广适高产”作为水稻育种的主攻方向，努力培育高质量品种，从源头保障农民使用“优良种”“放心种”“安全种”，让优质的种子成为农民丰收致富、国家粮食安全的保障。（张　涛）

【特种设备安全生产检查】 2022年6—9月，芙蓉区市场监管局对辖区所有特种设备开展“百日攻坚”安全生产检查，检查出动检查人员354人次，重点对恒悦宾馆、长沙亚米酒店等479家电梯使用单位进行实地安全监督检查。检查发现，部分单位存在在用电梯安全技术档案不符合规定要求、特种设备未经定期检验、未对使用的特种设备进行经常性维护保养和定期自行检查、未按照《中华人民共和国特种设备安全法》以及安全技术规范要求进行电梯维护保养等问题。针对检查中发现的问题，执法人员现场责令立即停止使用，并下达特种设备安全监察指令书，要求限期整改到位。“百日攻坚”行动，检查各类特种设备1372台次，排查安全隐患115处，对89家企业单位下达“安全监察指令书”。（张　涛）

【质量基础设施“一站式”服务平台建设】 2022年，芙蓉区大力推进“强省会”战略，全面推进质量强区建设，率先在全市建设NQ“蓉易办”质量基础设施“一站式”服务平台。该平台以湖南省知识产权（隆平园）综合服务分中心、芙蓉标准化小镇、岳麓山种业创新中心以及建设之中的岳麓山实验室为载体，涵盖质量诊断、计量、标准、认证认可、检验检测、知识产权、品牌培育、特种设备等八大类服务，通过优化线上“一网通”，完善线下“一窗通”，提供“五个一”高效服务（一平台共享、一窗口办理、一张网受理、一揽子服务、一结果通行），真正实现质量服务“一站式”，打造促进芙蓉产业结构转型升级的质量新高地。服务平台建设以来，先后参与指导国家及地方标准化试点项目17个，主导和参与制定地方标准16项、团体标准45项，70余家业内领先的标准计量机构入驻，接待浙江、广东、江苏等地参访团14个。服务中心首创“实验室+协会+院校+公司”模式，深化与英、美等国际标准化服务机构的战略合作，与马来西亚国家标准局合作打造标准、检测、认证、清关一站式服务机构，畅通产品出口贸易绿色通道，认证效率提升5倍。形成“标准化服务产业高质量发展新体系”“应对东盟技术性贸易措施综合服务体系”等一批具有全国首创性的创新案例。（张　涛）

食品药品安全监管

【概况】 2022年，芙蓉区市场监管局以贯彻落实国家市场监管总局食品安全“两个责任”机制为抓手，开展创建省级食品安全示范区活动。通过强化组织领导、明确责任清单，推进包保督导机制、明确主体责任，强化源头监管、开展监督抽检，推广平台运用、突出智慧监管，创新“监管组合拳+熔断机制”“你点我检”等监管新模式，确保全区食品药品安全，全年未发生系统性、区域性食品药品安全事件。年内，芙蓉区食品安全工作获评市级“真抓实干督查激励”，承担的省委食品安全监管、省两会等重点场所和重大活动食品安全保障工作得到省委办公厅、省市场监管局通报表扬；“监管组合拳+熔断机制”，被省食安办评为全省典型创新举措。（张　涛）

【食品安全包保督导】 2022年，区食品安全委员会、区市场监管局强化组织领导，明确责任清单。成立以区政府主要领导任组长的食安委领导小组，出台《芙蓉区党政领导干部食品安全工作责任清单》《2022年度市对区绩效考核工作目标任务责任分解表》《芙蓉区深化改革加强食品安全工作实施方案》《芙蓉区贯彻落实食品安全“两个责任”机制实施方案》等文件。强化部门联动，实现全区13350家食品生产经营企业（门店）及380家学校、企事业单位食品安全监管“全覆盖”。推进包保督导工作机制，压实“两个责任”。推进12223家A、B、C、D级主体包保工作，承担B级主体的37位包保干部与区食安委主任签订“食品安全责任与任务承诺书”，确保企业主体责任落实到位；22名区领导、5名园区领导、全区1118名包保干部全部签订“食品安全责任与任务承诺书”，对76家B级包保主体按季度开展督导，确保食品安全“两个责任”工作机制落实到位；完成87家B级、454家C级、9701家D级包保主体的首轮督导；督促113家A、B级主体全部设立食品安全员和食品安全总监，压实属地责任。（张　涛）

【食品安全检测】 2022年，芙蓉区市监局突出问题导向，加强监管源头治理。对24家获证食品生产企业实施全覆盖检查，责令整改15家次。突出问题导向开展监督抽检，全区完成2842（已出结果2823）批

2022年9月5日，芙蓉区市场监管局组织执法人员对辖区各大商超节假日食品进行重点检查　（区市场监管局　供图）

做到三级溯源；定时对辖区内居民生活饮用水、学校饮用水及供水单位开展卫生监测（抽检），抽检126批次，合格率100%；完善食源性疾病监测报告系统，设立报告医院21家，上报病例194例；持续推进“守查保”专项行动，检查食品生产经营主体18730户，发现问题2603个，完成整改处置2603个，处置率100%；开展特色食品全产业链排查整治，把马王堆市场海鲜水产品作为特色食品产业整治重点，对市场内329家经营门店严格日常监管，尤其是进口冷链门店做到全覆盖检查，责令门店整改67次。（张　涛）

次检查，不合格125批次，其中芙蓉区市场监管局完成2380批次，合格率95.42%；区卫健局完成462（已出结果443批次）批次，不合格16批次。快速检测总量46120批次，不合格261批次。（张　涛）

【食品安全监管执法】　2022年，芙蓉区市监局加强食品安全监督执法力度，对全区41所中小学、122家幼儿园、5所高校，开展开学季学校食品安全督查，检查校园及周边食品经营门店1733家次，学校食堂（含幼儿园）672家次，清理校园周边流动摊担70个，扣押三轮车7台，劝诫店外经营60家。牵头组织对马王堆海鲜市场、扬帆夜市、沁园夜宵街开展食品安全暨文明典范城市创建整治执法行动，办理食品类案件364件，其中涉刑案件1起，罚没款71.5万元；移送芙蓉公安分局办理4起食品刑事案件，其中刑事拘留23名，取保候审3人，移送起诉27人；区检察院受理危害食品安全的犯罪案件4件19人（均为生产、销售有毒、有害食品罪），全部起诉。（张　涛）

【食品安全全覆盖监管】　2022年，芙蓉区市场监管局采取“双随机、一公开”工作机制，随机抽取餐饮企业229家、食品销售环节550家，并对不合格食品全部进行后处置，

【扬帆夜市“监管组合拳＋熔断机制”】　2022年，芙蓉区市场监管局推出食品摊贩登记制度，结合实际对辖区扬帆夜市办理食品摊位许可证357个，从业人员健康证758个，落实“一户一档”；成立夜市管理机构，推行街道、市场监管所、行政执法中队、社区和市场开办方所

2022年8月17日，芙蓉区市场监管局对扬帆夜市风险产品经营户进行约谈　（区市场监管局　供图）

组成的“五位一体”的“监管组合拳”管理模式。发现商户出现食品安全违法行为,除依法依规处罚外,市场管理方停止租赁协议。在监管执法部门责令其整改后仍达不到要求的,给予一次性清退市场。年内,扬帆夜市有3户经营户没有严格落实食品安全管理制度,整改不达标,1户经营户因抽检出现不合格，被清理退出市场。“监管组合拳+熔断机制”，助推扬帆夜市从“网红”到“长红”，该做法2022年11月相继被《中国食品报》《湖南市场监督管理》《长沙市场监督管理》进行专题推介。（张　涛）

【放心肉智能监管平台推广与应用】2022年，芙蓉区市场监管局牵头推进1669户肉品经营户入驻全市放心肉智能监管平台。该平台规范用肉单位采购行为，有效打击加工销售“白板肉”和病死猪肉等违法行为。年内，芙蓉区朝阳农贸市场和东大门农贸市场分别有2家肉类经营单位被评为“放心肉销售示范门店”。（张　涛）

价格监督管理

【概况】　2022年，芙蓉区市场监管局紧扣民生抓好价格监管，着力规范整顿价格秩序、协助抓好清费减负,重点加大价费监管执法力度,严厉查处囤积居奇、哄抬价格等违法行为。全年对2346家市场主体进行价格检查，检查农贸市场836家次，发放价格提醒告诫书1721份；调查和移送区行政执法局天心华庭物业小区涉嫌超限收取水、电等费用违法行为案，处罚25.6万元。（张　涛）

【重点领域价格监管】　2022年，芙蓉区市场监管局密切关注重要民生商品、大宗商品和重要工业原材料市场价格波动，突出粮油蔬菜等重点商品价格监管，开展节假日价格专项检查19次；开展端午、中秋传统商品价格监测，密切关注高档月饼等节庆商品礼品市场价格和节假日旅游市场价格，巡查检查商场超市397家；及时办理涉价格类投诉举报1227起。（张　涛）

【涉农物资价格监管】　2022年，芙蓉区市场监管局依法查处扰乱农资市场秩序的违法违规行为。在加大巡查和打击力度的同时综合运用行政约谈、提醒告诫等柔性方式，积极释放监管信号，合理引导社会预期。全年对346家化肥、农药和种子市场主体进行价格检查，检查农贸市场836家次。（张　涛）

【涉企收费专项检查】　2022年，芙蓉区市场监管局重点突出供水供电供气领域工程安装、维护维修领域价格监管，严肃查处不执行政府定价或政府指导价、收取不合理费用等违法违规行为，严查转供电环节不合理加价违法违规行为。1月24日，芙蓉区市场监管局召开工商业用电和转供电相关负责人座谈会，学习发改委最新购电政策。各市场监督管理所积极宣传电价改革政策，及时处理转供电环节电价投诉举报，对经提醒告诫拒不改正者，依法移交行政执法局查处。全年对59家转供电主体进行“双随机、一公开”检查，开展转供电红码单位核查，责令清退多收价款21.44万余元。检查行业协会商会17家，依法规范收费行为。强化行政事业性单位收费专项清查，检查行政单位6家，事业单位和报社、学校16家。规范商业银行收费行为，检查商业银行2家。年内，区市场监管局联合芙蓉区行政执法局共同处理涉企收费相关投诉举报39起。（张　涛）

【防疫物资和菜篮子稳价保供监管】2022年，芙蓉区市场监管局以“抓快、抓准、抓稳”为抓手，对全区商场、超市、农贸市场防疫物资和菜篮子商品价格，开展监督检查专项行动。重点检查与群众生活密切相关的口罩酒精、蔬菜瓜果、粮油食品、肉禽蛋奶等商品销售价格及明码标价、价格上涨等情况，督促经营者严格履行社会责任，加强价格自律，严禁借疫情哄抬物价、囤积居奇、串通涨价等扰乱市场经营秩序的违法行为，确保民生商品稳定供应。全年共出动监管执法人员1860人次，执法车辆230车次，检查经营户4200余家次，其中检查商超398家、农贸市场330家次，餐饮、杂货铺等其他门店3470家。保障了全区民生商品价格基本稳定，全区未发生哄抬物价、囤积居奇等违法行为。（张　涛）

【“五一”小长假市场价格专项检查】　2022年4月28日起，芙蓉区市场监管局根据节假日消费惯例，在全区范围内持续开展“五一”节假日市场价格监管工作，防止商户价格欺诈和哄抬物价等违法行为。小长假期间，芙蓉区市场监管局实行双倍力量值班，通过现场检查、分组巡查,发送提醒告诫函等方式,对辖区内交通运输、旅游服务、民生商品及防疫用品、新冠病毒检测服务等收费行为进行检查和告诫，要求相关经营者严格加强价格自律。“五一”小长假期间开展市场巡查

903次，出动执法检查人员295人次，发放提醒告诫函841份。确保全区粮油肉禽蛋奶等生活必需品市场价格平稳，货源充足；交通运输、旅游服务等收费均能执行价格政策，按规定明码标价。（张　涛）

知识产权保护

【概况】 2022年，芙蓉区市场监管局（知识产权局）坚持创新引领，着力巩固知识产权强区（复核）成果，增强知识产权创造、运用、保护、管理能力，提升知识产权服务水平。发挥湖南省知识产权（隆平园）综合服务分中心作用，推进知识产权咨询、备案、维权、培训等“一站式”服务。促进高校科技成果转移转化，开展高校知识产权科技成果就地转化活动3次，实现知识产权技术转化1.7亿元。创新传播方式，线上线下同步开展“4·26”知识产权宣传周活动，组织知识产权知识培训活动4场、知识产权运营人才培训班2期，培养专业人才100余人。完成非正常专利申请的追踪及撤回回执2批，撤回率100%。开展企业知识产权体检31家，举办知识产权质押融资对接活动4次，质押金额4082.8万元。查办专利侵权案件17起，联合市公安局、市知识产权局为芙蓉区7家企业进行知识产权保护工作站授牌。截至2022年年底，全区注册商标保有量55758件，居全省区县前三位，有效发明拥有量2544件，万人有效发明量40.35件。芙蓉区市场监管局（知识产权局）办理的“兽用医药瓶”实用新型专利侵权纠纷案，被评为2022年度全国行政保护专利十大典型案例。（张　涛）

【知识产权发展】 2022年，芙蓉区市场监管局结合职能，积极推动辖区知识产权综合发展。协助湖南农业大学成功申报知识产权成果转化中心，年内实现知识产权转化金额8000万元；引导金融机构创新产品服务，针对专精特新高新技术企业，开发特色融资产品“交湘科e贷”，吉佳城市设计等22家企业获授信5816.8万元；组织42家企业申报各类项目50余项，为中小企业争取国家、省、市各类专项扶持资金700余万元。培育发展优秀品牌企业，推荐湖南稀土金属材料研究院有限责任公司等3家企业获评国家级“小巨人”企业，湖南稀土新能源材料有限责任公司、凯德技术长沙股份有限公司等5家企业获评省级“小巨人”企业，湖南铭弘体育产业股份有限公司通过省级“小巨人”企业复核，湖南国安网络技术有限公司等7家企业被评为省级企业技术中心，全区知识产权发展势头进一步向好。（张　涛）

2022年4月25日，银行与企业在芙蓉区知识产权主题宣传周活动现场签订知识产权质押融资协议（区市场监管局　供图）

【知识产权宣传】 2022年4月25日，芙蓉区市场监管局（知识产权局）在湖南农业大学举行2022年度知识产权宣传周主场活动，活动主题为“创新助力强省会战略”，宣传周由芙蓉区人民政府主办，湖南农业大学、隆平高科技园管委会、芙蓉区市场监督管理局、芙蓉区版权局、长沙市标准化协会共同承办。湖南农业大学等高校知识产权创新成果与优势产业链匹配融合，4项高价值知识产权转化项目现场签约，当场转让交易金额1400万元；开展银企对接，辖区知识产权优势企业现场签约知识产权质押融资项目，质押金额2440.8万元。宣传周期间，主办方还就知识产权转移转化典型案例、高价值专利成果、植物新品种权维权等话题展开分享，展示相关领域最新研究成果，推动高校之间的科技人才交流和高校与社会之间的科技成果交流和转化。（张　涛）

农业 · 水利

编辑　谭自然

农业产业发展与管理

【概况】 2022年，芙蓉区传统农业基本退出。全区仅有东屯村、杉木村、西龙村、张公岭村、东湖村5个行政村，分属东岸、马坡岭、东湖3个街道办事处。年内，辖区内有农药农资经营店50家（其中区级办理的一般性农药单位42家，市级审批分支线农药经营单位3家，省级审批限制性农药经营5家）。辖区内有湖南农业大学、湖南省农科院等多家涉农科研院所、高校，有“水稻院士”“油菜院士”“养猪院士”“辣椒院士”“茶叶院士”“水产院士”“柑橘院士”“农田杂草防控院士”等生物育种领军人物，为芙蓉区“种业硅谷”发展积蓄人才基础。（高铭阳 谢 琦）

【农业产业化企业】 2022年，芙蓉区有农业产业化龙头企业10家（总部），其中国家级重点龙头企业5家（袁隆平农业高科技股份有限公司、湖南省茶业集团股份有限公司、湖南省明园蜂业有限公司、绝味食品股份有限公司、湖南省银华棉麻产业集团股份公司）；省级龙头企业4家（湖南金健种业科技有限公司、湖南省春云农业科技股份有限公司、湖南隆科农资连锁有限公司、湖南隆平种业有限公司）；市级重点业龙头企业1家（长沙华创农产品贸易有限公司）。（高铭阳）

【种业提升工程申报“藏粮于技”项目】 2022年，芙蓉区农业农村局指导帮助华智生物技术有限公司申报的种业提升工程纳入中央“藏粮于技”项目。华智生物的种业提升工程致力于具有国际先进水平的基础性、前沿性研究和打造商业化育种体系，可加快推进种业振兴，实现种业科技自立自强、种源自主可控，使得国际国内种业创新资源向芙蓉聚集。该项目申报成功并获得2022年中央财政支持1280万元。（高铭阳）

2022年6月8日，区农业农村局开展“政务公开主题日”暨农资打假专项检查活动（区农业农村局 供图）

【农资打假执法行动】 2022年3月15日，芙蓉区农业农村局、芙蓉区动物疫病预防控制中心协同长沙市农业综合行政执法局在长沙市农资集中的马坡岭农资市场开展以“绿剑护农保春耕”为主题的“3·15”农资打假专项执法行动。行动出动执法人员20余人，工作人员10余人，检查农药经营店10余家，现场发放宣传资料100余份。执法人员仔细查看市场每个经营户证照是否齐全、是否超范围经营，包装标识是否规范，购销台账是否齐全等情况。对检查中发现的问题，执法人员当场下达责令整改通知书，要求限期整改。2022年6月9日、10月13日，区农业农村局协同省兽药监察所、市农业农村局对辖区兽药经营单位开展“双随机、一公开”监督检查与抽样检测工作，检查7家兽药经营店，抽样15批次兽药样品。经省兽药监察所检测全部合格。（谢 琦）

【农产品质量安全风险评估】 2022年11月21日，长沙市农业农村局委托第三方检测公司对芙蓉区农、兽药经营单位开展农产品质量安全风险评估抽样工作，抽样12批次（其中农药6批次，兽药6批次）。经检测全部合格。（郑冠伟）

·养殖业·

【概况】 2022年，芙蓉区生猪、家禽等养殖业已全面退出，无种养殖基地（合作社）和水产养殖基地。全区有宠物诊疗机构24家，兽药经营店76家，实验动物生产经营企业1家，驻区科研院所3家（中国科学院亚热带研究所、湖南农业大学和省生物机电职业学院），动物病原微生物病实验室2个（湖南扬翔农牧有限公司兽医实验室和湖南农业大学动物医学院兽医实验室）和东湖金山休闲度假区（垂钓）1家（已列入拆迁范围）。（谢　琦）

【宠物疫病防控】　截至2022年年底，全区免疫宠物11000余只，发放免疫证3000本，采集血清样140份和芙蓉区犬只留检所犬只血清40份，经市动植物疫病预防控制中心检测，狂犬病抗体合格率80%以上。规范科研院所实验动物监管，指导辖区科研院所建立健全用药、用料等登记，督促和指导建立科学规范的饲养档案，科学用药用料、无害化处理等工作，定期或不定期开展日常监督检查。截至2022年底全区科研院所共有实验动物88头（只），其中猪68头、羊15只、牛5头，已全部按要求防控到位。为做好突发动物疫情应急准备工作，全区储备消毒药品1220千克、防护服370套、防疫冷藏包10个、防护眼罩290只、防护手套400双、3M口罩550只、一次性医用口罩12500只。（谢　琦）

【非洲猪瘟防控】　2022年，芙蓉区农业农村局制定《2022年长沙市芙蓉区非洲猪瘟等重大动物疫病“大清洗、大消毒”专项行动实施方案》，并下发至各相关单位。区动物疫病预防控制中心向各街道、动物诊疗机构发放消毒药668千克，指导街道（社区）、农贸市场生猪产品（家禽）经营户开展清洗消毒工作，对辖区的科研院所开展“非洲猪瘟”防控工作检查。全年未发生“非洲猪瘟”病例。（谢　琦）

2022年4月21日，芙蓉区禁捕办在浏阳河东岸街道河段启动“五一”期间长江禁渔专项执法行动（区农业农村局　供图）

【动物卫生监督】　2022年，芙蓉区动物疫病控制中心加强对农贸市场家禽摊位、动物诊疗场所等疫情重点防疫区域开展防疫宣传、防疫检查。全年检查指导动物诊疗场所59家次，兽药经营门店120家次。对辖区的24家动物诊疗机构的“动物诊疗许可证”和66名执业兽医师的“兽医师执业证”完成年审工作。受理动物检疫申报2000余次，检疫动物70万余只，其中开具犬、猫动物检疫合格证50余张。（谢　琦）

【浏阳河禁捕专项行动】　2022年，芙蓉区加强浏阳河禁捕工作，建立区、街道、社区三级网格体系，明确网格长21名、社区网格员14名、水上护渔员12名，实现芙蓉区重点水域禁捕网格化管理全覆盖。全面整治非法捕捞等各项违法行为，开展巡查1902次，出动巡查人员2847人次，发现并及时制止违规垂钓行为433起、无序放生3起。（谢　琦）

【违规屠宰活禽活畜专项整治行动】　2022年，芙蓉区加强对马王堆市场违规屠宰活禽活畜的检查，成立区马王堆海鲜水产和蔬菜批发市场综合整治工作指挥部，对市场中违规违法屠宰活禽活畜问题进行专项整治。要求市场开办方依法经营，履行主体责任，确保食品安全和公共卫生安全。6月、7月，区农业农村局协同市农业综合执法局对市场就相关问题开展执法检查。取缔市场专门杀牛羊狗门面10家，市场销售门面内杀牛7家，羊狗销售门面内乱杀的19家，取缔乱杀现象36处。（谢　琦）

·林　业·

【概况】　2022年，芙蓉区森林覆盖率4.38%（2022年计算口径发生变化）。年内，芙蓉区在市对区绩效考核林长制工作全市排名第一位，东湖街道被评为2022年度湖南省“林长制工作先进单位”。（高铭阳）

·表 12·　2021、2022 年芙蓉区农、林、牧、渔业总产值统计表

行业名称	2022 年（万元）		2021 年（万元）		2022 年比 2021 年增长（%）
	现行价	可比价	现行价	可比价	
农、林、牧、渔业总产值	79	75.9	134	121.8	–43.4
一、农业产值	1	0.9	1	1.4	–14.6
二、林业产值	—	—	—	—	—
三、牧业产值	—	—	—	—	—
四、渔业产值	49	46	101	88.4	–54.6
五、农业服务业	29	29	32	32	–9.4

（资料来源：区统计局）

【林长制】　2022 年，芙蓉区召开区级林长会议 4 次，区级林长巡林 21 人次。建立“林长＋检察长”工作机制，完善“一长四员”（四员即护林员、监管员、执法员、科技员）网格化管护体系；建立林长巡林交办工作提示函机制，发布年度重点工作任务清单，建立工作台账，对交办工作实行动态管理、挂账销号。（高铭阳）

【森林防火】　2022 年 9 月 10 日，芙蓉区森林防火指挥部颁布禁火令，强化森林防火工作。按照要求落实领导带班和 24 小时值班制。在森林防火特护期内，区森防指和林长办不定期开展巡查督查工作 5 次，切实保障全区森林防火安全，实现全年零火情。（高铭阳）

【森林资源保护】　2022 年，芙蓉区完成国土造林绿化空间适宜性评估工作，认真开展“最严”督查，在全省率先完成所有卫星图斑的核查及相关手续资料的上报，未发现违法图斑。（高铭阳）

【森林有害生物防治】　2022 年，芙蓉区严格落实省、市要求，区林长办印发全区松材线虫病除治质量拉网式专项巡查行动方案、组织开展“护松 2022”松材线虫病疫木检疫执法专项行动及秋季普查工作，对古松树进行防疫保护措施，截至 2022 年年底，全区未发生松材线虫病，确保了森林零疫情。（高铭阳）

水　利

【概况】　浏阳河芙蓉区段由南向北再向西穿区而过，河段长约 13 千米。域内有长善垸和东岸垸，两个堤垸一线防洪堤长约 15.3 千米。其中，长善垸内防洪保护面积 21.85 平方千米，设计防洪能力 200 年一遇。东岸垸内防洪保护面积 7.2 平方千米，设计防洪能力 100 年一遇。长善垸和东岸垸大堤均为土堤，堤顶高程吴淞标高 41.5 米左右。浏阳河芙蓉区段保证水位 38.68 米（吴淞标高）、警戒水位 36.00 米（吴淞标高）、最高水位为 2017 年的 40.08 米（吴淞标高）。2022 年全区防洪形势保持稳定，未发生较大险情。（钟静琪）

【防汛抗洪】　2022 年汛期，长沙连续遭遇强降雨天气，雨情、水情复杂，芙蓉区分别于 4 月 25 日 16 时、5 月 10 日 0 时、5 月 29 日 23 时 50 分启动水旱灾害防御Ⅳ级应急响应，分别于 4 月 26 日 12 时、5 月 10 日 17 时、5 月 30 日 17 时解除水旱灾害防御Ⅳ级应急响应，洪峰水位为 6 月 7 日 8 时的 34.15 米（吴淞高程）。汛期期间，芙蓉区水旱灾害防御部门迅速反应，密集调度，制定并下发险情风险点“一点一策”、水旱灾害防御应急响应、气象预警应急响应机制等预案，要求各地段责任单位及责任人蹲点值守，落实责任，做好城区防汛工作；7 处泵站运行正常，重点堤段、区域实行 24 小时全天候值守。全区在水旱灾害防御应急响应期间共召开水旱灾害防御会商会 20 次，派出水旱灾害防御工作组 32 批次，巡堤巡查防守投入劳力 1311 余人次。全面

强化物资储备管理工作。对两垸防汛物资进行清仓查库，按定额要求开展防汛抢险物资更新采购，及时更补物资和设备养护。2022年汛期，全区存有砂卵石1.09万立方米，编织袋10.9万条、编织布0.84万平方米，能满足水旱灾害防御需要。

（钟静琪）

【城区排涝】 2022年，芙蓉区有排渍泵站7处，分别为长善垸内的亭子港、东屯渡、中心、三角塘和东岸垸内的杉木港、砂咀子、罗溪港泵站，排渍泵站装机容量为55台25925千瓦，排渍能力达到年暴雨强度一年一遇的标准，进一步提高排渍能力，满足城区防洪排涝需求。全区7处排渍泵站的供电线路均采用双回路供电，增强泵站运行的可靠性，提高城市防内涝的保证率。7处泵站开展日常维修养护，完成了亭子港、杉木港泵站清淤。2022年，全区排渍开机总时长763小时45分钟，总排水量3618.93万立方米。全年垸内未出现内涝现象，无任何安全生产事故。

（钟静琪）

【水利安全生产】 2022年，芙蓉区农业农村局全面落实安全生产责任制，进一步完善安全管理规章制度，深入开展安全生产集中排查整治和水利设施风险隐患排查整治等工作，有效防范生产安全事故的发生。制订完善《防汛险情风险点应急处置“一点一策”实施方案》，

2022年7月21日，芙蓉区举办水旱灾害防御应急演练暨水利业务培训。图为专业人员指导操作泵站器械　　（区农业农村局　供图）

确保全区安全度汛。开展节水宣传活动，增强全民节水意识。开展安全生产月活动，推进秋冬水利建设，完成泵站清淤、维修养护项目，强化2个涉水工程监督管理，拆除存在安全隐患长善垸防汛仓库1处。

（李立刚）

【水旱灾害防御应急演练暨水利业务培训】 2022年7月21日，芙蓉区举办水旱灾害防御应急演练暨水利业务培训，全区水利系统职工参加。演练培训首次采用“培训＋演练＋实操＋测试”相结合的形式，由专业人员现场培训泵站机泵控制系统操作和维护保养，详细讲解泵站运行注意事项及常见故障处理方法。随后在水旱灾害防御应急演练环节，模拟芙蓉区遇上暴雨红色预警，持续发生强降雨，中心泵站进水池水位猛涨，发生路面塌陷、供电线路故障等险情，芙蓉区各抢险队伍各司其职，按照水旱灾害防御应急响应工作预案和气象预警应急响应机制要求，有序做好险情处置工作。最后，全体干部职工按照机泵开关机操作规程逐一进行实操，现场通过讲师考核和堤防抢险、泵站操作等理论测试。该次演练培训活动增强了干部职工的安全意识，进一步强化安全生产责任落实，提升全区水利系统对防汛突发性事件的应急处理能力和履职能力。

（李立刚）

工业·软件信息产业·园区

编辑　谭丽霞

工 业

【概况】 2022年，芙蓉区规模以上工业企业62家，规模工业总产值59.3亿元，同比增长9.4%，规模工业增加值同比增长6.7%。规模工业营业收入55.6亿元，同比增长3.7%。工业投资44.8亿元，同比下降6.6%，工业技改投资4.4亿元，同比下降58.4%，新增规模工业企业11家，净增9家。年内，区工信局配合园区推动工业经济转型发展，推进智能制造转型升级，形成有影响力和竞争力的产业集群，嘉吉饲料（长沙）有限公司、湖南普仁凯顿义齿科技有限公司2家企业被评为第九批长沙智能制造试点企业。

（郭泽武 周旭鹏）

2022年6月22日，芙蓉区召开干部联企“送政策、解难题、优服务”暨企业服务专员行动推进部署会议 （区工信局 供图）

【安全生产管理】 2021年底，区电力安全专业委员会成立，委员会办公室设在工信局。2022年，区工信局制定下发电力设施安全隐患排查治理工作方案，定期召开季度讲评会。针对“9·16”电信大厦火灾事件，召开专题会议，研究部署高层建筑（工信领域）火灾风险隐患排查整治工作，制定《关于开展高层建筑火灾风险隐患排查整治的通知》和《芙蓉区深入排查电信运营企业潜在风险隐患坚决防范遏制事故行动方案》，调度铺排各街道、国网供电公司、四大通信运营商联合开展全区高层建筑（工信领域）火灾风险隐患排查整治工作。芙蓉区人民政府副区长徐青春带队现场检查荷花园电信大厦、广铁集团铁二配等企业安全情况，工信局主要负责人和分管副职10余次带队到企业检查。按照企业自查、街道（园、局）排查、专委会办公室巡查三级层级，全方位落实隐患排查和督促整改工作。全年电力安全“百日攻坚”行动排查安全隐患127处，工业企业排查隐患67处，通信行业排查安全隐患218处，至年底全部整改到位。

（陈佳豪）

【干部联企“送政策、解难题、优服务”行动】 2022年，根据省、市关于干部联企“送政策、解难题、优服务”行动部署，区工信局作为牵头部门，起草《芙蓉区干部联企“送政策、解难题、优服务”行动方案》，成立全区干部联企工作领导小组，制定《稳企业、促增长——企业服务专员联企行动实施方案》。组织14个片区联企行动工作小组，明确县级领导联系75家重点税源单位，派出近千名干部联系1292家企业，确保全区规模（限额）以上企业全覆盖、重点中小企业全覆盖、园区企业全覆盖。联企干部走访50万元以上税源企业1292家，组织交通运输业、种业、文旅产业、金融业等10余场专题座谈会，梳理问题400余个，解决问题300余个。其中，省级交办问题22个，市级交办问题21个，省、市交办问题办结率100%。 （郭泽武）

·表13· 2022年芙蓉区工业经济主要指标统计表

指标名称	单位	2022年工业总产值	2022年比2021年增长（%）
一、规模以上工业总产值	亿元	59.3	9.4
二、规模以上工业增加值	亿元	—	6.7

·续表 13·

指标名称	单位	2022 年工业总产值	2022 年比 2021 年增长（%）
三、高新技术产品总产值	亿元	441.6	3.4
四、高新技术产品增加值	亿元	163.1	6.6

说明：该表数据不含高新区数据　　（资料来源：区统计局）

·表 14·　2022 年芙蓉区规模以上工业主要经济指标统计表

指标名称	单位	2022 年
一、企业单位数	个	62
二、工业总产值	万元	592537
三、工业销售产值	万元	585028
四、应收账款净额	万元	131786
五、产成品	万元	41929
六、资产合计	万元	740628
七、负债合计	万元	339088
八、营业收入	万元	556210
九、营业成本	万元	452443
十、税金及附加	万元	2146
十一、销售费用	万元	40716
十二、管理费用	万元	37451
十三、财务费用	万元	936

说明：该表数据不含高新区企业，取值于 2022 年 12 月月报　　（资料来源：区统计局）

·表 15·　2022 年隆平高科技园规模工业营业收入完成情况统计表

序号	细分门类	至年底企业数（家）	营业收入（亿元）	同比增长（%）	规模工业比重（%）
1	种　业	12	5.18	–40.22	14.11
2	生物技术及农产品加工	14	17.56	10.27	47.81
3	新材料新能源	6	4.83	–0.34	13.16
4	快速消费品	5	5.47	5.68	14.91
5	电子信息	5	1.90	–10.22	5.16
6	其　他	7	1.78	9.56	4.85
合　计		49	36.72	–4.26	

（资料来源：隆平高科技园）

·重点工业企业选介·

2022年，英氏控股总部大楼外景　　（隆平高科技园　供图）

【英氏控股集团股份有限公司】

英氏控股集团股份有限公司是国内婴幼儿辅食领域领军企业，是集研发、生产、线上线下销售和服务于一体的专业化婴童产品企业集团，获“高新技术企业”“湖南省专精特新‘小巨人’企业”称号。公司品类齐全，产品涵盖婴幼儿辅食、用品、营养品、儿童食品4大品类。形成了以天猫、京东等综合性电商平台为核心，辐射拼多多、抖音、快手、社区购等新型渠道的全平台营销网络。2022年，英氏控股实现营业收入13亿元、税收1.5亿元，进入上市辅导阶段。11月，公司与湖南省农业科学院达成婴童营养与科学分阶喂养创新高地战略合作，“单杨院士创新团队英氏工作室”挂牌成立。工作室依托单杨院士创新团队在食品加工、食品营养、工艺等领域的技术成果和研究经验，助力企业提升尖端技术水平。

（江　宏）

【湖南康通电子股份有限公司】

湖南康通电子股份有限公司创立于2001年，是一家专注于音频技术研究和广播全产业链服务的高新技术企业，为新三板创新层挂牌企业。公司在广播音频处理与传输控制方面技术积淀深厚，是IP广播和云广播技术的引领者，国家应急广播标准规范的起草单位。主要业务包括提供智慧广播、应急广播、校园广播、语音对讲等整体解决方案，提供物联网云广播设备及平台的建设和运营；提供技术输出（ODM）、贴片及组装代工代料（OEM）等业务。公司拥有50余项专利、60余项软件所有权，通过了ISO9001、ISO1400、CCC、CE、FCC、RoHS、高新技术企业、双软企业、安全与清洁生产标准化等资质认证。公司有员工约200人，研发、技术类人员占公司总人数50%，每年研发费用及技术投入占销售收入的15%以上。每年设计建设超万所学校校园广播，在全国设计建设500多个省、市、县级应急广播及“村村响”大喇叭工程，产品和服务工程案例超过10万个。2022年，康通电子入选国家专精特新“小巨人”企业。康通科技园启动建设，项目总占地面积1.3万平方米，总建筑面积4.5万平方米，总投资1.4亿元。项目拟建设为对全国有强劲辐射力的电子产品研发生产制造基地，年产值预计10亿元。

（江　宏）

【长沙绿叶生物科技有限公司】

长沙绿叶生物科技有限公司创立于2002年，专业从事动物保健和生物饲料，被誉为“保健养殖第一品牌”，公司产品覆盖全国29个省份。公司针对国内养殖业长期面临的疾病多、病难治、风险大、饲养成本高、肉品品质下降等难题，率先提出了“动物亚健康调控理论”“保健养殖技术原理”，研发出“135高效保健养猪技术”。针对我国畜禽疫病生物安全防控特别是“非洲猪瘟防控”重大难题，公司开创性地提出“新生物安全理论”，研制出非洲猪瘟特异性阻断剂、畜禽舍长效自净纳米涂料等科技产品。公司与湖南农业大学、中国科学院亚热带生态研究所等合作，联合发起设立国家生猪产业技术创新战略联盟。公司有国家级博士后科研工作站、院士专家工作站、畜禽保健湖南省工程中心。“畜禽氮磷代谢调控及其安全性饲料配制关键技术研究与应用”获2008年度国家科学技术进步奖二等奖，“保健养猪技术及其应用”获2010年度湖南省技术发明奖二等奖，“保健养猪关键技术创新与低胆固醇猪肉研发”获2020年度中国发明协会发明成果奖。2022年被认定湖南省专精特新“小巨人”企业。

（江　宏）

2022 年，长沙绿叶生物总部大楼外景　　　（隆平高科技园　供图）

【湖南稀土新能源材料有限责任公司】　湖南稀土新能源材料有限责任公司成立于2008年，由湖南稀土金属材料研究院联合湘电股份、继善高科等十家企业共同出资组建，注册资本2.16亿元。公司以湖南稀土金属材料研究院雄厚的研发实力为依托，大力发展稀土新能源、新材料相关产业。公司是国家高新技术企业、湖南省“专精特新小巨人”企业、湖南省新材料企业，通过IATF-16949质量体系认证，主要产品为高性能烧结钕铁硼、钐钴稀土永磁材料，拥有熔炼、氢碎、制粉、成型、烧结、机加工（磨削、切割、打孔等）、产品表面涂层等全流程作业线。公司先后承担并完成多项国家、省市级重点科技攻关项目，获得“烧结钕铁硼磁体的制备方法”“稀土氢化金属粉末、钕铁硼磁体及其制备方法”等10余项稀土永磁材料领域发明专利，获湖南省科技进步奖、中国有色金属工业科技奖等多项荣誉奖励，进入湖南省上市后备资源库。（江　宏）

·中小微企业服务·

【概况】　2022年，芙蓉区围绕省委、省政府关于万名干部联万企“送政策、解难题、优服务”主题行动，全区近千名干部深入企业走访，宣传各项政策，收集困难问题，召开各类座谈会10余场，解决问题300余个，营商环境进一步优化。加强优质中小企业梯度培育，组织“专精特新”中小企业成长政策宣传落实，新增专精特新“小巨人”企业（国家级）3家，专精特新中小企业（省级）5家，创新型中小企业（市级）28家。依托芙蓉中小微企业服务中心，举办2022年“创客中国”芙蓉区中小微企业创新创业大赛决赛、“湖湘精品”中小企业品牌大讲堂等活动。（郭泽武）

【优质中小企业梯度培育】　2022年，芙蓉区贯彻习近平关于培育一批“专精特新”中小企业的重要指示精神，加强优质中小企业梯度培育，将中小企业专精特新发展纳入区政府“一年一件事”。年内，推荐申报专精特新“小巨人”企业4家，专精特新中小企业8家，创新型中小企业30家。其中，湖南稀土金属材料研究院有限责任公司、凯德技术长沙股份有限公司、湖南康通电子股份有限公司3家企业被确定为专精特新“小巨人”企业。湖南稀土新能源材料有限责任公司、凯德技术长沙股份有限公司、长沙绿叶生物科技有限公司、湖南稀土金属材料研究院有限责任公司、湖南省明园蜂业有限公司5家企业被确定为专精特新中小企业，湖南铭弘体育产业股份有限公司通过专精特新中小企业复核。湖南恒成信息技术有限公司、长沙万维信息网络服务有限公司、湖南省赛宝软件服务有限公司、湖南神帆科技有限公司等28家企业被评为第一批创新型中小企业。全区促进中小企业专精特新发展培育工作创历史最佳成绩。

（郭泽武）

【优化服务助推企业发展】　2022年，芙蓉区中小微企业服务中心指导协助企业争取上级扶持政策和资金，帮助企业共渡难关，组织200余家企业申报国家、省、市各类项目50余个，拨付上级专项资金8365.975万元。湖南匡安网络技术有限公司、长沙韶光芯材科技有限公司、湖南康通电子股份有限公司等7家企业被认定为湖南省省级企业技术中心。长沙时尚大典品牌策划公司、湖南华山人力资源咨询有限公司2家被认定为湖南省中小企业核心服务机构。实施中小企业“两上三化”（上云、上平台，数字化改造、网络化协同、智能化升级）专项行动，推动中小企业转型，提升发展质量效益。邀请联通公司专家为企业开展“‘两上三化’助力企业数字化转型”线上和线下授课，现场参与企业50余家，线上观看企业200余家。2022年，全区“上云”企业304家，全市排名第一。使用云端以后，中小企业生产效率提升10%左右，实现网络销售200余万元，降低成本100余万元。芙蓉区工业和信息局被省工信厅评为2022年湖南省中小企业“两上三化”工作先进单位。依托芙蓉中小微企业服务中心，举办2022年“创客中国”芙蓉区中小微企业创新创业大赛决赛。湖南悟声网络科技有限公司、长沙市商能电子商务科技有限公司等6家企业晋级市赛。芙蓉区工业和信息化局被省工信厅评为2022年“创客中国”湖南省中小微企业创新创业大赛优秀组织单位。

（郭泽武）

【清理拖欠民营企业中小企业账款】2022年，按照中央、省、市有关清理拖欠民营企业中小企业账款工作要求，印发《芙蓉区清理政府部门和国有企业拖欠民营企业中小企业账款工作方案》及《2022年芙蓉区清理拖欠民营企业中小企业账款工作要点》，明确工作重点和时间步骤，建立健全长效机制。落实《长沙市政府办公厅关于纾解长沙市中小企业困难的若干意见》等文件精神，会同区财政局、区审计局加大工作力度，建立预警工作机制，通过部门联动，确保已验收的货物、工程、服务对应的款项严格按照合同约定进度支付到位，累计支付3.8亿元。建立完善清欠台账，重点对审计反馈问题、企业投诉举报线索进行了核实处理，确保问题处理率、企业满意率均100%。清理拖欠民营企业中小企业账款工作获得2022年全市工业和信息化领域真抓实干督查激励。

（郭泽武）

软件信息产业

【概况】 2022年，芙蓉区全区软件和信息技术服务业27家规上企业23.81亿元，同比增长0.3%。芙蓉软件产业园在原有“一园四区”的布局基础上，新设三湘南湖大厦和凯德工业自动化产业园增设为软件产业发展聚集区，作为2022年软件产业发展重点。芙蓉区政府与中国移动湖南公司实行战略合作，湖南5G应用生态产业园开园仪式在芙蓉区举行。区工信局组织企业申报2022年湖南省移动互联网产业发展专项资金项目15家，申报2022年长沙市工业发展专项资金项目27家，申报省级“数字新基建”标志项目1家，申报省级两化融合贯标企业2家。

（文程遥）

2022年4月23日，湖南5G应用生态产业园开园仪式暨品牌签约推介会在三湘南湖大厦举行（区工信局 供图）

【湖南5G应用生态产业园开园】2022年4月23日，湖南5G应用生态产业园开园仪式暨品牌签约推介会在三湘南湖大厦举行。活动由湖南省工业和信息化厅、长沙市人民政府指导，中国移动通信集团湖南有限公司、芙蓉区人民政府主办，长沙市湘湖管理局等承办，湖南华雅文化传播有限公司执行策划。省工业和信息化厅有关负责人，长沙市政府有关领导、芙蓉区委区政府领导，中国移动湖南公司负责人等出席。湖南5G应用生态产业园由中国移动通信集团湖南有限公司、芙蓉区人民政府、湖南省三湘南湖大市场实业总公司三方共同建设。项目聚焦5G应用产业链，以成熟城区、社区人口及三湘南湖实业20个行业、6000家商户为应用场景，通过聚合湖南省移动200余家5G供应链伙伴和中国移动400余家生态链伙伴，打造5G应用生态链，形成5G应用场景的实例展示、开发研究、评测推广、产权交易等多功能具备的5G应用生态区。产业园为5G应用产业链上的企业提供便利的物理空间和专业配套设施及多项服务，活动现场举行“湖南移动5G应用生态基地”的授牌仪式。芙蓉区人民政府与中国移动通信集团湖南有限公司现场签订战略合作协议，三湘南湖大市场实业总公司与中国移动湖南长沙芙蓉区分公司、湖南凌界信息科技有限公司、润建股份有限公司等10家入园企业上台签约。（孙　雄）

【5G建设及通信服务】 2022年，芙蓉区5G基站建设完成735个，任务完成率109.7%。5G汇聚机房建成3个。区工信局综合调度三大运营商和铁塔公司，实时跟进建设进度，制定工作计划，按月铺排进度。做好重点攻坚，协调解决建站难、阻工等问题，协调解决长沙市实验中学建站、湘科和一酒店基站移址和省人民医院马王堆院区项目电信机箱移址等问题。牵头解决文明创建出现有关问题，集中整改437处线缆凌乱问题。配合开展“三考”通信信号屏蔽工作，协调解决育英第三小学线缆安全隐患、擎天广场门前弱电箱移址等问题。（文程遥）

隆平高科技园

【概况】 2022年，隆平高科技园对内设机构职能配置等实行调整。由原内设6个局室（办公室、经济贸易局、招商合作局、规划建设局、社会发展局、企业党委）、1个派出机构（财政分局，为芙蓉区财政局派出正科级机构），调整为内设7个局［办公室、产业发展局（安全生产监管局、营商环境工作局）、经济合作局、开发建设局、财政金融局、纪工委监察工委、机关党总支］。设立所属事业单位企业服务中心（创新创业服务中心）。撤销社会发展局，由芙蓉区承担园区社会治安综合治理、城市管理、教育卫生、征地拆迁等社会事务工作。2022年，隆平高科技园完成技工贸收入300亿元，比2021年增长14%。固定资产投资同比增长30%，产业投资同比增长32.9%，高新技术产业投资比2021年增长67.5%，3项指标增速均居全市省级园区第一。全年规模工业增加值增长4%，“四上”服务业总营收增长17.1%，限额以上社会消费品零售总额增长3.4%，限额以上批发总额增长17%。完成全口径税收31亿元，同比增长32%。新引进市场主体2070家，增长38.8%，入园企业突破6000家。3家企业进入上市辅导阶段，隆平高科、华智生物、佳和农牧入选国家种业阵型企业名单。在全市省级园区中率先获批长沙市技术转移转化基地，获评长沙市打造内陆地区改革开放高地先进单位、全市平安建设优秀园区。连续两年获批全省职称评审专场资格，知识产权、质量强市等3项工作获得市真抓实干督查激励表扬，构建种业硅谷区域协同联动发展机制入选自贸区长沙片区制度创新成果。隆平高科副总裁、水稻首席专家、种业科学院院长杨远柱获第七届湖南省省长质量奖。（江　宏）

【园区开发建设】 2022年，隆平园区开工建设83个产业、基础配套等重大项目，总投资91.7亿元，较2021年增长8%，隆平生物种业产业园一期全面建成并提前实现“项目满园”。隆平创新中心完成主体封顶，总投资超10亿元的省现代农业集团科技创新基地项目有序推进。全球主要粮油作物种质资源引进中转和穿梭育种（长沙）示范基地项目完成主体工程，可实现每年10万份全球种质资源入境隔离。隆平片区品质提升计划启动，围绕片区重大项目、重要节点、重点区域策划，隆平芯谷系列主题标识、街角口袋公园等品质提升项目完工，浩天财富中心规划建设成为芙蓉东部地标性建筑。组织开展片区控规修编，完善区域规划设计。平商联创总部大楼、凯德科技园等项目竣工达产，艾迪康医学湖南总部、芙蓉标准化产业园、佳和农牧总部基地和湖南湘猪总部基地等项目完成建设，隆平生物种业产业园、隆平创新中心、仁孚汽车服务中心等项目完成主体建设，长沙医疗器械科技创新产业园等项目加速推进，浩天财富中心、康通科技园等项目启动建设，天人建设总部项目实现摘牌。原湖南省药品检验检测研究院闲置行政办公和医疗卫生用地，和捷实业实现跨区调规置换补购用地，为近年创新增地首例。低效用地盘活16.2公顷，净增税收884万元。（江　宏）

【园区招商引资】 2022年，隆平科技园开展“全员招商”，围绕主特产业、新兴产业精准招商，班子成员15次带队赴北京、广州、深圳、武汉等地开展小分队招商。全年新引进“三类500强”项目2个、种业产业链企业60家、50万元以上税源企业13家、过千万元税收企业2家。全国最大分子育种企业创世纪种业、省种业龙头企业湖南省农业发展投资集团科技创新中心落户园区。新增市场主体2070家，两年实现总量翻番。依托湖南省植物提取物协会产业发展交流会开展园区专题招商推介，参与主办2022湖南植提年会暨第十三届中国植提高峰论坛，筹备打造湖南植提生物技术产业集群。10月，召开“拥抱大湾区、逐梦新时代”深圳专场招商推介会，大湾区5家商协会、60余家重点企业参加活动。（江　宏）

【园区产业建设】　2022年，隆平科技园打造“隆平芯谷”，岳麓山实验室、岳麓山种业创新中心加快建设，新型研发机构、研发及成果转化创新平台112个。持续推动种业产业链补链强链固链，培育植物提取、健康食品等优势特色产业集群，植物提取产业产值逆势增长6.7%。与农业农村部开展央地合作，联合发布种业重大科技攻关“揭榜挂帅”。推动“核心区——拓展区”联动发展，首期在长沙县春华镇、路口镇建设隆平芯谷示范镇；与春华镇达成战略合作，隆平发展“全球主要粮油作物种质资源引进中转和穿梭育种示范基地”落户并启动建设。联合湖南省科学技术厅、湖南省农业科学院、湖南农业大学、岳麓山种业创新中心举办种业科技成果竞卖交易会，实现交易标的额约1亿元。产业结构不断优化，战略性新兴产业总产值占规模以上工业总产值比重31.3%，规模以上数字经济产业营收同比增长26.2%。建成全国自贸区内首个标准化产业聚集区，企业出口认证效率提升5倍。新增省专精特新“小巨人”企业5家、国家专精特新“小巨人”企业3家、规模以上企业21家，高新技术企业总量132家。英氏控股集团、隆平发展进入上市辅导阶段，康通电子实现新三板创新层挂牌。（江　宏）

【园区营商环境优化】　2022年，出台《隆平高科技园2022年优化营商环境工作要点》《优化营商环境全员联企行动方案》，开展“送政策、解难题、优服务”活动，安排80名企业管家联点帮扶230家重点企业，通过领导干部集中走访，协调解决企业诉求和面临的问题。累计走访企业3000家次，解决企业困难问题341个。落实惠企政策，推行政策“免申即享”“直达快享”，累计兑现各类奖补资金超1亿元，指导137家企业争取上级奖补资金2203万元，实行减税降费“政策找企”，帮助3050家企业减税降费5亿元以上。启动“政银企”三方合作机制破解融资难，指导企业申请知识产权质押融资贷款5282万元，为40家企业争取融资授信10亿元以上。优化政务服务，开展“走流程、解难题、优服务”活动，优化更新政务服务事项59项、企业服务事项35项。完善“一件事一次办”，政务服务总办件量达2322项，网办率100%。深化工程建设项目审批“帮代办”，搭建隆平芯谷政策线上申报系统，实现政策申报“一网通办”。芙蓉区“书记直通车”开进英氏集团，区委书记周春晖，区长崔晓带队“零距离”帮助英氏集团解决上市辅导相关资料审核问题，12个区直部门负责人带公章上门，对企业相关文书集中审核、盖章。（江　宏）

【园区科技创新】　2022年，隆平科技园区强化平台支撑，岳麓山实验室农大农科院片区启动建设，岳麓山种业创新中心完成分子育种和生物智能大数据2个公共技术平台和水产、中药材、油茶、水稻4个专业研究中心组建。岳麓山科技成果转化平台、长沙现代食品创新研究院、湖南省种质资源创新数据库启动建设。《人民日报》头版（7月12日）以《创新研发机制 保护开发并重 湖南加快种业产业链协同发展》为题，报道湖南种业产业链发展。中国工程院院士单杨创新团队英氏工作室挂牌成立。新增省级以上创新平台6个。激发人才活力，制定“隆平芯谷”“五个一”人才发展方案，全年新引进市级以上高层次人才12人，总数138人。华智生物技术有限公司、湖南稀土金属材料研究院有限责任公司等4个创新团队入选长沙市首批优秀发明团队。推进技术创新，华智生物研发的多款液相芯片成功实现国产替代，作为湖南省十个技术攻关项目的镉低积累水稻育种及栽培关键技术攻关取得重大突破。全年完成技术登记775项、金额2.9亿元。新增专利授权566件，其中发明专利授权275件，增长8.7%。（江　宏）

【园区平安建设】　2022年，隆平科技园统筹推进疫情防控及安全生产。紧盯学校、酒店、冷链、物流等12个关键点关节处，指导督促企业从严从实做好全流程闭环管理。开展安全生产、自建房“百日攻坚”行动及高层建筑专项治理，班子成员91次带队开展安全隐患排查整治，排查整治风险隐患1964处，组建“应急救援小分队”10支。开展保安全护稳定演练比武，创新开展企业平安建设星级评定。推进警务进园区，设置园区“星城快警”平台。年内，获评长沙市“平安优秀园区”（江　宏）

【岳麓山实验室集聚区开工建设】2022年3月7日，位于隆平高科技园的岳麓山实验室建设项目启动开工。湖南省委副书记朱国贤出席仪式并宣布项目开工，湖南省副省长陈飞出席并讲话，中国工程院院士印遇龙、邹学校、刘少军、刘仲华、柏连阳、单杨、吴义强出席，长沙市委市政府领导、隆平园区领导参加。实验室是湖南全面落实“三高四新”战略定位和使命任务的标志性工程，围绕服务种业振兴国家战略，对标国家实验室，立足湖南省优势种业创新资源，开放集聚国内外种业创新力量。岳麓山实验室首期计划投入100亿元，拟建设包括农大农科院片区、隆平片区、林大林科院片区、岳麓山大科城片区等四大片区在内的实验室长沙总部。按“12356”的总体思路，规划建设1个实验室总部，统筹种植、养殖2大领域，面向动物、植物、微生物3大种业，聚焦设计育种、分子育种、杂交育种、选育、驯化5种方式，面向安全、发展、品种、育种、推广、产业化6大任务开展科学研究。

（江　宏）

【岳麓山实验室、杂交水稻全国重点实验室揭牌】 2022年7月20日，岳麓山实验室和杂交水稻全国重点实验室揭牌仪式暨建设动员会议在长沙举行。湖南省委书记、省人大常委会主任张庆伟，省委副书记、省长毛伟明共同揭牌。省政协主席李微微出席，省领导吴桂英、谢卫江、刘莲玉、陈飞出席。园区党工委书记谭雄伟参加活动。杂交水稻全国重点实验室前身为“杂交水稻国家重点实验室”，由“共和国勋章”获得者袁隆平院士创建，2022年杂交水稻全国重点实验室获科技部批复，成为首批20家全国重点实验室之一。建设单位为湖南省农业科学院、武汉大学、袁隆平农业高科技股份有限公司。中国工程院院士柏连阳任实验室主任。实验室定位应用基础研究类，面向国家粮食安全和种业振兴的重大需求，围绕杂交水稻重大新品种选育、杂种优势机理等领域重大科技问题，通过多学科交叉融合，综合利用分子育种、智能育种与生物育种技术，开展系列原创性研究，打造支撑有力、前沿领先、根基深厚的国家战略科技力量。是岳麓山实验室建设的主要力量。截至年底，实验室在第三代杂交水稻和低镉水稻品种培育、抗性基因鉴定和育性调控机制解析等工作中获得重要突破。

（江　宏）

【构建“隆平芯谷”区域协同联动发展机制】 2022年，隆平高科技园构建“总部＋基地”联动发展机制，支持长沙县春华镇、路口镇打造隆平芯谷示范镇。6月18日，园区管委会与长沙县春华镇人民政府签署战略合作协议，并举行隆平芯谷重点项目“全球主要粮油作物种质资源引进中转和穿梭育种（长沙）示范基地”开工仪式，园区党工委副书记、管委会主任刘熙宇，长沙县人民政府二级调研员肖建军，春华镇党委书记何典出席活动。隆平发展公司主要从事种子进出口业务，因湖南省没有符合标准的育种穿梭基地，往常需借用外省的基地满足种质资源引进工作的需要。园区对接长沙县春华镇，为项目提供优质科研试验用地6.67公顷。此次开工建设的全球主要粮油作物种质资源引进中转和穿梭育种（长沙）示范基地，是湖南省首个种质资源隔离基地，作为隆平发展全球种质资源的“中枢”，将负责中国、巴西、美国、阿根廷等国家的种质收集、保存、测配等，开展种源技术攻关。“构建‘隆平芯谷’区域联动发展机制”入选自贸区长沙片区33个制度创新成果。

（江　宏）

【湖南农业发展集团科技创新基地落户隆平高科技园】 2022年10月27日，园区与湖南农业发展投资集团有限责任公司、湖南天心种业股份有限公司签订合作协议，湖南农业发展集团科技创新基地项目落户园区。项目计划总投资4亿元，

2022年3月7日，岳麓山实验室奠基仪式在隆平园举行

（隆平高科技园　供图）

重点打造国内最大的现代农业总部现代种业创新基地，拟建设种业技术研究、产品展示及培训中心、种业科技企业孵化及推广交易平台等，计划吸引国内外现代农业上下游企业近百家入驻，吸纳国家、省市计划行业领军人才近千名。

（江　宏）

【琴海数智产业园受到全市项目建设观摩团观摩】 2022年1月10日，长沙“强省会 兴产业”项目建设现场观摩团第一站考察隆平高科技园琴海数智产业园。湖南省委常委、长沙市委书记吴桂英率领由市领导和各区县（市）、园区党政主要负责人以及市直部门负责人组成的队伍，到现场观摩考察。市委副书记、市长、湖南湘江新区党工委书记郑建新参加观摩。琴海数智产业园是目前国内规模最大、产业最全的档案智能信息化服务产业园。项目占地约1.4公顷，总投资5.5亿元，总建筑面积5.7万平方米，由湖南琴海数码股份有限公司投资兴建。

（江　宏）

【经济奖励兑现大会暨隆平讲堂开讲】 2022年6月30日，隆平高科技园举行2021年度经济奖励兑现暨隆平讲堂。隆平高科技园党工委书记谭雄伟出席并讲话，隆平高科技园党工委副书记、管委会主任刘熙宇主持。大会现场，湖南英氏营养食品有限公司等21家企业获“企业入驻奖”，中国铁塔股份有限公司湖南省分公司等24家企业获“效益贡献奖”，湖南润盛防水材料有限公司等28家企业获“规模台阶奖”，长沙和捷实业有限公司总经理彭坚等10家企业负责人获“优秀企业家奖”，袁隆平农业高科技股份有限公司杨远柱等14人获“高层次人才奖”。有127家企业25名企业家上榜。2022年兑现各类奖补资金6500余万元。奖励兑现大会后，深圳大学领军学者、央视“百家讲坛”主讲嘉宾姜安以“古代智慧与企业领导力”为题，从儒、道、佛三家思想精髓和彼此联系入手，阐述中国传统文化中的领导艺术与魅力，引导大家要善于总结古代理政智慧。（江　宏）

2022年6月30日，隆平高科技园举行2021年度经济奖励兑现暨隆平讲堂。图为获奖企业与个人登台领奖　（隆平高科技园　供图）

自贸区芙蓉区块

【概况】 自贸区芙蓉区块约1.86平方千米，有可开发建设净用地面积约100公顷。2022年，自贸区聚焦现代种业及泛农业、生命健康产业和高端服务业，打造以总部经济、平台经济为主的高端现代服务业集聚区、现代种业科技创新引领区、中非经贸深度合作示范区。年度新增市场主体1140家。外贸进出口额27.7亿元。实际利用外资910万美元。外贸实绩企业数达到43个。重大项目投资完成额11.94亿元。年度新引进“三类500强”项目6个。

（杨芳颖）

【区块招商引资】 2022年，芙蓉区块签约（落地）重点项目17个，先后引进苏宁易购华南区电商平台、京东方数科华中区域公司等三类“500强”项目，引进中湘建融等一批重点企业。有针对性地挖掘市外经协会、戴德梁行等商协会、投资咨询机构的信息优势，重点对接老挝湖南商会、缅甸湖南商会、安徽湖南商会、邵阳长沙商会等商协会的资源优势。标准化产业集聚区引进28家标准化产业链配套企业，隆平生物种业产业园已引进中科基因、生工生物等重点企业60余家。

（杨芳颖）

【区块产业建设】 2022年，芙蓉区自贸区块重点项目建设提速增效。隆平生物种业产业园一期10万平方米，验收合格。隆平生物种业产业园引进中科基因、生工生物等重点企业60余家，二期同步开始招商。隆平创新中心9.35万平方米，主楼及地下室砌体完工，计划2023年7月交付。芙蓉自贸大厦总建筑面积12.3万平方米，完成中标公示，进入开工建设阶段。（杨芳颖）

【区块对外合作】 2022年，芙蓉自贸区块开放型经济多方位发展。至年底，5个非洲国家在该地设立离岸（中国）产业创新与交流中心。年内，分别接待马里共和国、马拉维共和国、加纳共和国驻华大使，推动中非经贸走向更深层次合作。以农业合作为切入点，探索“育种、制种、种植、加工、销售”对非全产业链合作。至年底，芙蓉区块对非经贸合作重点项目8个，涉及总投资额7亿美元。区块企业先后承担国家10余个援外技术合作项目，承办涉非或单独对非援外农业培训近140期，派遣近90名专家开展对非技术援助。在马达加斯加、尼日利亚等国建设中非农业合作产业园，在坦桑尼亚建设中非现代农业产业园，促进中非农业及关联产业发展。（杨芳颖）

【标准化产业】 2022年，标准化产业集聚区推动标准制修订，发布2个国家标准、7个地方标准、16个团体标准。标准化产业集聚区引进28家标准化产业链配套企业。推动区块企业与马来西亚国家标准局SIRIM达成战略合作，成立SIRIM-华晟，打造“检测、认证、清关”一站式服务平台。（杨芳颖）

2022年11月8日，在第五届进博会“非关税贸易措施高质量发展论坛”签约仪式上，全国首个植物提取物产品技术性贸易措施研究评议基地落地自贸区长沙片区芙蓉区块（自贸区芙蓉事务中心 供图）

【制度创新】 2022年，自贸区芙蓉区块4个案例获评中国（湖南）自由贸易试验区第一批制度创新成果，均被认定为“具有全国首创性”。4个案例为：“应对东盟技术性贸易措施综合服务体系”“种业企业股份制合作建设技术平台新模式”“标准化服务产业高质量发展新体系”“对非粮食全产业链合作新模式”。中国（湖南）自由贸易试验区建设工作简报上刊发《长沙片区芙蓉区块打造中非农业全产业链合作新模式》（7月20日），简报印送商务部及湖南省四大家。11月，自贸区长沙片区第二批制度创新成果发布，芙蓉区块7个案例入选：“以‘标准化+数字化’打造单品种品牌大米促进现代农业提质增效”“促进中非可可产业合作‘开新局’”“探索以‘标准合作’助推‘经贸合作’的中非合作新模式”“打造种质资源跨区域合作新模式”“探索全球主要粮食作物种质资源引进新模式”“构建‘种业硅谷’区域联动发展机制”“构建种业科技要素交易新机制”。（杨芳颖）

【国家植物提取物评议基地落地芙蓉】 2022年11月8日，中国国际进口博览会非关税贸易措施高质量发展论坛期间，海关总署国际检验检疫标准与技术法规研究中心、长沙海关、长沙市人民政府就共建“中华人民共和国WTO/TBT-SPS国家通报咨询中心（长沙）植物提取物产品技术贸易措施研究评议基地”签署协议。基地由芙蓉区人民政府承建，主要针对植物提取物产品开展国外技贸措施信息收集、法规研究、评议关注、风险预警等工作，协助植物提取物产业及时对接国际规则、破解国外技贸措施壁垒阻碍，是植物提取物产业全国首个、唯一的评议基地，实现湖南国家级技术性贸易措施研究评议基地“破零”。（杨芳颖）

商贸服务业

编辑　谭丽霞

招商引资

【概况】 2022年，芙蓉区外贸进出口总额117.2亿元，比上年下降16.46%。全年利用外资项目24个，外商直接投资10182万美元，比上年下降63.65%；实际使用内资264.5亿元，比上年增长10.14%。全年新引进全口径税收50万以上项目（企业）71个。给予“一事一议”政策引进重点项目（企业）23个。全区新引进企业实现全口径税收近3亿元。

2022年新引进“三类500强”项目8个：中水电城市建设发展区域总部项目、建代种业投资湖南运营总部、苏宁易购平台华南运营总部项目、中交机电工程局区域总部项目、中铁十八局集团区域总部项目、同程旅行全国第二总部项目、京东方零售物联网华中区域基地项目、多弗国际大宗商品湖南结算总部项目。新引进10亿元重大项目2个：东部核心·多功能生态产业城项目、现代农业集团科技创新基地项目。

瞄准长江经济带、粤港澳大湾区等国家战略发展区域，围绕六大主导产业和生物育种特色产业，依托湖南自贸试验区，引进华岳供应链、中湘建融、中非农贸产业发展基金等一批企业入驻。根据“一区一带”（袁家岭中央文化区，浏阳河文旅产业带）文化产业布局，芙蓉区重点招引总投资5000万元以上的文创文旅项目4个（水羊国际长沙线下首店、同程旅行第二总部项目、京东方数科华中区域总部项目、湖南玖森商业管理有限公司）。年内，湘商回湘投资落地项目共9个，总投资额为10.25亿元。其中，经省市最终认定的企业为4家，分别为湖南金波电子商务有限公司、湖南省草籽花国际贸易公司、湖南国泽洁净有限公司、湖南创优种业有限公司。

4月，芙蓉区参加长沙市奋力实施“强省会”战略重大项目集中签约仪式，现场签约两大重点项目，分别是创世纪种业华东育种创新平台项目和湖南5G通信数字应用产业园项目，总投资金额32.5亿元。芙蓉区通过小分队招商、上门招商和专场招商会等方式在北京、上海、杭州、苏州等地招商，引进优质资源，推动项目落地。（戴　颖）

·表16· 2022年芙蓉区招商引资情况统计表

指标名称	单位	2022年	2022年比2021年增长（%）
一、外资项目个数	个	24	-44.2
二、招商引资完成情况	—	—	—
1. 外商直接投资	万美元	10182	-63.7
2. 实际引进省外境内资金	亿元	264.5	10.1

（资料来源：区统计局）

【市物流口岸办到芙蓉区调研】 2022年3月11日，长沙市政府物流口岸办党组成员、副主任彭维强一行到芙蓉区开展加快推进全市物流业高质量发展调研座谈。区商务局、区发展和改革局、区交通运输局、区资规分局、区税务局以及湖南星沙物流有限公司企业负责人参会。会上，芙蓉区商务局党组书记、局长彭海燕就芙蓉区物流业发展的基本情况做详细汇报，对物流行业当前存在的实际困难与主要问题进行深入分析。彭维强要求芙蓉区大力发展物流业，优化行业发展环境，重视物流业的基础性、战略性、生产性作用，着力培育高端化、标准化、智慧化、专业化物流体系。（戴　颖）

【龙山县领导到芙蓉区考察交流】 2022年5月17日，龙山县委常委、县人民政府副县长赵雪峰一行到芙蓉区考察交流。芙蓉区人民政府副区长蒋苒，隆平高科技园管委会党工委委员、纪工委书记尹卫东陪同考察并出席座谈会。考察团一行实地走访考察岳麓山种业创新中心、湖南省茶业集团和英氏集团三家隆平高科技园内企业，就产业协同、平台服务、研发转化等方面的内容与企业进行沟通交流。蒋苒介绍芙蓉区区情和近年经济发展情况。双方领导和有关部门负责人围绕产业发展、招商引资等方面进行深入交流，在产业转移，招商引资等方面达成共识。 （戴　颖）

【星沙海关负责人到区调研】 2022年7月6日，星沙海关关长程碧云到芙蓉区调研开放型经济工作。芙蓉区委常委、常务副区长刘洪波，隆平高科技园党工委委员、纪工委书记尹卫东陪同。关长程碧云一行实地察看了长沙市惠瑞生物科技有限公司和英氏控股集团股份有限公司，了解企业生产经营情况。浙商中拓集团（湖南）有限公司、湖南省茶业集团股份有限公司等8家辖区内重点外贸企业代表参加座谈会，芙蓉区商务局负责人汇报全区开放型经济工作情况，企业负责人分别介绍企业发展情况和面临的困难问题。程碧云希望芙蓉区继续发扬区位优势和产业优势，优化营商环境，提高服务水平，稳住外贸基本盘。 （戴　颖）

电子商务

【概况】 2022年，芙蓉区重点电子商务企业有湖南中拓电子商务有限公司、湖南友谊阿波罗股份有限公司、湖南惠农科技有限公司、长沙豆芽文化科技有限公司、长沙酷锐百货贸易有限公司、苏宁易购、长沙厚博文化传播有限公司、湖南省潇湘茶网电子商务有限公司。重点跨境电子商务企业有湖南跨境电商综合服务中心、长沙市宜润工艺品有限公司等16家（不完全统计）。2022年芙蓉区实际完成跨境电商1937万美元。

为响应湖南省商务厅“湘商回归、湘品出海”的号召，湖南跨境综合服务中心于2021年初启动，依托湖南自贸区的产业优势及英国伯明翰的海外仓，重点发展“跨境电商企业对企业出口”“跨境电子商务出口海外仓”（跨境电商海关代码9610、9710、9810）的跨境出口业务。截至2022年底孵化企业20余家。和国内知名物流企业海尔物流中外运达成战略合作，2022年6月新成立湖南自贸电商综合服务中心，项目选址于隆平生物种业创新中心，体量约1.13万平方米。 （戴　颖）

【湖南传统产业跨境出海专题论坛】 2022年7月22日，湖南传统产业跨境出海专题论坛在湖南国际会展中心举行。本次活动由长沙市商务局指导，长沙芙蓉区人民政府主办，芙蓉区商务局承办，湖南省跨境电子商务协会协办。长沙市商务局党组成员、副局长汪东华，芙蓉区人民政府副区长蒋苒出席。来自全国各地的外贸和跨境电商领域100余位企业家参与论坛。亚马逊全球开店、帆软数据分析软件、鲸鱼跨境等跨境电商行业的大咖围绕行业现状与发展趋势，从数据合规、运营流量、品牌打造、数据分析、选品规划等多个维度探讨湖南传统外贸企业通过跨境电商转型升级。蒋苒向活动现场的企业家介绍芙蓉区的投资环境和产业现状，表示了芙蓉区继续优化产业平台、做好产业服务、为企业家创业、经营、生活服务好务的决心。汪东华肯定了芙蓉区“搭平台、招大商、重人才、强服务”，通过政府+楼宇+跨境电商企业相结合的模式。 （戴　颖）

2022年7月22日，湖南传统产业跨境出海专题论坛在湖南国际会展中心举行 （区商务局　供图）

商贸流通

【概况】 2022年，芙蓉区实现社会消费品零售总额669.9亿元，比上年增长1.7%。分行业看，批发业零售额140.1亿元，增长0.1%；零售业零售额452.3亿元，增长2.7%；限额以上单位商品零售额比上年增长2.6%。分类别看，粮油、食品类零售额下降8.1%；服装、鞋帽、针纺织品类下降20.3%；化妆品类下降14.6%；金银珠宝类下降33.9%；日用品类下降36.5%；书报杂志类增长22.2%；家用电器和音像器材类下降9.7%；中西药品类下降6.0%；文化办公用品类下降12.3%；石油及制品类增长14.8%；汽车类增长42.1%。

（戴　颖）

【促进新能源汽车消费】　2022年，基于特斯拉、蔚来、理想、小鹏、红旗、大众等13家新能源车企品牌落户芙蓉区的优势，芙蓉区重点支持区域特色产业，提振大宗消费。针对新能源汽车特有的结算方式及实际情况，举办新能源汽车促销活动和新能源汽车宣讲进楼宇活动，2022年4月30日启动“低碳能源智惠芙蓉——2022长沙市芙蓉区新能源汽车消费节”，截至5月15日，500余名购车者申领成功，名额全部申领完毕，拉动新能源汽车消费约1.5亿元。其中，特斯拉4月30日至5月15日的销售506台，全国门店排名第15名。12月13日，启动新能源汽车消费节第二轮活动，活动范围包括芙蓉区内参与活动的各新能源汽车企业（特斯拉、蔚来、理想、小鹏、红旗、大众等新能源系列），采用“先购车，后补贴”的方式，至12月31日，第二轮补贴已全部申领完毕，对市、区社零数据均作出巨大贡献。（戴　颖）

【参加“2022年长沙市夜间消费示范系列评选”活动】　为加快夜间经济发展，推动消费升级，激发城市活力，芙蓉区商务局组织辖区企业参加长沙市商务局举办的“2022年长沙市夜间消费示范系列评选”活动。芙蓉区上报24个项目，经过市民投票和专家评审，14个入选。芙蓉区袁家岭入选2022年长沙市夜间消费示范商圈，扬帆夜市入选长沙市夜间消费示范街区，湖南大剧院、湖南琴岛、颐而康万家丽西子店和有家便利店4家入选长沙市夜间消费示范名片，阿波罗商业广场、客串出品、徐记海鲜（万象汇店）、湖南友阿集团&7-ELEVEN、温莎五一路店、颐而康（广电店和海信店）和大润发芙蓉店8家门店入选长沙市夜间消费示范门店。（戴　颖）

【商贸委全体会议召开】　2022年9月23日，芙蓉区召开商贸委全体会议暨继续开展行业安全生产大排查大整治专项行动调度会，芙蓉区政府副区长蒋苒、商贸安全专业委员会全体成员单位负责人参加会议。会上，区商务局就继续开展商贸行业安全生产大排查大整治专项行动进行专题部署，宣读了《长沙市芙蓉区商贸安全专业委员会工作规则》（第二版），进一步明确各单位职能职责，明晰专项行动要求和重点，传达了省、市安全生产相关会议精神，带领深入学习“湖南省安全生产15条硬措施”。（戴　颖）

【省商务厅调研芙蓉区新能源汽车销售企业】　2022年10月20日，湖南省商务厅党组副书记谭平到芙蓉区调研新能源汽车销售企业。芙

·表17·　2022年芙蓉区社会消费品零售总额统计表

指标名称	单位	2022年	2022年比2021年增长（%）
一、社会消费品零售总额	万元	6698670	1.7
二、按行业分组	万元	—	—
1. 批发业	万元	1401446	0.1
2. 零售业	万元	4522663	2.7
3. 住宿业	万元	92120	-3.7
4. 餐饮业	万元	682441	-0.4

（资料来源：区统计局）

蓉区人民政府党组成员、副区长蒋苒，隆平高科技园党工委副书记、管委会主任刘熙宇，隆平高科技园党工委委员、管委会副主任袁芳陪同调研。谭平一行调研了理想、小鹏、蔚来等新能源汽车头部销售企业，了解企业的生产经营情况和企业存在的难题。谭平对芙蓉区提早布局新能源汽车消费发展予以肯定，强调要加大对新能源汽车消费过程中政策支持，鼓励新能源车企对消费模式进行研究探索，引导车企进行创新发展。（戴　颖）

住宿餐饮

【概况】　2022年，芙蓉区实现住宿业社会消费品零售额9.21亿元，比2021年降低3.7%，实现餐饮业社会消费品零售额68.24亿元，比2021年降低0.4%。截至2022年底，芙蓉区餐饮业2966户，其中企业720户，个体工商户2246户；年内的新办1111户，其中企业290户，个体工商户821户（区市场监管局提供）。域内纳税登记的餐饮业经营主体2847户，其中港澳台资359户，外资224户。2022年底，芙蓉区域住宿类经营主体1768户，其中企业1104户，个体664户；年内新增206户，其中企业105户，个体工商户101户（区市场监管局提供）。住宿业中有星级酒店11家，民宿39家，电竞27家，共享住宿55家（公安分局提供）。年内，组织辖区企业参加“2022（第七届）中国国际食品餐饮博览会”，政府全额出资搭建展厅，帮助企业进行宣传推广，芙蓉区获得省商务厅颁发的“2022（第七届）中国国际食品餐饮博览会筹办优秀单位”称号。（戴　颖）

【湖南米粉街提质改造】　“湖南米粉街”原是连接五一大道和八一路的一条普通街巷。2020年，当地政府同文和友公司战略合作，共同建设“米粉博物馆”，并以“米粉博物馆”为龙头，配套建设“米粉特色街”。2021年“五一”前后，在此举办第二届“湖南米粉打擂台”。400款特色粉面小吃，每日吸引3万余人次，日均销售额近200万元。湖南米粉引发全民关注热潮，“长沙墙”成为网红打卡点。为进一步扩大影响，推进持续发展，2022年3月，韭菜园街道启动米粉街提质改造，主要对灯光、街面、立面、湖南米粉博物馆馆藏、配套设施等进行提质。湖南米粉博物馆二楼公共展示区与三楼展馆定为“味道湖南”主展区，新增20世纪湖南制作米粉的器具，提升博物馆的名片效应和带动效应。通过街面规整美化，实现400米街区“一步一景”、功能布局优化升级。南门崭新的巨大门楼，上书“湖南米粉街”5个大字，巨大的“粉娃娃”站在门楼一侧。“长沙”网红墙增设整个楼栋的灯光效果。2022年8月，提质升级完成。全街42家食品门店，其中17家米粉店，餐饮6家、2个水果店，4家烟酒食品店，3家饮品、10家小吃店。其中米粉博物馆体验区以及壹德壹、和记粉馆、湘西米粉、老长沙原味粉馆等粉店最为火爆，游客主要来自广东、云南、江西等周边省份。（李祖亮）

【芙蓉网红企业参展“食餐会”】　2022（第七届）中国国际食品餐饮博览会（以下简称“食餐会”）及系列活动于2022年11月24—26日在长沙国际会展中心举行。以“促进消费，创新发展”为主题，由商务部、湖南省人民政府主办，商务部流通产业促进中心、湖南省商务厅承办。芙蓉区精心布置形象展示馆，全力做好服务，为辖区内重点食品餐饮企业免费提供展位。邀请徐记海鲜、新长福、客串出品、泰迪故事、优厨联盟、养乐多、湖南米粉博物馆、王小余食品科技等8家优质食品餐饮生产经营企业参展。同时，芙蓉区墨茉点心局、玉楼东、新五丰等重点企业独立参展，现场印发招商宣传册，大力推介区域优质资源，吸引企业来区兴业。（戴　颖）

烟草专卖

【卷烟营销】　2022年，芙蓉烟草专卖辖区在网运行零售户2194户，打造高质量小组之家108个，新建湘汇636加盟终端9家，累计建设加盟终端20家，打造一般现代终端842户。全年开展职业化零售客户基础班、普通班、精英班培训，零售客户参与318人次；搭建线上直播培训平台，组织线上培训6次，客户培训面达到100%，培养客户经理内训师2名、零售户内训师4名。（陈夏萍）

【烟草专卖监管】　2022年，芙蓉区烟草专卖局联合区公安分局、市场监管局、行政执法局成立“长沙市芙蓉区烟草市场综合治理办公室”，开展芙蓉区烟草市场“百日整治”行动、清理无证户专项行动、“茶烟”“军”字号卷烟专项治理行动、“天网2022”打击涉烟违法犯罪专项行动。全年查获涉烟违法案件65起，查获各类违法卷烟1706.53万支。其中，查获真烟案件

45起，查获真烟1481.62万支，涉案金额1116.82万元，真烟人均查获量164.62万支；查获假私烟案件20起，查获假私烟224.91万支，涉案金额323.42万元。刑拘14人，逮捕2人，判刑8人。（陈夏萍）

【“守护五一商圈”联防联治活动】2022年，芙蓉区烟草专卖局会同辖区公安分局、市场监管局、行政执法局，携手“五一商圈”联合党委共同组织开展“守护五一商圈——我们在行动”系列联防联治活动。针对“五一商圈”周边市场投诉举报较多的商户，联合走马楼社区工作人员走访入户开展法律法规宣传。设置党员宣讲志愿岗，定期在国金中心等人流量大的地方摆摊设点，为群众鉴别卷烟真假，开展法律法规及政策宣讲，做好答疑解惑工作。定期与公安、市监、行政执法等职能单位召开联席会议，设置情报专线，集中力量对涉烟违法高发区域、场所开展联合检查，共同查处打击涉烟刑事案件，构建并完善打击贩假售私立体防控网络。（陈夏萍）

【融入社区共建】2022年，芙蓉烟草局联合潇湘社区开展“关爱慢天使”扶贫帮困活动，联合新桥新村社区、走马楼社区常态化开展“同心抗疫 我们在一起”主题活动，为社区捐赠数千元慰问物资。依托已建立的13个党员驿站、71个爱心驿站，探索“主题党日+志愿服务”支部阵地建设新模式，在盛夏、严冬时节开展爱心活动。联合党员零售户、爱心零售户开展“爱撒芙蓉新时代文明实践志愿服务”活动，为环卫工人、交警等高温工作者送去清凉与关怀。联合诚信互助小组党员开展“携手共筑爱的家园——关爱脑瘫儿童”活动，为11户脑瘫儿童家庭送去生活物资及慰问金，将“关爱脑瘫儿童”纳入便民服务清单，定期开展帮扶活动。持续开展拒绝烟侵害主题活动进校园，2022年联合区公安分局、市监局、行政执法局、教育局、检察院、社会禁毒协会进入长沙市湘一芙蓉中学，宣传电子烟相关法律法规，介绍电子烟的成分和危害，公布违法向未成年人出售电子烟举报电话，组织学生开展“为什么要远离电子烟”讨论。（陈夏萍）

楼宇服务

【概况】2022年，芙蓉区第三产业实现增加值1157亿元，同比增长3.8%。全区重点楼宇98栋，总建筑面积约632万平方米，其中商务楼宇62栋，总建筑面积488万平方米。长沙国金中心、世茂环球金融中心、佳兆业广场等新建楼宇招商势头良好，三湘南湖大厦、旺德府万象时代等楼宇项目交付投入使用，敬天广场、保利中环广场项目建设顺利推进，新培育税收亿元楼宇3栋。推动出台《芙蓉区2022年度服务楼宇经济成效季度考核细则（试行）》，依托部门联楼宇等服务机制，盘活楼宇资源，推进楼宇挖潜。全区重点商务楼宇新增市场主体481家，净去化楼宇面积约3万平方米。（陈鹏宇）

【楼宇产业发展】2022年，芙蓉区依托三湘南湖大厦、湖南文化广场二期、长房国际广场等楼宇项目，围绕5G、文化、新能源等产业定位，培育专业特色楼宇，推动产业集聚发展。4月，三湘南湖大厦被授牌“湖南移动5G应用生态基地”，全省首个以5G应用为主导的产业园落成开放。8月，长房国际广场被授牌“新能源产业大楼”。湖南文化广场二期文化特色楼宇建设加快推进，进入施工扫尾阶段。实行重点楼宇驻点招商、联动招商，引进了京东方数科华中区域公司、动车供应链华中总部、湖南信创源科技有限公司等一批重点项目，推动楼宇招大引强，其中世茂环球金融中心迈入税收亿元楼宇行列，国金中心跻身税收十亿元楼宇。（陈鹏宇）

【优化楼宇服务】2022年，芙蓉区在世茂环球金融中心探索推进“清廉楼宇”建设，推动清廉政务、清廉监督、清廉载体上楼，营造优良营商环境。联合特斯拉、蔚来、理想、小鹏等新能源汽车品牌，组织开展以“绿色办公、低碳出行”为主题的芙蓉区新能源汽车宣讲进楼宇系列活动，先后进入长沙世茂环球金融中心、长房国际大厦等4栋楼宇，助力新能源汽车产业发展。（陈鹏宇）

【新能源汽车宣讲活动进楼宇】2022年6月22日，芙蓉区新能源汽车宣讲进楼宇活动启动仪式在长沙世茂环球金融中心举行。活动由区人民政府主办，区现代服务业发展中心承办，区商务局、定王台街道办事处协办，区政府副区长蒋苒出席活动，特斯拉、蔚来、理想、小鹏、瑞幸咖啡、世茂环球金融中心等企业响应参与。启动仪式上，长沙世茂环球金融中心项目负责人何京致辞，蒋苒讲话并宣布活动启动。活动旨在服务楼宇企业，引导驻楼宇企业员工绿色办公、低碳出行，进一步促进我区新能源车企的销售和推广。新能源汽车宣讲进楼宇系列活动开展4场，分别设在世茂环球金融中心、长房国际大厦、佳兆业广场、中铁长规大厦，活动均采用相关楼宇场外进行车展和楼宇场内组织驻楼企业员工集中宣讲的形式开展，得到《湖南日报》《长沙晚报》《潇湘晨报》和长沙电视新闻频道等媒体的宣传报道。芙蓉区持续加大对新能源汽车产业的扶持力度，形成新能源汽车企业集聚优势，已有特斯拉、蔚来、理想、小鹏等新能源品牌汽车销售企业入驻。

（陈鹏宇）

2022年6月22日，新能源车展活动现场，车企工作人员在向意向客户介绍车型

（区现服中心　供图）

【京东方数科华中区域总部项目落户长沙】　2022年7月14日，京东方数科华中区域总部项目签约仪式在长沙举行。长沙市委副书记、市长郑建新，京东方科技集团执行副总裁、京东方艺云科技董事长姚项军，长沙市有关领导出席并见证签约。在第二轮签约仪式，芙蓉区委副书记、区长崔晓，京东方数字科技财务总监鲁欢分别代表芙蓉区人民政府与京东方数字科技有限公司签署合作协议。根据合作协议，京东方数科在芙蓉区设立集营销、研发、运营于一体的零售物联网华中区域总部基地。京东方数科是京东方科技集团旗下子公司，2019年成立以来，深耕零售、物流等领域，先后服务阿里、京东、阿迪、安踏、屈臣氏、华润等100余家知名企业，为2000余家门店提供软硬融合的解决方案。该次京东方数科华中区域总部项目落地芙蓉区，是长沙数字经济产业链布局的又一重大成果，助推长沙市数字经济集聚式发展，助力长沙“强省会”建设。

（陈鹏宇）

【新能源产业大楼挂牌】　2022年8月28日，芙蓉区政府将“新能源产业大楼”牌匾授予长房国际广场，以实际行动推动全区新能源产业集聚发展。芙蓉区人民政府党组成员、副区长蒋苒，芙蓉区商务局党组书记、局长彭海燕，芙蓉区现代服务业发展中心党组书记、主任段超，火星街道党工委副书记、办事处主任廖侃，长房集团党委委员、董事、副总经理田丰，湖南昌茂电能有限公司董事长易朝进，蔚来汽车、天际汽车、湖南建材联盟会长及会员单位等相关负责人出席授牌仪式。长房国际广场写字楼按照AAAAA甲级写字楼标准建设，硬件设施完善，契合新能源企业品质形象要求。项目裙楼拥有双向临街展示面，可作为新能源汽车品牌城市展厅、服务场地。同时在新能源汽车充电桩、停车位等方面为新能源产业规划了优质配套设施。依托优质配套和优惠政策，长房国际广场可吸引更多的新能源产业集聚发展。

（陈鹏宇）

金　融

编辑　谭自然

综　述

【概况】　2022年，芙蓉区金融工作紧扣高质量发展总体要求，凝心聚力、真抓实干，持续优化金融营商环境、促进地方金融行业发展、培育多层次资本市场、守住金融风险底线，为区域经济发展打下良好基础。截至2022年年底，芙蓉区有省级金融监管部门4家，传统金融省级总部机构34家，小额贷款公司、融资担保公司、典当行、融资租赁公司四类地方金融组织法人机构24家，分支机构12家，银行网点200余个。全区金融业增加值309.29亿元，金融业增加值占GDP比重23.30%，金融业税收22.39亿元。2022年，芙蓉区金融工作获得市政府真抓实干表扬激励奖，芙蓉区人民政府被评为长沙市“数字人民币试点优秀组织单位”。

（刘丽娟）

【金融招商】　2022年，芙蓉区聚焦中央商务区金融业发展，加大核心金融业态引进力度，明亚保险、中泰期货等6家金融机构已签订入驻租赁协议，年度整体经济贡献突破8000万元；平安人寿、大童保险、东海证券等10家企业创造税收近4600万元，创优金融招商环境，协助金融机构申报各类奖补，天健会计师事务所等8家总部机构获批租赁办公用房补贴405.13万元，通程小贷等5家地方金融企业获批省级融资创新奖、小额贷款公司信贷风险补偿资金等203万元，铭弘体育获多层次资本市场构建补助50万元，陈蔚等15名金融高管被认定为区高层次人才。（周　亮　葛婉靓）

【服务实体经济】　2022年，芙蓉区深化金融服务实体经济。升级融资服务微信小程序“蓉e贷”，新增授信6.53亿元，新增放款3.59亿元，惠及企业60家，新增“商户贷”“湘科贷”等8款线上金融产品；开展银企对接，联合交通银行、招商银行等金融机构实地走访企业，组织开展政银企对接活动4场，服务企业160家，为31家企业授信5.91亿元，放款3.19亿元；精准开展助企服务，定期开展上门走访，持续进行“一对一”服务，年内走访金融机构和企业101家，解决融资上市、证照审批、办公选址等问题27个。　（刘丽娟　何　宁）

【数字人民币试点】　2022年，芙蓉区持续深入推进数字人民币试点，10家区直单位以及燕山小学实现数字人民币工资代发试点，湖南省教育厅、湖南农业大学、湖南生物机电学院、扬帆夜市4个片区入选长沙首批数字人民币试点特色示范区，示范区入选个数在全市占比25%，居全市第一位。年内，长沙市数字人民币试点工作领导小组办公室授予芙蓉区人民政府“数字人民币试点优秀组织单位”。　（刘丽娟）

【自贸区金融改革创新】　2022年，芙蓉区利用自贸区制度创新契机，在金融改革创新中先行先试，与交通银行达成初步合作意向，建立长沙自贸片区芙蓉板块企业融资需求清单，以企业需求为导向，引导交通银行为企业量身定制特色服务，打造新的跨境金融服务平台。

（刘丽娟　何　宁）

【金融风险防范】　2022年，芙蓉区持续完善打非工作机制，组织开展养老领域、P2P网贷等专项排查行动6次，对国金中心等重点楼宇20余栋、重点企业4000余家进行金融风险排查，处置各类金融风险40余起，开展宣传活动400余场，发放宣传资料10万余份，覆盖60余万人次。没有发生系统性区域性金融风险。　（刘丽娟　唐忠武）

【地方金融行业监管】　2022年底，芙蓉区内有小额贷款公司、融资担保公司、典当行、融资租赁公司4类地方金融法人机构24家、分支机构12家，其中融资担保公司法人机构8家，分支机构1家；小额贷款公司法人机构6家；典当公司法人机构9家，分支机构4家；融资租赁公司法人机构1家，分支机构7家。区金融事务中心坚持源头管理和规范监管并举，强化年检年审、专项整治，推动地方金融企业动态管理。全年开展“双随机、一公开”现场抽查工作4次，抽查企业18家；开展小额贷款公司融资担保公司分类评级工作2次，典当公司年审工作1次，抽查小额贷款公司6家、融资担保公司9家、典当公司3家，其中评级为A类的融资担保公司1家、小额贷款公司1家、典当公司2家、评级为B类的融资担保公司1家、小额贷款公司2家、典当公司1家。　（尹翠芬）

【小额贷款公司】　2022年，芙蓉区有6家小额贷款公司，注册资本金8.8亿元，其中注册资本2亿元（含）以上的共3家，分别为长沙市芙蓉区旺德府小额贷款有限公司、长沙市芙蓉区友阿小额贷款有限公司及长沙通程小额贷款有限责任公司；注册资本1亿元（含）以上的2家，分别为长沙市芙蓉区崇格小额贷款有限公司、长沙市芙蓉区山水小额贷款有限责任公司。6家公司参加全省分类评级工作，根据省局最终评级结果公示，被评为A类的公司1家：长沙通程小额贷款有限公司；被评为B类的公司2家：长沙市芙蓉区友阿小额贷款有限公司、长沙市芙蓉区旺德府小额贷款有限公司；被评为C类的公司3家：长沙市芙蓉区山水小额贷款有限公司、长沙市芙蓉区崇格小额贷款有限公司及长沙市芙蓉区和生小额贷款有限责任公司。截至2022年年底，全区小额贷款公司年度新增贷款总额23.36亿元，比2021年增长28.4%。（尹翠芬）

·表18· 2022年芙蓉区小额贷款公司经营情况统计表

序号	机构名称	注册资本（万元）	从业人员数（人）	12月末贷款余额（万元）	1—12月发放贷款（万元）				12月末不良率（%）
					贷款总额	个人贷款额	企业贷款额	涉农贷款额	
1	长沙通程小额贷款有限责任公司	20000	9	30150.54	75453.50	33832.50	41621	350	4.32
2	长沙市芙蓉区友阿小额贷款有限公司	20000	12	34244.13	1065.00	375.00	690.00	—	5
3	长沙市芙蓉区旺德府小额贷款有限公司	20000	27	17261.57	135491.20	135411.20	80	—	48.41
4	长沙市芙蓉区山水小额贷款有限责任公司	10000	12	8125.92	860.00	860.00	—	—	25.91
5	长沙市芙蓉区崇格小额贷款有限责任公司	10000	4	9760.00	240.50	240.50	—	—	69.19
6	长沙市芙蓉区和生小额贷款有限责任公司	8000	6	8018.00	20518.00	20518.00	—	—	1.30
合计		88000	70	107560.16	233628.20	191237.20	42391.00	350.00	23.9

（资料来源：区金融事务中心）

【融资担保公司】 截至2022年年底，芙蓉区有9家融资担保公司，其中实收资本2亿元（含）以上的2家，分别为湖南长银融资担保有限公司、湖南友阿融资担保有限公司；实收资本1亿元（含）以上2亿元以下的4家，分别为湖南融泰融资担保有限责任公司、湖南天安融资担保有限责任公司、湖南联保融资担保有限责任公司、湖南中保融资担保有限责任公司；实收资本1亿元以下的3家，分别为湖南中融融资担保有限公司、湖南立信融资担保有限公司、平安普惠融资担保有限公司湖南分公司。9家融资担保公司参加2022年分类评级，其中A类1家：湖南长银融资担保有限公司；B类1家：平安普惠融资担保有限公司湖南分公司；C类3家：湖南友阿融资担保有限公司、湖南立信融资担保有限公司、湖南天安融资担保有限责任公司；D类2家：湖南联保融资担保集团有限公司、湖南融泰融资担保有限责任公司；E类2家：湖南中保融资担保有限公司、湖南中融融资担保有限公司。截至2022年12月底，芙蓉区新增担保户数93.4万户，新增担保总额184.7亿元，比2021年增长114.5%。（侯芳芳）

·表 19·　2022 年芙蓉区融资担保公司业务统计表

序号	公司名称	2021 年数据统计					2022 年数据统计				
		新增担保户数（户）	新增担保总额（万元）	融资性担保（万元）	代偿金额（万元）	净利润（万元）	新增担保户数（户）	新增担保总额（万元）	融资性担保（万元）	代偿金额（万元）	净利润（万元）
1	湖南长银融资担保有限公司	232759	487860.03	55426.77	2854	4645.33	887012	1517350.03	1517350.03	3233.11	6578.65
2	湖南友阿融资担保有限公司	80	11927	11927	0	177.5	25	7180.1	7180.1	520.26	146.45
3	湖南联保融资担保集团有限公司	16	7278	7278	385.2	1.06	1	254.49	255.49	0.19	-300.87
4	平安普惠融资担保有限公司湖南分公司	87986	333008.84	333008.84	5574.0461	65083.3529	46500	298836.19	298836.19	26900	-19093
5	湖南融泰融资担保有限责任公司	12	9760	9760	0	9792.24	18	7240	7240	100.67	-100.64
6	湖南天安融资担保有限责任公司	79	4804.3	0	101.5	4.3	384	10014.55	0	3310.1	7.9
7	湖南立信融资担保有限公司	16	5879.5	5879.5	0	-2.86	19	6195	6195	308	8
8	湖南中融融资担保有限公司	0	0	0	0	-86.64	0	0	0	0	-33.15
9	湖南中保融资担保有限公司	0	0	0	0	-25.7	0	0	0	0	-27.17
合计		320948	860517.67	423280.11	8914.7461	79588.5829	933959	1847070.36	1837056.81	34372.33	-12813.83

（资料来源：区金融事务中心）

【典当公司】　截至 2022 年年底，芙蓉区有 13 家典当公司法人机构及分支机构，其中湖南嘀嘀典当有限责任公司为 2022 年新增机构。全区法人典当公司典当总额 24.12 亿元，同比增长 47%，典当余额 7.34 亿元，发放业务 1968 笔，上缴税金 1054.09 万元，税后利润 3100.03 万元。9 家法人公司注册资本金 6.81 亿元，注册资本 5 亿元以上的 1 家公司为湖南通程典当有限责任公司；注册资本在 3000 万元到 5000 万元的 2 家公司分别为：湖南中展典当行有限公司、长沙市芙蓉区汇方典当有限责任公司；注册资本在 3000 万元以下的 6 家公司分别为：长沙市万事达典当行有限公司、湖南汇鑫典当有限责任公司、湖南嘀嘀典当有限责任公司、湖南省金牛典当有限责任公司、湖南顺昌典当有限公司、湖南刁成典当有限公司。

（尹翠芬）

·表 20·　2022 年芙蓉区典当公司经营情况统计表

序号	公司名称	注册资本（万元）	营业收入（万元）	典当总额（万元）	典当余额（万元）	业务笔数（笔）	上缴税金（万元）	税后利润（万元）
1	湖南通程典当有限责任公司	53800.00	6798.44	222388.68	62435.84	506.00	900.92	2520.13
2	湖南中展典当行有限公司	3000.00	17.91	4015.00	2016.00	9.00	1.15	8.84
3	长沙市芙蓉区汇方典当有限责任公司	5000.00	25.15	6997.43	3753.53	183.00	150.09	444.67
4	长沙市万事达典当行有限公司	500.00	77.49	2898.76	427.75	1179.00	0.39	16.42
5	湖南汇鑫典当有限责任公司	500.00	25.15	260.00	230.00	4.00	0.40	14.15
6	湖南喃喃典当有限责任公司	500.00	81.40	496.00	496.00	13.00	0.00	14.02
7	湖南省金牛典当有限责任公司	1500.00	113.10	1232.76	1232.76	40.00	0.00	56.75
8	湖南顺昌典当有限公司	1800.00	207.75	1787.00	1787.00	34.00	0.51	21.76
9	湖南习成典当有限公司	1500.00	45.20	1088.00	974.00	0.00	0.63	3.29
总计		68100.00	7391.59	241163.63	73352.88	1968.00	1054.09	3100.03

（资料来源：区金融事务中心）

【融资租赁公司】　截至 2022 年年底，芙蓉区有 8 家融资租赁公司。其中包含 1 家法人公司：湖南禾硕融资租赁有限公司；7 家分公司：瓜子融资租赁（中国）有限公司长沙分公司、瓜子融资租赁（江苏）有限公司长沙开福分公司、广州三富融资租赁有限公司湖南分公司、联众融资租赁（上海）有限公司湖南分公司、万量（厦门）融资租赁有限公司长沙分公司、华景融资租赁（深圳）有限公司长沙分公司、天津善义善美融资租赁有限公司长沙分公司。湖南禾硕融资租赁有限公司注册资本金 1000 万元，实收资本 1000 万元，总资产 789.48 万元，其中融资租赁贷款笔数 2 笔，融资租赁投放额 460 万元。

（尹翠芬）

【芙蓉区金融工作获市政府表扬激励】　2022 年，芙蓉区扎实开展金融服务实体经济、推进企业上市“金芙蓉”跃升行动，金融生态环境得到持续优化，芙蓉区金融工作获得 2022 年市政府真抓实干表扬激励。

（刘丽娟）

【政银企对接活动】　2022 年 5 月 7 日，“优化金融服务，助力‘强省会’战略——芙蓉助企，一路有‘招’政银企对接活动”在中石油长沙大厦举行。活动由芙蓉区金融事务中心、长沙市企业上市服务中心芙蓉工作站、招商银行长沙分行三方承办，天健会计师事务所湖南分所、中信证券投行湖南分部、长沙市小微企业信贷风险补偿基金运营机构医械好融通多方协办。隆平高科、高华环保、粒丰生物等 50 余家重点企业代表参会。活动中，招商银行长沙分行通过集体授信签约仪式，与芙蓉区徐记酒店、铭弘体育、惠瑞生物等 10 家企业法人代表进行现场授信签约，授信总额 5 亿元。

（刘丽娟　何　宁）

【防范非法集资专题直播活动】　2022 年 6 月是全国防范非法集资宣传月。6 月 17 日，芙蓉区打非办举办“守住钱袋子·护好幸福家”防范养老领域非法集资专题直播活动。活动现场，芙蓉区防范非法集资志愿者向市民生动形象普及养老领域非法集资表现形式、主要风险以及如何有效防范非法集资，通过典型案例剖析讲述非法集资相关法律法规及政策内容。专题直播作为芙蓉区防范非法集资宣传月系列宣传教育活动之一，当天直播间点击量突

2022 年 5 月 7 日，“优化金融服务，助力‘强省会’战略——芙蓉助企，一路有‘招’政银企对接活动”现场　　（区金融事务中心　供图）

破 10 万人次，芙蓉区辖区各社区、楼宇物业、养老服务中心等 100 余家单位自发在直播间打卡签到并组织居民集中观看，实现针对养老领域非法集资易感人群的“点对点”宣传。　　（刘丽娟　唐忠武）

银　行

【概况】　2022 年，芙蓉区辖区内有银行省级分行 9 家，银行网点 200 余家。年内，农业银行湖南省分行创新“湘科贷”助力区域知识价值信用贷款业务发展，交通银行湖南省分行针对芙蓉区科技型小微企业推出以纯信用方式发放的专属信贷产品“交湘科 e 贷”，为区域科技型中小企业健康发展注入更多金融活水。　　（刘丽娟）

【长沙农商银行芙蓉支行】　截至 2022 年年底，长沙农商银行芙蓉支行存贷规模合计超 160 亿元。年内，长沙农商银行芙蓉支行接入芙蓉区“蓉 e 贷”平台，推进与辖内街道社区、市场商圈的普惠金融合作，与三湘南湖大市场签署“党建共创·金融普惠”战略联盟合作协议，向三湘南湖大市场文明诚信商户授信额度 1 亿元。履行社会责任，全年纳税额 1.24 亿元，为区内群众创造就业岗位 10 余个，为区内商户及居民开展金融知识宣传活动近 100 场。治安保卫工作成绩突出，被评为 2022 年度芙蓉区内保单位安全保卫工作“成绩突出集体”。　　（周　倩）

【农业银行股份有限公司长沙芙蓉区支行】　2022 年，中国农业银行股份有限公司长沙芙蓉区支行在职员工 191 人，11 个营业网点，机关职能部门 5 个，直营团队 3 个。截至 2022 年年底，支行存贷款规模 305 亿元，其中各项存款时点余额 126 亿元，各项贷款余额 179 亿元。支行被评为芙蓉区荷花园街道 2022 年度“税收贡献奖”“共驻共建先进单位”“最美抗疫团队”及芙蓉区内保单位“安全保卫工作成绩突出集体”等。2022 年，支行参加芙蓉区“金融赋能文产，激发‘袁’动力”专项行动启动仪式暨签约分享会，联合芙蓉区人社局开展个人养老金账户政策解读专题直播，在各街道、社区开展 10 余起金融知识宣讲活动。　　（周　倩）

【政银科技型企业专题对接会】　2022 年 6 月 28 日，由交通银行湖南省分行、长沙市人民政府金融工作办公室、长沙市芙蓉区人民政府主办，长沙市芙蓉区金融事务中心、长沙市芙蓉区优化营商环境协调事务中心、交通银行长沙潇湘支行承办，红塔证券股份有限公司长沙八一路营业部、启元律师事务所协办的“交‘蓉’携手助千企·赋能实体稳经济”——芙蓉区政银企科技型专题对接会在交通银行湖南省分行举行，辖区内 60 余家企业代表参加。活动举办集体授信签约仪式，交通银行长沙潇湘中心支行与长沙龙儆信息科技、福华信息工程、永腾智能科技、恒德种业等 10 家企业进行现场授信签约。　　（刘丽娟　何　宁）

【金融“芙蓉夜话”】　2022 年 7 月 28 日，“芙蓉夜话·经济发展篇：里谈巷议第 69 期银企沟通座谈会”在文艺路街道办事处举行，芙蓉区 5 家银行及 30 余家企业代表参加会议。中国建设银行股份有限公司湖南省分行营业部、华夏银行股份有限公司长沙分行、兴业银行股份有限公司长沙分行、中国银行股份有限公司长沙市雨花支行、中国工商银行股份有限公司长沙韶山路支行客户经理分别向各企业介绍银行重点普惠性金融产品，为中小微企业“融资难、融资贵、融资繁”的问题提供解决方案。本期“芙蓉夜话”聚焦中心城区经济高质量发展，搭建资源共享平台，充分调动辖区金融资源，通过面对面交流、惠企政策直达、企业诉求直通等形式，搭建银企沟通桥梁。

（刘丽娟　何　宁）

证　券

【概况】　2022 年，芙蓉区辖区内有证券省级分公司 15 家。年内，芙蓉区联合辖区证券公司精准开展助企服务，加大企业上市推进力度，年内新增上市辅导备案企业 2 家（兵器集团、英氏控股），新增申报上市材料企业 1 家（湖南兵器），新增新三板创新层挂牌企业 1 家（康通电子），24 家企业纳入长沙市上市后备企业库、18 家企业纳入省上市后备企业库。（刘丽娟　何　宁）

【国信证券股份有限公司长沙五一大道营业部】　截至 2022 年年底，国信证券股份有限公司长沙五一大道营业部托管资产规模近千亿元，服务超 16 万名客户，已成长为省内最具知名度和美誉度的证券服务品牌之一，市场占有率、交易量等各项指标连续排名省内前列，托管资产、保证金余额、新增开户数、营业收入等关键指标中辖区排名均位列前十位。年内被湖南省证券业协会评为“优秀证券营业部”。

（刘丽娟）

【多方联动助力企业加快上市步伐】2022 年 8 月 12 日，芙蓉区金融事务中心牵头联合天健会计师事务所、启元律师事务所、国信证券和建设银行马栏山支行，到湖南高速广通发展实业有限公司了解企业生产经营状况、企业上市的进展、当前存在的困难以及上市目标板块等情况，认真倾听企业意见和需求，携手为企业上市解难题，现场指导服务做好上市前相关环节前期准备工作，联手打通企业从股改到上市的“服务链”，帮助企业加快上市步伐。

（刘丽娟　何　宁）

保　险

【概况】　2022 年，芙蓉区辖区内有全国性保险公司的省级分公司 12 家。各保险机构笃行实干，提质增效，在金融上努力服务芙蓉区的实体经济，服务芙蓉区的人民群众，为芙蓉区经济社会发展，贡献保险力量。

（刘丽娟）

【中国人寿保险股份有限公司湖南省分公司】　2022 年，中国人寿保险股份有限公司湖南省分公司是芙蓉区辖区内占省内市场份额最大、机构分布最广、服务客户最多的保险公司。截至 2022 年年底，总保费达 300 亿元。公司承办的大病保险、社保补充医疗和委托管理业务覆盖省内 74 县市区，服务 3290 万人民群众，累计赔付超 48 万人次，金额 22 亿元；在国家级长期护理保险项目试点中为 11 万人提供保险保障；民生业务服务老年人、残疾人、退役军人、低保人群、留守儿童等特殊人群上千万，“湘女关爱保”推广以来，年均服务超 120 万名妇女；年内，分公司为乡村振兴工作派出 70 余人，投入 400 万余元，乡村振兴保险惠及困难群众、驻村干部等 68 万余人，2022 年度赔付超 1100 万余元。　（周　倩）

【中国太平洋财产保险股份有限公司长沙中心支公司】　2022 年，中国太平洋财产保险股份有限公司长沙中心支公司聚焦“效益优先、服务赋能、渠道建设、合规经营”，坚持问题导向，强化责任担当，推进高质量发展。通过优化业务结构、精细化承保管控、追踪推进税优项目落地等举措，开源节流，实现综合成本率持续优化；持续行业协同，推进行业主体间沟通交流，紧盯行业签单份额日平台变化，动态调整政策，降低车险前端市场费用投放标准，营造良好市场竞争氛围；优化服务流程，持续开展“太好检”车险渠道 VIP 客户年检专场活动，提升“太好检”“太好洗”服务享权率，协力推动打造“长”系列品牌，增加触客黏度，提升客户满意度。重视风险管理，全年没有出现监管处罚及重大合规问题。全年实现保费收入 13.03 亿元，实现利润 6484.5 万元，综合成本率 94.22%，优于行业 5.08 个百分点，全年赔款总额 7.8 亿元，税务贡献总额 1.59 亿元（含代扣代缴）。（周　倩）

【政企共建聚合力 携手服务送温暖】　2022 年 9 月 23 日，芙蓉区金融事务中心联合中国人寿财险芙蓉区支公司，在银华大厦向韭菜园街道八一桥社区 10 名困难党员爱心捐赠 3000 万元保额的普惠型补充医疗保险产品——湖南爱民保。湖南爱民保是由湖南省政府、湖南省医保局联合 13 家保险机构共同推出的一项惠民工程，是对农村合作医疗、城镇居民医疗保险的有效补充。

（刘丽娟）

邮政·通信

编辑　谭自然

邮　政

【概况】 2022年，中国邮政集团有限公司长沙市芙蓉区分公司（以下简称“邮政芙蓉分公司”）拥有服务设施完善的邮政服务网点16个。其中，纯邮务类网点6个、叠加邮政储蓄网点10个；6个普邮投递班，1个转运分拣班，8个揽投部站，1个直投中心。截至2022年年底，邮政芙蓉分公司完成收入1.18亿元，增幅8.99%。年内，邮政芙蓉分公司李姣获“全国五一劳动奖章”，寄递事业部董卫红被交通运输部评为“全国交通技术能手”。

（胡　珍）

【经营情况】 2022年，邮政芙蓉分公司通过开展“达目标、提能力、战旺季”发展竞赛，各专业经营得到平稳发展，截至2022年年底，文传专业完成收入1608.48万元，进度列全市第一位；寄递专业完成6055.85万元，比2021年增长12.23%；渠道专业完成收入326.39万元。年内，销售政务图书《习近平谈治国理政》第四卷2000余册，列全市第一位。（胡　珍）

【行业管理】 2022年，邮政芙蓉分公司强化指标管控，提升服务水平，服务质量整体平稳，未发生触碰普服“两条红线”行为。其中，运管6项指标、服务质量16项指标，达标率均90%以上，每月运管、服务指标在全市排名第三位。

（胡　珍）

【完成大部站建设试点】 2022年，邮政芙蓉分公司作为试点开展大部站建设：4月18日八一揽投部完成自动分拣设备的上线，增设2条直投线路，试行串点直投模式；9月14日金邮揽投部分拣设备正式上线，投入生产；9月20日金邮揽投部和朝晖揽投部完成机构合并、人员的整合；10月13日成立芙蓉直投中心，采用投递外包模式，设置7条直投线路，外包人员7名；11月18日三湘揽投部分拣设备安装完毕。截至2022年年底，芙蓉区试点的各项工作有序推进，设备使用并调试完毕已正式投入生产。

（胡　珍）

【退役军人优待证办理】 2022年，邮政芙蓉分公司按要求启动“退役军人优待证”办理、发放工作，各营业点主动铺开与街道、社区的对接工作。年内，芙蓉区军人优待证对接录入率75%。已录入人员的优待证制作、发放工作同步进行。五里牌街道、东屯渡街道客户陆续收到邮储银行的优待证，并到各相关营业点激活使用。（胡　珍）

通　信

·中国电信芙蓉分局·

【概况】 2022年，中国电信股份有限公司长沙分公司（以下简称长沙电信芙蓉分局）在芙蓉区范围内有员工265人，15个营业部，2个维护分部，为辖区内居民提供通信网络保障工作。2022年，完成宽带、移动、固网业务收入2.83亿元；期末移动用户规模26.25万户、宽带用户规模15.44万户、天翼高清用户规模11.49万户。加强网站备案管理，网站备案率100%，处理及时率100%。网站备案接IP地址准确率100%，建立备案网站IP地址详账，做到常态化稽核、清理，设置“反诈办”专门机构，及时防范、打击通信诈骗。年内，荷花园营业厅对58个“爱心翼站”开展爱心公益课堂117场次，服务集约活动63场次，被荷花园街道办事处授予“城市管理先进单位”称号。（伍晓芳）

【客服服务】 2022年，长沙电信芙蓉分局将客户满意始终放在第一位，严格监督落实责任，打击损害客户利益和企业形象的行为。通过制定各类服务规范、培训赋能、严格监督、落实责任、问题整改、流程优化等，不断提升客户满意度，2022年客户综合满意度同行业排名第一位，宽带业务、宽带网络、装维服务、资费套餐行业排名第一位。渠道满意率、智家交付满意率均超98%，政企交付满意率100%，修障满意率提升0.6PP，装移满意率持续保持在98%以上。做好通信保障支撑，确保“零服务事件”。2022年，城北综合维护中心保障人民群众正常通信，装移机工单满意度98%。

（伍晓芳）

【FTTR–家庭千兆Wi–Fi】 FTTR即光纤到达每个房间。2022年，长沙电信芙蓉分局采用Wi–Fi 6智能光猫，可支持1拖16超级组网，将超千兆Wi–Fi网络覆盖到家庭每个角落，满足低时延、多联接、无缝漫游的上网方式。2022年，芙蓉分局利用“七星宽带FTTR”全屋光纤组网，为芙蓉区中高档住宅小区内家庭及小规模企业提供免费组网设计、全屋无死角信号覆盖，解决之前住房面积大、个别房间无信号的状态，提升了电信优质服务水平。

（伍晓芳）

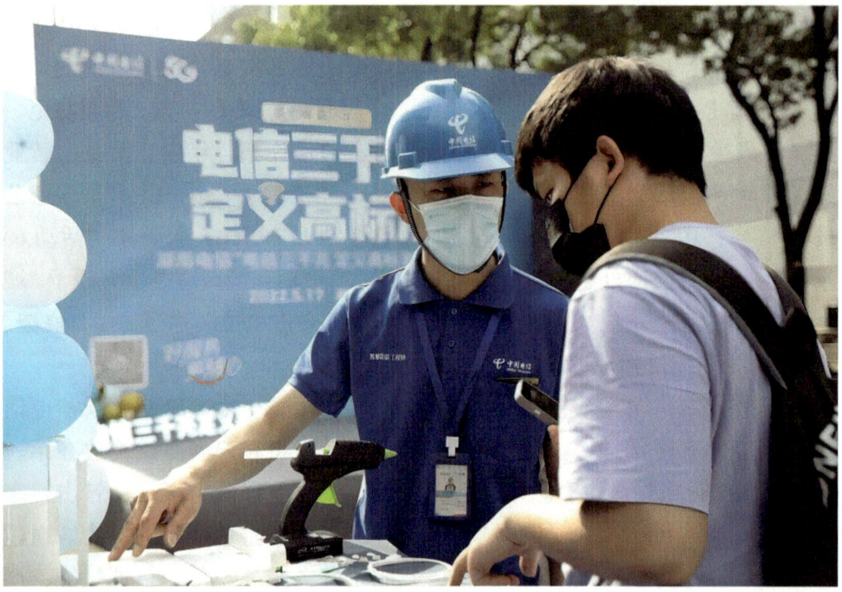

2022 年 5 月 17 日电信日活动现场，工作人员向市民推广“七星宽带”FTTR 全屋光纤组网（中国电信芙蓉分局　供图）

·中国移动芙蓉分公司·

【概况】　2022 年，中国移动通信集团湖南有限公司长沙分公司芙蓉区分公司（以下简称“芙蓉移动”）努力拓展市场运营，提升优质服务，打造“全覆盖全支撑，全触点”服务体系。年内，芙蓉移动与芙蓉区政府、湘湖街道办事处携手打造 5G 应用产业园区，为芙蓉区公安雪亮工程增加天网监控点位。芙蓉移动被评为湖南移动“先进基层党组织”“优秀党员先锋队”，长沙移动“先进集体”“暖心工会”，年度涌现“中国移动优秀班组长”、长沙市“芙蓉标兵”各 1 名。

（谢翠薇）

【市场运营】　2022 年，芙蓉移动继续落实中国移动创世界一流“力量大厦”总体部署，以做网络强国、数字中国、智慧社会主力军为总目标，以推进数智化转型，实现高质量发展为主线，深化基于规模的价值经营，推进 CHBN 全向发力、融合发展，构建基于 5G+ 算力网络 + 智慧中台的“连接 + 算力 + 能力”新型信息服务体系，实现个人、家庭、政企、新兴“四轮”市场融合融通协同发展。年内，继续提供千兆光纤、智能摄像头、智能门铃、智能猫眼、精准触达、大数据宣传展示等智慧产品，推出“移动办公云”“云视讯”“5G+ 大数据防疫平台”等产品，年内拥有外部合作伙伴 200 余家，为辖区内近 2 万余家集团单位提供数智化信息服务，完成通服收入 4.38 亿元，客户规模近 50 万户，5G 客户近 35 万户，辖区内有线资源覆盖率 99.3%，室外 5G 覆盖率超 99%。

（谢翠薇）

【客户服务】　2022 年，芙蓉移动以服务为切入点，围绕公司市场、服务、网络等领域，收集客户反馈、市场竞争、日常运营、一线执行中的真实表现、问题、困难等，实现从企业视角向客户视角提供信息服务的重要转变。印制“资费明白卡”布放至实体渠道，主动向客户提升及时的资费情况。开展专项营业厅深访，了解不同群体客户的消费偏好与不满因素。做到规范营销、精准营销，为客户提供“舒心、贴心、暖心”的服务体验。年内，芙蓉移动配合省市公司及公安机关开展公益宣传和反诈提醒服务 1000 余次。

（谢翠薇）

【7 条智能防疫闸机通道上线】
2022 年 3 月 12 日，芙蓉移动根据新冠疫情防控需要，组成 15 人的攻坚突击队两天一夜连轴转，将互联网专线接入长沙火车站出站口，并高效优质建设安装出站口的 7 条智能防疫闸机。智能防疫闸机集多功能服务于一体，加装健康码人脸识别，做到过程优化、程序不减，单个旅客刷证出闸机过程只要 3 ~ 5 秒，此次专项支撑保障，核验出站速度明显提高。芙蓉移动用专业和效率助力新冠疫情防控工作。

（谢翠薇）

【免费扩容保线上教学】　2022 年 11 月 26 日下午，长沙熙林翔天酒店和海程酒店因疫情原因隔离一批芙蓉区学校的老师和学生，27 日需要上网课，由于酒店目前使用的是 200M 互联网专线，无法满足线上网课需求。芙蓉移动接到紧急救援任务后立即联合市公司及区铁通人员第一时间组织专业力量对 2 个酒店网络宽带进行免费扩容，通过当晚 17 个小时的紧急突击，及时保障了隔离师生第二天 8 点网课正点开课。

（谢翠薇）

·中国联通芙蓉分公司·

【概况】　2022 年，中国联合网络通信有限公司长沙市芙蓉区分公司

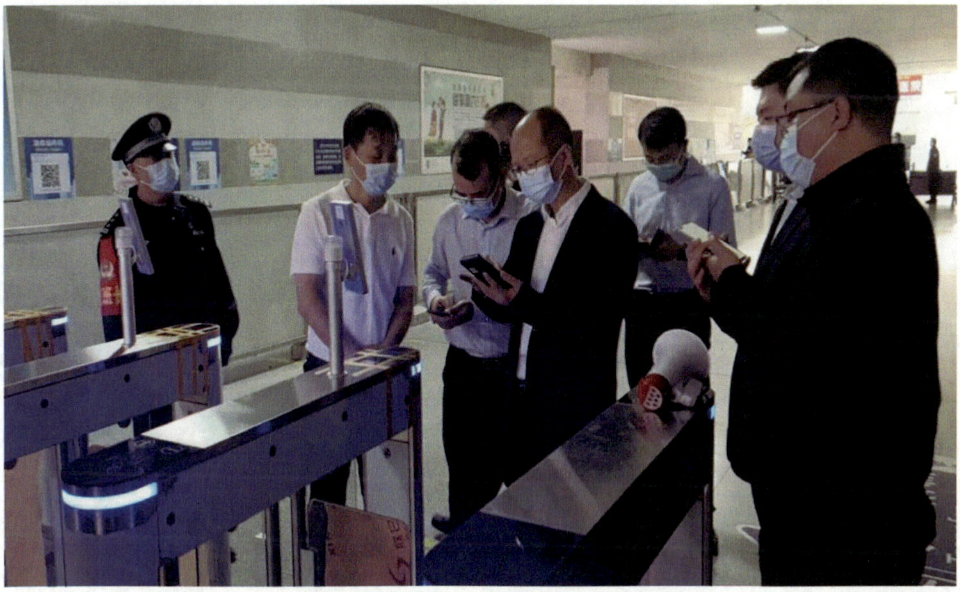

2022年3月17日，长沙火车站出站口防疫闸机通道项目完工。图为验收现场

（芙蓉移动　供图）

（以下简称“联通芙蓉区分公司”）负责经营在芙蓉区行政区域内通信业务及相关的系统集成业务。截至2022年年底，芙蓉区城区网络信号覆盖率100%，信号优良覆盖率99.53%。年内，公司进一步夯实芙蓉区城区内的网络基础，优化家庭信号856起，88栋楼宇的网络提速，率先完成“千兆城市”建设布局。

（陈　茜）

【共建共享实现节能减排】　2022年，联通芙蓉区分公司响应国家“碳达峰，碳中和”政策，与电信执行共建共享的建网模式，共建共享5G小区876个、4G小区649个，解决民生网络需求点225个，为国家节约建设投资680余万元，全年减少碳排放198吨标准煤。

（陈　茜）

【创新转型助力数字化赋能】　2022年，联通芙蓉区分公司助力芙蓉区教育局建设智慧课堂，分公司依托5G千兆基础网络，大数据、云平台等技术，在智慧课堂项目建设中，从进度、质量、安全等方面全方位管控，完成了120个班开班、57个学校的网络开通，保质保量完成芙蓉区智慧课堂建设。

（陈　茜）

【重大活动保障】　2022年，联通芙蓉区分公司参与全国两会、中非论坛、海峡两岸合作论坛、计算机大会等重大活动、重点事件网络保障。全年出动500人次，车辆200台次，提供各专业及合作伙伴技术专家7×24远程或驻场技术支持，实现突发情况的实时响应，确保年内所有重大活动、重要事件期间的网络通畅无故障。（陈　茜）

【小区飞线整改】　2022年，联通芙蓉区分公司按照全市文明城市创建要求，组织专业维护队伍落实推进小区飞线清理改造。年内投入320余人次提前完成区域内东方新城等128个老旧小区飞线整治工作，获得区政府颁发飞线整治“先进集体”称号。　（陈　茜）

【助力新冠疫情防控】　2022年8月，联通芙蓉区分公司接到区疫情防控指挥部紧急通知，需在72小时内完成某隔离酒店近200间客房的宽带网络开通。分公司迅速组建装维攻坚小组，在长沙城持续四十度的高温天里，穿墙放线、熔纤、调试，“白＋黑”吃住在“疫”线。经过连续高强度四十多个小时的施工，提前一日完成酒店205间隔离房间的宽带网络与视频监控开通，确保了隔离人员入住后的网络通畅。

（陈　茜）

城市建设

编辑　　谭丽霞

城市人居环境建设

【概况】 2022年，芙蓉区城市人居环境以“打造现代化新长沙建设标杆区”为总体目标，推进危改、旧改、棚改和城市更新工作，获得2022年省政府真抓实干督查激励奖。年末，赛迪顾问发布“赛迪幸福百强区（2022）”，芙蓉区位列第18，湖南省排名第二。（刘 振）

【老旧小区改造】 2022年，芙蓉区老旧小区改造145个小区，涉及栋数368栋，户数10335户，铺排项目23个，预计总投资2.1亿元。其中示范性项目2个，省级民生实事项目10个，直接受益居民4.1万余人。按照“集中成片、跨片区组合”，减少“碎片化、零星化”的总体改造思路，重点打造文艺路片区（住建部示范项目）、马浏片区重点示范性项目及戏剧街特色文化工程等9个片区化改造项目，片区改造率达到89%，形成“改造一个项目、更新一片区域、连片成区、带动全局”的老旧小区改造新局面。按照先基础后完善再提升的总体改造原则，累计完成违章建筑拆除5万余平方米，路面白改黑6000余平方米，新增停车位252个，弱电下地约1500余米，改善消防设施30余处，加装电梯26台，新建污水管道约3000余米，化粪池45座，实现雨污分流小区80余个。完善城镇老旧小区改造全过程管理机制，明确施工单位进场前的施工许可、质量报监手续、文明施工措施的必要性，建立在建项目工地安全、质量检查制度，形成“五查”（日常性检查、专业性检查、季节性检查、节假日前后检查和不定期检查）模式，确保项目建设整体平稳有序。（贺立军）

【危房改造项目】 2022年，芙蓉区铺排危旧房屋改造45处（含长房集团38处），考核任务计划内的36处危房全部开工，开工率100%。在统筹推进“留、改、拆、修”及危房加固重建的基础上，遵循“街巷格局、空间尺寸、文化记忆”三个不变的整体思路，改善人居环境，提高城市颜值，增强人民群众的幸福感、安全感、获得感。制定《长沙市芙蓉区自建房整治中危房加固、四原重建工作指引》，实地走访街道社区，摸清危房底数。对已搬离的374危房住户形成管理台账，发放过渡安置补贴。依托“芙蓉夜话”“里谈巷议——书记为你来”两大议事平台与居民对话，宣讲政策，解决群众痛点、难点问题，提高居民对危房改造工作的支持和认可。（刘 振）

2022年，中南大学湘雅二医院西侧的南元宫巷经过改造后，路幅拓宽，停车位增加，环境大为改观（区融媒体中心 供图）

【城市更新项目】 2022年，芙蓉区在片区城市更新中推进“五大片区”高质量发展。

蔡锷中路两厢—西龙片区 创新提出蔡锷中路两厢棚改项目与西龙片区捆绑实施联合开发，通过“区域平衡、异地平衡、综合平衡”实现项目整体平衡，最终形成“政府、企业、社会”多方共赢局面，成为解决市统贷平台项目一次全新的尝试，为全市处理棚改统贷平台项目提供了参考和借鉴。该片区通过市长办公会专题审议，区政府与市产投集团签订实施合作协议，10月13日取得市城市更新工作领导小组关于城市更新立项的批复。用地手续办理、片区控规修改、策划方案修改完善等各项工作有序展开。

湘雅二医院片区 湘雅二医院片区内医技楼主体工程已完成验收，砌体工程完成95%，外墙干挂龙骨安装完成15%，地下室进入抹灰阶段。片区周边综合整治全面完成，通过提质改造，周边居民获得感、幸福感得到显著提升。

远大路沿线片区 远大路沿线片区城市更新与社会资本方中交联

合体签订项目实施合作框架协议，芙蓉城市更新公司与中交联合体就操作路径、合作模式基本达成共识，取得市城市更新工作领导小组的立项批复，开启芙蓉区社会资本方参与片区城市更新的新模式。

火车站片区　按照省长毛伟明主持召开的长沙火车站连接武广高铁专题会有关精神，以及市政府提出通过隧道下穿的方式解决解放路东延的问题意见，需进一步优化完善。因两项规划方案尚在论证过程中，9月芙蓉区申请项目暂缓实施并获市城市更新工作领导小组批复，同意条件成熟后再行展开。

韶光片区　为满足住建部有关要求，韶光片区城市更新方案需调整扩大四至范围，拟扩大范围跨芙蓉区和长沙经开区、长沙县。年内，芙蓉区委、区政府主要领导多次与长沙经开区、长沙县就该片区相关事宜展开沟通对接，区直相关部门就地籍移交、社会事务管理移交、教育配套、基础设施建设等进一步展开沟通对接。（许勇刚）

【棚改城改项目】　2022年，芙蓉区承担省级棚改任务271户，其中棚户区改造50户、“城中村”改造221户。2022年10月已提前完成全年考核任务。通过争取上级资金、回笼购房款等多种渠道，全年筹措资金约8362.77万元。社会资本参与棚改项目2个，新华书店周边零星用地项目启动土地使用权收回手续，友谊商店东边地块项目完善设计方案，现场施工全面铺开，完成土方和基坑支护工程量的70%。

项目结算　芙蓉区6个市级统贷平台考核任务项目，都正街、火星镇、五里牌肉联厂及蔡锷中路两厢4个项目已完成项目总结算。黄土塘、火炬村项目在结算办理中。蔡锷中路两厢项目实现征拆清零，签订了项目合作协议，完成项目总结算。

续建扫尾　为化解债务、盘活棚改资源，蔡锷中路两厢项目及西龙片区打包给市产投更新公司整体规划、运营，签订项目合作协议及已征拆地块经营管理权移交合同。蔡锷中路两厢项目1.67公顷用地挂牌出让前期手续办理，黄土塘项目1.6公顷省属用地使用权收回，推动可经营性用地招商，配建商品房韭菜园嘉苑完成交房810套。对接多家开发商，推动可经营性用地招商。启动新华书店周边零星用地项目土地使用权收回手续。（廖文佳）

【城市房屋征收补偿】　2022年，芙蓉区征收办启动国有土地上房屋征收项目4个，涉征土地面积约2.24万平方米，涉征房屋面积约8763平方米。年度内完成长农路、轨道交通七号线五里牌站、袁家岭新华书店周边零星地块棚改项目等3个项目的签约清零或腾地清零。完成单位签约6家，私房签约44户，协议补偿金额1.734亿元，拆除房屋面积约8051.1平方米，腾地面积829.19亩，完成8个项目成本结算，结算金额2.31亿元，解控回笼资金约6545万元，解控拨付征收补偿资金约4413.15万元。启动远大路沿线片区城市更新项目摸底调查，召开动员会，对东岸、马坡岭街道相关人员培训，入户上门征求意见，为项目启动做准备。（王艳平）

【征收业务培训】　2022年2月10日，芙蓉区征收办组织开展国有土地上房屋征收培训会。征收办各条线工作人员、各征收项目负责人及一线工作人员参加培训。培训邀请资深律师，资深房地产评估师，根据芙蓉区房屋征收工作实际情况，分别从理论和实践层面为各征收项目一线工作人员授课。授课内容涵盖国有土地上房屋征收政策解读、房屋征收与补偿法律实务、房屋征收评估工作实务等方面。授课以法治理念与法治意识为视角，从法院裁判标准与方式出发，剖析房屋征收过程中的关键环节和容易引发纠纷的问题，使学员们系统学习房屋征收各环节的业务知识，强化依法征收、阳光征收的工作理念。

（王艳平）

农村土地征收

【概况】　2022年，芙蓉区征地服务中心主要工作围绕集体土地拆迁扫尾、远大三路项目拆迁、AD地块回迁、配合用地手续办理、农科院私房拆迁方面开展。

新项目实施　远大三路项目5栋9户全部签约倒房。芙蓉区第一个新国土法项目西龙路发布土地征收实施公告，新增人口8人全部签约。组建农科院197栋私房拆迁摸底工作小组，开展入户丈量与人口信息调查核实工作。

项目扫尾　东岸片区集体土地拆迁扫尾“揭榜攻坚”签约8栋，倒房12栋。东八小区共30栋无证房屋全部倒房，完成全面腾地。西龙村7#地块项目完成拆迁扫尾。

用地手续办理　西龙路、营盘东路项目已办回用地手续，岳麓山实验室核心区域、湘雅二医院新院所处地块土地农用地转征手续办理完毕。东屯村X07-D35地块，东屯村X07-D53、X07-D40/D41地块；农园北地块，马坡岭远三地块，双杨北地块，紫薇西地块，马坡岭后勤地块，新安村剩余地块；东湖村F07-G95地块，红湖地块，长农地块，庄家岭地块，东湖公园地块，东湖村对山地块项目已全部发布二公告。

（刘昱沣）

【回迁安置工作】 2022年，芙蓉区完成一号安置点AD地块回迁分房工作，不足户型从三号点四期期房调配，回迁660个指标。完成四号安置点剩余房源回迁安置31.5个指标，分配80平方米户型18套，120平方米户型9套。全年办理团购商品房货币补贴115个指标。全年发放被征地农民双倍过渡费9888.7万元。（刘昱沣）

电力建设

【概况】 2022年，芙蓉区完成电力“630攻坚”序时任务4项，远大路电力埋管（变电站—京港澳高速辅道）涉及城东变电站站址变更办理施工手续，韶光变电站配套路由项目长农路电力埋管（东湖路—东四路—大元路）施工中，古曲中路电力埋管（山塘变—人民路）完成初步设计。市场变电站取得产权证，马王堆变电站办理收回进窗，韶光变电站办理用地预审。槼梨—黎托220千伏高压线下地项目规划线路由人民路规划调整至长农路，采取分段实施方案，区政府负责土建投资，市供电公司负责电气投资。2019—2035年规划新增变电站合平、红杉变完成调规听证会。2023年新增6个配套路由项目明确建设单位。完成“三考”、新“三考”、防疫隔离酒店、项目观摩会等重大活动和疫情防控的保电任务。精准调度迎峰度夏有序用电，确保全区用电形势平稳有序，未发生一起线路拉闸事件，民生用电得到保障。

（陈佳豪）

【电网“630攻坚”推进会】 2022年6月17日，长沙市强化电力支撑建设智慧电网集中开工投产仪式暨“630攻坚”工作推进会在220千伏马王堆变电站投产现场举行。长沙实施强省会战略，建设现代化新长沙智慧电网，市政府与省电力公司实施强省会战略“十四五”深化合作，联合印发行动计划，总投资56亿元、40个项目集中投产、开工。长沙市委常委、常务副市长彭华松出席会议并讲话。会议发布《实施强省会战略 加快建设国际一流绿色低 碳的现代化新长沙智慧电网行动计划（2022—2025年）》，举行集中开工投产仪式，推进部署智慧电网相关工作。彭华松强调，要全面加强基础设施建设，强化电力、算力、动力为代表的“三力”支撑。各市直单位、区县（市）政府、园区主要负责人，国网湖南电力、国网长沙供电公司相关部门负责人、市电建办相关人员参加会议。

（陈佳豪）

供 电

【概况】 国网湖南省电力有限公司长沙供电分公司城北供电支公司（以下简称国网长沙城北供电支公司）是长沙城区属地供电机构，为国网长沙供电公司二级机构，成立于2021年2月25日，由2019年7月成立的城北客户服务分中心发展而来。服务芙蓉和开福两区，面积240平方千米，包括3个产业园区；低压公变客户约60万户（“三供一业”改造6万户），专变客户2850户，其中重要及重点关注客户62户，占全市39%。2022年，公司践行总体国家安全观，深化双重预防机制建设，收官安全生产专项整治三年行动、隐患大排查大整治行动。公司全年完成售电量66.78亿千瓦时，同比增长14.8%；电费回收率100%；台区线损2.12%。公司荣获湖南省电力有限公司2022年迎峰度夏保供电工作先进单位，长沙市行业平安创建红旗单位，长沙供电公司先进集体、安全工作优秀单位、优秀共产党员服务队称号，并获迎峰度夏保供电工作突出贡献奖。

（宁 奕）

【供电保障】 2022年，国网长沙城北供电支公司安全局面总体稳定。面对年初严重雨雪冰冻灾害、夏季历史罕见晴热高温天气及夏秋冬连旱灾情，调动一切可用资源，推动源网荷储各环节协同发力，守住电网安全生命线和民生用电底线，打赢迎峰度夏电力（负荷创历史新高）保供攻坚战。完善芙蓉区32户重要及重点关注客户走访机制，促进客户侧抗风险能力提高。制定专项检查和现场值守保电计划，完成芙蓉区30余项保电任务。完成中共二十大“特护期”、湖南省2022年党代会等重要保电任务，得到各级肯定。

（宁 奕）

【电网建设】 2022年，国网长沙城北供电支公司推进芙蓉区电网投资，其中主网投资14.54亿元，投产项目8个，新增变电容量171.15万千伏安。配网投资1.08亿元，投产配网项目110个，新增配电容量21.75万千伏安，改造及新增线路

56.59千米。米粉街、建湘路、蔡锷路、附二院杆迁下地工程，成为政企联动合作典范。项目投产后，区内电网从上级供电电源辐射、配网供电能力、网架结构等各个方面得到提升，电网基础条件大为改善。芙蓉区主网“四站连投”（110千伏竹园变、220千伏佛谷变、滩头坪变、解放变），通过配套出线建设解决五里牌、马王堆、窑岭等地域周边负荷需求。在建城配网投资30个项目（不含“专改公”），“专改公”完成22个小区5264户改造，从网架结构、供电能力、城市美观、“打通微循环”等多个维度提升芙蓉区的用电品质。（宁　奕）

【电网运维】　2022年，国网长沙城北供电支公司秉持“不停电就是最好的服务”理念，探索不停电作业方式。芙蓉区竹园变及滩头坪变电站的投运，通过优化作业步骤缩短停电时长；芙蓉区电脑城线等消除配网设备缺陷现场，采取旁路供电方式，实现设备要换、供电不断，客户“零感知”缺陷消除。排查高层建筑火灾风险隐患，开展密集通道“回头看”，专业领域隐患排查治理取得成效。实施重点设备差异化巡检，推进迎峰度夏工作，入夏后发现并处理涉电隐患450条，客户停电时长同比去年下降9.14%。（宁　奕）

【供电服务】　2022年，国网长沙城北供电支公司推广“供电＋能效服务”模式，与隆平高科技园签订低碳战略合作协议。持续深化“政企合作、共建电网”模式，促成芙蓉区政府与长沙供电公司签订实施强省会战略“十四五”深化合作协议。持续优化电力营商环境，推行“阳光业扩”，高、低压办电时长有效压降。持续深化“三零”“三省”服务（零上门、零审批、零投资，省力、省时、省钱），惠及高低压企业3366户，降低客户办电成本332万元。提升“获得电力”指标，助力长沙营商环境排名全国第6、中西部第1。服务党委政府工作大局，参与全省万名干部联万企行动。开展电力“千人联千企”活动，走访帮扶园区、重点企业82家，解决诉求71条，联企纾困取得成效。开辟抗旱接电绿色通道，实现“一日接电”。推出电力看经济、看抗旱等专题报告，支撑党委、政府科学决策。成立供电服务站，实行与政府社区网络相匹配的供电网格，实现供电服务进社区。（宁　奕）

2022年3月31日，国网长沙城北供电支公司施工人员在高岭街（芙蓉区政府大院东北角）进行电网设施设备安装　（苏洁　供图）

供　水

【概况】　长沙供水有限公司城东分公司主要业务涉及辖区内的供水管道安全、计量水表管理、供用水业务办理等。服务辖区22个街道、165个社区，其中芙蓉区10个街道、56个社区。服务车站片区、东湖片区、火星片区、高桥片区、武广片区、雨砂片区、井湾片区7个片区，集“巡线、维修、抄收、催费、联络、宣传”六大职能于一体。服务人口超过200万人。2022年，结算水表49.2万块、管径300毫米及以上供水管线383.2千米、市政消火栓4521座、二次供水泵房348个。在长沙举行的各项重大活动中，公司制定科学的供水保障方案，定期监测保水区域水质水压，保证质优高效安全供水。全年开展文明实践“为民办实事，志愿服务进社区”活动70余次。累计接受锦旗10面。（何明慧）

【供水保障】　2022年，长沙供水城东分公司接管统建统管小区27个，验收上线水表26515块。分公司共计构建完成50个DMA（独立分区计量区域）小区，实施零星工程65个，其中26个为DMA考核表安装工程、14个配合电梯管线迁改、25个零星改管工程，验收上线水表434块。分公司通过零星改管，解决长沙散热器厂宿舍长期压水不足的问题。通过增设管道泵，解决长沙无线电厂宿舍、南二环石马村、天心区市政局宿舍等水压不足的情况。出台及完善《接户工程管理办法》《消火栓安全隐患巡查及整治工作要求》《管网工作考核规定》等业务制度，有针对性地分析城东区域内供水管道存在的问题和潜在风险，提高城东区域供水管网运营的安全性。

2022年，长沙供水城东分公司对区域内19个重点泵房环境、设备、水质进行日检，另329个进行月检。年内对1003个供水水箱全面清洗消毒2次。年内，完成排气、排污阀门、300毫米及以上管线复核和阀门复核、GIS（地理信息系统）巡线、消火栓巡查任务。完成维修7612处，其中动土开挖维修2628处，比2021年上升15.37%；检出漏点2452处，比2021年增加31.62%。大口径水表综合信息普查工作累计完成5537块，水价普查工作累计完成264050处（不含安置房统计11427处）。表号修改99处，过户171处，急换表更换1392块，赔表49块，水价变更512处，销户2043处，校表流程8处，大口径逾龄表更换223块，小口径逾龄表更换2722块。（何明慧）

【供水服务】 2022年，长沙水业集团全面升级“长沙水滴”掌上营业厅，除“故障报修、水费查缴、停复水消息”等基础服务外，新增过户业务、报装业务、发票业务等20余项线上服务。关注“长沙水业96533”微信公众号，市民可通过“长沙水滴”掌上营业厅中的“停水消息”分行政区订阅停水通知，获取精准的停水信息推送。2022年，供水城东分公司营业厅全年接待来访用户8000余户，全年处置“96533”热线工单6.4万条，办结率100%，用户满意率100%。分公司出台《城东分公司“三来一访”工单管理办法》修订版，形成独有的“转事不转单”模式，有效提高工单受理及时率。

（何明慧）

2022年1月25日，长沙供水城东分公司设施维护员对火星片区过河裸露管道、伸缩节进行巡检排查　（长沙供水城东分公司　供图）

【全面推广“水管家”】 2022年，长沙供水城东分公司推进“水管家”试点改革工作，不断提升服务效能。区域划分45个网格（含2名标杆式水管家网格），54名“水管家”，37个个人“水管家”，8个团队“水管家”。用户拨打“水管家”电话，即可享受上门服务。“水管家”解决网格内用户服务诉求、管网业务等供水问题，诸多环节“一条龙”服务，变“被动服务”为“主动服务”，确保用户各类问题得到高效响应。“水管家”经常利用用户下班时间上门服务，随叫随到，为用户解决诸如不明原因停水、家中水管爆裂等问题。水管家杨奥成为解决用户反映水质不好问题，晚9:30上门，拆洗水表滤网，冲洗内外水管，使水质明显好转，受到用户称赞。2022年，水管家团队事迹被人民网、《湖南日报》、红网等主流媒体报道36次，服务品牌效应初显。

（何明慧）

【打击违规用水】 2022年，长沙供水城东分公司纪检监察办持续对区域内供水管线以及消防栓等公共设施进行巡查，打击私开消火栓、私自安装管道用水等违规用水行为，为城市供水安全保驾护航。全年开展夜间巡查40次，核实450处用户新装水表或变更用水工作，处理涉及违规用水的工单共66条，促进水车规范化取水，全年核实处理违规用水150处，追回水量122.39万吨。

（何明慧）

供 气

【概况】 2022年，长沙新奥燃气有限公司在芙蓉区共设置八一桥、高桥、荷花园、窑岭、芙蓉苑5家网格服务中心。其中，荷花园网格全部处于芙蓉区内，其他4家网格服务中心与芙蓉区交界，负责部分芙蓉区燃气用户（客服部门对网格名称进行更改）。网格服务人员83名（含网格经理），服务于芙蓉区30余万燃气居民用户和1000余家工商用户。业务包括天然气户内燃气抢修、安全宣传、安全检查、户内燃气置换点火、热水器管道连接、管道设施拆改移、故障检修、抄收、燃气具和燃气保险推广等。2022年，芙蓉区内有天然气次高压管道10.2千米，中压管道294.85千米，低压管道313.33千米。（周晓坤）

【供气服务】 2022年，长沙新奥燃气有限公司积极响应全市优化营商环境的工作要求，全市燃气服务热线“95158”24小时服务咨询热线，为用户提供咨询、报修、投诉等服务，并在芙蓉区内设置邮政、物业、社区等购气点13家，以满足辖区燃气用户的充值缴费服务。对辖区内用户按工商用户每半年1次、居民用户每年1次的要求，开展管网和户内管线、燃气设施设备例行安全检查和免费入户安检，确保用户燃气使用的安全稳定。2022年，辖区内未出现燃气安全生产责任事故。持续开展天然气安全宣传进社区、进企业、进学校的“三进”活动93次。（周晓坤）

【电信大楼火灾事件应对】 2022年9月16日下午3时许，湖南电信大楼突发火灾险情。长沙新奥燃气荷花园网格迅速应对，下午4时18分，关闭各区域阀门，放散管道内余气，确保38个庭院小区、244栋居民楼栋以及10886户居民用户与40家工商户的生命财产安全。9月17日，接政府通知，公司可进入起火区域周边查勘并视情恢复供气。停气区域有108台调压设施，起火时政府紧急疏散了周边小区700余户居民，居民家中燃气设施是否关闭等状况不明，让恢复供气工作更为复杂。长沙新奥现场成立恢复供气临时指挥部，紧急调配各区域共55人划分为6个小组，按调压设施包干到组，每组配置属地社区工作人员和客服公司人员，对调压器低压部分保压合格的用户立即送气，不合格的由客服部门跟进入户排查。当日22时，除1家民用户和5家工商户保压测试不合格未送气外，其余楼栋与单位均已安全恢复供气。18日中午，电信大楼周边受影响停气单位全部恢复供气。该次应急抢险持续48小时，公司出动各级人员100人，汇报反馈信息35次，参加各类政府会议5次。应急处置措施和工作作风得到各级政府部门的肯定。（周晓坤）

2022年12月26日，窑岭网格服务中心在人民新村小区开展燃气安全宣传工作（新奥燃气公司 供图）

公共工程建设

【概况】 2022年芙蓉区公共工程建设中心铺排各类项目42个，其中市重大项目17个、区级项目25个，2022年完成投资约5.2亿元。

民生项目 城际线与地铁2号线换乘提升项目、育英西垅小学扩建工程完成建设。湘一芙蓉中学项目危房重建部分完成建设，改扩建部分已完成地勘，初步确定方案，开展地铁保护审批、可研初设编制工作。

房建项目 黄土塘地块棚改安置小区完成竣工验收，五里牌消防站重建项目完成建设，马王堆消防站完成建设，武装部民兵训练基地完成主体建设，东湖派出所完成至四层顶板。

道路项目 科教路一期完成水稳基层，畅心街提质改造完成建设。桃园南路、河山路、桃园北路（除未拆迁部分）基本完成建设。

电力“630攻坚”项目 完成窑岭变、市场变、农大变、韶光变电站配套路由均建设，变电站主体均已投产。城东变配套路由除涉及市交通投公司出资部分外其余已完成。

其他项目 马坡岭街道北外立面提质工程等临时新增项目均已完成。

（邓雪晴）

【城际线与地铁2号线换乘提升项目】 该项目位于城际线长沙火车站东广场、锦泰广场西南侧，为地下1层建筑，连通城际长沙火车站出站厅和地铁2号线锦泰广场站站厅层，实现城际站与地铁站客流的疏导、换乘。通道长约169米，宽8.7～25.2米，基坑深度为3.2～11.8米。项目采用明挖法施工，概算总投资5454.37万元，其中工程费用4302.49万元。该项目为省委副书记、省长毛伟明党史学习教育中指示为民办实事重点民生项目，2022年4月启动建设，2022年12月26日完工并开通试运行，为旅客的出行换乘提供方便。（邓雪晴）

城建投资

【概况】 2022年，长沙市芙蓉城市建设投资集团有限公司铺排各类项目17个，总投资约46亿元。开工项目9个；竣工项目5个；年度完成投资24亿元。全年新增融资金额60.75亿元，归还融资本金70.26亿元。经营性资产总面积22.5万平方米，2022年出租率总体约93%，租金收入约8500万元，较2021年增长10%以上。年度挂牌出让地块1块。

（黄 标 郭 炯）

【城投融资】 2022年完成新增融资60.75亿元，归还融资本金47.86亿元。储备公司债20亿元批复、10亿元中期票据。完成银行授信审批工作暂未提款11.4亿元。通过在市场直接融资方式，改变融资结构、有效降低成本，全年综合融资成本为4.50%，低于2021年的4.70%，全年节约财务成本超0.6亿元。

（黄 标 郭 炯）

【城投建设项目】 2022年城投建设项目如下：

市政项目 东湖路、桐西路东段、桐西路中段、二号点三期配套道路桃园路北段、四号点一期配套道路合平路一期、滨河路防洪提标整治工程、自贸区配套道路（庄家岭路、长农路东段、红湖路）、东湖公园、长白路北段、农园北路、双杨路等均按计划正常推进。

房建项目 火炬地块四、一号安置小区A地块完成建设；二号安置小区二期F地块、三号安置小区二期、三号安置小区三期、三号安置小区四期、二号安置小区三期、五号安置小区东地块、五号安置小区西地块、六号安置小区西地块、六号安置小区东地块、自贸大厦等按计划正常推进。

小额工程项目 芙蓉公寓前坪改造项目、治超场卸载项目、农大公交车站建设、张公岭城改二期停车场建设、泉坝垅水库排水改造项目泵站电源接入工程、桃园北路两厢提质改造项目、湖南省金融创新特色产业园业务用房装修改造工程项目、东宜兰园D区配套建设项目建设、汉街整改提质、公交车站提质改造等按计划推进。

（黄 标 郭 炯）

【高层安置房项目】 芙蓉生态新城一号安置小区A地块是芙蓉区政府贯彻落实市政府103号令建设的集中高层安置小区。项目位于经四路以西，解放东路以北，双杨路以东，东屯路以南，总建筑面积约2.59万平方米，包括高层安置房及相关配套设施。建设安置112套，可安置指标140个，项目于2022年12月完成交付。火炬地块四项目位于马王堆街道，嘉雨路与火炬路交会处西北侧，总建筑面积约7.1万平方米，含建设高层安置房及相关配套设施。建设安置房614套，可安置713个指标，项目于2022年12月完成建设。

（黄 标 郭 炯）

【东湖公园】 东湖公园项目位于人民路以南、滨河路以北、科教路以东、合平路以西，占地面积约56.2万平方米，其中东湖村约24.4万平方米、渔场村约30.27万平方米，隆平园用地约1.53万平方米。计划建设高品质建设片区内大型的开放式生态休闲公园，建成后与十里浏阳河风光带“绿轴”融为一体，文化地标和生态景观有机融合。该项目以EPC（工程总承包）方式公开招标，概算总投资约为6.59亿元。建设单位为长沙芙蓉新城置业有限公司。2022年5月10日开标，8月1日开工建设，至年底，公园完成85%清淤施工，预计2024年6月完成建设。（黄 标 郭 炯）

【自贸大厦】 自贸大厦项目位于芙蓉区人民东路与长粟路（东四线）交叉口西南角，北临人民东路、东侧为长粟路，西侧为经九路。总建筑面积为12.17万平方米，其中地下3.35万平方米，地上8.82万平方米。设置停车位为地上29个，地下817个；建筑层数主楼35层，副楼5层，地下3层；建筑高度为主楼149.50米，副楼23.90米，塔冠159.50米。主楼为框架核心筒结构，副楼为框架结构，主要建设集办公、金融服务等于一体的综合楼，拟打造成浏阳河以东第一座高标准超高层写字楼，建成后成为芙蓉区新的商业标杆、产业标杆。概算总投资约10.8亿元。建设单位为长沙芙蓉新城置业有限公司。项目以EPC（工程总承包）方式公开招标，2022年12月19日开标。预计2025年年底完成建设。（黄标 郭炯）

建筑业管理

【概况】 2022年，芙蓉区属企业完成建安产值370亿元，比2021年增长0.6%。完成公开招标项目24个，招标金额12.99亿元，中标金额12.72亿元。2022年，芙蓉区住建局加强企业服务，组织辖区建筑企业和在建项目150余人开展集中培训和普法，定期组织安全巡查。指导企业完善湖南省建筑工人实名制管理信息平台建设。通过实地核查、明察暗访、约见访谈等方式，对在建项目进行督查指导，确保农民工工资支付落实到位。（黎佳）

【施工项目管理】 2022年，芙蓉区受理施工图审查申请124笔，办结132笔，其中消防设计审查项目10笔。对违反设计规范强制性条文的设计单位组织集中约谈1次，下达不良行为告知书1份。通过优化办事流程、缩短审验时限、代付审图费用等方式，为企业申报施工图审查购买服务代付费用60余万元。2022年参加区投区建项目方案评审、可行性研究评审、初步设计评审29次。对区域范围内在建项目开展打击违法转包分包和标后稽查抽检项目9个，未发现违法违规行为。实行评标专家违法违规报告制度，解决招投标活动中市场主体反映强烈的突出问题，保障不同所有制和区域企业公平参与市场竞争。通过优化招投标流程、降低投标人保证金、清理区域政策文件、畅通投诉举报渠道、推行远程异地评标等举措，持续优化工程建设项目招投标营商环境，助力企业发展。（黎佳）

【工程质量管理】 2022年，芙蓉区全年质安监管项目48个，完工验收19个，优良项目10个，合格项目19个，优良率20.8%，合格率100%，受监率实现100%。监管项目机械设备14台，其中11台塔吊、1台施工升降机、2台物料提升机。组织开展安全标准化阶段性评价4次，完成消防验收备案项目102个，消防验收项目11个，既有住宅增设电梯验收113台。发现并整改处理质量安全隐患317处，下达“建设工程施工质量安全隐患整改通知书”67份，“停工通知书”6份，“不良行为告知书”2份，发送工作联系函2份，设备限制使用书2份。（蒋磊）

【安全生产监管】 2022年，在节假日、“两会”等重点特护期，芙蓉区住建局领导班子分组带队巡查，对辖区内44个建筑工地、284个物业小区及芙蓉区管理的1929套保障性住房、500余套棚改房源实行地毯式巡查。加强安全宣传教育培训，开展“安全生产月”和“安全生产三湘行”等活动，组织以“提升基层应急能力，筑牢防灾减灾救灾的人民防线”为题的防灾减灾日的宣教活动，实行网络全程大直播。开展以“消除事故隐患，筑牢安全防线”为主题的“安全生产月”系列宣教活动，累计发现处理整改各类安全隐患288例。全年芙蓉区住建领域未发生一例安全责任事故。（李佳徽）

【危旧房屋安全管理】 2022年，芙蓉区住建局通过建立台账、对账销号、全面整改，消除C、D级房屋安全隐患。截至年底，芙蓉区有危房276处，其中C级危房115处，D级危房161处。该批危房列入2023年整改计划，按照结构加固、拆除重建、引进第三方统筹规划等方式处置，同时做好危房户过渡安置。（常维）

【自建房安全整治】 2022年，望城区“4·29”自建房垮塌事故发生后，根据区委区政府的统一部署，芙蓉区住建局负责全区房屋安全整治牵头工作。集中全区各部门专业力量，组建专项行动指挥部，启动芙蓉区自建房安全整治“百日攻坚”专项行动。核准、补录、修正排查数据库、隐患库、整治库和分类整治台账信息数据，做好查遗补漏、数据审核等工作，确保在省、市复查和现场入户抽查中信息录入合格率均达到95%。因地制宜，按照“一户一策、一栋一策、先急后缓、先大后小”的原则分类分批整治，聚焦城乡结合部、城中村、安置区、学校和医院周边、工业园区等重点区域，聚焦人员密集、涉及公共安全的经营性居民自建房，聚焦三层以上、涉及10人以上出租经营、违规改建扩建（含私自加装电梯）的经营性居民自建房，重点排查房屋安全“四性”，即建设合法合规性（土地、规划、建设等），结构安全性（设计、施工、使用等）、消防安全性（建筑材料、防火分隔、安全疏散、用火用电等）、经营安全性（各类经营许可、场所安全要求等），统筹用好“改、停、封、拆”和“规、建、提、惠”措施，推进隐患整改。完成违章建筑拆除756处，总计面积8.81万平方米。农科家园A29～34#栋等47栋危房启动拆除重建。火星街道新合四片推动自建房自查自检自拆自改，按照“安居+宜居”的总体思路和“全覆盖、全方位、全员化”有序推进D级危房“四原”（原址、原面积、原高度、原使用性质）重建。通过“芙蓉夜话”，畅通民意渠道，强化党建引领。芙蓉区整治经验得到省、市媒体报道310余次。在全省第一轮考评中，芙蓉区在市五区排名第一位、全市排名第二位。全省回头看考评，房屋安全鉴定工作芙蓉区全市排名第二位。（韩晓文）

【施工扬尘治理】 2022年，为落实建设工程领域扬尘治理目标，芙蓉区住建局出动1878人次，现场督导工地626次，开展专项整治行动81次，发现处理问题43个，约谈项目65个，下达建筑工地扬尘治理和渣土整改通知书70份，移交执法案件17例。通过加强日常监管、强化培训指导、曝光违法行为，增强辖区在建工地的防尘意识，严控辖区建筑工地$PM_{2.5}$和PM_{10}的排放。

（左　彪）

【保障农民工工资支付】 2022年，芙蓉区住建局组织芙蓉区内建筑企业、在建项目150人学习培训，组织湖南省建筑工人实名制平台的培训学习。印发国务院《保障农民工工资支付条例》（以下简称《条例》）至各建筑企业、在建工程项目，普及《条例》基本知识。在建项目利用宣传横幅和标语、工地围挡、黑板报、LED显示屏等方式加强宣传，班前教育、工地例会进行宣讲，把《条例》落实到建筑工地。区建设管理机构定期组织安全巡查，完善湖南省建筑工人实名制管理信息平台建设。通过实地核查、约见访谈等方式，督察指导芙蓉区在建项目，处理项目欠薪问题投诉，做好岁末年终农民工工资发放工作。（刘婵丹）

房地产市场管理

【概况】 2022年，芙蓉区50余个房地产项目在售，商品房源供应充足。2022年芙蓉区新建商品房批准预售面积66万平方米，同比下降41.85%；销售面积54.35万平方米，同比下降25.82%。成交均价住宅类11709元/平方米，同比上升7.93%；非住宅类10771元/平方米，同比上升9.24%。芙蓉区商品房销售价格相对较低，区域房地产市场整体平稳健康发展。申报并启动芙蓉区闲置楼宇项目5个：恒大江湾四期、富力园康新天地、佳兆业滨江四季、佳兆业广场、长沙融通长城宾馆项目。（陈　红）

【租赁住房项目】 2022年，芙蓉区筹集保障性租赁住房项目9个，筹集房源930套（间），面积3.47万平方米，计划总投资9102余万元。继续贯彻“房住不炒”定位精神，为培育和发展住房租赁市场试点工作打基础。（伍　燕）

【防范化解房地产项目舆情风险】 2022年，芙蓉区注重防范化解房地产项目风险处置工作，对富力园康、恒大珺悦府、佳兆业滨江四季、福地花园（壹庭）、恒大江湾和世茂天誉项目实行“一楼一策”风险化解和舆情管控策略，做好风险项目的信息预警、隐患排查、应急处置、复工复产等工作。贯彻“保民生、保交楼、保稳定”方针，化解房地产领域各类矛盾纠纷，妥善处理老百姓在“问政湖南”、省（市、区）长信箱、“12345”等热线平台的舆情。成立“芙蓉区防范化解房地产项目风险工作专班”，由区委书记任政委、区长任召集人，统筹负责防化风险工作和集中化解信访突出问题，一手抓复工复产，一手抓民生维稳。设立6个房地产风险项目“一楼一策”工作小组，由县级领导“包案”，因楼施策，多次专项调度，帮助企业解决大量具体问题。建立“四方见面沟通”等工作机制，压实企业责任，推进复工交房。设立防化风险资金监管专户，加强资金、资产、资源“三资”管控。落实全市“扯老账、付新账、算总账”要求，有序推进风险化解。协调上级有关部门推进项目网签备案工作。

（刘　佳）

物业行业管理

【概况】 2022年，芙蓉区住建局受理审核有项目物业服务企业诚信等级104家，无项目物业服务企业18家，审核新备案物业服务企业资料5份，指导业委会选举、成立、换届、委员变更31例，组织各物业

2022年1月24日至2月11日，芙蓉区住建局开展物业小区安全生产检查工作。图为工作人员对湘域城邦、天心华庭小区实施检查

（区住建局　供图）

服务项目开展安全生产线上培训4次，指导284个物业小区文明创建，下达整改通知书150份。处理各类物业投诉纠纷3961例。在2020年、2021年创建的87个标准化物业小区基础上，2022年再新增创建20个标准化项目。

安全督察　通过对全区13个街道已备案的物业项目各类安全隐患进行每月排查，全年排查安全隐患问题220个，督促物业服务企业整改192个，其中涉及消防、电动车及堆物问题较为突出。对存在重大消防及外立面安全隐患的物业项目，要求物业公司推动维修资金申报，配合消防、街道社区整改。各物业服务项目开展消防演习及培训333次，开展电梯应急演习195次。

（陈佴依）

【党建引领助推物业服务提升】 2022年，芙蓉区发挥物业行业党委功能，推进“党建聚合力”工程。开展中交公园D4区、竹园公寓、长房星城世家等6家“红色物业”品牌创建活动——“红色先锋物业”，竹园公寓项目受到市领导考察观摩。完善芙蓉区住宅小区物业服务“红黑榜”评价制度，结合社区、街道、物业行业党委综合考评，定期在长沙诚信平台公布物业服务质量“红黑榜”，全年上报优秀物业服务企业16家、黑榜企业2家，引领物业行业良性发展。　（陈佴依）

【既有住宅加装电梯】 2022年，芙蓉区既有住宅加装电梯204台（备案数），提前2个月完成全年任务。截至2022年12月31日，芙蓉区累计实现老旧小区加装电梯680台（含2018年2月至2019年10月末申报已建项目数），发放补贴资金2060余万元，辖区内近135个小区、9800余户、3.08万居民受益。辖区内多个加装电梯小区作为典型示范点在全省推广经验。通过“党建引领+居民自治”模式，帮促邻里居民调解好利益诉求、协商达成加装电梯的统一意见。制定既有住宅加装电梯业主出资比例的指导标准，编制典型案例，为居民群众协商提供参考借鉴。帮助业主沟通协商，妥善协调矛盾分歧，实行“一小区一方案”“一楼栋一策略”，审批时限压缩到5个工作日。加装电梯工作获得2022年度省政府“真抓实干”督察激励奖项，连续两年获该项荣誉。　（陈佴依）

2022年，既有多层住宅增设电梯航拍图　（区住建局　供图）

城市管理

编辑　　谭自然

城市综合管理

【概况】 2022年，芙蓉区城市管理工作按照“四精五有”（精准规划、精美建设、精致管理、精明增长；有颜值、有气质、有内涵、有格调、有品位）要求，提升五一路、解放路等主干道路品质，突出五一商圈、省委周边、长沙火车站等重点区域常态化管理，推进支路街巷环境综合整治提升，紧抓燃气安全管理，加强隆平片区市容环境综合整治。年内，在长沙市城管工作绩效考核中，芙蓉区被评为“优秀单位”。（邹 兰）

【数字化平台管理】 2022年，芙蓉区城管局按照城市管理精细化、常态化、长效化的工作要求，以市、区考核办法和细则为指挥棒，依托数字化管理平台，以网格化管理为基础，结合市级部门发现并交办的重点问题，严格落实城市管理负面清单扣分制。2022年受理市数字平台案卷8.4万余条，案卷处置率100%；区网格化平台案卷1.22万余条，案卷处置率99.92%，通过数字化平台的有效运转，市容秩序和社区环境状况得到有效改善，城市管理常态化效果得到提升。（邹 兰）

【燃气安全管理】 2022年，芙蓉区城管局开展全覆盖、拉网式的燃气安全生产隐患排查整治，通过全面排查，全区建立用户类总隐患台账、居民用户隐患台账、工商用户隐患台账、管网隐患台账、管网压占隐患台账、浓度报警器使用安装隐患台账、直排式燃气热水器隐患台账七大类隐患台账，推进隐患排查治理工作。年内，完成城镇燃气排查整治隐患问题7568个，整改率100%。完成餐饮场所浓度报警器安装任务3625个，安装率100%。排查使用直排式热水器隐患27处，违章占压管道5处、已全部整改；组织新奥储配公司完成16个庭院老旧管网改造，庭院管改造7.6千米；组织新奥客服公司完成7.6千米户内立管改造。（邹 兰）

【城区综合整治】 2022年，芙蓉区城管局对城市市容环境、道路品质提升等重点工作统筹调度。制定《“六个到位＋六个严格”统筹调度工作方案》《长沙市户外广告和招牌设施安全隐患“大排查大整治”工作方案》《芙蓉区城区桥下空间安全风险隐患整治实施方案》等7个城市管理综合整治方案并负责牵头组织落实。全年通过区网格化平台采集交办各类市容市貌问题1.2万条，日常督查交办各类市容市貌问题9532条；完成上级部门交办问题的处理与回复530余条。（邹 兰）

【城区停车场建设】 2022年，芙蓉区住建局负责牵头、协调域内停车场的新建、改建工程。通过老旧社区提质改造“挖潜”、智慧停车升级“盘活”、重点区域实施一点一策“治理”、可用空闲地块“改造”四大举措，实现新建改建停车设施项目23个，新增停车泊位10333个，完成率103.3%。10月31日前在全市五区率先完成143个智慧停车场联网接入平台任务。初步缓解省图书馆及银园公寓周边、汽车东站周边、浏阳河婚庆公园周边等5个区域停车难的问题。2022年度新建停车场全部投入使用。两年来，芙蓉区新建改建停车场37个，新增泊位17839个，“两年行动计划”完成率115%。（黎 佳）

【创建国家节水型城市】 2022年全国城市节约用水宣传周活动开展31周年之际，芙蓉区制定2022年节水宣传周方案，下发到全区各街道和社区，基层单位开展各种形式的宣传活动。年内区住建局累计开展各类节水活动（含线上互动）50

2022年，芙蓉区新建汽车东站对面停车泊位 （区住建局 供图）

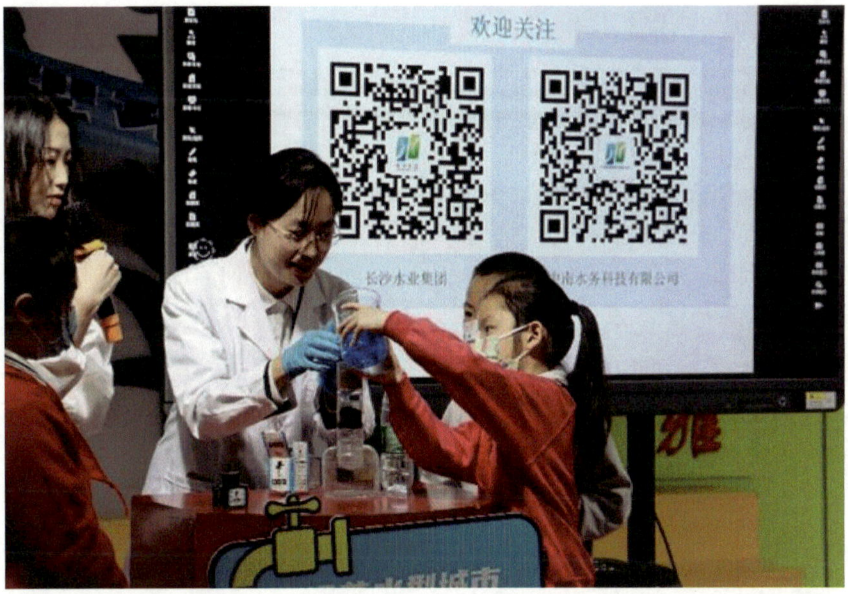

2022年5月20日，芙蓉区住建局联合长沙水业集团在育英二小开展“水质知识进校园”活动。图为水业技术人员为学生们讲述水质知识，做趣味小实验　（区住建局　供图）

余次，发放各类宣传材料2200册，张贴宣传横幅、海报205条（幅），推送各类节水信息5000条，各类线上活动及线上宣传材料点击量2.5万次，覆盖18万人口。5月，联合长沙水业集团在芙蓉区育英二小开展“水质知识进校园”的主题活动。（周　静）

【千禧华城临街立面改造】　2022年2月，区城管局组织实施对八一路千禧华城的临街立面、斑点进行综合整治，整治内容包括拆除大型违章招牌1处、规范设置广告招牌12处、外墙刷氟碳漆近1000平方米，玻璃贴膜800平方米，设置空调机位20处等。（邹　兰）

【“百街千巷”整治提质】　2022年，芙蓉区政府成立由区城管局牵头、区财政局、区工信局、区人居局、区行政执法局、区公建局、区市政、园林、环卫维护中心和交警大队在内的区直相关部门和各街道（园、局）组成的区“百街千巷”整治提质工作领导小组，负责全区的区“百街千巷”环境综合整治工作。区城管局按照“四精五有”总体要求，提出高起点谋划、高标准推进、高规格打造148条支路街巷（其中提质类街巷7条、整治＋提质类街巷19条、整治类街巷122条）的总体方案。截至12月，通过领导小组验收，全区“百街千巷”各建设项目呈现显性变化，达到提升芙蓉区城市环境品质、实现城市公共空间品质全要素升级的整治目的。（邹　兰）

【燃气安全培训进街道】　2022年9月27日，芙蓉区城管局、区执法大队、新奥燃气公司、百江液化气公司，在朝阳街道会议室举办燃气安全宣讲培训活动，朝阳街道相关工作人员、各社区工作人员及小区、楼栋负责人100余人参加。区城管局以宣传燃气安全使用为主要内容，通过发放宣传材料、播放燃气安全警示片；燃气公司技术人员通过现场答疑解惑等形式，讲解燃气器具正确、安全使用及自检自查方法、列举各类违规使用燃气设施对公共安全造成的危害、讲解应对突发燃气事故的正确处理措施，提升市民安全使用燃气防范意识及突发燃气泄漏应急处置能力。通过宣讲，增强街道、社区工作人员检查、发现燃气安全隐患的业务能力，提高企业和居民的燃气安全防范意识和自防、自救能力。（邹　兰）

市容环境卫生

【概况】　2022年，芙蓉区市容环境卫生维护中心（以下简称环卫中心）结合市、区两级部署的重点工作要求，强化清扫保洁、渣土扬尘治理、生活垃圾分类及基础设施建设等重点工作，全区市容环境卫生品质得到全面提升。（尹艺璇）

【环卫设施建设】　截至2022年年底，芙蓉区有公共站厕201座，其中公共垃圾站95座、公共厕所106座。2022年，芙蓉区按照市、区“厕所革命”和重点民生实事工作计划，对标“一站一厕一景点”的标准，投入资金1200余万元，实施分档设计、分类改造、分批实施、分项推进，完成米粉街、九道湾等8座公厕新建任务，提质改造白果园、敬老院等28座公厕，新增厕位155个，确保全区各类环卫设施达到“不脏、不臭、不滑、不黑”的“四不”要求。（尹艺璇）

【城市道路除尘】　2022年，区环卫中心统筹调度全区配备洒水降尘作业水车36台、各型机洗扫车21台、人机配合作业水车59台、晚班强冲

·表 21·　　2022 年芙蓉区城市环境卫生基本情况统计表

项　　目	单位	2022 年
一、完成工作量	—	—
1. 收运垃圾	吨	263201
2. 清扫面积	万平方米	910
二、环卫专用设备	—	—
1. 垃圾运输车	台	62
2. 洒水车	台	102
3. 机扫车	台	40
4. 抑尘车	台	4
5. 护栏清洗车	台	1
6. 应急设备（融除雪设备）	台	9
三、环卫设备	—	—
1. 公共厕所	座	106
2. 垃圾站	个	95

（资料来源：区统计局）

作业水车 22 台，对全区主次干道进行常态化洒水降尘和深度清洗喷雾作业。按照“五无、五净”标准，对全区主要道路、重点部位进行 1 日 3 次（特护期 1 日 4 次）洒水降尘和深度清洗。落实渣土管理的“新规范、新机制”要求，抓好建筑工地渣土运输管理，每天由监管员、巡查员分 2 次对工地现场情况进行核对整改。年内，联合城管、环保、交警等部门开展渣土车联合整治行动 500 余次，城市道路除尘有效降低了空气污染。（尹艺璇）

【清洁城市建设】 2022 年，区环卫中心按照“六个到位（重点区域清洗精洗到位、背街小巷环境维护到位、城乡接合部综合整治到位、闲置地块常态管控到位、建筑工地文明措施到位、桥下空间精细管理到位）、六个严格（严格责任落实、严格采集交办、严格督查通报、严格拉练考核、严格依法执法、严格问责问效）”工作要求，通过开展清扫保洁提标、站厕卫生提档、垃圾清理提升、全域清洁提质、环卫管理提效 5 大行动。每日出动一线清洗清扫作业人员 2000 余人，投入各类作业车辆 130 余台、垃圾运输车 62 台、护栏清洗车辆 4 台，对全区 640 万平方米主次干道和 226 万平方米背街小巷进行精细化清洗清扫作业；对省委机关大院、省政府机关二院、省军区机关大院等 18 个重点单位周边，八一路、韶山路、车站北路等 24 条主次干道，国金中心大楼、火车站广场等 15 处重要场所实施特级维护标准；在春节、国庆节等重要节日期间集中组织清洗清扫，清理堆物等整治行动，安排洒水车 20 台、机洗机扫车 35 台、护栏清洗车 2 台，联合街道、发动市民群众开展“周末大清洗”活动。保持主干道和重要场所一天一清洗，次干道和背街小巷三天一清洗的常态化管理，全区市容环境品质得到明显改变和提升。（尹艺璇）

【生活垃圾分类】 2022 年，区环卫中心以提高群众对垃圾分类知晓率、参与率、正确率为目标，按

2022年10月14日，环卫作业人员、志愿者、门店业主等对主次干道、背街小巷开展精细化清洗清扫作业　　（区环卫中心　供图）

照市、区生活垃圾分类方案进度要求，坚持“日督查、周报告、月调度、季讲评”调度机制，推进全区50余个职能部门和200余个公共机构及13个街道81个社区（村）681个小区垃圾分类督查指导。全区干部群众对垃圾分类的知晓率、全民参与率、分类正确率、区域覆盖率和群众满意率分别提升到100%、100%、90%、100%、100%。推进生活垃圾分类厢房建设工作，全区新建生活垃圾分类厢房50个，年度厨余垃圾清运总量为30.80万吨，年度生活垃圾总量7.38万吨，年度厨余占比23.95%，超过市下达22%的目标任务，厨余垃圾占比排名位居内五区第二位。可回收物11.41万吨，可回收物占比27%，超过市下达18%的目标任务，占比排名位居内五区第一位。　　（尹艺璇）

【重点工作保障】　2022年，区环卫中心在抗冰除雪期间出动2000余人、巡查皮卡车5台、撒盐车3台、铲雪车2台、滚雪车1台、融雪车1台，对全区主次干道、桥梁进行人工撒盐、扫雪除冰，确保全区道路畅通和市民出行安全。春节、“五一”“端午”“七一”国庆等重大节庆活动和中央、省、市、区领导视察调研等100余次重大接待任务期间，区环卫中心做好环境卫生维护工作，高效完成清扫保洁任务。做好季度文明创建测评和年度文明创建迎检工作，确保每次全员到位、全域覆盖、全程无误地完成文明创建迎检任务。　　（尹艺璇）

【助学环卫职工子女】　2022年8月30日，区环卫中心开展“金秋助学环卫职工子女”活动。环卫中心班子成员，社会爱心企业代表以及高考学子和家长代表40余人参加活动，活动向25名考上大学的芙蓉环卫职工子女捐赠助学金2.8万元。该活动区环卫中心已连续开展3年，筹集助学金近10万元，帮助93名优秀环卫职工子女进入大学校园。　　（尹艺璇）

【“芙蓉杯”环卫技能比武大赛】　2022年10月26日，区环卫中心开展芙蓉区第二届“芙蓉杯”环卫技能比武大赛。全区13个街道环卫所的25名参赛选手拿出“看家本领”进行技能大比拼。该次比赛设立清扫保洁、机械清扫和垃圾站放斗3项比赛项目。最后决出一等奖2个、二等奖3个、三等奖3个。该次环卫技能比武是芙蓉区庆祝湖南省第27届环卫工人节的活动之一。　　（尹艺璇）

【米粉一条街公厕竣工】　2022年12月，米粉一条街公厕建设竣工，公厕建筑面积49平方米，采用京东方数科模块化智慧公厕建设，厕内采用真空抽吸式+泡沫抑菌技术，配置空气四合一监测和微生物处理系统，是集游客休憩、母婴照顾、公共服务及休整等功能于一体的综合智慧驿站公厕，其专业洁净的场景、完善的民生功能、独特的外观设计，进一步丰富了城市形象。　　（尹艺璇）

市政建设与维护

【概况】　2022年，芙蓉区市政设施维护中心（以下简称“市政中心”）维护量为主次干道及支路道路维护面积465万平方米，背街小巷道路维护面积159万平方米，农安小区道路维护面积140万平方米，人行道面积147万平方米（含背街小巷及农安小区），侧平石36万套米，平石34万套米；主次干道及支路排水管网长度479千米，检查井1.15万座，泄水井10001座，背街小巷排水管网长度45千米，检查井1616座，泄水井2553座，农安小区排水管网长度263千米，检查井及泄水井1.63万座；现有维护车辆设备67台（辆），分别为维护车辆53台，工程设备10台，防汛应急设备4台。年内，区市政中心以全面提升城市精细化管理水平为引领，“四个芙蓉”奋斗目标，展示芙蓉市政设施高品质。中心党员胡连喜被评为2022年第三季度“长沙好人 身边雷锋”。

（黄　宇）

【市政设施维护】　2022年，区市政中心做好火车站及周边、省委周边、五一商圈等重点地段的常态化精细化巡查维护工作。全年完成沥青灌缝9000米，路槽修整3.15万平方米，铺摊沥青4.05万平方米，运料土1800立方米；修整人行道2.46万平方米，隔离设施2718个，侧平石1150套米，运料土2510立方米；管道疏浚36.55万米，清理淤泥2102立方米，疏通各类井23584个，更换各类井盖758座，清掏化粪池1.19万座。（黄　宇）

【民生项目建设】　2022年，区市政中心完成才子佳郡A区市政污水管道改造、望龙路南段路面（管网）抢险、芙蓉区政务中心前入口改造、米粉街博物馆内坪提质改造等8个惠民利民项目建设，持续优化城区道路窨井设施品质，提高城区主次干道行车舒适度和安全性，全年完成人民路、红旗路、远大路、望龙路等路段856套窨井改造；处理群众反映较多的化粪池堵塞问题，全面清掏湘湖街道、火星街道、荷花园街道、马王堆街道等544座化粪池无害化处理，清淤1.08万立方米。

（黄　宇）

·表22·　2022年芙蓉区市政民生项目建设一览表

序号	项目名称	地址	工程建设内容及工程量	起止时间
1	才子佳郡A区市政污水管网改造工程	才子佳郡A区	新建ф700污水井1座，改建污水管8米	2022年7月23—31日
2	王家湖路抢险项目	王家湖路	破除坍塌位置路面650平方米、安装ф600砼管6米、ф300砼管18米；新建人行道板289.46平方米、更换罗马柱栏杆28.6米、植草140平方米等。对芙蓉区王家湖路存在缺陷的12米DN1500排水管道采用不锈钢钢圈支撑后进行CIPP紫外光固化加固处理，对存在缺陷的DN1000排水管道36米进行CIPP紫外光固化加固处理；对王家湖路上游2000米DN1500管道进行清淤疏浚	2022年6月5日至7月5日
3	省司法厅抢险项目	省司法厅院内	省司法厅院内坍塌区域边坡防护、管线迁改、上游管道封堵及引流工程、倒挂井结构工程、井底地基处理工程、中粗砂回填、路面修复工程	2022年6月9日至8月14日
4	望龙路南段路面(管网)抢险项目	望龙路南段	拆除HDPE排水管、沥青路面破除、钢板桩支护土方开挖；更换修复：800毫米承插式（胶圈接口）钢筋混凝土管、管道砂回填、路面基层、沥青混凝土路面、园林景观等	2022年8月10日至9月4日
5	芙蓉区政务中心前入口改造	政务中心	开挖花坛，做麻石板台阶、挡墙；文明标语位移安设；位移、安置路灯杆1根、监控器1个，砌井1个；铺贴及恢复麻石地面；新建绿化带草皮	2022年1月3—7日

·续表 22·

序号	项目名称	地址	工程建设内容及工程量	起止时间
6	米粉博物馆内坪提质改造项目	米粉街米粉博物馆内坪	对现有停车坪进行修复整治，摊AC-10沥青砼，对排水系统进行改造，边沟设置，安装盖板，更换井盖井座，对停车场设施修缮，对周边破损道路开窗修补，停车位标线施工等	2022年11月10—16日
7	芙蓉区窨井设施整治	芙蓉公寓、古汉路、古曲路、红旗路、嘉雨路、解放东路、人民路、万家丽路、望龙路、远大路	对上述路段不符合“防盗、防沉降、防噪声、防跳动与位移”要求的市政井盖进行整治更换，共计完成856套井盖更换	2022年8月5日至11月8日
8	车站中路（八一路—人民路）管网疏浚	车站中路（八一路—人民路）	对车站中路（八一路—人民路）管网、雨水口进行疏浚，疏浚长度2773.8米，清淤528.5立方米	2022年6月6日至7月5日

（资料来源：区市政中心）

【城区防涝排渍】 2022年汛期期间，区市政中心按照等级响应模式，完善城区防汛应急预案，落实24小时领导带班、服务热线值班、值守制度，加强洪涝天气期间市政维护应急处置工作，在日常排查整治的基础上，重点对小型积水点进行改造，先后完成晚报西街、县府坪9号、火星街道办事处等10处小型积水点的改造；年内出动防汛次数27次，出动巡查、抢险人员2767人次，车辆设备739台次，有效保障了辖区内群众汛期出行顺畅。（黄　宇）

【民生诉求处置】 2022年，区市政中心及时处置路面修复、化粪池和下水道疏通等民生诉求，做到当天热线及时处理，并及时回复和回访热线。年内共处置群众来电994条，“12345”市民服务热线564条，各类数字化平台案件1.43万条，无超期、返工、重复案卷，每月结案率100%。（黄　宇）

【城区防涝排渍应急演练】 2022年4月20日，芙蓉区在浏阳河西岸开展城区防涝排渍应急演练，区城防办和马王堆街道相关负责人及抢险队员60人参加。演练出动防汛车辆设备10台，演练内容为模拟芙蓉区遭遇暴雨，预计未来1小时降雨量将达到50毫米以上，强降雨过程中，城区内涝，严重影响城市运行，险情不断扩大，曙光北路红旗渠箱涵内污水倒灌，路面出现大面积积水，区城区防涝排渍工作办公室立即启用防汛Ⅱ级应急响应。16点应急演练开始，马王堆街道安排人员疏散交通，疏散群众，做好安全保障工作，区市政中心抢险队在规定时间，调集迪沃应急排水抢险车辆1台，应急抢险车辆1台，迪沃抢险单元2组，污水泵车2台，抢险车辆4台，管道520米等抢险设备，铺设2条管道进行排水抢险，结束后机械设备撤离现场。演练强化区城防办成员单位协同处置能力，保证强降雨时防涝排渍处置及时，保障群众出行顺畅安全。（黄　宇）

园林建设与维护

【概况】 2022年，芙蓉区园林绿化维护中心（以下简称区园林中心）工作以打造现代化新长沙建设标杆区为目标，重点在“细”上下功夫，“美”上做文章，“靓”上出效果，开展园林绿化精细管养。全区建成区绿地面积1084.96公顷，绿地率40.1%，绿化面积1193.9公顷，绿化覆盖率44.2%，新增绿地面积9.47公顷。花化彩化品质提升，街角花园建设改造。年内区园林中心被长沙市委、市政府评为“以四精五有标准建设精美长沙”工作先进单位。（丁一凤）

【园林维护】 2022年，区园林中心坚持精细化管养原则和“六无五勤四好”养护标准，完善绿化巡查管理制度，做好全年补栽补种、修剪除杂、水肥管理、病虫害防治、花草更换工作，补栽补种乔木1655株、灌木68万余株、地被植物7万平方米，修剪绿化带、草坪12万余平方米，清理枯枝落叶等杂物24万余吨。加大公园、广场基础设施维护力度，修复灯具、栏杆、管线设备352处。年内，区园林中心对夏季持续高温天气做出准确预判，科学编制抗旱保苗应急预案，加大人、财、物投入，累计出动水车1350台次、维护人员1万余人次，浇水12万余吨，确保管养范围内园林植物健康生长，最大限度保护城市园林绿化成果。（丁一凤）

【绿化管理】 2022年，区园林中心办结数字化来单1.23件，处理“12345”市民来单498件。开展“我为群众办实事”活动，解决市民“树枝入户、绿化缺失”等急难愁盼绿化问题。劝阻不文明行为122起，制作疫情防控、安全生产、古树名木保护等宣传展板12块，加强日常保洁和修剪除杂。配合区农业农村局做好浏阳河东、西两岸风光带移交工作。加强古树名木后备资源保护管理，对蓉园路、车站北路、五一路等20株50年以上树木进行挂牌保护公示。年内巡查发现并及时处理占绿毁绿事件5起，协助办理占用绿地、移栽树木行政审批事项20起。（丁一凤）

【园林工程】 2022年，区园林中心完成红旗路绿化提质项目，改造总面积3.48万平方米；实施蓉园宾馆景观微改造项目，优化林下地被、打造疏林草地空间、改善花化布景方式；完成东方之珠小游园改造，改造面积1800平方米；完成双杨路、东二环、人民路等4处高压喷淋设施项目安装；完成地铁7号线170棵树木的迁移保护，配合远大路提质、岳麓山实验室等重大工程建设项目开展树木迁移保护工作。完成9个街角花园、口袋公园项目建设，提质改造绿地面积4.91万平方米。（丁一凤）

2022年10月，区园林中心在省委周边进行花化彩化布置
（区园林中心　供图）

【重大活动保障】 2022年，区园林中心结合春节、中秋、国庆、省党代会等不同主题元素，完成城区主要道路节点布花增彩工作。10月，为迎接中国共产党二十大的胜利召开，区园林中心在省委院内及辖区八一路、韶山路、五一路等主次干道进行花化彩化布置，栽种摆放各类花卉120余万盆。（丁一凤）

【地铁7号线树木移栽】 2022年5月，区园林中心配合轨道7号线项目建设，按照“不砍伐、只移栽、修剪”的原则，将胸径15厘米以上的170株乔木统一迁移至望龙路与滨河路西北角规划绿地（面积约2万平方米），区园林中心在移栽前完成场地土地平整、给排水建设、种植土换填、废渣外运、临时便道建设、撒播草籽复绿等工作，并安排专业技术人员采取“包干”“喷水”“遮阴”“支撑”等技术手段进行养护管理，取得大树成活率100%的成绩。（丁一凤）

【红旗路绿化提质】 2022年7月16日，区园林中心启动红旗路绿化提质项目，8月10日完成，改造总面积3.48万平方米。该项目按照“清、提、增、养”的总体思路，克服工期紧、天气炎热等困难，投入380万元对红旗路两侧绿化带及中央花坛进行全面提质。累计补栽乔木灌木植物2000余株，地被植物4.8万平方米。（丁一凤）

·表 23·　2022 年芙蓉区新建街角花园统计表

序号	项目单位	项目名称	建设地点	项目预估总投资（万元）	改造面积（平方米）	建设内容	项目开工月份 / 拟竣工月份
1	轨道集团	合平市民游园	人民东路与合平路交会处	200	1.2 万	长沙市轨道交通 6 号线工程东湖站绿化恢复项目	2022 年 1—10 月
2	轨道集团	红旗街角花园	人民东路与红旗路交会处	235	1.5 万	主要对岳麓山实验室两侧街头绿地打造以及中央绿化带、道路两侧绿化带、调头口等提质提质	2022 年 1—10 月
3	区园林中心	东方之珠街角花园	东二环与人民路交会处东北角	52	1800	区 2022 年重点建设项目。移除游园原有老化和杂乱的地被灌木及绿篱，保留场地内大乔木搭配栽植观叶、观花亚乔木和时令花卉	2022 年 11—12 月
4	朝阳街道	清风主题公园	五一东村 1 号朝阳派出所	23	200	建设景观小品、廉政漫画灯箱和廉政成语展牌，打造清新淡雅的园林景观，传递廉政文化。	2022 年 1—6 月
5	朝阳街道	水润口袋公园	解放东路 219 号铁银大厦	38	800	树池改造、园林铺装改造、灌木、节点绿化的品质提升	2022 年 1—10 月
6	区园林中心	蓉园街角花园	车站北路蓉园宾馆（省委东面）	9.5	160	优化林下地被，打造梳林草地空间；拉通人行道，提升道路通达性等	2022 年 10—11 月
7	区园林中心	农大带状公园	人民路—滨河路段	410.76	1.6 万	绿篱修剪整形，补栽补种，安装麻石花坛边，地形塑造，加植乔灌木，丰富地被，安装喷淋系统等	2022 年 7—8 月
8	湖南信东开发有限公司	品上小游园	合平路东辰上品	331	3000	半对称的自然式布置方式，使绿化和建筑相得益彰，相辅相成	2022 年 1—6 月
9	长房集团	长篱小游园	远大路与马王堆交会处西北角	120	120	简洁、明快的几何图形，合理分区	2022 年 1—6 月

（资料来源：区园林绿化维护中心）

【东方之珠小游园建成】　2022 年 11 月 18 日，区园林中心启动东方之珠小游园建设项目。该项目采用“近林透气”的手法，移除游园原有老化和杂乱的地被灌木及绿篱，合理配置资源和生态要素，优化空间格局，形成疏朗通透的绿色开放空间。项目改造总面积 1800 平方米，12 月 17 日改造完工。　（丁一凤）

晓园公园管理

【概况】　长沙市晓园公园（以下简称“公园”）位于袁家岭中央文化区，东邻长沙火车站，南临五一大道，西靠晓园路，北依八一路，占地面积 3.73 万平方米。2022 年，晓园公园继续保持建园以来无火灾、无重大刑事案件、无安全生产责任事故，继续保持“市红旗等次平安单位”称号。2022 年，晓园管理处聚力“三高四新”和“强省会”战略部署，打造人民满意公园，推动公园建设高质量发展，6 月被评为长沙市城市管理委员会“人民满意公园”称号，年内公园继续保持市级“文明单位”称号。　（刘　丹）

【公园基础管理】 2022年，公园定期维护、及时维修园内石桌椅、健身器材等基础设施设备，确保基础设施完好。对东苑西门、南门、亲子广场厕所墙体进行整体翻新，更换健身器材区的塑胶地面300余平方米，拆建东侧铁艺围栏80米，翻新改造厕所3处，开展管道维修20次，东苑给水管网改造1处，安装电子识别门禁系统1套，新增温馨提示牌10块，新增挂物架10个，修理健身器材5处，更换流泥井盖10块，修复石桌石凳8处，增设和刷新车辆停车位2个，完善无障碍通道10处。做好汉桥给水泵修复、锦泰广场生产用房水电管网安装及向阳湖防洪设施完善等工作。

（刘　丹）

【公园综治管理】 2022年，公园以打造“平安公园”为目标，落实安全生产责任制，在压实主体责任、狠抓风险防控、推进平安创建、强化应急保障上持续加力，提升安全生产管理水平。定期召开安全生产和综治建设工作会议，每月和节前开展安全生产检查，签订各科室、驻园单位安全生产、综治维稳目标管理责任书，全面落实安全生产责任制。组织全体干部职工及驻园单位开展消防培训2次，消防演练1次，安装微型消防站1个，更换灭火器126个。（卢泳延）

【公园绿化美化】 2022年，公园绿化美化实行网格化管理，组建绿化养护专业队伍，加大公园养护日常巡查力度，对绿化修剪、病虫害防治、水肥管理、卫生保洁等工作情况进行督查，确保园内植物生长健康，园区四季有景。坚持绿化、美化、彩化的有机统一。丰富园内绿植，全年更换园内花坛、花带、花境花卉6万余盆，新植大樟树3棵、樱花树21棵，整治黄土裸露3000余平方米。补栽补种绿植3000平方米，清理园内卫生死角20处，清理枯枝败叶125车次，主次游道路面清洗6次，清理积水10处。开展晓园公园青年湖小微湿地建设、保护及鸟类科普宣传基地项目建设，安装雾森系统2套、曝气推流设备3套，种植水生鸢尾、睡莲、西洋杜鹃等100余平方米，设置生态人工鸟巢34套。

（刘　丹）

【公园优质服务】 2022年，公园继续实行共建共管机制，联合五里牌街道社区、“市民园长”、市民锻炼团队开展三伏天气送凉茶活动、噪声整治行动、学雷锋志愿服务、春节慰问、扫雪除冰行动、抗冻保苗护绿行动等各类志愿者活动，提升市民在园内生态环境建设中的参与度。年内妥善处理网络舆情1起，处理“12345”市民热线群众投诉9起，办结率100%，处理市民游客意见35条，满意率100%。抓实各项措施，对健身区域、卫生间、办公楼等公共区域进行无死角消杀。

（刘　丹）

【汉桥管理】 2022年，公园维护汉桥桥上花箱和绿化，适时实施病虫害防治、林相修剪、抗旱保苗以及水肥管理，确保桥上花卉的健康生长。年内在花箱内加种植土4吨确保植被正常生长。对双层桥面的卫生进行常态化管理，保证桥面干净、整洁。对在桥面上叫卖、垂钓、乞讨的人员进行劝导，维护游玩秩序。

（刘　丹）

【向阳湖管理】 2022年，公园对向阳湖驳岸边800米林相去除陈年枯枝、死树、地面杂草，运送园林垃圾30余车，打捞湖内陈年枯枝败叶、漂浮物30余车。9月开展向阳湖蓝藻治理工作，通过投放生态试剂，安装浮岛装置、曝气推流设备，栽植水生花卉，水域内清杂，水质检测等，遏制蓝藻滋生。10月对向阳湖驳岸进行维护管理，补栽补种海棠12棵，红花檵木9棵，增添绿化浇水设施4套，对花岗岩护栏全面进行维护维修，对驳岸凌乱线路规整500余米。营造向阳湖水清、岸绿、宜人的生态景观，长沙新闻综合频道对向阳湖治理成效进行采访报道。（刘　丹）

【锦泰广场管理】 2022年，公园对锦泰广场2.1万平方米的绿地实行日常化、精细化的维护与养护，适时实施病虫害防治、林相修剪、抗旱保苗以及水肥管理；对7000余平方米林下空间实施提升景观层次改造工程，以“锦绣中华、国泰民安”为设计主题，配合曲折柔美、错落有致的植物景观，营造出富有意境的景观空间，展现长沙国泰民安、秀美壮丽的城市风景。（刘　丹）

【火车站西广场管理】 2022年，公园对火车站西广场的园林布置，以“优化城区园林品质，树立火车站良好的窗口形象”为宗旨，结合时间节点、气候变化、重大事件等，及时更换符合季节性特点的花卉并做好日常维护管理工作。全年摆放（更换）花卉12万余盆，以缤纷的色彩展现出长沙积极进取、敢为人先、勇于拼搏的城市精神。火车站西广场节点摆花获长沙市城管局“奋力强省会　喜迎二十大”园林绿化

氛围布置工作二等奖。（刘　丹）

交通运输管理

【概况】 2022年，芙蓉区有班线客运和旅游客运企业13家，车辆637台；危险化学品运输企业3家，车辆395台；校车企业3家，车辆43台；普通货运企业143家，个体户430个。年内办理"道路运输证"营运车辆1416台（总质量4.5吨以下的已注销）；注销逾期年审车辆102台；二类以上机动车维修企业9家。2022年，芙蓉区交通运输局认真做好"两客一危"、普通货运、机动车维修、仓储物流和快递等行业安全监管，事故起数和死亡人数比2021年下降28.57%和14.29%。（李路遥）

【道路运政管理】 2022年，区交通运输局加强对普货企业和维修企业的管理、考核和检查。对全区43家符合条件的普货企业开展质量信誉考核，对已备案的28家维修企业进行日常安全检查。对不符合货运市场要求的车辆及时清理退出市场。全年公告注销逾期半年未审核的车辆、已搬迁易址、转让经营的货运和维修企业15家。（李路遥）

【道路运输行业安全监管】 2022年，区交通运输局以安全生产大检查和交通问题顽瘴痼疾整治为契机，加强道路运输行业安全监管。开展各类安全生产培训会议4次，与33家运输企业签订《企业安全承诺书》。年内，联合区应急局、区交警大队、区住建局、区渣土办等职能部门，开展各类安全检查200余次，根据检查情况，召开道路安全警示教育约谈会18次，约谈企业118家。对"两客一危"、普货运输、机动车维修等389家企业进行安全检查，排查整治隐患155个，区交通运输局及时跟踪并督促各排查隐患问题的整改，年内有6家企业因未按期整改，移交至长沙市交通综合行政执法局芙蓉大队接受处罚。（李路遥）

【建立运输安全宣传微信群】 2022年，区交通运输局分别建立"两客一危"、普货运输、机动车维修3个类别的安全生产宣传微信群。其中"两客一危"安全宣传群有15家货运企业，群成员33人，年内发布宣传信息242条；货运企业安全宣传群有39家企业，群成员129人，年内发布宣传信息242条；机动车维修企业安全宣传群有38家企业，群成员78人，年内发布宣传信息181条。区交通运输局通过微信群发布事故通报和重大自然灾害预警，开展交通法律法规宣传，进行网络安全生产授课，发送恶劣天气、事故警示、法律法规等安全提示信息，增强从业人员安全意识，2022年辖区内事故起数比2021年下降28.57%。（李路遥）

【交通专项整治行动】 2022年，区交通运输局与区有关职能部门协作，出动人员230余人次，开展"蓝天保卫战""工程车超限超载整治""马王堆海鲜市场整治"等专项整治行动46次。专项整治主要针对货车超限超载、非法营运等开展专项执法，打击车辆超限超载、涉牌涉证、擅自改变机动车参数等重点车辆交通违法行为，查处超限超载307起。（李路遥）

【交通联合惩戒五条措施】 2022年12月，区交通运输领域仓储物流安全生产委员会出台《芙蓉区严控交通安全事故和交通违法联合惩戒五条工作措施》，对交通运输领域违法违规企业和个人实行针对性惩戒措施，即上榜必警示约谈、违法必通报曝光、失职必从严处罚、亡人必从严追责、满分必注销从业资格5个方面的严格惩戒措施，对道路交通违法违章行为起到了震慑作用。（李路遥）

·表24·　2022年芙蓉区交通运输基本情况统计表

指标名称	单位	2022年
一、载货汽车	辆	1569
二、交通运输经营户数	户	627
三、交通运输从业人员	人	5197

（资料来源：区统计局）

【交通安全宣传】 2022年，区交通运输局开展交通安全进学校、进单位、进社区、进农村、进家庭宣传活动，深入货拉拉、中石油等重点企业为企业员工开展安全生产培训，在新合社区、白沙湾社区、火车站社区等社区（村）开展安全宣传240场次。在“春运启动日”“路政宣传月”“安全生产月”“119消防咨询日”期间，组织开展大型宣传活动5场次。为企业发放交通运输安全生产宣传挂图800余份，道路客货运输安全和应急手册500余份，向广大市民和客运从业人员宣传道路交通临危处置、拒乘黑车，平安出行等方面安全常识，发放宣传资料2000余份，接受群众咨询120余人次。（李路遥）

【重点货运企业违法安全隐患约谈会】 2022年5月13日，区交通运输局在局会议室对3家道路运输违法隐患突出企业进行集体约谈。运政管理科科长黄志深通报湖南驰鑫物流公司有2台货运车辆逾期未年检和湖南星沙物流有限公司车辆违章率较高的问题。企业安全监管科科长王军就车辆逾期年检和违章率较高的两个项隐患提整改要求。约谈中，3家企业负责人反思安全生产管理存在的问题，认识到安全生产的重要性，表示要深入学习相关安全生产的文件和要求，抓实抓细安全生产各项工作，并承诺在区规定的时间内整改到位。

（李路遥）

【“路政宣传月”集中宣传活动】 2022年5月18日，区交通运输局联合长沙市交通运输综合行政执法局芙蓉执法大队开展“爱路护路人人有责”主题的路政宣传活动。活动在长沙汽车东站设立宣传咨询点，向乘客及驾驶员发放宣传资料，向沿线群众和司乘人员发放公路法律法规宣传单，解答相关问题，活动当天发放各类宣传资料1000余份，为50余人次群众现场解答释疑，提供政策、法律咨询服务。（李路遥）

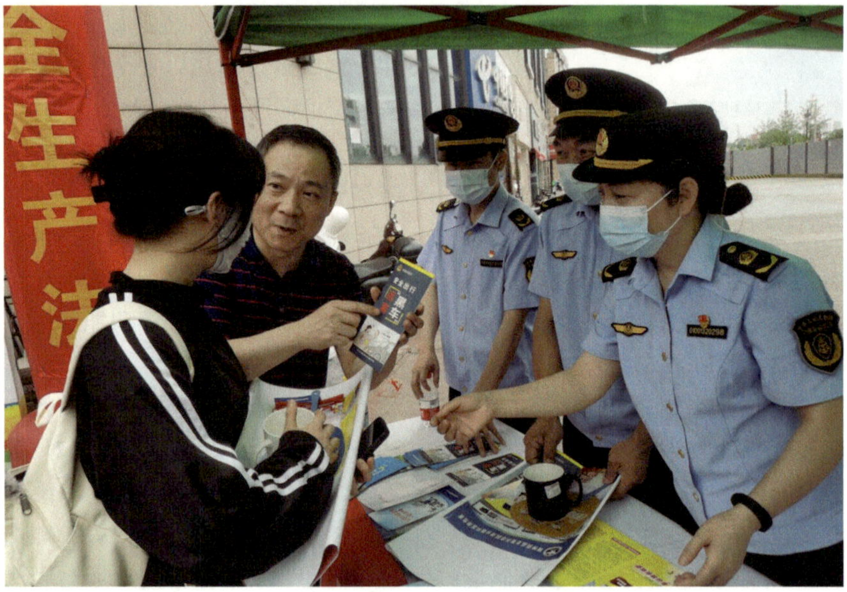

2022年6月16日，芙蓉区交通运输局工作人员向群众科普安全生产月活动知识 （区交通运输局 供图）

火车站综合治理

【概况】 长沙火车站地区是集铁路、城际轻轨、地铁、公共交通、长途客运和短途客运于一体的省内最重要的人员、汽车和货物集散地之一，日均流量12万人次，春节、国庆长假等高峰期日均流量超30万人次。2022年，长沙火车站地区综合事务中心（以下简称“中心”）服务全区“打造现代化新长沙建设标杆区”大局，重点提高站区“建设、管理、服务、运营”质量，协调和团结市、区职能部门共同管理站区治安、交通、经营、市容等秩序。年内，中心被评为湖南省“文明窗口单位”，锦泰广场城际线与地铁2号线换乘提升项目被省政府2022年综合大督查评选为典型经验做法。

（唐 蕾）

【平安站区建设】 2022年，中心协调区公安分局在站内成立反恐防暴治安维稳特勤联动领导小组，整合铁路及市、区多警种力量，联合多部门共同研商、分析安全形势，坚持多维协作共管，形成治安防控新合力。中心建设警用岗亭4座，协调治安二大队、铁路派出所、市公安局特警支队、铁路公安处特警支队实现在站区24小时武装警戒，市武警支队、市巡特警支队在站区开展武装巡逻，路地警力“六位一体”联勤联动，驻站区警力超过100人，共同反恐防暴和打击个人暴力犯罪。年内站区刑事发案数比2021年下降80%。健全路地联席会议机制，定期商议和部署站区综合治理工作，提升各部门之间的协同效率；建立“不分家”多部门联合执法模式，协调和组织铁路公安、治安二大队、市交通、区交警、区城管、区市监、区民政残联等，组成联合执法队，制定驻站区执法单位绩效考核奖惩办法，确保联在实处、动有成效，通过站区安全维稳指挥调度中心，进一步整合铁路、公安等监控信息资源，通过全天候实时监控站区各个区域的144个高清摄像头实现指挥调度中心对火车站东、西广场的视频监控全覆盖，提升路地警力治安维稳和快速处突能力。（唐　蕾）

【有序站区建设】　2022年，中心查处扰序类案件5起，罚款2人次，警告357人次，治安拘留7人，责令罚抄《中华人民共和国治安管理处罚法》30人；对拉客喊客、非法营运、无证摊贩等重点乱象集中整治，站区查处非法营运线路车78台次，网约车196台次，出租车20台次，无证线路牌证6台次，市内非法营运车辆5台次；全年处理消费者投诉139起，为消费者挽回损失1.45万元，查处违章违法经营29起，关门停业整改5家；查处乱吐乱扔案件300起，罚款6000元，处理投诉案件60起；针对流浪乞讨人员开展专项救助管理行动，救助流浪乞讨人员106人次，其中协助返乡13人次，紧急送医6人次，送往救助站87人次。（唐　蕾）

【洁净站区建设】　2022年，中心将东、西广场2个2级环卫作业网格按照作业量细划为5个4级作业网格，将全体员工充实到每个网格，每天清扫保洁面积4.25万平方米，60个果皮垃圾桶及其他公共设施等每日擦抹4次、2台水车1台机扫车对广场地面实行每日清洗、公厕实行专人专管。年内中心协调区园林部门在东广场建设安装绿植自动浇灌系统，提升园林维护水平，确保站区植物常绿。（唐　蕾）

【文明站区建设】　2022年，中心科学合理分布各类指引标识标牌20余块，为旅客市民提供详细便捷的指路、换乘引导。针对无证摊贩、违规广告、乱扔乱吐、共享单车无序停放等乱象，联合和组织火车站行政执法中队、3个周边街道中队开展严查严治；中心实施城市管理网格部署，整合99名公益性岗位人员，充实广场一线执勤力量，完善网格部署，实现24小时全方位管控，同时践行“站区管理人办公室就在广场”理念，实施领导干部24小时带班制度和党委书记现场督查检查工作制度，对各种乱象问题进行劝导、劝阻，协助各职能部门开展管控、整治工作；开展“讲文明、树新风”公益宣传，最大限度提升窗口形象。（唐　蕾）

2022年，“红火炬”站区志愿服务队在火车站东、西广场开展志愿服务活动（火车站地区综合事务中心　供图）

【锦泰广场城际线与地铁2号线换乘提升工程】　2022年，中心牵头组织锦泰广场城际线与地铁2号线换乘提升工程的实施，该项目位于城际线长沙火车站东广场西南侧，为地下一层建筑，连通火车站出站厅和地铁2号线锦泰广场站，通道长约169米，宽8.7～25.2米，基坑深度为3.2～11.8米。总投资5454.37万元，项目采用明挖法施工，于12月26日如期按质高效完工并开通试运营。该项目实现城铁、地铁“零距离”换乘，有效提高乘客出行效率，群众满意度高，在省政府2022年综合大督查中被评为典型经验做法。（唐　蕾）

【火车站“红火炬”志愿服务】　2022年，中心践行“雷锋家乡学雷锋”理念，组织招募相对稳定志愿服务者40人组建“红火炬”站区志愿服务队，中心组织志愿者进行培训后，佩戴统一服务标识，在火车站东、西广场开展志愿服务活动，全年提供问询、救助、帮扶帮困及公益宣传等志愿服务超过1万人次。（唐　蕾）

生态环境

编辑　　谭自然

环境质量

【概况】　2022年，芙蓉区生态环境质量总体保持稳定，全区水环境、声环境质量稳中有升，土壤环境安全可靠，大气环境治理成效明显，辐射、固废监管到位，环境风险隐患可控，生态文明建设和生态环境保护各项事业取得明显成效。芙蓉区空气质量优良天数为298天，同比减少2天，优良率81.6%。$PM_{2.5}$均值浓度为39微克/立方米，同比下降13.3%，臭氧浓度为162微克/立方米，同比上升10.2%，全年重污染天数2天，比2021年减少7天。2022年芙蓉区空气质量考核排名中心城区第一位，市生态环境局芙蓉分局被评为长沙市“蓝天保卫战”先进单位、市生态环境系统2022年度目标考核先进单位，连续三个季度被评为芙蓉区垂直管理部门考核一等单位。在长沙市环评审批与排污许可岗位培训考核中获团体、个人两项第一的好成绩。

（徐　东　赵紫君）

【空气质量】　2022年，芙蓉区空气质量主要监测指标，细颗粒物（$PM_{2.5}$）、可吸入颗粒物（PM_{10}）、二氧化氮（NO_2）、二氧化硫（SO_2）4项指标的年平均浓度分别为39微克/立方米、52微克/立方米、25微克/立方米、7微克/立方米；臭氧（O_3）、一氧化碳（CO）的特定百分位数浓度分别为162微克/立方米、1.1毫克/立方米。

（徐　东　赵紫君）

【水环境质量】　2022年，浏阳河芙蓉区段水质稳定达到地表水Ⅲ类。其中，出境断面（黑石渡）水质7月、8月达到地表水Ⅱ类，其余月份均为地表水Ⅲ类。（徐　东　赵紫君）

【声环境质量】　2022年，芙蓉区稳定达到声环境功能区标准（1类区1个，2类区18个，3类区1个，

·表25·　2022年芙蓉区环境保护基本情况表

指标名称	单位	2022年
一、空气质量优良率	%	81.6
二、城市污水集中处理率	%	100
三、环境影响评价和“三同时”执行率	%	100
四、城市生活垃圾无害化处理率	%	100
五、重点工业企业污染治理情况	—	—
1. 工业废水排放达标率	%	100
2. 工业二氧化硫排放达标率	%	100
3. 工业烟尘排放达标率	%	100
4. 工业粉尘排放达标率	%	100
5. 工业固废综合利用率	%	96
六、建成高污染燃料禁烧区	个	1
七、建成高污染燃料禁烧区面积	平方千米	42.8
八、建成环境噪声达标区个数	个	11
九、建成环境噪声达标区面积	平方千米	31.53

（资料来源：区统计局）

4a 类声环境功能区 1 个，4b 类声环境功能区 1 个）。整体水平达到 2 类区标准。其中，东岸街道、马坡岭街道和东湖街道优于3类区标准。

（徐 东 赵紫君）

环境保护与治理

【大气污染治理】 2022 年，芙蓉区发布颗粒物及臭氧一级管控指令 148 次，二级管控指令 14 次，抢回优良天 14 天。年内，实施东片区挥发性有机物（VOCs）“一企一策”综合整治，制定并实施湘之景木业搬迁、翔铭广告市场“双达标”及大汉建材城、东岸建材市场环境综合整治实施方案。完成车站中路交通优化、解放东路公交站台整合及改造，推进纯电动公交车替换，火车站区域交通拥堵问题有效缓解。强化扬尘专项整治，岳麓山实验室高压雾桩降尘等创新举措在《长沙要情》刊发。2 处建筑工地被评选为“长沙市建筑施工绿色示范工地”。推进大气污染防治特护期“百日攻坚”行动，更新 65 台新能源环卫作业车，重点区域、重点路段安装高压喷淋设施 6 套，建材市场、物流园安装智能门禁 7 套，经营户签署禁止国 5（国家第五阶段机动车污染物排放标准）以下柴油货车进场承诺书 46 份。以购买服务方式租赁雾炮车 2 台，站点周边精细化保洁效果明显。聘请专业公司提供空气质量改善保障服务。完成马坡岭区域污染源详调，搭建空气质量精细化管控平台，安装热点网格监测设备 52 台，全年报警处理达 2328 次，整改反馈率 99.8%。开展道路积尘负荷及挥发性有机物走航监测 40 次，发布空气质量日报、周报、月报 416 份，为科学、精准治污提供有力支撑。 （徐 东 赵紫君）

【水污染治理】 2022 年，芙蓉区全面落实河湖长制，19 项一江六河（湘江、浏阳河、捞刀河、沩水、龙王港、靳江河、沙河）综合治理任务稳步推进。重点推进市政管网雨污分流工程项目建设，完成小西门范围内化龙池、白果园排水管网病害修复，完成杨家湾撇洪渠污染治理（二期）项目论证。系统推进全区市政管网错接漏接整改，疏浚管道 36.55 万米，清理淤泥 2900 立方米。督促各级河长湖长规范履职。2022 年 4 月，长沙市政协民主评议工作组一行 20 余人到浏阳河芙蓉段开展“一江六河”民主评议调研活动。完成东湖街道红旗水库“一县一示范”美丽河湖建设任务。10 处“四乱”（乱占、乱采、乱堆、乱建）问题销号无新增无反弹，排查疑似阻碍行洪问题 16 处，妥善处理河湖问题投诉 22 起、舆情 4 起。组织联合巡查整治行动 11 次，开展禁渔巡查 3292 次，发现并及时制止违规垂钓行为 968 起。针对历史罕见持续高温少雨致浏阳河蓝藻暴发的情况，出动船只 17 艘次、施工人员 83 人次，有效处置浏阳河芙蓉区段蓝藻水华污染；与上下游签订浏阳河流域污染治理生态补偿协议。构建联动治理机制，畅通沟通渠道，及时通报水质及突发状况，共享治水信息。

（徐 东 赵紫君）

【土壤和噪声污染防治】 2022 年，芙蓉区建立生态环境、国土和街道协同机制，完善土地收储信息台账；加强重点行业地块监管，严防土壤污染事件发生；全面落实转变用地性质地块土壤污染风险场地调查工作，全年完成岳麓山实验室项目地块等 25 项地块土壤环境初步调查评审工作。强化社会生活噪声治理，完成火星街道紫薇社区噪控区建设任务。 （徐 东 赵紫君）

【固体废弃物污染防治】 2022 年，芙蓉区有 215 家产废单位，产生危

2022 年 4 月 25 日，长沙市政协民主评议工作组一行 20 余人到浏阳河芙蓉段开展“一江六河”民主评议调研活动 （区农业农村局 供图）

险废弃场 688.87 吨，全部按规范转移至危险废物处置单位。2 家一般工业固废产废单位，产生一般工业固废 13.35 万吨。

（徐　东　赵紫君）

【生态环境保护督察】 2022 年，芙蓉区推进污染防治“夏季攻势”，12 项第二轮中央生态环境保护督察报告反馈问题、1 项“夏季攻势”任务及 15 项市级污染防治任务全面完成并通过销号验收。

（徐　东　赵紫君）

【依法行政】 2022 年，芙蓉区实行生态环境“三线一单”（生态保护红线、环境质量底线、资源利用上线和生态环境准入清单）分区管控制度，办理生态损害赔偿案件 6 起，覆盖生态环境、农业农村和城管执法 3 个领域。审批环境影响报告表项目 11 项，完成排污许可证整改发证 8 家，抽查排污许可年度执行报告 23 家。审批发放医疗机构辐射安全许可证 38 份。调整执行审批和监管两个“正面清单”，办理夜间施工许可 221 次，完成非道路移动机械编码登记并通过审核 1258 台，上牌率 99.76%。详列审批业务一次性告知单。先后推出容缺审批、扫码查询等便民举措，办理辐射许可容缺审批业务 28 项。芙蓉分局行政许可连续多年零违规、零违纪、零投诉，行政审批与政务服务科工作人员获 2022 年环评审批和排污许可培训考试团体和个人第一名。

（徐　东　赵紫君）

【环境监管执法】 2022 年，芙蓉区出动 1.45 万人次，开展生态环境类综合执法 1190 次，查处案件 1.13 万起，共处罚款 268.96 万元。开展

2022 年 6 月 2 日，芙蓉区举办“共建清洁美丽世界　共创文明典范芙蓉”六五环境日宣传活动。图为芙蓉区人民政府和湖南农业大学签约现场

（生态环境局芙蓉分局　供图）

专项整治行动 20 次，清退大型建材门店 20 余家。加强马坡岭区域柴油货车管控，部门联动常态化开展路检路查，查处闯禁 620 起。完成马坡岭区域 6 座加油站三次油气回收设备改造。开展东片区建筑工地扬尘专项执法行动 86 次，集中约谈 20 余次。13 处已消除黑臭的水体实现“长治久清”，5 处水质自动监测站稳定运行，常态化开展流域及小微水体检测及水质动态预警。

（徐　东　赵紫君）

【“6·5”环境日宣传活动】 2022 年 6 月 2 日，芙蓉区委、芙蓉区人民政府和湖南农业大学联合举办“共建清洁美丽世界 共创文明典范芙蓉”2022 年“6·5”环境日宣传活动。活动观看了《芙蓉区深入打好污染防治攻坚战纪实》片，芙蓉区人民政府和湖南农业大学现场签订《深入推进污染防治攻坚 共同助力乡村振兴校地合作协议》，双方将围绕强化技术支撑、推动成果转化、提升能力水平等 5 个方面开展合作；20 名湖南农业大学学子组成的志愿者队伍宣读《共建清洁美丽世界 共创文明典范芙蓉倡议书》，号召全社会爱护生态环境。湖南省生态环境厅党组成员、副厅长黄宇向志愿者队伍授旗。芙蓉区生态环境保护委员会成员单位主要负责人及湖南农业大学师生代表等 250 余人参加活动。（徐　东　赵紫君）

【黑臭水体综合治理】 2022 年，芙蓉区住建局围绕黑臭水体“长治久清”目标，对已完成整治的黑臭水体做好后期维护管理，强化日常监管，形成了通报、考评等长效机制，累计检查 28 次。2022 年对 14 个在建项目发放建筑施工排水许可证，住建局联合行政审批局、市政中心，对排水证的办理、发放、后续监管形成闭环，杜绝房建项目排水不正规、偷排、漏排现象。配合市政设施维护中心完成全区范围内管网功能性普查，共计检测 81 千米。按照

第二轮中央生态环境保护督察要求，完成芙蓉区小西门汇水区管网排水修复及改造项目立项及可研审批、杨家湾撇洪渠溢流污染治理(二期)项目前期勘测和水文调查等工作，12月完成该项目的方案优化，拟定可选的概念方案。在全市率先实现旱季全截污、全收集、全处理的目标，实现浏阳河芙蓉区段达到准Ⅲ类水质标准。（蔡 进）

河长制

【概况】 2022年，芙蓉区河长制工作聚焦实施“三高四新”战略任务要求，结合年度河长制重点工作和省市工作要求，优化河湖水质监测网络，常态清理“四乱”问题，确保黑臭不反弹，全面清剿Ⅳ类以下水体加强生态环境保护，确保浏阳河芙蓉段水质稳定保持Ⅲ类并持续向好。（刘玉陶）

【河长履职】 2022年，芙蓉区各级河长均按照河长履职规范要求，做到知河、巡河、护河。9名区级河长巡河37次，18名乡级河长巡河216次，19名村级河长巡河912次。全年全区召开河湖长制工作会议12次。发现河湖问题7起，交办并及时解决7起。（刘玉陶）

【水质达标】 2022年，芙蓉区形成了政府主导、部门联动、社会各界广泛参与的全民治水良好工作格局，浏阳河芙蓉区段水质稳定达

2022年7月29日，芙蓉区开展“清河净滩”专项行动

（区农业农村局 供图）

到或优于Ⅲ类标准，浏阳河黑石渡出境断面水质7月、8月为Ⅱ类，其余月份均为Ⅲ类，水质优良率100%。（刘玉陶）

【媒体宣传】 2022年，芙蓉区河长制工作通过开展护河宣传志愿行动，发挥公众力量，推行“群众参与群众监督”的河道管理机制，年内获得红网《长沙晚报》等省、市主流媒体关于芙蓉区河湖长制工作报道32篇次。（刘玉陶）

【系统联治及综合治理】 2022年市级下达芙蓉区浏阳河综合治理任务19项，已按照市河长办工作部署全部完成。完成合平路一期、桃园路雨水管网建设项目，督查整改河湖问题7起；定期巡查确保10处“四乱”问题销号无新增无反弹；将确保河道行洪安全列入河长制工作目标，开展妨碍河道行洪突出问题排查专项整治行动，彻底核查芙蓉区16处疑似阻碍行洪问题（经排查均不属于阻碍行洪的违规建筑）；处理公示牌监督电话、“12345”热线投诉、网络舆情等26起，开展“清河净滩”专项行动10余次；做好4次河湖环保舆情问题处置及回复。彻底整改市级交办的“马坡岭街道长沙市中等城乡建设职业技术学校门口附近生活污水”和“东屯渡街道嘉雨社区亭子港排口有灰白色水体直入圭塘河”问题。通过结合物理打捞和药剂投入，对浏阳河芙蓉区段8至9月期间蓝藻暴发问题开展治理，确保浏阳河没有发生长时间、大面积的蓝藻污染。

（刘玉陶）

应急管理

编辑　谭自然

安全生产监管

【概况】 2022年，芙蓉区坚持安全第一、预防为主、综合治理方针，树立红线意识，强化底线思维，全面推进安全生产各项工作，全区安全生产形势稳中向好。全年发生生产安全事故7起，死亡7人，没有发生较大及以上事故，事故起数和死亡人数在长沙市各区（县、市）中最少；对比2021年同期12起12人，事故起数、死亡人数均下降42%，是在事故基数较小的情况下实现的连年下降，为历史年度最低。
（奉先焱）

【安全生产监管执法】 2022年，芙蓉区实行“执法＋专家”模式，聘请第三方安全技术服务机构专家全程参与监管执法检查，检查（含复查）烟花、危化和工贸企业301家次，下达责令整改指令133份，查处生产安全隐患581处，所查隐患均整改完成；下达强制措施责令暂时停产停业整顿指令3份，消除较大生产安全隐患7处；移交行政执法局、消防救援大队依法依规处罚处理21份，行政处罚14.48万元。建立健全安全生产“吹哨人”制度，兑现安全生产举报奖励313次。
（奉先焱）

【安全生产专项整治】 2022年，芙蓉区安全生产围绕“巩固提升年”主题，开展“百日攻坚”“查风险防事故”等专项行动，开展全领域、全链条、全要素的常态化高频次安全隐患大排查大整治，“百日攻坚”行动检查单位3.79万家（次），排查整治隐患1.96万个，作出限期整改、停产整顿、取缔关闭等处罚决定3428个、罚款454.54万元。开展“查风险防事故”行动，检查5797批次，检查单位8536家，排查整改隐患9680处。 （奉先焱）

【醇基燃料源头管控专项行动】 2022年10月1—30日，芙蓉区聚焦高危行业，强化醇基燃料源头管控。10月2日和7日，先后2次组织召开醇基燃料源头管控专项行动调度会，推出“醇基燃料源头管控专项行动检查20条”，醇基燃料源头管控专项行动共摸排醇基燃料经营单位2家，使用单位81家，涉及供货单位26家。专项行动结果移交执法部门立案查处2起，罚款1万元。在10月3日、15日全省安全防范会议上，省安委办分别对芙蓉区工作提出表扬。醇基燃料领域5个案件被应急管理部评为典型案例。
（奉先焱）

【工贸企业安全隐患排查“百日行动”】 2022年4—7月、9—12月，芙蓉区在工贸企业开展2轮安全隐患排查“百日行动”，排查企业884家，发现安全隐患1334处，立案处罚144起（其中简易程序59起，普通程序85起），处罚金额181.08万元（其中简易程序3.86万元，普通程序177.22万元），对有安全隐患的企业形成有力震慑，压实企业主体责任，从源头上管控消除了一批风险隐患，有效防范事故发生。
（奉先焱）

【应急管理宣传教育】 2022年，芙蓉区承办全省“5·12”防灾减灾日宣传演练活动、全省安全生产月启动仪式、全省安全生产宣传咨询日、全省应急管理综合行政执法队伍统一着装仪式4个省级重大安全生产宣教任务大型活动，省应急厅2次向芙蓉区致感谢函。区应急管理局持续运营芙蓉应急云广播，创新开展“指尖上的宣教”，开展冬春季节“敲门行动”，邀请专业机构制作安全生产暗访片，集中曝光一批安全隐患。年内，全区开展安全生产教育培训605场、3.86万人（次）参加，开展应急演练活动313次、2.25万人（次）参加，开展消防安全主题活动30余场。“三小场所”上门安全培训2万余家，开展灭火及疏散逃生演练219场，放映消防安全电影128场次。
（奉先焱）

【开通“安全芙蓉”微信视频号】 2022年，芙蓉区应急管理宣传教育工作创新推行“指尖上的宣教”。在手机微信端每日推送安全警示教育信息，通过街道社区网格化优势，层层传导到全区每一个社区、每一个企业、每一户家庭、每一位居民，每天覆盖人群20万人以上。9月，开通运营“安全芙蓉”微信视频号，发布安全主题微视频100余个，单条微视频转发量最高达3万次，单条视频浏览量最高达17.7万次，在全国同类微信平台中影响力位居前列。 （奉先焱）

防灾减灾

【概况】 2022年，芙蓉区围绕自然灾害防灾减灾目标精准发力，妥善应对各类自然灾害，未发生致人伤亡的自然灾害。稳妥应对多轮低温雨雪冰冻灾害、强降雨、持续高温干旱等极端天气，未发生严重内涝，浏阳河堤防和全区水利设施经受住多轮洪峰考验。年内，区应急管理局承办湖南省2022年“5·12”全国防灾减灾日宣传演练活动，以实战练兵检验防汛应急队伍作战能力。完成三级灾害信息员队伍A、B角设置，开展线下培训100人次、线上培训200人次。推进各类避难场所建设，建设东、中、西3个区级大型避难场所、74个街道社区级避难场所。2022年全省应急管理系统真抓实干激励评选，芙蓉区获评“自然灾害防灾减灾成效明显单位”并被通报奖励。（奉先焱）

【承办湖南省“5·12”全国防灾减灾日宣传演练活动】 2022年5月12日，湖南省2022年“5·12”全国防灾减灾日宣传演练活动在马坡岭街道舟桥广场举行。演练由湖南省减灾委员会主办，湖南省应急管理厅、长沙市人民政府、芙蓉区人民政府承办，省、市、区减灾委成员单位、长沙市应急管理局、长沙市消防救援支队、芙蓉区人民武装部、芙蓉区应急管理局、芙蓉区消防救援大队协办。演练设置监测预警信息发布、应急通信保障、现场应急指挥部建设、低洼地段应急响应处置、冲锋舟抵岸救援、动力浮桥搭建、水域快速救援、被困群众转移安置、横渡绳索救援上机器人救援等11个科目，覆盖特大暴雨险情应急处置的全过程，以实战练兵检验防汛应急队伍作战能力，有400人参与演练活动。（奉先焱）

【灾害信息员培训】 2022年5月31日，芙蓉区应急管理局组织举办2022年度全区灾害信息员培训班，隆平高科技园、13个街道、81个社区（村）98名灾害信息员参加培训。区应急管理局特邀专家进行专题授课。培训内容包括灾情管理工作、灾情统计报告、报灾系统操作、灾情核查评估、灾情信息员队伍建设、灾情会商核定、灾害风险隐患信息报送等方面，旨在提高全区灾害信息员的责任意识和业务技能，为芙蓉区自然灾害应急管理工作夯实队伍保障。（奉先焱）

2022年5月12日，湖南省“5·12”全国防灾减灾日宣传演练活动在马坡岭街道舟桥广场举行（区应急管理局 供图）

【排查安全隐患“敲门行动”】 2022年12月8日，芙蓉区安委办下发文件，以防范家庭火灾和一氧化碳中毒事故为主要目标，在全区组织冬春季节排查安全隐患“敲门行动”。排查按照“查、发、问、改”4个步骤，查找每个居民家中安全隐患，发放安全宣传资料，询问居民家中安全细节，帮助居民进行隐患整改。全区“敲门行动”累计敲门入户20余万户，入户发放宣传资料30万份，排查并整改隐患5356个。“敲门行动”四步法是芙蓉区应急工作的特色创新工作，受到省市安全生产周报、微信公众平台及《人民日报》网络平台等媒体宣传报道。（奉先焱）

消防救援

【概况】 2022年，芙蓉区消防救援工作通过完善消防安全责任体系，开展火灾隐患排查整治，加快推进公共消防设施建设，确保全区消防救援工作平稳态势。年内，芙蓉区消防救援接警1580起，出动车辆3590辆，出动警力2.18万人次，抢救被困人员234人，疏散被困人员191人，抢救财产价值947万元；其中火灾443起，死亡0人，伤7人，直接财产损失926万元，全区火灾形势总体平稳，火灾起数与2021年持平，年内全区未发生亡人火灾事故。（谢梦嘉）

【消防基础建设】 2022年，芙蓉消防救援大队落实“周通报、月考核、季比武”机制，推动灭火救援执勤训练规范化，推行“实地调研、桌面推演、实装拉动、预案完善”的演练模式，组织开展12次大队级实战演练，完成湖南省2022年“5·12全国防灾减灾日”宣传演练活动。以员额制选拔招聘14名优秀政府专职消防员进入社区工作；与区消安委发挥统筹议事和协调督办作用，落实部门联合执法、信息共享、情况通报等工作机制。指示督促各街道（园、局）成立消防安全委员会、社区成立消防安全工作小组，全区成立14个消防安全委员会，81个社区消防工作小组，明确工作任务制度，加强基层消防基础建设。（谢梦嘉）

2022年9月26日，芙蓉消防救援大队派出监督检查人员对存在安全隐患的单位进行查封（区消防救援大队 供图）

【消防安全监督执法】 2022年，芙蓉消防救援大队检查高层建筑367栋，临时查封35家，“三停”8家，罚款102.64万元，发现通道堵塞、占用行为851处，现场整改完毕533处，下发责令改正通知书487份。大队以“打通消防生命通道工程”为目标，组织公共建筑标识划线500家，排查芙蓉区老旧小区底数298个，督促完成标识划线270个，对28个未完成标识划线的老旧小区发文督办，督办完成5家标识划线单位。联合公安、交警、街道、社区对10家单位占用、堵塞、封闭疏散通道、安全出口、占用消防车通道等违法行为进行查处，共处罚款人民币9.96万元，对44个个人占用、堵塞、封闭疏散通道、安全出口、消防车通道等违法行为进行当场处罚或警告处罚。完成12家大型商业综合体隐患排查，突出整治重大火灾隐患，集中整理政府挂牌督办的重大火灾隐患，进行任务分解，责任到人，由主办参谋督促火灾隐患单位落实整改销案，全年立案98家，销案91家。开展消防安全“打非治违”专项整治，大队对全区公众聚集场所开展安全检查，对发现的未经营业前消防安全许可擅自营业的场所及擅自改变使用性质且存在火灾隐患的场所依法进行查处，排查单位1171家，发现隐患1836处，责令“三停”26家，临时查封92家，曝光4家。（谢梦嘉）

【消防安全监督检查】 2022年，芙蓉消防救援大队派出监督检查人员5970人次，检查社会单位2985家，责令“三停”36家，督办重大火灾隐患单位101家，依法对185家单位和个人进行行政处罚，罚款289.12万元。大队联合街道摸排芙蓉区四类高层重点建筑367栋，摸排隐患5643处，整改隐患5600处。（谢梦嘉）

【消防安全宣教】 2022年，芙蓉消防救援大队秉承“人民消防，生命至上”宣传理念，以“进家庭”“进社区”为抓手，聚焦“三清三关”（清走道、清阳台、清厨房、关火源、关电源、关气源）、“校园消防安全”和日常火灾防控宣传教育，策划开展春节、元宵节、消费者权益日、暑假、开学季、“全国中小学安全教育日”、“119消防宣传月”等重要时间节点主题宣传活动36场，消防宣传服务队上门宣传培训次数2000次，惠及5万余名辖区群众。通过线上消防安全学习云平台注册学习超7万人，招募3000名消防志愿者、社区网格员、社区宣传大使深度参与消防宣传工作，以大队全媒体中心为核心创作引擎，联合芒果TV、红网时刻等省内主流新媒体平台，参与拍摄《守护解放西》姊妹篇综艺《解放西折叠》、《致敬！高温下不惧“烤”验的你》系列短片《“烈火英雄”把住网红长沙的脉搏》，并上稿至“学习强国”学习平台、《人民日报》等中央级媒体；年内大队在省市各级主流新媒体平台共发布原创稿件320篇，最高单篇阅读量近100万人次。（谢梦嘉）

【微型消防站点建设】 2022年，芙蓉区加强区安委与基层消防力量联动，从组织机构、运行机制、训管模式三方面着力，对微型消防站运行模式提档升级，确保实现“1分钟出动、3分钟到场、5分钟处置”的要求。并不定期对微型消防站进行督导检查。年内全区共建成社区微型消防站76个，村寨志愿消防队5个，配备4050件基本灭火救援装备。文艺路街道韭菜园社区创新举措在全市率先将便民服务亭改造成微型消防站，由消防志愿者、物业公司安管员、社区综治工作人员进行消防器材的日常管理维护，在全市起到了领先作用。（谢梦嘉）

【岗位大练兵】 2022年，芙蓉区各消防站按照支队正规化管理和“九无”创建活动工作要求，开展队伍执勤岗位大练兵，组织开展作战安全技能训练，提升作战训练安全水平。年内，芙蓉大队在全市岗位比武竞赛中获第二名，全市政治工作暨法纪知识竞赛获第四名；在全市消防救援队伍先进单位与个人表彰中获安全工作先进大队、执勤训练先进大队；各消防救援站9人获训练标兵称号（级别），2人获优秀指挥员称号，3人获优秀消防员称号；在全省消防救援队伍先进单位与个人表彰中，1人获优秀指挥员称号；东岸站在国家消防救援局执勤训练工作先进单位表彰中获先进政府（企事业）专职队称号。

（谢梦嘉）

【“119”消防宣传月启动仪式暨高层疏散演练】 2022年11月12日，芙蓉区举行“抓消防安全，保高质量发展”2022年“119”消防宣传月启动仪式。区委副书记、区长崔晓，市消防救援支队副支队长李文才，区领导刘洪波、杨光华、刘宪出席活动。活动现场宣读了《芙蓉区119宣传月活动实施方案》，区应急管理局向全区社区和社区工作者发出《共建消防安全和谐社区倡议书》。启动仪式后，芙蓉区消防救援大队在长沙国金中心开展高层应急救援实战灭火疏散演练。演练开始后，芙蓉消防大队调集6台消防车、23名消防救援人员赶到现场，对国金中心现场疏散人群进行有序组织，锻炼消防队伍高层火灾应急处置能力。（谢梦嘉）

【马王堆海鲜市场自建房消防安全专项检查】 2022年6月8日，芙蓉区消防救援大队联合马王堆街道组织开展自建房安全隐患专项排查工作。排查特别针对马王堆海鲜市场内自建房开展拉网式、地毯式大排查，对三类重点房屋以及擅自改变使用功能、房屋结构和布局，年久失修存在安全隐患的自建房进行排查。通过实地向经营业主了解情况，重点对自建房是否存在私拉乱接电线、是否存在储存使用易燃易爆物品、电动自行车停放及充电是否符合规范、是否存在违规搭建等情况进行详细检查。此次专项检查共检查单位45家，发现隐患130个，下发责令整改书37份。排查在一定程度上消除了安全隐患，更增强了群众消防安全意识和自防自救能力。

（谢梦嘉）

【全区消防技能培训】 2022年9月8日，芙蓉消防救援大队组织全区街道社区消防专干开展2022年消防安全专题培训，13个街道及隆平园区的消防专干参加培训。培训旨在通过课堂和现场相结合的教学方式，提升芙蓉区各单位消防专干业务能力，指导各部门规范开展社会单位消防安全隐患排查整治工作。课堂教学结合芙蓉区实际情况，围绕酒店、饭店、企业办公楼及厂房等公众场所的消防手续办理、核查，消防专门用语的含义，消防安全督导检查过程中的注意事项等消防理论知识展开指导。现场教学中，大队宣讲员以隆华酒店内的消防设施为例，指导相关参训工作人员了解

2022年11月12日，芙蓉区举行“抓消防安全，保高质量发展”2022年“119”全国消防宣传月启动仪式 （区芙蓉消防救援大队　供图）

建筑室内外消火栓、正压送风机、排烟风机、火灾自动报警系统、防火卷帘等八类常见消防设施的使用和隐患排查方法，以及不同公众场所的消防设施标准参数，促进学员掌握消防安全管理工作的基本方法。

（谢梦嘉）

【9·16荷花园电信大楼火灾】 2022年9月16日15时33分，位于湖南省长沙市芙蓉区荷花园街道东二环一段1032号的中国电信股份有限公司长沙分公司荷花园大院第二长途电信枢纽楼发生火灾。经调查认定，中国电信股份有限公司长沙分公司荷花园大院第二长途电信枢纽楼“9·16”火灾事故是一起因火源和可燃物管理不善引起的在社会面有较大影响的一般生产安全责任事故。长沙市消防救援支队接到报警后，第一时间提高调派等级，一次性调集21个消防救援站的59辆消防车、330名消防救援人员赶赴现场处置。总、支队两级全勤指挥部遂行出动。支队全勤指挥部到达现场第一时间建立重大灾害事故救援行动前方指挥部，按照“救人第一科学施救”的指导思想，迅速展开灭火救援行动。行动采取“以固为主、固移结合、内外夹击”的战术措施控制火势，采取“边堵截、边灭火、边搜救”的方式逐层、逐间进行搜救。此次火灾造成外墙过火面积约3600平方米、室内过火面积约400平方米，楼内1024人全部安全疏散，消防救援人员成功营救1名被困人员，无人员伤亡，统计直接财产损失791.36万元。

（谢梦嘉）

2022年9月24日，芙蓉消防救援大队在长沙世贸环球金融中心举办2022消防应急演练活动 （区消防救援大队 供图）

【高层建筑消防救援应急演练】 2022年9月24日，芙蓉消防救援大队在辖区高层建筑世茂环球金融中心开展重大火灾风险排查和消防疏散逃生演练。演练出动40余名消防员、6台消防车和1台53米云梯车、1台供水车。应急演练现场模拟世茂环球金融中心大楼15楼1501户内因设备电线短路发生明火，并向其他区域蔓延且有人员受伤被困。大楼消防控制室第一时间接到火情报告，安保人员立即拨打“119”火警电话和“120”急救中心电话；消控室立即将主机调至自动状态，立即启动单位内部的消防应急预案并将人员疏散至广场空地，芙蓉大队消防救援人员立即出警，迅速开展火情侦查；大楼内部消防系统、外部消防车以及消防救援人员内攻灭火等手段同步推进，同时启用云梯营救6楼避难层的人员。此次演练，消防救援人员迅速完成人员分层疏散、分区搜救、立体式控火等演练环节，有效检验消防救援队伍处置超高层建筑火灾事故综合救援能力。 （谢梦嘉）

【火灾隐患单位消防安全集中约谈会】 2022年9月28日，芙蓉区组织召开全区消防安全重点单位及重大火灾隐患单位消防安全集中约谈会。各重点单位负责人、重大火灾隐患单位负责人代表近100人参加，其余单位在各街道视频会议室同步参会。会议由区政府二级调研员徐德进主持，区委常委、常务副区长刘洪波、区消防救援大队、区应急局、区住建局、区公安分局主管领导参会并发表讲话。约谈会还组织各重点单位负责人观看芙蓉区安全生产暗访警示片，现场宣读《芙蓉区消防安全重点单位管理情况和重大火灾隐患整治情况通报》，结合近期典型火灾案例对参会人员进行消防安全警示培训。约谈会逐一指出当前各单位存在的消防安全责任意识欠缺、重点场所火灾风险较大等方面的问题，就如何落实消防安全主体责任、开展消防安全检查、及时发现消除各类安全隐患等内容进行详细分解。 （谢梦嘉）

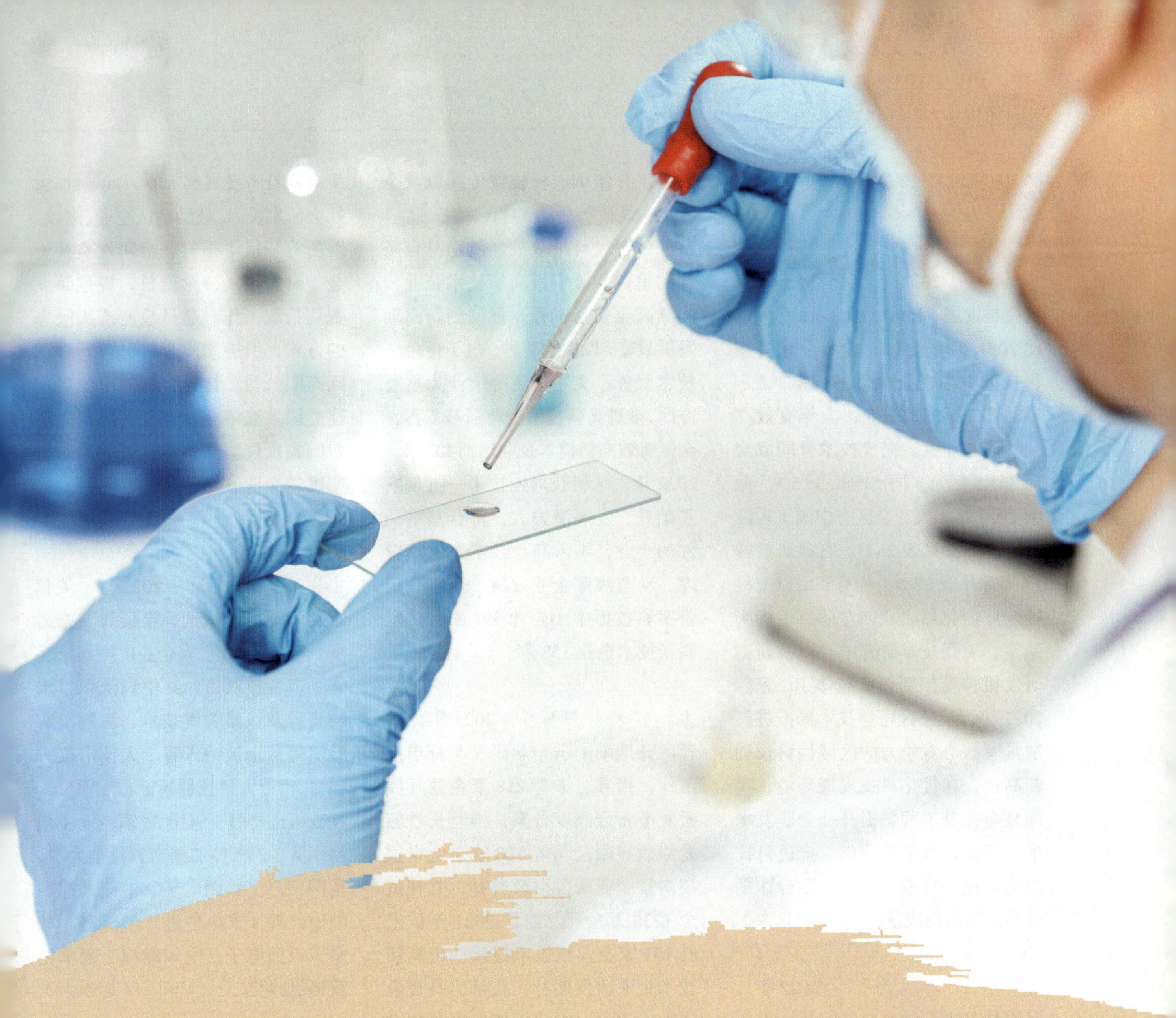

科学技术

编辑　　谭丽霞

科技管理

【概况】 2022年，芙蓉区全社会研究与发展（R&D）投入19亿元，比2021年增长2%。全年登记备案科技型中小企业达到391家，认定158家高新技术企业，全年有效高企达到403家。完成技术合同成交额36.48亿元，同比增长35.5%。截至2022年年底，全区有中国工程院院士6人（见表26），有科研机构17家（见表27），拥有省级以上科技企业孵化器、众创空间、重点实验室、工程技术研究中心以及新型研发机构等创新创业载体101家。2022年，芙蓉区科学技术局推进打造具有核心竞争力的区域性科技创新高地，在优化科技发展环境、实施高企强基工程、提升社会研发水平、狠抓科技项目建设、推进科技成果转化、打造产学研国际合作平台等方面取得成效。 （莫振东）

【科技发展环境优化】 2022年，区科技局做好涉企政策宣讲，举办科技工作培训、科技宣传周以及企业走访调研等活动，宣传国家、省、市、区各级科技政策，鼓励符合条件的单位积极申报高新技术企业，实施高企强基工程。贯彻创新驱动发展战略，以生物育种、电子信息、技术服务、文化创意等产业为重要方向，推进高新技术企业强基工程，全区有效高新技术企业达到403家。2022年，区科技局遴选了一批创新基础好、发展潜力大，符合基本条件的企业，纳入高新技术企业培育库，动态跟踪企业发展，全年登记备案科技型中小企业391家，认定高新技术企业158家。 （莫振东）

【科技资金管理】 2022年，芙蓉区开展湖南省企业研发奖补申报工作，指导、推荐218家企业开展研发准备金制度备案，推荐长沙韶光铬版有限公司等100家企业申报湖南省企业研发财政奖补，奖补资金1230万余元。组织2021年认定的131家企业积极申报长沙市高新技术企业研发奖补，获得奖补资金1020余万元。兑现区级各项科技政策高新技术发展奖670万元。加大社会研发投入。鼓励辖区企业、高校、院所等积极申报省、市研发奖补资金，研发投入持续增长。规范研发费用报统工作。通过政府购买服务的方式，引进湖南金科财智管理顾问有限公司，指导帮助各单位规范建立研发准备金制度和开展研发经费归集报统。全年建立研发准备金制度的企业510余家，工业研发投入2.04亿元。 （莫振东）

【科技项目建设】 2022年，芙蓉区加强项目的筛选、申报和实施力度，全年有30余家企业申报国家、省、市科技项目。其中镉低积累水稻育种及栽培关键技术、岳麓山实验室等分别被纳入省十大技术攻关项目、市重大科技创新标志性项目，并被跟进追踪。组织24家企业（初创团队）积极参加湖南省科创大赛。竞网信息、兴图电子、中核勘探、湖南红橡4家单位进入半决赛。其中，兴图电子、中核勘探2家单位获得优胜奖。 （莫振东）

·表26· 2022年芙蓉区域院士基本情况一览表

姓　名	所在单位	行政职务	研究领域	当选院士时间
官春云	湖南农业大学		油菜高产优质高效栽培、育种理论和应用研究	2001年
邹学校	湖南农业大学	农大校长	辣椒遗传育种	2017年
刘仲华	湖南农业大学		茶叶深加工与资源利用研究	2019年
印遇龙	中国科学院亚热带农业生态研究所		生猪生态养殖营养调控的研究	2013年
单　杨	湖南省农业科学院	院学术委员会主任	柑橘等果蔬贮藏加工与综合利用基础理论、关键技术研究和工程科技应用与推广	2021年
柏连阳	湖南省农业科学院	院党委书记	杂草科学研究，高效安全化学除草、杂草抗药性快速监测与靶向治理	2021年

（资料来源：区科技局）

·表 27· 2022 年芙蓉区域科研机构基本情况一览表

编号	机构名称	地 址	主要研究领域
1	湖南省农业科学院	芙蓉区马坡岭远大二路 892 号	设有杂交水稻、水稻、土壤肥料、农业环境生态、蔬菜、农产品加工、农业信息与工程、园艺、作物、茶叶、农业经济和农业区划、植物保护、核农学与航天育种、农业装备、生物技术 15 个专业科研机构
2	湖南杂交水稻研究中心	芙蓉区马坡岭远大二路 892 号	国内外第一家专门从事杂交水稻研发的科研机构，以杂交水稻育种为重点，进行杂交水稻高产、优质、多抗新品种的选育
3	湖南省水稻研究所	芙蓉区马坡岭远大二路 892 号	研究领域包括水稻种质资源、水稻遗传育种、水稻栽培与耕作技术、农业生物技术、稻米加工与品质分析
4	湖南省茶叶研究所	芙蓉区马坡岭远大二路 892 号	开展茶树种质资源与遗传育种、茶树高效栽培与病虫害绿色防控、茶叶加工与综合利用、茶叶产业经济方面的研究
5	湖南省蔬菜研究所	芙蓉区马坡岭远大二路 892 号	开展蔬菜种质资源鉴评及创新、新品种选育及推广、栽培技术、生物技术等研究
6	湖南省作物研究所	芙蓉区马坡岭远大二路 892 号	主要针对旱粮、油料等作物提质增效的产业需求，开展科技攻关，包括特油菜、食用玉米、大豆、甘薯、马铃薯新品种选育及产业化开发应用
7	湖南省园艺研究所	芙蓉区马坡岭远大二路 892 号	开展果树、观赏园艺作物的种质资源创新、遗传育种、高效栽培、采后处理与加工、休闲农业与乡村旅游的创新研究和规划设计
8	湖南省植物保护研究所	芙蓉区马坡岭远大二路 892 号	从事植物病理学、农业昆虫与害虫防治、杂草生物学与综合治理、作物有害生物综合防控技术、微生物农药研制与应用、植保生物技术、农药科学应用、作物抗性鉴定与评价等方面研究
9	湖南省土壤肥料研究所	芙蓉区马坡岭远大二路 892 号	土壤资源与可持续利用，植物营养与施肥，农业气象灾害防控，水资源高效利用，绿肥研究与应用，新型肥料及工艺技术研发与应用，水、肥、土的检测方法研究与技术服务
10	湖南省核农学与航天育种研究所	芙蓉区马坡岭远大二路 892 号	农作物种质资源创制与利用、农产品辐照保藏、生物炼制、高分子材料改性及应用、核素示踪技术应用等研究
11	湖南省农业环境生态研究所	芙蓉区马坡岭远大二路 892 号	耕地重金属污染治理、农业面源污染防控、农业应对气候变化、农业废弃物资源化利用、土壤生态健康的研究与推广
12	湖南省农产品加工研究所	芙蓉区马坡岭远大二路 892 号	湖南省唯一的省级农产品——食品加工与质量安全科研和检测专业机构。主要从事果蔬、畜禽水产、旱杂粮加工等方面的研究，拥有 6 个研究团队、1 个中试示范工厂
13	湖南省农业生物技术研究所	芙蓉区马坡岭远大二路 892 号	从事农田杂草安全高效防控、农药毒理学和害虫抗药性、土传病害生物学、水稻和玉米分子育种及功能基因挖掘利用等方面的研究

·续表 27·

编号	机构名称	地　址	主要研究领域
14	湖南省农业装备研究所	芙蓉区马坡岭远大二路 892 号	农业全程机械化技术研究及装备创制；智能农业、智慧农业控制技术研究与装备、软件开发；农林产品加工、储运机械化研究，农业机械化工程咨询与设计；农机检测服务与仪器开发
15	湖南省农业经济和农业区划研究所	芙蓉区马坡岭远大二路 892 号	一家专门从事农业软科学研究的省级公益性综合科研机构。以承担各级政府及其部门涉农科研项目为主要任务，同时面向“三农”主战场，开展政策建议、决策咨询和规划服务
16	湖南省农业信息与工程研究所	芙蓉区马坡岭远大二路 892 号	从事农业物联网、大数据、人工智能等信息技术以及南方设施农业、农业信息监测预警、农业声像制作与传播等研究与应用
17	湖南省蚕桑科学研究所	芙蓉区军科路 23 号	从事桑蚕种质资源创新利用及品种选育，桑树种质资源创新利用及品种选育，蚕桑资源创新利用及产品研发，蚕业技术创新与推广，蚕种良种繁育等

（资料来源：区科技局）

·表 28·　2022 年芙蓉区科技发展情况统计表

指标名称	单位	2022 年
一、全社会研究与发展（R&D）经费支出（2021 年）	亿元	19
二、高新技术企业认定	家	158
三、高新技术产业增加值	亿元	163.1
四、发明专利授权	件	535
五、技术合同成交额	亿元	36.48

（资料来源：区统计局）

【科技成果转化】　2022 年，芙蓉区科技局联合隆平园探索建立潇湘科技要素大市场种业工作站，致力为辖区高校院所、科技型企业提供成果转化的场地。组织开展长沙隆平种业硅谷科技成果竞卖会暨种业成果发布会，促进辖区种业协同攻关与成果转化，发挥种业科技成果的产业价值。2022 年完成技术合同成交额 36.48 亿元，同比增长 82.14%，登记数突破 1959 份，同比增长 68.73%。　（莫振东）

【科技合作】　2022 年，芙蓉区打造产学研国际合作平台，对接辖区高校、院所资源，打通科技创新资源渠道，打造集科技人才、科研成果、科技大数据信息服务、科技政策等一站式的创新合作平台。6 月 20 日，马拉维——湖南农业大学产学研合作基地正式揭牌，加之前期签订的马拉维离岸（中国）产业与交流中心等产学研合作基地，中非双边在科学研究、技术应用、人才培养、

国际交流等方面的科技合作进一步拓展。（莫振东）

科技活动

【概况】 2022年全国“科技活动周”期间，芙蓉区以“走进科技 你我同行”为主题，举办5场主场活动，获得上级科技主管部门和辖区居民群众的好评。11月，区科技局联合区属学校开展“非凡十年，‘两翼’同行——党的二十大科普进万家”活动，向中小学生开展科普2场。举办“升高”“研发费用报统”“技术合同登记”专题培训，深入科技型企业开展“暖企行动”。

（莫振东）

【2022年科技活动周】 2022年5月22—31日，全国科技活动周芙蓉区系列活动展开。26日，主题为“走进科技 你我同行”芙蓉区“科技活动周”启动仪式在长沙市修业学校举行。活动由区委宣传部主办，区科技局、区科协、区文明办、区教育局承办。长沙市科学技术局党组成员、副局长曾敏，芙蓉区人民政府党组成员、副区长徐青春，芙蓉区政协副主席、区科学技术局局长陈庆及部分师生代表、家长代表，街道、社区科普志愿者等约200人参加启动仪式。除启动式外，2022年芙蓉区科技活动周包括“创新引领时代 科技点亮生活”“科技开创未来 创新凝聚合力”“喜迎二十大 科技再出发”“快乐成长 向未来”等多场活动，分别在社区和幼儿园举行，向中小学生、社会民众以及幼儿普及科学知识，弘扬科学精神。科技周期间，芙蓉区范围内各级科普基地（场馆）、科普教育基地均免费向社会开放，宣传《中华人民共和国科技进步法》《中华人民共和国科学技术普及法》《国家中长期科学和技术发展规划（2021—2035年）》《“十四五”国家科技创新规划》等法律法规，宣传芙蓉区科技创新发展取得的重大成果，营造良好科技创新氛围。

2022年5月26日，主题为“走进科技 你我同行”的芙蓉区科技活动周启动仪式在长沙市修业学校举行　　（区科技局　供图）

26日，科技活动周启动式与西部联盟科技节在修业学校同场举行。公益科技大篷车，26个科普项目给学生们提供科幻新奇体验。学校举办西部联盟七校200余件科技作品展，展示师生齐心绘制的巨幅科幻画。现场进行机器人和街舞表演，科技小队带来“大象牙膏”实验表演。火箭发射、炫酷无人机表演。活动现场举行了西部联盟授牌仪式。

26日，以“智慧创新科技 科技点亮生活”为主题的活动，在二里牌社区举行。活动中，来自移动芙蓉分公司的负责人向居民现场讲解了5G科技、集成电路等高端科技领域在日常生活中的应用，让居民群众了解到科技给日常生活带来的便利。活动现场设置科技展示区，向民众展示北斗卫星定位系统、3D打印技术、青少年科技创新作品等，举行科学互动问答。

27日，以“喜迎二十大 科技再出发”为主题的活动，在文艺路韭菜园社区举行。活动表演无人机编队飞行、趣味科学实验秀，宣传消防安全、防疫、反电诈等科普知识，针对不同参与群体，开展科普与娱乐相互结合的科普体验活动，3D打印机、VR头盔、眼卫生健康体验等设备，现场实验吸引居民驻足观看。科技志愿者引导市民操作设备。28日，以“快乐成长 向未来”为主题的活动，在芙蓉区东岸街道东台幼儿园举行。东云台幼儿园的孩子们表演趣味机器人舞《云娃向未来》，幼儿园园长介绍幼儿园在科技节前开展云娃看科普书、画科幻画、做科技小制作，搭建未来世界等一系列活动。活动展示科学表演秀《厨房大作战》，设置了空气大炮体验、瓶中彩虹、酸碱反应、非

2022 年 5 月 28 日，芙蓉区“科技活动周”在东岸街道东台幼儿园举行。图为孩子们表演机器人舞《云娃向未来》（区科技局 供图）

牛顿流体、水果发电、泡泡体验区、机器人体验区、无人机表演、3D 打印技术等科技体验活动。

30 日，以“科技开创未来 创新凝聚合力”为主题的活动，在火星街道紫薇社区举行。活动现场设置科技展板和宣传台，举行有关科技、禁毒、反电诈的知识抢答，科技志愿者们向前来参观的群众讲解最新修订的《中华人民共和国科技进步法》，宣传《中华人民共和国科学技术普及法》，介绍国家科技创新重大成就、重大成果，展示科技创新支撑经济高质量发展成效。

（莫振东）

【科技政策培训会】 2022 年 5 月 31 日，区科技局牵头举办芙蓉区科技创新工作专题培训会。全区各科技型企业负责人以及各街道（园、局）科技专干等 130 余人参加。会议邀请长沙市科技局高新处副处长刘湘、湖南金科财智管理顾问集团王晋老师等相关专家分别就湖南省企业研发财政奖补、高新技术企业申报认定管理、技术合同登记以及企业研发经费税前加计扣除等政策进行宣讲和培训。会议由区政协副主席、区科技局局长陈庆主持，区政府副区长徐青春出席并讲话。

（莫振东）

·表 29·　2022 年新认定高新技术企业一览表

序号	企业名称	高企编号
1	湖南青洲科技发展有限公司	GR202243001888
2	湖南麒麟创新科技有限公司	GR202243001760
3	湖南红路信息科技有限公司	GR202243001618
4	湖南正航科技有限公司	GR202243001931
5	湖南通远网络股份有限公司	GR202243003052
6	湖南福华信息工程有限公司	GR202243000279
7	长沙工匠智造科技有限公司	GR202243000550
8	湖南日恒智能工程有限公司	GR202243003213
9	湖南清辉环保工程有限公司	GR202243003237

·续表 29·

序号	企业名称	高企编号
10	湖南晟湖食品有限公司	GR202243001803
11	长沙康曼德信息技术有限公司	GR202243000229
12	湖南华世科信息技术有限公司	GR202243001526
13	湖南鑫南风安全环保科技有限公司	GR202243003080
14	湖南景程智旅规划设计研究院有限责任公司	GR202243002938
15	长沙网财信息技术服务有限公司	GR202243000398
16	长沙凯和电器有限公司	GR202243001581
17	长沙华谷峰通信设备有限公司	GR202243002443
18	湖南省佳策测评信息技术服务有限公司	GR202243001324
19	湖南省中企互通互联网科技有限公司	GR202243002184
20	湖南省科升水务有限公司	GR202243002613
21	湖南红橡室内气候技术有限公司	GR202243000917
22	长沙金天鹅科技有限公司	GR202243003260
23	湖南省艺美智能科技有限公司	GR202243001123
24	湖南先歌科技有限公司	GR202243000853
25	湖南标普互联信息科技有限公司	GR202243002534
26	湖南新宇建筑科技集团有限公司	GR202243000076
27	湖南谛图科技有限公司	GR202243000453
28	长沙宏略信息科技有限公司	GR202243002002
29	湖南中砼建材有限公司	GR202243002269
30	湖南国中科技有限责任公司	GR202243000164
31	长沙垚森工程科技有限公司	GR202243002440
32	湖南国捷信息技术有限公司	GR202243001012
33	长沙昌融电子科技股份有限公司	GR202243003054
34	长沙博域信息技术有限公司	GR202243000347
35	湖南神帆科技有限公司	GR202243001198

·续表 29·

序号	企业名称	高企编号
36	湖南金松科技发展有限公司	GR202243000021
37	湖南旭兴信息技术有限公司	GR202243002300
38	湖南九华软件有限公司	GR202243002796
39	湖南众益文化传媒股份有限公司	GR202243000445
40	湖南彬烨信息有限公司	GR202243001401
41	长沙市驰锋科技发展有限公司	GR202243001920
42	湖南中兴公路桥梁建设有限公司	GR202243000968
43	长沙乐远化工科技有限公司	GR202243001055
44	湖南恒成信息技术有限公司	GR202243000534
45	长沙中联泵业股份有限公司	GR202243002326
46	湖南时代光华信息技术有限公司	GR202243002283
47	长沙北林计算机科技有限公司	GR202243001382
48	湖南高速工程咨询有限公司	GR202243002591
49	长沙辰熙信息科技有限公司	GR202243001365
50	长沙龙傲信息科技有限公司	GR202243002579
51	长沙芯美信息科技有限公司	GR202243002349
52	湖南中人人事服务有限公司	GR202243002335
53	长沙曙邦网络科技有限公司	GR202243001502
54	海泉世安工程有限公司	GR202243001816
55	湖南原生生物科技股份有限公司	GR202243000751
56	中铁二十五局集团第三工程有限公司	GR202243002952
57	湖南博宇信息技术有限公司	GR202243000548
58	湖南金峰金属构件有限公司	GR202243002117
59	湖南赫克信息科技有限公司	GR202243000683
60	湖南天极创展信息技术有限公司	GR202243001957
61	湖南建磊建筑装饰工程有限公司	GR202243000801

·续表 29·

序号	企业名称	高企编号
62	湖南大禹奇功建材科技有限公司	GR202243001553
63	湖南启承信息科技有限公司	GR202243001089
64	湖南省建筑科学研究院有限责任公司	GR202243001115
65	湖南鼎太网络科技有限公司	GR202243000080
66	湖南联厚信息服务有限公司	GR202243002871
67	中机国际环保科技有限公司	GR202243002964
68	湖南乐捷康科技有限公司	GR202243001151
69	湖南湘知时信息科技有限公司	GR202243003388
70	湖南永昌电梯工程有限公司	GR202243001655
71	长沙申美文化传播有限责任公司	GR202243000210
72	湖南聚杰智能互联网科技有限公司	GR202243001924
73	长沙腾海网络技术有限公司	GR202243002155
74	湖南旭科工程咨询有限公司	GR202243001712
75	长沙长钢计算机有限公司	GR202243001623
76	长沙飞波通信技术有限公司	GR202243003201
77	湖南永腾智能科技有限公司	GR202243001769
78	湖南中科智网电力科技有限公司	GR202243004562
79	湖南科臣环境科技有限公司	GR202243004704
80	湖南省天伦安装工程有限公司	GR202243003541
81	长沙市保灵建材助剂有限公司	GR202243004099
82	湖南省宏洲信息科技有限公司	GR202243004499
83	湖南义和云创科技有限公司	GR202243004891
84	长沙华佳智能科技有限责任公司	GR202243005019
85	长沙商银电子科技有限公司	GR202243004957
86	湖南飞波工程有限公司	GR202243003720
87	湖南中彩生态环境科技有限公司	GR202243005018

·续表 29·

序号	企业名称	高企编号
88	湖南创玩信息科技有限公司	GR202243004376
89	湖南云易搜信息科技有限公司	GR202243003635
90	湖南爱邦正明环保有限公司	GR202243004202
91	长沙市铭创机电设备有限公司	GR202243003800
92	湖南育晟教育科技有限公司	GR202243004033
93	湖南福和融科技有限公司	GR202243004817
94	长沙守为智能科技有限公司	GR202243003629
95	湖南云兆科技有限公司	GR202243004549
96	长沙豆芽文化科技有限公司	GR202243004234
97	湖南雅高幕墙装饰有限公司	GR202243003513
98	湖南威胜环境科技有限公司	GR202243004822
99	湖南省园林建设有限公司	GR202243004160
100	湖南诚轩电子科技有限公司	GR202243004616
101	湖南童妍影像文化传媒有限公司	GR202243003414
102	湖南鸿钢环保科技有限公司	GR202243003412
103	长沙琿泰陶瓷科技有限公司	GR202243003850
104	长沙乐林建筑安装工程有限公司	GR202243003445
105	长沙泽福科技有限公司	GR202243004350
106	湖南旅行者网络科技有限公司	GR202243003873
107	长沙万维信息网络服务有限公司	GR202243003607
108	湖南昕视祺科技发展有限公司	GR202243003416
109	长沙宜泽信息技术有限责任公司	GR202243005070
110	长沙百通电子科技有限公司	GR202243001086
111	湖南通特环保科技有限公司	GR202243003203
112	湖南银河钢结构工程有限责任公司	GR202243000191
113	长沙全程迅通科技开发有限公司	GR202243002479

·续表 29·

序号	企业名称	高企编号
114	湖南欧迈特网络科技有限公司	GR202243000687
115	湖南普仁凯顿义齿科技有限公司	GR202243000733
116	凯德技术长沙股份有限公司	GR202243000710
117	湖南金禄工程技术服务有限公司	GR202243001955
118	湖南本安亚大新材料有限公司	GR202243001881
119	湖南农大追求饲料科技有限公司	GR202243002640
120	长沙华勇空调设备有限公司	GR202243003348
121	湖南中翔远威科技有限公司	GR202243000949
122	湖南立诚生态科技有限公司	GR202243001754
123	湖南金隆建筑工程有限公司	GR202243002507
124	湖南佳和种业股份有限公司	GR202243001383
125	湖南腾远智能设备有限公司	GR202243003368
126	湖南森美思环保有限责任公司	GR202243001651
127	湖南优课工坊文化传媒有限公司	GR202243002636
128	长沙火曼科技有限责任公司	GR202243001657
129	湖南新影界信息技术有限公司	GR202243000549
130	湖南欧格有机认证有限公司	GR202243000927
131	长沙道勤生物科技有限公司	GR202243000281
132	长沙经阁门窗幕墙工程有限公司	GR202243000985
133	长沙皓龙环保科技有限公司	GR202243000788
134	湖南光大牧业科技有限公司	GR202243002073
135	湖南荣昕文化传媒有限公司	GR202243001226
136	湖南竹雨文化传媒有限责任公司	GR202243001436
137	湖南湘江水务有限责任公司	GR202243001805
138	湖南恒运工程技术服务有限公司	GR202243003334
139	湖南谷哈信息科技有限公司	GR202243002694

·续表 29·

序号	企业名称	高企编号
140	湖南天耀传媒有限公司	GR202243000738
141	湖南阿默健康养老服务有限公司	GR202243002713
142	湖南瑞弘景观建设有限公司	GR202243000369
143	湖南源达智能科技有限公司	GR202243001166
144	湖南广诚海纳机械科技有限公司	GR202243005287
145	长沙今楚环保科技有限公司	GR202243004254
146	湖南佳信佰生物技术有限公司	GR202243004486
147	隆平现代农业科技服务有限公司	GR202243004189
148	湖南龙威智能科技有限公司	GR202243004627
149	湖南湘猪科技股份有限公司	GR202243005301
150	湖南橘友生物科技有限公司	GR202243004856
151	长沙中科晶博生物科技有限公司	GR202243003935
152	湖南隆辉环保有限公司	GR202243004586
153	湖南恒之宇建筑安装工程有限公司	GR202243003842
154	湖南六旺生物科技有限公司	GR202243005336
155	长沙盛东食品科技有限公司	GR202243003431
156	长沙南方新精零部件制造有限公司	GR202243004740
157	湖南旺旺医院有限公司	GR202243005360
158	湖南省君越科技有限公司	GR202243005345

（资料来源：区科技局）

教　育

编辑　谭自然

综　述

【概况】　2022 年，芙蓉区教育局有局属二级机构 7 个，中学 5 所、小学 36 所，在编教职工 2694 人，备案制教师 183 人，在校中小学生 56007 人。辖区内幼儿园 125 所，其中公办园 41 所（区属 18 所）、民办园 84 所，在园幼儿 24668 人。民办培训学校 55 所，在校学生 6231 人。2022 年，芙蓉教育紧扣“办好人民满意的幸福教育、推进国家级义务教育优质均衡发展区建设”教育理念，坚持立德树人根本任务，深化教育领域改革，提升区域整体办学水平。年内，芙蓉区被评为全国“义务教育优质均衡先行创建区”（长沙市 2 人入选区、县之一）、湖南省“人工智能条件下教育社会实验首批实验单位”、长沙市“真抓实干督查激励奖”、长沙市“首批融合教育示范区”、长沙市“人工智能助推教师队伍建设试点区”，基础教育成果获得包括湖南省“基础教育成果特等奖”在内的 7 项省级奖励，大同小学创新项目《共享单车手把消毒装置》在第 121 届巴黎国际发明展上获得金奖，育英学校郭晓芳老师获评“全国教书育人楷模”。“双减”工作、特殊教育、教育督导、智慧教育、校园安全等工作经验获国家省市推介。

（刘子晶）

【教育经费投入】　2022 年，芙蓉区财政性教育经费投入 12.18 亿元，比 2021 年增长 9.46%。一般公共预算教育经费 11.34 亿元，比 2021 年增长 7.29%。其中幼儿园一般公共预算教育支出 9313.29 万元，比 2021 年增长 24.32%，生均支出 1.26 万元，比 2021 年增长 7.04%。小学一般公共预算教育支出 6.85 亿元，比 2021 年增长 5.44%，生均支出 1.53

·表 30·　2022 年芙蓉区教育事业基本情况统计表（含社会办学）

指标名称	单位	2022 年
一、学校数	个	48
其中：小学	个	38
中学	个	10
二、在校学生人数	人	69205
其中：小学	人	47104
中学	人	22101
三、小学生入学率	%	100
四、小学生普及率	%	100
五、小学生巩固率	%	100
六、普通初中入学率	%	100
七、教职工数	人	4318
八、适龄人口入学率	%	100
九、在校学生辍学率	%	0
十、小学毕业生升学率	%	100
十一、初中毕业生升学率	%	98.97

（资料来源：区统计局）

万元，比2021年增长0.78%。初中一般公共预算教育支出2.91亿元，比2021年增长21.00%，生均支出3万元，比2021年增长18.36%。高中一般公共预算教育支出1339.69万元，因高中自2021年起不招生，比2021年减少39.25%，生均支出3.59万元，比2021年增长7.15%。

（刘子晶）

【教育基础设施建设】 2022年，芙蓉区完成育英西垅小学扩建工程及金茂建发·观悦和时代·印记两所公办幼儿园建设，新增公办幼儿园学位390个。金茂建发·观悦幼儿园位于芙蓉区东岸街道滨河路与大茅坪路西北角，占地3500平方米，建筑面积2670平方米，户外面积2610平方米，规划教学班级9个。时代·印记幼儿园位于农园中路69号，占地面积2020平方米，建筑面积1730平方米，户外面积1740平方米，规划教学班级7个。投入3000余万元，对全区中小学学校、幼儿园进行薄弱学校改造、安全隐患整改和提质改造。（刘子晶）

【教育改革】 2022年，芙蓉区出台《芙蓉区深化新时代教育评价改革试点方案》《芙蓉区深化新时代教育评价改革重点任务清单》，逐项落实改革任务。改革党委和政府教育工作评价，推进科学履行教育职责，入选全国"义务教育优质均衡先行创建区"；改革学生评价，开发芙蓉区综合素质评价系统，对学生实施"五育"评价，制定《芙蓉区小学生综合素质评价实施方案》和《芙蓉区中学教育质量综合评价结果应用行动改进方案》，遴选育英小学、大同三小等8所小学试点校，一中双语实验、长郡芙蓉、一中马王堆三所中学申报长沙市中小学教育质量综合评价结果运用实验校；改革教师评价，借助人工智能技术手段开展教师评价，力争为每位教师进行精准"智慧画像"。组织开展芙蓉区2022年度深化新时代教育评价改革案例评比活动。共收集案例121篇，经专家评审，评选出一等奖24篇、二等奖36篇、三等奖36篇。率先在全市启动新课程项目式学习区域推进实验工作，承办北师大主办的"新课标·新教育·新学习"第三届教师核心素养国际研讨会暨项目式学习全国论坛。作为教育部"基于教学改革，融合信息技术新型教与学模式"实验区，全年开展专题研讨7次。开展高中新课程新课标学习研讨活动。成立综合实践教学成果推广领导小组，组建专家工作坊，遴选12所示范校开展研讨与实践活动，马坡岭小学、育才小学被评为市级优秀教学成果推广典型示范校。（刘子晶）

【招生考试】 2022年，芙蓉区教育局相继组织普通高等学校招生统一考试、高中学业水平考试、初中毕业学业水平考试、全国高等教育自学考试、成人高校招生考试、全国公共英语等级考试报名、组考工作，负责全国硕士研究生招生考试、教师资格证考试（笔试）组考工作等。2022年，湖南省高考综合改革，继续实行"3+1+2"模式。芙蓉区教育考试中心全年协助上级考试院开展招生考试工作11次，服务考生6.5万余人，启用考点组考40次，属地中学平均组考5次，居全市第一位。共同参与护考的职能部门28个，出动义工近3000人次。参加高考的人数2875人，其中录取芙蓉区户籍本科人数1957人，招空军飞行员1人。在年内招生考试工作上，芙蓉区被评为长沙市"高考优秀考区"、长沙市"国家考试先进单位"。

（刘子晶）

学前教育

【概况】 2022年，芙蓉区学前教育坚持公益普惠，持续扩充优质资源。学前教育三年毛入园率100%以上，普惠园覆盖率93.11%，公办幼儿园在园幼儿人数已达全区幼儿总数的56.9%，比2021年增长1.46%，高质量完成公办幼儿园在园幼儿人数占比的目标任务。支持普惠性民办幼儿园发展，全年认定普惠性民办幼儿园62所，下拨相应的补助资金3984.89万元供全区普惠性民办幼儿园提升保教质量、改善办园条件。持续推进对口帮扶工作，建构起全区幼儿园对口帮扶成长共同体模式。推进科学幼小衔接，在4所省、市幼小衔接试点园（校）的基础上，遴选14所区级幼小衔接试点园（校），定期召开"幼小衔接联合会议"，建立起全区幼儿园和小学"就近结对，科学衔接"模式，助力科学幼小衔接工作落地落实。公开招聘1名专职学前教育教研员，成立9个专业成长小组，组织开展多形式、多主题研训活动。培训幼儿园园长、精英教师、新任教师、保育员1200人次。定期开展幼儿园分类定级检查、年度办园水平评估，100%全覆盖的每月动态检查，对各类幼儿园办园条件、教职工资质、收费标准、卫生保健、食品安全等方面情况进行监督指导，规范办园行为，提升保教质量。（刘子晶）

【两所公办幼儿园开园】 2022年2月28日，芙蓉区新建的合平幼儿园、张公岭幼儿园实现首次开园招生。两所幼儿园设备齐全，功能完善，均规划为9个班。合平幼儿园坐落于芙蓉区合平路与人民东路交界处，开园时招收29名幼儿，设1个教学班，配备1名教师1名保育员。张公岭幼儿园位于京珠高速西辅道和桐西路交会处，开园时招收37名幼儿，设1个教学班，配备2名教师1名保育员。 （刘子晶）

【承办湖南省学前教育学会学术年会】 2022年6月24日，湖南省学前教育学会学术年会以“基于儿童立场的幼儿园课程建设与评价”为主题的分论坛活动在芙蓉区东湖路幼儿园举行，来自全省各地的近100名幼儿园园长、教师代表现场观摩东湖路幼儿园班级区域游戏活动并进行交流。湖南省学前教育学会副会长、教育学博士皮军功，湖南省学前教育学会课程研发中心研究员、区域活动项目主管周圆等参加活动。皮军功肯定东湖路幼儿园在生态区域游戏活动“以儿童为中

·表31· 2022年芙蓉区属幼儿园基本情况一览表

序号	单　位	地　址	成立时间（年度）	班级数（个）	学生数（人）
1	芙蓉区教育局朝阳幼儿园	长沙市芙蓉区凯通国际城78号	1981	12	423
2	芙蓉区教育局德政园幼儿园	长沙市芙蓉区德政街46号	2002	9	398
3	芙蓉区教育局星城世家幼儿园	长沙市人民东路398号	2011	9	375
4	芙蓉区教育局东岸锦城幼儿园	长沙市芙蓉区长星路165号东方人家小区内	2014	9	384
5	芙蓉区教育局农园路幼儿园	长沙市芙蓉区农园路7号	2015	9	500
6	芙蓉区教育局白沙湾幼儿园	长沙市芙蓉区东屯渡街道白沙湾社区白沙湾幼儿园	2015	6	268
7	芙蓉区教育局鑫科明珠幼儿园	长沙市芙蓉区浏阳河大道98号	2017	6	265
8	芙蓉区教育局芙蓉公寓幼儿园	长沙市芙蓉区荷花路469号	2016	9	340
9	芙蓉区教育局东湖路幼儿园	长沙市芙蓉区东湖街道合平社区内	2016	12	411
10	芙蓉区教育局万国城幼儿园	长沙市远大路1389号（芙蓉万国城小区内）	2018	12	464
11	芙蓉区教育局金域蓝湾幼儿园	长沙市晚报大道569号万科金域蓝湾小区	2019	12	497
12	芙蓉区教育局东云台幼儿园	长沙市人民东路469号东云台小区东门处	2019	7	279
13	芙蓉区教育局八一路幼儿园	长沙市芙蓉区韭菜园街道桐荫里138号	2020	5	189
14	芙蓉区教育局火炬幼儿园	长沙市芙蓉区万家丽北路三段36号	2021	3	68
15	芙蓉区教育局名士豪庭幼儿园	长沙市芙蓉区东岸街道农园中路29号	2021	1	37
16	芙蓉区教育局张公岭幼儿园	长沙市芙蓉区张公岭路与桐西路交会处西北角	2021	4	154
17	芙蓉区教育局合平幼儿园	长沙市芙蓉区合平路与泉坝路交会处	2021	4	164

（资料来源：区教育局）

心”的活动宗旨，其“注重幼儿自主探究”“关注个别差异”，能够有效促进幼儿多元发展，在园本课程的开发上起到了良好的示范作用。（刘子晶）

【教研帮扶】 2022年6月20—25日，“乡村园长希望+”项目组与长沙学前教育协会高准定位，选派金域蓝湾幼儿园夏思思、朝阳幼儿园刘芬、芙蓉公寓幼儿园陈丽君、东岸锦城幼儿园刘丹凤4名老师，送教、送培、送研到湘西州龙山县雨花幼儿园，专家组老师们入园“诊断”、进班观摩、精准“把脉”，对班级情况进行分析整理。随后根据诊断，4名老师有针对性地对龙山县雨花幼儿园环境创设和区域建设进行专题培训，对区域活动组织与实施进行园本教研，对音乐领域集体活动进行教学示范，还对雨花幼儿园骨干教师区域活动的组织与实施进行了磨课、一对一进班指导与专业引领，多角度帮扶、助推龙山县幼儿园发展，为幼儿园区域建设和活动组织提供理论和实践层面的帮助。（刘子晶）

【学前教育业务培训】 2022年7月9—11日，由芙蓉区教育局举办的幼儿园教师暑期培训班，幼儿园园长培训班、精英教师培训班同期开班。芙蓉区学前教育第一集团、第二集团、第三集团共同承办，辖区内135名幼儿园园长和66名精英教师参加培训，14名授课专家带来幼小衔接的“三问”“三答”“三思”、做新时代有法制素养的优秀园长、儿童视角下安吉游戏理念的园本化实践等专题课，从理论和实践教学操作等层面提升幼儿园园长、教师的管理水平和专业能力，推进芙蓉区各级各类幼儿园均衡发展。（刘子晶）

【科学幼小衔接】 2022年，芙蓉区教育局为加快实现幼儿园与小学科学有效衔接，实行试点先行、全面推进的科学幼小衔接发展方针，申报鑫科明珠幼儿园为湖南省科学幼小衔接试点园，朝阳幼儿园、农园路幼儿园为长沙市科学幼小衔接试点园，开展系列幼小衔接活动的探索工作，提炼科学幼小衔接的成功做法和新思路。（刘子晶）

小学教育

【概况】 2022年，芙蓉区有小学36所，设置1～6年级1048个班级，有学生46228名。年内，芙蓉区小学教育工作继续推进“双减”（即减轻义务教育阶段学生作业负担和校外培训负担）工作，区教育局成立校外培训监管科，加强校外监管，统筹实施“五项管理”（即作业管理、睡眠管理、手机管理、读物管理、体质管理），发挥学校主阵地作用，构建家校社协同育人的教育生态。推进学生评价改革，开发芙蓉区小学生综合素质评价系统，遴选大同三小等8所学校为首批试点校。推进智慧教育示范区创建，开展智慧校园建设，应用网络学习空间开展教学的教师参与比例98%，学生比例85%。东郡小学被评为长沙市“未来学校创建学校”，楚怡学校被评为长沙市“中小学网络学习空间应用优秀学校”。深入推进“体艺2+1”项目落实，推进特色联盟、体艺俱乐部进校园发展机制，承办“2022年湖南省中小学‘防溺水游泳安全’公益宣教活动启动仪式”。开展项目化学习，在“新课标·新教育·新学习”全国第三届教师核心素养国际研讨会暨项目式学习论坛，向全国展现芙蓉区东风小学、大同三小、马坡岭小学3个主题报告及芙蓉区实验小学、燕山小学、育英二小、火星小学、育才学校等小学的校长沙龙，展示芙蓉区项目化学习成果。开展教育帮扶活动，与望城区开展合作办学，共同创办大同银星小学；与郴州市汝城县文明瑶族乡第一片小学开展劳动教育联合主题活动；在马王堆小学举行长株潭·新疆两地馆校美育课程推广研讨交流活动；在湖南省音乐厅与怀化市溆浦县联合举办“古风雅韵”主题民族音乐会。年内，芙蓉区燕山小学被评为2022届省级“文明标兵校园”。（刘子晶）

【建团百年主题教育】 2022年4月28日，长沙市芙蓉区教育系统在育才东屯小学举行庆祝中国共产主义青年团成立一百周年主题教育暨“五四”表彰活动。全区中小学、幼儿园55个团组织的千余名团员青年教师、学生通过“芙蓉幸福网校”同步观看直播，活动发布《在青春的赛道上奋力奔跑》主题宣传片，组织团务知识抢答赛；活动表彰大同小学团支部等10个“优秀团组织”，伍亚鑫等50名“优秀共青团员”，谭雅倩等20名“优秀共青团干部”，师治国等10名“优秀青年志愿者”，长郡芙蓉实验中学等10个“‘青年大学习’优秀组织奖”。（刘子晶）

·表 32·

2022 年芙蓉区属小学基本情况一览表

序号	单 位	地 址	成立时间（年）	班级数（个）	学生数（人）
1	长沙市芙蓉区修业学校	长沙市芙蓉区马王街 28 号	1903	12	492
2	长沙市芙蓉区东茅街小学	长沙市芙蓉区东茅街 72 号	1912	6	196
3	长沙市芙蓉区浏正街小学	长沙市芙蓉区浏正街芋香巷 7 号	1946	12	364
4	长沙市芙蓉区楚怡学校	芙蓉区文运街 104 号	1906	12	462
5	长沙市芙蓉区八一路小学	长沙市芙蓉区韭菜园街道桐荫里 136 号	1945	18	687
6	长沙市芙蓉区五一中路小学	长沙市五一中路乔庄 37 号	1945	12	425
7	长沙市芙蓉区育才学校	长沙市解放中路南元宫巷 8 号	1976	24	1091
8	长沙市芙蓉区育华小学	长沙市芙蓉区复兴街 94 号	1957	12	460
9	长沙市芙蓉区大同小学	长沙市芙蓉区八一西路 315 号	1948	29	1318
10	长沙市芙蓉区燕山小学	长沙市芙蓉区长岛路 24 号	1989	24	1095
11	长沙市芙蓉区育英学校	长沙市解放东路 398 号	1950	34	1625
12	长沙市芙蓉区曙光路小学	长沙市芙蓉区曙光北路 130 号	1950	20	799
13	长沙市芙蓉区朝阳小学	长沙市人民中路 585 号	1978	24	1049
14	长沙市芙蓉区东晖小学	长沙市芙蓉区车站中路 62 号	1982	14	540
15	长沙市芙蓉区蓉园小学	长沙市芙蓉区和光街 105 号	1999	23	1051
16	长沙市芙蓉区火星小学	长沙市芙蓉区凌霄路 6 号	1942	28	1289
17	长沙市芙蓉区育才双新小学	长沙市芙蓉区火星街道陶家山社区新合四组	1926	46	2087
18	长沙市芙蓉区燕山第二小学	长沙市芙蓉区芙蓉苑小区内	2009	33	1497
19	长沙市芙蓉区育英第二小学	长沙市芙蓉区马王堆中路东玺门社区内	2010	37	1689
20	长沙市芙蓉区东郡小学	长沙市芙蓉区马王堆中路 201 号	1911	41	1921
21	长沙市芙蓉区育才第二小学	长沙市芙蓉区古曲路育才二小	2010	51	2319
22	长沙市芙蓉区育英西垅小学	长沙市芙蓉区马坡岭街道农园路 8 号	1945	57	2618
23	长沙市芙蓉区育才东屯小学	芙蓉区东岸街道育才东屯小学	2018	37	1476
24	长沙市芙蓉区东风小学	长沙市芙蓉区马坡岭街道（汽车东站后）	1940	39	1737
25	长沙市芙蓉区杉木小学	长沙市芙蓉区东岸街道杉木村六组	1935	12	462
26	长沙市芙蓉区大同第三小学	长沙市芙蓉区东湖街道合平村泉坝路	2015	40	1755

·续表 32·

序号	单 位	地 址	成立时间（年）	班级数（个）	学生数（人）
27	长沙市芙蓉区马坡岭小学	长沙市芙蓉区马坡岭街道白竹坡路 66 号	1936	48	2182
28	长沙市芙蓉区大同第二小学	长沙市芙蓉区晚报北街 10 号	2006	36	1651
29	长沙市芙蓉区火星第二小学	长沙市芙蓉区龙泊路朝霞巷 46 号	2007	16	693
30	长沙市芙蓉区马王堆小学	长沙市芙蓉区古汉路 88 号	2010	30	1340
31	长沙市芙蓉区大同古汉城小学	长沙市古曲北路	2011	34	1504
32	长沙市芙蓉区育才第三小学	长沙市芙蓉区古曲路与朝晖路交会处东北角	2012	41	1834
33	长沙市芙蓉区大同瑞致小学	长沙市芙蓉区东岸街道望龙南路	2016	55	2476
34	长沙市芙蓉区实验小学	长沙市芙蓉区马王堆街道藠子园路和嘉雨路交会处	2018	42	1901
35	长沙市芙蓉区东郡第二小学	长沙市芙蓉区马坡岭街道远大二路 725 号	2019	29	1279
36	长沙市芙蓉区育英第三小学	长沙市于芙蓉区邮电路和东屯路交会处	2021	20	864

（资料来源：区教育局）

【“六一”表彰庆祝活动】 2022 年 5 月 31 日，“劳动励心志　快乐伴成长”芙蓉区教育系统“六一”表彰庆祝活动暨东郡小学与郴州市汝城县文明瑶族乡第一片小学劳动教育联合主题活动在东郡小学举行。湖南省教育厅二级巡视员曾四清，市教科院党委书记胡志豪，芙蓉区委常委、宣传部部长杨光华等省、市、区领导出席活动，芙蓉区中小学教师代表、郴州市汝城县文明瑶族乡第一片小师生代表参加活动。活动分“礼赞新时代　扬帆再远航”“劳动励心志　欢乐庆‘六一’”“劳动初体验　实践出真知”“翰墨丹青扬正气　劳动风韵沐校园”“读行芙蓉魅力　传承红色文化”5 个篇章，以劳动教育课程为依托，通过主题展演、劳动体验等方式，引导全区少先队员争当先锋分子，推动文明素养，传承传统美德。曾四清等领导为孩子们带来节日祝福，向第一片小学赠送《东郡小学品性涵养守则》和学习用品，并为获得表彰的集体和个人颁奖。（刘子晶）

2022 年 5 月 31 日，“劳动励心志　快乐伴成长”长沙市芙蓉区教育系统“六一”表彰庆祝活动在芙蓉区东郡小学举行　（区教育局　供图）

【“古风雅韵”主题民族音乐会】2022年6月20日，由长沙市芙蓉区与怀化市溆浦县联合举办的“古风雅韵”主题民族音乐会在湖南省音乐厅举行，长沙市芙蓉区育英第二小学尚雅民乐团和尚雅合唱团、怀化市溆浦县北斗溪镇学校小溪流合唱团、乐兮艺术合唱团四支小学生艺术乐团200余人同台演绎，音乐会分“悠悠华夏 燃情脉脉”“壮美中华 合乐融融”“铿锵家国 豪情冉冉”3个篇章进行，自编自导自演精心遴选的《九章·橘颂》《观沧海》等17首经典古诗词，表现学生的艺术修养和文艺特长。该次活动是一次跨县域教育联谊、跨行业领域教育合作、跨公民办教育交流的大型艺术展演活动，也是线上线下同步进行的艺术教育教学实践活动。（刘子晶）

【合作办学】 2022年7月21日，芙蓉区人民政府和望城区人民政府举行合作办学签约仪式。望城区人民政府引入芙蓉区大同小学教育品牌，委托芙蓉区大同小学管理，共同创办大同银星小学，望城区人民政府依法依规举办学校，履行监管和评价等职责，依照法律和合作办学协议承担学校运行中的风险，芙蓉区大同小学对望城大同银星小学的学校办学理念、教育模式、教学课题研究与运用等，实行与大同本校同步管理。学校位于长沙市望城区月亮岛街道银星路与潇湘北路交界处，占地面积26667平方米，设计总规模36个班。（刘子晶）

【“童画新时代”水彩画展开幕式】2022年9月30日，“喜迎二十大 强国复兴有我”芙蓉区中小学“童画新时代”水彩画展在大同小学举行。画展旨在以美育人，以文化人，以美培元，培育德智体美劳全面发展的社会主义接班人，培育学生的家国情怀和社会责任感。现场展出近百幅水彩画作品，芙蓉学子从儿童的视角，以画笔为“媒”书写新时代的非凡故事、非凡力量、非凡精神，此次画展也是芙蓉区以“馆校美育”落实立德树人根本任务的集中展现。（刘子晶）

【未成年人主题教育实践活动】2022年10月31日，“强国复兴有我 争当时代新人”——长沙市未成年人“扣好人生第一粒扣子·传承红色基因”主题教育实践活动在东郡第二小学举行。省委宣传部文明二处处长、省志愿服务联合会常务副会长石海，市委宣传部副部长、市文明办主任彭娟，区委常委、宣传部部长杨光华等出席。活动内容有讲红色人物树丰碑、听红色历史会说话、唱红色歌曲传精神3个演出篇章，向现场所有新时代的少年儿童发出“向阳而生，追光而行”号召。活动还举行2022年“新时代长沙好少年”颁奖仪式和“红色家书”赠书仪式。活动既是一台精彩纷呈的红色文化盛宴，也是一堂爱党爱国的思政教育大课。（刘子晶）

中学教育

【概况】 2022年，芙蓉区有区属中学5所，设置7～9年级210个班级，有学生9965名。年内，芙蓉区属各中学把立德树人作为根本任

·表33· 2022年芙蓉区属中学基本情况一览表

序号	单位	地址	成立时间（年度）	班级数（个）	学生数（人）
1	长沙市湘一芙蓉中学	长沙市芙蓉区五一大道502号	2012	37	1689
2	长沙市长郡芙蓉中学	长沙市芙蓉区马王堆中路238号	2010	43	2117
3	长沙市湘一芙蓉第二中学	长沙市芙蓉区马王堆北路39号	1972	39	1868
4	长沙市长郡芙蓉实验中学（更名为“湖南师大附中芙蓉中学”）	长沙市芙蓉区远大二路43号	2016	50	2374
5	长沙市一中双语实验学校	长沙市芙蓉区火炬路与王家湖路的路口东北角	2018	41	1917

（资料来源：区教育局）

务，紧扣高质量发展主题，突出教育教学中心地位，深化教育改革。整体推进智慧课堂建设，全区中学建有101个信息化试点班，利用实验监管平台对全区36间中学实验室进行智能化管理，长郡芙蓉中学被评为长沙市“未来学校创建学校”，湘一芙蓉中学创建为“长沙市网络学习空间应用优秀学校”。

（刘子晶）

【湖南师大附中芙蓉中学揭牌】 2022年7月22日，在与长郡集团五年合作期满之后，芙蓉区继续引进优质资源，与湖南师范大学附属中学举行委托办学签约仪式，原“长沙市长郡芙蓉实验中学”更名为“湖南师大附中芙蓉中学”，由湖南师大附属中学派出中层及以上干部担任校长和副校长，派出部分骨干教师参与学校教育教学及管理工作，向湖南师大附中芙蓉中学开放教育、教学、教研资源，提升湖南师大附中芙蓉中学的教育教学水平和教育管理水平。学校位于远大二路与京港澳高速东辅道交会处，融合师大附中“公勤仁勇”与芙蓉区“幸福教育”理念，办学规模50个班。

（刘子晶）

【承办湖南省中小学民族民间美术教学展示暨观摩研讨活动】 2022年11月2—5日，湖南省中小学民族民间美术教学展示暨观摩研讨活动在长沙市芙蓉区一中双语实验学校举行。湖南省教育科学研究院基础教育研究所所长刘建琼、党支部书记曹汉庆，长沙市教科院副院长孔春生等领导，全省各地的美术教研员及优秀美术教师代表280余人参加活动。活动中，芙蓉区教育局党委副书记、副局长杨红介绍芙蓉区近年来在美育教学上的理念和取得的成绩；芙蓉区美术教研员彭海鳌以“体验·理解·创生·育人：芙蓉区中小学民族民间美术进校园进课堂的实践与思考”为题对芙蓉区的美术教育工作作典型经验汇报。活动由省教研所主办，市教研院和芙蓉区教育局承办，活动还展出全省各市州的民间美术作品200余件。

（刘子晶）

特殊教育

【概况】 2022年，芙蓉区内有特教班3个，学生22人，是全市普通学校特教班个数最多、覆盖年级最多、学生人数最多的区县。年内，芙蓉特殊教育普特融合高水平推进，通过随班就读、送教上门等方式进行教育安置，区域义务教育残疾儿童入学安置率98%。全区选派15名学员参加省、市特殊教育随班就读骨干教师培训、融合教育师资培训等，6人参加中国特殊教育学术年会等线上培训。区教育局组织随班就读任课教师、送教上门志愿者教师培训活动2次。东风小学、育才东屯小学代表全市迎接省教育厅融合教育工作视察及调研。融合教育经验被国家级、省级媒体推介，6月23日，芙蓉区育才东屯小学在全省普特融合研讨会上作题为“普通学校特教班的融合教育实践探索”的大会经验分享。年内，芙蓉区被评为长沙市首批“融合教育示范区”，特殊教育工作经验《多措并举，大力推进融合教育内涵发展》被教育部官网推介。

（刘子晶）

【融合教育交流】 2022年3月3日，以“高新芙蓉手拉手，共筑融合教育梦”为主题的融合教育工作交流活动在育才东屯小学举行。长沙市高新区特殊教育教研员李懿懿、高新区雷锋第二小学教导主任李娅妮等一行5人到校观摩特教班语文课、随班就读数学课、个别辅导课，并进行交流与研讨。交流活动为两区特教教师搭建相互学习、互相交流的平台，达到特殊教育优势互补、经验共享与共同提高的交流目的。

（刘子晶）

【融合教育实地评估】 2022年10月11日，芙蓉区东风小学、育才东屯小学迎接长沙市教育局融合教育实地评估指导。湖南省教育厅基础教育处副处长、三级调研员杨海遐，省教育厅基础教育处一级主任科员张杰，长沙市教育局基础教育处处长肖碧芳、主任科员刘建洪，长沙市特殊教育研究培训中心常务副主任王磊到场指导。芙蓉区教育局相关负责人，区特殊教育研训中心教师代表，东风小学、育才东屯小学两校行政共30余人参与。专家组通过听取汇报、问卷调查、教师访谈、课堂听课、实地查看、资料查阅等方式对芙蓉区融合教育进行实地评估，王磊对芙蓉区融合教育工作管理、资源教室作用发挥、资源教师培训等方面工作给予肯定。

（刘子晶）

【送教上门】 2022年，芙蓉区23名送教上门志愿者教师坚持每月4次为特殊学生送教上门，全年为14名无法随班就读的特殊儿童送教上门500余次，志愿者教师们精心制作学生个案教研手册，通过照片、视频的方式记录送教过程，芙蓉区教育局和芙蓉区残联通过电话回访或上门走访的方式，对送教情况进

行跟踪管理，送教上门家长满意度98.5%以上。（刘子晶）

民办教育

【概况】 2022年，芙蓉区有民办幼儿园84所，民办幼儿园在园幼儿10631人，民办培训学校55所，在校学生6231人。区辖范围内没有民办性质的中小学、九年一贯制学校以及十二年一贯制学校。2022年3月，区教育局设立校外教育培训监管科，专门负责辖区内校外教育培训监管工作。（刘子晶）

【民办普惠幼儿园监管】 2022年，芙蓉区认定普惠性民办幼儿园62所，区政府按照与市级奖补资金1∶1的比例下拨奖补资金。区教育局完善对民办普惠幼儿园的监管，组织由民教科、安保科、计财科、监审科联合评估监督组，对普惠园资金使用进行监管，完善监管体系，确保民办普惠幼儿园的收费及政府下拨的奖补资金主要用于保障教职工待遇、改善办园条件、调高保教质量。（刘子晶）

【整治校外教育培训攻坚行动】 2022年，芙蓉区强力整治校外培训违规行为。区教育局校外教育培训监管科联合区行政执法局、区市场监督管理局、区公安分局、区消防大队等多部门抓整治，开展寒假及暑假攻坚整治行动8次，出动执法及督查人员289人次，拆除违规广告牌58处，约谈48人次，行政处罚14起违规办学及无证办学行为，取缔关停6家无证办学机构，责令退还违规培训费用13万余元。11月25日、12月26日《湖南省“双减”改革每周专报》，12月12日《教育部“双减”改革每日快报》推荐芙蓉区校外培训机构监管与治理工作，年内，“新湖南”、《长沙晚报》等主流媒体多次报道芙蓉区校外培训机构治理工作。（刘子晶）

【课后服务】 2022年，芙蓉区中小学按照《芙蓉区中小学课后服务实施方案》，制定个性化课后服务方案开展服务，“一校一策”探索建立学生学伴小组，发挥“馆校共建”项目优势，为学生提供菜单式、多样性、个性化课后服务项目，全区课后服务参与学校100%全覆盖，参与教师98%，学生参与率90%以上。课后服务学生及家长满意率98%，课后服务经验经市教育局推荐向华中师范大学团队进行推介。（刘子晶）

师资建设

【概况】 2022年，芙蓉区中小学（幼儿园）在编教师2694人、备案制教师183人、临聘教师1188人。面向社会公开招聘中小学(幼儿园)教师134名。年内，全区教师中获评长沙市优秀教育人才5人，评选芙蓉区第四批中小学卓越教师190名。陈水章中小学科技创新名师工作室获连任；郭晓芳老师获评全国教书育人楷模；周方苗校长获评长沙市第六届感动星城十大魅力教师。2022年，芙蓉区继续加强师德师风建设活动，举办“书信里的师生情”——师德涵养主题活动；芙蓉教育公众号推出23集师德榜样；开展师德师风建设典型案例评选活动；第38个教师节，有8人次或团队获得市级表彰；举办“迎接党的二十大　培根铸魂育新人”主题教育。年内有75名教师在西藏、新疆及湖南怀化、溆浦，开展教育扶贫支教工作。组织参加支教征文活动获得长沙市优秀组织奖，芙蓉区支教队被评为长沙市“‘三区’支教优秀支教队”。（刘子晶）

【教师资格认定】 2022年，芙蓉区先后于6月10日至7月22日、10月11日至11月29日，开展春季教师资格认定和秋季教师资格认定工作。认定工作经过认定申报、咨询及体检、提交资料、审核与颁证4个阶段，在春季1285人的申报中，认定幼儿园教师、小学教师、初级中学教师985人；在秋季360人的申报中，认定幼儿园教师、小学教师、初级中学教师228人。（刘子晶）

【教师招聘录用】 2022年，芙蓉区面向社会公开招聘中小学（幼儿园）教师134名，其中幼儿园教研员1名、高级人才1人、名优骨干教师19名、在职和毕业生113名，引进公费师范生2名、择优录用备案制教师50名。（刘子晶）

【教师职务评聘】 2022年，芙蓉区在教师职务评聘中，坚持正确的政策导向，把立德树人、教书育人的实绩摆在首位，全区1名教师通过中小学教师系列正高级职称，21名教师通过中小学高级教师职称（副高），56名教师通过中小学一级教师（中级），306名教师认定为中小学二级教师（初级）。（刘子晶）

【教师培训】 2022年，芙蓉区分层实施各级各类培训，助力教师成长。全年共培训教师2445人，其中开设区级培训班18个，培训1254人；上级送培384人，其中市培121人，省培8人，国培255人；完成提升工程2.0校本研修与网络研修培训1191人，41所中小学17所幼儿园的提升工程2.0整体推进，246人获得省优，芙蓉区获得“2022年度湖南省中小学幼儿园教师网络研修工作先进区县”称号。发挥示范性县级教师培训机构辐射引领作用，承办“国培计划（2022）”——农村中小学骨干班主任提升培训，通过线上与线下相结合的方式，对来自全省的100名骨干班主任开展了专项培训，3个月的线上学习，5天的线下集中培训，学员满意率98.42%，红网、新湖南等媒体对此项活动进行报道。探索教师培训新途径，成功创建为“长沙市第一批人工智能助推教师队伍建设试点区”。采取大手牵小手（高校与基础教育牵手）、政企校深度合作、多方共赢的模式，共同开发芙蓉区教师评价体系。申报湖南省科学规划课题《基于教师评价改革的“智慧画像”模型建构及应用研究》，推动教师评价的改革。5个案例获评2022年长沙市人工智能助推教师队伍建设案例。（刘子晶）

【教研活动】　2022年，芙蓉区推进智慧教研活动，组织开展“基于教学改革、融合信息技术的新型教与学模式”实验专题研讨7次；开展“赋能‘双减’，深度推进智慧课堂建设”各学科课堂展示活动，“智慧课堂”教学大赛等活动。在各级教学竞赛中，芙蓉教师获国家级奖2项、省级奖48项、市级奖112项（一等奖50项）。在2022年“基础教育精品课”遴选活动中，获评湖南省“基础教育精品课”优秀组织单位。湖南省在线集体备课大赛活动，芙蓉区23个学科370个团队参与，获得省级特等奖11个，一、二、三等奖共359个。10月30日，芙蓉区以“人工智能与未来学校”为主题在中国人工智能大会分论坛现场进行典型经验发言。

区域深度推进项目式学习。在全省率先启动项目式学习区域推进实验工作，落实新课程方案和新课标的新理念，探索“各门课程用于不少于10%的课时设计跨学科主题学习”新方式新路径。芙蓉区教科中心受邀为省级刊物《年轻人学校天地》（2022年第4期总第1014期）撰写卷首语《项目化学习催生教与学方式的变革》并发表芙蓉区项目式学习区域工作经验《区域推进项目化学习的芙蓉探索》，被长沙教研、北师大项目学习公众号转载，辐射全市乃至全国。12月25日承办“新课标·新教育·新学习”第三届教师核心素养国际研讨会暨项目式学习全国论坛——长沙论坛活动，全国项目式学习共同体学校教师3500余人在线参加学习，芙蓉区东风小学、大同三小、马坡岭小学三个主题报告及芙蓉区实验小学、燕山小学、育英二小、火星小学、育才学校等小学的校长沙龙向全国展现，展示了芙蓉区近两年的项目式学习的成果。

创新教研工作指导方式。创建“智慧教研”新路径，引领教研新方向。获长沙市教育科研优秀案例一等奖5项、二等奖6项、三等奖4项。教科中心工作案例《基于教学改革的“智慧教研”芙蓉路径探索》获长沙市教育科研优秀案例一等奖。创新作业设计与考试评价，推进“双减”有效落地。组织学科教师根据新课程要求，结合学科特点进行作业设计与考试评价专题研究。开展芙蓉区中小学作业设计质量提升专项行动，各学科开展作业设计培训研讨与指导共31次。

（刘子晶）

【教研成果】　2022年，芙蓉区探索劳动教育与综合实践模式整合工作，申报基础教育国家级优秀教学成果推广示范区样本示范校8所，2所学校举办成果推广应用研讨会。2022年11月2—5日，承办湖南省中小学民族民间美术教学展示暨观摩研讨活动及全省中小学作品展，向全省教师展示民间美术示范课1节、学生民族民间美术作品展览1项，区教科中心作为全省唯一区县代表作《体验、理解、创生、育人——芙蓉区民族民间美术进校园进课堂的实践与思考》经验发言。年内，全区整理并向上级提交优秀案例、论文或信息化作品372份。

（刘子晶）

【课题研究与管理】　2022年，芙蓉区坚持以问题为导向，基于核心素养培育，落实义务教育新课程、新课标要求，开展教育评价改革、智慧教育、新课程实施等方面的科研课题研究，立项省级规划课题3项、市规划课题5项、市社科联课题立项3项，立项区级规划课题30项、区微课题321项。年度举行省、市课题开题论证、中期评估、结题鉴定会议15场，组织完成省教育学会课题的中期评估，省教育科研协会课题结题2项。编制2023年课题指南。年内，教育科研成果共获省级奖励8项（其中特等奖1项、一等奖1项、二等奖3项、三等奖2项、优秀奖1项。居全省区县第一位）、市级成果奖励23项。《指向人文素养培育的区域“馆校美育大课堂”探索》《以幸福教育推进义务教育优质均衡发展的区域改革实践》选送参加全国第五届基础教育教学成果评选。优秀成果《馆校美育让中华文化滋养学生》发表在《中国教育报》2022年9月17日第3版·区域聚焦版块。育英二小《全人之雅：为自信优雅的幸福人生奠基》优秀成果入选参加长株潭优秀教研成果现场展示，另外有东风小学等3个单位优秀教研成果入选展板展示。

（刘子晶）

【“共享与行动”校长读书会】2022年4月22日，芙蓉区教育局在长沙市乐之书店举办“共享与行动”校长读书会。资深媒体人，兼任中国教育学会学校文化研究分会常务副秘书长、芙蓉区校长读书会导师李斌带来《善用故事，领导学校》的主题讲座。活动旨在通过创造集体思考与对话的空间来拓展校长团队的思维宽度与深度，促进校长个人、教师团队和每一所学校的学习与发展，持续推进教师读书工程与书香校园的建设。区校长读书会、唐冬梅小学名校长工作室全体成员100余人参加活动。（刘子晶）

【“书信里的师生情”师德涵养活动】2022年5月18日，芙蓉区教育局在东风小学举办“书信里的师生情”师德涵养活动，引导全区教师以德立身、以德立学、以德施教、以德育德，芙蓉区从342封写给学生的参评书信中精选9封，邀请9位写信人到现场讲述写信缘由，朗读书信内容，分享后续故事，表达书信交流的感受。区中小学幼儿园党组织书记、东风小学部分教师和家长代表100余人参加活动，芙蓉幸福网校线上直播，各校组织老师在线观看。湖南师范大学文学院教授黄耀红现场点评。（刘子晶）

【馆校美育课程推广研讨交流活动】2022年6月10日，长株潭·新疆两地馆校美育课程推广研讨交流活动在马王堆小学举行。省教育厅、省教科院、省博物馆、湖南第一师范学院、芙蓉区人民政府、长沙市教科院及《新湘评论》杂志社的相关领导和专家出席活动。长沙市各区县及株洲、湘潭地区的教研员、美术教师，新疆维吾尔自治区“国培计划（2021）”县级骨干教师提升培训班50所成员校教研室主任，芙蓉区教育局负责人及各中小学校长、主管行政、美术教师300余人参加。芙蓉区教育局、湖南省博物馆、一中马王堆中学、马王堆小学分别以《推进“馆校融合”项目学习 探索区域美育新样式》《“汉风文化进校园”项目研发与实施》《以历史文化之大美，育家国天下之大才——“馆校融合”背景下马王堆小学办学文化的思与行》《“馆校融合”背景下的校本课程实施与探索》为题作馆校美育经验分享。新疆湖南两地小学生通过网络连线的方式同上一堂课。会上，芙蓉区教育局、株洲市荷塘区教育局、湘潭市雨湖区教育局签订教育发展一体化合作交流协议。（刘子晶）

2022年4月22日，“共享与行动”校长读书会在长沙市乐之书店举行

（区教育局 供图）

【大中小学思政课一体化教研会】2022年10月26日，湖南农业大学与芙蓉区教育局大中小学思政一体化实验区建设研讨会在育英西垅小学召开。湖南农业大学马克思主义学院院长胡艺华、党总支书记唐琳等一行3人，芙蓉区教育局相关负责人，芙蓉区政府督学代表、区内校长代表、教师代表20余人参加研讨。胡艺华以党史故事为例，对“音乐思政一体化”这一概念进行生动地介绍，从专业角度对芙蓉区大中小学思政一体化实验区建设启动仪式、示范校建设等方面给予意见及建议。（刘子晶）

【庆祝第38个教师节】 2022年9月9日，芙蓉区教育系统在一中双语实验学校举办“迎接党的二十大，培根铸魂育新人”庆祝第38个教师节主题活动，区教育局班子成员，局属单位党政负责人，优秀教师代表，新进教师代表，专职督学，民办幼儿园、培训机构代表，行业子弟学校负责人及优秀教师代表，区教育局机关工作人员，获奖代表共500余人参加活动。中共芙蓉区委副书记何溪桥、区政府副区长罗加祥参加会议并讲话。活动表彰“班主任三十年坚守奖”5名、“夫妻双方从教三十年纪念奖”1对、“十佳教书育人标兵”10人、“十佳教坛新秀”10名、“十佳服务标兵”10名、“五育先进教育工作者”10名、“优秀教育工作者”370名、“优秀督学”6名、“优秀督学责任区”2个、“优秀教育科研奖”5个、“尊师重教先进单位”5个。

（刘子晶）

教育管理与督导

【概况】 2022年，芙蓉区完成国家义务教育质量监测组织实施工作。建立覆盖全辖区的校园安全监管指挥中心，维护全区中小学幼儿园及周边重点时段安全稳定，督促整改安全隐患1400余个。区学安委主任2次在全市学安委全体会议上作经验交流。全面推动学前教育普及普惠发展，完善督导组织机构，聘用中小学专职督学24人，实现全区中小学、幼儿园、培训机构督导全覆盖。按月常态开展中小学和幼儿园责任督学挂牌督导。中国教育督导官方微信公众号推介长沙芙蓉区《建章立制深化改革，高质量督导助力

2022年9月9日，芙蓉区庆祝第38个教师节主题活动

（区教育局 供图）

“双减”走深走实》；《中国教育报》客户端通讯员余杏、廖卫红，记者阳锡叶以《“双减”落地，“督学”助力》为题，对芙蓉区教育督导工作进行深度报道；《信息技术支持下深化教育督导机制改革的区域探索》在长沙市深化新时代教育评价改革典型评审中获得二等奖。

（刘子晶）

【教育信息化管理】 2022年，芙蓉区教育信息化管理以持续推进省市智慧教育示范区创建工作为主线，全区开设智慧课堂教学班226个，实现“智慧课堂”全覆盖，开课总量超过3万节，在湖南省教育信息化融合应用实验区验收评估中被评为“优秀”等级。芙蓉教师通过芙蓉“智慧网校”在省平台建设4546个教育资源。芙蓉区创建成为“长沙市人工智能助推教师队伍建设试点区”，芙蓉区教育局申报成为“湖南省人工智能条件下教育社会实验首批实验单位”，芙蓉区教育局党委副书记、副局长杨红代表芙蓉区在中国人工智能大会分论坛现场进行典型经验发言。（刘子晶）

【“五育并举”助学生全面发展】 2022年，芙蓉区着力培养学生综合素质，以体教融合、三师行动（运动管理师、心理咨询师、医师）、体艺2+1等为抓手，“德智体美劳”五育并举，融合育人，保障全体学生全面而有个性地发展。思政教育提升育人实效，全区推评制作“有风景的思政课”，推出“校长谈德育”“书记谈思政”线上专栏，参与录制“我是接班人”网络大课堂，开设《习近平新时代中国特色社会主义思想学生读本》专题课，开发“读行芙蓉”红色研学课程，建设“红领巾讲解员”实践体验基地，800名少先队员注册成为“红领巾小讲解员”。推行启发式、探究式、开放式科技创新教育，组织师生开展各类科技创新活动，在长沙市第39届青少年科技创新大赛中获39枚金牌，17名教师被评为“优秀科技教师”，育才小学获评“湖南省十佳

科技创新学校”。进一步推广体教融合成果，重点普及游泳特色课程，在芙蓉区实验小学举办青少年游泳比赛和湖南省中小学“防溺水游泳安全”公益宣教活动启动仪式。运动小将在省运会田径、羽毛球、游泳、趣味田径、网球等项目上获得4枚金牌、6枚银牌、1枚铜牌的历史最好成绩，在全市教育体育工作会议上作为唯一区县代表分享工作经验。馆校美育成果获“湖南省基础教育成果特等奖”，被中央电视台、湖南教育电视台等媒体报道。联合湘博、芒果TV推出“云游湘博”课程，美育课程辐射省内外。发布《芙蓉区中小学生家务劳动指南》，创建12个省市区各级劳动实践基地或劳动教育实验校。构建以实践为主线的劳动课程，学生对劳动课程满意度90%以上。 （刘子晶）

2022年11月22日，芙蓉区“小树苗”红领巾宣讲团选拔赛在马坡岭小学举行 （区教育局 供图）

【校园安全督查】 2022年，芙蓉区深入全区校园、培训机构及周边开展安全隐患大排查大整治，全年排查236家单位，督促整改安全隐患1400余个，持续加强安防基础建设，年内建立覆盖全区校园的安全监管指挥中心，全区中小学封闭式管理、专职保安员、一键式报警、视频监控等“三防”建设完成率100%。全年全区未发生安全生产事故。 （刘子晶）

【“双减”政策落实】 2022年，芙蓉区通过挂牌督导、场馆共建、师资共享等举措，实现课堂质量提升、作业管理优化、课后服务活动丰富，推动校内“减负”；通过设立校外教育培训监管科，加强校外培训机构监管，开展寒暑假校外培训整治攻坚行动，义务教育阶段学科类培训机构压减率87.95%。全年开展2次“双减”工作满意度调查及分析会，“双减”工作社会满意率98%以上，典型经验被《教育家》杂志、《湖南教育快讯》等权威媒体推介。 （刘子晶）

【清廉学校授牌仪式】 2022年4月28日，清廉芙蓉之爱“廉”说系列宣讲暨清廉学校授牌仪式在大同瑞致小学举行。市纪委监委驻市教育局纪检监察组组长、市教育局党委委员孙兴红等出席。孙兴红认为芙蓉区清廉学校建设起步早、动作快、效果优，切入点小而巧，有品牌特色，他对清廉学校建设提出具体要求，并为芙蓉区第一批10个“清廉学校”授牌。 （刘子晶）

【义务教育质量监测】 2022年5月25—26日，芙蓉区2022年国家义务教育质量监测在长沙市一中双语实验学校、八一路小学等19个样本校进行。省级视导员、宁乡市花明楼镇基地学校副校长刘怡书，市级视导员、开福区教育督导评价中心周利平先后到19个样本校查看监测场地布置、保密工作落实、应急预案准备等情况，认为芙蓉区及时适应国家义务教育质量监测工作新变化，做到培训准备精细化、督查指导精细化、组织实施精细化，全区协同、精准施“测”，高标准完成监测任务。 （刘子晶）

【区委教育工作领导小组（扩大）会议】 2022年12月14日，中共芙蓉区委教育工作领导小组（扩大）会议在区机关会议室召开，区委教育工作领导小组组长何溪桥主持会议。区委教育工作领导小组及各成员单位主要负责人50余人参加会议。何溪桥肯定区教育系统2022年取得的成绩并对2023年工作思路及目标提出了指导性建议。她强调，区直相关单位要结合单位职责职能大力支持教育工作，助力芙蓉教育事业优质均衡发展。 （刘子晶）

文化 · 旅游

编辑　谭自然

公共文化

【概况】 2022年，芙蓉区公共文化以文化馆新建搬迁为契机，突出品牌引领、标准建设，紧贴群众精神文化需求，广泛开展文化艺术普及、戏曲和非遗传承、科普教育、政策法治宣传等公益服务。“芙蓉艺术节”“欢乐潇湘 品质长沙 幸福芙蓉”等老品牌焕发新活力，“蓉艺课堂”“芙蓉艺+”等全新的文化品牌深受群众喜爱。芙蓉区公共文化服务体系建设发展工作连续五年被湖南省文化和旅游厅评为“优秀”，文化旅游年度真抓实干工作成效明显，被长沙市政府通报表扬。

（彭　晖）

【文化事业】 2022年，芙蓉区提质升级区图书馆、文化馆、隆平水稻博物馆等文化阵地，湖南省圆点美术馆开馆，5个市级标准化社区综合文化服务中心建成。开展芙蓉区第八届“艺术节”“广场文化月月演”“芙蓉花开 月月好戏”等文化惠民活动，丰富人民群众精神文化生活。建立文化产业人才库，吸引何立伟、邬建美、柯桐枝、胡紫桂等名家工作室落户芙蓉。打造袁家岭戏剧月文化品牌，评选戏剧“金芙蓉奖”10人、提名奖10人、优秀奖12人。引导文艺精品创作，湘剧《忠诚之路》获第十七届文华奖编剧奖，湘绣《群鸡图》获第十五届中国民间文艺山花奖。辖区单位创作的花鼓戏《夫子正传》等8部作品获湖南省“五个一工程”奖。年内，芙蓉区获第七届湖南艺术节暨长沙市第三届“群星奖”金奖节目3个，银奖节目4个。原创戏剧《奶奶忘不了》获第七届“湖南艺术节”比赛戏剧类“最佳作品奖”，并选送参加2022年全国十九届“群星奖”大赛。打造芙蓉十佳必吃美食、十佳必住美宿、十佳必逛商店、十佳休闲娱乐场所、十佳网红打卡地等“芙蓉文旅五品牌”，推出“千年城心 芙蓉等你”“袁家岭 很长沙”“湘遇芙蓉 读行老街”等主题宣传。

（谭　颖）

【影院管理】 2022年长沙市“光影湘村”微电影大赛中，芙蓉区选送作品《藤蔓的青春》《待到黄桃成熟时》获二等奖，《吾心归处》获三等奖，获奖作品数全市排名第一，区委宣传部获组织工作奖。2022年长沙市首届“我最喜爱的影院”评选活动中，辖区华夏国际影城佳兆业店获评十佳影院。辖区商业影院中影星美国际城万家丽店，2022年接待观影顾客44.5万人次，位居全国第二，综合票房全省第一。

（彭应斌）

【街道公共文化阵地建设】 2022年，芙蓉区先后为13个街道文化分馆全部配齐了文化一体机、数字化直录播设备，高标准建设火炬、荷花园、锦林、嘉雨、文艺新村5个市级标准化社区综合文化服务中心，西湖社区综合文化服务中心被评为全省“最美潇湘文化阵地”。

（彭　晖）

【图书馆服务】 2022年，芙蓉区图书馆接待读者41万余人次，新办借书证1.5万张，图书流通量64万册次，服务效能比2021年增长164.9%。年内采购图书6.4万册，征订报纸期刊420种，采购各类电子文献资源20余万种，自建地方文献数字资源专题库。开展“书香

·表34·　2022年芙蓉区文化事业发展情况统计表

指标名称	单位	2022年
一、区级文化馆总馆	个	1
二、区级公共图书馆	个	1
三、图书馆分馆	个	19
四、博物馆（备案）	个	4
五、健身设施	处	497

（资料来源：区统计局）

2022 年，芙蓉区图书馆一角　　（区文旅体局　供图）

芙蓉”全民阅读活动、“书香芙蓉阅见美好”世界读书日系列活动、“图书馆奇妙夜”、“假日趣阅读”等各类阅读推广活动 263 场次，活动参加人数 4 万人次。新建东屯村自助图书分馆，并将张公岭村、西龙村原图书室（农家书屋）提质为自助图书分馆。新提质的 3 个乡村图书分馆成为长沙图书馆总分馆体系中的一员，城乡图书馆实现“统一管理、同一平台、资源共享、通借通还”。2022 年，芙蓉区建有图书分馆 19 个，流动图书车服务点 16 个（含 9 个学校流动服务点），图书馆总分馆建设不断完善。芙蓉区张公岭村农家书屋（图书分馆）被评为“长沙最美农家书屋”。

（何　媛）

【“书香芙蓉　阅见美好”世界读书日系列活动】 2022 年 4 月 23 日，“书香芙蓉　阅见美好”世界读书日系列活动在区图书馆报告厅启动。启动式上，芙蓉区图书馆与蕃茄田艺术浏阳河中心签署阅读推广合作协议，为馆校共建联盟单位芙蓉区实验小学、大同古汉城小学、育英西垅小学、马坡岭小学授牌。本次芙蓉区图书馆推出 10 大主题系列活动，包括你的 BOOK 我买单、“泡芙”公益课堂、知识挑战赛、图书馆寻宝、创客大赛、图书馆奇妙夜、诗画展览等。活动从 4 月底一直持续到 7 月。（何　媛）

【图书馆奇妙夜活动】 2022 年 5 月 28 日，“书香润芙蓉 书香趣夜读”图书馆奇妙夜活动在区图书馆二楼举行。活动分为“趣展”“趣绘”“趣创”“趣游”“趣猜”“趣动”“趣读”七大主题。通过搭帐篷、做手工、玩游戏、趣夜读、浸润书香，40 组体验家庭、25 组夜宿家庭在图书馆内度过了一个充实又快乐的夜晚。

（何　媛）

【“戏曲进乡村”系列活动】 2022 年，芙蓉区公共文化坚持以人民为中心，紧贴群众精神文化需求，全年开展“戏曲进乡村”送戏下乡文化惠民活动 60 余场，其中芙蓉剧场承办 20 余场，演出内容涵盖戏曲、歌舞、民乐等多种艺术形式。芙蓉区文化旅游体育局被评为“2022 年长沙市送戏下乡文化惠民优秀单位”，芙蓉剧场被评为“2022 年长沙市送戏下乡文化惠民优秀剧场”。

（彭　晖）

2022 年 2 月 16 日，“湖南公共文化进村入户·戏曲进乡村”芙蓉区启动仪式在区文化馆举行　　（区文旅体局　供图）

文化活动

【概况】 2022年，芙蓉区文化馆注重文化品牌的打造和创新，既焕发老品牌如“芙蓉艺术节”“欢乐潇湘 品质长沙 幸福芙蓉”的新活力，推出“蓉艺课堂”“芙蓉艺+”等全新文化品牌。年内，承办“文化和自然遗产日 芙蓉区非遗宣传展示活动”系列活动、“芙蓉大舞台市民开放日”文化惠民活动，推进建设以区文化馆为总馆，13个街道综合文化站为分馆的“1+13”的文化馆总分馆服务体系。文化活动体验通过“芙蓉文旅体云”线上平台实现资讯、活动、培训等信息的统一发布和展示，线下部分实现云视讯教学设备、文旅一体机全覆盖，通过总分馆的智慧联通，将名家讲座、艺术课堂等优质文化资源覆盖全区。（彭　晖）

【蓉艺课堂】 2022年，芙蓉区文化馆免费开放全新升级的“蓉艺课堂”品牌，开设春秋季成人、寒暑假未成年人公益培训班4期，为辖区群众和文艺团队提供排练场地、业务指导和艺术培训，在疫情防控期间提供线上培训。其中，春秋季招收学员1500余人，寒暑假未成年人200余人。课程开设有瑜伽班、声乐班、京剧班、电脑班、形体芭蕾班、舞蹈班等27个。全年线上线下培训4万余人次。（彭　晖）

【第八届芙蓉艺术节初赛】 2022年6—9月，芙蓉区第八届芙蓉艺术节初赛开赛，全区各街道发动辖区内企事业单位、群众文艺团队、文艺爱好者等参加初赛，并通过线上视频海选形式参与区级选拔，收到音乐、舞蹈、综合类初赛节目170个，69个进入决赛，收到书法、美术、摄影初赛作品近300幅，202幅进入决赛。（彭　晖）

2022年6月10日，“连接现代生活 绽放迷人光彩”——2022年“文化和自然遗产日”芙蓉区非遗宣传展示活动在区文化馆芙蓉剧场举办

（区文旅体局　供图）

【第八届芙蓉艺术节决赛】 2022年12月1日，“礼赞二十大 奋进新征程”——第八届芙蓉艺术节总决赛在区文化馆举行。活动采取线上评比、展演的方式进行，进入决赛的69个节目、202幅作品通过舞蹈、歌曲、戏剧、书法、美术、摄影等不同表演艺术形式展现人民群众心中向往美好生活的愿望。通过专家评审，音乐、舞蹈、综合类节目评出一等奖4个，二等奖7个，三等奖10个；书法、美术、摄影作品评出一等奖12个，二等奖18个，三等奖29个。芙蓉文旅云平台对优秀节目和作品进行线上展示。（彭　晖）

【芙蓉区非遗宣传展示活动】 2022年6月10日，“连接现代生活 绽放迷人光彩——2022年‘文化和自然遗产日’芙蓉区非遗宣传展示暨‘戏曲进乡村（社区）’文化惠民活动”在区文化馆芙蓉剧场举行。活动现场呈现非遗专场惠民演出，设置非遗主题展览区和非遗项目体验区，参与活动的群众在欣赏、参观、体验中切实领略非物质文化遗产的独特魅力。（彭　晖）

【“蓉艺课堂”结业汇报展示活动】 2022年7月21日，芙蓉区文化馆春季“蓉艺课堂”培训结业汇报暨“芙蓉艺+”志愿服务展示活动在4楼芙蓉剧场举行，声乐、葫芦丝、二胡、钢琴等班级学员带来精彩表演，该次活动也是芙蓉区艺术普及推广成果的重要展现。（彭　晖）

【“芙蓉大舞台”市民开放日活动】 2022年8月4日，“以舞之名·予你芳华——长沙市实验中学舞蹈团、赣州市文清外国语学校蓝韵舞蹈团专场汇报演出暨‘芙蓉大舞台’市

民开放日活动”在芙蓉剧场举行。该次汇报演出是“芙蓉大舞台”的首次活动，“芙蓉大舞台”作为芙蓉区文化馆全新打造的全民艺术普及市民开放日品牌活动，旨在让广大市民感知艺术魅力，增强艺术自信，让艺术走进生活。“芙蓉大舞台”市民开放日活动通过芙蓉文旅体云平台公众号和小程序进行预约抢票，线上直播观看数近5000人次。

（彭　晖）

文化市场管理

【概况】　2022年，芙蓉区文化市场着重强化文化市场日常管理，细分片区加大巡查力度；组织全区网吧、娱乐场所经营业主开展法律法规知识培训，配合全区工作保障“三考”期间文化市场安全。全年检查文化经营单位3159家次；联合市文化市场综合行政执法局第六大队和各街道、派出所组织开展专项整治行动56次，取缔无证无照小歌厅70多家，在全市率先完成无证无照小歌厅“清零”工作目标。

（郑仕清）

【新闻出版管理】　2022年，全区新设立出版物零售单位89家、办理延续18家、变更57家；年度核验印刷企业11家、出版物零售单位513家。持续完善版权服务体系，完成版权作品登记12520件。通过年度核验、专项核查、工作考核、日常巡查等方式加强行业安全管理，辖区农家书屋、商业影院、复制印刷、出版发行等近千家单位整体保持安全稳定。年内组织开展行业安全隐患大排查12次，累计出动2200人次，检查文化经营单位3600家次，查缴非法出版物1000余册，立案查处11起。

（彭应斌）

【无证无照小歌厅专项取缔行动】2022年5月，芙蓉区文化旅游体育局牵头协调市文化市场综合行政执法局第六大队、东湖街道办事处以及区公安、消防等部门620余人，对东湖街道、东屯渡街道、马王堆街道、火星街道以及五里牌街道的40余家无证无照小歌厅非法经营行为开展专项取缔行动。行动对新润市场的4家无证KTV的经营设备全部予以暂扣，要求其补齐相关证照，依法依规经营。

（郑仕清）

【文化市场安全生产培训】　2022年6月10日、15日，芙蓉区文化旅游体育局文化市场管理科联合湘安公益消防宣传中心在区图书馆5楼会议室、区文化馆1楼教室分行业组织网吧、娱乐场所经营业主及现场负责人开展安全生产培训。芙蓉区文化市场经营户业主260余人参加培训。培训内容有消防应急救援知识讲座和相关法律法规知识学习等，进一步规范和加强了全区文化市场的管理。

（郑仕清）

地方志档案工作

·地方志工作·

【概况】　2022年，芙蓉区地方志编纂室编纂《芙蓉年鉴（2022）》，申报创建中国精品年鉴，成为全省唯一一部列入中国年鉴精品工程“中国精品年鉴”候选名单的地方综合年鉴。年内，完成《芙蓉年鉴（2021）》样稿审核校对5版，出版社质检3轮，年底实现出版发行。为省、市年鉴提供芙蓉区信息，报送条目18个，图片3幅，统计表格2份。参与全市“精品年鉴品读”活动，撰写品读征文2篇，在《长沙市志》收录刊发。完成《长沙乡镇街道简志·芙蓉区卷（—2018）》志书各街道的审核校对，补充编纂委员会名录，撰写后记。组织街道在“5·18”地方志宣传日，通过电子显示屏、悬挂横幅、发放资料方式，开展地方志宣传活动。

（苏　洁）

【精品年鉴创建】　2022年，芙蓉区档案馆响应长沙市地方志编纂室创建精品年鉴区域工作要求，申报《芙蓉年鉴（2022）》创建中国精品年鉴。区委有关领导对专文的确定、彩页的制作提出指导性意见。为更全面记录芙蓉区各行各业发展状况，在往年框架的基础上，增补水、电、气及三大通信运营商与区域经济民生相关的行业信息，邀请区域内相关市属管理企业召开会议，为年鉴供稿增添新渠道。组织召开全区年鉴编纂动员暨业务培训会议，94家组稿单位参加。区地方志编辑部全体人员，参加中国地方志指导小组办公室（简称中指办）组织的精品年鉴品读及年鉴编纂业务培训视频会议，提升理论水平和业务能力。召开全省首次省地方志编纂院、市地方志编纂室、区方志室三级评审会，邀请有关方志、军事、信息化方面专家，对《芙蓉年鉴（2022）》初稿在内容选取、体例规范等进行评审，在意识形态、涉密及敏感信息方面把关。市志办组织各区（县）地方志对芙蓉年鉴评议。中指办组织评审组专家评审，提出两轮修改意见65大项307条意见；北京、新疆2地方志工作机构指定专家意见提出12大项37条意见；省、市、专家评审意见81条；区县意见94条。区年鉴编纂室结合区域实际情况，逐条落实、修改、完善。为增补和扩展教育信息记述，12月，在国内疫情管控发生重大变化之际，适时召开视频会议作工作部署。《芙蓉年鉴（2022）》创中国精品年鉴工作中，获得长沙市方志编纂室全程指导和帮助。

（苏　洁）

【地情资源收集利用】　2022年，芙蓉区地方志编纂室落实省志院关于开展“用活地情影像资源 服务全省旅游发展”活动的通知，做好地情资料搜集、整理、报送工作。6月，联合区文旅体局、区融媒体中心、水稻博物馆，整理编辑出相关地情资料，征集到区域内反映历史人文和风景名胜等优势旅游资源的地情影音资料13份，报送至省地方志编纂院6份，容量7.6GB。其中包含湖南和平解放史事陈列馆宣传片、湘绣博物馆、茶博物馆、隆平水稻博物馆、圆点美术馆、袁隆平——跨时代的“拓荒牛”全景视频（VR视频）。同时，芙蓉融媒体中心将有关资料上传至“芙蓉发布”微信公众号，扩大区域地情文化宣传。

（苏　洁）

【全省首次省、市、区三级年鉴评审会在芙蓉区召开】　2022年8月19日，湖南省首次省、市、区三级联动《芙蓉年鉴（2022）（初稿）》专家评审会在区政府会议室召开。省、市、区领导邓建平、隆清华、王习加、王黔军、肖清平、陈晓红等作为专家参加评审，芙蓉区委办、区政府办、区人大办、区政协办有关负责人及区地方志编纂室全体人员20余人参加会议。评审专家肯定《芙蓉年鉴（2022）》的前期编纂工作，对《芙蓉年鉴（2022）》在篇目分类、条目设置、行文规范及涉密和敏感信息等方面存在的问题提出修改意见。该次会议收到专家评审表8份，评审意见81条。作为长沙市推进中国精品年鉴区域创建工作开展以来的首部申报区县，湖南省年度内唯一申报地区，芙蓉区受到省、市相关部门重视。

（苏　洁）

·档案工作·

【概况】　芙蓉区档案馆为国家二级档案馆，依法负责接收、保管全区各机关、团体及其所属单位具有永久、长期保存价值的档案，为各方利用档案提供服务。档案馆总面积325平方米（含办公用房面积），其中档案库房176平方米。档案总全宗数108个，总馆藏量6.26万卷。馆藏档案门类主要有文书档案、婚姻登记档案、社保档案、会计档案、司法公证档案、音像档案、实物档案等。2022年，区委办公室、区政府办公室联合印发《“十四五”芙蓉区档案事业发展规划》，确定工作目标：到2025年基本形成与现代化新长沙建设标杆区相适应的发展格局，2035年全面建成档案强区，现代化程度进入全省先进行列。年内，区委常委会召开会议，听取档案工作汇报，研究同意以政府购买服务方式解决档案馆库容不足问题。

（苏　洁）

【档案管理】　2022年，区档案馆按照应收尽收原则，对民生档案、重大活动档案、重大项目档案以及其他到期应接收进馆的档案依法依规接收。继续推进国有企业退休人员社会化管理工作。年内，修改并完善“档案安全保管制度”“档案查（借）阅制度”等档案工作制度，全年接待查档2850人次，利用档案6000余卷（件）次。6月，在全区范围内梳理区直各单位档案室风险隐患，抽查12家单位，重点检查档案实体安全、信息安全、安全应急管理、汛期档案安全等，检查发现有3家单位存在未及时更新防虫剂、档案室未能与资料室分开等问题，并督促单位落实档案馆库的安全防灾措施，配齐防火、防水、防虫、防潮、防尘等设施设备，改善档案保管条件，保障各种设备设施完好及正常运行。

（苏　洁）

【档案信息化建设】　2022年，芙蓉区档案完成数字化原文扫描13万页。截至年底，数字化工作完成9期。馆藏档案中永久档案和民生档案两大类全部数字化，保存年限为30年的档案数字化处理90%以上。档案数字化信息管理服务器上传数据容量为4TB。在全区范围内推广应用“芙蓉区档案管理系统”，70余家区直单位安装并应用，覆盖全区的专业化、统一化档案管理信息网络基本建成。

（苏　洁）

【档案宣传教育】　2022年，以“6·9”国际档案日为契机，芙蓉区档案馆组织开展“喜迎二十大 档案颂辉煌”主题宣传活动，同步宣传新修订的《中华人民共和国档案法》。制作展板16块，先后在万家丽广场、区政府政务服务大厅、芙蓉区机关二楼大厅、开慧广场、五一广场5地展出，通过H5展示和有奖答题等形式宣传档案知识。组织开展年度专题档案业务培训，邀请湘潭大学档案专业教授重点阐述机关档案管理规定的相关内容，全区 86 家单位档案员参加。

（苏　洁）

文　博

【概况】　2022 年，芙蓉区有不可移动文物保护单位 28 处（其中，全国重点文物保护单位 2 处，省级文物保护单位 2 处，市级文物保护单位 10 处，一般不可移动文物 14 处），国有博物馆（陈列馆）3 家，民办博物馆 1 家。年内，芙蓉文物工作进一步完善区、街道、社区三级文物安全巡护体系。夯实保护举措，对全区 28 处文物点进行信息化监测，特别对国家、省、市级文物保护单位进行全天候视频监控。提升文博资源的利用效能，湖南和平解放史事陈列馆（程潜公馆）年接待量近 5 万人次，马王堆汉墓遗址本体修缮和陈列改版工作已进入尾声，将白果园 AAA 级景区周边的湘江评论编辑部旧址、印刷处旧址、省粮食局办公大楼旧址进行整合，打造红色旅游资源群，让芙蓉区文博资源成为长沙市新的网红打卡点。

（胡敬容）

【马王堆汉墓穴体保护工程竣工验收】　2022 年 6 月 17 日，马王堆汉墓修缮保护工程竣工验收会在省博物院会议中心召开。该项工程由省文物局根据《中华人民共和国文物保护法》的相关规定和要求开展，湖南省湖湘古建园林有限公司负责修缮，修缮工程费用约 230 万元，重点对遗址本体、展陈、遗址周边环境、开放服务设施进行提质改造，旨在更好地对国家级文物实施保护和利用。验收会由省文物局主持，省文物局方跃调研员、市文物局安国瑞副处长、师大李建毛教授等省市区文物局领导、专家及教授以及负责该项工程建设的相关公司负责人参加会议，会议对整个修缮保护工程予以通过和肯定。（胡敬容）

【长沙火车站钟楼整治工程竣工验收】　2022 年 11 月 11 日，长沙火车站钟楼整治工程竣工验收会议在长沙火车站综管办会议室举行。该项工程由湖南建筑科学设计研究院有限责任公司负责设计，由中国铁路广州局集团有限公司长沙房建公寓段负责施工。主要对长沙火车站钟楼立面窗户、内部钢结构扶手、电力线路等进行维护修缮。验收会由芙蓉区文物局主持，长沙火车站综管办、广体集团长沙房建公寓段、湖南建筑科学研究院等相关单位专家、负责人参加，现场查看、审议并验收，通过了该项整治工程。

（胡敬容）

·隆平水稻博物馆·

【概况】　2022 年，隆平水稻博物馆完成博物馆前广场恢复，增加大车位，增设文化景观小品和指路牌，建设旅游厕所，提升观众参观体验感。启用东车库，实行博物馆停车收费工作；通过商标授权，临展厅、隆平大讲堂、党课教室出租等，增加非税收入 41.23 万元。年内，博物馆继续发挥阵地作用，擦亮品牌特色、开展社会教育，做好参观接待，行业认同度和群众满意度提高，博物馆影响力和辐射力扩大，先后获得 2021—2025 年第一批全国科普教育基地、第五批全国关心下一代党史国史教育基地、全国特别受百姓喜爱的“终身学习品牌项目”、省社会科学普及基地和省巾帼文明岗 5 项国家和省级荣誉。（刘　翀）

【社会教育】　2022 年，博物馆先后开展“雷锋家乡学雷锋——爱心相伴，同心童梦”“其乐融融庆元宵”“粽情飘香话端午，传承文化

2022 年 6 月 17 日，马王堆汉墓修缮保护工程竣工验收会在省博物院会议中心召开

（区文旅体局　供图）

我先行”等研学活动；参与“我要做一粒好种子《共和国勋章获得者的故事：袁隆平》新书分享与科普讲座”活动。联合省内28家文博机构参与《2022虎虎生福——壬寅（虎年）新春生肖文物图片联展》；与美的集团联合举办的“向上的力量——饭香艺术展”；联合湖南文艺出版社举办《把功勋写在大地——袁隆平画传》新书首发仪式；联合刘少奇同志纪念馆举办《共产党人的光辉榜样刘少奇》专题展。《中国粮食经济》在2022年第10期刊发《不断拓展基地教育影响 筑牢粮食安全宣传根基》文章，对博物馆粮食安全教育经验进行专题推介。年内，博物馆在长沙市专业科普场馆运行评估考核中被认定为优秀。

（刘　翀）

【接待服务】　2022年，博物馆接待来自全国各地的观众44.06万人，创造日接待6158人的最高接待人次纪录，美团趣玩榜“网上点评深受观众喜爱的博物馆”排名长沙市第二名。先后接待中央政治局委员、全国人大常委会副委员长、秘书长王晨，国家粮食和物资储备局宣传教育中心副总编智振华，省委副书记朱国贤，省委常委、市委书记吴桂英等领导视察、调研；接待山东莱西市人大、衡阳市委编办、长沙市纪委监委、长沙市地方志编纂室等考察学习团队50余批次。

（刘　翀）

【文物馆藏】　2022年，博物馆征集袁隆平院士物品和河南、湖南区域代表性稻作文物184件。聘请专家对馆藏品进行认定与评级，其中认定珍贵文物35件（一级文物2件、二级文物3件、三级文物30件）。全力做好隆平厅提质改造，完成袁隆平生平业绩陈列文本评审、隆平厅提质改造项目立项和展陈艺术设计概念方案等工作。　（刘　翀）

【2022虎虎生福——壬寅（虎年）新春生肖文物图片联展】　2022年1月21日，《2022虎虎生福——壬寅（虎年）新春生肖文物图片联展》在隆平水稻博物馆临展厅开展，95幅精品生肖文物图片为观众讲述“虎”年故事。展览分为“虎跃万年”“虎踞东方”“虎行天下”三个部分，依次从自然世界中虎的起源及生活习性、历史文化中虎的丰富形象及文化标识、民俗生活中虎的神话故事及对人们生活的影响等角度，全方位介绍“虎”文化，整个展览以“图片＋文字”的形式，观众揭示生肖文物和生肖文化的独特魅力。本次展览由国家文物局指导，中国文物报社联合各地近50家文博机构，众筹数百幅与虎相关的文物、标本、艺术品图片，集结成生肖文物图片联展。隆平水稻博物馆在湖南省博物馆学会的指导下，联合省内28家文博机构参与联展，展览持续到4月21日。（刘　翀）

【“其乐融融庆元宵”活动】　2022年2月13日，隆平水稻博物馆开展“其乐融融庆元宵”活动，30名小学生在讲解员的带领下参观水稻博物馆，了解水稻种植的发展、农耕工具的演变及其普及的历史，还有袁隆平院士的两个梦想——“禾下乘凉梦”和“杂交水稻覆盖全球梦”，见证大米从一粒种子到一碗米饭的历程。参观结束后，小朋友前往小木屋进行研学活动体验，大家围坐在一起，在教学老师的示范和指导下，剪窗花、包汤圆，用糯米粉做皮，经过揉、搓、捏、包、煮等多道工序，制作出一个个香喷喷、圆滚滚的汤圆。通过活动，孩子既增强了对中华传统文化的认同感和自豪感，也在心里种下了一颗珍惜粮食的“种子”。

（刘　翀）

【隆平厅展陈文案和艺术设计方案专家评审会】　2022年4月27日，隆平水稻博物馆召开“隆平厅展陈文案和艺术设计方案专家评审会”。芙蓉区人民政府副区长罗加祥，全国陈列艺术委员会副主任、湖南师大教授李建毛，湖南省博物馆研究馆员舒丽丽，湖南杂交水稻研究中心研究员杨耀松，袁隆平院士大儿子、袁氏种业高科技有限公司董事长袁定安出席。各专家首先对隆平厅进行现场踏勘，湖南亚投建设工程有限公司艺术总监杭高军介绍艺术设计方案，评审专家分别对隆平厅的展览主题、展览手法、文物保护方面等进行综合评审。专家提出要明确博物馆自身定位，打造隆平水稻博物馆的个性化品牌形象；要加强对纸质文物特别是国家一级文物的保护；要更新展览手法，采用多媒体设备，加强和观众的互动；要提高展柜的安全性和观赏性，采用带恒温恒湿系统的低反玻璃展柜等四点建议。　（刘　翀）

【“向上的力量——饭香艺术展”开幕式】　2022年5月10日，隆平水稻博物馆与美的集团联合举办的“向上的力量——饭香艺术展”正式开幕。该次展览分为米之根、饭之形、饭之源、饭香之庆、饭烹之道、美的创领6个部分，展出汉代陶灶、铜灶、木柄铁锄、木甑、国家级非遗佛山秋色米制食物等13

2022 年 5 月 10 日，隆平水稻博物馆与美的集团联合举办的“向上的力量——饭香艺术展”开幕　　（隆平水稻博物馆　供图）

件文物、藏品。展览采用声光电和艺术装置，为观众呈现一场别开生面的饭香之旅。隆平水稻博物馆与美的集团的合作是基于中国人对大米的特殊感情，对“饭香”的不懈追求，也是隆平水稻博物馆首次跨界与知名企业合作办展。15 天展览，共接待游客 3 万人。　（刘　翀）

【《共产党人的光辉榜样刘少奇》专题展】　2022 年 7 月 1 日，《共产党人的光辉榜样刘少奇》专题展在隆平水稻博物馆临时展厅开展。该展览以习近平总书记对刘少奇五个光辉榜样的评价为切入点，分为 5 个部分，真实展现刘少奇光辉伟大的一生，以纪念其在救国救民、强国富民道路上的艰辛探索和为党和人民事业做出的卓著功勋，反映出中国人民、中国共产党、中华人民共和国波澜壮阔的奋斗历史。长沙市委副秘书长、刘少奇同志纪念馆党组书记刘晖，芙蓉区委常委、区委办主任陈亚静，刘少奇同志纪念馆副馆长熊学爱、彭明建出席，芙蓉区人民政府副区长罗加祥主持开幕仪式。展览时间为 7 月 1 日至 31 日，时长为 1 个月，接待观众 8 万人次。　（刘　翀）

【《把功勋写在大地——袁隆平画传》首发式】　2022 年 5 月 22 日，隆平水稻博物馆联合湖南文艺出版社举行《把功勋写在大地——袁隆平画传》新书首发仪式。袁隆平院士夫人邓则，湖南出版投资控股集团党委副书记、总经理杨壮，湖南文艺出版社社长陈新文等 100 余名嘉宾出席。《把功勋写在大地——袁隆平画传》由国家杂交水稻工程技术研究中心和隆平水稻博物馆合力编著，由湖南文艺出版社出版发行。全书通过 300 余幅珍贵图像资料，全面再现“当代神农”奋斗与奉献的一生。　（刘　翀）

【“粽情飘香话端午 · 传承文化我先行”研学活动】　2022 年 6 月 4 日，隆平水稻博物馆开展以“粽情飘香话端午，传承文化我先行”为主题的非遗文化研学活动。隆平水稻博物馆讲解员带领网上招募的 11 名学生及其家长在馆内科技厅、隆平厅进行参观。学生跟随讲解员了解水稻科技及袁隆平院士的两个梦想，深刻感受到袁隆平院士的爱国主义情怀，明白粮食的来之不易。在随后的课程中，学生还学习了端午传

2022 年 5 月 22 日，隆平水稻博物馆联合湖南文艺出版社举行《把功勋写在大地——袁隆平画传》新书首发仪式　　（隆平水稻博物馆　供图）

2022年6月4日，隆平水稻博物馆开展以“粽情飘香话端午，传承文化我先行”为主题的非遗文化研学活动　　（隆平水稻博物馆　供图）

统佳节的起源及习俗的由来，亲手体验粽子的制作，上台分享活动的感悟和收获。（刘　翀）

【获赠马达加斯加杂交水稻图案纸币】　2022年8月23日，马达加斯加驻华大使罗班松·让·路易（Robinson Jean Louis）委托袁氏种业高科技公司向隆平水稻博物馆捐赠5枚马达加斯加最大面值纸币。纸币面额为20000阿里亚里，印有杂交水稻图案。纸币捐赠册上有马达加斯加大使亲笔签名。

（刘　翀）

【征集一批稻作文化藏品】　2022年10月20日，隆平水稻博物馆完成179件(套)稻作文物的征集工作。其中有陶瓷容具、铁质、木质等稻作生产工具，以及20世纪有关农耕及水稻方面的纸质类藏品等。此次藏品征集以现场鉴定会的方式进行。具有鉴定资质的4名特邀专家，分批鉴定评估3名藏家的藏品，馆方依据专家鉴定意见衡量藏品的收藏价值，进行筛选和议价。该批藏品能为近现代中国稻作农业科学的科学化进程提供物证。（刘　翀）

·湖南和平解放史事陈列馆·

【概况】　2022年，湖南和平解放史事陈列馆全年免费开放时间近300天，全年接待观众参观4万余人次。年内为10余所中小学、1000余名中小学生开展“红领巾小讲解员”等研学活动提供平台；联合五一中路、育华、朝阳等小学共同打造“有风景的思政课”。依托爱国主义教育基地、民革党史教育基地、省社会主义学院教学基地等阵地资源组织开展“湖南和平解放 初心使命铸丰碑”主题宣讲活动，为80余个团队、党组织、中小学校来馆开展“喜迎二十大”党史微宣讲活动。年内，陈列馆接待党和国家前领导人贾庆林，省领导张庆伟、李微微、吴桂英等到馆参观指导。

（刘　勇）

【公布为长沙市党员教育基地】　2022年6月，湖南和平解放史事陈列馆被中共长沙市委组织部《先锋潮》网站公布为长沙市党员教育基地。该馆原为程潜公馆，2016年确定“湖南和平解放史事陈列馆”，2019年获国务院“全国重点文物保护单位”认定，被录入“全国解放战争主题革命纪念馆名录”场馆。

2022年，湖南和平解放史事陈列馆外观　　（区文旅体局　供图）

2022年，陈列馆接待70余个党组织来馆参观学习，开展《湖南和平解放 初心使命铸丰碑》党史微宣讲50余场次，参加党史学习教育的中共党员近3000人次。（刘　勇）

旅　游

【概况】　2022年，芙蓉区共有星级旅游饭店11家，其中五星级3家，四星级7家，三星级1家；共有旅行社总社182家，国家AAA级景区2家，五星级乡村旅游度假村1家。年内，新建湖南米粉街、乔庄2家旅游咨询服务中心。全年接待国内外游客总人数2099.70万人次，比2021年增长9.45%，旅游总收入235.83亿元，比2021年增长1.58%。2022年7月，《中国文化报》刊发"2022年中国市辖区旅游研究报告"，芙蓉区位居全国旅游综合实力百强区，为长沙市9区（县）中排名之首。（魏菊芳）

【"芙蓉文旅六品牌"评选活动】　2022年2月，芙蓉区开展"芙蓉文旅六品牌"（芙蓉十大必吃美食、芙蓉十大必住美宿、芙蓉十大必逛美店、芙蓉十佳休闲娱乐场所、芙蓉十佳网红打卡地、芙蓉十大必去文博场馆）评选活动。评选从1月开始到2月结束，通过大众网络投票、专家评审、现场勘查等流程，最终富临美食等10家餐饮店被评为芙蓉十大必吃美食，万家丽国际大酒店等10家宾馆酒店被评为芙蓉十大必住美宿，IFS国金中心等10大商城被评为芙蓉十大必逛美店，弗洛KTV等10家娱乐场所被评为芙蓉十佳休闲娱乐场所，湖南米粉街等10家场所被评为芙蓉十佳网红打卡地，隆平水稻博物馆等10家文博场馆被评为芙蓉十大必去文博场馆。（魏菊芳）

2022年7月10日，湖南省圆点美术馆开馆仪式暨"圆点 元境"全国名家作品邀请展在该馆举行　（区文旅体局　供图）

【"千年城心 芙蓉等你"4条旅游精品线路发布】　2022年2月，芙蓉区文化旅游体育局根据全区文旅资源优势，制订"千年城心 芙蓉等你"芙蓉区4条旅游精品线路："一揽全城"都市休闲游、"一步千年"历史文博游、"一河流淌"网红打卡游、"一曲悠长"文化体验游。4条旅游精品线路充分整合芙蓉区吃、住、玩、看、乐、赏的旅游资源，为外地来长游客提供了全方位的芙蓉游览攻略。（魏菊芳）

【湖南省圆点美术馆开馆】　2022年7月10日，由湖南省文化和旅游厅主管，在湖南省民政厅注册的民办综合性美术馆——湖南省圆点美术馆经提质改造后重新开馆。该馆位于滨河路333号，注册资本金30万元，是一家集美术作品展览、陶瓷艺术创作、绘画创作、公共艺术、学术论坛、研学基地为一体的民办综合性美术馆。2022年，美术馆举办"圆点 元境"全国名家现场艺术品展览，展出了全国40余位名家的100多幅作品；美术馆组建了阵容强大的数字影像中心，为全国艺术家提供艺术品摄影、个人云美术馆搭建服务，让美术馆成为全国艺术家来长沙写生的一个最佳栖息之地。（魏菊芳）

卫生健康

编辑　谭自然

综　述

【概况】 2022年，芙蓉区卫生健康工作以人民健康为中心，以推动卫生健康事业高质量发展为目标，以推进“健康芙蓉”建设为主线，以补齐公共卫生体系短板为突破口，坚持一手抓常态化疫情防控，一手抓卫生健康重点工作，着力提升卫生健康治理能力和服务水平。年内，芙蓉区卫生健康局获评2022年度长沙市“疫情防控真抓实干督查激励”“湖南省文明单位”，2022年度长沙市“创新实干 担当有为”领导班子，“2022年省市重点民生实事项目工作成绩突出单位”“2022年度全省计生协重点工作绩效评价优秀单位”“2022年度全省医改工作表现突出单位”“2022年国家癌症中心肿瘤登记工作优秀奖”。（梁蓉蓉）

【爱国卫生】 2022年，芙蓉区爱国卫生工作按照长沙市创建国家卫生城市工作的工作部署开展相关工作。春秋两季公共地带灭鼠投放灭鼠毒饵16600千克、灭鼠蜡块4000千克，留发给街道、社区居民灭鼠毒饵3900千克、粘鼠板6000张。全区下水道烟雾熏杀共喷洒热烟雾剂680千克、4.5%高效氯氰菊酯可湿性粉剂300千克、8%高氯残杀威悬浮剂410千克，防制专业机构及单位社区共投入防制技术用工1700余个。全区公共地带加建毒饵站4000个，诱蝇笼500个，灭蚊灭蝇全区喷洒高效氯氰菊酯水乳剂477千克、残杀威乳油178千克，累计清理各类小型容器积水4000余处，在灭前灭后组织开展以清除蚊蝇滋生地为主要目的的全区大扫除活动，以提高和保障灭杀效果。建设丰裕小区、教师新村、新华联小区和佳兆业广场4个病媒生物示范性小区。东湖街道龙马社区获评市级卫生社区。全区无烟学校创建比例100%。（熊　梦）

【省市级健康民生项目】 2022年，芙蓉区完成省级民生实事项目：为35～64岁农村和城镇低保适龄妇女提供免费“两癌”检查服务1247人，目标人群覆盖率101.8%，发现宫颈癌前病变及癌症8人，乳腺癌前病变及癌症4人；为4330名孕产妇进行免费产前筛查服务，目标人群覆盖率135.31%，高危人群干预诊断率100%，高危人群妊娠结局随访率100%；为3634名新生儿进行先天性心脏病免费筛查，完成率为113.56%。完成市级健康民生项目：35～64岁适龄妇女“两癌”免费检测6786人，发现宫颈癌癌前病变38人，宫颈癌7人，早诊率91.11%；完成无创产前检测4851人，发现21、13、18三体高风险和其他异常25例，确诊14例。完成新生儿疾病筛查免费检测4954人，可疑阳性345人；耳聋基因筛查4403人，筛查异常186人。（梁蓉蓉）

医政管理

【概况】 截至2022年年底，芙蓉区有各类医疗卫生机构345家，其中社区卫生服务中心13家，社区卫生服务站43家，村卫生室1家。各类医疗卫生机构编制床位数8520张，实有床位数10112张。卫生技术人员13820人，其中注册执业（助理）医师4763人，护士7463人。（梁蓉蓉）

【医疗质量控制管理】 2022年，芙蓉区继续贯彻落实《医疗质量管理办法》《医疗纠纷预防和处理条例》等规定，建立健全医疗质量、医疗安全管理长效机制，完善“督导—培训—改进—提升”闭环管理，并将督导结果运用至全区医疗卫生机构的校验、医疗机构等级评定结果中。继续开展“民营医院管理年”活动，提升民营医院规范化、科学化、专业化管理水平。落实巡查、点评、约谈、处罚、通报五项制度，牵头组织开展区发证的医疗卫生机构的校验工作，继续聘请省市级专家参与对一级医院、社区卫生服务中心的现场审查，围绕医疗质量、院感、合理用药和病历书写管理等重点环节进行指导。全年完成医疗机构校验308家（新增、停业的除外），暂缓校验7家，下达限期整改通知书75份。处理辖区内医疗机构医患纠纷。年内，受理医疗事故争议和医疗纠纷投诉389起，现场受理答复62起，组织医患双方协调解决315次，报省、市医学会进行医疗事故技术鉴定12起。无二级以上医疗责任事故发生。（梁蓉蓉）

【城市医联体建设】 截至2022年年底，芙蓉区已经形成驻区三级公立医院（湖南省人民医院、中南大学湘雅二医院）和市级专科医院（长沙市中医医院）为主体与辖区内社区卫生服务中心组建的城市医疗联合体。2022年，持续开展与湖南省人民医院在专家坐诊、双向转诊、医疗救治、人才培养、远程心电、慢病管理、专病门诊等方面的共建合作，着重推进胸痛救治单元建设。芙蓉区与长沙市中医医院启动共建城市医疗集团战略合作，长沙市中医医院在芙蓉区各街道社区卫生服务中心委派“名中医”坐诊会诊、指导中医药健康管理服务、建设中医药文化阵地、组织中医药业务培训、开展名中医团队进基层活动、共享特色中药自制制剂、共建“爱在中医”党建品牌等医联体活动，实现优质医疗资源的共建共赢。

（张　鋆）

【卫生健康行业监管】　2022 年，芙蓉区开展新冠疫情防控督查工作，检查定点医院 5 家、医疗机构 383 家、公共场所 319 家，出动监督人员 450 余人次，出具卫生监督意见书 260 余份，现场整改问题 120 余个，跟踪整改问题 70 余个。开展“食品安全护苗行动”（春季、秋季），及时发现和处置卫生安全隐患，预防介水传染病和水污染事件的发生，保障学校师生饮用水卫生安全，出动卫生监督人员 120 余人次，监督检查中小学校 45 所、幼儿园托幼机构 125 所，责令整改 11 所。开展医疗安全与行风建设整治、民营医院巡查、医疗乱象治理、医疗污水整改销号、打击非法医美、口腔诊疗机构，健康体检服务机构等专项整治。出动监督人员 970 余人次，检查医疗机构 383 家（其中检查医疗美容机构 31 家、健康体检机构 11 家）。全年向区行政执法局移交线索 50 余条，区行政执法局立案卫生健康领域案件 42 件。

（程铁昂）

·表 35·　2022 年芙蓉区医疗卫生基本情况统计表

指标名称	单位	2022 年
一、医疗卫生机构数	个	345
其中：社区卫生服务中心	个	13
社区卫生服务站	个	43
二、医疗卫生人员数	人	13820
其中：注册执业（助理）医师数	人	4763
护士数	人	7463
三、年末医疗卫生机构床位数	张	10064
其中：编制床位数	张	8520
四、五岁以下儿童死亡率	‰	1.4
五岁以下儿童死亡数	人	6
五、孕产妇死亡数	人	0

（资料来源：区统计局）

·表 36·　2022 年芙蓉区各级各类医院基本情况一览表

序号	等级	机构名称	机构地址	性质	床位数（张）	专业人员数（人）
1	三级	中南大学湘雅二医院	人民中路 139 号	非营利性	3630	4872
2		湖南省人民医院（天心阁院区、马王堆院区）	解放西路 61 号、古汉路 89 号	非营利性	3060	3782

·续表 36·

序号	等级	机构名称	机构地址	性质	床位数（张）	专业人员数（人）
3	三级	长沙市中医医院（东院）	五一大道 39 号	非营利性	系统未查询到	—
4		长沙市口腔医院	五一大道 844 号	非营利性	50	595
5		长沙市一医院（南院）	水絮塘巷 67 号	非营利性	系统未查询到	—
6		湖南省旺旺医院	人民东路 318 号	营利性	568	1060
1	二级	长沙科尔雅口腔医院	建湘路 84 号	营利性	3	24
2		长沙东协盛医院	东二环二段 233 号	营利性	380	147
3		长沙丽人妇产医院	人民中路 499 号	营利性	70	101
4		长沙湘城康复医院	东二环一段 1178 号	营利性	60	50
1	一级	长沙长江医院	车站北路 251 号	营利性	23	49
2		长沙长海医院	东二环一段 1029 号铭威大厦	营利性	50	107
3		长沙芙蓉鑫远博爱医院	东湖街道长榔路 88 号	营利性	28	39
4		长沙和谐医院	芙蓉中路二段 16 号	营利性	20	50
5		湖南农业大学医院	湖南农业大学校内（农大路 1 号）	非营利性	50	43
6		中共湖南省委机关医院	韶山路 1 号	非营利性	70	60
7		长沙南海医院	八一路 56 号	营利性	62	56
8		长沙东大肛肠医院	远大一路 820 号	营利性	70	72
9		长沙艺星医学美容医院	五一大道 199 号	营利性	20	54
10		长沙中研皮肤病医院	人民中路 817 号	营利性	50	53

（资料来源：区卫健局）

·表 37· 2022 年芙蓉区社区卫生服务中心基本情况一览表

序号	机构名称	机构地址	编制床位数（张）	专业人员数（人）
1	湘湖街道营盘路社区卫生服务中心	晚报大道 99 号	0	33
2	五里牌街道车站北路社区卫生服务中心	车站北路 127 号	50	68
3	文艺路街道社区卫生服务中心	解放中路 200 号	0	39

·续表 37·

序号	机构名称	机构地址	编制床位数（张）	专业人员数（人）
4	韭菜园街道社区卫生服务中心	燕山街 83 号	0	40
5	东湖街道社区卫生服务中心	远大二路 892 号	0	48
6	马王堆街道社区卫生服务中心	纬二路 183 号	0	72
7	东屯渡街道社区卫生服务中心	人民东路 299 号	0	73
8	火星街道社区卫生服务中心	紫薇路五片 21 栋	20	50
9	东岸街道社区卫生服务中心	远大二路与望龙路交会处（远大二路 369 号）	99	75
10	朝阳街道社区卫生服务中心	曙光北路 109 号	47	58
11	定王台街道社区卫生服务中心	浏正街 57 号（总部）马王街 45 号、吉庆巷 25 号（分部）	30	63
12	荷花园街道社区卫生服务中心	东二环一段 938 号	0	61
13	马坡岭街道社区卫生服务中心	生态新城二号安置小区 8 标段 C8 栋	0	50

（资料来源：区卫健局）

中医药事业

【概况】 2022 年，芙蓉区围绕创建“全国基层中医药工作示范（区）县”战略部署，坚持“中西医并重”的工作方针，加大中医药人才培养力度，开展中医药传承创新发展和全国基层中医药工作示范（区）县创建工作。（孔振宇）

【中医馆提质升级建设】 2022 年，芙蓉区为提升基层中医药服务能力，对全区各社区卫生服务中心的中医馆进行提质改造。年内，辖区有 12 家社区卫生服务中心中医馆完成“提质升级”建设。其中，东岸中心、马王堆中心、文艺路中心、朝阳中心分别新增中医药诊疗设备；荷花园中心、定王台中心、火星中心、韭菜园中心、五里牌中心、东湖中心、马坡岭中心、东屯渡中心分别从中医药诊疗设备和中医馆环境各方面

2022 年 8 月 17 日，“中国医生节”中医药义诊活动在东岸街道望龙社区服务中心举办
（区卫健局 供图）

进行提质升级。（孔振宇）

【城市医疗集团建设】 2022年，芙蓉区与长沙市中医医院（长沙市第八医院）签订共建城市医疗集团战略，达成“名中医”坐诊会诊、中医药业务培训、中医适宜技术带教与个性化指导、中医药服务质量与合理用药指导、中医药文化阵地建设、名中医团队进基层、特色中药自制制剂共享共用、“爱在中医”党建品牌共建、搭建医联体建设利益共同体9项战略合作，通过专科共建、名医师承、人才培养、联合管理等模式，提升医疗整体水平。（孔振宇）

【中医药人才培养】 2022年，芙蓉区卫健局组织全区中医药人员开展中医药业务知识与实践技能培训，邀请长沙市中医医院专家在全区开展4次中医药服务能力提升培训，选派10余名中医药人员在长沙市中医医院进行为期1～3个月的实践进修。输送荷花园中心、马王堆中心和东屯渡中心3名中医骨干跟师长沙市中医医院专家，分别在中医内科、针灸康复等专业进行为期6～8个月时间的跟师学习。年内，区卫健局累计输送基层中医药骨干50余人分别参加省、市级举办的中医类别全科医师转岗、中医药“神农人才”工程、长沙市中药传统技能骨干和基层中医科护理人员实践培训。（孔振宇）

【中医药文化宣传】 2022年，区卫健局组织开展中医药健康咨询、义诊、讲座、养生操指导等中医药文化相关宣传活动228场，将《中国公民中医养生保健素养》、《健康教育中医药基本内容》、中医药科普知识等送进街道、单位和校园，积极宣传和推广中医药适宜技术，营造“知中医、信中医、用中医、爱中医”的良好社会氛围。（孔振宇）

基层医疗卫生服务

【概况】 2022年，芙蓉区基层卫生健康工作继续坚持以“健康芙蓉”为主线，围绕人民健康为基本着力点，着力推进基本公共卫生和基本医疗有机结合，区卫健局制定《芙蓉区社区卫生服务能力“十大提升行动”实施方案》，围绕“基本医疗强起来、基本公卫实起来、机制体制活起来、人员队伍稳起来、居民百姓满意起来”的总体目标，促进基层卫生健康工作高质量发展，基层卫生健康工作取得显著成效。推动韭菜园、文艺路、马王堆、火星街道社区卫生服务中心作为市级重点培育机构，全区13个社区卫生服务中心“优质服务基层行”均达到基本标准，其中朝阳、东岸、定王台中心达到推荐标准。（陈稳中）

【家庭医生签约服务】 2022年，芙蓉区家庭医生签约全面采用芙蓉区智慧医疗信息平台家庭医生签约服务管理系统，截至2022年12月31日，全区签约总数16.65万人，全人群签约覆盖率25.94%。重点人群签约数14.35万人，重点人群签约服务覆盖率73.14%，其中65岁以上老年人签约4.97万人，高血压患者签约3.29万人，糖尿病患者签约1.23万人，0～6岁儿童签约3.29万人，孕产妇签约4442人，严重精神障碍患者签约2690人，低保特困签约2478人，计划生育特殊家庭签约1263人，残疾人签约4696人，肺结核签约273人。（陈稳中）

【基本药物管理】 2022年，芙蓉区卫生健康局联合芙蓉区财政局将基本药物使用情况纳入对基层医疗卫生机构绩效考核范围，制定《芙蓉区2022年实施国家基本药物制度绩效评估方案》进行评分考核，建立考核结果与补助经费挂钩的奖惩机制。加强对辖区医师、药师和管理人员基本药物制度和基本药物临床应用指南、处方集的培训，提高基本药物合理使用和管理水平。2022年，全区政府办社区卫生服务中心采购药品金额2908.47万元，其中基本药物采购金额2612.73万元，占比89.83%；采购药品品规1503种，其中基本药物品规1316种，占比87.56%，基本药物品种数量比及金额比均已达标。在市级对芙蓉区2022年度实施基本药物制度绩效评价中，芙蓉区取得全市第三名、内五区第一名的成绩，被评为优秀单位。（陈稳中）

【基本公共卫生服务】 2022年，芙蓉区通过建立任务倒排、定期通报、相互交流、医防融合和绩点制管理等机制，高质量完成国家基本公共卫生服务项目工作目标任务。全年建立居民电子健康档案66.14万份，按照省级核定的64.2万人口数计算，建档率103.02%，全区已查阅居民健康档案46.02万份，查阅率79.64%；全区新生儿访视率99.65%，0～6岁儿童健康管理率97.61%；全区孕产妇系统管理率98.01%；辖区65岁及以上常住居民数6.73万人，接受健康管理的老年人数4.17万人，老年人健康管理率61.81%；辖区已管理的高血压患者人数4.55万人，规范管理的高血压患者数2.81万人，高血压患者规范管理率61.82%；辖区已管理的2型糖尿病患者人数1.71万人，规范管理的2型糖尿病患者数1.07万人，2型糖尿病患者规范管理率62.39%；辖区内登记在册的确诊严重精神障碍患者人数2880人，按规范要求进行管理的严重精神障碍患者人数2790人，严重精神障碍患者规范管理率96.88%；肺结核患者管理率100%；传染病和突发公共卫生事件报告率100%。全区老年人中医药健康管理率70.42%，0～36个月儿童中医健康管理率77.62%。服务对象综合知晓率61.54%；服务对象满意度81.51%。年内，芙蓉区基本公共卫生服务项目绩效评价工作，在全省123个区、县（市）中排名第9位，获评全省优秀单位。在全市绩效评价排名中获得第3名、内五区第1名的成绩，获评全市优秀单位。（陈稳中）

【推进医养结合发展】 2022年，芙蓉区卫生健康局坚持“基础性、普惠性、共担性、系统性”原则，持续推动医疗机构和养老机构开展多种形式签约合作。年内，芙蓉区福利中心、鑫远博爱、常青树老年公寓、阿默认知4家养老机构与湖南省脑科医院、长沙市中医医院等5家医疗机构签约，签约率100%。（陈稳中）

妇幼保健

【概况】 2022年，芙蓉区妇幼健康服务工作以母婴安全管理和民生实事项目为重点，聚焦高质量发展，优化服务模式，提高服务能力和科学管理水平。年内，芙蓉区被长沙市卫生健康委评为“省市重点民生实事项目工作成绩突出单位”“危重孕产妇管理工作优秀单位”。（熊　星）

【母婴安全保障工作】 2022年，芙蓉区产妇总数4205人，活产总数4277人。全年高危妊娠管理总人数3155，其中红色预警52人，橙色预警775人，紫色预警154人，50例红色预警已经平安分娩并过产后42天，专案管理率100%。全区7岁以下常住儿童数41201人，3岁以下常住儿童数15183人，其中婴儿死亡2人，新生儿死亡1人，1～4岁死亡3人，5岁以下儿童死亡率1.4‰，婴儿死亡率0.47‰，新生儿死亡率0.23‰。（熊　星）

【出生缺陷防控】 2022年，芙蓉区完成免费婚前医学检查2083人，婚检率84.33%。全年完成孕前优生健康检查2583人，目标人群覆盖率129.15%。免费叶酸发放6528人，叶酸服用率98.57%，叶酸服用依从率94.96%。报送围产儿出生缺陷个案178例，活产出生缺陷个案150例，围产出生缺陷率万分之366.78，活产出生缺陷率万分之311.14。孕产妇艾滋病、梅毒和乙肝检测率100%，孕早期检测率94.14%。无艾滋病孕产妇。梅毒感染孕产妇13人，梅毒治疗率100%，其所生儿童预防性治疗率100%。乙肝免疫球蛋白接种率100%。乙肝感染孕产妇所生儿童首剂乙肝疫苗及时接种率100%，乙肝免疫球蛋白及时注射率100%。先天梅毒报告发病率0。（熊　星）

【集体儿童管理】 2022年，芙蓉区落实0～6岁儿童眼及视力筛查保健工作，全年完成0～6岁儿童眼及视力筛查3.99万例，覆盖率96.74%。筛查出异常儿童2207人。完成入园体检8505人，托幼机构工作人员体检3396人。对辖区内3所

2022年2月22日，芙蓉区妇幼保健所联合市妇幼保健院、区民政局开展“免费婚检、孕前优生健康检查幸福千万家”主题宣传活动

（区卫健局　供图）

新托幼机构进行卫生评价，对其余托幼机构进行综合评估。（熊　星）

【妇幼健康教育】　2022 年，芙蓉区转播省、市孕妇学校直播网课 350 次，参加人数 5.08 万人次。推广的“12320”网络孕妇学校参与人数 4357 人，观看人次 3.32 万人次。芙蓉区妇幼保健所全年组织开展妇幼健康教育活动 20 次，包括省市健康民生项目义诊宣传、出生缺陷防治宣传、地贫防控宣传、母乳喂养知识宣传、更年期知识宣传；青春期、眼保健、艾滋病知识进学校等主题宣传活动，义诊咨询 2500 人次。芙蓉区开展妇幼健康教育宣传活动 239 次，义诊宣传人数 15362 人次。开发健康教育材料，全年印制 5 种宣传折页 5 万份，制作孕前优生宣传品及妇幼相关宣传品 3000 个。

（熊　星）

【“爱心助孕进社区”义诊活动】　2022 年 11 月 16 日，芙蓉区卫生健康局、芙蓉区妇幼保健所主办的“爱心助孕进社区”义诊活动在荷花园街道社区卫生服务中心举行，芙蓉区各街道妇幼专干及 11 对不孕不育夫妻参加活动。活动为芙蓉区 5 对参与体检的不孕不育患者提供价值 364 元的免费体检卡。活动特邀长沙市妇幼保健院专家为来咨询的每一位群众答疑解惑，免费进行妇科、男科检查、B 超、精液常规及白带检查，并为每一对不孕夫妇进行生育力评估、不孕不育的诊断和助孕指导。（熊　星）

【“为了姐妹们的健康与幸福”宣传活动】　2022 年 3 月 4 日，芙蓉区妇幼保健所联合市妇幼保健院、马坡岭街道社区卫生服务中心在马坡岭中心健教室开展“为了姐妹们的健康与幸福”义诊宣传活动，特邀市妇幼保健院副主任医师周锐为 30 余名社区居民进行“两癌”防治知识讲座，讲解宫颈癌和乳腺癌的病因、主要症状和如何预防。长沙市妇幼保健院和芙蓉区妇幼保健所的医生团队开展义诊咨询，为现场妇女解答妇科常见疾病和“两癌”相关问题，宣传长沙市健康民生项目“免费宫颈癌和乳腺癌筛查”，呼吁大家主动参与，享受政府带来的惠民政策。（熊　星）

2022 年 3 月 4 日，芙蓉区妇幼保健所开展“为了姐妹们的健康与幸福”义诊宣传活动　（区卫健局　供图）

疾病预防控制

【概况】　2022 年，芙蓉区疾病预防控制工作在抓好疫情防控工作的同时，做好重大传染病疫情和食源性疾病调查处置及常规各项疾病预防控制工作，做到卫生应急和常规防病工作两手抓。2022 年，芙蓉区疾控中心获评“2022 年中国居民营养与健康状况监测项目先进集体”、国家癌症中心“2022 年肿瘤登记工作优秀奖”。（张浩静）

【传染病防控】　2022 年，芙蓉区报告传染病 16807 例，比 2021 年上升 156.67%，年度传染病发病率 2584.13/10 万，死亡 0.31/10 万。无甲类传染病发生，乙类传染病 1746 例，比 2021 年上升 4 .43%；丙类传染病 15061 例，比 2021 年上升 208.88%，传染病疫情报告综合率 99.99%。2022 年共处置 1 起突发公共卫生事件（本地新冠疫情）。按要求完成疟疾、钩体病、布鲁氏菌病、流行性出血热、霍乱、人禽流感、狂犬病、不明原因肺炎等传染病监测任务。（张浩静）

【结核病防控】　2022 年，芙蓉区接诊初诊结核病人 522 例，登记管理肺结核患者 276 例：登记在管的结核患者艾滋病病毒（HIV）检测率 96.75%，发现 1 例结核分枝杆菌 / 艾滋病病毒（TB/HIV）双重感染患者。肺结核患者病原学阳性

50.19%，报告肺结核患者和疑似肺结核患者的总体到位率97.41%。肺结核患者成功治疗率92.17%，基层医疗卫生机构肺结核患者规范管理率92.91%，肺结核患者规则服药率91.22%，阳性患者耐多药筛查率71.26%，耐多药肺结核高危人群筛查率84.62%。全年调查处置散发学校肺结核疫情36例，及时处置93起学校结核病疫情预警。对4万余名秋季入学新生进行结核病筛查，筛查出学生肺结核病例3例，单纯结核菌素试验（PPD）强阳性143人。（张浩静）

2022年7月28日，“防治肝炎　健康你我”世界肝炎日宣传活动在丰泉古井社区科普公园举行（区卫健局　供图）

【艾滋病防控】　2022年，芙蓉区纳入日常随访管理的艾滋病感染者和病人已接受结核病筛查的病例检测比例99.7%；艾滋病病毒感染者/病人CD4检测比例98.1%；接受抗病毒治疗比例94.15%；配偶检测率92.3%；在校学生病例占总病例数比例8.51%。2022年，芙蓉区疾控中心及街道社区卫生服务中心快检点针对各类艾滋病感染高危/重点人群（除外医疗机构性病患者）检测4165人次。丙肝筛查阳性病例2例。全年通过开展外展干预活动，干预各类艾滋病病毒感染高危人群2.92万人次，发放宣传资料2.91万份，安全套5.81万只。2022年，区本级财政通过各种途径对全区HIV感染者/病人发放各类关怀救助金51.02万元。（张浩静）

【慢性病防控】　2022年，芙蓉区开展国家居民营养与健康监测调查工作，按照国家方案高质量完成1021名常住居民监测。5月，启动芙蓉区城癌项目工作，完成肺癌、乳腺癌、肝癌、结直肠癌及口腔癌筛查857人，未筛查出癌症患者。高危评估问卷任务数2700份，卫生经济学随访任务数742份，项目工作进展顺利。2022年，芙蓉区肿瘤数据库1.54万条，死亡病例7973例，存活病例7416例。9月14日，邀请湖南省肿瘤医院专家对辖区内5家大型医疗机构及13个街道社区卫生服务中心进行业务培训；整理湖南省肿瘤防办下发的14个医院的2.78万条肿瘤数据，更新肿瘤数据库。心脑血管事件报告：年内全区报告心脑血管病例2536例，粗发病率389.92/10万。（张浩静）

【免疫规划】　2022年，芙蓉区下发免疫规划疫苗103.50万剂次，非免疫规划疫苗发放34.98万剂次。适龄儿童国家免疫规划疫苗接种率达到省级要求的90%以上。全区报告疑似预防接种异常反应（AEFI）44例，发现后48小时内报告率100%。无疫苗质量事故或接种事故，无死亡、严重残疾、群体性疑似预防接种异常反应。疫苗扫码入库率100%。2022年3月4日，组织开展预防接种相关技术培训，下发预防接种资质证书419份。（张浩静）

【检验检测】　2022年，芙蓉区完成各类疾病防控监测检测样品2600余份，检测项目7700余项，为传染病流调溯源及疾病监测提供数据支持。全年参加省、市级部门组织的各类质控考核活动6起，参与考核的检验检测能力12项（分别为：新型冠状病毒、食品中金黄色葡萄球菌、食品中铅、食品中镉、尿碘、盐碘、HIV抗体、梅毒抗体、大米粉中镉、水中铅、麻疹抗体、风疹抗体），考核结果均合格，完成77台监测检验仪器设备年度检定和校准工作，充分验证中心实验室检测能力，确保检测结果的准确性。全年检测大米样20份、稻谷样20份、糯米粉样20份，检测项目60项；包点和油条样各10份，检测项目20项；现制饮料和甜品30份，检验项目90项。（张浩静）

2022年6月17日，芙蓉区共建“健康芙蓉——居民心身健康示范社区”暨国家科技创新2030项目启动仪式在荷花园社区卫生服务中心举行

（区卫健局　供图）

【便民服务热线开设】　2022年，芙蓉区疾控中心开通两条24小时电话咨询热线，安排值班员全天接听电话，及时回复市民诉求，为市民提供防疫政策咨询解答。通过开设便民服务热线，及时有效地帮助市民应对处理动物咬伤、疫苗接种、传染病控制等突发情况，为辖区范围内传染性疾病、慢性非传染性疾病的预防与控制、免疫规划、重点疾病防治、公共卫生突发事件应急处理等提供了坚实保障。（张浩静）

【精神障碍风险评估】　2022年，芙蓉区聘请中南大学湘雅二医院精神科专家对全区13个街道在册患者进行风险评估，对家属和患者进行一对一有关精神症状识别、精神康复技术、家属支持技术等知识的培训。通过定期开展严重精神障碍患者风险评估、家属看护培训，有效提高居家治疗患者病情稳定性，监测病情变化，及时发现、高效处理高风险患者，助力患者回归社会。年内，全区开展3次风险评估，评估患者907人次，末次评估3～5级患者10人，培训家属1500余人次。

（张浩静）

【共建“健康芙蓉——居民心身健康示范社区”项目启动】　2022年，共建“健康芙蓉——居民心身健康示范社区”国家科技创新2030项目在荷花园社区卫生服务中心启动，该项目是芙蓉区政府与湘雅二医院共建的首个国家级项目，试点摸索对抑郁症、焦虑症等常见精神障碍和心理行为问题的干预措施，提升民众识病、防病能力，提高突发事件心理危机的干预能力和水平。项目旨在以荷花园街道恒大社区项目开展形式为模板，向全国项目单位推广。年内，该项目已开展社区居民全人群现场问卷调查和体测工作，完成生物样本采集、问卷调查、复核诊断1400余人。（张浩静）

生育健康服务

【概况】　2022年，芙蓉区出生人口2533人，出生人口符合政策生育率99.52%，出生人口性别比104.76，已婚育龄女62773人。二孩、三孩及以上出生1119人，占总出生的44.17%。（陶红军　谭　宇）

【三孩育儿补贴政策落实】　2022年，芙蓉区根据《长沙市优化生育政策促进人口长期均衡发展工作方案》中“夫妻依法共同生育第三个及以上子女，三孩及以上每孩可以享受一次性育儿补贴一万元”的工作要求，全面落实全区三孩育儿补贴政策。2022年，全区为15家生育三孩的落实补贴发放。

（陶红军　谭　宇）

【生育奖励扶助】　2022年，芙蓉区奖励扶助对象上报准确率和资金到位率100%。独生子女保健费发放人数3357人，发放独生子女保健费38.17万元，城镇独生子女父母奖励（计生发放）1205人，发放奖励金120.69万元。计划生育特殊家庭奖励扶助1206人，发放扶助资金1418.09万元，到位率100%；特扶家庭老年护理补贴874人，发放护理补贴209.76万元；计划生育特殊家庭春节慰问1110人，发放慰问金111万元；计划生育特殊家庭医疗补助1103人，发放补助金110.3万元；城市低保扶助460人，发放扶助金53.68万元；特扶专项扶助365人，发放扶助金206.5万元。

（陶红军　谭　宇）

【计生协会服务】　2022年，区计生协会指导文艺路街道南元宫社

区、东岸街道东瑞社区2个社区创建为市级计生基层群众自治示范社区。推进区级计生协会改革，区政府制定《芙蓉区计划生育协会改革方案》，从转变工作职能改革完善组织机构、聚焦生育关怀落实六项重点任务、面向基层群众健全夯实服务体系三方面提出改革措施。区计生协会以“暖心家园”为引领，为计划生育特殊家庭提供精神、生活、健康、养老等方面的服务，形成“暖心家园”+服务模式，全年组织计生特殊家庭成员开展春节联谊、户外春游、剪纸、文娱等活动20余次，1000余人次参加；在计生特殊家庭成员中发展志愿者40余人次。组织开展计生特殊家庭关怀服务项目工作，为全区70岁以上以及重病对象提供入户走访慰问、家政服务172人次。2022年“5·29”会员日宣传活动期间，组织开展“宣传三孩政策·倡导婚育新风·促进家庭健康”的线上有奖答题活动，1.1万人次参与答题活动。芙蓉区计生协会被评为2022年度全省“计生协重点工作绩效评价优秀单位”。

（陶红军　谭　宇）

【生育关怀】 2022年，芙蓉区对计生特殊家庭、计生困难家庭，以及因灾因病致困的卫健系统职工共138名困难群众进行生育关怀走访慰问，共计发放慰问金10.4万元。全年审核发放计生特殊困难对象重病大病住院护理补贴276人次，31.31万元。为14周岁以下独生子女家庭购买计划生育家庭意外伤害保险2706户，8.12万元；为辖区1208名计生特殊家庭成员购买计生特殊家庭健康保险18.12万元；全年计生特殊家庭健康险理赔217人次、赔付15.89万元；计划生育家庭意外伤害保险理赔45人次、赔付3.38万元。组织开展“小善举大爱心”帮扶慰问和慈善募捐活动，为13名卫健系统困难职工发放帮扶资金4万元；组织发动系统干部、职工向省人口福利基金会捐赠善款3.2万余元。

（陶红军　谭　宇）

【人口监测】 2022年，芙蓉区认真执行人口监测统计调查制度，依托住院分娩、出生医学证明、死因监测、家庭医生签约、居民健康档案等部门信息共享资源，做好全员人口数据动态更新，完善全员人口基础信息，育龄妇女妊娠、生育信息，确保全员人口信息库覆盖和全员人口信息准确得到提升。截至2022年年底，芙蓉区家庭户17.49万户（本地登记，不含流动人口户数）。年内，全区定期开展全员人口数据质量检查，通报全员人口库数据质量情况，指导督促街道、社区规范系统信息上报、业务信息处理以及生育登记系统操作流程，及时纠正发现的数据质量问题，对人口出生情况进行准确统计，为全区0～3岁托育服务有关政策制定提供数据支持。

（陶红军　谭　宇）

·表38·　2022年芙蓉区计划生育基本情况统计表

指标名称	单位	2022年
一、符合政策生育率	%	99.52
二、出生人口性别比（以女性为100）	%	104.76
三、已婚育龄妇女	人	62773

（资料来源：区统计局）

体　育

编辑　谭自然

体育场馆建设

【体育设施建设】 截至2022年年底，芙蓉区实现全民健身路径100%社区全覆盖，累计投放全民健身器材点位670个，投放健身器材4926件。建成全民健身广场78个，智慧健身房22个，篮球场327个，健身活动室58个，象棋、围棋、台球、乒乓球桌椅200余张。新改建室外运动场15个。 （蔡 巍）

【室外运动场建设】 2022年，芙蓉区新改建东屯渡街道芙蓉社区标准篮球场、多功能运动场等15个室外运动场。该项工作为全市2022年扎实办好的10件民生实事之一，由区（县、市）政府负责提供建设场地和建设资金，市财政按每个10万元标准予以补助。新改建的室外运动场含篮球场、足球场、网球场、羽毛球场等建设内容，建成后为附近居民免费开放。7月19日，《长沙晚报》、湖南新闻频道等媒体对芙蓉区社区运动场建设情况进行专题报道。 （蔡 巍）

【智慧健身中心建设】 2022年1月11日，芙蓉区21处智慧社区健身中心全部投入使用。该批健身中心是2021年长沙市体育局联合芙蓉区人民政府在全区的13个街道辖区内，采取了政府出资、社区出地、企业运营的模式建设的，具有距离近、价格低、场馆智能等优势，满足居民在家门口即可享受高科技智能健身体验需求。新建的智慧健身中心设有固定力量区、有氧区、自由力量区、操房等多个功能区，还有智能跑步机、智能力量器械等各类专业器械，手机扫码就可以选择器械进行锻炼；每项健身器械使用皆有云端视频指导，民众可通过扫描下载App可以约课约设备、在线交流、查看运动数据与身体指标。健身房内装有中央空调、新风系统等设备，整体环境舒适。智慧社区

·表39· 2022年芙蓉区新改建室外运动场一览表

序号	建设地址	场地名称	场地面积（平方米）
1	东屯渡街道芙蓉社区（区政府西侧）	标准篮球场	608
2	东屯渡街道芙蓉社区（区政府西侧）	多功能运动场	375
3	东屯渡街道扬帆社区扬帆小区C区	多功能运动场	350
4	东岸街道东瑞社区中交中央公园D4区	多功能运动场	382
5	东岸街道望龙社区望龙安置小区A区	多功能运动场	580
6	东岸街道东宜社区嘉盛和园小区	标准篮球场	775
7	马坡岭街道新安社区汇一城小区	五人制足球场	630
8	马坡岭街道东站社区张公岭社区公园	标准篮球场	600
9	荷花园街道恒达社区聚心苑小区	标准篮球场	675
10	文艺路街道识字里社区水絮塘45号	多功能运动场	850
11	湘湖街道西湖社区雍景园	标准篮球场	578
12	湘湖街道西湖社区王府花园	标准网球场	693
13	湘湖街道湘湖社区欢度佳节小区	标准篮球场	480
14	马王堆街道九道湾社区九道湾社区公园	标准篮球场	1167
15	韭菜园街道桐荫里社区新军路4号煤炭大院	多功能运动场	414

（资料来源：区文旅体局）

·表 40· 2022 年暑期向中小学生免费开放游泳场所、免费进行体育项目培训场馆一览表

序号	培训项目	场馆名称	场馆地址
1	气排球	翎云气排球馆	曙光 798 城市生活中心 2 号馆
2	羽毛球	翎云羽毛球馆	曙光 798 城市生活中心 2 号馆
3	乒乓球	翎云乒乓球馆	曙光 798 城市生活中心 2 号馆
4	篮球	芙蓉区育英小学篮球馆	韶山北路 129 号育英小学
5	击剑	芙蓉区大同第二小学击剑馆	晚报北路 10 号四片大同第二小学击剑馆
6	气排球	马坡岭街道汇一城 YASA 气排球馆	马坡岭街道汇一城广场三楼
7	足球	马坡岭街道汇一城 YASA 天空足球场	马坡岭街道汇一城广场三楼
8	免费游泳	马坡岭街道汇一城小区游泳池	马坡岭街道远大二路汇一城小区 2 单元一楼
9	免费游泳	马王堆街道泳趣游泳馆	火炬中路 362 号芙蓉苑小区

（资料来源：区文旅体局）

健身中心实现了政府管理科学化、企业运营专业化、市民健身智慧化，推进芙蓉区全民健身工程建设。

（蔡 巍）

【暑假免费开放部分体育场馆】 2022 年 7 月 11 日到 8 月 19 日，芙蓉区暑期购买服务向中小学生免费开放 9 个体育场馆（2 个游泳场馆，7 个培训场馆）。2 个免游场馆接待中小学生 13896 人次。区文旅体局牵头组织区、街、社区（场馆）三级安全督巡，对免费开放时间段进行全时制督查，确保免费场馆连续 14 年不发生任何安全事故。

（蔡 巍）

青少年体育

【概况】 2022 年受新冠疫情影响，芙蓉区按要求没有举办规模较大的青少年体育赛事。年内，区级仅举办了第二届青少年泳王争霸赛，另个，组队参加省第十四届运动会青少年组比赛。 （蔡 巍）

【代表长沙市参加湖南省运动会青少年组比赛】 2022 年 8 月，芙蓉区组队代表长沙市参加在岳阳举行的湖南省第十四届运动会青少年组比赛，获得 4 枚金牌、6 枚银牌、1 枚铜牌，其中田径项目获得 2 枚金牌、1 枚银牌；游泳项目获得 1 枚金牌；羽毛球项目获得 1 枚金牌、3 枚银牌；趣味田径项目获得 1 枚银牌；乒乓球项目获得 1 枚银牌；网球项目获得 1 枚铜牌。 （蔡 巍）

【芙蓉区第二届青少年泳王争霸赛】 2022 年 10 月 29 日，芙蓉区第二届青少年泳王争霸赛在区教育局中心游泳馆举行。全区 30 所学校 207 名运动员参加争霸赛。比赛分为甲、乙、丙组以及青年组。甲组为五、六年级学生，乙组为三、四年级学生，丙组为一、二年级学生，青年组为初中生，设有蛙泳、自由泳、仰泳、蝶泳等多个比赛项目。 （蔡 巍）

【参加省运会青少年组羽毛球赛获多块金牌】 2022 年 9 月 11 日，在第十四届湖南省运动会青少年组羽毛球赛上，芙蓉区育才双新小学培养的选手代表长沙市获得 4 项团体金牌，芙蓉区基地校在训运动员在省运会羽毛球赛事中首次摘金。该次参赛成绩是长沙市青少年羽毛球在省运会团体赛历史最好成绩。

（刘子晶）

全民健身

【概况】 2022 年，芙蓉区全民健身工作健全完善公共体育设施建设，丰富全民健身场地供给，新改建 15 个室外运动场，助力打造“15 分钟健身圈”。年内，举办第十四届全民健身运动会，全区48支队伍3000余人参赛，设置有广播体操、气排球、乒乓球、羽毛球、趣味运动等七大比赛项目。由于新冠疫情影响，仅举办了气排球、乒乓球两项赛事。（蔡　巍）

【参加省“健康湖南”第二届全民运动会选拔赛】 2022年4—5月，芙蓉区组织314名运动员参加湖南省“健康湖南”第二届全民运动会长沙市老年、中年、青年、少年全部四个年龄组的选拔赛，参赛项目有足球、篮球、柔力球、网球、乒乓球、气排球、羽毛球、排舞、中国象棋、围棋、拔河、健康跑、广播体操、轮滑、太极拳、花样跳绳、航海航空模型、体育锻炼标准达标测试全部18个项目的比赛。芙蓉区获得男子拔河、气排球团体二等奖2个，羽毛球、广播体操、女子拔河、排舞、乒乓球、太极拳团体三等奖6个，42式太极剑单项一等奖1个，吴式太极拳45式单项二等奖1个。6月5日，芙蓉区承办省“健康湖南”第二届全民运动会羽毛球赛以及6月11—12日围棋赛2个项目的长沙市选拔赛活动。（蔡　巍）

【芙蓉区第十四届全民健身运动会气排球赛】 2022年9月13—16日，芙蓉区第十四届全民健身运动会气排球赛在朝阳街道曙光798园区进行，来自区机关、驻区垂管单位、街道办事处、驻区企业的42支代表队，共300余名运动员参加比赛。比赛分为企业组、街道组、机关组3个组别进行，各组别分别设置一、二、三等奖。最终，中国邮政代表队，东湖街道代表队，税务局代表队，区城管局、应急管理局、网信办联合代表队分别获得企业组、街道组和机关组一等奖。（蔡　巍）

2022年9月13日，芙蓉区第十四届全民健身运动会气排球赛在朝阳街道曙光798园区举行　（区文旅体局　供图）

【芙蓉区第十四届全民健身运动会乒乓球赛】 2022年5月23日，芙蓉区第十四届全民健身运动会职工乒乓球团体赛在芙蓉区大同二小举行，全区55支球队近500名运动员参加比赛。经过百余场的激烈角逐，省公安厅代表队获驻区单位组冠军，火星街道代表队获街道组冠军，长沙市公安局芙蓉分局获机关组冠军。其余参赛队分别获得优胜奖和道德风尚奖。（蔡　巍）

【芙蓉区老年人工作委员会开展“艺”起来练兵活动】 2022年5月6—23日，由芙蓉区老年人工作委员会举办的广场舞、柔力球、健身球、武术4个项目的“艺”起来练兵活动在芙蓉区文化馆举行。通过练兵活动，推动健身队伍建设，扩大健身人口，选拔优秀队员参加长沙市第十届老年人运动会。全区13个街道60余个队伍参加“艺”起来练兵活动。（蔡　巍）

【长沙市“第十届全民健身节”暨首届“双节”芙蓉区老年人健身大展示活动】 2022年8月27日，由长沙市老年人体育协会指导，芙蓉区老年人体育工作委员会主办，区文旅体局、区老年人体育协会承办的长沙市“第十届全民健身节”暨首届“双节（健身节、重阳节）”芙蓉区老年人健身大展示活动在湖南师大附中芙蓉中学举行。长沙市老体协主席刘晓明宣布开幕。该次健身展示活动是在前期13个街道老体协参加全区“艺”起来练兵评优赛的基础上，择优选择8支队伍、600名老年人参与，设置广场舞、健身球、柔力球、武术、交谊舞、威风锣鼓等8个展演项目。（蔡　巍）

社会生活

编辑　谭自然　谭丽霞

就业创业

【概况】 2022年，芙蓉区就业服务中心积极应对经济运行和疫情影响，在落实就业政策、稳定重点群体就业、强化就业服务等方面采取措施，全区就业局势保持总体稳定。全区新增城镇就业16505人，完成年度目标的100.64%；失业人员再就业9103人，完成年度目标任务的197.89%；就业困难对象实现就业2706人，完成年度目标任务的142.42%；开展创业培训1775人次，新发放创业担保贷款2075.5万元。多渠道促进高校毕业生就业创业，大学生就业率96.26%。开发就业见习岗位，2022年新增9家见习基地，发放见习补贴144.87万元。加强就业困难人员就业援助，落实就业困难人员灵活就业社会保险补贴，减轻就业困难人员缴纳社会保险费用的压力，2022年补贴6179人次，发放灵活就业社保补贴1905.75万元。

（陈婕璇）

【第五届“中国创翼”创业创新大赛芙蓉区选拔赛】 2022年4月22日，由长沙市芙蓉区人民政府主办，长沙市芙蓉区人力资源和社会保障局承办的第五届“中国创翼”创业创新大赛芙蓉区选拔赛决赛在芙蓉区政府会议室举行。74个初创企业或项目团队报名参赛，有16支队伍进入决赛，决出一等奖2个、二等奖3个、三等奖5个，其中“100+智慧农场”项目代表芙蓉区、长沙市进入省决赛，获得省级三等奖。

（陈婕璇）

【高校毕业生供需交流会】 2022年9月27日，2022年芙蓉区高校毕业生就业见习供需交流会在长沙国金中心73楼举行，活动由长沙市人社局指导，芙蓉区人社局、芙蓉区优化营商环境协调事务中心主办。20余家见习基地及招聘单位现场参加活动，200余家企业在线上带来5000余个岗位。活动收到“线下+线上”简历650余份，达成就业见习协议320余人。

（陈婕璇）

【职业体验岗】 2022年9月，为推动大学生就业创业、提升就业服务质量，芙蓉区人社局创新推出在校大学生“职业体验岗”，根据企业和基层平台的用人需求，与院校进行对接，定向进行宣传推介，组织对口企业有针对性地招募人才，打通人才“输送口”。职业体验岗计划实施以来，该项工作被省就业服务中心发文在全省进行经验推广，新华社进行了题为《“亲身体验促就业——长沙市芙蓉区创新模式精细化就业服务”》的专题报道。9月至12月的职业体验岗活动，有27名同学通过体验岗到街道社区、金融机构等不同岗位进行职业体验。

（陈婕璇）

社会保险

【概况】 2022年，芙蓉区社会保险中心坚持以人民为中心的发展思想，全面贯彻落实国家和省市社会保障工作部署，聚焦保障和改善民生，持续推进稳增长、惠民生、防风险等重点目标任务，出台基金监管实施意见，确保基金安全高效运行。年内，全区城乡居民养老保险参保人数实现全年目标任务的100%，人均养老金267.9元/月，待遇居全省第一位。在被征地农民社会保障待遇支付方面，全年完成21236名被征地农民、3587万元的生活补助发放。

（唐　璐）

【养老保险】 截至2022年12月，芙蓉区企业职工养老保险参保缴费人员33.19万人，基金征缴22.75亿元，养老保险待遇支出5.06亿元；

2022年4月22日，芙蓉区举办第五届“中国创翼”创业创新大赛长沙市芙蓉区选拔赛（决赛）

（区人社局　供图）

城乡居民养老保险参保人员13064人，基金征缴746.45万元，养老保险待遇支出1546.70万元；机关事业单位养老保险参保缴费人员5766人，基金征缴1.2亿元，养老保险待遇支出2.44亿元。（唐　璐）

【完善监管制度体系】　为守护好百姓的“养老钱”“保命钱”，2022年12月，芙蓉区以区委办、区政府办名义印发《关于切实加强社会保险基金监管工作的实施意见》，文件从落实工作责任、明确工作措施和提供组织保障3个方面，对社会保险基金监管工作提出明确要求。实施意见的出台，完善监管制度体系，提升监管能力水平，形成了基金监管的高压态势。（唐　璐）

【社保降费惠企】　2022年，芙蓉区继续执行阶段性降低失业保险、工伤保险费政策，惠及26436家企业，减免费用1.41亿元。全区有10167家单位享受到2022年度稳岗返还资金3992万元，惠及11.7万人。扩大阶段性缓缴保险费政策实施对象，有176家企业享受政策。

（唐　璐）

·表41·　2022年芙蓉区社会保障基本情况统计表

指标名称	单位	2022年
一、城镇新增就业人员	人	16505
二、失业人员再就业	人	9103
三、年末城镇登记失业率	%	0.98
四、新增养老保险人数	人	20486
五、基本养老保险发放率	%	100
六、新增职工基本医疗保险人数	人	21432
七、新增城乡居民基本医疗保险人数	人	81079
其中：大学生纳入城乡居民基本医疗保险人数	人	63441

（资料来源：区统计局）

医疗保障

【概况】　2022年，芙蓉区医疗保障工作始终坚持以人民为中心，不断推进医保经办规范建设，加大欺诈骗保打击力度，最大程度发挥医疗保障效能，持续推动医疗保障服务达到新水平。年内，芙蓉区医疗保障局被评为长沙市2022年度医保工作真抓实干督查激励奖、长沙市文明单位，“135”医保网格化监管机制被评为芙蓉区2021年度“十大创新案例”，医保基金网格化社会监管云平台被《中国医疗保险》杂志社主办的《地方医保工作快报》和“新湖南”报道，《芙蓉区“五抓五促”推进清廉医保机关走实走深》在《湖南医疗保障工作》刊发。

（宋湘滇）

【职业医保经办】　2022年，芙蓉区生育津贴报销3403人次，报销金额6042.63万元；医疗保险异地报销1168人次，报销金额615.1万元；生育费用异地报销1613人次，报销金额289.34万元；男职工一次性生育补助37人次，报销金额4.35万元。推进2022年重点民生实事，辖区内中南大学湘雅二医院、东协盛医院已开通普通门诊费用跨省直接结算。（邵　华）

【医保服务能力建设】　2022年，芙蓉区医疗保障工作着力提升医保服务能力，优化服务水平，实施省级医疗保障经办政务服务事项清单，落实经办事项操作规范，新增医保服务窗口2个，制定“芙蓉区医疗保障事务中心职能职责细化规定”，明确经办机构职能，科学设置岗位职责。落实“好差评”制度，医保窗口设有“好差评”电子评价系统，评价率100%，“非常满意”评价率稳定在95%以上。制定《芙蓉区医保经办适老化服务措施》，医保窗口配备“扶老专员”，为老年人提供“帮代办”服务，并提供轮椅、眼镜等用品，为老年人提供人性化医保服务。以“12345”热线、各级信访件为切入点，与长沙银行建立联动机制，解决医保个人账户开卡、关联、到账不及时等群众“急难愁盼”的问题。发挥街道作为服务城乡居民的区域中心作用，13个街道、82个社区（村）已完成医保专网建设，覆盖率100%。职工“灵活就业参保登记”等9项医保服务已下放至街道，“城乡居民参保登记”等7项医保服务下放至社区（村）。在韭菜园街道军区社区、东岸街道东瑞社区成立“医保服务示范点”，在长沙银行文艺支行、朝阳街道社区卫生服务中心、东岸街道社区卫生服务中心成立“医保帮办点”，在隆平高科技园建立“医保服务驿站”，让医保服务更加贴近群众。

（邵　华）

【医疗救助】　2022年，芙蓉区医疗保障局完善统一规范的医疗救助制度，制作发放《困难群众医疗救助专项政策告知书》4600份。落实好第一、二、三类救助对象事后救助的受理、审核、支付工作，建立健全社区代办、街道核查、区级审批的长效工作模式，建立与区民政、区残联、区红十字会等社会帮扶部门的信息共享机制，确保重点人群参保基础信息及时对接、待遇结算一站式报销、政策宣传一对一服务。在结算系统中做实大病报销倾斜支付政策，第一、二类救助对象在市域内定点医疗机构一站式结算救助金，健康扶贫专项资金已经全部并入医疗救助基金管理。截至2022年年底，医疗救助1385人次，救助金额180.53万元；精神障碍患者药物治疗救助2531人次，发放药品38.16万元，精神障碍患者住院救助148人次，救助金额33.52万元。

（毛　荐）

【医保基金监管】　2022年，芙蓉区制定《长沙市芙蓉区开展打击欺诈骗保套保挪用贪占医保基金集中整治“回头看”工作方案》，确定“回头看”问题清单及整改任务。组织定点医药机构开展自查自纠，查出违反医疗服务价格政策、过度检查等16个问题，已全部整改到位，追回资金1.19万元。联合芙蓉区纪委监委召开持续推进全区“清廉医保”专项监督检查工作调度会，要求区内9家相关单位按照职责分工开展专项监督检查。芙蓉区定点医药机构213家，监督检查覆盖率达100%，移送3起违规使用医保基金的案件线索至区行政执法局，依据协议对4家定点医药机构追回医保基金。全年共罚款20.74万元，追回医保基金16.41万元。（谢淑芳）

【医保宣传】　2022年，芙蓉区医保局重点围绕城居医保参保缴费政策及流程、高血压、糖尿病门诊用药医保报销政策、医保异地就医结算政策及备案流程等内容，开展“医保微服务”宣传活动7次，制作发放《居民医保缴费渠道小贴士》《医保政策小贴士》等宣传材料1.2万份。开展“织密基金监管网 共筑医保防护线”医保基金监管集中宣传月活动和打击欺诈骗保套保挪用贪占医保基金宣传活动，发放打击欺诈骗保宣传海报1500余份、《医疗保障基金使用监督管理条例》便民宣传资料2000余份。　（宋湘滇）

【基本医保全覆盖】　2022年，芙蓉区下发《关于全区持续开展基本医疗保险全民参保计划的通知》，文件，从明确任务目标、摸清底数情况、突出工作重点、部门联动协

2022年4月，芙蓉区医保局开展医疗保障基金监管集中宣传月活动

（区医保局　供图）

同、服务提质增效等五个方面稳定常住人口参保率，督促基层完善全民参保计划工作台账，落实困难人群100%参保的工作任务。各街道、社区针对月度新增的困难对象建立“认定—参保—缴费”的工作模式，将医疗保障的三重保障制度落实在源头。建立未参保人员服务工作台账，动态跟踪参保缴费情况，利用线上线下的居民物业服务，定期发送医保政策动态，增强居民群众的参保积极性。经省医保平台数据统计，芙蓉区2022年度城乡居民基本医疗保险参保人数16.26万人，职工基本医疗保险参保人数17.96万人，经市区统筹计算，参保率稳定在95%以上。2022年区医保局资助2670名困难群众参加基本医疗保险，实现应保尽保。（毛　荐）

【医保支付方式改革】　2022年，芙蓉区医疗保障局全面配合推进医保支付方式改革工作，制定下发《长沙市芙蓉区统筹推进DRG支付方式改革工作方案》，部署芙蓉区医保信息化标准化重点工作任务，组织DRG支付方式改革培训3次，协调信息部门及医院信息系统（HIS）开发公司处理好贯标、接口改造、医保结算清单等问题，引导医疗机构学习适应新的支付方式，芙蓉区符合模拟运行的医疗机构覆盖率100%。（谢淑芳）

住房保障

【概况】　2022年，芙蓉区公租房实物配租在保对象1889户，公租房租赁补贴在保87户154人，定向公益性岗位租赁补贴在保611户，全年发放租赁补贴近352万元。审批非定向公租房资格187户，棚改项目经济适用房资格3户，城中村改造项目半边户资格64户，限价房保障2户。配合区重点工程项目机关职工货币补贴信息查询，办理职工住房货币补贴退还等相关手续。

（刘　佳　肖洪祥）

【保障性住房小区管理工作】2022年，芙蓉区住房和城乡建设局住房保障服务中心围绕保安全、求稳定、促和谐的目标，防范安全事故。结合区域公租房实际情况制定公租房安全生产专项检查工作方案，成立专项检查工作领导小组。加大对转租转借等违规行为的监督管理、清理整治，编制芙蓉区公共租赁住房违规行为整治工作实施方案，成立芙蓉区公租房违规整治工作领导小组。望城“4·29”自建房垮塌事故发生后，将违规整治与安全排查相结合，调整工作方案和内容，强化排查问题整治。“五一”期间中心工作人员全部取消休假排查。发布芙蓉区公租房领域安全管理专项整治工作方案。国庆节前开展对公租房小区的安全生产巡查工作，发现问题反馈给长房集团。针对小区的消防报警系统以及楼顶热水器废弃问题抄送市住建局请求支持。开展小区宣传文化活动，先后在合鑫苑及其他小区，组织开展春节辞旧迎新、端午节和谐邻里主题活动，举办养老防骗宣传、安全使用电动车、消防安全培训等活动，营造小区安全和谐氛围。按照属地管理原则，配合各公租房小区属地街道、社区并督促物业公司做好疫情防控相关工作。（刘　佳　肖洪祥）

【棚改房源管理工作】　2022年，芙蓉区住建局住房保障服务中心管理全区棚改房源（包括非住宅、商品房、棚改安置房、限价商品房、经济适用房、自有周转房）800余套。按照街道、重点工程项目指挥部的需求，调拨交接相关房源，对接各项工作。对各类房源定期开展安全巡查，配合房源所属物业公司做好各项日常管理工作。年内，住建局完成蔡锷中路等区棚改重点项目定向限价商品房、经济适用房的资格审核48户和备案相关工作，办理区棚改项目各指挥部房源调拨手续518套，为项目提供房源保障600余套。（刘　佳　肖洪祥）

民政事务

【概况】　2022年，芙蓉区民政工作坚持“民政为民、民政爱民”工作理念，履行“三基”（基本民生保障、基层社会治理、基本社会服务）民政职责，推进民政事业高质量发展。年内，芙蓉区养老服务，获全市养老服务真抓实干嘉奖单位第一名。芙蓉区社区居务监督、“五社”协调联动等社区基层治理工作经验被湖南省社区建设联席会议简报以《创新社区治理，构建幸福芙蓉》为题，向全省推介。（夏书婷）

【黄泥塘社区居家养老服务中心开业】　2022年6月8日，东岸街道黄泥塘社区居家养老服务中心举行开业仪式。芙蓉区民政局党组书记、局长吴立平，东岸街道办事处主任廖攀，街道相关班子成员，黄泥塘社区书记、主任及部分社区老年人参加开业仪式。该中心为三层独栋洋房，使用面积650余平方米，一楼为多功能活动区，设有暖心餐桌、舞蹈室，二楼为康乐活动区，设有康复锻炼区、阅览室、书画室、音乐室，三楼为党建活动区，设有老年网吧、党建活动室（老年大学）、日照休息室。中心还开设合唱班、手工班、舞蹈班等多个老年人兴趣爱好的培训班，让老人在社区居家养老服务中心的生活更加丰富多彩。（夏书婷）

【养老护理员培训班】 2022年8月31日，芙蓉区民政局组织召开养老护理员培训班，从优质护理服务到管理水平等方面对护理员进行全方位、高标准、系统化的综合性培训，全区50多名养老护理员参加培训。培训以养老护理员职业道德、养老机构护理风险预防及管理、生活照料、基础护理、心理护理、养老服务中的人文关怀等国家职业标准规定的内容为主，由湖南省民政厅养老机构等级评定专家库成员、长沙市老年人能力评估专家库成员隆鸿志老师，长沙市老年人能力评估师专家库成员朱惠敏老师和具有丰富教学经验和多年实操经验的养老护理专家张灿老师进行授课。此次培训让学员了解到更多照顾老人的技巧，认识到养老护理员岗位的重要性，增强他们更好地护理老人的自信心。（夏书婷）

【社区养老工作获全市嘉奖】 2022年，芙蓉区民政局以满足老年人服务需求为导向，全力推动全区养老服务，社区居家养老服务中心覆盖率在90%以上，满足全区老人在15分钟内到达附近的养老服务中心享受基本的养老服务；完成全区综合性养老服务信息平台以及安联网建设。实行养老机构及街道社区居家养老服务智慧化管理与服务，区社会福利中心实施城企普惠养老服务项目的惠民政策。年内，芙蓉区社区养老工作获全市养老服务真抓实干嘉奖单位第一名。（夏书婷）

·基层治理·

【概况】 2022年，芙蓉区社区基层治理工作坚持创新引领，推行社区居务监督，实行"五社"协调联动，将社区、社会工作者、社区社会组织、社区志愿者、社会公益慈善资源联动，提升基层公共服务能力。持续推进减负改革，清理村（社区）工作机构和牌子，年内共清理取消社区（村）工作牌子640块，为基层减轻负担，构建基层治理新格局。（夏书婷）

【"五社"联动】 2022年，芙蓉区76个社区聚焦"加强'五社'联动，构建幸福邻里"这一主题，加强社区、社会工作者、社区社会组织、社区志愿者、社会公益慈善资源"五社"联动，以社区服务综合体为依托，突出便民服务型、智慧科技型、社会组织参与型、社会企业带动型、自治互助型、社区服务项目化型等社区服务主题特色，形成了社区日间照料、社区食堂等社区服务品牌以及"芙蓉夜话"等社区居民自治特色品牌。（夏书婷）

【"五型"示范社区建设】 2022年，芙蓉区民政局根据长沙市民政局、长沙市财政局《关于深化长沙市城市和谐社区建设、农村幸福社区建设示范创建工作的通知》文件要求，在全区开展美丽宜居型、智慧便民型、文明共建型、和谐善治型、幸福共享型"五型"示范社区（村）创建工作。11月，市、区民政局对年度十佳"五型"示范社区（村）创建项目和市级"五型"示范社区（村）创建项目进行验收，滨湖社区、紫薇社区、黄泥塘社区、军区社区创建为市级"五型"示范社区，跃进湖社区创建为市级十佳"五型"社区。（夏书婷）

【芙蓉区社会组织综合党支部成立】 2022年1月14日，芙蓉区民政局联合区社会工作总站在区政府会议室召开全区社会组织党员大会，民主选举产生中共芙蓉区社会工作组织综合党支部。全区48名社会组织中共党员参加会议。会议选举吴立平为中共长沙市芙蓉区社会组织综合党支部书记。社会组织综合党支部的成立标志着中共党的基层组织建设在芙蓉区各类社会组织中的健全和完善。（夏书婷）

【社会工作者职业水平考试考前培训】 2022年5月27日，由区民政局主办、区社会工作总站、长沙市暖心社工综合服务中心承办的"2022年芙蓉区社会工作者职业水平考试考前辅导培训"在芙蓉区东屯渡街道办事处举办。芙蓉区各街道、社区、社会组织中的社工共200人参加。本次培训邀请到湖南省社会工作杰出学术奖获得者、湖南省社会工作协会副秘书长、湖南省民政厅社会工作实务专家龙欢，湖南省普通高校青年骨干教师、湖南省民政系统专家、湖南省高校科技创新团队骨干人员刘玮，湘南学院社会工作系副教授、中国社会福利学会青年理事陈立周以及湖南师范大学社会工作硕士教育中心教师兼中国社会工作教育协会儿童专委常务理事冯元，分别就《社会工作综合能力》《社会工作实务》《社会政策与法规》等三大板块内容进

·表 42·　2022 年芙蓉区社区服务及社会福利事业基本情况统计表

项目	单位	2022 年
一、基层社区服务中心	个	76
二、敬老院床位数	床	300
三、敬老院供养人数	人	23
四、接受社会捐赠	万元	0
五、全年共发放低保金	万元	1610.78
六、全年领取最低生活保障救济人次	人次	26925
七、城镇居民得到政府最低生活保障	人	2171
八、城镇各种社区服务设施	个	195
其中：综合性社区服务中心	个	76

（资料来源：区统计局）

行为期 3 天的授课。（夏书婷）

【基本公共服务】 2022 年，芙蓉区提升婚姻登记服务，办理结婚登记 3188 对，比 2021 年增加 2.2%。离婚登记 1021 对，比 2021 年增加 3.7%；补办结婚登记 251 对，补办离婚登记 100 对，按时办结率 100%，登记合格率 100%，服务效率大幅提升。区划地名规范有序，完成全国地名管理系统质量提升任务，编制《芙蓉区社区分布图（2022 年版）》，牵头拟制“芙天线”联检方案，高效调处内部行政管理区域争议，提升城市管理科学化水平。落实殡葬改革政策，全区火化率 100%，全年处理“12345”市民服务热线丧事扰民等投诉举报近 120 次，回访满意率 100%。（夏书婷）

·社会救助·

【概况】 2022 年，芙蓉区社会救助工作以法定救助为主，困难帮扶为辅，慈善救助为补充的先救助后帮扶的救助机制，按照重点保障吃、穿、住、医的原则，采取“五帮扶”专项措施，即急难帮扶、医疗帮扶、住房帮扶、就业帮扶、基本生活帮扶，对城市特殊困难群体实施有针对性帮扶。年内发放低保特困资金 1832.84 万元，临时救助 106 人次 19.5 万元，城市特殊困难群体帮扶 291 人次 65.41 万元，发放孤儿、事实无人抚养儿童补助 36 万元。2022 年累计发放助困、助医、助学、助老、助贫、助葬、助急、助无等八大慈善救助资金 10000 人次 1400 万元。（夏书婷）

【最低生活保障】 2022 年，芙蓉区民政局严格落实“逢救必核”工作机制，对申请城市低保救助事项，一律按照申请、核对、调查、审核、公示（评议）、确认、发放的标准流程，依托居民家庭信息核对系统开展线上核对。同步通过入户调查、电话咨询等方式开展线下核查，确保信息真实。年内，芙蓉区在册低保对象 1625 户 2171 人，发放低保资金 1726.58 万元，城乡低保人均救助水平达到 604.41 元 / 月。（夏书婷）

【特困人员救助】 2022 年，芙蓉区坚持托底供养，为城乡特困人员提供基本生活、照料服务、疾病治疗和殡葬服务等方面保障，做到应救尽救、应养尽养。年内，芙蓉区有特困供养人员 80 人，其中分散供养 37 人，集中供养 43 人，发放特困救助资金 84.44 万元。鼓励、引导、支持社会力量通过承接政府购买服务以及提供志愿服务等方式，为特困人员提供服务和帮扶，形成全社会关心、支持、参与特困人员救助供养工作的良好氛围。（夏书婷）

【临时救助】 2022 年，芙蓉区进一步完善临时救助制度，对遭遇突发事件、意外伤害、重大疾病或其他特殊原因导致基本生活陷入困境，其他社会救助制度暂时无法覆盖或救助之后基本生活暂时仍有严重困难的家庭或个人给予应急性、过渡性的救助。年内救助 106 人次，发放救助金 19.5 万元。（夏书婷）

【慈善救助】 2022 年，芙蓉区民政局继续创新社会救助方式，在生、老、病、葬、急、困、学、无八个方面开展慈善救助帮扶，补充完善法定救助之外需要对特殊困难对象进行帮扶的弹性需求。年内发放助困、助医、助学、助老、助贫、助葬、助急、助无八大慈善救助资金 10000 人次，1400 万元。（夏书婷）

【残疾人补贴】 2022 年，芙蓉区有困难残疾人 2339 人，重度残疾人 2238 人。年内，芙蓉区按照困难残疾人补贴 140 元 /（人・月），重度残疾人护理补贴 100 元 /（人・月）的标准，发放残疾人补贴。截至 2022 年 12 月，发放困难残疾人生活补贴 27804 人次，389.26 万元，发放重度残疾人护理补贴 26498 人次，264.98 万元，两项补贴共计发放 54302 人次，654.24 万元。

（夏书婷）

【“六十年代精减退职”帮扶】 2022 年，芙蓉区按要求对 1957 年底以前参加工作，1961 年 1 月 1 日至 1965 年 6 月 9 日期间精减退职的芙蓉区所有制职工，凡是现在全部或者大部丧失劳动能力，或者年老体弱，长期患病影响劳动较大，而家庭生活无依靠现未享受救济的，或者长期患病影响劳动力较大，而家庭生活无依无靠的，按月发给本人原标准工资 40% 的救济费。截至 2022 年 12 月，芙蓉区为 51 名精减退职所有制职工发放精减退职帮扶金 35076 元。（夏书婷）

【高龄补贴】 2022 年，芙蓉区 80 ~ 89 岁老人 12402 人，90 ~ 99 岁老人 2092 人，100 岁以上老人 21 人。年内，芙蓉区推进老年社会保障体系建设，落实老年普惠政策，为全区 80 岁以上高龄老人每月发放高龄津贴，标准为 80 ~ 90 岁的老人每月 100 元，90 ~ 100 岁老人每月 200 元，100 岁以上老人每月 500 元。2022 年，全区全年发放高龄补贴金 57148 人次，1946.32 万元。

（夏书婷）

【救助站管理】 2022 年，芙蓉区救助站严格按照民政部《生活无着的流浪乞讨人员救助管理机构工作流程》、最新版《救助管理机构疫情防控指南》，坚持“自愿求助、无偿救助”“先救治、后救助”的工作原则，开展日常管理和救助服务工作，落实 24 小时值班制度，确保第一时间发现、救助流浪乞讨人员。全年，常态化站内救助流浪乞讨人员 1915 人次，街面排查流浪乞讨人员 2200 余次，救助 2031 人，协助流浪乞讨人员返乡回家、就业援助、户籍恢复 45 人。开展“寒冬送温暖”专项救助行动，发放棉衣、棉被、棉鞋等救助物资 10 万余元。

（夏书婷）

【救助站“开放日”活动】 2022 年 6 月 19 日是全国第十次救助机构开放日，芙蓉区救助站开展以“救助，让弱有所扶更温馨”为主题的救助开放日活动，向社会各界关心、支持救助工作的人民群众宣传救助机构工作。活动中区救助站工作人员向群众发放救助宣传手册，组织群众参观救助站基础设施，向群众讲解相关政策法规、介绍救助管理工作的服务对象、流程，告知群众相关救助渠道和救助程序，展示救助管理工作成效。该次“开放日”活动，取得了引导公众参与、接受社会监督的效果。（夏书婷）

退役军人事务

【概况】 2022 年，芙蓉区退役军人事务局认真开展退役军人保障体系建设，落实优抚工作措施，做好退役军人安置工作。年内，区退役军人事务局被评为“2022 年度芙蓉区党管武装先进单位”。推荐湖南省企业文化促进会会长谢建军获评“2022 年度长沙市最美退役军人”、芙蓉区东屯渡街道退役军人服务站李呈龙获评长沙市“退役士兵之星”、芙蓉区浏正街小学校长袁霞获评长沙市“拥军优属之星”。（李静锋）

【退役军人服务站建设】 2022 年，区退役军人事务局加强各街道、社区退役军人服务站建设，促进各服务站在硬件设施和暖心服务上下功夫，升级“五有”标准（有机构、有编制、有人员、有经费、有保障），优化硬件设施和暖心服务，竭力打造符合要求、具有芙蓉特色的退役军人服务站。年内，东屯渡街道、湘湖街道、东湖街道韶光社区、东岸街道黄泥塘社区等 8 家基层退役军人服务站成功创建长沙市“五优”退役军人服务站。（李静锋）

【优抚双拥】 2022 年，芙蓉区退役军人事务局按时、按标准为各类优抚对象发放各类定期生活补助，按时完成伤残人员认证工作及伤残金逐月发放工作。开展春节、“八一”慰问工作，逐一走访慰问辖区内所有军事单位，走访慰问退役军人及其他优抚对象。开展军民共建，长沙火车站、火星街道凌霄社区等2家单位被评为长沙市双拥示范点。烈士纪念日期间走访慰问辖区烈士家属，传递党和政府的关怀和温暖。2022年是退役军人及其他优抚对象“优待证”办理的第一年，芙蓉区各级服务站积极开展优待证办理“进企业、进单位、进家门”活动，为企业员工、患病高龄老人提供上门办理“优待证”服务，打通办理优待证“最后一公里”。组织自主择业军转干部开展红色教育活动，提升党性修养，丰富精神文化生活；开展军休人员户外休闲活动1次，军退干部（士官）政治学习1次。

（李静锋）

【安置就业】 2022年，区退役军人事务局严格实施“公开选岗、阳光安置”举措，完成年度安置任务。受理并申报自主择业干部住房补贴。11月4—5日，举办2022年退役军人“返乡第一面”岗前适应性培训班，对退役军人开设政策解读、乡情介绍、职业技能培训等实用性课程。组织线上线下“退役军人暨随军家属专场招聘会”2次，全方位助推退役军人高质量就业。 （李静锋）

【退役军人优待证首发仪式】 2022年4月28日，芙蓉区退役军人及其他优抚对象优待证首发仪式在区人武部会议室举行。芙蓉区政府、区人武部、区退役军人事务局相关领导及部分退役军人代表40余人参加会议。发放仪式现场，芙蓉区委常委、区人武部政委王黔军，区政府二级调研员徐德进，区退役军人事务局副局长余世文，区退役军人事务局副局长袁军华，中国工商银行长沙分行副行长罗向红为退役军人及其他优抚对象代表颁发首批优待证。优待证是持证人彰显荣誉、享受优待的凭证。持证人凭优待证按照《中华人民共和国退役军人保障法》和国家有关规定享受公共交通、文化、旅游等方面的优待服务。 （李静锋）

老龄事业

【概况】 2022年，芙蓉区80～89岁老人12402人，90～99岁老人2092人，100岁以上老人21人。低保老人809人，特困老人67人。区民政局将养老服务真抓实干作为全局的中心工作和重点工作，多措并举，积极探索以居家养老为基础、以社区养老为依托、以机构养老为补充的养老模式，逐步建立完善全区养老服务新体系。2022年，芙蓉区共有福利中心1家，民办养老机构4家，街道综合养老服务中心13家，社区居家养老服务中心59家，床位3100张，构建了机构、街道、社区相结合的养老服务网格。2022年对全区115户适老化改造家庭按照“一户一策”原则开展适老化改造，重点对卫生间、厨房、卧室等生活场所进行提升，同时对家具配置、家居细节进行适度调整和改造，着力改善老年人家庭居住条件，降低其在家发生意外的风险。

（夏书婷）

【社区老年人智能食堂】 2022年，东郡社区居家养老服务中心在开设社区老年人食堂时，特别配有智能炒菜机器人，通过程序设定，除了根据既定的菜谱炒菜以外，还能为老年人定制个性化的饮食套餐，如患有高血压老年人的盐分摄取控制，患有糖尿病老年人的淀粉摄取控制等。社区老年人在社区智能食堂就餐时根据自己身体状况，可以私人定制、科学配餐，确保吃得营养、吃得健康。 （夏书婷）

·表43· 2022年芙蓉区城市社区居家养老服务中心（站）情况一览表

序号	社区居家养老服务中心（站）名称	地　址	类别	启动运营时间（年度）
1	朝阳街道二里牌社区居家养老服务中心	韶山北路81号长勘院内老年活动中心2楼	AA	2020
2	朝阳街道朝阳社区睦邻居家养老服务中心	凯通国际城5栋2、3单元1楼架空层	AAAA	2017
3	定王台金沙里社区居家养老服务中心	建湘路105号	A	2020
4	定王台街道丰泉古井社区湖南发展居家养老服务中心	蔡锷南路190号	AAA	2018

·续表 43·

序号	社区居家养老服务中心（站）名称	地　址	类别	启动运营时间（年度）
5	定王台街道藩后街社区湖南发展居家养老服务中心	藩后街 35 号湘域城邦内藩后街社区居家养老服务中心	AAA	2018
6	化龙池社区居家养老服务中心	化龙池社区	AAA	2021
7	东岸街道东瑞社区居家养老服务中心	中交中央公园 D4 区牛津街商业 4 栋	AA	2020
8	东岸街道东宜社区居家养老服务中心	半边山巷嘉盛和园小区物业公司旁	A	2016
9	东岸街道黄泥塘社区居家养老服务中心	东岸街道亚大路 16 号东驿竹园商业区 A–140	A	2020
10	东岸街道望龙社区居家养老服务中心	中房瑞致小区内	AA	2017
11	东岸街道综合养老服务中心	东云台小区	AAAA	2021
12	东岸街道黄泥塘社区天园假日居家养老服务中心	天园假日小区内	AAAA	2022
13	东岸街道隆平公园社区居家养老服务中心	双金茂建发·观悦 4 楼	AAAA	2022
14	东屯渡街道嘉雨社区居家养老服务中心	星城世家西门综合楼	AA	2017
15	东屯渡街道扬帆社区居家养老服务中心	扬帆小区 F18 栋	AA	2018
16	东屯渡街道湖南发展综合养老服务中心	东屯渡街道农科家园 A 区 14 栋对面	AAAA	2018
17	东屯渡街道金科社区居家养老服务中心	金科社区内	AA	2021
18	东屯渡街道东屯渡社区居家养老服务中心	东华路枫树小区 13 栋	AA	2016
19	火星街道月桂社区居家养老服务中心	龙柏路 67 号	AAA	2021
20	火星街道曾家坪社区居家养老服务中心	远大一路 718 号	AA	2020
21	火星街道综合养老服务中心	月桂幼儿园旁	AAA	2021
22	火星街道兴和社区居家养老服务中心	马王堆陶瓷城纬二路 334 号	AAA	2020
23	火星街道紫薇社区居家养老服务站	马王堆北路 18 号古汉国际广场 2 栋东头	AA	2021
24	韭菜园街道汤家岭社区居家养老服务中心	车站北路 157 号竹园公寓 5 栋	AA	2020
25	韭菜园街道军区社区居家养老服务站	八一路 360 号	AAAA	2018
26	蓉园社区居家养老服务中心	蓉园社区	AA	2021
27	马坡岭街道东站社区居家养老服务中心	东站社区办公楼 4 楼	AA	2020
28	马坡岭街道锦林社区居家养老服务中心	东岸锦城 C4 栋 104	A	2020
29	马王堆街道新桥社区睦邻综合养老服务中心	新桥小区 5–1	AAAA	2020
30	马王堆街道滩头坪社区睦邻居家养老服务中心	火炬路芙蓉苑小区南门西侧	AAA	2020
31	马王堆街道古汉城社区居家养老服务中心	古汉城社区	AA	2020

·续表 43·

序号	社区居家养老服务中心（站）名称	地　址	类别	启动运营时间（年度）
32	马王堆街道综合养老服务中心	火炬村社区内	AAAA	2021
33	文艺路街道南元宫社区居家养老服务中心	人民中路 139 号	AA	2016
34	文艺路街道韭菜园社区弘益健康居家养老服务中心	金烨融府 16 号三楼	AAA	2020
35	文艺路街道东广济桥社区湖南发展养老居家养老服务中心	韶山路 186 号	AAA	2017
36	文艺路街道湘府社区湖南发展养老居家养老服务中心	五一大道 351 号省政府机关二院，湘府社区办公二楼	AAA	2020
37	文艺路街道识字里社区居家养老服务中心	文艺路街道旁	AAAA	2021
38	文艺路街道文艺新村社区居家养老服务中心	文艺新村社区	AAA	2021
39	文艺路街道乔庄社区居家养老服务中心	乔庄社区	AAA	2021
40	五里牌街道火车站社区居家养老服务中心	五里牌街道火车站社区朝阳一村 15 栋东	AAA	2020
41	五里牌街道五里牌社区居家养老服务中心	车站中路 289 号	AA	2020
42	五里牌街道综合养老服务中心	常青树老年公寓内	AAAA	2021
43	湘湖街道湘湖社区五行居家养老服务中心	金利中路 165 号	AAA	2018
44	湘湖街道东湖社区居家养老服务中心	晚报大道东湖新寓 10 栋 10 单元	AA	2017
45	湘湖街道湘湖社区居家养老服务中心	湘湖街道金利路 165 号	AA	2017
46	湘湖街道综合养老服务中心	东二环皮革厂内	AAAA	2021
47	荷花园街道综合养老服务中心	东二环一段 1178 号	AAAA	2020
48	荷花园街道东郡社区居家养老服务中心	万家丽中路一段 148 号	AAA	2021
49	荷花园街道荷晏社区居家养老服务站	荷花苑小区老 6 栋后（篮球场旁）	AAA	2022
50	荷花园街道恒达社区居家养老服务站	恒达社区 3 楼	AAA	2022
51	东湖街道综合养老服务中心	东湖街道长榔路 88 号韶光社区	AAA	2020
52	东湖街道滨湖社区居家养老服务中心	生物机电东湖校区内	AAA	2019
53	东沙社区居家养老服务中心	东沙社区	AAA	2021
54	龙马社区居家养老服务中心	农科院内	AAA	2021
55	合平新村社区居家养老服务站	东湖街道合平新村社区公共服务中心内	AAAA	2022

（资料来源：区民政局）

·表44·　2022年长沙市芙蓉区养老机构统计情况表

序号	养老机构名称	地址	运营时间	总入住人数（人）	养老床位（张）		从业人员情况（人）	
					数量	其中：护理型床位数	人数	其中：养老护理人员总数
1	湖南阿默养老服务有限公司长沙一分公司	隆平路869号东科园12栋101 201 301 401室	2018年6月	60	60	27	20	58
2	湖南阿默养老服务有限公司长沙二分公司	隆平路869号东科园6、7栋102、202、302、402室	2019年12月	74	74	28	22	69
3	长沙市芙蓉区鑫远博爱养老中心	长郴路88号韶光社区	2019年7月	222	168	30	20	101
4	长沙市芙蓉区常青树老年公寓	五里牌街道燕山街83号	2010年7月	200	100	31	21	95
5	芙蓉区福利中心	东湖街道合平路1号	2020年10月	1850	833	212	107	690
6	湖南万众和社区服务管理有限公司	马坡岭街道纬二路以南，桐西路以北，龟山路以东，京珠西辅路以西的东宜新园（二号点二期）	2022年12月	80	80	24	12	40

（资料来源：区民政局）

民族宗教事务

【概况】　2022年，辖区内少数民族群众约2.8万人，以土家族、苗族、回族为主，较为集中在马坡岭街道、马王堆街道、东屯渡街道、东湖街道。2022年，芙蓉区民族团结进步创建工作把握“铸牢中华民族共同体意识”主题，保障各民族合法权益，坚持服务与管理并重的方针。修业学校、八一路小学、文艺路街道识字里社区、韭菜园街道桐荫里社区、荷花园街道荷晏社区、马坡岭街道东站社区6个单位创建为全市民族团结进步创建示范单位，东湖街道东沙社区获“湖南省民族团结进步示范社区”奖牌。至2022年底，芙蓉区有国家级民族团结进步示范单位1个，省级2个，市级7个。

（左少良）

【民族团结进步创建及事务管理】2022年，芙蓉区在完成10个民族团结进步示范单位创建的基础上，启动民族团结进步示范区创建工作，推动民族创建工作进入企业、学校、机关、社区。聚焦重点区域人群，针对辖区高校在籍少数民族学生近3000人的情况，将湖南农业大学宣传统战工作与东沙社区示范创建工作有机融合，打造“社区+院校”双擎共抓民族团结实践创新成果。设立民族之家“沙农汇”，拓展了高校民族工作管理服务模式。做好相关服务，走访摸排少数民族餐饮店63家，帮助少数民族经营户解决困难恢复生产。以“少数民族服务站”为载体，定期组织经商务工代表与民宗、公安、城管等部门的联席会议，解决诉求，调解矛盾纠纷，解决问题55个。春节走访慰问特困家庭40户，送去慰问金1.6万元。审核参加高考的少数民族考生民族成分18人，按政策为少数民族同胞办理民族成分变更手续4人，协助26名少数民族学生家长办理子女入学和转学事宜。创新工作载体，打造“隆平水稻博物馆”等一批有影响的民族工作精品项目。　（左少良）

【宗教事务管理】　2022年，芙蓉区维护宗教领域安全稳定，制定

《集中开展涉稳风险隐患排查化解方案》，民族宗教局会同公安、国保等部门和各街道（园、局），对民间信仰活动场所、少数民族清真餐饮店等单位（场所）矛盾纠纷、场所消防安全等方面排查摸底，形成《芙蓉区民族宗教领域项目预警风险排查表》，明确责任，将矛盾隐患化解在基层。组织召开民族宗教领域业务推进会暨安全生产专项培训演练。采取“四不两直”方式，检查全区民间信仰场所安全，发现问题2处，责令整改到位。定期（每季）检查消防设施、防盗设施，水、电、气使用情况，消除隐患。各街道结合“安全生产月”活动主题，在民间信仰活动场所悬挂宣传横幅，督促各宗教场所及时更换过期灭火器、检查场所内的电源、线路和用电器，提高各场所安全指数。开展清真“三食”（饮食、副食、肉食）综合监管工作，加强对从业人员的培训，帮助解决实际问题。

（左少良）

【安全生产专项培训演练】 2022年8月9日，芙蓉区民宗局组织召开民族宗教领域业务推进会暨安全生产专项培训演练。各街道（园、局）专干、相关场所负责人近40人参加。业务推进会及培训演练分别在区政府七楼会议室及马王堆街道育宣堂举行，区民宗局领导就民族宗教领域重点工作和安全生产作部署，湖南省紧急救援协会李林作消防安全培训，在马王堆街道现场开展消防实操应急演练。会后，各街道（园、局）开展集中宣传活动，对辖区内相关场所进行安全生产排查整改。

（左少良）

【民族团结进步示范创建推进会】 2022年8月31日，芙蓉区委统战部在东湖街道东沙社区组织召开民族团结进步示范创建推进会暨现场观摩交流会，区人大常委会、区委统战部相关领导，各街道（园、局）分管负责人及专干，相关申报点负责人约40人参加会议。与会代表集中观摩了东湖街道东沙社区民族团结进步示范点，东沙社区书记黄希非就实施社区高校联动、构建民族特色服务平台等方面作经验介绍。各参会单位负责人以民族团结进步为主题交流发言，区委统战部（民宗局）负责人就全区民族团结进步示范创建下阶段重点工作作部署。

（左少良）

【东沙社区创成省民族团结进步示范社区】 2022年9月8日，在湖南省民族团结进步创建工作现场推进会上，芙蓉区东湖街道东沙社区被湖南省民族宗教事务委员会授予“湖南省民族团结进步示范社区”称号。东沙社区有少数民族人口4534人。其中少数民族常住人口536人、流动人口近4000人（包括外来务工经商的少数民族群众21人，辖区湖南农业大学在读少数民族学生3977人，分布在18个学院，39个少数民族族别）。近年来，东沙社区与湖南农业大学相互支持配合，引导居民和少数民族学生和睦相处，紧密团结，为少数民族居民及学生排忧解难。建设宣传民族法规政策和民族知识的“沙农汇”阵地，打造东湖街道首个“社区＋高校”少数民族特色服务平台，开展了一系列民族团结进步创建相关工作。

（左少良）

精神文明建设

【概况】 2022年，芙蓉区推进长沙全国文明典范城市创建，争当创建示范区。年内，召开文明委全体会议，提出以创建全国文明典范城市为主题，全面深化社区、小区、网格治理，打造“城市品质集中展示区”，推进老旧小区、百街千巷建设与“五位”建设、危房清零、口袋公园建设等重点工作统筹协调发展，推动全域、全员、全程、全面文明创建，推进文明渗透城市肌理、融入百姓生活。重点对中南大学湘雅二医院周边、湖南米粉街、清水塘菜市场、新湘幼儿院、大同小学、湘一芙蓉中学、西湖社区等地展开巡查督导，聚焦问题抓整改。召开文明创建工作培训会，文明创建重点职能部门、各街道、各社区（村）负责人参加，市文明办相关负责人专题授课，推进文明创建各项工作落细落实。通过强基础、补短板、抓重点，推动工作常态长效，完成各项任务。

（易跃峰）

【文明典型选树】 2022年，芙蓉区文明委制定《芙蓉区精神文明建设先进典型推评工作实施方案》，对各类先进典型挖掘、选树培育、丰富储备、宣传造势一体化推动，杨家山社区被评为“全国最美志愿服务社区”，“蓝的雷锋车队”彭友良获评全国岗位学雷锋标兵，刘朝辉入围第四季度“中国好人”候选名单，并被评为全省最美志愿者。韶光社区艾沙社会服务工作站入围学雷锋志愿服务全国“四个100”候选名单。文艺路街道办事处“医路相伴”服务项目入选“最佳志愿服务项目”。全年累计推评“湖南

2022 年 10 月 31 日，“强国复兴有我 争当时代新人”——长沙市未成年人主题教育实践活动在芙蓉区东郡第二小学举行

（区委宣传部 供图）

好人”3 人，“长沙好人”9 人，“新时代长沙好少年” 5 人。（易跃峰）

【文明实践活动】 2022 年，芙蓉区持续推进“文明实践 365”项目，13 支专项志愿服务队、375 名专职志愿者、8 万余注册志愿者在疫情防控、“礼让斑马线”、“保护母亲河”等志愿服务中履职，志愿服务工作经验获《湖南精神文明建设工作简报》推介。组织开展“我们的节日”“强国复兴有我 争当时代新人”主题教育实践活动 300 余场，承办市级活动 12 场，推出“芙蓉花开 好人绽放”系列典型报道。

（易跃峰）

【城市文明品质提升】 2022 年，芙蓉区实施文明典范城市提质行动，推进“百街千巷”环境综合整治提升工程，全区 148 条街巷精准提质，13 家农贸市场重新改造，400 余处电缆凌乱问题有效整改。坚持“日督查、周汇总、月调度”和“建账、晒账、查账、销账、交账”工作机制，发现、交办、整改问题 1.5 万个。突出农贸市场、医院、校园及周边重点区域，组织联合督察、交叉督察、专项督察 30 余次，完成文明创建省级测评、市级月度测评，实现静态问题基本清零。

（易跃峰）

【长沙市未成年人主题教育实践活动在区举行】 2022 年 10 月 31 日，“强国复兴有我 争当时代新人”——长沙市未成年人“扣好人生第一粒扣子·传承红色基因”主题教育实践活动在芙蓉区东郡第二小学举行，芙蓉区 10 余所学校师生约 200 人参与。省委宣传部文明二处处长、省志愿服务联合会常务副会长石海，省委宣传部文明二处四级调研员、省志愿服务联合会秘书长胡周礼，省民政厅慈善事业促进和社会工作处副处长姜波，市委宣传部、市文明办主任彭娟，市文明办、芙蓉区委宣传部有关领导出席。活动在舞蹈《花开新时代》中开启，学生们表演诗朗诵、演讲、快板、歌舞，举行爱国题材电影趣味竞答。活动举行 2022 年一至三季度“新时代长沙好少年”颁奖仪式，胡周礼、彭娟为 7 名少年颁发证书。在“红色家书”赠书仪式 上，石海、姜波向城区中小学代表赠送“潇湘家书”系列图书，东郡二小等十余所学校代表接受赠书。活动由长沙市文明办、长沙市教育局主办，芙蓉区新时代文明实践中心承办，芙蓉区委宣传部（区文明办）、芙蓉区教育局、芙蓉区东郡第二小学执行。

（樊启佳）

街　道

编辑　宾雪丰

湘湖管理局（湘湖街道）

【概况】 长沙市湘湖管理局系“政企合一、国社合营”的副处级事业单位，与湘湖街道办事处、湖南省三湘南湖大市场实业总公司合署办公。街道地处长沙火车站以北，东起东二环线，西至车站北路，南至远大路，北靠浏阳河，2022年街道下辖东湖、南湖、西湖、湘湖、跃进湖、车站北路6个社区，辖区总面积2.16平方千米，常住人口约4.6万人，流动人口约3万人，有中央、省、市、区驻街单位30余个。局属企业三湘南湖大市场实业公司含家电城、灯石城、建材城、汽配城、富丽华大酒店、湖南省数字应用产业园发展有限公司（湖南5G应用生态产业园）、湖南省数字应用科技有限公司（5G应用学院），市场有商户6000余家。年内，湘湖管理局锚定“奋力打造现代化新长沙建设标杆区”的目标，持续发力，凝心聚力、守正创新、踔厉奋发，完成了各项工作任务。被评为长沙市基层治理真抓实干示范街道、长沙市信访工作“三无街道”先进单位、长沙市“五优”退役军人服务站，全年在中国文明网、“学习强国”学习平台、《湖南日报》、《长沙晚报》等媒体报道工作经验及工作做法700余次。

存在的问题和不足。湘湖实业作为企业，无力长期承担产业园发展及成熟城区更新等类政府职能。基于产业园重要性，借鉴隆平园、大科城经验，希望上级政府赋予湘湖管理局产业园管委会职能，为产业园发展提供强有力组织保障，创新园区管理模式，并在示范园区挂牌上给予支持和帮助。（王　芸）

【街域发展】 2022年，街道完成固定资产投资23.1亿元，助推全省移动固投数据11亿元在芙蓉区打包入库；完成招商引资4家（工商银行、悦高、建林加固、合通劳务），其中工商银行税收超100万元；完成市区两级税收6.1亿元；新增“四上”企业20家、商贸企业7家。推进企业改制工作，实现企业稳定发展和理顺体制两手抓，表决通过《湘湖实业有限责任公司章程》《湘湖投资管理中心章程》两大章程，完成清产核资和制度构建工作，产权认定已初步核定，掌握初步成员资格认定名单，制定过渡期工作方案，目前正在搭建公司架构、部门设计和人事安排，处理企业人事与企业历史遗留问题，为企业的平稳过渡奠定基础。（王　芸）

【城市管理】 2022年，街道抓好省委周边环境整治，拆除市区交办违章招牌16块、安全隐患招牌82块，整治违规围挡136次；拆除省委巡视交办的历史违建5处399.25平方米；雍景街“百街千巷”环境综合整治提升工作获得市领导的高度肯定，“三联单”（街道、社区、执法中队协同管理机制）、“五长制”（社区书记、网格人员、物业、商户、党员服务联合督促机制）、“红黑榜”（根据日常巡查结果形成的每月三星级门店、黑板门店、每季四星级门店、年度五星级门店的红黑板考评机制）等做法被省、市媒体推广。落实安全生产大排查大整治及“百日攻坚”专项行动，检查生产经营单位1852家，排查隐患544处，完成隐患整改537处；自建房排查房顶违规加层162处，拆除违章建筑39处，7600平方米，关停格子房4处，推动460处房屋进行安全鉴定，对湘湖一村11处违章加层房屋，进行消层处置。完成审计署宿舍、国土二院宿舍、湘湖街道片区改造项目，办理并发放向阳湖不动产权证7户10本，五里牌肉联厂拆迁户签约3户，富丽华酒店宿舍楼销户工作全部完成。举办“芙蓉夜话”3期，收集群众关注的热点问题30余件，截至年底解决问题25件。（王　芸）

【社会事业】 2022年，街道扩大社会救助帮扶覆盖面，为辖区76户困难群众、低保户等发放慰问金6.2万元，发放慰问物资94套，开展基本生活帮扶2人。完成3户适老化改造，新申报成功AAAA级养老中心1家，为辖区1名残疾对象进行了家庭无障碍设施改造；建立健全城镇登记失业人员、就业困难人员、城镇新增和自然减员等基础工作台账，实现新增就业1334人，67位失业人员实现再就业，申报发放创业贴息贷款450万元。办理工商营业执照审批795户，办理“12345”工单777单，问题回访解决率95%。处理欠薪平台和全国劳动人事争议调解平台的案子90余个，调解率95%。化解重复访6件、信访积案3件，各类矛盾纠纷300余件，纠纷调解率、成功率100%，协议履行金额600余万元。制定具体的涉毒人员帮教措施，采取公开帮教、个人教育相结合，确保吸毒人员帮教率100%。（王　芸）

【区域党建】 2022年，局党委下属党组织66个，其中局机关党组织2个，局属企业党组织5个，社区党组织28个，两新党组织31个，直管党员1294名。全年发展党员13名，培训入党积极分子37名。街道围绕辖区经济，盘活辖区单位、局属市场资源，放大区域优势，形成局—街—社—企发展合力；与省证监局、国安厅、省体彩、市委办公厅、市六中等单位党建共建、常态互动；成立长沙第一家以“全国五一劳动奖章”获得者命名的调解工作室“刘桂兰调解工作室”；与省移动打造“跃进未来”智慧社区项目，被列入首届长沙市新型城市典型应用和解决方案案例集；奏响“社区＋市场”二重奏，以“人在网中走，事在格中办”为准则，将6000余家商户，10万名从业人员纳入“第七网格”，开创市场网格化管理的湘湖特色。6月29日，《“社区＋市场”独特组合 这个街道探索“七大网格”治理新路径》在红星网城市基层党建版块推介。打造2个“快递外卖小哥红色之家”。开展《关于加快建设全国统一大市场的意见》企业家论坛。召开专题会议研究意识形态工作2次，组织中心组学习12次、专题学习8次、“第一议题”学习22次。（王 芸）

【社区建设】 2022年，街道以高质量党建凝聚社区强大发展合力，实现6个社区48个小区居民自治。湘湖社区“三微治理”（微改造、微服务、微治理）打造平安社区，“诉源治理工作站”“刘桂兰特邀调解工作室”作为政法队伍与基层群众零距离沟通新平台，将群众矛盾化解在诉前，开展“一对一”专家问诊式法务咨询12期，“全周期”接待咨询人员43人次；东湖社区通过“微协同”（一门受理、一网协同、实时监控、限时办结）服务“共享联盟流动驿站”形成合作新合力，打造“同心社区”阵地，开展志愿服务49次，开展“益路同行 共同成长”项目青少年活动29场，关注青少年成长；跃进湖社区深入实施“楼宇党建全覆盖”工程，打造长盛上东区党群服务中心、长沙快递外卖小哥“红色之家”长盛上东区站，“跃进未来”智慧平台借力互联网将民生痛点、难点解决在云端，解决居民急难愁盼问题12项；南湖社区以党建带团建，汇聚青年力量，探索建立“团干部＋团员＋青年志愿者”工作体系，创建长沙市“青年之家”“红船志愿服务队”化身网格内行走的红色名片，开展志愿服务156次。车站北路社区指导辖区6家快递服务单位成立湖南省华通快递物流行业联合党支部，引导新就业群体党员充分发挥自身优势，成立“快递外卖小哥红色之家”关注群体需求，主动开展服务，成为基层治理的“移动探头”。西湖社区组织开展关爱未成年人系列活动，组织社区中小学生参与公益劳动，开展未成年人实践活动14次，普法教育讲座2次。出各项普法宣传栏4期。排查和化解矛盾纠纷，调处矛盾纠纷14件，纠纷调解率90%。（王 芸）

【特色经济】 2022年，街道抢抓数字经济发展机遇，以5G应用为特色，打造数字经济创新发展高地“湖南5G应用生态产业园”，以成熟城区、社区人口及三湘南湖实业20个行业、6000家商户为应用场景，聚合中国移动200余家5G供应链伙伴、400余家生态链伙伴，获湖南省政府参事课题组赞赏、长沙市5G应用产业链办公室重视，纳入长沙市5G应用产业链。实现园区一期写字楼出租率100%，80余家企业注册落户。5月，产业园入选湖南省“数字新基建”标杆示范项目，获得参评“十四五”国家5G示范推广项目的资格。创新5G应用核心业态，在裙楼投资建成中国第一个“5G应用产业学院”，推动构建“产业＋就业”的双5G战略业态架构，开展5G应用技能职训、企业定制培训、二次学历培训，系统批量培养5G应用人力，弥合学校教育与企业需求空档，带动社会就业满足企业需求。与多家职训机构达成合作职训意向（中国移动、中国通服、省大数据协会、省直播协会、省通信协会、嘉环科技等），力争每年驻训3000～6000人次，培养5G应用湘军，形成职训品牌。

（王 芸）

【“诚信达天下·守信赢未来”活动】 2022年4月29日，湘湖管理局三湘南湖大市场举办“诚信达天下·守信赢未来”活动。通过线下评选、线上投票，产生诚信类奖项105个，其中“共产党员诚信示范店”25家、“文明诚信商户”40家、“金牌诚信店长”40位。活动现场，湘湖管理局为27名获奖代表颁奖，并与长沙农商银行芙蓉支行签订《“党建共创·金融普惠”战略联盟合作协议》，向获奖诚信商户提供1亿元低息贷款额度，邀请免费试用家居7年的体验者做“三湘好物”分享，聘请5位市民担任“商品质量监督员”，获评长沙市文明办“2022年长沙诚信示范品牌”。

（王 芸）

【雍景街创新推进“百街千巷”环境综合整治】 2022年6月19日，在长沙推进“百街千巷”环境综合整治提升工作的契机下，湘湖街道西湖社区按照“政府主导、部门联动、群众参与”的原则，对雍景街进行提质改造，整治绿化面积缺失、路面破损 8000 平方米。让整治提升同排污管道改造、线路入地、路灯照明、绿化美化充分结合，最终达到路面平、管道通、道路洁、路灯亮、环境美的效果。社区党员、志愿者、门店业主成立“三位一体”的红袖章联盟，每月定期召开“门前五包”星级门店讲评会，对沿街门店评星打分，做得好的星级门店会在“精致管理、品质街巷”公示牌中公示，做得不好的则会在“曝光台”上“曝光”。（王　芸）

2022 年 6 月 19 日，湘湖街道西湖社区雍景街街景

（湘湖街道　供图）

【湘湖街道自建房安全整治】 2022 年 7 月 26 日，湘湖街道对东湖社区湘湖一村 C6 栋违章加层建筑依法、有序进行拆除。根据自建房排查整治要求，湘湖于“五一”期间对历史违章建筑进行“重拳出击”，全力做通历史违建业主和单位的思想工作，组织相关部门实地察看、商议解决方案。仅用 15 天时间，拆除了车站北路 44 号锦江之星楼顶违建、同丰街 120 号小区 3 户居民违章建筑、远大路 13 号玉楼东楼顶违建、东二环二段皮革集团的两处违章等 5 处违章，全面完成省委巡视整改任务。（王　芸）

【“湘湖社区刘桂兰调解工作室”成立】 2022 年 7 月 29 日，芙蓉区法院首家个人名义特邀调解工作室在湘湖社区授牌成立。“湘湖社区刘桂兰调解工作室”在“人民法院调解平台”注册成为特邀调解组织，从介绍法律法规、提供典型案例、联系司法确认、参加普法宣传、配合纠纷调解等多种途径和形式，为推进诉源治理、助力邻里和谐，打造平安、无讼和幸福社区发出光和热。截至年底，工作室开展调解 18 期，发现问题 420 余个，接待咨询人员 180 余人次，调解协调矛盾纠纷 51 起，解决群体性纠纷 6 起。（王　芸）

2022 年 7 月 29 日，芙蓉区法院湘湖社区刘桂兰特邀调解工作室授牌仪式现场

（湘湖街道　供图）

【“湘湖 5G 应用”第六届 CRH 杂交水稻杯开幕式】 2022 年 12 月 26 日，“湘湖 5G 应用”第六届 CRH 杂交水稻杯机器人创客大赛开幕启动，中国工程院院士王耀南、印遇龙、吴义强，中国科协青少年科技中心原主任李晓亮，北京理工大学教授、博导罗庆生，上海市青少年科普促进会秘书长陈红等人参加大赛开幕式。大赛以“立足农业科技跨界综合创新创业、跨界创新、多元开放、面向未来”为主题，旨

在通过开展服务绿色生态智慧农业的机器人创意设计与工程挑战、人工智能系统开发等系列竞赛活动，深入推动机器人与人工智能及创客教育120余人参加开幕式。

（王　芸）

定王台街道

【概况】　定王台街道东至芙蓉中路，南至人民路南，西至黄兴中路，北达中山路。2022年，街道下辖丰泉古井、金沙里、黄泥街、宝南街、藩后街、走马楼、马王街、化龙池、浏正街9个社区。辖域面积1.48平方千米，域内常住人口3.7万人，户籍人口7.2万人，有家庭户1.56万户。年内，街道围绕“三高四新”“强省会”战略，学习贯彻习近平新时代中国特色社会主义思想，特别是习近平总书记考察湖南重要讲话指示精神，推动各项工作取得新进展。街道被评为“湖南省文明标兵单位”“湖南省示范性政协委员工作室”“长沙市第七次全国人口普查先进集体”“长沙市优秀政协委员工作室”。

存在的问题和不足。楼宇品质有待提升，老旧楼宇多，存在设施陈旧、功能不全、配套不周等系列问题，无法满足入驻企业的发展要求，存量楼宇去化压力大。街道流动人口多，管理难度大。（饶　坤）

【街域发展】　2022年，街道完成规模工业总产值11.74亿元，比2021年增长63.74%；完成限额以上商贸业社会消费品零售额187.76亿元，比2021年增长17.7%；限额以上批发企业商品销售额141.2亿元，比2021年增长3.8%；完成全社会固定资产投资19.21亿元；完成市区级税收13.9亿元，完成招商引资2104.18万元。27栋重点楼宇入驻企业2685家，总招商面积206万平方米，平均空置率13%，盘活楼宇闲置面积5551平方米，净增481家市场主体，4栋楼宇税收过亿，12栋楼宇税收过千万。注重以商招商、稳企留商，促成中金珠宝电商、明亚保险等企业入驻，2022年国金中心税收突破10亿元，湖南投资大厦税收突破3亿元，世茂环球金融中心、中天大厦税收突破1亿元，黄金城内珠宝、黄金企业全口径税收1223.35万元，销售额11.77亿元，高新技术企业在库43家。

（饶　坤）

【城市管理】　2022年，街道马浏片区二期城镇老旧小区改造项目进度显著，基础部分和建筑立面4个首开区已经进入施工扫尾阶段，黄兴路216号和府后街1号职工家属区提质改造项目完成，建湘路中国黄金街提质改造项目完工验收。处置市、区数字化案件1.28万件，结案率100%；拆除违章建筑64处3290平方米；拆除大型违章广告24处；完成813个燃气整改任务工作；完成2284家食品经营单位包保；开展专项执法200余次，出动执法人数3600余人次。推动长沙市“百街千巷”环境综合整治提升工作，对59条街巷开展整治提升，整修人行道806平方米、车行道路面1470平方米、绿化420平方米，修缮亮化照明340处、附属设施86处，整治违规广告招牌148处，清理架空管线5990米，确保一次性通过市城管局统一验收，完成全区近一半的整治提升工作量，《长沙晚报》以“宿舍楼下居民围坐，共话百街千巷改造”为题进行报道。

（饶　坤）

【社会事业】　2022年，街道有低保户415户529人，发放城市居民低保金390.16万元，发放医疗救助金49.90万元，城市低保实现应保尽保。发放特别扶助家庭补助217人236.96万元，独生子女保健费311人3.50万元，特扶医疗补助208人20.80万元，特扶老年人护理补贴171人41.04万元。推进安全生产“敲门行动”，排查企业及门店2420余家（次），检查隐患1270处，下达责令限期改正320余份。自“9·16”电信大厦火灾后，街道组织专班对47栋四类高层建筑进行专项排查，责任整改103处，聘请第三方公司对街道84栋高层建筑进行消防隐患大排查，责令整改1343处。受理“12345”居民服务热线3866件，完成率100%，满意率98%；行政审批窗口办件量4117件，处理投诉案件593起，完成率100%。重点民生实事项目适老化改造申报20户，已完成施工16户。

（饶　坤）

【区域党建】　2022年，街道党工委下属党组织149个，直管党员1991人，流动党员100人，发展党员13名。聚焦楼宇“三位一体”服务，开通“党务直通车”，以楼宇党建赋能楼宇经济高质量发展，9月中共中央组织部、省委组织部专题调研世茂环球楼宇党群服务中心。发挥“芙蓉夜话”基层协商议事平台作用，征集居民群众建议意见21条，解决实际问题29个。丰富思想文化工作内涵，策划开展“特色街巷 欢庆元宵”“相遇黄金街”“白果园游艺会”等系列活动，邀请网络红人、文化名家到都正街、白果园、化龙池等历史名巷打卡采风，推选“长沙好人·身边雷锋”敬业奉献类道德模范杨曙光。年内774件作品提交版权登记，全部通过审核，其中优秀作品276件。加强文化娱乐场所管理，完成白果园旅游咨询服务中心、长沙市图书馆定王台分馆提质改造，已正式对外开放。全年市级以上媒体上稿698篇，其中央媒30篇、省媒507篇、市媒161篇，《光明日报》以《巷子里的网红店》重点报道白果园历史文化旅游街区文旅发展成果。（饶　坤）

2022年2月15日，“相约黄金城，欢乐闹元宵”舞狮节目

（定王台街道　供图）

【社区建设】　2022年，走马楼社区推行“365”工作法，即“三位一体”“六大网格化”“五长工作制”，治理形成“一核引领、一网覆盖、一体多元”的网格化治理工作格局，真正做到“人在格中走，事在网中办”；以国金中心楼宇服务站为依托，重点楼宇选派社区工作人员担任“楼宇管家”，开展惠企政策宣传、疫苗接种、消防演练、运动会等活动25次。丰泉古井社区以党建为引领，围绕建设设施和服务完整社区、智慧社区、平安建设、美丽社区和邻里社区5个方面，做好新时代社会治理工作。以“2022湘江浏阳河百里画廊项目”为契机，完善先锋空间、小区党支部等活动空间功能升级，构建“一站三中心”（新时代文明实践站、社区综合文化服务中心、游客中心、邻里中心），提升居民幸福感。走马楼社区被评为“湖南省文明社区”，丰泉古井社区、藩后街社区被评为“省级充分就业社区”，走马楼社区被评为“长沙市同心宜居社区”，马王街社区被评为“长沙市计划生育基层群众自治先进村（社区）”，金沙里社区、马王街社区、浏正街社区、化龙池社区、宝南街社区被评为“长沙市绿色社区”，金沙里社区工会联合会被评为“长沙市小三级工会”。（饶　坤）

【“特色街巷　欢庆元宵”活动】　2022年2月14—15日，在都正街、黄金街和白果园3个街区举办“特色街巷　欢庆元宵”活动。该活动由长沙市文明委主办，长沙市委宣传部、长沙市文明办、长沙市学雷锋志愿服务基金会、长沙晚报社、芙蓉区文明委、芙蓉区新时代文明实践中心承办，《长沙晚报》星恒传媒、芙蓉区定王台街道执行。14日上午在都正街传统文化体验区进行“猜灯谜兑花灯”活动，谜面内容涵盖文明礼仪、传统文化、诗词成语等；14日下午，都正街剧场有长沙市湘剧保护传承中心的湘剧表演专场，14日晚上，在黄金街扫码关注即可领取黄金汤圆，吃出金币幸运者可领取黄金纪念品；15日上午都正街剧场有长沙市歌舞剧院的歌舞表演专场，15日下午，白果园举行挂灯笼猜灯谜、品元宵、趣味投壶、汉服打卡老街等活动，15日晚上，有舞狮等国潮文化表演秀在黄金街举行。活动吸引了3000余人参加。（饶　坤）

【走马楼社区与华湘公司党建共建签约】　2022年5月31日，定王台街道走马楼社区党委与湖南省华湘天然气有限责任公司党总支组织签订党建共建协议，联合开展“六一”国际儿童节公益活动，为浏正街小学198位小朋友送去暖心大礼包和节日祝福。双方以结对共建为契机，以“汇聚合力、互融互促、赋能发展”为主题，建立互帮、互学、互助机制，围绕党史学习教育常态化、党员志愿服务活动、“我为群众办实事”实践活动等，搭建社企沟通交流平台，优势互补、资源共享，增强双方党支部的创造力、凝聚力、战斗力，在融合中共赢、在共赢中发展。（饶　坤）

【"芙蓉夜话"共话网红商圈发展】

2022年7月28日，芙蓉区政府领导、区直部门、定王台街道及企业代表30余人在长沙世茂环球金融中心40楼，共商推动芙蓉区"网红商圈"高质量发展的新思路、新动能。活动现场，15名企业代表围绕企业发展过程中的困难提问，区直各部门和区领导则结合工作实际逐一解答，并针对部分重点涉企政策进行宣讲。在"发展有谏大家言"环节，大家围绕楼宇经济、商圈经济、网红经济、夜间经济、首店经济建言献策，为推动芙蓉区经济良性健康发展提供智慧与妙思。截至2022年年底，街道通过"百日暖企行动"等多项助企活动，持续完善"部门联楼宇"机制，及时收集解决企业诉求和问题，为企业提供精细化服务，帮助企业化解各类困难300余个。（饶　坤）

【"浪漫七夕节，相约黄金城"活动】

2022年8月4日，定王台街道在中国黄金街婚姻登记点开展"浪漫七夕节，相约黄金城"活动，当天在中国黄金之城婚登注册的新人均可参加抽奖活动，礼品有钻戒、中国黄金品牌项链、郎酒等。七夕当天有13对新人在"中国黄金街婚姻登记点"登记结婚。中国黄金街位于芙蓉区建湘南路，北起解放路口，南至人民路口，长约500米。20世纪八九十年代是有名的五金机电一条街，自提质改造后，该街聚集中国黄金等著名珠宝品牌。2021年12月12日，由芙蓉区民政局婚姻登记处联合黄金之城共同打造的"中国黄金街婚姻登记点"正式启动。（饶　坤）

【定王台楼宇政协委员工作室揭牌】

2022年9月19日，芙蓉区首个楼宇政协委员工作室——定王台楼宇政协委员工作室在世茂环球金融中心揭牌。该委员工作室定位为"树立党建标杆、发展楼宇经济、畅通基层协商、关爱青少年成长"。设立党建现场教学点，确保党建与委员履职同频共振、互促共进；搭建服务企业协商平台，对接企业需求，帮助企业破解难题，收集楼宇社情民意；建立关爱青少年成长服务站，由长沙市杨陶如家庭成长关爱中心杨陶如牵头，组织委员参与关爱青少年成长、爱心助学。现场，芙蓉区政协委员、长沙蓝光琴行公司总经理陈紫薇携手雅马哈乐器音响(中国)投资公司，向芙蓉区教育局星城世家幼儿园、朝阳幼儿园和东郡小学捐赠雅马哈电子琴108台，并各设立1间"爱心音乐教室"。（饶　坤）

2022年9月19日，定王台楼宇政协委员工作室在世茂环球金融中心揭牌（定王台街道　供图）

韭菜园街道

【概况】　韭菜园街道位于芙蓉区中部，东起车站北路，与湘湖街道相连，南临五一大道，与文艺路街道相邻，西至芙蓉中路，与定王台街道相连，北接烈士公园，与开福区相接。2022年，辖区总面积1.99平方千米，户籍人口4.14万人，常住居民3.11万人，下辖蓉园、军区、汤家岭、八一桥、桐荫里5个社区。年内，街道围绕"建设三湘首善之街 提升省会窗口形象"的目标定位，着力党建引领、经济发展、城市品质、民生服务，实现党的建设和经济社会各项事业协调发展。街道被评为"2022年湖南省百佳乡镇（街道）工会""长沙市信访工作'三无乡镇（街道）'先进单位""长沙市2022年度四星级统计站点""长沙市无偿献血组织工作先进单位"。

存在的问题和不足。街道对省委、省直单位的服务意识、服务质量、服务水平对标芙蓉区"强服务"的标准仍有一定差距。为实现经济挖潜增效，将辖区丰富的资源优势转化为发展优势尚存发展空间。

（傅　云）

【街域发展】　2022年，街道完成市区两级税收1.56亿元，固定资产投资11.41亿元，社会消费品零售总额49.40亿元，累计增速11.7%，限上零售13.44亿元；批发额74.7亿元，完成建筑业产值28.55亿元，服务业产值2.86亿元。新增市场主体219个（其中公司66个、个体153个）、新增“四上”企业10家，“个转企”10家。新引进年税收50万元以上企业4家，新转入湖南涟邵建工（集团）有限责任公司，太平财险、东易日盛等重点税源企业均已签订续租合同。走访辖区内重点企业215次，收集并解决问题21个。结合街道“韭爱企927”企业服务日、扩大经济“朋友圈”等活动，搭建共享、共建、共商交流平台，先后组织70余家驻地企业单位代表进行面对面交流。新引进年税收50万元以上企业3家、楼宇新增企业31个，盘活闲置楼宇6522平方米。

（傅　云）

【城市管理】　2022年，街道紧盯城市管理高质量发展要求，着力提升城市精细化管理水平，对竹园路、新军路、九如巷及校正街等6条道路进行整治提质，整修人行道长度1325米、绿化89平方米、照明亮化设施29处、附属设施修缮39处、清理架空管线360米、整治广告招牌16处。整治乱堆乱放不规范乱象，清理裸露垃圾317车、堆物732处，整治摊担、店外经营760余处。处置数字化案卷3580条，无超时结案及返工案卷，结案率100%。开展垃圾分类培训、活动35次，发放垃圾分类宣传手册、倡议书5.9万余份，新增四分类垃圾箱房8个，小区两分类垃圾桶200余个、小区四分类垃圾桶32个。推进落实“城管进大院”工作，落实物业考核15次，排查省委机关大院办公区积水点16处，家属区32处，叫停违规装修4家，整改楼顶防水设施9处，上门劝导违规行为6次，院内30家经营门店均配置最新灭火器，店内所有工作人员完成健康证办理。提质改造城镇老旧小区，拆除违章建筑1785平方米，修缮路面2378平方米，新增照明设施47盏，新建供水管道300米，供电改造2个小区102户，新建停车位69个，文化休闲设施26个，智能门禁系统12个。开展拆违治危行动，排查自建房12栋，对照整改标准拆除257.49平方米。推进蓉园小区房屋安全排查整治工作，完成楼顶清理29栋、清理圈地种菜等83处，拆除面积1.7万平方米。省委大院楼顶“圈地占用”现象整治清理工作得到省委主要领导批示肯定，获小区居民点赞。

（傅　云）

【社会事业】　2022年，街道新增城镇就业人员791人，完成目标任务的101%；再就业552人，完成目标任务的167%；就业困难人员就业236人，完成目标任务的148%。办理灵活就业人员参保45人，为3199名省、市、区属企业、事业单位退休人员进行养老金领取资格认证。保障劳动者权益，开展劳动仲裁3次，追讨应付工资100余万元，解决居民急难问题600余起，合理诉求满意率100%。在册管理持证残疾人504名，办理医保、社保、住保及残疾人补贴覆盖率100%，为重度残疾人发放生活困难补贴及护理补贴56.99万元。建设应急能力“五化”工作模式，联动协同管理，开展群众安全宣传教育，无消防火灾伤亡和交通事故伤亡事件，无省、市、区挂牌整治事件，禁毒工作被评为全区先进。化解各类矛盾纠纷24起，调处率100%，调处成功率100%。

（傅　云）

【区域党建】　2022年，街道党工委直属党组织68个，直管党员1772名。新发展党员9名，转正党员32名，完成小区支部优化工作，15个支部优化为34个支部。推进“党建聚合力”工程，在全市率先打造党建聚合力展厅，建立全市首个党建直播间，先后接待省民宗委、市委党校、市直机关工委等单位参观调研20余场1000余人次。建立全市首个党建直播间，开展3次“芙蓉夜话”韭菜园篇活动与民互动，推进基层治理。开展两新组织常态化摸排和组建工作，新建实体性单建党支部5个，两新党组织覆盖率100%。完成两新综合委员会换届选举任务，优化党委会成员配置。摸排辖区内9大新业态、新就业群体底数情况，打造1个“快递外卖小哥红色之家”，成立“快递外卖小哥红色之家”流动党支部。开展中共二十大精神宣讲，先后邀请省委常委、省委秘书长谢卫江，区委书记周春晖，副区长章晓波等到街道宣讲15次。开展两新党组织调研活动，实地走访两新党组织15家，开展集中座谈5场，收集意见建议48条。

（傅　云）

【社区建设】　2022年，蓉园社区搭建“芙蓉夜话韭菜园街道蓉园站点”“蓉园面对面”等居民议事协商平台，吸取群众智慧，推动小区居民参与小区事务，召开“蓉园面对面”居民议事会6期，吸纳民意118条，解决房屋安全排查整治、老旧小区顶楼种菜、屋顶漏水、增设晾衣架等民生问题121个。汤家岭社区打造杜家园巷法治文化街、竹园路法治宣传长廊，开通“娃娃法庭直播间”，并入选第九批“全国民主法治示范社区”，“娃娃法庭”青少年法治教育项目作为优秀项目被共青团长沙市委推荐参加湖南共青团第四届改革创新大赛。军区社区被评为长沙市“五优”退役军人服务站、市老年教育基层教学点一类示范社区，鱼水书院志愿服务队被评为最佳“五老红”志愿服务队。桐荫里社区被评为2022年度长沙市“民族团结进步”示范社区。

（傅　云）

【湖南米粉街夜景墙提质】 2022年5月，结合长沙市“百街千巷”环境综合整治提升工作，韭菜园街道湖南米粉街进行二次提质改造，米粉街南边新建一个巨大门楼，门楼主体造型形似6根巨大的粉条，上书“湖南米粉街”五字，门楼一侧立有巨大的“粉娃娃”。门楼后即为“长沙网红墙”，增设了楼栋的灯光效果。改造后整条街湖湘元素更加浓厚，米粉街客流激增，游客纷纷举起手机为自己和亲友打卡拍照，每到黄金时段甚至排起长队，只为留下“绝美”合影。（傅　云）

2022年7月30日，游客站在“长沙网红墙”前排队等待拍照

（韭菜园街道 供图）

2022年11月1日，居家养老服务中心的老人们在护工的带领下开展活动

（韭菜园街道　供图）

【居家养老服务中心试运营】 2022年11月1日，韭菜园街道居家养老服务中心试运营，签约80户家庭。为解决居民群众600余户老人家庭扶养老人和工作就业的矛盾与诉求，韭菜园街道将建设功能完备的居家养老服务中心作为全街2022年重点工作。在多次实地勘查与走访后，最终选取长沙融通南海医院，联动湖南中科福爱养老服务有限公司，共同打造街道级居家养老服务中心。居家养老服务中心面积1600平方米，配备有老人阳光房、幸福餐厅、养生驿站、老人棋牌室、书法室、阅读室等多个功能场地。拥有专业的养老团队，中心既能够实施居家养老，又提供日间料理和上门服务，与南海医院建立老人绿色就医通道合作机制，及时为养老人员提供急、难、重病直通服务和救治，使老年人患病后也能足不出院，家属能放心工作。推动建立“15分钟便民医疗圈”，作为2022年湖南十大民生实事之老年人服务保障典型案例被湖南都

市频道视频报道。（傅　云）

【“‘927’·韭爱企”——韭菜园街道“‘927’企业服务日”】 2022年9月27日，由韭菜园街道办事处主办，省老干活动中心、亚大时代、银华大厦、新仁置业协办的“奋力强省会，喜迎二十大”“‘927’·韭爱企”——韭菜园街道“‘927’企业服务日”启动仪式在省老干活动中心金秋楼二楼会议厅举行。区人大常委会党组成员、副主任唐益人，区人民政府党组成员、副区长蒋苒，区政协副主席、区工商业联合会主席赵小午等出席活动。活动现场，韭菜园街道化身新引入企业的惠企政策“宣传员”、企业项目“代办员”、困难问题“协调员”，为瑞安消防工程安装有限公司提供“保姆式”贴心服务。在党建统领商圈发展的指引下，推动桔子水晶酒店（长沙五一大道酒店）与湖南省煤炭有限责任公司携手抱团，签署合作协议，在商务接待、用房服务等方面提供便利，以战略联盟共赢未来之路。经过街道的牵线搭桥，湖南易邦新材料有限公司与湖南如金律师事务所达成合作协议，利用湖南易邦新材料有限公司自身食堂的便利优势解决商圈盟友企业200余名员工的用餐问题。活动现场还开启新一期的“芙蓉夜话”，在“‘927’有需您来提”环节，来自各行业的代表在街道所搭建的互动平台中提出自身当下所急需解决的问题，区直部门则直面企业发展痛点，现场进行交办，并建立起长效跟踪机制，实现辖区企业有需必应，打造最优营商环境，强健经济“体格”。（傅　云）

【红色地标打卡健步行活动】 2022年11月24日，韭菜园街道开展“砥砺前行七十载　不辍耕耘韭菜园”建街70周年发展纪实系列活动暨“打卡学理论，健步跟党走”红色地标打卡健步行活动，活动由区委组织部、区委宣传部（文明办）、袁家岭中央文化区主办；韭菜园街道办事处、韭菜园街道新时代文明实践所承办。街道社区干部及辖区两新组织代表近200人参加活动。活动现场党员重温入党誓词，庄严宣誓，随后开展“打卡学理论 健步跟党走”红色地标打卡健步行活动，活动以探红色基因、循红色足迹、聚红色传承为主轴，设置5个红色打卡点在蕴含湖湘美食文化的湖南米粉街中：以“警、镜、静、劲”为脉络的九如巷文化廉政主题公园；呈现芙蓉区以党建为引领的“党建聚合力”展厅；解码蓉园社区的红色密码，党旗为何别样红的蓉园党旗红；“桐”心党员聚集地小红楼。以“弘扬宪法精神 共筑法治长沙”为宣传主题，将法治元素、城市街道、互动体验深度融合，打造“一街三区”格局的杜家园巷法治文化街。参赛的各支队伍手持红色地图，选择任意路线对5个地标进行合影“打卡”。活动让党员群众对辖区丰富的红色文化资源有了更深入的了解，通过走红色路线，弘扬革命精神，汲取奋进力量。（傅　云）

2022年11月24日，韭菜园街道开展“砥砺前行七十载　不辍耕耘韭菜园”建街70周年发展纪实系列活动暨“打卡学理论　健步跟党走”红色地标打卡健步行活动（韭菜园街道　供图）

【汤家岭——全国民主法治示范社区】 2022年12月，韭菜园街道汤家岭社区被评为全国民主法治示范社区。汤家岭社区坐拥独特的法治资源优势，湖南省公安厅、省司法厅、省监狱管理局聚集于此，社区做深做优民主法治建设，打造杜家园巷法治文化街与竹园路法治宣传长廊，“娃娃法庭”等法治“专栏”。竹园路沿线合理规划36块宣传板打造法治长廊，通过选用与居民生产生活密切相关的法律条文、以案释法、法律知识问答、漫画等内容，普及法律知识。同时，汤家岭社区党群服务中心将娃娃法庭作为一个青少年法治教育项目，以每周一次的频率开展，是汤家岭社区探索实施的青少年法治教育模式，为青少年从小树立知法懂法用法的法治观念。（傅 云）

文艺路街道

【概况】 文艺路街道位于长沙市芙蓉区西南部，东起韶山北路，西接芙蓉中路，南临人民中路，北至五一大道，略呈正方形。2022年，街道下辖识字里、文艺新村、韭菜园、乔庄、东广济桥、湘府、南元宫7个社区，辖区面积0.95平方千米。有家庭户1.78万户(含集体户)，常住人口3.92万人，户籍人口3.16万人。年内，街道党工委团结依靠全街广大干部群众，牢记使命担当、高效履职尽责，深入实施“经济兴街、特色亮街、管理强街、和谐立街”的发展战略，干部队伍不断优化，经济有序稳步发展，惠民工程不断增多，辖区大局安全稳定，街域亮点不断涌现，街道被评为长沙市基层真抓实干监督激励对象示范乡镇，街道“医路相伴”雷锋志愿服务项目被评为湖南省2022年学雷锋志愿服务先进典型最佳志愿服务项目，街道统计站被评为长沙市2022年度“五星统计站”。

存在的问题和困难。街道经济发展缺乏新的增长极，街道地域狭窄，楼宇老旧，设施老化，老的企业难以留住，新的总部企业，优质企业更难引进。大的税源企业难留住，受楼宇老旧，交通不便以及区域政策等多方面影响，大税源企业外迁意向明显。（李巧理）

【街域发展】 2022年，街道完成市区级税收4.72亿元；完成限额以上商贸业社会消费品零售额4.25亿元，比2021年增长10.49%，完成全社会固定资产投资47.1亿元，比2021年增长1.2%。新增“四上”企业13家、“个转企”9家。完成招商引资税收50万以上企业8家。域内市场总体数量1.11万户，比2021年增长23.9%；企业总量6938户，比2021年增长16.8%。协调湖南电信2022年建设项目在芙蓉区入库，总投资30.67亿元。深化与省政府机关二院、湘雅二医院等驻区单位的融合发展，引入省国资委下属企业湖南兴湘资产经营有限公司、中湘建融保险经纪有限责任公司2家，引进医疗类企业14家、施工类企业22家、科研类企业8家，为街域发展注入新动能。响应干部联企行动，安排服务专员对124家重点税源企业开展专项服务，为企业解决防疫物资短缺、安全隐患排查等问题20项。（李巧理）

【城市管理】 2022年，街道老旧小区改造配套基础设施项目涉及4个社区，包括建筑89栋，居民3388户，总面积27.18万平方米，完成了地下排水管网雨污分流改造、拆除围墙扩宽社区公共空间、人行道石材铺装等。11月，街道重点民生实事项目“省住建厅机关二院城镇老旧小区改造项目”竣工验收，粉刷外墙1700平方米、更换雨污管400米、路面硬化320平方米、“白改黑”2077平方米，解决了屋顶漏水、管道不畅、外墙脱落等问题。实施“百街千巷”环境综合整治提升工作，历时175天，投入资金170余万元，完成10条支路街巷的提质整治，全部通过市级验收，打造南元宫、上宜园等4条长沙市示范街道（文明美丽街巷）。处置数字化案卷6731条，开展各类流动摊点整治31次，查处流动摊担180余人，暂扣经营工具140余套。推进自建房安全专项整治工作，排查房屋863栋，发现外墙脱落等疑似问题隐患420处，其中自建房146处，存在安全隐患141处，问题全部整改完毕。取缔关闭格子房家庭旅馆32家。摸排高层建筑安全隐患296处，整改278处。（李巧理）

【社会事业】 2022年，街道政务大厅办理许可证1612件；处理劳动纠纷175件；受理“12345”投诉1402件；全街低保户239户，特困户4户，发放低保金211万元，特困金7.41万元，社保补贴146.4万元，两项补贴55.56万元，高龄津贴274.58万元，春节慰问金15.43万元，物资449套；临时救助13人，五帮扶17人，金额6.32万元；医疗救助55户，金额16万元；11户获住房租赁补贴，28户获非定向公租房资格；适老化改造17户；救助流浪乞讨人员10人；组织3期创业直播班，2家企业申报创业补贴，城镇失业率控制在3%以内，零就业家庭动态清零。发放独生子女保健费1.6万元。推进家庭医生签约1.01万人，重点人群签约率达标，五类特殊人群签约全覆盖。推进浏城桥农贸市场综合楼安全隐患整改工作，摸底菜市场摊位121个、裙楼商户31家、群租房286间，清理裙楼建筑垃圾121车。（李巧理）

【区域党建】 2022年，街道党工委下属党组织86个，直管党员1500名；培育入党积极分子26名，发展党员10名；组建两新党组织

21个，撤销1个，完成6个两新组织换届选举工作。开展中共二十大精神等理论宣讲30次，被评为“落实二十大，我要怎么干”组织工作大调研先进单位。骄杨公园接待国家统计局湖南省调查总队、湖南省纪委监委信访室、省委老干部局等省市单位参观学习20余次，参观人数400余人。创新“四两拨千斤”工作法，开展“芙蓉夜话·里谈巷议——书记为你来”居民议事会118期，为辖区群众破解电梯加装、危房改造等急难愁盼问题146个。与15个先锋共同体单位开展支部结对共建，各单位党员捐款捐物、支持社区建设132万元。（李巧理）

【社区建设】 2022年，识字里社区成立以陈家巷支部书记刘珍为首的“刘姐工作室”，组织辖区志愿者开展提质改造调解、文明劝导等常态化社区志愿服务，被长沙市委老干部局评为市级示范离退休干部党支部；构建党建引领社会基层治理新机制，以服务民生为根本着力打造“五型”社区，被长沙市民政局评为“五型”示范社区。文艺新村社区创新推进党建引领小区治理，完成省住建厅机关二院业委会选举事宜，在小区内成立“功能型”小区党支部。申报并获批综合文化服务中心建设，完善社区文体活动室、图书馆等阵地建设。湘府社区与省国资委等六家单位机关党委签订支部结对卡，促进与院内机关单位的共驻共建。创新党员联户，探索形成“集、研、联、做、督、评、示”的小区党建“七步工作法”，共创居民与社区“齐步前进”的良好局面，被评为长沙市文明社区、市两型示范社区。（李巧理）

【网格化管理工作试点】 2022年，文艺路街道以支部为网格，7个社区划分28个网格，每个网格进行统一编号，由社区书记和两委成员担任网格长，有网格长28名，专职网格员90人，结合居住集散程度、群众生产生活习惯等情况，网格划分做到横向到边、纵向到底，不留空白区域，不交叉重叠。新建网格群209个，建群率100%，家庭入群率100%。打造“智慧文艺路”网格化信息服务系统，下设“慧服务、慧生活、慧治理”三大板块，内含居民生活服务、一键投诉、办理在线政务等功能，实现对网格内居民信息的精细化、一体化管理。创新实施日常规范管理、培训督查考核、问题闭环机制，探索出一系列高效实用的经验做法，《小网格发挥大效能》街道网格工作经验获人民网推介。（李巧理）

【市场化运作推进老旧危房加固重建】 2022年6月，文艺路街道聚焦自建房安全隐患排查整改，根据居民自愿、“一户一策”的原则，以老旧小区改造项目和后期大物业运维为依托，探索出以“捆绑式”市场化运作模式，即以“BT”方式（资金自筹、委托代建）和“BT+BOT”方式（融资代建、资产托管、以租还款）推进32处危房加固重建工作，筹集社会资本200万元以上，对辖区危房进行统一规划、统一设计、统一施工、统一交付，解决了危房加固重建资金筹措难题。截至12月，11处危房已完成改造并投入使用。（李巧理）

【乔庄社区成立“快递外卖小哥之家”】 2022年9月，位于文艺路街道乔庄社区公共服务中心旁的“快递外卖小哥之家”挂牌成立，地处辖区中心地段，商超驿站多，地理位置便利。站内配备有饮水机、空调、医疗急救箱、手机充电器、图书、工具箱等设施，设置了党员报到、综合服务、休息学习、积分奖励四大功能区，为小哥们提供学习教育、休息补给、文体活动，公益服务等暖心服务。年内，为100余名新就业群体开展慢病咨询、正骨治疗等义诊活动；提供公益理发上门服务和法律咨询服务10余次；联合职能部门在传统节日开展慰问活动，服务500余人次。此外，还通过党建引领，引导他们参与基层治理，依托“乔庄智慧社区”公众号，为辖区居民派送急需物资、宣传政策，完成居民的“微心愿”。（李巧理）

【识字里“骄杨”青年力量助力社区治理】 2022年10月，文艺路街道识字里社区作为共青团城市基层组织改革全国首批试点社区，探索青年工作新模式。社区通过成立单位型、纯居民型、在职在岗型3种不同的片区功能性团组织，建立“社区—网格—楼栋”三级全覆盖功能型网格团组织体系，包含5个青年社团组织，覆盖青年2300余人。通过线下走访入户、线上征求意见等方式，定期收集社区居民在居家、教育、养老等方面的需求，按需设置志愿服务“订单”，明确服务主题、内容和形式等，打造“便民服务、红色宣讲、群众文化、矛盾调解、人居环境”五支“骄杨”青年志愿服务队伍。截至2022年年底，“骄杨”青年社团开展政策宣讲42次，大型公益活动3次，网格走访195余次，调解矛盾98次，解决各类民生问题25件。（李巧理）

2022 年 12 月 13 日，市委常委、市委组织部部长罗缵吉来到文艺路街道识字里社区宣讲中共二十大精神　（文艺路街道　供图）

【罗缵吉到识字里社区宣讲中共二十大精神】 2022 年 12 月 13 日，市委常委、市委组织部部长罗缵吉到文艺路街道识字里社区宣讲中共二十大精神，并调研基层党建工作，实地走访了解辖区街巷治理、新古潭坪党支部、“医路相伴”志愿者服务站等工作情况。区委书记周春晖，区委副书记、区长崔晓，区委常委、区委办主任陈亚静，区委常委、组织部部长刘克刚，文艺路街道党工委书记肖劲为、办事处主任龙婧予等领导陪同调研并参加宣讲会。罗缵吉指出，要深学细悟中共二十大精神，带着使命学、带着责任干、带着感情讲，把大会精神融入实际工作中，以工作实效检验学习成效。在社区党群服务中心，罗缵吉围绕“切实增强政治功能和组织功能，提升党建引领基层治理水平”主题，与现场 30 名党员群众代表进行面对面交流。 （李巧理）

朝阳街道

【概况】 朝阳街道位于五一路以南、人民路以北、车站路以西、韶山路以东，总面积约 1.36 平方千米。常住人口 8.8 万人，户籍人口 4.1 万人，家庭户 1.83 万户。2022 年，街道下辖 6 个社区，拥有 1 栋亿元楼宇，7 栋重点商务楼宇，3 家星级酒店。聚集 5 大电脑卖场，10 家重点金融机构。有 1 所中学，3 所小学，2 所幼儿园，6 家重点文化单位。年内，街道围绕“打造现代化新长沙建设标杆区”的工作目标，坚持党建引领思想，推进经济项目建设，夯实民生保障事业，改善街区环境面貌，维护辖区平安稳定，街道被评为长沙市 2022 年度基层治理真抓实干优秀街道、长沙市 2022 年度基层人力资源和社会保障平台标准化建设优秀街道。

存在的问题和困难。受疫情影响街道经济下行压力大、高位运行难；社会治理形势复杂、难度较大；社区阵地建设还需进一步完善。

（李梦婷）

【街域发展】 2022 年，街道完成限额以上商贸业社会消费品零售额 58.97 亿元；限额以上批发企业商品销售额 242.35 亿元，比 2021 年增长 10.2%。完成全社会固定资产投资 19.87 亿元，比 2021 年增长 21%。完成税收 5.61 亿元。沪昆客专设备技术改造项目（7.6 亿）顺利实现入库；软件业完成 6.69 亿元，比 2021 年增长 33.96%；新增“四上”企业 22 家。建筑业产值完成 11.4 亿元，限额以上批发比 2021 年增长 5.55%。引进人才保险湖南分公司落户自贸区，招商引资 2 家（湖南仁伦科技有限公司、湖南仁景商业管理有限公司），完成“个转企”9 家，其他营利性服务业比 2021 年增长 12.42%。完成争资任务 261.08 万元。开展楼宇提质增效工作。走访企业 860 家，协助楼宇引进企业 165 家。成立朝阳街道“千人联千企”工作领导小组，上门了解企业基本情况，为企业提供各类服务，助推联企活动，通过走访，收集各类问题 56 条，上报领导小组 36 条，即时协调解决 20 条。 （李梦婷）

【城市管理】 2022 年，街道实现垃圾分类全覆盖。开展施工围挡、景观亮化、广告招牌、违法停车、顶楼平台五大整治行动，整治占道经营 3006 处，暂扣处罚乱停乱放车辆 6800 辆，整治游摊散贩 1850 处，整治学校周边及市场烧烤 150 处，规范户外广告店招 190 处。市级、区级数字化平台案件结案率均 100%。打赢“蓝天保卫战”，火车新站点空气指数优良天数增长到 254 天。规范市容秩序，处理数字化平台案卷7390条，准时结案率100%。推进垃圾分类工作全覆盖，改造辖区垃圾分类投放设施。开展自建房安全整治“百日攻坚”行动，党员干部签订自建房安全承诺书926份，拆除违建6892.82平方米，拆除临时建筑246平方米，处置危房2处。完成五一路、解放路提质改造。建行南北栋改造等省重点民生实事项目完成验收，三三五处、粮储38号院、人民新村（二期）老旧小区改造竣工验收，惠及居民群众1085户，三三五处提质改造多次迎接市、区观摩，并获得好评。

（李梦婷）

【社会事业】 2022年，街道低保对象479户657人，发放城市居民低保金476.74万元，医疗救助金31.71万元，城市低保实现应保尽保。发放特别扶助家庭补助金233.68万元，独生子女保健费3.43万元，特扶医疗补助19.8万元，特扶老年人护理补41.28万元。对118名刑释解教人员，落实帮教措施。城镇新增就业人员1355人，完成目标任务的119%。完成免费产前筛查218人、“两癌”免费筛查537人、建立居民健康档案3.88万份，开展健康知识讲座11次、健康咨询宣传活动21次，服务居民2691人。设立宇成朝阳业主每周五定时接待点，收集梳理诉求，推进问题逐步解决。发挥“老沈工作室”的品牌影响力，吸纳单位、社会的调解能手，调处各类纠纷1508起，比2021年同期下降117起，调解成功率95%以上。受理全国劳动人事争议在线调解平台纠纷23起，完结率100%。推进凯通朝廷地下车库消防隐患整改，督促17家物流仓库约425平方米搬迁。开展高层建筑排查，对辖区96栋高层排查125次，排查消防隐患1093个，整改完成1056个，剩余37个隐患为无物业单位，已出具整改报告，隐患整改率100%。吸毒人员占比下降到3.7‰，民调满意率上升57位。污水毒品污水检测平均值比2021年下降129.75%。核实大数据9.04万条，接种疫苗2.77万剂次。

（李梦婷）

【区域党建】 2022年，街道党工委下属7个党委（其中6个社区党委、1个两新党委）、81个党支部、两新党组织28家，有直管党员2625名。组织中心组学习12次，开展手抄党章、专家授课、微宣讲等活动10余次。召开建党101周年暨街道“两优一先”表彰大会，为67名党员颁发“光荣在党50年”纪念章。离退休党员彭佩珍在市“喜迎二十大·奋进新征程”主题讲演活动中获三等奖。完成各级报道566篇，其中中央媒体7篇、省级媒体196篇。成立街道两新综合党委，新建75个两新党支部，覆盖342家企业。建成华海3C广场快递外卖小哥“红色之家”，为新就业群体提供看得见的服务。人民新村社区退休第八党支部被评为长沙市2022年示范离退休干部党支部。开展社区书记、大办主任季度述职评议、青年干部主题座谈会等活动。发挥“芙蓉先锋共同体”构建区域化党建的联盟优势，推进“党建聚合力，有事大家议”工程，通过支部联建、活动联手、服务联动，开展共驻共建志愿服务活动300余场，服务居民8000余人次。（李梦婷）

【社区建设】 2022年，二里牌社区开展“十五寅虎送‘廉’到，党群欢乐闹元宵”“校园禁毒小课堂筑牢民生安全防线”“爱心企业携爱心礼 温情传递中秋佳节”等活动12场。依靠党员的群众基础，放大议事功能，通过党员对群众、群众对群众的模式，解决24栋天沟落水管道破损修复、19栋下水管网盲区管理、小区充电桩安装等问题。向韶社区发掘邓秋良、陈元玉、彭佩珍等“银发”力量，组建“五老”宣讲队，开展中共二十大精神学习宣讲6次；挖掘“智慧小组”潜能，参与重点工作推进，定点增设电动车充电处5处，增配太阳能路灯5盏，加装电梯6部，更新39栋休闲凉棚，焕新居民休闲活动室，完善“美在金秋”老党员之家，完成百街千巷——平安街提质改造，完成建行南北栋老旧小区提质改造、借力专业消防机构对13栋高层建筑安全隐患进行排查，建立清单台账、照单销账。人民新村打造红色阵地3处，接待区委组织部、区纪委调研社区党建、“清廉”文化阵地建设，承办“芙蓉夜话”主题活动2次及“牵手芙蓉”广场文化月月演活动。年内，朝阳社区、五一东村社区、向韶社区被评为长沙市第一批AA型“绿色完整”居住社区；二里牌社区被评为长沙市既有多层住宅增设电梯工作示范社区；五一东村社区、人民新村社区、向韶社区、朝阳社区被评为长沙市绿色社区。

（李梦婷）

【“瑞虎迎春闹元宵”活动】 2022年2月15日，朝阳街道人民新村社区开展以“党建引领聚合力 瑞虎迎春闹元宵”为主题的元宵活动，近100名党员群众参与。社区共建单位与社区民众组织多个以歌颂祖国、歌颂人民、歌颂生活为主题的文艺节目，展示广大文艺爱好

2022 年 2 月 15 日，朝阳街道人民新村社区开展以“党建引领聚合力 瑞虎迎春闹元宵”为主题的元宵活动 （朝阳街道 供图）

者爱党、爱国、爱社会主义的良好精神风貌。其中还穿插设计“猜红色灯谜”“飞花令”“听歌识曲”等互动游戏。将党建知识、廉政文化、节日习俗融入传统民俗之中，引导党员群众加深对党史、党规党纪和廉政文化的理解和认识，助推学习传统节庆习俗。 （李梦婷）

【朝阳街道植树节活动】 2022 年 3 月 10 日，朝阳街道朝阳社区联合街道社工站、朝阳小学、朝阳幼儿园、尚进物业公司等单位在凯通国际城小区内开展“大手拉小手，一‘植’护绿行”植树节活动。在园林专业人员的指导下，各植树点位上的志愿者和朝阳小学、朝阳幼儿园的师生相互配合，两三人一组，一起挥动铁锹挖坑、放苗回填、浇水灌溉，现场繁忙而有序。看着自己亲手种下的小树苗在微风中摇曳，大家的脸上绽满幸福笑容。100 余人参加活动，1000 余株小树苗在凯通国际城小区的各草地上“安家落户”。 （李梦婷）

【朝阳街道庆“五一”活动】 2022 年 4 月 28 日，朝阳街道朝阳社区联合朝阳幼儿园、睦邻综合养老服务中心开展主题为“老少同乐庆‘五一’，清风廉洁拂童心”的活动。活动由幼儿园小朋友啦啦操表演开场，随后，朝阳社区清廉监督员邓自义为孩子讲述身边的清廉故事，让孩子了解什么是廉洁，以及廉洁的重要性和怎样做一个廉洁的人。该次活动，有社区户籍民警、离退休老党员、老年居民、幼儿园师生家长等 50 余人参与，通过活动让孩子更加了解敬老爱老的传统美德，引导孩子从小树立正确的人生观和廉洁自律意识。 （李梦婷）

【粮储局 38 号院提质改造】 位于朝阳街道五一东村社区国家粮食和物资储备局湖南局 38 号院改造工程从 2022 年 6 月开始至 2022 年 11 月改造完成，改造项目包含 9 栋房屋，涉及居民 337 户。由于以前小区没有停车位，车辆进入堵塞消防通道，因此小区关闭大门只允许行人出入，且路面年久失修多有破损，井盖、水箅高低不平，违章建筑占道，给居民生活带来不便。强电箱位于中心将小区拦腰切断为两个院子，燃气改造未完成，部分管道外露横跨围墙，带来一定的安全隐患。该次改造拆除占道违章建筑和废置花坛灌木等无效绿化，新增北门通朝

2022 年 3 月 10 日，朝阳社区开展“大手拉小手，一‘植’护绿行”植树节活动 （朝阳街道 供图）

派路并增加道闸，打通小区微循环，保障消防通道畅通。还新增停车位60余个，解决小区居民停车难的问题，并联系燃气公司对小区内燃气管道进行改造，把小区中心的强电箱进行平移，增加监控系统，提升了居民的安全感。（李梦婷）

【向韶社区“微改造”】2022年6月，朝阳街道向韶社区启动对建行南北栋宿舍改造。向韶社区是长沙火车站附近一个开放式小区，房子大多建于20世纪七八十年代，基础设施薄弱。通过前期摸底排查，向韶社区发现建行南北栋宿舍房顶破损漏水严重，且存有多处违章建筑，院内地面坑洼不平，车辆乱停乱放，下水道也长期严重堵塞粪水溢出，各类弱电线乱搭乱牵，存在较大安全隐患。工程队对院内路面进行“白改黑”，并规范停车位，弱电下地，清理楼顶杂物并做防水保温，拆除违章建筑435平方米、路面修复铺油1093平方米、车位划线17个、2栋房屋屋顶防水共665平，2栋楼道粉刷3148.47平方米，改造范围内弱电下地2300米，雨污分流改造135米，在院内增加微型消防站，整个大院面貌焕然一新。在对楼栋、道路“微改造”的同时，向韶社区也开始升级公共活动场地，在社区居民较集中处增设公共桌椅，安装公共晾衣架，安装路灯，因地制宜改善基础设施，拓展公共空间。（李梦婷）

五里牌街道

【概况】五里牌街道位于芙蓉区中部，东起五里牌铁路二桥，南以五一大道、人民中路为界，西至韶山北路，北以八一路、远大路为界。2022年，街道下辖五里牌、火车站、燕山街3个社区，辖区面积1.11平方千米。有常住人口2.47万人，户籍人口1.49万人，家庭户5418户。年内，街道以“打造现代化新长沙建设标杆区”为总体目标，统筹疫情防控和经济社会发展，被评为“湖南省巾帼建功先进集体”“长沙市平安建设红旗街道”“长沙市2022年度铁路安全环境整治工作‘优秀街道’”“长沙市第七次全国人口普查先进集体”“长沙市禁毒工作成绩突出街道”“长沙市信访工作‘三无乡镇（街道）’”。

存在的问题和困难。街道地处长沙火车站老城区中心地段，流动人员多、老龄人口多。且辖区内20世纪70—80年代老旧小区居多，存在建筑设计落后、房屋使用年久、设备设施老化、物业管理缺失等历史遗留问题。（伍玲婵）

【街域发展】2022年，街道以袁家岭、火车站两大商圈为支撑点，推动街道经济有序平稳发展。完成税收总额1.39亿元，比2021年增长209%；实现全社会固定资产投资11.91亿元；实现限额以上商贸业社会消费品零售额9.5亿元、限额以上批发企业商品销售额62.9亿元、分别比2021年增长640%、761%，其他营利性总额1.2亿；完成招商引资5家，引进中铁十八局集团有限公司长沙分公司、湖南精诚项目管理有限公司等优质企业。新增“四上”企业7家、“个转企”12家、高新企业6家。袁家岭中央文化区建设顺利推进，佳兆业项目写字楼自持招商进展顺利，商铺招商完成90%，写字楼招商完成40%，围绕行政审批、政策落地、资金人才保障等重点环节，为企业解决问题59件。敬天广场东塔（总65层）、西塔（总62层）已封顶；友谊商店东边地块10月19日由湖南建工地产投资有限公司和湖南友谊阿波罗股份有限公司联合摘牌，预计2025年6月交房。火车站片区城市更新项目西北片区完成233户居民房屋调查摸底测算，地铁7号线五里牌站点实现拆除腾地并启动建设。对接龙骧、市公交、广铁等单位，助推火车站片区城市更新规划建设。依托佳兆业楼宇服务站，开展“百日暖企行动”，围绕行政审批、政策落地、资金人才保障等重点环节，为金苹果大市场、华天酒店等企业解决问题128件。（伍玲婵）

【城市管理】2022年，街道推进省委、火车站“两个周边”精细化管理，开展巡路打卡、执法问效、清洗芙蓉等专项行动。开展自建房安全整治“百日攻坚”专项行动，委托安全机构检测40处，5处重大安全隐患、30处较大安全隐患全部销号。保障省纪委监委业务技术办公用房项目建设。铺开“百街千巷”综合整治工作，高标准创建燕山街“文明美丽街巷”。省科技厅二院、省商务厅宿舍、燕山小学宿舍等老旧小区改造项目有序推进。加强推进省委、火车站“两个周边”精细化管理，高标准开展治乱行动，开展专项整治行动89次，拆除违规搭建、违规广告招牌32处。处置市、区数字化案件4328起，处置率100%，组织居民召开燃气安全宣传和教育培训活动8次，排除燃气类安全隐患400余起，督促门店安装可燃气体报警装置135个，私接燃气管道整改16起，办理燃气安全类案件12起，发现问题及时整改，杜绝燃气安全事故发生。完成2022年度第一批垃圾厢房建设和验收，开展垃圾分类宣传活动34场次。

（伍玲婵）

【社会事业】 2022年，街道有60岁以上老人5133名，80岁以上高龄老人810名，民营养老服务机构1家，街道日间照料服务中心1家，社区居家养老服务中心3家。街道在社区居家养老服务中心引入“好女儿”志愿服务项目，设立“老百姓大食堂”，开设专门健身服务区，组织春节亲情陪伴、老年大学网络课堂、老年人趣味运动会等活动80余次，实现居家养老服务全覆盖。开设就业培训班2个，服务涵盖66人，推荐岗位2345人次。设立流动人口再就业指导服务站，协助佳兆业商业广场开展“职等你来”专场招聘会，盒马鲜生、华夏国际影城等36家企业进行现场招聘。全街有低保对象75户91人，发放城市居民低保金6.5万元，医疗救助金8.8万元，残疾人两项补贴40万元，城市低保实现应保尽保。发放特别扶助家庭补助金1.2万元，独生子女保健费1.1万元，特扶医疗补助4.8万元，特扶老年人护理补贴9.36万元等。开展应急演练培训117场次，化解各类应急突发险情85处。调解各类民事纠纷110余件，受理各类信访件23件，各类“12345”市民服务热线693次件，满意率95%以上。（伍玲婵）

【区域党建】 2022年，街道党工委下辖38个党组织（其中两新党组织22个），直管党员1028名（含国有企业社会化移交党员）。为规范化管理国企退休移交党员和推动小区自治管理，火车站社区新设置5个退休支部，燕山街社区新增2个小区党支部。3个社区“两委”成员25名，“两委”班子配备齐全，分工明确，团结协作，社区书记坚持抓班子带队伍，带头抓好工作落实。聚焦“我为群众办实事”实践活动，五里牌社区红色聚力坊治理平台与中铁十八局、阿波罗商业广场等16家单位形成“共建共治”联动机制，联动驻街单位携手筑牢疫情防控、织牢安全屏障，实现资源共享、协同发展，合力解决燕菜街停车场规划等群众急难愁盼问题40余件。利用辖区晓园党建主题文化公园、长沙车站铁路党史馆等红色资源，对党员干部开展全员轮训，依托“五韵课堂”“先锋之声”等广播平台，专题推送党史学习48期，实现“家门口”党史学习教育。分批组织党员干部赴影珠山抗战遗址、陈树湘和田汉故居等红色教育基地开展现场教学，组织观看《跨过鸭绿江》《十八洞村》等党史题材电影，组织党员干部学习中共二十大报告原文，中共二十大专题学习会，通过五韵课堂宣传理论知识。开展集中宣讲、线上线下知识竞赛、微党课、楼宇茶话会、征文绘画等主题活动30余场次。

（伍玲婵）

【社区建设】 2022年，街道开展“芙蓉夜话”等协商议事20余次，解决小区停车充电、安全隐患、水电气改造等问题20余个。五里牌社区充当“资源协调员”和“代办服务员”角色，整合周边资源，完成湘运小区（原湖南龙骧交通发展集团职工宿舍）停车难问题，邀请专业停车公司现场勘探，制定三版方案，通过智能化管理系统，设置自动道闸、感应卡读感器、语音提示等设施，制定《停车公约》《安全公约》，完善登记制度，签署承诺书，建立监督、车主轮值和惩治制度，还小区有序整洁的公共环境。燕山街社区对省科技厅二院等4个老旧小区改造项目有序推进，指导香格里嘉园业委会更换6台电梯、解决芙蓉华天小区水管脱落等问题，消除安全隐患2起。火车站社区与“院落自管小组”向铁路单位和市属企业协调争取到340余万元资金，用于朝阳一村2.2万平方米路面整体白改黑和金苹果宿舍5栋居民楼的屋顶漏水及管网改造。争取到3处300平方米的非经营性资产用房，打造成为党群活动中心。42栋自管小组自筹经费粉刷墙面、修建花坛、补种绿植、规划电动车停车位等扮靓院落，老旧院落蜕变成美丽“客厅”。街道42处自建房，保障户户鉴定，2处C级，4处D级，较大安全隐患6处，均实现“动态清零”。火车站社区被评为“湖南省省级充分就业社区”“全省第七批全省示范离退休干部党支部”“长沙市文明社区”“长沙市最佳‘五老红’志愿服务组织”“长沙市巾帼建功先进集体”“长沙市示范‘妇女儿童之家’”；五里牌社区被评为“湖南省巾帼建功先进集体”“长沙市文明社区”“长沙市三八红旗集体”“长沙劳动力调查优秀调查网点”；燕山街社区被评为“长沙市绿色社区”“长沙市无诉社区”。

（伍玲婵）

【袁家岭中央文化区】 2022年，袁家岭中央文化区初步规划为北至八一路，南至人民路，东至车站路，西至芙蓉路，面积3.16平方千米。布局“一核两轴三圈多点”的功能分区，即湖湘演艺文化核，五一路城市形象展示轴、解放路国潮文化体验轴，商业文化圈、数字创意圈、文化艺术交易圈，打造文化＋休闲、文化＋体育、文化＋科技、文化＋创意、文化＋医疗等多个节点。五里牌街道有佳兆业广场、敬天广场、友谊东三大项目。佳兆业广场已启动中国（长沙）跨境电商企业联合运营中心，4.1万平方米国潮特色商业街、超4000平方米的华夏国际影城已开业，截至年底税收4658万余元。企业全部入驻后税收将破亿元。

（伍玲婵）

【企业门口的“智慧社区健身房”】

2022年1月1日，佳兆业楼宇智慧健身中心正式启用。佳兆业楼宇“智慧社区健身房”坐落在五里牌街道燕山街社区佳兆业楼宇823号房。智慧社区健身中心建筑面积168平方米。使用人只需用手机扫描二维码下载App，完成注册和人脸录入后，便能直接“刷脸”进入。室内明亮干净，安装了新风系统，划分为操课区、有氧运动区、固定力量区及体测区等多个功能区，跑步机、臂力器、形体塑造机等各类健身器械一应俱全。该健身中心采取无人智慧化管理，并设有全自动空气处理、灯光控制、中央监控报警运维中心等系统，室内窗户、空调均会按照空气质量、温度、湿度等参数自动开启或关闭，确保大家享受舒适的健身环境。用户通过人脸识别进入，每人每月仅需花费25元即可享受原地“上班—健身—上班”工作模式，有效解决佳兆业白领们“健身去哪儿”的问题。截至2022年年底，受益者3600余人次。（伍玲婵）

【五里牌社区成立“复兴少年宫”】

2022年3月2日，长沙市文明办发布长沙市第一批乡村“复兴少年宫”名单，五里牌社区“复兴少年宫”纳入第一批建设名单，是全区唯一一家。依托新时代文明实践站、晓园党建文化公园、崇贤馆等场地，以“党建＋三社”模式，汇聚农科院“院士天团”、省文联大师团队等优质师资力量，针对辖区1000余户留守儿童、务工子弟及双职工无法照顾子女等情况的家庭开展全方位、高质量的“123”金种子培育计划：“1”党团心连心 薪火永相传，每月一次的红色主题教育；“2”亲子手拉手 成长一起走，寒暑两个假期的亲子实践活动；“3”大师面对面 “助苗”伴启蒙，每季度的大师课堂。培养新时代“小当家”全年开展活动28次，惠及2500余名青少年儿童。

（伍玲婵）

2022年3月2日，省文联大师团队书法大师对青少年进行现场教学

（五里牌街道　供图）

【定向寻宝“全民健身”趣味运动会】

2022年3月7日，五里牌街道拓宽形式持续推动共建活动，联合省商务厅、市残联、晓园管理处、中铁十八局7号线项目部、佳兆业广场等12家机关企业单位的228名单位职工，开展“沐春寻宝游晓园 联动共建聚合力”定向寻宝趣味运动会。在晓园公园分散布置5处打卡点，利用地图以最短时间到达所有目的地并顺利打卡者获胜。辖区企业职工纷纷报名参战并邀请其他企业参加。以“三八”妇女节和“3·15”消费者权益日为契机，提升各单位互动交流，展示辖区女性自立自强的时代风采，推动全民健身落地落实，在丰富辖区居民群众精神文化生活的同时，拉动辖区经济消费活力，促进辖区经济高质量发展。

（伍玲婵）

【晓园公园“云赏花”图文制作】

2022年3月21日起，街道接到晓园公园临时闭园通知。晓园公园是长沙老牌樱花观赏地，园内种植樱花树200余株，种类丰富多样。3月正值樱花盛开时节，为不留遗憾，街道组织社区宣传专干到晓园公园拍摄一组图片，撰文《长沙市芙蓉区：晓园公园带你“云赏花”赠你满屏春色》在“芙蓉发布”上报道，同时被“学习强国”学习平台、《人民日报》公众号、“新湖南”等8家主流媒体相继转载，点击量超10万余人次。（伍玲婵）

【首家楼宇工会联合会落户】2022年9月27日，佳兆业广场楼宇工会联合会在佳兆业广场15楼成立并召开第一次会员代表大会，是五里牌街道成立的首家楼宇工会联合会。会上58名代表听取佳兆业广场楼宇工会联合会筹备工作报告，并按照工会选举法规定，选举产生第一届委员会委员5名、经费审查委员会3名、女职工委员会3名。同时，召开工会委员会第一次会议，选举吴彩玉为工会委员会主席，唐晓红为副主席，戴荣辉、王琦、黎琦3名工会委员。吴彩玉说：“要依托佳兆业广场楼宇工会联合会的大平台，使辖区内的企业加强联系对接，实现资源共享，阵地共用。为企业职工做好服务，做好困难职工帮扶救助工作，随时为职工排忧解难，让职工能够感受到工会大家庭的温暖，让楼宇内的职工找到‘娘家人’。”（伍玲婵）

马王堆街道

【概况】马王堆街道位于芙蓉区中部偏北，东北临浏阳河，南与东屯渡街道毗邻，西与火星、湘湖两街道接壤，2022年，街道下辖马王堆、滩头坪、古汉城、九道湾、新桥新村和火炬（筹备组）6个社区。辖域面积3.91平方千米，有2所中学，5所小学、22所幼儿园、1所医院，有马王堆汉墓遗址。域内有家庭户1.36万户，户籍人口3.91万人，常住人口约7.8万人。年内，街道坚持党建引领，围绕“攻坚提能”主题，统筹推进新冠疫情防控和辖区经济社会发展，展现新作为，街道被评为第七次全国人口普查长沙市先进集体和长沙市网络文明传播先进单位。

存在的问题和不足。第三产业水平不高，经济发展后劲不足；火炬村强拆群体签约等遗留问题后续攻坚阻力较大，处遗问题力度还需加强。（欧阳金慧）

【街域发展】2022年街道以项目引领经济发展，打造“马王堆”品牌，成立楼宇服务站，管理服务企业，及时准确更新楼宇动态信息，有5栋楼宇单位入驻率85%，入驻楼宇企业注册本区率95%，引进“同城艺龙”购买园康置业公司开发的“园康云顶苑”独栋写字楼1.4万平方米，增强招引深度和广度。街道对域内实体经济以季为单位实行及时、准确动态管理，域内高新技术企业认定单位17家，新增“四上”入库单位11家，“个转企”12家，招商引资全口径50万元（含）以上税收单位引进1家，新增规模以上文化企业1家，技术贸易合同认定3个，完成限额以上商贸业社会消费品零售额2.47亿元，限额以上批发企业商品销售额14.03亿元，比2021年增长10.67%，全社会固定资产投资24.44亿元，全口径税收2.96亿元，固定资产投资新增入库项目8个，6.24亿元，其他营业性服务业营业收入6.21亿元，建筑业总产值9.11亿元，市外境内资金形成固定资产投资40.56亿元。推进火炬村拆迁安置项目扫尾及60号和103号令项目建设，火炬村60号令两片生产安置用地集体变国有土地手续已办妥，与北京伟华投资管理有限公司签订初步合作意向合同，九道湾4个生产安置用地项目竣工验收，村民已回迁分房，18组生产安置用地与开发商联合开发，2栋高层建筑主体封顶及17组星城美域项目处遗工作稳步推进。103号令安置房项目11栋高层建筑竣工验收，村民已回迁分房，剩余3栋主体已封顶，富力圆康新天地和保利中环广场项目建设稳健发展。（欧阳金慧）

【城市管理】2022年，街道城管数字化工作建立处置制度和联动机制，全年处置市、区数字化数字案6280件，结案率100%。开展违章建筑专项整治行动60余次，处理违章建筑3356平方米，拆除存在安全隐患违章招牌150余处。签订“门前三包”责任书1200份，“三包”率100%。落实辖域主次干道门店市容环境卫生红黑榜制度，制作红黑榜6块。开展自建房专项整治行动，完成1780栋自建房App信息录入，拆除违规自建房及加层、格子房等违章建筑4560平方米，出具第三方机构房屋B级中间检测报告95份。落实长沙市“百街千巷”工作，完成辖区道路整治提质项目16条。开展燃气专项整治行动30余次，完成沁园夜宵街燃气安全整治和上级交域内974起燃气安全隐患及24期燃气专项台账周报报送工作。开展“蓝天保卫战”专项整治行动60余次，配合做好区县级领导带队“三次执法、两级巡查”工作22次，处理好16个市、区蓝天办交办的环保问题，中央环保督察投诉案件整改结案率100%。完成垃圾分类《2022年度长沙市生活垃圾分类工作方案》和《长沙市生活垃圾分类集中投放点（厢房）》工作。持续深化“河长制”

工作机制，开展综合整治行动3次，做好浏阳河管护段常态化保洁，监督检查60家汽修厂、物流公司安全生产工作。（欧阳金慧）

【社会事业】 2022年，街道完成社区换届选举后资料整理归档及推选产生居民小组长、居民议事会和居务监督委员会工作。开展社区居务、财务、党务公开创新工作，指导社区开展居务监督管理工作研讨交流，完善社区居民自治章程及火炬社区办公用房规范化建设工作，核实动态管理并填录全国基政建设系统信息。全街有低保对象516户701人，发放城市居民低保金43.1万元，城市低保实现应保尽保，医疗救助金3.2万元。加强对辖区残疾、特困、高龄老人的走访帮扶力度，慈善发放救助金219万余元，发放特别扶助家庭补助金77.62万元，特困人员211人纳入城乡居民医疗保险政府代缴，建档立卡1900余人。临时救助因病因灾受困的家庭150户，救助金额26.09万元。职业技能培训116人，办理就业困难人员灵活就业社保补贴350人，金额140万元，办结“12345”政务热线工单1980件，满意率96.8%。开展“利剑护蕾”、夏季治安打击整治“百日行动”，对742家企业商户开展安全生产隐患排查治理行动，消除各类隐患370余处，关停取缔门店51家。开展安全生产大检查“百日攻坚”行动，聘请第三方消防机构排查21栋重点建筑，及时消除隐患。完善信访机制，实施多元化解纠纷，推进火炬村拆迁安置项目扫尾清零工作，调解矛盾纠纷244起。

（欧阳金慧）

2022年11月11日，马王堆社区开展“芙蓉夜话”——“落实二十大，我要怎么干”主题议事活动（马王堆街道 供图）

【区域党建】 2022年，街道党工委下属党组织48个，党员1780名，全年培训入党积极分子26名，发展新党员9名，党员转正26名，新成立10个小区党支部。落实意识形态工作责任制，年内3次被评为网络评论工作先进单位。建立“街道—社区—网格”三级管理体系，共划分网格37个，实现“党员＋网格服务”新模式。开展“落实二十大，我要怎么干”“为民办实事”活动，修理路灯、修复房屋漏水、打造居民健身场地及地下车库改造等项目27个，安装电动车充电桩8处，改造加装电梯69部，做到以服务暖人心。抓好社区党支部“五化”建设，建立小区党支部31个，发动2个老旧小区成立业委会。举办“七一”表彰会及“光荣在党50年”纪念章发放和学习贯彻党的二十大精神系列活动，开展党员教育“线上＋线下”培训，推选全国岗位学雷锋标兵“中国好人”彭友良开展主题教育、微宣讲活动，基层党员干部参与率100%。全年在央媒、省媒、市媒发表稿件650余篇，推评全国岗位学雷锋标兵1人，弘扬“好人”精神文明新风暖家园专题报道在《湖南新闻联播》播出，《从追光者到发光者》在《长沙晚报》、星辰在线、“学习强国”学习平台头版头条发表。在芙蓉区“强省会 兴文化 树标杆”助推国际文化创意中心建设项目中，新增规上文化企业1家，新增版权登记800余个，抓好党风廉政和作风建设，打造清廉单元共建共创共享，处置信访案件16起，立案查处党员违纪案件2起。

（欧阳金慧）

【社区建设】 2022年，街道下辖6个社区引进专业化社会组织，开展技能培训、垃圾分类、读书交流、消防安全、亲子教育等活动，寻求立足社区基础，破解社区发展治理难题新路径。马王堆社区打造“清廉文化建设”系列活动，“清廉建设”小广播、清廉文化墙、“清廉建设”邮展和红色故事会等工作初见成效，推进民生工程，为辖区企业和长沙市出租车公司160人分别申报创业担保无息贷款50万元及以工代训补贴,被评为省级充分就业星级社区。古汉城社区深化沁园夜宵街“长沙市食品安全示范商业街”“夜市名片”的提炼创新工作，动态服务管理3100余名劳动对象，帮助63名失业人员再就业，被评为创省级充分就业社区。新桥新村社区依托“何立伟工作室”提升服务管理水平，青少年廉政教育书法培训班及“清风颂”合唱班共开课131期，实现多元倡廉共治目标。九道湾社区打造“长沙快递外卖小哥红色之家”，提升新业态新就业群体幸福指数。火炬社区筹备组推行“党建+”治理模式，协助社区物业化解矛盾3起，劝停“大操大办”事件2起。滩头坪社区推动“阳光剧场”心理健康咨询辅导,老年大学兴趣课程、上门家政、日间照料等服务下沉网格小区,增加群众参与感和幸福感,被评为国家级社区青春行动试点评级优秀等级社区、长沙市优秀社区少工委集体和示范老年教育基层教学点。（欧阳金慧）

【滩头坪社区被评为国家级青春行动试点社区】 2022年，马王堆街道滩头坪社区搭建“青春行动”资源平台，社区团支部运用“五联”（团干+社工+志愿者+社会组织+社区青贤）工作法，打造“阳光”系列项目，联合长沙零点智能青少年服务中心开展“阳光剧场”项目，链接省高院、省检察院、湘雅医院及高校心理专家团队，把青年群体细分为“楼宇青年”“居家青年”“困难青年”，围绕青少年心理健康发展需要，在防欺凌、亲子沟通、运动促进心理健康等学校和家庭急需的心理专题上开发系统的心理剧场，设计标准化操作手册并分别开展精细工作，截至年底共开展活动100余场，服务青年1000余人，让在辖区幼儿园遭受欺凌的幼儿接受心理辅导，帮助其渡过心理难关，带动幼儿家长加入志愿者行列，形成可复制、易推广的身心健康社区服务模式，社区被评为国家级青春行动试点社区。（欧阳金慧）

【滩头坪社区开展“5180”法务活动】 2022年，马王堆街道滩头坪社区开展“5180（我要帮您）”法务活动，创建“法治社区”，利用辖区内湖南省高级人民法院、湖南省人民检察院、长沙市公安局芙蓉分局及《长沙晚报》报业集团的单位资源优势，搞好普法工作，创造普法“滩头坪模式”。社区紧抓关键人群的学法普法工作，通过开展“打击网络电信诈骗 构建平安和谐社区”宣传活动，向居民群众讲解电信诈骗案件的发案特点、方式及如何识别、怎样应对、防止上当受骗的方法; 4月17日，社区“5180”法务工作站联合湖南省人民检察院第二检察部开展国家安全教育日活动，青年干警为居民群众讲解宣传全民国家安全教育日的由来、危害国家安全的主要行为、典型案例及维护国家安日常注意及应对措施，并发放宣传资料2000余份；5月20日，社区联合湖南省人民检察院开展法律宣传培训讲座活动，现场讲解《中华人民共和国反有组织犯罪法》的相关知识，针对个别群众提出的法律疑惑、困惑进行解答并提出相应的建议和意见。社区通过各种方式强化居民的防范意识、促进用工、婚姻、财产、物业等常见纠纷的调解、法律帮扶以及普法工作的开展，为社区和谐稳定提供有效保障。（欧阳金慧）

【古汉城社区护河志愿服务活动】 2022年1月13日，马王堆街道古汉城社区新时代文明实践站在浏阳河管护段开展“贡献志愿力量 守护一江碧水”主题的响应国家十年禁渔暨水环境治理青少年志愿服务宣传活动，30余人参加。活动现场，

2022年5月29日，马王堆街道滩头坪社区“5180”法务活动现场向居民群众发放禁毒宣传资料 （马王堆街道 供图）

志愿者为参加活动的青少年宣讲十年禁渔及水环境治理方针政策，通过志愿者和参与活动的青少年到浏阳河沿河区域向在河边垂钓的群众及过路游客和沿河居民发放禁捕宣传资料、讲解禁止使用的违规渔具的方式，让群众认识到保护生态环境、水生生物的重要性，志愿者还带领垂钓者集体宣誓遵守十年禁渔规定，承诺不捕捞、不购买、不食用野生动物和珍稀鱼类，共同关爱浏阳河、守护母亲河生态环境，活动增强了居民群众的禁捕意识，为打击非法捕捞，保护城市水域资源夯实了基础。（欧阳金慧）

【放心肉智能监管平台推广应用培训】 2022年6月17日，马王堆街道在街道三楼会议室开展“放心肉智能监管平台”推广及应用培训活动，食安办、市监所、各社区食安专干、辖区内生猪经营商户和用肉单位30余人参加。会上，街道食安工作人员讲解并演示平台具体操作规范和工作流程，与会经营户根据不同类别，分别下载了“放心肉”和“鲜肉生链”两个App，并具体实操，通过培训，大家明白无论监管人员还是消费者或是经营户只要扫公示牌上的二维码，相关信息都会一目了然，活动为更好地加强产品的流通管理，保障群众生命健康安全奠定了基础。（欧阳金慧）

【新桥新村社区公益手机课堂】 2022年8月10—12日，马王堆街道新桥新村社区在新桥新村社区居家养老服务中心开展“玩转智能手机 乐享智慧生活”公益课堂活动，社区40余名老年人参加。长沙社区大学杨老师结合社区老年人对资讯浏览、分享收藏、微信聊天、微信支付宝支付、美图秀秀等技能的需求，为老年人专题解读智能手机的基本操作流程，通过两两实际操作演练增强教学的实效性，社区志愿者结合现实案例，讲解多种常见的养老诈骗手法，提示大家不轻信、不理睬、不汇钱。活动送来了生活的“便利”和乐趣，开启了老年人的智能生活篇章，增强他们识人防骗的意识。（欧阳金慧）

【马王堆街道设置便民电动车充电桩】 2022年11月22日，马王堆街道党委分别在马王堆社区和新桥新村社区二楼会议室搭建居民议事平台，打造“12345”共建项目品牌，开展“芙蓉夜话”居民议事，群众诉求现场受理活动，解决居民提出的各类急难愁盼问题，30余人参加。针对居民提出要求设置电动车充电桩的问题，街道在多方协调、制定针对性建设方案基础上，现场征集群众意见，摸排小区电动车数量，在马王堆社区和新桥新村社区合适的位置分别设置8处电动车充电桩，建立“智能充电站”，规范住户电动车统一停车充电，消除电动车飞线充电隐患，并配置灭火器、简易喷淋等消防设施，为居民生活提供便利。（欧阳金慧）

荷花园街道

【概况】 荷花园街道东起万家丽路，西至东二环，南达人民路，北抵远大路，2022年，街道下辖德政园、荷晏、恒达、杨家山、东郡、东方新城、荷花园7个社区。辖域总面积2.33平方千米，常住人口5.36万人，户籍人口3.93万人，家庭户1.38万户。年内，街道直面经济发展和疫情突袭的双重压力，奋力攻坚克难，努力担当作为，经济社会持续稳健发展。获国家级、省级荣誉7项，实现前三个季度绩效考核两次排名一类的目标。杨家山社区被评为“全国最美志愿服务社区”，政协联络处主任刘朝辉被评为第四季度“中国好人”。5名省、市领导到街道调研指导，省长毛伟明3次到街道调度锦泰广场地铁城铁换乘项目，省委常委、省政法委书记魏建锋到街道宣讲中共二十大精神并调研荷花园司法所，市委常委市委书记吴桂英调研德政园社区肯定其志愿服务品牌。

存在的问题和不足。街道公共基础设施、服务等方面还需完善优化。经济发展还要提质增效，部分经济考核指标还存在短板。深度融合不够，共建共治共享的社会治理格局还要加大推进力度。（李思宇）

【街域发展】 2022年，街道完成市区级税收32.9亿元，固定资产投资28.94亿元，新增入库固定资产投资项目8个，完成限额以上商贸业社会品消费额6.19亿元，增速10%。限额以上批发商品销售额11.85亿元，比2021年增长20%。其他营利性服务业13.21亿元，比2021年增长14.02%。软件产业完成6508.9万元，比2021年增长25.75%。新增“四上”企业13家，完成率108%；“个转企”20家，完成率142.85%；招商引资全口径税收50万以上企业6家，新增高新科技企业38家，完成申报率105%。研究与试验发展经费完成任务1.3亿元，技术合同成交额完成任务100个。中铁二十五局三公司办公楼投入使用，101公馆已竣工销售，惠泽园二期主体已封顶。

城镇老旧小区提质改造项目总投资698余万元，完成对发展公司宿舍、德政园片区城镇老旧小区林业局宿舍和农业局宿舍、维力花园、雨花区财政局宿舍、怡荷苑提质改造。

（李思宇）

【城市管理】 2022年，街道进一步定人定岗定责，细化工作标准，接城管信息平台案卷8700余条，处置率100%，无重复、超时、返工案件，在前三季度数字化平台考核均位列第一。周敏副市长调研荷花园街道“百巷千街”环境整治工作给予充分肯定，东二环沿线门店招牌已规范化。拆除违章建筑623处，面积14.4万平方米。开展周末大扫除50余次，清洗路面4600余米，铲除“牛皮癣”5800余处，清运垃圾堆物230余车。发展公司宿舍等4个老旧小区提质改造项目高效推进，提前完工。全面精细城市管理，落实“百街千巷”整治任务，打造维力巷、恒业巷特色花街项目。

（李思宇）

【社会事业】 2022年，累计发放低保、社会救助、高龄慰问、五帮扶、残疾人补助、慈善救助等民生资金296.7万元。完成低保年审50户78人，住房保障年审65户103人。全街划定32个二级网格，将200余名街道条线及社区工作人员“入网”，每个网格据实划分5～8个自治单位，摸清产权方、业委会、物业公司、重点经营单位等情况，理顺管理关系，压实主体责任。街道政协主动组织2次招商引资协调会，发动4名委员在荷花园地区新注册5家公司。助力彭士平委员签下2个省级文旅投资建设项目。电信小区“红网格议事厅”居民议事平台建设获省、市组织部门推介。加强对妇女儿童的权益保护，恒达社区建成“长沙市精品妇女儿童之家”。

（李思宇）

【区域党建】 2022年，街道党工委下属党组织61个，其中机关党总支1个（党支部2个），离退休党支部1个，社区党委6个党总支1个（党支部34个），两新党组织24个，直管党员1806名。发展党员4名，17名预备党员按期转正。开展街道党工委中心组理论学习12次。发展“芙蓉先锋共同体”成员单位5家。开展“就认这个理”主题宣讲70余场，覆盖受众4000余人。2022年调整4名社区主职，7个社区全部评为区示范化“五化”党组织，荷花苑小区党支部作为全区唯一一个支部，成功创评全市一类示范离退休干部党支部（全市10个）。荷晏电信小区党建观摩点被评为“全区基层党建现场观摩拉练点优秀项目”。

（李思宇）

【社区建设】 2022年，德政园社区被评为“湖南省2021—2022年度社区青春行动优秀实施社区”。“慈娭驰乘务岗”志愿服务被评为“省级五十佳老党员老干部志愿服务项目”。东郡社区优化营商环境，开展企业走访，完成固投报送项目4个，报送固投数据20亿元，被评为“湖南省充分就业社区”。东方新城社区组织开展联席会议，畅通社情民意表达渠道，打造“党委”+“支部+业委+物业”的1+3治理模式，大幅提高物业办事效率和服务质量，为小区赋能增效。荷花园社区探索建立“党建+志愿服务”模式，创立“荷社生辉”志愿服务品牌，实现党组织建设与志愿服务“同频共振”。杨家山社区被评为“全国最美志愿服务社区”“湖南省最美志愿服务社区”“湖南省最美潇湘文化阵地。”

（李思宇）

【东方新城社区社会实践活动】 2022年1月10日，荷花园街道东方新城社区携手鑫晨公益组织开展

2022年1月10日，东方新城社区“垃圾分类、从小做起”户外社会实践活动

（荷花园街道 供图）

2022 年 5 月 19 日，2021 年度全国学雷锋志愿服务“四个 100”最美志愿服务社区授牌仪式（荷花园街道　供图）

为期 4 天的社会实践活动。活动内容有为提高青少年心理建设的情智沙游活动和心理拓展游戏，有食品安全知识培训课堂，有融洽亲子关系的亲子阅读活动，有垃圾分类活动，还有提升青少年动手能力的手工剪纸活动。累计开展活动 18 次，参与人次 600 余人。场场活动爆满，报名链接一出，名额秒光，家长们纷纷点赞。社区为了更好地服务辖区的妇女儿童，维护辖区妇女儿童权益，不断增强妇联的凝聚力、战斗力，专门打造了“妇女儿童之家”，被授予市级示范“妇女儿童之家”。

（李思宇）

【杨家山社区被授予“全国最美志愿服务社区”】 2022 年 5 月 19 日，荷花园街道杨家山社区举行“2021 年度全国学雷锋志愿服务‘四个 100’最美志愿服务社区授牌仪式”。杨家山社区总面积 0.6 平方千米，人口 1.03 万人，25 个小区，是芙蓉区大型社区之一。近年来，杨家山社区开展培育和践行社会主义核心价值观，推动文化振兴，为促进文旅融合提供有力支撑，打造出“红色益 +”先锋志愿联盟服务队、“七彩益 +”志愿联盟服务队，由党建引领，居民群众积极参与的基层志愿服务“微能量”。社区先后被评为长沙市“文明社区”“文化志愿服务社区”“湖南省最美志愿服务社区”等荣誉。

（李思宇）

【荷晏社区廉洁庆“中秋”活动】 2022 年 9 月 8 日，在中秋节来临之际，荷花园街道荷晏社区党委联合共建单位组织开展“喜迎中秋，情暖人心”慰问活动。此次活动转变视角，让辖区党员干部共做月饼入户，送给辖区内老党员以及困难群体，以全新的方式庆祝传统节日，廉洁过节。活动邀请 10 余名党员干部参加，制作月饼 20 余份，全部送给辖区内老党员及困难群众。通过这种方式让老党员以及困难群体感受到了社区对他们的关心、关爱，并建立起良好的沟通氛围，给他们送去一份节日的慰问。

（李思宇）

【爱心助农　“一元购菜”活动】 2022 年 11 月 2 日，荷花园街道东郡社区新时代文明实践站联合长房东郡物业服务中心对接基地，招募小志愿者 30 余人共同发起“把新鲜蔬菜送到居民的家门口，爱心助农，

2022 年 11 月 2 日，小志愿者热情地向居民介绍蔬菜和包点（荷花园街道　供图）

惠及群众”公益活动。在长房东郡小区中心花园里，小志愿者向小区居民推销新鲜的蔬菜，认领、清理、装袋等流程一个不落。开始，大多数孩子不知道怎么开口，在工作人员和家长的鼓励下，很快调整好情绪。他们按组分配卖菜，向居民介绍蔬菜和包点，现场参与人数200余人。东郡社区通过系列活动，带动更多的志愿者参与到社区活动中，营造社区未成年人志愿服务氛围，丰富辖区居民的业余生活。

（李思宇）

东屯渡街道

【概况】 东屯渡街道东临浏阳河，南接雨花区，西至万家丽路，北抵远大路。2022年，街道下辖东屯渡、芙蓉、扬帆、嘉雨、白沙湾、金科6个社区，辖域面积1.94平方千米。有常住人口6.87万人，户籍人口3.15万人，家庭户1.2万户。年内，街道围绕“经济发展稳中有进、街区环境提质提标、社会大局平安稳定、民生实事落地增效、固本强基党建聚合力”的工作目标，建设“精致精美、出新出彩”的东屯渡街道，街道团工委被评为“长沙市五四红旗团委”，街道统计站被评为“长沙市四星级统计站点”，街道武装部被评为“长沙市先进基层武装部”。

存在的问题和困难。农安小区管理问题多，辖内6个社区中4个是开放式无物业农安小区，农安小区基础设施欠账多，人员结构、业态复杂，社会治理和城市管理难度大。物业小区矛盾纠纷多，小区支部在小区治理中的作用还有很大的挖掘潜力，小区支部、业委会、物业公司三方共治的作用还没有完全发挥。

（李 茜）

【街域发展】 2022年，辖区内有主要经济楼宇4幢，其中商务综合楼宇（万家丽国际MALL）1幢，商住一体楼宇（宽寓大厦、世嘉国际、芙蓉明珠）3幢。街道完成限额以上批发业企业销售额20.66亿元；限额以上社会消费品零售额4.93亿元，比2021年增长43.86%；服务业营业收入24.12亿元，比2021年增长13.65%，完成市区级税收1.36亿元，完成固定资产投资11.58亿元，完成建筑业产值4.64亿元。新增“四上”企业12家。开展楼宇“挖潜增效”工作，走访楼宇企业，盘活楼宇闲置资源，万家丽国际购物中心全年净招商面积1419平方米，新迁入市场主体22个；宽寓大厦净招商面积110.78平方米，新迁入市场主体12个。开展2022招商年活动，引导全街工作人员投身经济建设，对接服务企业，引进税收50万元以上企业1家、税收100万元以上企业1家。

（李 茜）

【城市管理】 2022年，街道推进市容环境提升，开展“周末大扫除”，发动各类志愿者600余人次，营造居民广泛参与、卫生环境持续向好的氛围。对农安小区、建筑工地、道路、河道等开展环境综合整治行动，劝导宣传主次干道、背街小巷流动摊贩。清理违规的移动灯箱、广告牌、横幅、伸缩棚、遮阳伞、雨棚，整治楼顶菜地3400余平方米，拆除违规地锁2000余把。整治金科社区菜市场、农科市场、扬帆水果市场、富家湾水果市场无证经营、店外经营、违章搭建等乱象，开展综合整治行动160余次。组建网格化工作领导小组，将街道划分为6个一级网格、31个二级网格，摸清网格内优质资源及帮扶人员，实行网格员一日早中晚三巡，在网格中发现问题、解决问题、收集民意400余件，培育挖掘兼职网格员10余名。探索开放式小区智慧物业管理方式，推动成立居民自治组织“扬帆小区物业管理事务服务指导中心”，扬帆小区智慧停车系统投入运营。

（李 茜）

【社会事业】 2022年，全街低保对象24户43人，发放城市居民低保金29.3万元，医疗救助金9.2万元，城市低保实现应保尽保。发放特别扶助家庭补助金49.39万元，独生子女保健费2.65万元，特扶医疗补助3.9万元，特扶老年人护理补贴6.48万元。为109名残疾人发放重残两项补贴29.7万元，为91户困难家庭、14户残疾人发放慰问金10.3万元和米、油100份。辖区“幸福扬帆 和美家园”爱心商家工作室捐款12万元，米、油400余份，帮扶困难群众200余名。为就业困难人员、企业提供创业培训，举办招聘会等精准就业服务，为411位就业困难人员申请社保补贴130万余元，为资金周转困难创业人员发放创业担保贷款100万元。新办、注销、变更、增补个体工商户营业执照3204户，新补办及注销小餐饮许可证471户、食品经营许可证463户，受理“12345”电子工单2467单，满意率99.26%。

（李 茜）

【区域党建】 2022年，街道党工委以小区党支部为核心，建成“社区党委—小区党支部—党小组—党员中心户—志愿者”五级治理体系，并在网格中搭建党员工作队和宣传队，扬帆社区农安小区的基层治理先进经验多次接受观摩；新成立两新党组织26家，在扬帆夜市成立党组织，搭建爱心商家平台、快递外卖小哥“红色之家”；建成金科社区红色渡口—白沙湾社区廉政教育—嘉雨社区中共长沙特支的党性教育“链”，通过阵地“链”开展党员轮训；成立理论微宣讲人才库，涵盖社区老党员、老兵、在职党员等各类人才；在芙蓉社区成立“店小二工作室”，在万家丽商圈打造“店小二”党建同盟，在两新支部成立“店小二工作站”为企业提供全方位服务；推进扬帆社区在夜市搭建党建“铁三角”（扬帆社区党委、小区党支部、夜市两新支部）治理模式，以党建赋能夜市发展，通过“三个双向”（双向融合强党建、双向奔赴聚爱心、双向发力护平安）工作机制，引导夜市做大做强，相关工作经验被新华社报道。

（李　茜）

【社区建设】　2022年，东屯渡社区组建了以党员干部为核心成员的50余人“先锋志愿服务队伍”，协助社区开展开放式农安小区夜间防护巡逻、治安管理、环境整治等工作。扬帆社区在扬帆小区设立34个智能充电桩、26个充电柜，缓解电动车充电难问题，指导协助扬帆物业管理事务服务指导中心开展各类物业巡查检修近百次，投入物业维修维护资金约20万元，保障小区物业设施设备正常运转，社区清廉文化广场建成投入使用，年内组织开展活动16场。嘉雨社区小区党支部以“红色物业”为抓手，引导辖区物业服务企业配合开展疫情防控工作，省委书记、省人大常委会主任张庆伟于3月22日对星城世家小区疫情防控工作进行检查、指导。白沙湾社区全面推进住宅小区物业管理和服务标准化建设工作，新建生活垃圾分类厢房2座，协助长房白沙湾小区、旭日东升小区申请应急维修基、外堪，完成长房白沙湾小区提质提档工程。

（李　茜）

【最美志愿者表彰大会】　2022年4月22日，东屯渡街道扬帆社区举办“扬帆有你 战疫同行”最美志愿者表彰大会，30余名抗疫志愿者、30余家爱心商家、居民代表以及慧启社工、亲爱社区、长沙市社区文化建设促进会等“五社联动”单位齐聚一堂，活动中，优秀抗疫志愿者接受表彰、爱心商家宣读共建宣言、扬帆网红夜市创客讲述抗疫与创业故事、清廉监督员展示清廉风采，同时，“幸福扬帆 和美家园”爱心商家工作室正式启动，扬帆社区依托“幸福扬帆 和美家园”志愿服务品牌，结合爱心商家工作室、清廉文化、志愿者服务体系建设，立志于培育扬帆特色爱心公益品牌，激发社区创新发展的内生动力与活力。

（李　茜）

【扬帆夜市建设】　为探索夜市经济发展和基层社会治理两结合、双提升的有效途径，东屯渡街道坚持以“治理升级”护航“夜经济”繁荣，推动“网红”扬帆夜市走向长红，2022年，扬帆夜市被评为“湖南省‘互联网＋质量安全’居民消费品科普教育示范基地”“长沙市夜间消费示范街区”“数字人民币特色示范区”。以党建为核心，构建东屯渡街道党工委——扬帆社区党委、夜市两新联合党支部——小区党支部、物业服务指导中心的三级党组织轴心，将党组织的服务延伸到每一个商户。以网格为基础，将扬帆夜市划分为东西南北四个网格区域，街道联点干部、社区工作人员、扬帆物业管理方、夜市志愿服务队、普通党员、居民代表、快递外卖小哥都成为网格员，从全域网格到全员网格。充实爱心联盟商

2022年4月22日，东屯渡街道扬帆社区举办最美志愿者表彰大会

（东屯渡街道　供图）

圈，号召商户、门店、企事业单位加入“幸福扬帆，和美家园”爱心商家工作室，有26家成员单位践行“社区发展与爱心商户共赢”理念，关爱困难群众、关心辖区居民、参与公益活动。在完善治安防控体系方面，设立1个一级快反平台、1个三级快反平台、4个四级快反平台，四级快反平台由23名保安组成，负责扬帆夜市四个大门的内街巡逻、游客指引、突发情况处置等工作；发挥楼长、居民小组长、夜市商户作用，从群众中收集和排查隐患矛盾；在夜市周边街道路面设立天网工程摄像头、雪亮工程摄像头、人脸识别摄像头，发挥技防设施在辖区隐患排查、治安巡逻中的作用。（李　茜）

【“摆摊设点”宣传纪检监察信访举报工作】 2022年5月18日，东屯渡街道在扬帆小区中心花园设置咨询点，开展“纪检监察信访举报工作宣传周”活动，现场发放宣传资料、答疑释惑，讲解纪检监察信访举报的受理范围和举报渠道、实名检举控告的处理方法、诬告陷害行为的查处规定、检举控告人的权利义务等知识，引导群众依法、有序、如实举报，维护合法权益。活动设置“知识抢答”环节，40余名居民参与，街道监察室现场接访，收集问题线索，掌握社情民意，及时将群众疑惑化解在基层。活动还邀请扬帆社区清廉监督员对清廉市场进行宣传介绍，让群众了解清廉市场、熟悉清廉监督员，居民可直接向清廉监督员反映问题。来自芙蓉区人民法院的两位负责信访业务的工作人员和扬帆社区的一名法律顾问在现场提供咨询服务。该次活动发放信访举报宣传单300份、受理群众咨询30人次。（李　茜）

【芙蓉区就业帮扶进社区活动】 2022年4月27日，“就业点亮万家灯火 服务连通三湘四水”芙蓉区就业帮扶进社区专场活动在东屯渡街道扬帆社区中心花园举行，中国电信、比亚迪汽车、长沙银行、蒙牛乳业、万家丽实业集团等60余家企业参会“招贤纳士”，提供就业岗位900余个，招聘岗位涵盖家政护理、物流商超、物业安保、文化传媒、人力资源等类别，参与招聘会的求职者有800余名，其中，52名应聘者现场与招聘单位达成初步意向。（李　茜）

2022年4月27日，东屯渡街道扬帆社区招聘会现场

（东屯渡街道　供图）

【博爱家园项目救护员培训】 2022年10月22—23日，东屯渡街道嘉雨社区博爱家园项目救护员培训开班，社区工作人员、计生协会志愿者、居民志愿者50余人参加。长沙市红十字会党组成员、秘书长姜新任为学员讲述红十字运动的起源、标志、基本原则。该次培训实行教考分离，培训内容包括心肺复苏、自动体外除颤仪（AED）使用、创伤救护等知识和技能。学员学习了操作流程、动作要领，并通过模拟演练进一步掌握救护技能。嘉雨社区2022年4月被湖南省红十字会确定为“博爱家园”项目点，社区依托博爱家园阵地，开展免费体检、疫苗接种、帮扶老人、关爱困境儿童、群众性救护培训等活动，推动红十字会基层组织积极参与社区治理、服务社区群众、助力社区发展。（李　茜）

【芙蓉社区设立“店小二”工作室】 2022年以来，东屯渡街道芙蓉社区设立“店小二”工作室，各两新组织党支部设立“店小二”工作站，依托“店小二”舒心驿站、“店小二”共建基地、“店小二”托管中心、“店小二”居家养老服务站等服务阵地，建立“全域覆盖、全员助企、全时服务、全程陪伴、全力支持”五全工作机制，为企业提供全方位服务。在“店小二”的暖心

服务下，芙蓉社区为辖区 3000 余家个体户招工复产、代办“工商注册”“报税”，联动 30 余家商户成立白领优惠营地，试点发放“白领优惠 VIP 卡”，开展线上线下技能培训、证件考试辅导培训十余场，以实实在在的行动助力优化营商环境。（李　茜）

火星街道

【概况】　火星街道西起二环线，与湘湖街道为邻，东依古曲路，与马王堆街道毗邻，南接远大路，与荷花园街道接壤，北至古汉路。2022 年，街道下辖紫薇、凌霄、月桂、兴和、曾家坪、陶家山 6 个社区，辖区总面积 1.8 平方千米，常住人口 5.75 万人，户籍人口 2.86 万人，家庭户 2.33 万户。年内，街道以强化“五融共治”为工作中心，从“经济强街”“活力新街”“精美靓街”“平安立街”“和谐兴街”五个方面着力，推动各项工作取得新进展，被评为“长沙市乡镇街道统计站点目标管理综合考评一类单位”“长沙市信访工作‘三无’街道”“长沙市第七次全国人口普查先进集体”“全国总工会 2022 年最美工会户外劳动者服务站点”。

存在的问题和不足。2022 年，商务楼宇少，老旧小区多，资源匮乏，经济发展后劲不足；工作理念创新和工作标准提高有待加强，系统性思维能力较弱；对新媒体创新宣传方式、推介手段应用不足。（刘思远）

【街域发展】　2022 年，街道实现工业总产值 8953.2 万元，比 2021 年增长 32.86%。完成固定资产投资 54.76 亿元，其中茶常高速 53.31 亿元。完成全口径税收 3.52 亿元，市区级税收 1.82 亿元，老区级税收 6906.7 万元，总纳税户（含个体、个人）4894 户，其中亿元企业 1 家，千万企业 6 家，百万企业 22 家。新增市场主体 3072 家，比 2021 年增长 26.84%，企业增长 1674 家，比 2021 年增长 44.64%，完成“个转企”16 家。招商引资新引进 50 万元以上企业 4 家。限额以上批发企业商品销售额 15.66 亿元，比 2021 年增长 5.18%。新南天古汉国际广场楼宇新入驻市场主体 2 家，楼宇整体税收 1899 万元，比 2021 年增长 40.23%。东盈广场新入驻 5 家，楼宇整体税收 781 万元，比 2021 年增长 40.56%。打造亿元楼宇 1 个：农商行办公楼，实现税收 1.07 亿元。（刘思远）

【城市管理】　2022 年，街道强化自建房安全整治。对辖区内 996 栋自建房进行排查，其中较大安全隐患 648 栋，一般安全隐患 154 栋，对需鉴定的 623 处较大安全隐患房屋在 49 天内全部完成检测鉴定。建成 81 个应急云广播终端点位，实现辖区全覆盖。完成火星一片安置区 20 栋居民楼的提质改造、中星苑 227 户“一户一改”和雄踞都市东家 4 部电梯更换工作。对马王堆海鲜市场违建房屋、私挖水池等现象开展综合整治，拆除违章扩建面积 2.31 万平方米，封锁“三合一”（宿舍与生产、仓储、经营一种或一种以上使用功能违章混合设置在同一空间内的建筑）场所 145 个。开展“百街千巷”环境综合整治，对友邻巷等 11 条支路街巷进行改造升级，其中天泰路等 3 条已完成验收。建立健全生态环境保护长效机制，中央环保督察期间，街道成为全区唯一零投诉街道。（刘思远）

【社会事业】　2022 年，发挥社会救助兜底保障作用，发放临时救助金、高龄补贴、五帮扶资金 39.21 万元；开展城乡居民养老保险待遇稽核追缴工作，追缴 5 人次 573.55 元医保资金；完成街道综合养老服务中心建设，引进专业化养老服务公司并正式挂牌运营。打造芙蓉区第一个“站家共建”的工会户外劳动者服务站点，迎接全国人大副委员长、中华全国总工会主席王东明一行调研。创新推出“日防周报月评（一日一提醒、一周一调度、一月一研判）”安全生产管理体系，组织安全生产执法检查 124 次，出动执法人员 372 人次，联合集中执法办案 30 起，依法查处、查封 35 家非法、无证等经营户，发现并制止违规高空作业行为 52 起。（刘思远）

【区域党建】　2022 年，街道有基层党组织 58 个，党员 1112 名，社区党委 5 个，社区党总支 1 个，党支部 52 个，培训入党积极分子 28 人，发展党员 6 人，吸收预备党员 6 人。建成 24 个小区党支部，实行党支部与小区业委会交叉管理。组建两新党组织 11 个，新合村经济合作社党建阵地在 6 月的全区基层党建现场观摩拉练活动中被评级为优秀。组织集中学习习近平总书记重要讲话精神、中共二十大精神等中心组学习 12 次，推行党群联心“微网格”工作机制，为老旧小区引入智慧停车项目，释放停车位 1000 余个，安装 153 个红外高清摄像头，建成 20 余处集中充电桩．街道清廉监督员每月对重点工作进行“清单式”监督，对辖区内 500 余家门店主、楼宇商户发送廉政监督短信，建立“线上＋线下”“互联网＋监督”智慧监督平台。防范和积极化解网络意识形态风险，全年排查风险隐患70余条，网络跟评、上报网络舆情及信息有害信息4000余条，妥善处置舆情47件，未出现重大负面舆情。全年各级媒体上稿514篇，其中9篇文章被长沙党建、红星云等媒体采用。（刘思远）

【社区建设】 2022年，街道推广月桂社区智慧停车成功经验，新增270个停车位。辖区553户天然气完成改造安装，取缔百江燃气、澄海燃气2个经营站点。持续推进垃圾分类工作，完成7个分类厢房建设，凌霄、陶家山2个社区垃圾分类示范创建达标验收。月桂社区引进新孝源社工组织，打造AAA居家养老中心，在2片新建小花园、5片20栋新修建休息宣传亭。紫薇社区创建省级充分就业示范社区，拆除晨光花园废弃水塔、湖南省假肢矫形康复中心违建危墙、原东郊剧院D级危房。陶家山社区搭建党建“快递外卖小哥红色之家”平台，开展“红色物业”创建工作。曾家坪社区整改电器电线，规范电动车充电，完成94户冷库线路整改，安装漏电保护开关。对主交易区地下井整改118个，其中海鲜市场和老市场各59个。对“马路市场”开展专项行动，收回同超公司原租赁给驾校部分场地，规范经营秩序。（刘思远）

【“家庭医生”工作室入驻兴和社区】 2022年2月18日，火星街道社区卫生服务中心党支部3名党员医务人员来到兴和社区，携手“和联盟”成员单位开设“家庭医生”工作室，为居民免费检测血压、血糖，耐心解答他们的疑问，并给予用药、健康生活方式等指导。家庭医生服务固定每周五在兴和社区提供义诊，缩短了服务居民的出行距离，解决了医疗服务和公卫服务辐射不到的急难愁盼问题，截至2022年年底，“家庭医生”工作室接待1650名居民，为兴和、紫薇、凌霄社区的760余户居民提供义诊56次。（刘思远）

2022年2月18日，兴和社区家庭医生工作室为居民提供医疗服务

（火星街道　供图）

【火星街道拆除废弃水塔】 2022年，在街道辖区晨光花园小区内，有一座1997年建成的水塔，因年久失修，墙体开裂倾斜，存在较大的隐患。小区内居民多次通过12345政务热线反映，希望拆除废弃水塔。为彻底解决这个问题，街道组织执法队、城管办、社区多次实地察看现场情况，上门走访附近居民，反复协调居民意见，积极与相关部门沟通，2022年4月，组织专业队伍进场施工，历时一个月安全拆除水塔。（刘思远）

【全民健身日活动】 2022年8月8日是第14个“全民健身日”，为增强全民健身意识，养成良好的体育锻炼习惯，火星街道紫薇社区新时代文明实践站以“参与全民健身，乐享欢乐夕阳”为主题，在社区活动室开展全民健身活动，辖区30余名居民参与。活动设置“欢乐投篮游戏”“欢乐毽子游戏”“欢乐飞镖游戏”等项目。通过开展各类贴近生活、方便居民参与的健身活动，激发辖区居民的健身热情，调动大家参与体育健身的主动性，提升辖区居民的身体素质。（刘思远）

【紫薇社区拆除楼顶菜园】 2022年7月15日以来，紫薇社区陆续接到辖区居民投诉，称小区楼顶有人用泡沫箱等工具种菜，且不听劝阻，对社区环境造成很大影响。接到投诉后，社区党委会和居委会立即召开会议，听取居民意见，第一时间联系物业公司，排查楼顶种菜情况，

2022年7月25日，火星街道执法人员清除楼顶泡沫箱

（火星街道 供图）

入户向种菜业主做好解释工作，并发动党员、群众和志愿者进行清理。对于抵触情绪较大、不配合的种菜业主，社区党委及时协调火星街道城管办、执法中队等有关部门，清理剩余蔬菜及种菜泡沫箱和泥土。紫薇社区举一反三，主动发起“扮靓紫薇”专项整治行动，对多个小区进行排查，利用7天时间，清理60余个种菜泡沫箱，100余立方米土壤，彻底消除几个小区楼顶种菜现象，还楼顶一个干净整洁的环境，为居民提供舒适宜居的人居环境。

（刘思远）

【暑期应急安全知识云课堂开课】2022年8月16日，火星街道办事处邀请湘安消防公益服务中心教官吴悔，以线上直播的方式开展暑期应急安全知识云课堂。教官吴悔围绕道路交通安全知识开展授课，结合案例讲解常见火灾隐患、火场逃生自救及报警常识、火场逃生注意事项、消防器材的使用方式等要点。该次培训1500人次观看学习，教官生动翔实地讲解，参训师生及家长认真倾听并积极互动，提高辖区中小学生及家长的暑期安全防范意识，为孩子的暑期撑起了一把平安伞。

（刘思远）

东岸街道

【概况】 东岸街道位于芙蓉区东部，北以远大路为界与马坡岭街道相邻，东与湖南省农业科学院相邻，西南以浏阳河为界与东屯渡街道相邻。2022年，街道下辖东屯、杉木2个村，东宜、隆平公园、望龙、黄泥塘、东瑞5个社区，农机站、堤委会2家事业单位，东岸建筑公司、东大门市场2家直属企业单位。辖域面积5.59平方千米，常住人口4万余人，户籍人口1.63万人，家庭户2.14万户。辖区有1所中学、5所小学、20所幼儿园，1家社区卫生服务中心，2个标志性地标为隆平水稻博物馆和湖南省圆点美术馆，1个公园，2个专业市场，2栋商务楼宇。地铁六号线在辖区设有隆平水稻博物馆、农科院2个站点。年内，街道围绕区党代会提出“举全区之力”强东部、跨河东进战略，为打造现代化新长沙建设标杆区贡献东岸力量、展现东岸作为。街道“三十年述说不变的初心”在2022年全市精品党课征集活动中获评“优秀精品党课”，隆平水稻博物馆“传播稻作知识 弘扬农耕文化”项目获评“全国特别受百姓喜爱的学习品牌项目”和2022年湖南省“终身学习品牌项目”以及市终身学习活动品牌，党管武装工作被评为市五星级达标单位，街道被评为第七次全国人口普查先进集体。

存在的问题和不足。一是经济增长缺乏后劲。二是信访积案矛盾日趋尖锐。三是不稳定因素与日俱增。

（李新军）

【街域经济】 2022年，实现规模以上工业总产值3.05亿元，比2021年增长26.1%。完成限额以上商贸业社会消费品零售额1.11亿元，增长15.5%；限额以上批发企业商品销售额5.48亿元，比2021年增长26.6%；其他营利性服务业营业收入9.49亿元，比2021年增长5.6%。完成全社会固定资产投资59.78亿元。完成市、区级税收1.95亿元。完成4家全口径100万元以上的招商引资企业。新增“四上”单位8家，新增企业620家。19个项目同时建设，重点社会类投资项目8个（商品房项目10个、商业项目1个），基础及配套设施项目3个。班子成员作为重点项目服务专员，社区（村）书记作为“规模以上”重点企业服务专员，主动对接了解企业需求、动态，累计开展走访企业67家100余次。辖区主要经济体仍为房地产企业，设立东岸“企业服务中心”，对接、协调、办结企业诉求、难题，让企业有家的感受，以服务留住企业。协调解决了美的云樾府项目“红杉110千伏变电站”选址问题，芙韵置业、长城楼宇科技等企业办公场地问题，累计帮助企业解决难题90余件，引进100万元以上税收企业2家、50万元以上1家。推进远大路城市更新，10天时间完成项目指挥部筹建、15天时间完成13家单位的全部摸底。东八小区30栋房屋全部倒房腾地，总面积1.3万平方米。（李新军）

【城市管理】 2022年，街道处理市、区蓝天办蓝天保卫战交办问题及蓝天保卫战督察巡查问题70余个，瑞祥陶瓷市场和东岸建材市场安装喷淋系统。处理垃圾堆物、店外经营、违章招牌及公共基础社区破损等市容、秩序问题3500余个，重点解决辖区城市环境卫生“脏、乱、差”，市容秩序“违、堵、占”等突出问题，主次干道卫生及秩序明显提升。3条“百街千巷”道路整治通过市级验收。对闲置空地，主次干道及背街小巷的垃圾、堆物、菜地集中整治。压实农安小区、湘训小区等老旧小区网格责任，落实早、晚巡查打卡，常态管理。推进垃圾分类工作，完成8个垃圾分类厢房建设。街道级河长巡河24次，涉河社区（村）级河长巡河192次，开展浏阳河志愿服务活动2次以及浏阳河芙蓉区段非法捕捞专项整治行动20余次，清理“三无”船舶3艘、劝导规范“一人多竿”行为100余起。成立街道道路交通安全管理委员会，设立交通安全管理服务站，7个社区（村）成立道路交通安全管理劝导站。开展交通、燃气、建筑工地及物业安全大排查，发现、督促整改隐患共计700余处。2个业委会完成换届。完成自建房安全整治“百日攻坚”行动拆违451处，2.7万平方米。排除湘训小区3栋D级危房安全隐患。东大门市场作为整治典型案例接受市人大观摩。辖区176栋高层建筑建立消防安全责任台账，班子成员分栋到人、巡楼到位。（李新军）

【社会事业】 2022年，街道低保对象共6户10人，发放城市居民低保金8.83万元。开展残疾人及残疾人子女慈善助学4人1.3万元。为5户高龄对象申请城区特困老人居家适老化改造。发放“五帮扶”救助资金3.3万元。发放残疾人补贴28.6万元。发放高龄对象、精减社救人员津补贴26.24万元。公共租赁住房保障家庭7户13人，发放租赁补贴1.89万元。化解8起信访积案。解决农民工工资纠纷137起，涉及资金9000余万元。调解各类民事纠纷36起，涉案金额810余万元。将处置东大门市场历史遗留问题定位为“一年一件事”，成立工作专班，推进遗留问题解决，明确了股权股份、理清债权债务纠纷。开展安全生产隐患大排查大整治，开展6次百人以上专题培训，年内未发生安全生产事故。政企联动综合应急演练2次，开展联合整治行动183次，检查单位422家，排查整改各类隐患235条，行政处罚62起，罚款金额10万余元，行刑衔接案件4起。年内省对区年度考核食品安全工作中东岸街道被评为A级（先进单位）。街道“放心肉智能平台”运行排芙蓉区第一，东大门菜市场两家经营部被评为全市首批“放心肉销售示范店”。街道参加“芙蓉区社区微型消防站大比武”获第一名。建成区图书馆东屯村自助分馆。开展校园周边安全隐患大排查大整治，协调处理问题13个。健全就业公共服务体系，完成新增城镇就业人数295人，失业人员再就业人数460人，就业困难对象就业人数135人。开展2期网络创业和评茶员培训，参培人数70人。（李新军）

【区域党建】 2022年，街道党工委下设7个党总支（党委），24个基层党支部，28个党小组，直管党员807人。街道中心组组织专题学习讨论13次，开展“基层党员进党校”“新时代基层干部主题培训班”等宣讲培训30余次。新建绿城物业等8家两新党组织。整合铁塔总部、中交地产、规划设计院等重点单位力量，结对共建，共同服务基层治理。开展党建品牌提质专项行动，以“智慧+服务”为切口，打造“幸福向东e家亲”党建品牌。推进清廉东岸建设，建成东瑞智慧清廉社区，瑞祥陶瓷市场“清廉市场”，黄泥塘社区与东雅中学共建共享“清廉学校”。开展警示教育3次，召开以案释纪廉政警示教育大会。开展自建房排查、红包礼金专项整治、安全生产、作风纪律、人大代表补选等日常督查，下发督查通报4期。黄泥塘社区天园假日小区党支部被评为区“离退休干部先进党组织”。（李新军）

【社区（村）建设】 2022年，街道开展“燃物业新引擎 促东岸E家亲”“芙蓉夜话·东岸篇”主题座谈会，采取“一问一答”方式，与居民、物业开展面对面、心贴心的交流，收集并解决居民群众“急难愁盼”问题。东瑞社区引进铁塔“云视联”系统，打造智能化网格管理社区，试行“融合服务”新模式，以人防技防相结合的方式建设首个“24 小时不打烊”社区，在区党建观摩拉练中被评为“优秀”。修缮大河南路污水管网、重建望龙南路污水管网，解决 D2 区居民楼、D4 区沿街商铺下水道反水问题，解决大同瑞致小学安全通道、D1 区化粪池维修、D4 区电梯维保等群众反映强烈的民生问题。东瑞社区被评为长沙市计划生育基层群众自治先进社区，长沙市 2022 年“劳动力调查示范点”，长沙市退役军人五优服务站，湖南省省级充分就业社区（村）和星级社区（村），长沙市优秀“居民公约”。东宜社区打造“共话东宜”党群交流平台，分网格、分主题召开“宜家人”议事会，征求社情民意，解决居民反映的业主房屋漏水、电动车充电等民生问题 40 余件。开展“科普 e 站”专业化服务，开展科普教育和社会实践活动 19 次。东宜社区被评为 2022 年度国家“基层科普行动计划”湖南省科普社区、长沙市“五型示范社区”、“智慧养老 老亦所为”手机课堂课程入选国家级“智慧助老”优质课程资源库、长沙市城市和谐社区、长沙市 2022 年“五社联动 幸福邻里”重点社区（村）一等次。黄泥塘社区建设 650 平方米天园假日小区党支部暨居家养老服务中心，由“幸福家”议事会、物业服务公司、365 志愿服务队、社会组织等多方共同参与的党建“1+N”小区治理模式该阵地被评为“长沙市老年教育基层教学点”。黄泥塘社区被评为“长沙市老年教育基层教学点”、长沙市“五优”退役军人服务站、长沙市计划生育基层群众自治先进社区、2022 年湖南省省级充分就业社区（村）。隆平公园社区争取楼盘开发商支持新建 1 处 800 平方米“充电停车坪”，引进充电桩 10 个。东岸安置小区建设“智能停车系统”，采取合作共建的方式打造 625 平方米的“福芯之家老年人活动中心”。（李新军）

2022 年 6 月 8 日，东岸街道“安全生产月”宣传活动

（东岸街道　供图）

【东大门市场自建房专项整治】东大门市场建于 1994 年，因市场房屋建筑年代久远，违规加层现象严重，违章面积大，严重影响经营环境和群众生命财产安全。2022 年，东岸街道对东大门市场自建房开展安全整治“百日攻坚”专项行动，通过精准排查下好“摸排棋”、精准施策下好“部署棋”、精准整改下好“成效棋”三步走，共拆除市场楼顶违建 405 处、面积共计 1.62 万平方米。后续对市场进行了提质改造，解决了市场遗留的屋顶隔热和漏水问题，确保整改既有尺度，又有温度，为市场提供更优良的经营环境。（李新军）

【东岸街道“安全生产月”活动】2022 年 6 月 17 日，东岸街道组织辖区工贸企业、娱乐场所、建筑工地、物业公司等企业单位责任人 100 余人在街道礼堂开展“遵守安全生产法，当好第一责任人”的“安全生产月”宣传活动。活动由街道办事处主任廖攀带头讲安全、企业第一责任人专题讲安全、一线工作者互动讲安全，履行第一责任人责任，始终坚持“人民至上、生命至上、安全第一”，做到尊法、学法、守法、用法，牢牢守住安全底线，不碰红线，把安全生产工作抓在手上。聚焦守法履责，推动贯彻落实安全生产十五条硬措施，压紧压实各级安全责任，把安全意识灌输到每一个人心中。（李新军）

【远大路沿线片区城市更新指挥部挂牌成立】2022 年 8 月 27 日，远大路沿线片区城市更新项目指挥部成立。该项目位于芙蓉区中部浏阳河以东区域，北至远大路，南至白竹坡路及解放东路；西至双杨路，

2022 年 9 月 21 日，东宜社区“清风讲堂”开讲　（东岸街道　供图）

东至望龙路，规划范围总用地面积为 92.9 公顷，建筑面积 10 万余平方米，涉及湘维、湘训、振升、东大门市场、农机站、东岸街道办事处机关及原东岸乡政府宿舍等 13 家单位。9 月 13 日项目指挥部办公办公用房投入使用，9 月 14 日项目指挥部全体工作人员进行专题业务培训，9 月 15 日启动项目调查摸底。仅用 1 个月左右的时间完成指挥部筹建、调查摸底、征收概算等前期阶段性工作，高效地为区委、区政府和相关单位决策提供参考，为项目推进打好基础，拉开了跨河东进的大幕。　（李新军）

【东宜社区“清风讲堂”开讲】　2022 年 9 月 21 日，东岸街道东宜社区第二期“清风讲堂”开课，包括楼栋长、居民代表、居民骨干、雷锋专职志愿者等 20 余人参加。讲堂以廉洁清风和家风家训为主题，通过观看家风建设主题视频、讲述清廉家风故事、分享家风家训等形式，营造弘扬清廉家风的良好氛围。讲堂现场，大家共同观看微视频《家风传承》。社区通过面向党员群众征集“一封家书”，并邀请居民代表陈鲁湘、居民骨干杨令辉进行现场分享，努力做清廉家风的践行者、示范者，涵养好家风，带动好社风。　（李新军）

【东瑞“e 家亲”社区物业融合服务】　东瑞社区以“党建聚合力”工程为抓手，紧扣“服务”二字，2022 年 6 月建成“东瑞 e 家亲”融合服务大厅，推进社区物业融合“一站式”服务新模式，并借助科技手段建设“智慧网格”，逐步构建起 24 小时有人管事、做事的社区治理新模式。社区以创建“红色物业”为契机，探索实施“合署办公”“交叉任职”“延时服务”等举措，在服务管理上整合了社区和物业双方人员力量，确保服务“连轴转”。同时，建设社区智慧数据中心，引进“云视联”管理系统，依托智慧化手段建设全区首个 24 小时不打烊社区，实现线上线下“e”家亲的治理格局。此外，社区充分挖掘网格资源、调动社会力量，构建治安联勤、问题联调、活动联办的“三联模式”推进“e 家亲”治理。先后争取资金 200 余万元，解决辖区居民群众反映的小区围栏、车位、电梯、排水等多项民生问题，处置各类问题投诉 190 余起。　（李新军）

【天园假日小区党支部暨社区居家养老服务中心揭牌成立】　2022 年 6 月 8 日，芙蓉区东岸街道黄泥塘

2022 年 6 月，“东瑞 e 家亲”融合服务大厅建成　（东岸街道　供图）

社区天园假日小区党支部暨社区居家养老服务中心揭牌成立。该中心结合居民丰富业余生活的需求和社区老年人多的实际，因地制宜建设而成，3层的独栋洋房，使用面积650余平方米。一楼为多功能活动区，设有暖心餐桌、舞蹈室；二楼为康乐活动区，设有康复锻炼区、儿童益智区、阅览室、书画室、音乐室；三楼为党建活动区，设有老年网吧、党建活动室（金秋老党员之家）、日照休息室。此外，还组织开设合唱班、手工班、舞蹈班等多种课程、多个班级，有固定学员150余人，党员、群众积极性高、满意度高，老人生活更加丰富多彩。（李新军）

马坡岭街道

【概况】 马坡岭街道位于芙蓉区东片，西临浏阳河，东接长沙县，南至远大路，北靠长沙经济技术开发区，中有京珠高速穿境而过，又有汽车东站雄踞于此，是省会长沙对外沟通和辐射的东大门。2022年，街道下辖锦林、新安、安子岭、东站、新龙5个社区及西龙、张公岭2个村。3月18日，新设立新龙社区。辖区面积8.23平方千米，常住人口6.55万人，户籍人口2.45万人，家庭户6449户。辖区内有农园路、双杨路、龟山路、长星路、合平路等6条南北走向道路；营盘东路、桐西路、浏京路、雄天路、安油路等5条东西走向道路。辖区内有高校3家，公办、民办幼儿园共18家、公办小学3所，公办初中1所。年内，街道围绕区委、区政府的总体思路和“十四五”规划要求，抢抓跨河东进战略和隆平新区建设的机遇期，推动各项工作实现了新的跨越和突破，被评为长沙市网络舆情信息工作先进单位。

存在问题和不足：一是总体基础较为薄弱、缺乏核心产业支撑；二是城市管理难度较大；三是涉及拆迁的信访积案较多。（王立成）

【街域发展】 2022年，街道完成税收9100万元；完成全社会固定资产投资15.62亿元；完成限额以上商贸业社会消费品零售额1.44亿元，比2021年增长23.20%；完成限额以上批发企业商品销售额2.67亿元，比2021年增长19.82%；完成建筑业产值2.46亿元，比2021年增长15%；完成其他营利性服务业2598万元；完成建筑业产值2.46亿元，增速15%；新增“四上”企业7家，完成“个转企”9家，新增高新科技企业8家，累计在库13家，新增市场主体972家。完成招商引资纳税50万元以上企业1家，引进长沙湘江环境科技有限公司；招入湖南军融公共资源服务、湖南小氟牙防医疗器械等8家企业。完成西龙道路及排水工程项目（5.53公顷）、西龙村城中村改造项目（54.17公顷）、张公岭村城改二期项目。完成对省建三公司厂房及48户宿舍、东大门配套住宅及门面164户、远通苑小区5栋138户三大片区的建（构）筑物、房屋结构、人员、产权结构进行摸底造册。稳妥处置生产用地，新安社区（3.88公顷）已与湖南安诚地产签订合作协议书，并上报区政府启动控规调整和土地统征手续。（王立成）

【城市管理】 2022年，街道处置数字化案卷1.14万条，动用机械台班52台次、出动人员426人次、清理堆物185处、清理“牛皮癣”3677处、新建围挡2375米、整治广告招牌76处、清除违规种菜7700平方米、签订门前责任三包门面1162家、拆除违建18处合计1.4万平方米，重点整治拆迁地块偷盗渣土乱象，查获12台偷盗车辆。推进“百街千巷”环境综合整治提升，对辖区隆园一路、隆园二路、隆园三路、草托子路、徐家湾路、纬十二路及汽车东站周边开展综合环境整治。按照区蓝天办统一要求，完成交办环保案件30余件；对重点涉气单位翔铭广告市场内122家门店开展摸底，14家涉及废气喷绘打印的门店全部搬离。联合区相关职能部门合力推进环卫公寓整治工作，维修老旧电梯4部，消防、产权、水改、业委会等问题逐步得到解决。（王立成）

【社会事业】 2022年12月，街道养老服务中心投入使用，万众和养老将区域总部搬迁到此处。安子岭社区养老服务中心建设完成并于11月投入使用，对14名70岁以上独居或失独老人建立台账并定期上门服务，全街483名老人享受高龄补助。处理“12345”、问政湖南、市长信箱等投诉1800余单，与第三方公司合作集中整治“飞线充电”，新建700多个智能电单车充电桩。开展“夜间集市”文化活动，帮助中小培训机构走出困境。受理群众各类诉求300余起，信访件回复率100%。继续巩固双交双办件对象7人。清查东站周边涉黄涉赌违法犯罪行为，开展联合执法20次，关停不合格家庭旅馆36家，治安环境明显好转。传销举报数同比下降70%，打击传销重点街道实现摘牌。做好安全生产及雨雪冰冻天气应对工作，与湖南星通特种设备公司达成协议，提供特种设备专业支援。开展打非治违行动13次，对辖区工贸企业开展大排查，清除“三合一”场所52家，聘请市特种设备协会专家开展专业检查，年内没有发生安全生产责任事故。开展居民自建房、违章建筑排查整治，对涉及5号、60号令安置的6个自建房小区进行地毯式排查，处理一般安全隐患264栋、较大隐患159栋、严重隐患1栋人员撤离，发放格子房自改通知50份、拆除违建14处4286平方米。（王立成）

【区域党建】 2022年，街道有基层党组织33个，直管党员835人，预备党员9人。开展中共二十大精神专题学习10次，先后邀请中共二十大代表、省委副秘书长、省政研室主任王晓科，市委常委、市委秘书长刘拥兵到社区宣讲。《扎实推动中共二十大精神“飞入寻常百姓家”》被省委内刊采用。把握意识形态主动权，加强正面宣传，《马坡岭的桥》获《长沙晚报》《长沙通讯》专版推介，《强化四个抓手，助力转型发展》上稿长沙组工，《爱出爱返 建设家乡》上稿《长沙晚报》专版，各级媒体上稿700余篇，处理交办舆情74条。迎接区委巡察组和市委提级交叉巡察，针对指出的问题逐一制定整改措施，有关立行立改做法被市委第一巡察组作经验推介。探索打造3个“红岭之家”阵地，将服务前置到居民小区，解决热点问题52个。针对远大路拓改项目强电迁改矛盾组织7次谈话，发挥党员劝导作用打消群众疑虑。凝聚党建合力，与湖南省司法警官职业学院、汽车东站等成员单位召开联席会议4次，为两新党组织指派党建指导员12名，为辖区张公岭师大校区等单位解决多个实际困难。主动服务对接好英氏控股、特格尔医药、辉煌置业等企业，切实解决优化交通等方面困难，以“绿色低碳”为理念的长沙银行双碳支行在辖区正式营业。（王立成）

【社区建设】 2022年，西龙村通过召开“芙蓉夜话”、说事议事会听取意见，升级农家书屋为市图书馆流通服务站，持续开展消防通道整治“夜巡”行动、流动摊贩、飞线充电整治行动70余次，逐步解决农安小区治理问题。张公岭村建成张公岭生鲜农贸市场和芙蓉区图书馆张公岭村自助分馆，既解决“菜篮子”问题又搭建文化品质平台，开展“芙融万家”村民代表联户工作，为村民解决民生问题52件。新龙社区完成支、居委选举，以“党建引领＋网格联动＋党员先锋岗＋党员带头”模式压细责任，落实网格红细胞，掌控网格动态，助推平安综治服务，探索完善新社区建设。新安社区在汇一城小区提出“红色引领 汇一成川”理念，整合小区党支部、红色物业、共建单位及小微商户力量，将组织建设、工作推进、服务资源汇于一体，用党建“软实力”提升小区品质“硬指标”。锦林社区以“同心林”为平台，通过“美在金秋”居家养老、“雏鹰展翅”青少年职业体验等活动的开展，牵手“一老一小”，推动提升15分钟社区品质生活圈建设。东站社区践行中共二十大精神，党章馆得到省委政研室、省文旅厅领导等高度评价，调动志愿者参与自治的积极性，打造交流、管理、互助平台——“义路前行议事会”。安子岭社区深化“乐知学堂”特色课堂，持续开办民舞、声乐、手工、朗诵、茶艺等兴趣班，年内开课144课时，利用青少年寒暑假期开展社会实践活动20场次。（王立成）

【新安社区增设电动车充电棚】 2022年1月18日，马坡岭街道新安社区联合汇一城至善物业，通过实地考察、多方商议，耗时半个月，在汇一城小区西门北侧增设了2个面积近300平方米的电动车充电棚。解决了小区居民电动车充电及停放问题，消除“飞线”充电、楼道拥堵等安全隐患。新建车棚可同时停放180余台电动车，配备86个智能充电接口，采用扫码支付的方式只要1小时就能将电充满，平时不充电的车主也可免费停放，有效缓解了小区业主充电难、停车难的问题，在居民群众安全得到保障的同时，改善了小区环境和秩序。（王立成）

【“小小图书管理员”志愿服务活动】 2022年2月，马坡岭街道安子岭社区联合长沙市图书馆安子岭社区分馆开展“我是小小图书管理员”志愿服务活动，面向辖区中小学生，招募小义工，在图书馆工作人员的指导下，参与图书借阅、图书导读、图书整理等服务工作，倡导文明阅读，丰富学生的假日生活。2月14日，在长沙市图书馆安子岭社区分馆图书借书处，10名“小小图书管理员”利用寒假协助图书馆工作人员做好图书借还与整理服务。“小小图书管理员”在党员志愿者的指导下对图书进行检查，将破损、掉页的图书挑选出来，然后拿着剪刀和透明胶修补。社区开展志愿服务活动，旨在发挥图书馆的社会教育职能，通过形式多样

2022年2月14日，10名“小小图书管理员”协助图书馆工作人员整理图书 （马坡岭街道 供图）

的书香活动，培养他们的“奉献、友爱、互助、进步”的志愿服务精神和社会责任感。 （王立成）

【街道安全隐患大整治】 5月18—19日，马坡岭街道安委办30余人联合芙蓉区消防大队、东岸消防救援站、马坡岭派出所、执法中队对辖区沿街商铺开展安全隐患全面整治行动。行动前期，各村（社区）对各沿街商铺已进行“全覆盖”“无死角”摸排，逐一下达安全隐患告知书，要求限期整改到位。针对拒不整改的商铺，街道以“零容忍”态度开展联合执法。行动中，联合执法组对夹层住人、生火做饭的沿街商铺进行全面整治，采取现场开展安全教育的方式，结合拆除床板、暂扣液化气瓶等手段，双管齐下消除安全隐患。对于拒不配合的经营者，联合执法组耐心劝导，明确法律要求。整治行动共暂扣液化气瓶4个、拆除床铺23个，辖区200余家存在安全隐患的商铺已整改到位。

（王立成）

【街道理论微宣讲比赛】 2022年7月14日，马坡岭街道2022年“就认这个理”基层理论宣讲比赛在东站社区会议室举行，120余人参加。来自6个社区（村）的12名宣讲选手通过抽签决定出场顺序，从不同视角，采取快板、对口词等形式进行宣讲。选手结合自身工作实际和所学所思所悟，将理论联系实际，围绕“喜迎二十大·奋进新时代”主题，传达对党的忠诚、对祖国的热爱以及对信仰的坚定。现场评委从宣讲内容、宣讲技巧、语言表达、仪表风范4个部分对选手表现进行评分。经过激烈角逐，东站社区获一等奖，安子岭社区获二等奖，西龙村、张公岭村获三等奖。

（王立成）

东湖街道

【概况】 东湖街道位于芙蓉区东南部，东与长沙县连接，南临浏阳河与雨花区相望，西与东岸街道相接，北隔远大一路与马坡岭街道相邻。2022年，街道下辖东湖村1个行政村和东沙、龙马、韶光、滨湖、姚托湾、合平新村6个社区。区域面积9.9平方千米，常住人口6.6万人，户籍人口2.98万人。年内，街道按照“疫情要防住、经济要稳住、发展要安全”工作要求，落实区委、

2022年5月18—19日，马坡岭街道安委办对辖区沿街商铺开展安全隐患排查 （马坡岭街道 供图）

区政府各项决策部署，统筹抓好发展与安全，经济社会发展呈现良好态势。街道被评为2022年长沙市“蓝天保卫战”工作先进单位，街道劳动人事争议调解中心被评为湖南省劳动人事争议金牌调解组织，街道统计站被评为2022年度长沙市乡镇街道统计站点目标管理综合考评二类单位，街道被评为长沙市献血促进委员会无偿献血组织工作先进单位。

存在的问题和困难。与驻街单位融合发展不足，共驻共建共享工作仍需加强。招商引资力度不够，盘活存量、拓展增量方面仍需加大力度。盘活省农科院闲散土地、拆违除违、拆迁扫尾等工作需加快进度。安全生产、信访化解等工作仍需落实落细。（胡菲菲）

【街域发展】 2022年，街道完成全社会固定资产23.88亿元；完成市区两级税收1.19亿元；完成区级税收3077.05万元，比2021年增长76.7%；完成2家千万元税收企业，新增“四上”企业7家；“个转企”10家；实现规模以上工业总产值1.6亿元，比2021年增长22.3%；完成限额以上商贸业社会消费品零售额9.5亿元；限额以上批发企业商品销售额2.1亿元；建筑业总产值完成1.9亿元；高新技术企业完成申报5家。辖区岳麓山实验室、东湖公园、自贸大厦、自贸区配套三条路、中建·桃李九章、老旧小区改造等在建项目有序推进。岳麓山实验室项目典型经验做法受省政府大督查通报表扬，成为代表芙蓉区接受市观摩唯一项目。（李诗琴）

【城市管理】 2022年，街道针对辖区流动摊档、违章搭建、僵尸车、建筑施工围挡不规范、工地违规施工、违规广告招牌、违规种菜等行为开展各类市容秩序整治行动40余次，共处置流动摊档案件46起，查处乱倒渣土案件20起；查处燃气安全案件2个；取缔黑气站1个，已移交公安部门；处罚建筑工地违规施工案件1起；拆除违建79处，3.03万平方米；清理僵尸车26台；整改不规范施工围挡1800余米；整治违规户外宣传和广告招牌79处；清理违规菜地约2公顷。组织开展城乡环境卫生大整治6次；处置各类数字化城市管理案卷7536条。对辖区农大路、老东湖路、小古城路、红湖路、纬十四路、泉坝路等6条道路进行提质改造。推进自建房安全整治“百日攻坚”专项行动，摸排辖区住建领域安全隐患并加强整改。累计摸排上报居民自建房554栋，摸排一般安全隐患52处，较大安全隐患291处，均按要求完成整改；拆除红旗市场、滨湖商场、生机创业街、新润市场、生机酒店等地违建171处，总面积2.33万平方米，辖区居住环境及校园周边环境得到有效改善；历时一周人工拆除畠园新村违建81处，集中力量开展拆违后保水保电及化粪池、下水管、道路修复等工作，多方协商为居民引入新奥燃气，解决了小区居民多年来想解决但未解决的一件难事、实事。（胡菲菲）

【社会事业】 2022年，街道调解合同纠纷、农民工讨薪、意外死亡等各类矛盾纠纷98件，涉及359人，涉案金额约389.2万元；组织大型招聘会2场，组织技能培训1期50人，发放小额创业贷款120万元，实现城镇新增就业636人，完成目标任务103%；失业人员再就业372人，完成目标任务233%；发放各类救助、帮扶及补贴资金300余万元。东沙社区、韶光社区被评为2021年省级充分就业社区。调解处理劳动纠纷6个，调解“全国根治欠薪线索平台”案件26起，接待调处建筑领域农民工上门维权案件（拖欠工资）6起，包括集体维权2起。

（胡菲菲）

【区域党建】 2022年，街道党工委直属党组织32个，其中社区（村）党委1个、党总支3个、党支部16个，两新组织党支部12个，直管党员794人，新发展党员4人。街道坚持党建引领基层治理，携手芙蓉先锋共同体单位，打造“院士专家大讲堂”，邀请柏连阳院士等传达学习中共二十大精神、普及科学理论等，让“大讲堂”成为推动辖区经济发展的“强引擎”。推动“东湖夜话”提质升级为“芙蓉夜话”，践行全过程人民民主，聚焦经济发展、自建房安全、民生实事等开展线上线下“夜话”19场，化解将军山环境治理居民自管等问题16个，深化构建共建共治共享新局面。打造“基层党校”，开辟“一个基层党校”“两类课堂”“三种形式”“四类主题”“五个现场教学点”模式，打造家门口的理论学习阵地，营造良好的舆论氛围；打造龙马社区基层党建“可视化”阵地，接受各级党组织参观调研50余次；韶光社区《“四好模式”推动离退休党员管理见实效》得到红星云推荐。狠抓作风建设，持续深化全面从严治党，将不定期日常监督和“一月一督查”专项督查贯通融合，强化全街作风建设与担当作为氛围；推动“清廉大厅”建设，以龙马社区为试点打造“清廉社区”；与驻街科

研院所共建清廉联盟，打造“东湖街道清廉园”“清廉读书会”“清廉书画室”，完成廉洁文化宣传报道80余篇。（李诗琴）

【社区（村）建设】2022年，龙马社区对社区办公场地区域化党建、“院士之家”、“东湖夜话”、一门式服务大厅、网格化治理等阵地进行提质，打造特色鲜明、成效明显的党员培训教育基地，省市区各级领导多次莅临现场指导工作，省委组织部副部长陈潇带队莅临社区调研指导基层党建工作，对社区与芙蓉先锋共同体成员单位共驻共建、共治共享的做法给予高度肯定，社区被评为“全国示范性老年友好型社区”“湖南省第五批优秀社区工作法”荣誉。滨湖社区推进“高校实践育人共同体”项目，利用辖区内阵地及科研院所专业特长，组织单位在职党员、大学生志愿开展青少年科普教育和走访慰问活动20余场，社区被评为湖南省“扫黄打非”进基层示范标兵、长沙市精品“妇女儿童之家”、长沙市绿色社区、长沙市病媒生物防制示范小区。东沙社区依托少数民族服务站“沙‘农’汇”，以宣传党的民族政策、展示少数民族文化、提供少数民族群众服务、举办少数民族特色活动、为少数民族纾难解困为主旨，组织各族同胞参与社区的各项活动，被评为湖南省民族团结进步示范社区。韶光社区丰富“银发课堂”内容，完善“美在金秋”老党员之家省级示范阵地建设，开设书法班、声乐班、舞蹈班、柔力球班，并组织老党员开展活动，引导他们为社区发展建言献策，参与家风传承、邻里矛盾调处工作，为社区建设发挥余热，彰显老党员的优势与价值。2月，社区“老党员之家”被选定为全省老干部工作培训班观摩点，接受全省各市州老干部局长的视察观摩，全年接待市、区各级观摩20余次；11月，创建成为长沙市老年教育基层示范教学点（三类）。社区被评为长沙市“五型”示范社区、长沙市文明社区，社区第六党支部的案例《歌声里的红色记忆——音乐微党课 走“新”更走“心”》获全市离退休干部党组织主题党日精品案例三等奖，社区党委书记陈雄波被评为“湖南省老干部工作先进个人”，社区居民贾远满获评“湖南好人”。姚托湾社区被评为“长沙市文明社区”，社区志愿者黎汉章被评选为第二季度“长沙好人·身边雷锋”。（胡菲菲）

【“东湖夜话”升级为“芙蓉夜话”】“东湖夜话”基层治理模式缘起于2014年3月。为解决干群“时空错位”问题，街道创造性开展“夜话座谈”，以群众说事、干部办事、现场评事为形式，以解决民生问题、促进区域发展为目标，坚持“街道吹哨、部门报到”，由街道组织居民、专家、干部、各职能部门一起，地点灵活、选题多样，常态化开展座谈会、议事会，为群众反映问题、建言献策、参与基层治理搭建平台，为政府和干部掌握第一手民情、汲取第一线民智、走好群众路线、融洽干群关系拓宽渠道，是东湖街道探索新时代群众工作新模式、践行全过程人民民主的成功经验。自2014年首次开展以来，“东湖夜话”已经组织了300多期，吸纳民意1000余条，解决喇叭口改造、危房改造、老旧小区加装电梯、气排球场建设、停车位建设、农科院农贸市场提质等民生问题700余个。2022年6月，芙蓉区以“党建聚合力”工程为统揽，以用心用情用力解决群众“急难愁盼”问题为目标，将“东湖夜话”升级为“芙蓉夜话”，将晚上“话”、白天“干”的群众工作经验在全区推行，“芙蓉夜话”迅速从一地“盆景”长成全域“风景”。东湖街道持续开展“芙蓉夜话——东湖篇”系列活动，与驻区单位同问共答“在哪话、谁来话、话什么、怎么话”的问题。其中龙马社区召开“芙蓉夜话”7期，参与解决自建房“百日攻坚”专项行动、私房散户区管理、老旧小区提质改造等居民群众最关心、最直接、最现实的利益问题37个。（胡菲菲）

【芙蓉区“院士专家大讲堂”首课开讲】2022年10月28日，芙蓉区东湖街道与芙蓉先锋共同体成员单位湖南省农科院等共同打造的“院士专家大讲堂”首课在湖南省农科院开讲。中共二十大代表、中国工程院院士、湖南省农科院党委书记、副院长柏连阳向与会者传达了中共二十大精神。芙蓉先锋共同体成员单位湖南省农科院、湖南农大、中科院亚热带所、湖南生物机电职院、中国气象局干部培训湖南分院等单位共140多名代表参加。会上，柏连阳为与会者献上了一堂主题鲜明、内容丰富、重点突出的精彩党课，他结合自己参加中共二十大的亲身经历和切身感受，以科学严谨的态度，全面解读了中共二十大报告中的新思想、新观点、新要求，激活思维、激发斗志，将芙蓉先锋共同体更加团结在一起，推动中共二十大精神在基层落地生根。（李诗琴）

2022 年 10 月 28 日，芙蓉区“院士专家大讲堂”首课开讲

（东湖街道　供图）

【“青春志愿行，净滩我行动”志愿服务活动】 2022 年以来，东湖街道姚托湾社区每月定期开展“青春志愿行，净滩我行动”为主题的河小青志愿服务活动，在东湖水域开展净滩垃圾分类、河流垃圾监测、文明劝导、环保宣传等志愿服务，社区周边等 17 个单位高校、爱心团体、志愿服务组织成立了星城火炬志愿服务联盟河小青志愿服务队。截至 2022 年年底，开展净滩活动 160 余次，辐射人群超过 3.2 万余人，有效提高了水域的水质，改善了辖区生态环境，形成以“河小青”巡河护河志愿服务为载体的“民间河长”力量。（李诗琴）

【合平新村社区为东湖壹号小区居民办理不动产权证】 2022 年 4 月，经多方协调、共同努力，东湖街道合平新村社区东湖壹号 1、3 栋的不动产权证办理进入“快车道”。同住在一个居民小区里面，2、4、5 栋的居民交房两年后不动产权证就到了居民手中，而 1、3 栋的 536 户居民不动产权证却还没有到。针对合平新村社区东湖壹号小区不动产权证办理的历史遗留问题，街道多次联合相关职能部门，与合平新村社区、东湖壹号小区物业公司、开发商、居民代表等召开会议，协商处理相关问题。面对不属于基层居民自治组织的问题，合平新村社区一班人不等不靠不回避，紧密联系实际，切实跟进进度；街道党工委科学指导，密集“把脉”，推车上岭，硬是把不可能办成的事情给办成了。（李诗琴）

【艾沙社会服务工作站获评湖南省“最佳志愿服务组织”】 2022 年 3 月 3 日，在“四季同行 · 雷锋家乡学雷锋”湖南学雷锋志愿服务先进典型发布仪式上，东湖街道韶光社区艾沙社会服务工作站被评为湖南省“最佳志愿服务组织”。“艾沙”——“爱长沙，爱社区”艾沙社会服务工作站成立于 2012 年，以老师冯琦的志愿行动为起点，由一个简单的工作室，发展成为韶光社区服务居民、服务社会的平台。工作站下设党员蜂巢志愿服务队、爱心牵手驿站志愿服务队、小小蜂巢志愿服务队、“邻里情”群众文化志愿服务队、“邻里帮”物业志愿服务队、韶光睦邻帮乐互助协会志愿服务队、“红色管家”理论宣讲队 7 支新时代文明实践志愿服务队，来自高校、企业等 413 人加入志愿者队伍，累计开展志愿服务活动 102 场，参与志愿服务 2680 人。（李诗琴）

·表 45· 2022 年芙蓉区全区土地面积统计表

街道名称	土地面积（平方千米）
文艺路	0.9492
朝　阳	1.3602
韭菜园	1.9874
五里牌	1.1121
火　星	1.7978
马王堆	3.9117
东屯渡	1.9395
湘　湖	2.1628
定王台	1.4829
荷花园	2.3304
东　岸	5.5853
马坡岭	8.2307
东　湖	9.9041
合　计	42.7541

（资料来源：区统计局）

·表 46· 2022 年芙蓉区街道（园、局）限额以上商贸业社会消费品零售总额完成情况统计表

街道（园、局）名称	单位	2022 年	2022 年比 2021 年增长（%）
文艺路	万元	42507	10.5
朝　阳	万元	589669	–27.7
韭菜园	万元	59106	–21.4
五里牌	万元	94993	–3.2
火　星	万元	28469	–7.4
马王堆	万元	24711	1.3
东屯渡	万元	49307	43.6
湘　湖	万元	46087	5.9
定王台	万元	1877578	17.3

·续表 46·

街道（园、局）名称	单位	2022 年	2022 年比 2021 年增长（%）
荷花园	万元	61891	6.1
东　岸	万元	11079	15.5
马坡岭	万元	14365	23.2
东　湖	万元	95108	–4.5
隆平园	万元	232911	3.4

（资料来源：区统计局）

·表 47· 2022 年芙蓉区街道（园、局）全社会固定资产投资完成情况统计表

街道（园、局）名称	单位	2022 年
文艺路	万元	470959
朝　阳	万元	198684
韭菜园	万元	114139
五里牌	万元	119126
火　星	万元	547590
马王堆	万元	244404
东屯渡	万元	115821
湘　湖	万元	231037
定王台	万元	192102
荷花园	万元	289433
东　岸	万元	597834
马坡岭	万元	156208
东　湖	万元	238801
隆平园	万元	635883

（资料来源：区统计局）

人物 · 荣誉

编辑　宾雪丰

人 物

【“全国五一劳动奖章”获得者李姣】 女，1989年10月出生，湖南长沙人，大学本科学历，二级技师，快递业务师。李姣2015年3月进入邮政长沙市分公司芙蓉揽投部工作，在工作期间有强烈的企业认同感，工作认真负责，从不会推卸责任，遇有困难，冷静考虑解决问题的对策。在平常的工作中不断地提高自己的专业水平，加强自己工作技能方面的学习，提高自身的能力与综合素质，积极参加公司以及各方组织的专业学习和比赛，与企业同步发展。先后获2017年湖南省技能大赛暨第一届全国邮政行业职业技能竞赛湖南省初赛二等奖，2017年邮政行业比赛全国总决赛三等奖，2019年湖南省技能大赛暨第二届全国邮政行业职业技能竞赛湖南省初赛一等奖，并获得“湖南省巾帼建功标兵”“湖南省技术能手”“湖南省青年岗位能手”“湖南省五一劳动奖章”等称号。2022年被中共湖南省委、湖南省人民政府授予“湖南省劳动模范”称号，2022年4月28日，获中华全国总工会颁发“全国五一劳动奖章”。

（胡 珍）

【“全国优秀人民警察”杨曙光】 男，1972年5月出生，中共党员，2006年12月从部队转业参加公安工作，现任芙蓉公安分局定王台派出所丰泉古井、化龙池社区民警。从警15年以来，他连续15年被评为先进工作者、优秀共产党员，先后获个人二等功2次，三等功5次，个人嘉奖和年度先进工作者15次，被中央政法委评为“平安英雄”、全国公安机关“我为群众办实事”成绩突出个人、湖南省公安厅评为“最美基层民警”“全省百优社区民警”“湘警之星”“长沙市五一劳动奖章”和长沙市公安局评为“十佳我最喜欢的雷锋式警察”“枫桥式警务室”成绩突出人员等荣誉称号。他始终扎根社区，爱岗敬业，把丰泉古井警务室打造成了示范警务室。积极借鉴“紧紧扭住做好群众工作这条主线，依靠群众就地解决矛盾的枫桥经验”，并运用政治建警、雷锋警队进社区、三调联动、“96111”便民服务桥社区承担，不断探索现代警务模式。“新”与“老”的结合，为现代基层警务注入了强大的活力。在网格化管理上，加大与单位、物业公司横向联系，成立化龙池酒吧协会，纳入自治管理，针对扒窃案高发与辖区单位共同成立反扒联盟，组建自己的巡逻队，24小时在辖区开展巡逻，从而有效控制发案。他常说“我奋斗的价值就是能让社区居民把我当家人，用五星服务将社区建成有温度的社区。”2022年5月25日，杨曙光被公安部评为“全国优秀人民警察”。

（戴吴浩博）

【“全国教书育人楷模”郭晓芳】 女，出生于1979年12月，湖南邵阳人，长沙市芙蓉区育英学校美术教师，芙蓉区首席名师，“我是接班人”湖南省网络大课堂首席主讲名师兼总班主任、总制片人，长沙市卓越教师、魅力教师。郭晓芳讲授新时代“云端”思政课，从人物主题、内容形式、传播渠道多维度创新，将思政教育“养分”融入学生喜爱的时、事、人、物等“活教材”中，截至2022年12月，已录制58个大课专题、近600个配套课程，开启网络化、数字化、媒体化思政教育新模式。她的创新课堂覆盖全省2.7万余所学校并辐射全国，总学习人次超过16亿，形成在全国颇具影响力的“我是接班人”网络思政品牌。2020年7月，郭晓芳入选“湖南好人”榜单。2020年8月入围“湖南省教书育人楷模”候选人。2020年10月入选第六届全国未成年人思想道德建设工作先进工作者名单。2022年9月6日，被中宣部、教育部授予“全国教书育人楷模”称号。

（刘子晶）

【“全国三八红旗手”周佳霖】 女，1976年11月20日出生，湖南长沙人，中共党员，一级听力障碍残疾人，（盲聋）特校职高学历，“湖南金棕编织文化艺术有限公司”董事长，省编织工艺人师，省级非遗项目《长沙棕叶编》市级代表性传承人。国、省、市工艺美术协会会员，国、省民间文艺家协会会员、市民协副主席，省女红协会副会长，市民间手工女艺人协会理事，市聋人协会副主席。全国残疾人文化创意产业基地（中国残联授牌）、湖南省非遗扶贫就业工坊（省文旅厅授牌）、省妇女手工编织就业创业示范基地、省巾帼巧手创业就业基地、省巾帼文明岗（省妇联授牌）、长沙市民间手工女艺人手工制作示范基地（市妇联授牌）、市示范性劳模和工匠人才创新工作室（市总工会授牌）创建人、负责人。先后被评为湖南省三八红旗手标兵、湖南省技术能手、湖南省五一劳动奖章、全国优秀残疾人艺术家等，2022年3月，被全国妇联授予“全国三八红旗手”称号。

（周 偲）

【“中国好人”刘朝辉】 女，汉族，1968年8月出生，湖南汨罗人，中共党员，研究生学历，1990年1月参加工作，现任芙蓉区政协联络处四级调研员、恒达社区党委第一书记，湖南省第十二届人大代表。她扎根基层30年如一日，用真情真心做好每一件小事，创新了“党建+劳模”、先锋“520”特色品牌、成立“朝辉劳模创新工作室”“罗维周欣馨互助会”，为辖区居民排忧解难，解决社区居民的操心事、烦心事、揪心事，让老百姓有了更多的获得感、安全感和幸福感，赢得了人民群众的充分信任和交口称赞。刘朝辉将加强基层党组织建设与推进网格化治理两项工作紧密结合，创办了“朝辉劳模创新工作室”，解决基层治理难题80余件，成为全国唯一聚焦基层治理与社会创新管理的劳模工作室。她领航打造“党建+劳模”、先锋“520”特色品牌，推动小区党支部、业委会、楼栋长、物业服务“四位一体”社区治理体系。创办“罗维周欣馨互助会”，筹措爱心款20万余元，帮扶困难群众500余人次。2021年全年共化解矛盾60多起，为居民办实事、解难事100多件。多年来，恒达社区青少年实现“零辍学”“零犯罪”，社区被评为“长沙市红领巾文明社区”、长沙市精品“妇女儿童之家”。她被居民群众称为“暖心书记”，先后获评“全国先进工作者”“中国网事2021年度十大感动人物”“湖南好人”“长沙好人”等荣誉。2022年，刘朝辉获评湖南省2022年学雷锋志愿服务全省“五个一批”先进典型——最美志愿者，12月获评“敬业奉献中国好人”。（李思宇）

【“全国学雷锋标兵”彭友良】 男，1978年11月出生，湖南宁乡县人，中共党员，长沙市出租汽车有限公司“蓝的雷锋车队”一名普通的“的哥”。当“的哥”22年，他安全行车140万千米，因服务规范、待人友善，被乘客亲切地称为“微笑哥”。2009年11月，彭友良和公司5名驾驶员一起成立长沙市出租车行业第一家“雷锋车队”。12年来，车队队员规模不断壮大，现有队员59人。车队本着“崇尚雷锋为荣，热心服务为民”的宗旨，坚持“日行一善”，先后开展爱心助学、扶贫帮困、助残扶残、保护环境、无偿献血、文明劝导、爱心接送、爱心送考等系列公益活动230次，免费接送老弱病残乘客4700余趟次，爱心捐款30余万元。他还积极参与宣讲先进事迹工作，先后参加“长沙劳模宣讲团”“雷锋传人 长沙榜样”先进事迹报告团，获“2020年‘就认这个理’学习新思想 打造三高地 长沙微宣讲”总决赛一等奖。多年来，他立足岗位学雷锋，把小小的士打造成温暖的“雷锋车厢”。先后获得“全国优秀驾驶员”“全国五星优秀志愿者”“助人为乐湖南好人”等称号。2021年被评为“中国好人”。2022年3月，彭友良获评“全国学雷锋标兵”。（樊启佳）

【“‘中国网事·感动2022’三季度网络感动人物”曾治国】 1977年7月出生，湖南长沙人，中共党员，年参加工作，现任长沙市芙蓉区火星街道新合村经济合作社理事长，也是盘活集体经济的领头人。他牵头成立火星街道新合村经济合作社，村民变成股民，自立自强、齐心发展自己的家园。2022年9月，经过前期推荐申报、网络投票、专家评审等环节，芙蓉区推荐的曾治国被新华社授予“‘中国网事·感动2022’三季度网络感动人物”称号。（唐金花）

【湖南省第二批“岗位学雷锋标兵”刘晓凤】 女，1986年11月出生，重庆南川人，中共党员，硕士研究生，现任芙蓉区东湖街道龙马社区党支部书记、居委会主任。刘晓凤自担任社区书记以来，发扬雷锋精神，激活社会正能量，培育社区居民志愿精神，发掘3名“湖南好人”、1名“长沙好人”、1名长沙市“最美志愿者”。社区先后获得国家级“全国先进基层党组织”、省级“两型示范单位”，市级“文明社区”“先进基层党组织”“党员教育培训示范基地”“和谐示范社区”，芙蓉区“两学一做”红旗党组织等荣誉。她个人也获得多项荣誉，多次获芙蓉区人民政府嘉奖；2020年获评建设更高水准全国文明城市工作“突出贡献个人”；2021年当选为芙蓉区第六次党代会代表、区委候补委员；2021年当选为长沙市第十四次党代会代表、市委候补委员。2021年6月，代表龙马社区党支部接受中共中央表彰，被授予“全国先进基层党组织”荣誉称号，受到党和国家领导人亲切会见，并作为全国先进基层党组织的23个代表之一上台领奖。2022年3月，刘晓凤获评湖南省第二批“岗位学雷锋标兵”。（李诗琴）

【“湖南省巾帼建功标兵”吴彩玉】 女，1979年10月出生，湖南长沙人，中共党员，本科学历，社会工作师职称，长沙市第十四次党代会党员代表，芙蓉区第六届人大代表。现任长沙市芙蓉区五里牌街道燕山街社区党委书记。她扎根基层25年，所在社区基础设施陈旧、社情复杂，但毫无怨言，坚持把地踩实踩热，是居民心中的“活地图”。任社区主任5年后满票当选书记，又以满票连任。她始终坚持为群众谋福祉：解决线路老化、路面破损、屋顶漏水等遗留难题；38号栋出现楼体沉降重大险情，她入院手术也不休息投入排危处置，是居民口中满意的“吴妹子”。吴彩玉舍小家为大家，连续11年春节坚守岗位。她辖区内党群关系和谐，连年保持综治民调高满意率、连续9年“零上访”“零事故”。2020年，被评为“长沙市三八红旗手”；2021年，被评为“长沙市优秀党员”；2022年8月，吴彩玉获评“湖南省巾帼建功标兵”。（周 偲）

【湖南省首届新时代“最美民兵”丁小星】 1982年6月出生，湖北公安县人，大学学历，中共党员。现任湖南捷亿信科技有限公司总经理。他于2000年12月入伍，2002年12月退伍，原中国人民解放军北京军区某部文书兼军械员，先后获得“优秀士兵”“优秀军械员”荣誉。丁小星作为自主创业的退役军人，2020年被长沙市评为“退役军人自主创业先进个人”，2020年和2021年连续两年被评为“优秀共产党员”。他担当国防责任，主动申请将公司全体骨干编入民兵新质新域力量，参加群众性练兵比武名列前茅。2022年6月16日，芙蓉区民兵网络装备维修排排长丁小星，被省委宣传部和省军区政治部，授予湖南省首届新时代“最美民兵”称号。（覃官怀）

【“湖南好人”胡连喜】 男，1967年9月出生，中共党员，长沙市芙蓉区市政设施维护中心沟渠维护队沟渠组班长。1987年11月被长沙市芙蓉区市政设施维护中心聘用至今。35年来，他起早摸黑、日晒雨淋，把这份安身立业的职业做成了实现人生价值的事业。仅2022年以来，他带领班组，解决涉及下水道和化粪池溢流堵塞的市政数字化案件341个，与其他小组一起疏通各类井17216个，更换各类井472座，疏通管道248507米，运淤泥1513立方米，清掏化粪池8414个，无一延迟，无一投诉，为辖区市政设施正常运转和人民群众生活便利提供了保障，赢得居民群众的广泛好评和赞誉。2022年12月，胡连喜获评“敬业奉献湖南好人”。（樊启佳）

【“湖南好人”贾远满】 女，1965年3月出生，湖南省长沙市芙蓉区东湖街道韶光社区居民。1998年，贾远满的大哥重病在身，嫂子离家出走，10岁的侄女无人照料，下岗的贾远满二话不说就将侄女带到身边抚养。姐姐贾远颜患有脑梗、先天性残疾，行动不便完全要靠人照顾。母亲在年轻时还能勉强料理清楚，但日子久了母亲体力逐渐下降，无法给残疾姐姐翻身，连自己也需要人来照顾了。至此，照顾妈妈、姐姐的任务落在贾远满夫妇的头上。贾远满原单位分配的不足60平方米的职工宿舍里住着外婆、妈妈、公公、婆婆、姐姐、女儿、侄女以及夫妻俩。虽然遇上诸多困难，但贾远满从不抱怨，一家人尊老爱幼，外婆在2005年去世，享年101岁。贾远满还对社会有着一颗可贵的责任心。她是热衷社区事务的“贴心大姐”，也是疫情下每天坚守的“凡人英雄”。2022年10月，贾远满获评“孝老爱亲湖南好人”。（樊启佳）

【“湖南好人”吴自成】 男，1962年4月出生，中共党员，芙蓉区马坡岭街道安子岭社区居民。1999年5月，妻子张润被确诊为甲状腺癌，2008年病情复发加重，癌细胞转移到大脑及全身，生活完全不能自理，成了植物人。医生告知吴自成，他妻子最多只有三个月的生命，让他带妻子回去“调养”。吴自成每天为妻子梳头洗脸，擦身按摩，做清淡可口的饭菜，如教婴儿咿呀学语般教她发音说话。只要打听到哪里有治疗癌症的名医，他都会带着妻子去寻访，只为争得那渺茫的希望。20多年如一日的坚守，吴自成用爱创造了生命的奇迹，已成为植物人4年多的妻子于2012年被唤醒。现在的张润精神状态很好，能简单与人交流，还能扶着东西短距离走动了，用一只恢复的手自己吃饭了。吴自成长年悉心照顾身患重病的妻子，用爱创造了生命的奇迹，让妻子延续生命至今23载。先后获评芙蓉区道德模范、孝老爱亲“长沙好人”，其事迹被湖南文明网、新湖南、红网、《长沙晚报》等众多媒体广泛报道。2022年6月，吴自成获评“孝老爱亲湖南好人”。（樊启佳）

先进集体

全国先进集体（部分）

2022年赛迪全国高质量发展百强区、幸福百强区、投资竞争力百强区、创新百强区

长沙市芙蓉区

2022 年全国市辖区旅游综合实力百强区
长沙市芙蓉区
全国义务教育优质均衡先行创建区
长沙市芙蓉区
全国最佳志愿服务组织
长沙市芙蓉区朝晖劳模工作室
全国最美工会户外劳动者服务站点
长沙市芙蓉区火星站
全国检察宣传先进单位
长沙市芙蓉区人民检察院
全国民主法治示范村（社区）
长沙市芙蓉区汤家岭社区
全国示范性老年友好型社区
长沙市芙蓉区龙马社区

湖南省先进集体（部分）

湖南省平安区县
长沙市芙蓉区
湖南省文明单位
长沙市芙蓉区检察院
长沙市公安局芙蓉分局
长沙市芙蓉区卫健局
湖南省文明标兵单位
长沙市芙蓉区定王台街道
湖南省文明标兵校园
长沙市芙蓉区燕山小学
湖南省国防动员工作先进单位
长沙市芙蓉区发展和改革局
2022 年度湖南省真抓实干成效明显单位
长沙市芙蓉区荷花园街道
湖南省第二批“枫桥式公安派出所”
长沙市朝阳街派出所
湖南省 2022 年度和谐社区示范单位
长沙市芙蓉区德政园社区
湖南省先进基层群众性自治组织
长沙市芙蓉区识字里社区
湖南省民族团结进步示范社区
长沙市芙蓉区东沙社区
湖南省巾帼建功先进集体
长沙市五里牌社区
湖南省省级充分就业星级社区
长沙市芙蓉区马王堆社区
长沙市芙蓉区白沙湾社区
长沙市芙蓉区东湖社区
长沙市芙蓉区东瑞社区
湖南省省级充分就业社区
长沙市芙蓉区马王堆社区
长沙市芙蓉区白沙湾社区
长沙市芙蓉区东湖社区
长沙市芙蓉区东瑞社区
长沙市芙蓉区识字里社区
长沙市芙蓉区东广济桥社区
长沙市芙蓉区向韶社区
长沙市芙蓉区二里牌社区
长沙市芙蓉区汤家岭社区
长沙市芙蓉区金科社区
长沙市芙蓉区黄泥塘社区
长沙市芙蓉区安子岭社区
长沙市芙蓉区锦林社区
长沙市芙蓉区紫薇社区
长沙市芙蓉区兴和社区
长沙市芙蓉区杨家山社区
长沙市芙蓉区东方新城社区
长沙市芙蓉区火车站社区
长沙市芙蓉区南湖社区
长沙市芙蓉区韶光社区
长沙市芙蓉区藩后街社区
长沙市芙蓉区丰泉古井社区
长沙市芙蓉区古汉城社区
湖南省尊法守法、携手筑梦公益法律行动成绩突出集体
长沙市芙蓉区总工会
湖南省百家乡镇（街道）工会
长沙市芙蓉区韭菜园街道联合工会
湖南省工会“百优驿站”
长沙市芙蓉区军区社区站
湖南省最佳志愿服务项目
长沙市芙蓉区文艺路街道办事处“医路相伴”志愿服务项目
长沙市零点智能青少年成长服务中心“阳光剧场‘青少年心理健康教育体验剧场’”志愿服务项目

（年鉴编辑部）

调研报告

编辑　谭丽霞

关于隆平高科技园和自贸区工作的调研报告

芙蓉区人大财政经济委员会

（2022 年 5 月 25 日）

根据区人大常委会2022年工作要点，为促进园区加快产业链优化升级，培育壮大产业集群，推动园区成为我区经济高质量发展的重要引擎，区人大财经委在区人大常委会副主任刘孟乾的带领下，围绕招商引资、重点项目建设、闲置低效土地盘活等方面的工作情况，先后走访了隆平高科技园和自贸区芙蓉事务中心，并组织召开了座谈会，听取隆平高科技园和自贸区芙蓉事务中心的相关专题汇报，初步了解和掌握了相关基本情况。现将调研情况报告如下：

一、基本情况

今年以来，隆平高科技园和自贸区芙蓉事务中心在区委、政府的坚强领导下，以新发展理念为引导，全面落实“三高四新”战略定位和使命任务，全力实施强省会战略，加快推动隆平片区建设发展，园区的产业结构优化不断取得新进展、龙头企业进一步发展壮大、产业集群发展形成新格局。

1—4 月，隆平高科技园新引进中建资本湖南区域总部、苏宁易购销售有限公司等世界500强企业全资子公司2家，种业产业链企业18家，税收过50万元企业3家，重点税源企业9家。全面清理、整合园区现有招商平台，共清理招商载体约30万平米。岳麓山实验室1421亩集聚区开工建设，隆平生物种业产业园、隆平种业创新中心等重点产业项目顺利推进。通过对低效用地企业逐一走访，引导企业采取“转、退、并”等多种方式盘活土地。目前，燕京啤酒拟引进合作方进行二次开发，经阁铝业制定了转型升级可行性报告，预计月底完成4家企业“一企一策”方案。

1—4 月，自贸区芙蓉区块已引进重点项目10个，在库项目22个，实现税收4097.8万元，预计完成外贸进出口额4亿元。新增企业191家，新增“四上”企业5家，引进三类500强项目2个，新增金融机构2家，累计存量企业达到778家。《标准化服务产业高质量发展新体系》等4个案例纳入“中国（湖南）自由贸易试验区第一批制度创新成果”和“具有全国首创性案例”；积极对接长沙海关，争取国家级植物提取物技术性贸易措施研究评议基地落地芙蓉。开通湖南自贸区长沙片区首个职称初任的绿色通道，提供申报职称初任一站式服务，推动人才服务上新台阶。提质改造芙蓉区块展览展示大厅及企业服务中心，进一步完善提升功能分区，优化服务环境。

二、存在的困难及问题

（一）项目引进难度加大。受国际、国内经济下行压力加大和国内疫情冲击的影响，人员出不去、客商进不来，再加之企业资金短缺等因素，企业投资意愿不强，项目引进难度加大。

（二）园区配套不够完善。园区一些配套路网、供水、供电、供气、污水管网等基础设施建设较为滞后；教育、医疗卫生、文化娱乐等服务设施建设有待进一步提升。

（三）盘活存量土地制约较多。一方面由于早期缺乏区位优势、招商难度大等原因，将“大规模供给土地”作为吸引企业入园的筹码和优惠，导致部分企业拿地之后，后续开发资金不足，出现土地闲置过多、荒废等现象。另一方面对用地企业用地协议约定不严谨。对未达到预期效益的工业用地收回的条件没有设置规范的约束条款，导致有些企业为了拿到土地搞“数字投资”，出现多占少用、占而不用、占地待涨等问题。

（四）规划调整进度有待进一步加快。自2020年9月湖南自贸区长沙片区芙蓉区块成立以来，规划调整方案一直未定案，据财经委走访了解，目前城投已完成自贸片区调规方案初稿，并已报洪波、刘宪、蒋苒区长同意，计划本周报书记、区长审定。从时序上来看，进度拉得过长可能影响自贸片区的发展速度和发展质量。

三、下一步建议

（一）要加大对外宣传，注重项目包装。要充分利用项目洽谈会、项目推荐会等有利时机，积极进行全方位宣传。要采取“请进来”和“走出去”相结合的方式，积极对重点项目包装，要多与客商进行多方联系，要积极参加各类项目推介会，把自己的好项目推荐出去，把一些经济实力强、技术力量雄厚的大公司吸引过来，确保招商项目成功率。

（二）聚焦基础设施及要素保障，持续优化园区投资环境。一是加强园区基础设施建设，促进产城融合发展。园区要整合各类资金，加强园区外部交通和内部路网、能源、信息、物流、环保等基础设施建设。加快促进园区产城融合发展，鼓励有条件的园区引进社会资本，集中建设教育、医疗、文化娱乐等生活配套设施，向城市综合功能区转型。二是加强人力资源保障。鼓励园区发展海外高层次人才创新创业基地、留学人员创业园等创新平台，加强与高等院校、科研院所合作，促进产学研一体化。建议园区积极搭建企业用工对接平台，健全园区内人力资源供求信息收集、发布、统计和分析制度，健全校企合作机制，加大职业技能培训力度，为企业提供坚实的人力资源保障。

（三）以盘活存量为重点，提高建设用地节约集约利用水平。在处置低效用地上，要摸清底子、明确方法，按照“依法整治、规范操作、一地一策、一企一策”的原则，避免“一刀切”。要科学安排开发建设和用地时序，根据整体区域定位和功能布局、重大项目建设进度等情况，提前管控土地，并合理安排收储和出让时序。

（四）强化责任管理，加快调规进度。要建立相应组织领导和工作责任体系，牵头部门要建立问题分类管理机制，采取“问题清单”管理模式，完善细化政策，相关部门要凝聚合力，提高效率，形成上下联动、部门协同的高效工作格局。

关于芙蓉区文旅融合发展情况的调研报告

芙蓉区人大教育科学文化卫生委员会

（2022 年 9 月 16 日）

根据区人大常委会年初工作要点安排，我委在分管副主任带领下对区文旅融合发展情况进行了专题调研，现将调研情况报告如下：

一、基本情况

区政府、区文旅体局深入贯彻落实习近平总书记关于文化和旅游融合发展的重要论述精神，立足区位特点和文旅资源实际，多措并举促进了文旅融合发展和文旅产业转型升级，配套政策不断完善，重点项目有序推进，文旅融合初见成效。

1. 高度重视文旅发展，硬核营造优良环境。区政府坚持以“宜融则融、能融尽融、以文促旅、以旅彰文”的发展思路和观点进行谋划，将文旅融合与优化营商环境有机结合，通过对经济形势的分析和对接文旅企业的需求，从文创产业、科技创新、行业整合等方面出台相关政策，成立区“文旅体”联盟，开展百日暖企行动，同时为更好地推动文旅产业发展，区政府还在“百日暖企”二十条的基础上，“量身定做”了《促进文化产业聚集区高质量发展的若干措施》，拟通过政策支持、联盟合作和暖企行动等措施，创新开拓文化＋科技、金融、旅游、体育等深度融合的发展局面，多举措、多方面助力芙蓉文旅融合发展。

2. 顺应时代发展潮流，初探芙蓉文旅融合聚集发展。区政府、区文旅体局对标省十二次党代会提出“繁荣发展社会主义文化，加快强省建设”的要求，把握网红城市发展契机，从区域实际出发，规划出全区文旅融合聚集发展模式，确立了以“标杆意识”建设袁家岭中央文化区、浏阳河文旅产业带（简称“一区一带”）的文旅建设规划，确保全区文化旅游统筹布局、一体谋划和协同推进，“一区一带”将成为引领推动我区文旅融合快速发展的重要引擎。

3. 用好历史文化资源，融合推动文旅产业发展。区政府及相关职能部门依托芙蓉区作为长沙古城核心区域所独有的历史文化内涵，把握资源禀赋优点，推出了一系列文化旅游融合发展项目，现辖区内历史文化街区、非遗文化传承、红色文旅路线、博物馆、历史文化活动、特色夜市、网红打卡点等文旅项目广受大众青睐。

二、存在的问题

在全区上下共同努力下，我区文旅融合取得了一定的实效，但在当前形势复杂、经济发展放缓的大环境下，我区文旅融合发展面临一些亟待解决的瓶颈问题和实际困难：

1. 文旅融合的整体规划还不够全。目前，我区文化旅游产业总体处于起步、探索、培育的初级阶段，相对于文旅成熟的城市发展还相对滞后，现区政府及相关职能部门围绕文化产业发展出台了一系列的政策文件，但专门针对文旅融合发展方面的不多，对文化旅游融合发展的配套政策、整体规划还不够全面。

2. 文旅产业的市场竞争力还不够强。据调研了解，我区以打造袁家岭中央文化区为重点的文化产业建设在全市有一定的影响力，辖区旅游方面也有一定的资源，但文化底蕴的挖掘利用以及整体开发还存在一些不足，文旅融合后文化和旅游的相互支撑力不够，文旅项目存在发展不够均衡，融合不够充分的问题，区文旅产业整体市场竞争力不强，很多项目产生的经济社会效应不高。

3. 文旅融合的芙蓉品牌还不够响。芙蓉区文旅品牌资源还是较为丰富，但一些优秀的旅游资源还处于粗浅发展阶段，资源利用、配置力度存在不足，区域整体旅游的文化品位没有得到很好的提升，缺乏像宁乡花明楼、岳麓山这种知名度大的文旅融合品牌。

4. 文旅产业的相关配套还不够齐。近几年，区文旅融合项目有了初步的发展，但有关配套服务设施没有跟上，吃、住、行、游、购、娱传统六要素尚有欠缺，许多游客慕名而来，匆匆而返，基本都是打卡游、参观游，旅行的舒适度、完整度、体验度不高，整体的旅游产业链条没有全面形成。

三、意见建议

文旅融合发展是以习近平总书记为核心的党中央立足党和国家事业全局、把握文化和旅游发展规律作出的战略决策，事关民生，事关经济发展，也事关城市的形象，根据相关法律和国家政策文件，结合区域实际，我委就区文旅融合发展提出如下建议：

1. 强化统筹协调，因地制宜长远规划。坚持规划引领，进一步制定完善全区文旅融合发展的总体规划，充分利用好全区优质的文化、旅游资源，挖掘出能彰显芙蓉特色的文旅结合点，科学规划出符合区域特点的文旅融合发展蓝图，做好产业布局、产业聚集和实施规划，从制度层面引领文旅融合产业快速发展。

2. 加强深度融合，全面提高文旅竞争力。一是职能融合，为增强文化自信，统筹文化事业、文化产业发展和旅游资源开发，提高国家文化软实力和中华文化影响力，2018 年国家旅游局与文化部合并，组建文化和旅游部，我区也于 2019 年进行了合并，相关职能要进一步融合，要切实打破文化人做文化事、旅游人做旅游事的原有格局，顺应融合发展趋势，拓展新的发展空间，形成新的发展优势；二是有机融合，文旅是旅游产业、经济领域的重要组成部分，政府要充分发挥市场在资源配置中的决定性作用，加强对文旅类社会资源的培育和引导，鼓励和支持更多的社会力量和行业参与文旅融合发展，营造文化 +N 的大环境；三是推动文旅产业科技创新发展，要根据目前科技发展水平、文旅市场需求，推动文旅类的智慧科技产品、综合文创产品的发展，多维度增加文旅产业产品附加值、独特性、竞争力。

3. 立足区域区情，创新打造芙蓉文旅品牌。建议政府及相关部门全面清点区域内现有文化、旅游资源，深入挖掘芙蓉文化历史，找准适合芙蓉发展的文化、旅游结合点，在现有资源情况下科学打造出独具芙蓉特色、文化特色鲜明、富有辐射力、影响力的芙蓉文旅品牌，同时利用旅行社总部集中我区的优势，借力唱响我区文旅品牌。

4. 完善基础配套，不断提升文旅融合硬实力。建议区政府及相关职能部门以问题为导向，对区域内文旅产业配套基础设施有针对性地进行提质升级，大力推进周边综合配套产业建设，竭力将文旅产业的发展红利释放到最大，全力助力芙蓉经济社会发展。

关于贯彻落实《长沙市居家养老服务条例》工作情况的调研报告

芙蓉区人大社会建设委员会

（2022 年 12 月 12 日）

根据区人大常委会2022年工作要点的安排，近期我委通过现场察看、听取汇报、座谈交流、查阅资料等方式，深入调研广泛听取意见，对全区贯彻落实《长沙市居家养老服务条例》工作情况进行了专题调研，现报告如下：

一、总体情况

养老是社会建设中事关民生的大课题。目前芙蓉区60岁以上老人占总人口的比率为13.6%，80岁以上老人占总人口的比率为2.2%，人口老龄化形势比较严峻。群众对居家养老服务高度关注、强烈期盼。《长沙市居家养老服务条例》（以下简称《条例》）自2022年1月1日起施行，以立法的形式促进和保障居家老年人的权益。自施行以来，区委、区政府高度重视，认真部署，加强引导，扎实推进《条例》的贯彻落实，初步构建了以家庭为基础，以社区为依托，以社会保障制度为支撑，由政府基本公共服务、企事业单位和社会组织专业化服务、基层群众性自治组织和志愿者公益服务共同组成的，为居家老年人提供生活照料、家庭护理、精神慰藉等内容的社会服务体系。

1．工作格局基本形成

区委、区政府将居家养老服务工作纳入国民经济和社会发展规划，多次专题研究养老工作，制订配套政策、安排预算专项资金、建立稳定的财政经费保障机制，出台养老服务体系建设实施方案。坚持政府主导、家庭尽责、社会参与、以人为本、就近便利、统筹发展的原则，更加突出居家养老服务相关内容，在提升社会化服务、加快配套设施建设、推进医养结合和智慧养老等方面进行探索。通过近一年努力，全区基本构建了施行《条例》的组织体系和责任机制，初步形成了分工有序、责任清晰、群策群力共谋养老事业发展的良好工作态势。

2．服务体系初具规模

区政府大力整合资源，按照对应等级标准，在街道和社区养老服务站配备与服务项目相适应的设施设备和工作人员，制订了服务细则和服务流程。2022年，全区新建街道综合养老服务中心2个、社区居家养老服务站11个。现有街道综合养老服务中心13个，实现了全覆盖；社区居家养老服务站62个，覆盖率达96.1%。养老服务机构依托自身优势，开展助餐助医助洁助行等生活照料服务、家庭护理保健康复等健康服务、关怀探访情绪疏导等精神慰藉服务和有芙蓉特色的文化娱乐活动。

3．重点领域取得突破

一是服务运营形成品牌。调动社会力量的积极性，扶持培育各类专业服务机构发展，使其在规模、服务范围等方面，呈现良好发展势头：精心打造芙蓉区社会福利院的金字招牌、以恒达社区老年食堂为代表的养老助餐模式运行良好。二是医养结合难题得到破解。将朝阳、东湖、湘湖三个街道综合养老服务中心作为“医养结合”示范点，打造为集日间照料、居家养老、小型医疗点等多功能为一体的养老机构，满足辖区居民多层次、多样化的健康养老服务需求。三是适老化改造迈出步伐。争取上级专款50万元用于全区115户困难老人家庭适老化改造，总计完成180户。四是智慧养老更趋完善。建设“安心养老信息平台”，链接全区居家养老服务中心，导入医疗、商品、养老机构等个性化服务内容，添加高龄津贴申报审核、“一键呼救”等人性化功能。

二、存在的问题

1．养老服务政策仍滞后于经济社会发展

由于老年群体收入普遍偏低，购买服务的能力相对不足，老年人基本保障水平仍有待提升；虽然老年日间照料中心数量有增长，但由于运行机制障碍导致作用发挥受限；信息平台的应用虽然在不断提升，但需增加更多人性化和适老化的元素，以实现老年人需求和养老服务资源的无缝对接。

2. 医养结合不足导致需求不能得到充分满足

绝大部分老年人都有慢性病，但只有部分老年人建立了社区健康档案，没有达到全覆盖，医养结合存在部分盲区；很多社区缺乏医疗健康服务人员，尤其是专业的全科医生和熟练的护理员，影响老年人的就医体验；基层医疗机构的服务相对单一，大多为老年人开展定期体检、举办健康讲座等常规服务，上门看病、康复护理、心理咨询、应急救助等专业性较强的服务无法普及。

3. 社区居家养老服务存在供需错位

老年群体作为异质性群体，存在多元化的养老服务需求。随着年龄增加，老年人对上门看病和助餐服务的需求不断增加，而对体育娱乐和学习活动方面的需求不断减少。但是，社区居家养老服务在供给数量、质量和结构上较为趋同，多以提供日常生活服务为主，缺少专业化的医疗保健和精神文化服务。

三、工作建议

1. 坚持以人民为中心的发展思想，提升养老服务的法治化水平

党的二十大报告指出：实施积极应对人口老龄化国家战略，发展养老事业和养老产业，优化孤寡老人服务，推动实现全体老年人享有基本养老服务。养老服务是关系到千家万户的民生大事和系统工程。民政部门要提高政治站位，深入学习贯彻党的二十大精神和习近平总书记关于加快老龄事业发展和养老服务体系建设的重要讲话精神，把贯彻《条例》作为落实党的二十大精神和习近平总书记重要讲话精神的具体行动和重要实践。

要从法律层面进一步规范政府、社会、市场等在居家养老服务方面的责任，聚焦贯彻落实，创新方式方法，广泛听取意见和建议，推进法规全面深入实施。加快建立以老年人需求为导向、政府为主导、家庭为基础、社区为依托、各种社会力量广泛参与的居家养老服务体系，加快补齐养老服务短板，以尊老、敬老、爱老、护老的情怀让每位老年人都能拥有有保障、有质量、有活力的幸福晚年。

区政府要进一步加强对居家养老服务工作的领导，尽早尽快建立部门联动机制和居家养老服务联席会议制度，统筹协调各级各部门及相关责任主体共同推进居家养老服务工作，同时还要完善与居家养老服务需求和经济发展相适应的经费保障制度。

2. 打造全方位的宣传网络，营造爱老敬老的良好社会氛围

老龄化加速到来是我们每个家庭最关心、最直接、最现实的问题。民政部门要充分认识新形势下养老的新特点，充分认识加强《条例》贯彻落实是政治责任、现实所需、民心所盼。要加大宣传力度，提高《条例》的知晓率，调动社会各方力量积极参与养老工作，营造全社会尊老、敬老、爱老、助老的良好风尚，努力构建老年友好型社会环境。进一步提升宣传的力度和深度，对居家养老服务工作成绩显著的单位和个人进行表彰奖励，组织开展养老护理员日活动，同时对严重违法失信的服务组织和从业人员实行信用约束、联合惩戒，不断巩固深化居家养老工作成果，为现代化新长沙建设标杆区交出养老服务新答卷。

3. 狠抓人才队伍建设，构建多层次健康完善的养老体系

要花大力气在高校和职业院校中培育专业化养老服务人才队伍，持续扩大高质量养老服务供给。鼓励专业社会工作者、社区工作者、养老服务机构中的护理人员发挥专业特长，为居家失能老年人提供上门护理服务，对其家庭成员进行护理指导。要突出重点研究梳理老年人的基本公共需求，用好“养老 +”思维，强化街道社区信息化平台建设，重点解决老年人用餐、医保报销等问题。培育专业服务团队，促进养老与医疗、养生、旅游、文化、娱乐等行业相结合，为老年人提供亲民、便捷、温馨、高效的服务体验。要优化运营模式，树立多元化运营理念，整合优势资源，孵化优质品牌，形成可持续、可复制的养老服务模式，构建全方位、多层次、优质化居家养老服务康养高地。

4. 拓宽养老资金筹措渠道，形成多元化多渠道投入的发展机制

要建立以社会筹集为主、政府补贴为辅的多层次、多途径、多渠道的投资发展模式。鼓励社会各界积极关注养老事业，鼓励社会团体、企事业单位和个人向社区养老服务机构捐资、捐物或提供无偿服务。社区居家养老服务机构可根据老年人的实际承受能力，形成不同档次的服务标准，实行有偿服务、低偿服务，既实现了政府购买服务，又满足了社区不同层次老年人的服务需求，同时也能吸引社会资金，拓宽建设渠道。

全面加强诉源治理工作
打造基层社会治理“芙蓉标杆”

杨　鲲

（2022 年 10 月）

根据《政协长沙市芙蓉区委员会2022年工作要点》，“全面加强诉源治理工作，推进芙蓉区基层社会治理现代化”调研协商是区政协今年的重点工作之一。今年5—8月，在区政协党组书记、主席喻志刚的亲自挂帅和指导下，区政协副主席谢志鹏带队，区政协社会法制和民族宗教委组成调研组，听取了区政法委、区法院、定王台街道以及区住建局、朝阳街道、区交警大队等单位诉源治理工作情况介绍，先后赴区司法局、区民政局、区人社局、区市场监管局、区卫健局、区金融事务中心、区教育局、区妇联、区工商联以及东屯渡街道、湘湖街道湘湖社区等地实地调研走访，并赴天心区、岳麓区、望城区以及长沙市中级人民法院等地和部门现场调研。现将有关情况报告如下：

一、我区诉源治理的基本情况

近年来，我区深入贯彻落实中央省市决策部署和习近平总书记重要讲话指示精神，坚持和发展新时代“枫桥经验”，构建“党委领导、法院主推、部门配合、全域支持”的诉源治理多元解纷工作格局和框架，不断深化矛盾纠纷多元化解机制改革和创新诉源治理工作，切实从提高基层治理体系和治理能力现代化的高度，主动作为，开拓创新，多措并举，诉源治理工作成效初显。芙蓉区法院 2022 年 1 月 1 日至 5 月 31 日一审新收民事案件 8556 件，比去年同期收案 9565 件，下降了 10.55%，是长沙市城区唯一一家收案数下降的基层法院。

（一）工作机制初步建立

区委政法委将诉源治理工作纳入平安综治考核，牵头出台《关于加强诉源治理、推进多元解纷、建设“平安芙蓉”的实施意见（试行）》，构建“党委领导、法院主推、部门配合、全域支持”的诉源治理多元解纷工作格局框架。区法院建立“法院业务部门副职 + 公益律师事务所 + 街道及下辖社区”诉源治理工作对接机制，多方引进社会力量，推动基层全覆盖。区住建局以物业行业“党建聚合力”工程为核心，出台《群众服务工作制度》，有效化解物业纠纷，年均处理各类物业矛盾纠纷 2000 ~ 3000 件。区行政执法局出台《执法程序规定》，严格规范公正文明执法。区市监局建立举全局之力“抓”诉源治理工作机制，主抓投诉、举报工作，该局 12345 市民政务热线占全区工单总量 40% 左右，居成员单位之首。

（二）工作措施务实有力

区司法局健全基层人民调解组织网络，排查化解矛盾纠纷，抓实三级公共法律服务实体平台建设，丰富优化公共法律服务内涵，抓好法治宣传教育服务。区行政执法局以办理投诉举报为切入口，通过查处行政违法，维护权益、排除妨害，预防和化解民事侵权纠纷。区人社局坚持以案促改，开展全流程调解和用工隐患排查活动，引导当事人“纠纷自处”，最大程度实现定分止争案结事了，帮助企业实现“经历一次仲裁、排查一批隐患”效果。区工商联设立“芙蓉区工商业联合会（商会）调解工作站”，通过诉源治理、关口前移、多元共治的方式化解商事纠纷。区金融事务中心加大金融知识宣传普及力度，增强公众对金融机构职能的熟悉度，提高普通民众自我甄别能力，避免上当受骗。朝阳街道司法所带领法务专班深入典型外租型小区和大型驻街单位设点开展法律政策普及、上门入户劝导、配合行政执法等工作，积极推动自建房集中安全整治工作，赢得群众广泛支持，受到市专项督察组充分肯定。区交警大队严格规范交通违法行为处罚申诉复核调解工作流程，引导群众平等自愿调处矛盾纠纷，防范产生交通领域行政诉讼和复议案件。

（三）工作联动配合有度

区司法局在交警大队设立驻点调解室，负责交通事故后续赔偿协调工作，2022年上半年成功调解交通矛盾纠纷248起，赔偿金额408万余元，并联合其他相关部门共同成立物业纠纷调解中心、婚姻家庭纠纷人民调解委员会、医疗纠纷人民调解委员会、校园纠纷人民调解委员会等区属行业性、专业性调解组织。区卫健局建立健全医疗纠纷调解工作平台，以卫健部门行政调解为主，与司法局人民调解相互衔接，2022年上半年共处理各类医疗投诉、医疗纠纷268例。区妇联牵头成立“婚姻家庭纠纷人民调解委员会”，建设街道婚调室和社区婚调站，三级协作全区覆盖，常态化开展平安家庭创建活动，积极组织法治宣传，主动排查矛盾纠纷，将婚姻家庭矛盾纠纷化解在基层、解决在萌芽。区工商联联合区检察院制定《关于加强协作服务非公有制经济发展的意见》，联合区法院出台《联席会议制度实施办法》，共同致力民营企业诉源治理，优化营商环境。区市监局加强与行政执法局沟通协作，通过“诉转案”查处“湖南交泰科技有限公司涉传案”等一批有影响力的案件。

（四）工作创新亮点纷呈

区教育局率先全省成立“校园纠纷调解中心”，以及“校园纠纷人民调解委员会”，2021年调处矛盾纠纷24件，调解成功率达87.5%，纠纷类型涉及劳动纠纷、劳务纠纷、意外伤害纠纷等，并提供法律咨询2000多人次，解答化解矛盾纠纷300余起。区市监局积极引导鼓励企业对接全国“12315”互联网ODR系统，消费者可以通过电脑、手机App、微信公众号、支付宝小程序等24小时登录ODR系统解决消费纠纷，从源头解决群众诉求。区行政执法局线上线下结合积极加强法治宣传教育，夯实基础寻求创新，出台《轻微违法行为免罚办法》及免罚清单并动态调整。朝阳街道创新组建“1+X”社会矛盾纠纷大调解体系，由派出所牵头，司法、公安、交警、信访、城管等调解资源紧密常态化联动，分门别类化解矛盾，围绕“平安不出事、服务不缺位、矛盾不上交”目标，推动形成“共建共治共享”社会治理新格局，受到各级好评和推介。湘湖社区坚持党建引领，成立长沙市首个法院驻社区“诉源治理工作站”，采取“三微治理”工作法，协力解决居民家门口“麻纱事”，着力创建“无诉社区”。区法院率先全市成立“法院律师调解工作室”，率先全省成立“诉源治理赋强公证工作室”和“驻银行诉源治理工作站”，全面推进诉源治理多元解纷工作。

（五）工作成效初步彰显

湘湖社区通过加强诉源治理工作，连续三年实现“零上访、零事故、零案发”目标。东屯渡街道秉承“小事不出社区，大事不出街道”原则，充分发扬“枫桥经验”开展诉源治理多元解纷工作，摸排化解各类矛盾纠纷60余起，妥善调解解决环卫工人夏迪华工伤纠纷、旺旺医院李某某非正常死亡等事件，避免诉讼发生，防止维稳态势升级。区司法局不断丰富优化公共法律服务内涵，精心开展法律援助服务，年均受理法律援助案件300余件，有效保障困难群众和特殊群众合法权益，被评为“全省法律援助案件质量评估优秀单位”。区民政局抓好离婚适度调解工作，通过“冷静期调处”促使离婚申请比前一年下降486对，促进婚姻家庭和谐稳定。区工商联联动政法相关单位，依法支持民营企业创新发展，优化服务法治化营商环境，历时两个月成功调解涉案金额近4000万元的三九楚云大厦租赁合同纠纷案，助力企业恢复正常经营，并步入发展快车道。区人社局仲裁委受理劳动争议案件按期结案率超过90%，调解率达到60%，没有发生劳动争议群体性事件，有效促进劳资关系和谐稳定。区行政执法局2021年通过一般程序查处行政违法案件3791件，简易程序查处行政违法案件28843件，仅产生行政争议38起、行政诉讼14起，行政争议产生率0.12%、行政诉讼发生率0.04%。

（六）工作经验逐步形成

区民政局调整离婚登记工作思路，主抓离婚适度调解，提炼出“耐心倾听、仔细询问、宣讲法律、以情动人”等“四步工作法”，有效缓解“冲动型离婚”。东屯渡街道司法所独创“四心工作法”，即“排查纠纷要细心、倾听诉求要耐心、调解纠纷要热心、事后处理要关心”，有效提高矛盾纠纷多元化解成功率。湘湖社区“通过微网格找准问题、通过微服务突出实效、通过微协同彰显合力”的“三微治理”工作法，得到各级领导高度肯定，被“学习强国学习平台”、《长沙晚报》、“湖南政法”、“长沙党建”等媒体宣传报道。朝阳街道探索出以驻派出所调解室牵头，邀请相关领域的专业人士一起参与调解的“1+X”共建共治共享矛盾纠纷化解模式，创新成立“老沈说事工作室”为辖区单位企业提供法律援助和帮助，激发群众积极性，增强社会认同感，减少矛盾冲突，增进邻里和谐，深受好评。

在长达两个多月的课题调研中，调研组在区政协党组的领导和区政协主席会议成员的指导、参与下，坚持边调研边思考边发现问题边解决问题的工作思路，积极宣传诉源治理工作方式，助力推动相关街道社区、职能部门创新性开展诉源治理工作。

在调研组的指导下，湘湖社区于7月29日揭牌成立长沙市第一家以“全国五一劳动奖章”获得者个人名义命名的“刘桂兰调解工作室”，成立之初即勇挑重担，着手对历时两年多的泰时花园小区物业纠纷开展实质性调解工作，目前进展顺利。区法院联合定王台街道司法所，发挥“法院部门副职＋公益律师事务所＋街道社区”诉源治理对接工作机制作用，成功调解辖区内一位年近八旬老人“沉淀”两年之久的交通事故损害赔偿纠纷，为诉前解纷提供了示范。区金融事务中心倾心服务优化营商环境推动区属非银行金融机构发展，积极与法院对接成立“非银行金融领域诉源治理工作站”，现场商量解决长银担保公司提出的诉讼管辖等问题。湘湖街道受调研组介绍的“1+X”社会矛盾纠纷大调解工作机制启发，在区卫健局、区民政局的共同协助下，联合相关区人大代表、政协委员，发挥各方调解力量的积极作用，成功化解辖区内某卫生服务中心的房屋租赁合同纠纷，消除了重大社会不稳定因素，为营造平安和谐社会环境，迎接党的二十大胜利召开作出了积极贡献。

二、存在的主要问题

调研发现，我区的诉源治理工作尚存在以下问题：

（一）主体责任有待压实。目前，我区各职能部门、行业组织等参与诉源治理的主动性、积极性还有所欠缺，落实行政主管领域矛盾纠纷化解责任的动力还不足，行政裁决、行政调解、行业调解存在程序空置、空转的情况。街道社区作为诉源治理工作的主力军，职能作用尚未得到充分发挥，而且区域发展不平衡，工作力度有差距，法院案件数量仍维持高位。

（二）工作合力有待提升。一是部门联动机制不畅。当前，我区诉源治理的各责任主体尚处于条块分割、多头管理的局面，缺乏常态的协调联席机制，存在统筹推进力量较弱、政策衔接不够紧密、协作联动不够经常、职责不清相互推诿等问题，行政裁决、行政复议等非诉讼纠纷解决机制与诉讼机制的衔接还不够顺畅。二是实体平台整合不足。虽然区法院以及各职能部门有不同的诉源治理平台，但各平台相互独立，没有将各个职能部门与社会力量调解资源有机、高效整合在一起，还缺乏综合性的、能提供一站式服务的矛盾调处场所。三是社会力量参与不够。个人调解工作室建设不足，社会影响力不够。调解类的社会组织发展不足，培育扶持、保障引导体系不健全。专业性、市场化的第三方可替代性纠纷化解组织，如律师调解等积极性不高、发展缓慢。行业调解组织发展参差不齐，物业、知识产权、商事等行业调解组织建设相对较弱。四是信息共享壁垒森严。全区没有建立纠纷调处、化解信息互联互通机制，各职能部门相互之间“各自为政”“单兵作战”，存在“信息孤岛”现象，平台整合贯通难度大，协同应用效果不佳。

（三）工作保障有待加强。一是缺乏充足经费保障。我区关于诉源治理专项经费列入财政预算的实际拨付款项，尚没有达到长沙市平安建设（综治工作）考评细则的具体考核标准，区法院以及相关职能部门、群团组织缺乏专项调解经费，只能从公有经费中挤出数额不多的费用用于补贴奖励调解员，不能满足工作需要，无法形成有效的激励导向，造成调解员队伍不稳定，后续工作推动乏力。二是调解队伍力量不强。社会调解体系的律师、行业、商事等调解组织，发展速度相对缓慢。行业性、专业性调解组织数量较少，且行业协会、商会的专业调解人员比例偏低，难以适应新形势、新任务的发展需要。基层人民调解员相对不足，与矛盾纠纷调处化解任务不相匹配，具有法律专业知识的专职调解人员偏少，法律素养和专业知识有待加强。调解员选拔、培训、保障、激励机制不够完善，调解员队伍存在综合素质不高、能力参差不齐、积极性不足、流动性大等问题。三是宣传工作不够有力。相关部门对诉源治理工作的功能、程序和优点宣传不到位，社会公众对诉源治理的知晓度不高、认可度不足，“有纠纷找法院”仍是惯性思维。

三、相关建议

2021年，芙蓉区第六次党代会提出“十四五”期间要“奋力打造现代化新长沙建设标杆区”。在我区全面加强诉源治理工作，既是深入贯彻落实习近平总书记提出的“坚持把非诉讼纠纷解决机制挺在前面”重要指示精神的应有之义，也是贯彻湖南省第十二次党代会关于“健全社会矛盾纠纷多元预防调处化解机制”决策部署要求的实干之举，更是提升基层社会治理现代化的重要举措和抓手。建议打造基层社会治理“芙蓉标杆”，全面加强诉源治理工作，为我区实现社会治理现代化开辟新路径铸就新品牌构建新格局。

（一）凝心聚力，推进社会治理共同体建设

1. 成立工作小组。建议区委、政府成立诉源治理工作专项小组，下设办公室。诉源治理工作专项小组要坚持党委领导、人大监督、政府负责、部门联动、社会协同、公众参与、法治保障、科技支撑的工作格局，由区委、政府主要领导担任组长、副组长，区委政法委、区公安分局、区检察院、区法院、区司法局、区财政局、区住建局、区信访局、区人社局、区民政局、区市场监管局、区自然资源和规划分局、区农业农村局、区卫健局、区总工会、团区委、区妇联、区工商联、区金融事务中心等部门分管领导为专项小组成员，统一思想认识、加强统筹协调、凝聚广泛合力。

2. 明确工作目标。诉源治理工作专项小组办公室要牵头完善非诉讼纠纷解决机制建设，统筹政府职能部门、公检法机关、行业协会、调解组织、街道司法所等共同推进，建立健全大数据信息化平台和常态化联席会议机制，开展矛盾纠纷排查、预警、预判、会商、通报等全流程处理，打造“基层社会治理共同体”。

3. 深化法院作用。区法院要发挥专业优势和审判职能，通过在街道、社区以及商业楼宇、行业协会等广泛建立诉源治理服务站，常态化开展调解指导、纠纷分流、联合化解、便民诉讼等工作；要建立典型案例发布机制，定期向社会发布典型案例，明确类型化纠纷裁判标准，提高群众对纠纷化解及裁判结果的预判能力；要进一步优化司法确认程序，推进在线调解与在线司法确认顺畅衔接，依法支持和保护非诉调解成果；要健全司法建议提出机制，围绕民间借贷、离婚、买卖合同、金融借款合同、机动车交通事故责任等易发多发纠纷，就办案中发现的管理漏洞等有针对性地提出司法建议，促进堵塞漏洞、改进工作，指导基层诉源治理。

4. 加强考核监督。将诉源治理工作全面纳入年度工作考核，进一步优化考核指标、考核方式，将街道社区和行政机关、主管部门等全部纳入考核范围，对各自负责的诉源治理工作分别进行考核，最后由区绩效办进行汇总折算，提高考核的科学性、全面性，充分发挥考核的“指挥棒”作用。建议由区委政法委牵头，定期开展诉源治理工作督促检查，每月通报各街道各部门工作情况，及时总结经验，解决存在的困难和问题。区人大、政协通过组织开展视察、调研等活动，适时开展监督。

（二）守正创新，打造基层社会治理“芙蓉标杆”

1. 创新阵地，设立社会治理中心。根据今年 8 月 31 日长沙市人大常委会审议通过的《长沙市人民代表大会常务委员会关于加强诉源治理 进一步推动矛盾纠纷源头化解的决议》，各区（县市）和乡镇街道两级均要求建立“一站式”社会矛盾纠纷调处化解中心。建议我区抢抓机遇，在该决议的基础上，科学论证，适当超前，一步到位，创新性地整合所有诉源治理工作平台，参照“枫桥经验”发源地浙江诸暨等地的先进做法，成立芙蓉区社会治理中心，打造社会治理阵地建设的“芙蓉标杆”。

一要准确定位。将区社会治理中心定性为区属参公或事业单位，根据工作需要，科学设定编制，办公场所设置在区政务服务大厅或区公共法律服务中心，设立多功能调解室和接待室，设置仲裁庭等专业场所。二要整合平台。区社会治理中心要全面整合区综治中心、人民来访接待中心、诉讼服务中心、公共法律服务中心、行政争议调解中心、检察服务中心、社会治理综合指挥中心、“12345”投诉举报平台等工作平台。三要汇聚力量。区社会治理中心要由区法院、区司法局、区公安分局、区卫健局、区人社局劳动争议仲裁委员会、区民政局、区工商联、区信访局等派驻人员成建制入驻，吸引行业性专业性调委会、法律咨询、心理服务、仲裁、公证等社会力量进驻，引进行业调解工作室、律师调解工作室、个人调解工作室等进入，提供接访、调解、公证、仲裁、复议、裁决、诉讼和公共法律服务等。四要厘清职责。区社会治理中心要为全区群众提供全覆盖、全领域、全过程的一站式服务，实现分类处理信访诉求，将“专科受理”转变为“全科受理”，将“单部门办理”转变为“多部门协同办理”，集中一个窗口无差别受理各类矛盾纠纷、信访诉求和投诉事项，把多元化解贯穿处理群众诉求的始终，让基层矛盾集中化解，避免群众多跑路。

同时，在 13 个街道同步成立“矛调中心”，在街道政务服务大厅设置窗口，整合资源，在街道和社区有序全面铺开诉源治理工作。

2. 创新机制，推进行政调解前置。根据 2021 年 8 月 31 日颁布实施的《长沙市行政调解办法》规定，全市各级行政机关以及法律、法规、规章授权的具有管理公共事务职能的组织，均应开展行政调解，特别是“公安、人力资源和社会保障、自然资源、生态环境、住房和城乡建设、交通运输、卫生健康、市场监管、知识产权等行政调解任务较重的部门应当成立行政调解委员会，具体负责本机关的行政调解工作，配备专职或者兼职调解人员，并设立行政调解室、接待室，保障行政调解工作正常开展。”因此，建议我区加快构建行政调解前置非诉讼纠纷解决工作机制，调动行政机关、社会组织的非诉讼纠纷化解的积极性和主观能动性，推动矛盾纠纷源头化解，打造社会治理工作机制建设的“芙蓉标杆”。

建议由区社会治理中心集中受理基层矛盾纠纷，负责统筹行政调解，并考核。一是前置行政调解。将部分与行政机关职能职责紧密相关的民事纠纷，交由相应的行政机关先行开展行政调解。尤其是涉及烂尾楼、格子房等社会关切多、维稳压力大、社会影响广的民生类纠纷案件，相关行政机关要先行介入，及时调处。二是畅通部门衔接。对于经调解达成民事调解协议的，由行政机关及时移交区法院，申请司法确认，赋予调解协议以强制执行力，便于当事人向法院申请强制执行。对于经调解未达成民事调解协议的，由主持调解的行政机关出具行政调解终结书，载明相关案件事实，由当事人持行政调解终结书向区法院提起民事诉讼。三是加大考核力度。将负有行政调解职能职责的行政机关或部门履行行政调解义务的情况纳入绩效考核，考核其调解成功率，根据考核结果予以奖惩。

3. 创新方式，升华基层“党建引领”。“芙蓉夜话”是我区以“党建聚合力”工程为统揽搭建的基层治理平台，通过基层党组织邀请辖区单位、政府部门、社区党员、群众等一起，商量解决居民的“急难愁盼”问题，将民意收集在基层，问题解决在一线，有效地激发了基层共建共治共享活力，是源头化解矛盾纠纷的不二法宝，更是新时代“枫桥经验”在我区的生动实践。建议进一步总结提炼“芙蓉夜话”模式，扩大参加范围和参与度，提升“夜话”内涵，丰富解纷方式和手段，加强宣传推介，将其打造为基层共建共治的“芙蓉标杆”。

4. 创新司法，建好定王台法庭。定王台人民法庭是经省编办批准成立的调立审执一体化的金融法庭，专门负责审执我区金融案件，包括所有涉及金融领域（当事人主体包括银行以及非银行金融机构）的民事、执行、刑事案件。建议尽快高标准、高质量、高规格建好定王台法庭，打造金融司法审判的“芙蓉标杆”。一要高标准完成硬件设施。按照高效、安全、科技、合理、前瞻的原则，做好法庭的场所布局，尽快完成各类审判、办公场所建设。二要高素质配齐审执团队。要配齐配强审判、执行法官，理顺各类关系，加强司法保障，探索行业类纠纷案件诉源治理新举措。三要高水平采用信息技术。要引进区块链技术，利用区块链技术分布式存储保存、利用司法电子证据生成、存储、传输、提取全链路可信方式，便利当事人诉讼的同时，有效提升审执效率。四要高质量提供司法服务。要学习借鉴其他地区先进金融法庭的成熟经验，总结吸收各方建议，积极探索、创新制度、打造亮点，深化金融案件诉源治理，集中发挥“线上审理、诉源治理、辅助审执”等功能，以满足我区金融机构和人民群众的司法需求，为我区金融业稳步快速发展提供优质的司法服务和有力的司法保障。

（三）多措并举，强化基层社会治理保障体系

1. 加强经费保障。加强对诉源治理工作所需经费的支持和保障，出台“诉源治理专项经费”财政保障机制类文件，将“诉源治理专项经费”调剂纳入年度经费预算范围，积极推行“以奖代补”、政府购买服务、政

2022 年 11 月 3 日晚，“基层吹哨、委员报到”暨“芙蓉夜话·政协篇”主题活动在湘湖街道湘湖社区举行。现场围绕湘湖社区南湖菜市场脏乱差、交通堵等群众关注的热点问题，共同商议、协商解决　（区政协办　供图）

府雇员等方式，建立经费保障标准动态增长机制。鼓励各行政机关和人民团体通过购买服务等方式，将诉源治理工作委托社会力量办理，所需社会服务纳入政府购买服务指导性目录。探索建立相关调解基金会，鼓励社会各界为公益性调解组织提供捐赠、资助。积极推进劳动争议、商会贸易、民间金融、物业纠纷等涉及民生保障领域的行业性、专业性人民调解组织建设，由行业主管部门将行业调解组织工作经费纳入本部门预算。

2. 加强队伍建设。加强人民调解员队伍建设，采取多种方式选聘退休公职人员特别是公法检司退休人员、“五老”人员等进入专职调解员队伍，探索通过“以奖代补”“按件计奖”等方式扩大调解工作奖补范围和额度，充分调动调解力量的工作积极性。分级分类加强对调解队伍的教育培训，不断提高调解工作人员的理论水平和调解技巧，推进个人调解工作室建设，选树一批调解专家、调解能手和首席调解员，发挥调解能手的引领示范作用，全力提升工作实效。探索建立调解员等级评定制度，试行调解职业水平评价体系。

3. 加强科技赋能。加快数字政府建设，推动相关信息基础设施共建共享、互联互通、开放兼容，实现技术融合、业务融合、数据融合。充分运用大数据、人工智能、区块链等信息化手段，加强在线平台建设，推广微信小程序和 APP 应用，全面打通数据壁垒，实现业务协同，加快推动人民法院调解平台“进乡村、进社区、进网格”，实现矛盾纠纷在线咨询、在线评估、在线分流、在线调解、在线确认，自动分级分类、交办流转、监督考核，形成线上管理闭环，实现矛盾纠纷“一网通调”。用足用好最高人民法院总对总在线诉调对接调解资源库，积极引导调解组织和调解员开展在线调解工作。依托大数据平台，建立民事、行政案件万人成讼率通报机制，每月或每季度定期发布全区各街道和社区的民事、行政案件万人成讼率情况，推进无讼社区创建；充分运用司法大数据技术，对纠纷易发多发领域等进行分析研判，为街道社区提供参考，指导基层开展诉源治理。

4. 加强宣传引导。制定诉源治理专项宣传工作方案，定期编制和公开发布服务目录。各职能部门以及街道社区、法院、检察院等应做好全方位、立体式宣传推广，依托广播、电视、网站等传统媒体，利用微博、微信、抖音等新兴媒体，在商业楼栋、居民小区、大街小巷等场所，广泛宣传诉源治理的优势特点、工作流程和典型案例，转变公众固有观念，提升公众知晓度和信任度，使诉源治理理念入脑入心。区法院、司法局认真做好纠纷当事人的解释疏导工作，引导当事人做好诉讼风险评估，告知诉源治理的程序、效率、利弊和成本，使调解成为化解矛盾的首选方式。

（执笔人系芙蓉区政协委员，民盟长沙市参政议政（宣传）处处长。本文获 2022 年湖南省政协系统调研报告二等奖）

“微”“云”现民主

冯 春

（2022 年 10 月）

一、“云”的诞生

一朵云打破藩篱，一朵云连通世界。在这个“互联网 + 大数据”浪潮云涌的创造性时代，2016 年 4 月省政协正式启动政协云建设，次年 1 月政协云成功上线运行。政协云诞生了、微建议也有了依托基地，同时“云宝宝”让政协委员们即将迈入履职“掌上时代”，成为湖湘大地一抹亮丽的云彩。

基于“云技术”开发而成的政协委员全天候履职应用系统平台，政协云全方位覆盖的履职流程、全环节管理的履职链条、全天候参与的履职载体，打造“不落幕的政协会议”平台，其涵盖了委员履职服务、提案办理、社情民意、多方互动、学习培训、重点专项工作、远程协商、大厅展示、综合服务助手客户端、政协门户网站、互联展示数据接口等12个管理系统。系统通过网站、手机App、微信等载体，运用图、文、影、音多种展现方式，融合线上线下，使委员能随时随地提出微提案、微建议，开展微协商，实施微监督。使政协履职活动聚焦党委、政府中心工作，打通联系委员群众“最后一公里”，建立起党委政府、政协组织、政协委员、社会公众之间“纵向到底、横向到边、上下联动、多方互动”的履职大格局。

毋庸讳言，一段时间以来，受传统履职理念与方式的制约，社会上甚至包括一些政协委员在内，都存在对政协履职的片面理解，甚至错误地认为，政协工作形式意义大于实际意义，不过是“台上官讲话，讲官话；台下排排座，齐齐举”。新时代呼唤人民政协要有新担当，政协委员要有新作为。敢为人先的湖南人，决不应该身子迈进了新时代，脑子还停留在过去式。湖南“政协云”，坚持“以委员为中心、以履职为引领”，“打造不落幕的政协全会”，实现了政协履职流程的全方位覆盖、履职链条的全环节管理、履职主体的全天候参与。通过“政协云”，政协委员不管何时何地，只要一机在手，就可以随时随地报名参与政协的调研、会议活动，提出微提案、微建议、微社情民意信息，和其他委员、网民实时交流互动；通过“政协云”，政协组织可以对云上大数据进行分析运用，提炼调研协商监督课题，使履职更精准更科学，亦可对委员履职进行客观统计与量化考核，使委员履职更富责任；通过“政协云”，扩大了作为兼职的委员参与政协工作的广度和深度，破解了政协全会闭会期间委员履职难题，极大地激发了委员履职的积极性、主动性、创造性，有度有效有绩地引导人民群众有序政治参与。“政协云”“微建议”板块开通以来，省市县三级政协委员提出的微建议数以千计，都涉及群众切身利益的和社会治理的痛点难点问题。委员们实时关注，三级政协跟进助推，促进相关问题得到解决；政协委员“重民生，察民情，讲民话，诉民愿，解民惑”与政府部门“帮民困，解民忧”更好对接，深得民心。政协委员的履职更加务实，改变了“年委员、季常委、月主席”的尴尬状况，做实、做活、做新政协工作真正落了地。近两年来，省政协依托政协云以建好为基础、用好为目标，实行网络议政、远程协商甚至网络直播成为常态，不仅全省各级委员共同参与观看、提交实时评论，还得到社会各界群众的关注，广泛凝聚了共识、汇聚了力量，在与互联网的深度融合中，政协履职的现代化水平不断提升。

打通“最后一公里”，建立履职大格局，是湖南省政协上下的共识。从2017年2月起，省政协各专委会围绕重点调研课题和近期社会热点，通过政协云“热点关注”栏目，发起了“我眼中的老建筑”“优化非公经济发展法治环境”“政协想听您说”“中央环保督察组长想听您说”等话题讨论，引起社会公众的热烈讨论和转发。

湖南省衡山县政协成立了衡山县政协委员助学公益联盟，专门帮助全县的困难学子实现“上大学”的梦想。17岁的衡山县困难学生聂娟通过“政协云”在学校发布的公告中知道了相关资助信息，主动和衡山县政协联系申请助学金。公益联盟理事会进行实地走访，详细了解聂娟家的经济状况和学习情况。高考后，聂娟被中央财经大学录取，她收到了来自公益联盟发放的一笔助学金，让她顺利圆了大学梦。

衡山县政协委员助学公益联盟第二届理事会理事长唐超说，借助“政协云”平台，助学公益联盟增加了信息发布渠道，提高了信息覆盖面。“‘政协云’完善了学生的申请信息，提高资助的精准度。同时，这些学生的资助数据都能通过‘政协云’后台入库，建立了完整工作链。”

目前，联盟已资助了全县777名家庭困难的学子，形成广泛社会影响。

“政协云”在社会治理“难点”与民生领域“痛点”之间架通了新桥梁。习近平总书记指出：“群众拥护不拥护是我们检验工作的重要标准。党中央制定的政策好不好，要看乡亲们是哭还是笑。要是笑，就说明政策好。要是有人哭，我们就要注意，需要改正的就要改正，需要完善的就要完善。”政协作为国家治理体系的重要组成部分，在促进社会治理、增进社会和谐方面有其自身的优势。政协就是让人说话的地方，“政协云”也是一种体制内的、安全可控的民意表达平台。通过开展网络议政、远程协商，设置热点话题讨论，以及委员微建议、网上值班等途径，把广大网民吸引过来，引导其理性有序发表意见主张、反映困难诉求，政协再组织线下开展微协商、微监督，对接党委政府微建设、微服务，吸纳网民合理诉求，帮助解决其忧心事、烦心事。一方面，体现了“协商于民、协商为民”的精神，促进了党委政府科学民主决策；另一方面，也客观上发挥了社会“减压阀”的作用，推动了党委政府政策导向与社会公众民心愿向相趋相同，凝聚了共识，争取了人心，弥合了不同阶层之间的分歧，社会空间和网络空间由此更加清朗。正所谓，民意如水，“政协云”如渠，有渠水则通，通则不堵，不堵则不积、不滞、不痛，政通人和更是可期可待、可圈可赞。

二、“微”的践行

2017年12月6日，省政协召开长沙市城市管理主题微建议协商会，全程通过政协云App进行图文直播，开创了用微协商办理微建议的先河。

“微建议功能让人民群众感受到政协离他们很近，委员就在他们身边。”省政协委员胡颖对此感受颇深。

2018年6月，胡颖到长沙火车站售票窗口改签，发现改签窗口少、排队时间长，马上拍下照片提交微建议。在省交通厅的协调下，长沙火车站调整窗口功能设置，增加售、退、改窗口，明显减少了旅客排队时间。

截至今年7月21日，全省三级政协委员共提交了5.4万多条微建议，已办结回复4.1万多条，解决了一大批群众的操心事、烦心事、揪心事。

每一个带着温度、饱含深情的“小”事背后，都是政协委员们把“小”事办到群众心坎上浓浓的为民情怀。

正值暑假，湖南图书馆少儿图书室人流量逐渐增大。长沙市雨花区政协委员郝庆峰走访时发现，这里桌椅较少，室内灯光偏暗，图书更新也比较少。因此，他在政协云提交了一条微建议，该微建议通过政协云后台智能推送给了省政协委员、湖南图书馆副馆长邹序明，邹序明随即主动领办了微建议，并将相关情况第一时间反馈至湖南图书馆党委班子，问题很快得到解决。

“这里环境变好了，人也变多了。安排了多一些的椅子和桌子，比之前更亮堂，看书看久了不伤眼睛。”常来图书馆的小读者周钊宇说。

湖南图书馆内摆放整齐的桌椅和明亮的灯光，为孩子们的暑假增添了更大的快乐。

如今，湖南图书馆内摆放整齐的桌椅和明亮的灯光，为孩子们的暑假增添了更大的快乐。

“微建议与老百姓生活息息相关。委员既要有大视野、大格局，同时也应该看到老百姓生活中不方便的地方，把这些问题解决好，积微成著，老百姓也会提升对我们政府，对我们社会各项事业的满意度。”邹序明说。

而这，正是湖南省政协以“微建议”撬动大民生的一个缩影。

一桩桩“微民意”的互动，一件件“微困难”的处理，一个个“微需求”的实现，服务的是人民群众对美好生活的向往，更是全省各级政协委员履职尽责、用心用情联系服务群众的生动实践。

三、民主政协为人民

塔山瑶族乡，衡阳常宁市最偏远的一个乡镇，因为地处偏远，通信设施建设滞后，使得村民们的生活不便。2021年8月，衡阳市政协副主席陈淼通过微建议反映了当地网络通信不畅问题。随后，这条微建议被省政协副主席李民领办，省、市、县三级政协积极联动，与当地党委政府和三大运营商就解决塔山瑶族乡行政村及景区信号弱问题协商交流，并制定解决方案。“我们新建10千伏电缆线路到山上，将近5公里，总投资近300万元。施工完成后可以解决塔山瑶族乡1.2万人通信网络不畅的问题，提供优质的电能。”国网常宁公司副总经理吴美林介绍。未来，塔山瑶族乡将可以信号互通共享，瑶胞不仅可感受便利的网络生活，也将迎来更多四方游客。“山里了解不到的，我们能通过网络了解。”对于瑶族乡的改变，村民们纷纷点赞。“三级政协办理微建议，助力了瑶乡的乡村振兴、产业的发展，也提升了我们瑶胞的幸福指数。”常宁市政协主席王一花说。从塔山瑶族乡的变化中可以看出，微建议的出现，已成为了百姓与政协委员之间的一个桥梁，百姓可以通过政协委员寻求帮助，委员也能通过百姓的需求了解民生所需，激发委员履职积极性。目前，微建议工作已成为省、市、县三级政协践行全过程人民民主的重要探索，深入参与社会治理的重要途径，充分发挥专门协商机构作用的重要举措，推动政协委员更好联系和服务所在界别群众的重要方式。

四、5年生动实践　彰显时代价值

从家门口的期待，到事关群众幸福指数的急难愁盼，这些变化背后，都凝聚着政协委员微建议的大能量。

长沙地铁站出入口设置了港湾式即停即走停靠点；岳麓书院北侧陡坡设置护栏；在高铁站设置免费检测点；在公交站台配置垃圾桶，推动垃圾收集设施统一安装到位……从家门口的期待，到事关群众幸福指数的急难愁盼，这些看得见、感受得到的变化背后，都凝聚着政协委员微建议的大能量。随时拍、随时写、随时提建议，与传统建议提案相比，微建议具有“新、小、实、活、快”等优势，与民生贴合更加紧密，是政协提案和收集社情民意信息的有效补充。为进一步提升微建议的领办效率和便民惠民实效，近年来，湖南省政协针对微建议领办推出一项创新举措“智慧推荐”。省政协依托近年来委员应用政协云产生的数据资源，“智慧推荐”对委员的专业特长以及近年来的履职兴趣数据进行个性化分析，精选部分微建议、网友留言、评论等，通过政协云定向推荐给部分委员，为委员提供及时、精准的“我为群众办实事”的领办线索，从微建议“委员主动领办”，升级到“个性化分析 + 定向推送 + 主动领办”。

五、行之力则知愈进，知之深则行愈达

通过五年多的不断探索实践，政协云微建议办理效率不断提升，可由相关委员领办，也可三级政协联动协办，或转交“12345”服务热线、党委政府信箱办理，实现微建议、微协商、微监督“三微”联动，对接党委、政府微建设、微服务，助力解决群众“急难愁盼”。“5年多来，通过微建议，让群众既对人民政协这一制度安排有了更多的了解，也对政协组织和委员有了更多期盼，同时极大提升了委员的责任感、荣誉感、获得感。”省政协研究室副主任刘志峰说。群众无小事，枝叶总关情。微建议工作激发了委员履职热情，聚合了委员力量，彰显了委员的责任与担当，到如今已成为广受好评的政协履职品牌，让老百姓真正感受到委员就在身边、政协离自己很近，树立政协务实亲民新形象。

湖南省政协依托“政协云”，有效整合政协传统媒体资源，加强与国家、省内主流传统媒体和新媒体的深度合作，形成了“网、报、端、微、视、屏”六位一体的全媒体宣传矩阵，通过实时网络直播政协重大履职活动，即时精准推送政协资讯，深度报道政协组织和政协委员的履职成果，使政协好声音传播范围更广、速度更快，让人民群众更深入地认识政协、认可政协、信赖政协，扩大了政协组织的社会影响力，提升了社会认知度和美誉度。比如，“政协云”重点打造的“云宝早自习”栏目，总点击量超过 300 万人次，日均收听人次在 2 万以上，更好地传播了政协声音，展示了政协形象，传递了政协正能量。很多群众都说，政协变“潮”了、变“实”了、变“亲”了，政协和群众的距离更近了。

湖南“政协云”，应时代发展潮流而生，为政协履职方式带来的深刻变革，在实践中丰富完善，也必将在社会的发展进步中不断焕发出新的生机与活力。

对此，我们既满怀期待，也充满信心。

结论

本文通过对政协云、微建议与履职深度融合的实例，展现了在快速发展的云技术背景下，人民民意和民主得到了很大的实践：

1. 搭载云技术，内外环境的相互协调和结合自身的履职特点，选择了更合适的履职方式，利国利民。

2. 丰富履职多样性，提高职能反馈信息化水平，深化政协履职，最终为人民实现民主提供更好的服务平台。

（执笔人系芙蓉区政协委员，湖南轩宇医疗科技有限公司董事长。该文获得 2022 年湖南省政协系统优秀调研报告二等奖）

统计资料

编辑　　苏　洁

统计表格

·表 48·　2022 年芙蓉区国民经济及社会发展主要指标统计表

指标名称	单位	2022 年	2022 年比 2021 年增长（%）
一、地区生产总值	亿元	1327.16	4.1
其中：第一产业	亿元	0.003	-50.2
第二产业	亿元	170.12	5.8
第三产业	亿元	1157.04	3.8
二、年末常住人口数	万人	65.11	0.96
三、规模以上工业总产值	亿元	59.3	9.4
四、社会消费品零售总额	亿元	669.9	1.7
五、全社会固定资产投资	亿元	415.2	9.3
六、城镇居民人均可支配收入	元	69574	4.9
七、地方一般公共预算收入	亿元	38.33	3.8
八、实际到位省外境内资金	亿元	264.5	10.14
九、实际利用外资	亿美元	1.02	-63.65
十、小学生入学率	%	100	—

说明：部分 2022 年的统计数据已根据相应统计制度变化后的要求相衔接

·表 49·　2021 年、2022 年芙蓉区地区生产总值统计表

单位：万元

指标名称	按现行价计算		按可比价计算		按可比价计算增幅（%）
	2022 年	2021 年	2022 年	2021 年	
地区生产总值	13271629	12682390	13111069	12598537	4.1
第一产业	30	60	26	53	-50.2
第二产业	1701230	1583315	1574458	1488110	5.8
工业	531710	502428	493455	474986	3.9

·续表 49·

指标名称	按现行价计算		按可比价计算		按可比价计算增幅（%）
	2022 年	2021 年	2022 年	2021 年	
建筑业	1169520	1080887	1081003	1013124	6.7
第三产业	11570369	11099015	11536584	11110374	3.8
批发和零售业	2122387	2041526	1999956	1982253	0.9
批发业	831343	800138	774610	765425	1.2
零售业	1291044	1241388	1225346	1216828	0.7
交通运输、仓储和邮政业	540291	518852	535982	523290	2.4
住宿和餐饮业	402631	396177	422230	406715	3.8
住宿业	120958	120837	128025	117995	8.5
餐饮业	281673	275340	294206	288720	1.9
金融业	3092864	2837043	2936806	2744943	7.0
房地产业	962248	1103645	968642	1124558	–13.9
其他服务业	4449933	4201755	4672953	4328598	8.0
营利性服务业	2733161	2562273	2922013	2701494	8.2
非营利性服务业	1716772	1639481	1750940	1627104	7.6

·表 50· **2022 年芙蓉区全社会固定资产投资统计表**

指标名称	单位	2022 年	2022 年比 2021 年增长（%）
一、固定资产投资	亿元	415.2	9.3
其中：固定资产投资（5000 万元以上项目）	亿元	267.7	37.2
固定资产投资（5000 万元以下项目）	亿元	26.3	–42.2
房地产投资	亿元	121.2	–13.5
其中：工业技术改造投资	亿元	4.4	–58.4
产业投资	亿元	166.1	0.3
二、商品房销售面积	万平方米	49.41	–48.4

·表51· 2022年芙蓉区固定资产投资基本情况统计表

指标名称	计算单位	2022年
一、施工项目个数	个	305
其中：基本建设	个	263
房地产开发	个	42
二、竣工项目个数	个	203
其中：基本建设	个	187
房地产开发	个	13
三、全部房屋施工面积	万平方米	50.22
四、全部房屋竣工面积	万平方米	30.96

·表52· 2022年芙蓉区建筑业基本情况统计表

指标名称	计算单位	2022年
一、资质建筑企业个数	个	178
二、资质建筑企业计算劳动生产率平均人数	人	111152
三、资质建筑业总产值	万元	3924000
四、全部建筑企业增加值	万元	1169520
五、资质建筑企业利润	万元	52633
六、资质建筑企业本年施工面积	万平方米	1202.05
七、资质建筑企业本年竣工面积	万平方米	247.43

说明：该表数据为总承包和专业承包企业数据，不包括劳务分包企业数据

（本栏资料来源：区统计局）

附　录

编辑　苏　洁　谭丽霞

组织机构及负责人

中共长沙市芙蓉区委员会

党委书记 周春晖
副书记 崔 晓（女）
蒋红波（2022年1月免）
何溪桥（女，2022年6月任）
常 委 周春晖
崔 晓（女）
蒋红波（2022年1月免）
何溪桥（女）
彭保刚
刘洪波
杨光华
刘 宪
李学军
陈亚静
王黔军
刘克刚（2022年7月任）

区委部门

区委办
主 任 陈亚静
常务副主任 何益波
副 主 任 李 菁（女）
刘 婷（女，2022年8月任）
李思一（2022年7月任）
尹 程（兼）
派驻纪检组组长 刘 佩（女）

区委组织部
部 长 何溪桥（女，2022年6月免）
刘克刚（2022年7月任）
常务副部长 赵紫红
副 部 长 杨幸子（女）
甘丽丹（女）
肖 利（女，兼）

区委宣传部
部 长 杨光华
常务副部长 易利平（女）
副 部 长 刘 彦（女）
寻红日

区委统一战线工作部
部 长 蒋红波（2022年1月免）
何溪桥（女，2022年7月任）
常务副部长 邓春兰（女）
副 部 长 陈高峰（2022年6月免）
刘 瑜（女）
黄俊杰（2022年7月任）

区委政法委员会
书 记 李学军
常务副书记 李 清（2022年4月免）
刘汉祥（2022年6月任，2022年12月免）
副 书 记 刘汉祥（2022年6月免）
刘 强
政工室主任 陈 瑞（女，2022年6月免）
王 晶（女，2022年7月任）
委 员 范建华
派驻纪检组组长 陈 辉

区委网络安全和信息化委员会办公室
主 任 李向华
副主任 周 旻（女）
吴建兵

区委机构编制委员会办公室
主 任 焦 英（女）
副主任 刘 婷（女，2022年8月免）
李 理（女）

区委巡察工作领导小组办公室
主 任 唐宇平
副 主 任 诸怡君（女）
廖耀辉

巡察一组组　长　陈　新
巡察一组副组长　张　彤
巡察二组组　长　朱卫东
巡察二组副组长　刘　岳（女，2022年7月免）

区委直属事业单位

区委党校

校　　长　蒋红波（2022年1月免）
　　　　　何溪桥（女，2022年7月任）
常务副校长　贾　茜（女）
副　校　长　吴彩炼（女）
　　　　　肖泽圣

区接待服务中心

主　　任　周裕熊
副　主　任　肖　薇（女）
　　　　　曾　佳（女）

区委其他事业单位

区档案馆

馆　　长　陈洪林
副　馆　长　熊　敏（女）
　　　　　欧阳静（女，2022年4月任）

长沙市芙蓉区人民代表大会常务委员会

党组书记、主任　伍艳飞（女）
副　　主　　任　刘文立
　　　　　　　刘孟乾
　　　　　　　李明权
　　　　　　　唐益人
　　　　　　　张　璎（女）
委员（按姓氏笔画排列）
　　　　　　　王　瑛（女）
　　　　　　　孔　飙（2022年8月辞）
　　　　　　　石屹松
　　　　　　　田　冲（2022年10月辞）
　　　　　　　危　勇（女）
　　　　　　　刘　妍（女）
　　　　　　　刘顺泉
　　　　　　　刘峻峰（2022年10月辞）
　　　　　　　李　胜
　　　　　　　陈明智
　　　　　　　周　文
　　　　　　　周　炫
　　　　　　　赵紫红
　　　　　　　胡云飞
　　　　　　　柳沣原
　　　　　　　钟海荣（女）
　　　　　　　段向阳
　　　　　　　侯　建
　　　　　　　贺　芳（女）
　　　　　　　袁　强
　　　　　　　黄　萍（女）
　　　　　　　黄汉军
　　　　　　　彭　坚
　　　　　　　舒靖弘
　　　　　　　鲁海洋
　　　　　　　廖　斌
　　　　　　　谭司苡

区人大常委会工作机构

办公室

主　　任　段向阳
副　主　任　陈　旭（女，2022年7月免）
　　　　　陈祝军（女，2022年4月任）
　　　　　欧阳静（女，2022年4月免）
　　　　　李　勇（2022年8月任）

选举任免联络工作委员会

主　　任　钟海荣（女）
副　主　任　耿　铭

民族华侨外事委员会

主任委员　周　文

监察和司法委员会（法制工作委员会）

主任委员　黄　萍（女）

财政经济委员会（预算工作委员会）

主任委员　刘顺泉
副 主 任　沈向昕（女）
　　　　　朱　峰（女）

教育科学文化卫生委员会

主任委员　鲁海洋

环境与资源保护委员会

主任委员　廖　斌

农业与农村委员会

主任委员　周　炫

社会建设委员会

主任委员　孔　飙（2022年8月免）
　　　　　周旭东（2022年8月提名人选）

派驻纪检组组长　龚　班

长沙市芙蓉区人民政府

党组书记、区长　崔　晓（女）
常务副区长　刘洪波
副　区　长　刘　宪
　　　　　章晓波
　　　　　徐青春
　　　　　罗加祥
　　　　　文升云
　　　　　谢　孟
　　　　　蒋　苒（女）

政府工作部门

区政府办公室

党组书记、主任　易德文
副　主　任　许建红
　　　　　邹远征
　　　　　彭　斌（2022年6月免）
　　　　　凤凌霄（兼，2022年7月任）
　　　　　刘　玲（女）
　　　　　黄　海
　　　　　雍晴婷（女）
　　　　　冯新辉
　　　　　张　弟（兼）
　　　　　张兰萱（女，2022年6月任）
派驻纪检组组长　黄　芳（女，2022年6月免）
　　　　　彭　斌（2022年6月任）

区发展和改革局

党组书记、局长　徐勐龙（女）
副　局　长　邱　礼（2022年8月免）
　　　　　冀　超（女，2022年8月免）
　　　　　唐　煌（2022年8月任）
　　　　　毛智珺
总 经 济 师　游涵淇（女）

区教育局

党委书记、局长　曾志伟
副　局　长　杨　红（女）
　　　　　张加波
　　　　　周　率
总　督　学　胡　宇（女）

区科学技术局

党组书记　李莉霞（女）
局　长　陈　庆
副 局 长　龙雅俐（女）
　　　　　彭晓斌

区工业和信息化局

党组书记、局长　张　亚
副　局　长　方建龙
　　　　　武　举
　　　　　刘　义

区民政局

党组书记、局长　吴立平
副　局　长　李延安
　　　　　周　珊（女）

区司法局
党组书记、局长　芮岸伟
副　局　长　唐　敏（女）
徐永春
政治工作室主任　黄　宁（女）

区财政局
党组书记、局长　罗加祥（2022年3月免）
高　佳（女，2022年3月任）
副　局　长　陈晓红（女，2022年8月免）
杨　亮
陈泽琼（女）
吴湘媛（女）
党组成员　罗振军
派驻纪检组组长　汪质彬

区人力资源和社会保障局
党组书记、局长　肖　利（女）
副　局　长　杨　兵
艾得仁（2022年11月任）
王　晶（女，2022年7月免）
黄俊杰（2022年7月免）
姚亚博（女）
邓少波（2022年7月任）

区住房和城乡建设局（人民防空办公室）
党组书记、局长　黄　革
副　局　长　余学武
陈纲要（2022年4月免）
赵德玉（2022年12月免）
总工程师　叶　健（2022年7月任）
派驻纪检组组长　徐　军

区交通运输局
党组书记、局长　丁迎秋
副　局　长　蒋　浩
汤　宇
李　凯（2022年3月任）

区农业农村局
党组书记、局长　周宏彬（2022年3月任）
副　局　长　周志成
张　萍（女）
曾德志

区商务局
党组书记、局长　彭海燕（女）
副　局　长　陈　争（2022年3月任）
孙金益
谭　沁（女）

区文化旅游体育局
党组书记、局长　李启杰
副　局　长　刘益文
胡敬容
沈　丹
唐　灿（女）

区卫生健康局
党委书记、局长　田松柏
副　局　长　张柏平（2022年3月任）
陈莉群（女）
屈沪军（女）
张运秋
朱　丽（兼，2022年4月任）

区审计局
党组书记、局长　戴　静（女）
副　局　长　陈思兰（女）
姚天洋（女）
廖震华
总审计师　刘志云（女）

区退役军人事务局
党组书记、局长　梁　卫
副　局　长　刘金龙
余世文
袁军华

区应急管理局
党组书记、局长　喻　林
副　局　长　聂忠葵

杨晓冬
卓志阳
政工室主任 彭国辉（2022年6月免）
唐秀娴（女，2022年7月任）

区市场监督管理局

党委书记、局长 周旭东（2022年7月免）
陈 璞（2022年7月任）
副局长 罗 铭
刘 慰（女，2022年7月免）
王洪明
刘正军（女）
党组成员 易曙明

区统计局

党组书记、局长 黎书花
党组成员 欧军柱
副局长 章 淦（女）
谢况翟（2022年6月免）
任 婧（女，2022年6月任）

区城市管理局

党组书记、局长 罗明立
副局长 康小红
施 伟
熊光明
夏铁巨（2022年11月任）

区行政审批服务局

党组书记、局长 周 垚
副局长 彭亚军
陈艳丽
陈 斌（女）
派驻纪检组组长 周 华（女）

区信访局

党组书记、局长 凤凌霄
副局长 莫海平（2022年3月免）
彭 涛
陈 丰
姚 顶

区医疗保障局

党组书记、局长 邓 勇（2022年3月任）
副局长 周 辉
徐金霞（女）
徐宁骏

区城市人居环境局

党组书记 高利欢（女）
局长 谢 意
副局长 黄 兵
刘 嘉
李 响

区行政执法局

党委书记 张登波
局长 肖 科
副局长 邓 勇（2022年6月免）
张 剑
余陈江
派驻纪检组组长 王勇松

区行政执法大队

大队长 肖 科
副大队长 余振宇
李巨龙
陈越楚

区政府直属事业单位

区机关事务中心

党组书记、主任 李小平（女）
副主任 李 超
黎 航（女）
刘彦彤（女）

区征地服务中心

党组书记、主任 高 鹏
副主任 罗 迪（2022年3月任）
杨友林（2022年8月免）
胡 艳（女）
黄倩怡（女，2022年8月任）

区金融事务中心

党组书记、主任　周德亮
副　　主　　任　周德才
　　　　　　　　邓少波（2022年7月免）
　　　　　　　　李慧谦（女）

区数据资源中心

党组书记、主任　舒志刚
副　　主　　任　李思一（2022年7月免）
　　　　　　　　李晓青（女）
　　　　　　　　王　津（2022年7月任）

区公共工程建设中心

党组书记、主任　谭江涛（2022年3月免）
　　　　　　　　李雄文（2022年3月任）
副　　主　　任　吴立峰
　　　　　　　　李　靖（女）
　　　　　　　　邹晓斌

区现代服务业发展中心

党组书记、主任　段　超
副　　主　　任　李　茂
　　　　　　　　邓　颖（女）
　　　　　　　　唐　雄

区隆平水稻博物馆

党组书记、馆长　孙中华
副　　馆　　长　熊　伟（女）
　　　　　　　　王伊伊（女）

区政府其他事业单位

区市容环境卫生维护中心

党组书记、主任　张　军
副　　主　　任　蔡　进
　　　　　　　　邹海滨（2022年6月免）
　　　　　　　　余　辉
　　　　　　　　常　坚（女）

区市政设施维护中心

党组书记、主任　戴建林
副　　主　　任　郭　劼（女）
　　　　　　　　汤岳泉
　　　　　　　　张　登
　　　　　　　　刘　敏（女）

区园林绿化维护中心

党组书记、主任　尹振声
副　　经　　理　吴　畏
　　　　　　　　范泽恩
　　　　　　　　张　易

长沙火车站地区综合政务中心

党委书记、主任　易德文（2022年9月任）
副　　主　　任　胡　超（2022年7月任）
　　　　　　　　余　达（2022年7月任）
纪　委　书　记　黎念光（2022年7月任）

芙蓉城建投

党组书记、董事长　易　幸
总　　经　　理　魏四美
监 事 会 主 席　魏　芳（女）
副　　经　　理　孙　慧（女）
　　　　　　　　余旺辉
　　　　　　　　谭　卿
纪 检 组 组 长　龙积军

区征收办

党组书记、主任　喻英杰
副　　主　　任　郑　丹（女）
　　　　　　　　张永兴

晓园管理处

党支部书记　周　玲（女）
主　　　任　张　晋
副　主　任　徐启明
　　　　　　张文波
　　　　　　徐海波
纪　检　员　陈　娟（女）

自贸区长沙片区芙蓉事务中心

主　任　易　妹（女）

副主任　欧阳晟也（2022年6月免）
　　　　刘　范（女）
　　　　梁继超（2022年6月任）

垂直管理机构

长沙市自然资源和规划局芙蓉分局
党组书记、局长　朱　光
副　局　长　刘勇军
　　　　　　刘学彬（女）
　　　　　　罗教论
　　　　　　刘少峰
执法大队大队长　王周干（2022年5月退休）

长沙市税务局芙蓉分局
党委书记、局长　陈学坚
副　局　长　黄　静（女）
　　　　　　李雪辉
　　　　　　葛　韧
　　　　　　曾笔云（女）
　　　　　　龙曙日
　　　　　　朱立文
纪检组组长　汤建萍（女）

长沙市生态环境局芙蓉分局
党组书记、局长　许　杰
副　局　长　王国新
　　　　　　曾　科
　　　　　　陈国良

区消防救援大队
大队长　周振华
教导员　姚银然
副大队长　周春霞
　　　　　段文奇

长沙市芙蓉区烟草专卖局（分公司）
局长、经理　廖　勤（2022年7月免）
　　　　　　宋　夏（2022年7月任）
副局长　何亚辉
副经理　刘　璨

2022年
中国电信芙蓉分局
党支部书记、总经理　吴柏山
副　总　经　理　唐晓明

中国移动芙蓉分公司
党支部书记、经理　郑小芬
副　经　理　邓环宇
　　　　　　王　潇

中国联通芙蓉分公司
党支部书记、总经理　董建双
副　总　经　理　刘施佳
资　　　深　吕　纬

长沙供水有限公司城东分公司
党支部书记、经理　潘　伟
副书记、分工会主席　李会敏
副　经　理　黄卓明
　　　　　　李府城

国网长沙城北供电支公司
经理、党委副书记　张　璐
党委书记、副经理　杨　杜
纪委书记、工会主席　黄　纬
副　经　理　戴远力
　　　　　　程小强

长沙新奥燃气有限公司
党委书记、董事长　贺湘林
副书记、总经理　查陆军

政协长沙市芙蓉区委员会

党组书记、主席　喻志刚
副　主　席　梁汝岚（女）
　　　　　　谢志鹏
　　　　　　陈　庆
　　　　　　吴　穗（女）
　　　　　　赵小午
秘　书　长　李　睿（2022年1月任）

常　　委（按姓氏笔画排序）
马小龙
邓春兰（女，2022 年 1 月任）
伍贤运
刘印心
刘志平
刘彦彤（女）
汤炳煌
李顺意
杨　红（女）
杨　斌
杨　湘
肖立华
张　萍（女）
张勤繁
陈　谦
陈旭迪
陈泽琼（女）
林兴伟
罗　辉
郑　凯
孟　奇（女）
胡　锋
侯海波
贾长俐（女）
夏海东
黄小利
彭士平
谢丽梅（女）
谢建军
黎明星
潘向阳
戴　泉

政协工作部门

办公室
主　　任　李　睿（2022 年 1 月任）
副 主 任　李文君（女）

委员学习联络委员会
主　　任　阳　颖（女）
副 主 任　刘彦彤（兼）
吴京瑾（兼）
周玮坤（兼）
徐巧萍（兼）
曾　丽（兼）

提案委员会
主　　任　江　红（女，2022 年 3 月免）
聂海宗（2022 年 4 月任）
副 主 任　姚群峰

经济科技和外事委员会
主　　任　谭晓世（女）
副 主 任　刘伟林（兼）
陈曦曲（兼）
周　波（兼）
袁　平（兼）
曾亚斌（兼）
葛　韧（兼）

农业农村和人口资源环境委员会
主　　任　湛俊军
副 主 任　李　琼（兼）
林兴伟（兼）
胡可军（兼）
赵统永（兼）
黄小利（兼）
廖明辉（兼）

文教卫体和文史委员会
主　　任　焦益民
副 主 任　史　芳（兼）
周小华（兼）
屈沪军（兼）
谢建军（兼）
谭智钢（兼）

社会法制和民族宗教委员会
主　　任　陈　卓

副　主　任　邓美香（兼）
宋晶雷（兼）
汤炳煌（兼）
李斌全（兼）
黎明星（兼）

派驻纪检组组长　段志徽（女）

中共长沙市芙蓉区纪律检查委员会

纪　委

书　　记　彭保刚
副 书 记　孔　干
舒序松
唐宇平（挂职）
常　　委　李雄文（2022 年 3 月免）
易　鑫（女）
李长松
欧阳舒平（女）
黄　斌
许　芳（女）
袁仕益（2022 年 4 月任）

监　委

主　　任　彭保刚
副 主 任　孔　干
舒序松
委　　员　李雄文（2022 年 3 月免）
易　鑫（女）
李长松
欧阳舒平（女）
许　芳（女，2022 年 4 月任）
袁仕益（2022 年 4 月免）
廖　锦
莫载超（2022 年 4 月任）

派驻纪检监察组

驻区委办纪检监察组组长　刘　佩（女）
驻人大常委会机关纪检监察组组长　龚　班
驻政府办纪检监察组组长
黄　芳（女，2022 年 6 月免）
彭　斌（2022 年 6 月任）
驻政协机关纪检监察组组长　段志徽（女）
驻政法委机关纪检监察组组长　陈　辉
驻住房和城乡建设局纪检监察组组长　徐　军
驻财政局纪检监察组组长　汪质彬
驻行政审批服务局纪检监察组组长　周　华（女）
驻行政执法局纪检监察组组长　王勇松

群众团体

芙蓉区总工会

主席、党组书记　胡　锋
党 组 成 员　熊卫俊
副　主　席　黄家旺

共青团芙蓉区委员会

书　　记　钟泽平（2022 年 6 月免）
谢况翟（2022 年 6 月任）
副 书 记　朱　佳（女）

芙蓉区妇女联合会

主　　席　危　勇（女）
副 主 席　谭　芳（女）

芙蓉区工商业联合会（商会）

主　　席　赵小午
党组书记　刘　瑜（女）
副 主 席　李燕平（女）
兼职副主席　尹娴婷　王秀贵　邓美香　胡　宇
李　志　张灿宇　孙湘晖　周晓辉
谢建军　曾亚斌　胡　馨
兼职副会长　马文斌　刘　晓　曾建军　刘艳辉
王　瑛　余继红　陈建新　袁　强
焦成德　邱灿国　黎明星

芙蓉区残疾人联合会

理 事 长　聂帮府（2022 年 8 月免）
邓　捷（2022 年 8 月任）
副理事长　邓　捷（2022 年 8 月免）
杨友林（2022 年 8 月任）

芙蓉区科学技术协会

主　　席　易智勇
副 主 席　娄　婷（女）

芙蓉区红十字会

会　　长　徐青春（兼，2022年8月免）
　　　　　罗加祥（兼，2022年8月任）
常务副会长　易淑珍（女）

政　法

长沙市公安局芙蓉分局

党委书记、局长　章晓波
党委副书记、政委　刘志平
党委副书记、副局长　胡正坤
党委委员、副局长　丁钢铸
党委委员、副局长　邹仲林
党委委员、副局长　李　忠
党委委员、副局长兼政工室主任
　　　　　邹德军
党委委员、副局长　赵　晋
党委委员、副政委兼纪委书记
　　　　　王　芳（女）

区人民法院

党组书记、院长　李才坤（2022年11月免）
　　　　　文继光（2022年11月任）
副　院　长　宋月清（女）
　　　　　何正良（2022年12月免）
　　　　　曾永清（2022年12月任）
　　　　　贾长俐（女）
执行局长　彭　伟
政治部主任　黄　宇（女，2022年12月免）
　　　　　曾海滢（女，2022年12月任）

区检察院

党组书记、检察长　盛　智
副　检　察　长　陈花梅（女，2022年12月任）
　　　　　赖　忠
　　　　　谢丽梅（女）
　　　　　白　涛（2022年12月免）

政治部主任　陈花梅（女，2022年12月免）
　　　　　伍　飞（2022年12月任）
党组成员　柳戈青（2022年12月免）

区交警大队

大 队 长　李智文（2022年5月免）
　　　　　秦　杰（2022年5月任）
教 导 员　黄韩斌
副大队长　周　峰（2022年4月免）
　　　　　邱东波（2022年10月免）
　　　　　陈　勇
　　　　　潘　峰（2022年5月任）
　　　　　李　立（2022年4月任）

园区、街道

隆平高科技园

党工委书记　谭雄伟
党工委副书记、主任　刘熙宇（2022年6月任）
党工委委员、副主任　罗　辉
　　　　　曾　敏（2022年3月免）
　　　　　袁　芳（女，2022年4月任）

党工委委员、纪工委书记、监工委主任　尹卫东

园区工作机构

办公室

主　　任　吴康达
副 主 任　徐志龙
　　　　　张文博（2022年6月免）
　　　　　杨瑞琪（女，2022年7月任）

经济合作局

局　　长　吴业华（2022年4月任）
副 局 长　王思斯（女，2022年8月任）

产业发展局

局　　长　陈超然（女，2022年4月任）
副 局 长　马　捷（2022年6月任）
　　　　　张青山（2022年6月任）

开发建设局

副 局 长 罗俊辉（2022 年 6 月任）

财政金融局

局　　长 陈泽琼（女，2022 年 8 月任）
副 局 长 朱文波（2022 年 6 月任）

纪工委副书记、监委副主任

张　亮（女）

机关党总支专职副书记

黄　芳（女，2022 年 6 月任）

企业服务中心

主　　任 张文博（2022 年 6 月任）
副 主 任 胡　甜（女，2022 年 7 月任）
李芳怡（2022 年 7 月任）

隆创投

党组书记、董 事 长 刘　胜
党组成员、纪检组组长 丁　强
党组成员、副总经理 郭　建（聘，2022 年 7 月任）

街　道

湘湖管理局

党委书记、局长 石　磊
党委副书记 彭　鹏
副 局 长 彭　鹏
张　斌

湘湖街道

书记、党工委书记 石　磊
副 书 记 陈律严
张富强（2022 年 4 月任）
工 委 委 员 赵　忠（2022 年 4 月任）
黄　忠（2022 年 6 月任）
谢永玲（女，2022 年 7 月任）
主　　任 陈律严
副 主 任 汤胜金
张富强（2022 年 4 月免）
宋丰毅
蒋恋峰（2022 年 3 月任）
人大工委主任 彭　鹏
人大工委副主任 赵　忠（2022 年 4 月免）
刘青青（女，2022 年 4 月任）
政协联络工作负责人 张富强（2022 年 4 月免）
赵　忠（2022 年 4 月任）

定王台街道

书　　记 吴　彦
副 书 记 杨俊峰（2022 年 4 月任）
高　见（2022 年 4 月任）
工 委 委 员 黎国辉
刘　烛
李　景（女）
李昊翔
高　见（2022 年 4 月免）
龙　欣（女，2022 年 6 月任）
主　　任 杨俊峰（2022 年 4 月任）
副 主 任 刘　烛
李　景（女）
龙　欣（女）（2022 年 6 月免）
刘学余
周　沁（女）
人大工委主任 黎国辉
人大工委副主任 石家军
政协联络工作负责人 刘　烛

文艺路街道

书　　记 高　佳（女，2022 年 3 月免）
肖劲为（2022 年 4 月任）
副 书 记 陈　璞（2022 年 7 月免）
龙婧予（女，2022 年 7 月任）
苗津铭
章　湓（女，挂职）
工 委 委 员 彭　江
胡尚德
王　英（女）
杨　媛（女）
主　　任 陈　璞（2022 年 7 月免）
龙婧予（女，2022 年 7 月任）

副　主　任　胡尚德
李正良
唐　煌（2022年8月免）
邹海滨（2022年6月任）
人大工委主任　彭　江
人大工委副主任　刘建华
政协联络工作负责人　胡尚德

韭菜园街道

书　记　梁　田
副　书　记　何　芳
刘　慰（女，2022年7月任）
邓　波（2022年7月免）
工　委　委　员　邓　波（2022年7月任）
吴齐成（2022年3月免）
卜玉龙
张　龙
唐　峰（2022年3月任）
主　任　何　芳
副　主　任　唐　峰（2022年3月任）
吴齐成（2022年3月免）
许　杰
叶　健（2022年7月免）
陈宏伟
周　卓（女，2022年7月任）
人大工委主任　龙婧予（女，2022年7月免）
邓　波（2022年7月任）
人大工委副主任　周　卓（女，2022年7月免）
徐　晗（女，2022年7月任）
政协联络工作负责人　唐　峰（2022年3月任）

朝阳街道

书　记　尹　亮
副　书　记　刘紫陌（女）
姚　磊
工　委　委　员　肖可为
刘正军
张大帅
纪岳亮
孔妹平（女）
主　任　刘紫陌（女）
副　主　任　刘正军
纪岳亮
曾艳敏
何　杰
人大工委主任　肖可为
人大工委副主任　张　杰
政协联络工作负责人　刘正军

五里牌街道

书　记　王宏武
副　书　记　邓　勇（2022年3月免）
钟泽平（2022年6月任）
黄　山
工　委　委　员　张　谊
谭仕武
黄明明（2022年6月任）
李德傅（2022年7月免）
主　任　邓　勇（2022年3月免）
钟泽平（2022年6月任）
副　主　任　李德傅（2022年7月免）
董晓波
黎　炬
黄明明（2022年6月免）
姜启波
曹　水（女，2022年7月任）
人大工委主任　张　谊
人大工委副主任　徐　旭
政协联络处主任　李德傅（2022年7月免）

荷花园街道

书　记　罗希莫
副　书　记　肖劲为（2022年4月免）
肖　俊（2022年4月任）
李　达（2022年6月任）
工　委　委　员　杨　莹（女）
刘朝辉（女）
裴鸿志
李　达（2022年6月免）
陈奕路（女）
主　任　肖劲为（2022年4月免）
肖　俊（2022年4月任）

副主任 李 达（2022年6月免）
莫志坚
周彩霞（女）
刘 曙（2022年7月任）
人大工委主任 杨 莹（女）
人大工委副主任 丁红艳（女）
政协联络处主任 刘朝辉（女）

火星街道

书记 欧 转（女）
副书记 廖 侃
工委委员 聂晓红（女，2022年4月任）
李泰辉（2022年4月免）
宋 闵（女）
陈 功
成 英（女，2022年6月任）
主任 廖 侃
副主任 陈 功
鲁 劲
李 军
谢国强
人大工委主任 聂晓红（女，2022年4月任）
人大工委副主任 陈先征（2022年6月免）
欧阳晟也（2022年6月任）
政协联络工作负责人 陈 功

马王堆街道

书记 姜 舟
副书记 谭江涛（2022年3月任）
周宏彬（2022年3月免）
陈 栋
工委委员 冯 章
赖建桦
匡 艺（女，2022年6月免）
仇仁贤
师璐娜（女，2022年8月任）
主任 周宏彬（2022年3月免）
谭江涛（2022年3月任）
副主任 仇仁贤
张 建
黎卫军
殷 政
人大工委主任 冯 章
人大工委副主任 师璐娜（女，2022年8月免）
政协联络工作负责人 仇仁贤

东屯渡街道

书记 聂海宗（2022年4月免）
李 清（2022年4月任）
副书记 张 敦
周 南（2022年3月免）
陈云蓉（女，2022年3月任）
工委委员 汤道建
彭伊娜（女）
刘化祥
程忠哲
陶长武
杨 昕（女）
主任 张 敦
副主任 陶长武
刘梦春
陈 华
人大工委主任 汤道建
人大工委副主任 肖 萍（女）
政协联络处主任 彭伊娜（女）

东岸街道

书记 虞 正
副书记 廖 攀
匡 艺（女，2022年6月任）
工委委员 朱勇智
徐 文
郭 浩
李 鑫
主任 廖 攀
副主任 郭 浩
胡志文
吕亚平
刘雅丽（女）
人大工委主任 朱勇智
人大工委副主任 张粤宁（女）
政协联络工作负责人 郭 浩

马坡岭街道

书　　　　　记　李牧之
副　　书　　记　廖　勇
　　　　　　　　张　弛（女）
工　委　委　员　李德傅（2022年7月任）
　　　　　　　　胡　超（2022年7月免）
　　　　　　　　王　恒
　　　　　　　　陈静安
　　　　　　　　孙超林（2022年3月任）
　　　　　　　　李　慧（女，2022年6月任）
主　　　　　任　廖　勇
副　　主　　任　陈静安
　　　　　　　　孙超林（2022年3月任）
　　　　　　　　傅建良
　　　　　　　　黄公令（2022年7月任）
　　　　　　　　谢耀辉（2022年6月免）
人大工委主任　李德傅（2022年7月任）
人大工委副主任　周乘宇（2022年6月任）
政协联络工作负责人　孙超林（2022年3月任）

东湖街道

书　　　　　记　罗拾平
副　　书　　记　林　灿
　　　　　　　　周俊霖（2022年4月任）
工　委　委　员　胡云飞
　　　　　　　　张　鹏
　　　　　　　　欧阳波（女）
　　　　　　　　黎　宏（女）
　　　　　　　　王　术（2022年4月任）
主　　　　　任　林　灿（2022年8月任）
副　　主　　任　李　毅（2022年3月免）
　　　　　　　　王　术（2022年4月任）
　　　　　　　　周　颖
　　　　　　　　左建国（2022年4月任）
人大工委主任　胡云飞
人大工委副主任　周　瑾（2022年8月免）
　　　　　　　　周怡君（女，2022年8月任）
政协联络处主任　张　鹏

（区委组织部　黎芸芸）

索 引

说明：

一、本索引分主题索引和表格索引。

二、主题索引中文标目按汉语拼音音序排列（大事记、组织机构及负责人、概况条目、彩页除外），数字开头的标目排在前面；标目后的数字表示内容所在页码，数字后的英文字母 a、b、c 分别表示该页码的左、中、右栏；类目、分目、专稿标题用黑体字表明。

三、表格索引，以表格提名为标目，仅标注所在页码，不标注分栏。索引按照表格在全书中的先后顺序排列。

主题索引

字母与数字

A

B

C

D

E

F

H

J

R

S

T

表格索引